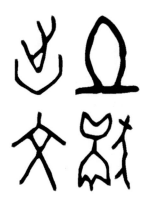

出土文獻譯注研析叢刊

殷墟
甲骨斷代綜述

吳俊德 著

許序

　　甲骨斷代原本就是甲骨學中最重要的基礎工作，吳俊德君自接觸甲骨以來，即對此產生濃厚的興趣，並踏實地投入研究，他所完成的碩、博士論文以及發表的若干期刊論文，都可以看到他的斷代論點，尤其對於王族卜辭與歷組卜辭時代的辨正，一直有他堅持的主張，其持續不輟的探究精神，非常值得肯定。

　　吳君的堅持，也不是盲從的。我 1968 年受聘於加拿大的皇家安大略博物館（Royal Ontario Museum）整理甲骨，發現每期甲骨的鑽鑿形態並不同，可以用來判斷甲骨的時代，後來也有多篇文章贊同本人所描述的鑽鑿形態確為可行的斷代標準法，但吳君並不因我是他的老師而輕易相信之，在他完成碩士論文之後，就請求我安排他去多倫多皇家安大略博物館，希望親自覆驗甲骨上的鑽鑿形態是否如本人所言，並且得以掌握此第一手材料的實況。他在多倫多一個多星期的期間，天天從早上九點鐘工作到下午五點鐘，對館藏的五千多片甲骨，一一檢驗我對鑽鑿形態的描寫以及骨上文字的釋讀。甚至連我建議帶他去舉世聞名的尼加拉瀑布（Niagara Falls）一玩，都被他婉謝了。他要利用寶貴的時間，專心研究甲骨實物以及參觀館藏的文物展覽。吳君的努力，不但驗實了我的鑽鑿形態研究結果，也讓他對於鑽鑿在甲骨斷代上的運用有了更深刻的理解和掌握，本書有關鑽鑿形態的評論就可以充分證明這一點，值得研究者參考。

　　長久以來，甲骨學的斷代，學界存在著論爭，有所謂的王族卜辭，董作賓學派的學者，認為是第四期文武丁時代的，但大陸的學者都認為是第一期武丁時代前後的。又有所謂歷組卜辭，董作賓學派認為是第四期的，而大陸以李學勤為首的學者主張也是第一期前後的，但有些人不贊同，認為也是第四期的。吳君在我門下學習多年，清楚知道，我的主張雖然和董作賓完全相同，但絕不是受到董作賓的影響。我是從鑽鑿的形態論證王族卜辭和歷組卜辭都是第四期的，這已經具備類型學的意義，之前科學發掘的小屯南地甲骨的地層也顯示我的論點，但還是有人不相信，後來在小屯村的村中與村南的發掘，回應我的觀點更為明確，我的論點再次被證實，以至於原本一向是偏向李學勤看法的王宇信教授，在其新著中也不得不改變以前的看法，相信新證據。吳君的斷代主張應該有受到我的影響，自始至終將王族卜辭和歷組卜辭視為第四期進

行討論，並且對於認為是第一期的學說根據也常有辯駁的意見，如本書針對小屯南地的地層以及婦好墓的時代所提出的質疑，以及羅列的許多證據，足以讓人省思，認真面對。

甲骨字體的分類已經進行超過三十年了，參與的人也不算少，但還是有些問題沒有能夠妥善解決，而且分類是分類，斷代是斷代，打算用字體分類取代甲骨的分期也是不切實際的作法，我對此一向不認同，吳君此書將甲骨字體分類的缺失也做了詳細的說明，可以算是落實我的主張的表述。所幸，近年來有愈來愈多的人注意到字體分類的不足，甚至連提倡字體分類的學者也有同樣的體認而態度轉趨保留，實情可參見我在回憶錄（《博物館裡的文字學家》，臺灣商務印書館，2017 年）的記述，這未嘗不是一件好事，至少能讓大家對於甲骨字體的分類有更多的思索機會，不會貿然形成所謂共識而往錯誤的研究方向前進，而且通過檢討，知道以分類取代分期之不可行，在甲骨著錄圖書的編排上，應該就不至於把王族卜辭與歷組卜辭通通都放到第一期去了吧。

近年討論甲骨斷代的專門著作並不多，吳君此書題為「斷代綜述」，有意針對此一主題進行全面性的整理，企圖明顯，用心可嘉。全書分為三篇，首篇「甲骨斷代」是斷代的概說，次篇「斷代標準」是斷代標準的介紹與評議，末篇「斷代工作」則是各項斷代主題的論說。此書資料收集齊全，敘述涵蓋完整，引據具體可查，論證多有新意，誠屬難得，雖然其中有少部分說法也許可以再討論，仍不失為一本值得推薦的佳作。

吳君為人沉穩，待人忠厚，不與人爭，多年來專心從事甲骨研究，此書是他出版的第四本甲骨學專書，再度向我求序，身為其業師，除感到欣慰之外，也樂助其成，因此雖然近日我受宿疾纏擾而精神未濟，仍願意在疲困之中，簡單說幾句話勉勵吳君，也當作是序。

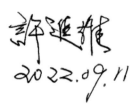

許進雄
2022.09.11

徐序

　　斷代，是研究甲骨與金文最基本也是最主要的工作，尤以甲骨為要。自十九世紀末，甲骨文出土以來，學者即對甲骨的斷代進行探索。王國維據卜辭稱謂以斷代，加拿大明義士亦以稱謂與字體進行斷代。真正具有開創性的和標誌性的是董作賓於 1933年提出之〈甲骨文斷代研究例〉，以〈大龜四版考釋〉、〈大龜四版考釋〉的基礎，建構出十項斷代標準，即世系、稱謂、貞人、坑位、方國、人物、事類、文法、字形、書體，並將卜辭時代劃分為五期，確立甲骨的斷代分期體系。此一斷代分期，頗有開創和奠基之功。董氏之後，陳夢家亦提出斷代的分期與標準，其《殷墟卜辭綜述》專列兩章分析斷代；〈甲骨斷代學〉一文，亦從發掘坑位和卜辭關係加以論證分期問題。董、陳二人的斷代標準，不僅是甲骨斷代學的先驅，亦為後學之指引。

　　其後研究甲骨之斷代、分期、分類者，紛紛藉此展開研究。如許進雄〈鑽鑿對卜辭斷代的重要性〉一文，依據甲骨鑽鑿形態的時代歧異，而以鑽鑿作為斷代標準。林澐的〈甲骨文中的商代方國聯盟〉一文，則主張甲骨文字考釋應以卜辭分期分類的角度來看問題。李學勤、彭裕商合撰的〈殷墟甲骨分期的兩系說〉（1990 年），從出土地點、占卜事類、人名、卜法等方面將殷墟王卜辭區分為小屯村北和村南兩個演進系列。其後二人又合撰的《殷墟甲骨分期研究》（1996 年 12 月），提出將考古學上的地層學證據引入到甲骨文的分期斷代之中。此外，《小屯南地甲骨》，《花園莊東地甲骨》二書，亦均注重考古地層關係。黃天樹之《殷墟王卜辭的分類與斷代》（1991 年11 月），則詳細討論了各類卜辭在書寫風格、字形結構和用字習慣等方面的同異、各類卜辭的聯繫、各類卜辭存在的時代等等，可說是對前人的觀點繼續修補，將甲骨文的分類和分期繼續深入。

　　吳俊德《殷墟甲骨斷代綜述》一書，則是在前人基礎上，進行更為全面的甲骨斷代研究。全書基本分為「甲骨斷代」、「斷代標準」及「斷代工作」三部分綜合論述，觀其書中所述所引之材料，可謂全面。此外，該書除了針對斷代的意見評述外，亦針對有關考古學方面的運用，如地層學與類型學等，加以評述。至於卜辭字體分類方面，則引林澐、方述鑫、黃天樹、彭裕商、王蘊智、張世超、蔣玉斌、崎川隆等人之研究

成果，藉此說明字體分類之運用。整體而言，全書踵繼前人，材料運用全面，體大而思精，是頗值重視之甲骨斷代分期傑作。大體而言，本書有以下特點：

一、充分掌握前人斷代成果

　　甲骨斷代自王國維、明義士、董作賓、陳夢家以來，各家針對世系、稱謂、貞人、坑位、方國、人物、事類、文法、字形、書體及分期說、分類說、鑽鑿、地層學、類型學等，皆有所論述。書中亦充分掌握了各家重要的論述材料，如董作賓之〈骨文例〉、〈甲骨文斷代研究的十個標準（上）〉、〈甲骨文斷代研究的十個標準（中）〉、〈大龜四版考釋〉、〈甲骨文斷代研究例〉等；許進雄之《甲骨上鑽鑿形態的研究》、〈區分第三期第四期卜骨的嘗試〉、〈從長鑿的配置試分第三與第四期的卜骨〉、〈讀小屯南地的鑽鑿形態〉、〈鑽鑿對卜辭斷代的重要性〉等；金祥恆之〈論貞人扶的分期問題〉、〈談一片斷代值得商榷的甲骨卜辭〉、〈甲骨卜辭中后且丁非仲丁亦非祖丁說〉等；李學勤、彭裕商之《殷墟甲骨分期研究》；彭裕商之《殷墟甲骨斷代》、〈賓組卜辭的時代分析〉；徐明波、彭裕商之〈殷墟黃組卜辭斷代研究〉（《中國史研究》2007 年）；黃天樹之《殷墟王卜辭的分類與斷代》。此外，有關斷代的相關學位論文，亦能有所掌握，如黃慧中之《從統計學觀點探討祖庚、祖甲卜辭的時代》、蔣玉斌之《殷墟子卜辭的整理與研究》、徐明波之《殷墟黃組卜辭斷代研究》、崎川隆之《賓組甲骨文字體分類研究》、張惟捷之《殷墟 YH127 坑賓組刻辭整理與研究》、蔡依靜之《出組卜王卜辭的整理與研究》、張宇衛之《甲骨卜辭戰爭刻辭研究——以賓組、出組、歷組為例》等論文。事實上，本書參考之書籍與論文，頗為全面，是以對於甲骨斷代分期的論述，頗為得心應手。

二、綜述各家成果析論有據

　　本書之綜述與析論，既能掌握各家斷代分期之異同，又能以己意做為評述之依據。如董作賓、陳夢家雖為甲骨斷代先驅，惟其觀點仍屬初創，難免有誤。本書針對董作賓、陳夢家之說，進行整理分析並予具體評說。大抵而言，甲骨斷代之模式有二，即分期與分類。分期依據明確，方有斷代效用；分類以字體為準，以進行先分類再斷代，惟分類對斷代是否有用仍待觀察。董作賓〈甲骨文斷代研究例〉首揭分期說，惟其分期界線概以王朝起訖為準，分界雖然明確，各期甲骨內涵未必能準確對應。陳夢家標準有三，與董氏斷代步驟雖有歧見，持說稍細緻明確，其實兩者實無大異。書中皆予以析理辨說。又如林澐之「先分類再斷代」的主張，依字體分類，得出 13 類分組；黃天樹從字體分為 22 類；彭裕商將甲骨刻辭分出早期卜辭 16 類、晚期卜辭 13 類等，將

甲骨依字體而分類,然分類本身似無斷代作用。因此,各家分類對斷代準判定,是否有據,是否可從,皆值深論,而本書之綜述論評,則能多方徵引,力求有據,論述可謂嚴謹。

三、針對甲骨斷代另有創說

　　本書分為「甲骨斷代」、「斷代標準」及「斷代工作」三大面向,進行評述。其中,「斷代工作」又分武丁以前卜辭的存佚、武丁卜辭時代再析分、祖庚祖甲卜辭的分辨、廩辛康丁卜辭的區別、武乙文丁卜辭的區分、帝乙帝辛卜辭的判別、花東卜辭時代的定位、第三四期卜辭的差異、第一四期卜辭的爭議等九章。書中綜採各家論述,披沙揀金,歸納可用之斷代依據,以落實其「甲骨九朝」之構想,完備其對甲骨斷代之探究。作者早前撰有《殷墟第三、四期甲骨斷代研究》、《殷墟第四期祭祀卜辭研究》二書,另有〈花東卜辭時代的異見〉、〈殷卜辭商王廩辛存在的考察〉等文,對第一、四期甲骨時代爭議,曾進行全面性的考察分析,同時對甲骨斷代提出各種個人新說。本書既有評述,亦見立說,實為難得之作。

　　綜上可見,本書既能全面掌握前人研究,論述亦皆嚴謹有據。書曰「綜述」,其實各項論點,粲然可觀。甲骨分期研究自上世紀三十年代迄今,成果頗多,本書可謂總其成。相信對甲骨學之推展,深具推動之義。俊德長期聚焦於甲骨學之研究,其堅毅進取之精神,吾人頗為欽佩及肯定。今大作梓行,乞序於余。大忙之中,匆序於上,望能表其萬一。

徐富昌　於臺大中文系研究室

2022 年 10 月 31 日

前言

　　甲骨時代的正確區分，即甲骨斷代工作，是甲骨學相關研究開展的基礎。自甲骨面世以來，其時代的判定由三古而商，由商而殷，由殷再五期細分，層層遞進，不僅標示著吾人對甲骨內容的掌握益形深入，亦為甲骨學建構出合理可信的研究框架，有效展現其上古史料的價值。

　　大致而言，目前所見的甲骨斷代模式有二：分期與分類。「分期說」始於董作賓先生〈甲骨文斷代研究例〉所揭示，將殷墟甲骨時代分為五期，因此又稱「五期說」，其分期界線概以王朝起訖為準，雖段切明確，但各期甲骨實務內涵的對應，卻無法同樣俐落，仍有過渡、混淆的盲區。「分類說」起源其實不晚，但若以林澐先生的初步探究為具體成果的呈現，則時代後於《小屯南地甲骨》的發表，已屬晚近時段，此說以「字體」為準，進行「先分類再斷代」，由於將「分類」與「斷代」區為二事，因此「分類」本身並無斷代作用，而目前所見，各類甲骨卜辭的時代劃分，多藉助「貞人」加以定錨，然「貞人」實為「五期說」的斷代利器，遂造成「類型」與「貞人」糾纏不已，而「分類」與「分期」相互干擾的情形。

　　儘管上述交雜一時難解，然於實務上甲骨斷代考察並未因此寸步難行，相反的，在卜辭內容探析日益精進之下，甲骨斷代工作亦取得相當豐碩的成果。本書主軸即著眼於既有的甲骨斷代成果，綜觀甲骨斷代主張與相關論說，以甲骨斷代為主題進行全面性的述評，書中持論與成說迭有不同，或臧或否，多方徵引，力求信然有據，以供學界一參。

　　本書全文概分為「甲骨斷代」、「斷代標準」及「斷代工作」三部分進行綜合論述。「甲骨斷代」部分，屬於本書主題概說，內容包括甲骨斷代歷程之說明，以及若干相關觀念之釐清，其中主要論點有二：一，以為甲骨文於 1898 年為王懿榮所發現，與一般標定 1899 年之說有所差異；二，主張貞人即是甲骨卜辭的刻寫者，並認為貞人之稱實乃族名，供職時非以特定人選為之，存在族人同時輪值情事。關於甲骨文發見時機，實屬新見，然本書無意據以倡議改寫甲骨學史，但勇於平議諸說，釋惑解疑，謹請相關研究者審視評斷。

　　「斷代標準」部分，董作賓與陳夢家兩位先生的甲骨斷代工作，不僅為甲骨斷代學的先驅，亦是後學者難以或缺的指引。董作賓先生的斷代十項標準是圭臬之作，早已成為經典，而運用考古學原則進行甲骨時代分析，陳夢家先生自是當仁不讓的發軔者，兩人在樹立及運用甲骨斷代標準上佔有關鍵地位，影響至為深遠。爰此，本書特意針對董、陳的斷代意見進行整理分析，並予以具體評說，其中雖指陳其誤若干，但本意仍在凸顯兩家的斷代價值，肯定其於甲骨斷代上的貢獻。另外，基於甲骨本屬出土文獻，依考古學相關理論進行時代考訂是必經的途徑，而今運用「考古地層資料」與「類型區分原理」所進行的甲骨時代分析，不僅常見，所論甚或已為目前甲骨斷代學上的主流意見。因此，本書論及斷代標準，特出考古學運用現狀，別為「地層學」與「類型學」兩題分述，各自說明目前甲骨斷代運用考古學理論的成果，及其未安尚須商榷之處。此部分的核心論述，前者主要是辨正相關考古地層、坑位的時代認知，主張傳統的殷墟文化分期應要重新調整其劃分依據，始能發揮其斷代效用；後者則是指出以卜辭字體為據的分類主張實有不妥，界線模糊頗有主觀之虞，在斷代運用上治絲益棼，可能面臨未蒙其利，先受其害的窘境。

　　順帶說明，本書涉及考古地層時代辨正，多以石璋如先生的考古意見為主要參考，原因有三：一、石先生不僅實際參與殷墟發掘，且早期相關坑層材料皆由其整理分析並刊行，其論堪屬第一手資料，儘管年代久遠，但資料保存尚好，仍值得重視與參考。二、石先生自謙不識甲骨，其坑層時代分析，雖參以甲骨，但不以甲骨為限，因此相關地層時代的判斷，亦較不受既有甲骨時代成見所影響，可以提供客觀的比較基礎。三、石先生對於殷墟地層窖穴時代的推斷，多以區域性視角切入，常慮及相關基址、穴窖、墓葬的橫向關聯，並加以推度可能之因，其說較能反應該區域實際的文化現象，本書謂之「見樹亦見林」，與目前強調單一區塊地層層位的獨立分析，恐陷「見樹不見林」泥淖的情況相比，確實略勝一籌。其實，石璋如先生的考古分析未必無誤，但石先生所據是殷墟最早系統科學挖掘的坑層材料，彼時對於殷墟出土文物的整理研究，皆有其當用可用的依據與方法，並非石先生一人偏見所決定，因此，石先生所持觀點，本有其合理的立說根基及學說框架，即使後來與新出材料所論並不相侔，然其間牽涉是非對錯的論辨，石說做為「不同觀點」的主張，仍有引以討論與比勘的價值。

　　另，本書介紹甲骨卜辭字體分類概況，備引林澐、方述鑫、黃天樹、彭裕商、王蘊智、張世超、蔣玉斌、崎川隆等諸位先生的研究成果，有意凸出各家分類內涵的具體差異，並藉此說明字體分類固屬考古類型學的運用，但在甲骨斷代可見之效能卻是相當有限，誠然以上諸說並非皆以斷代為分類目的，而本書仍以斷代效能評述之，或近乎苛求，

祈請海涵。又，儘管本書認為目前的卜辭字體分類尚有不足，斷代之用猶待精進，但對於實際從事字體分類的各路學者，非但不敢小覷，對之更是抱以由衷的敬佩，筆者本身雖未投入字體分類工作行列，而由分類體系構築之迹，卻也深知此為一項須耐勞刻苦的隱性工作，其中甘苦難以為外人道，因此，面對各家分類體系的建立，其未盡完備之處，需要的並非質疑否定，而是必要的取捨或調和，令其發揮最大效能。吾人應該相信，甲骨卜辭字體分類的精確化，必然推升甲骨學研究內涵的質量，就算其用不在斷代，仍是項值得大力鼓吹並積極期待的工作。

「斷代工作」部分，共分為九章，依序是「武丁以前卜辭的存佚」、「武丁卜辭時代再析分」、「祖庚祖甲卜辭的分辨」、「廩辛康丁卜辭的區別」、「武乙文丁卜辭的區分」、「帝乙帝辛卜辭的判別」、「花東卜辭時代的定位」、「第三四期卜辭的差異」、「第一四期卜辭的爭議」。以上論題，其中五項是各期甲骨卜辭時代予以細部析分的嘗試，如「武丁卜辭時代再析分」是將第一期甲骨再區分為武丁前後期卜辭，此題中本書主張「典賓類」應為目前所見最早的殷墟卜辭，而「賓一類」卜辭的時代則須後移置於晚期；而其他主題「祖庚祖甲卜辭的分辨」是將第二期甲骨再區分為祖庚、祖甲兩朝卜辭；「廩辛康丁卜辭的區別」是將第三期甲骨再區分為廩辛、康丁兩朝卜辭；「武乙文丁卜辭的區分」即是將第四期甲骨再區別為武乙、文丁兩朝卜辭；「帝乙帝辛卜辭的判別」則將第五期甲骨再區別為帝乙、帝辛兩朝卜辭，凡此斷代工作，本書綜採各家相關論述，披沙揀金，歸納可用的斷代依據，試圖落實擴展「甲骨五期」為「甲骨九朝」的構念，完備甲骨斷代的探究理想。另外四項，「武丁以前卜辭的存佚」中，本書認為殷墟甲骨契寫卜辭的習慣，恐自武丁中葉開始，在此之前，雖有卜甲卜骨，但無字甲字骨，因此殷墟或有武丁以前甲骨，但應無武丁以前卜辭；「花東卜辭時代的定位」中，本書傾向時代晚期的觀點，且不單止於武丁晚期之說，甚至主張該批卜辭時代極可能已晚至第四期以後；「第三四期卜辭的差異」是針對不署貞人名的第三、四期卜辭進行區分，此主題斷代目的，著重「分期」而非「分朝」，因此相關依據標準或能有效區辨不同期別卜辭，但卻未必能運用於不同王朝卜辭的劃分；「第一四期卜辭的爭議」所論，明顯亦以釐清「分期」為目的，但與第三、四期甲骨的混淆，本質有所不同，後者時序相連，卜辭內容習慣自有其發展遞嬗的連貫性，因此區分工作重點在於相關過渡現象的掌握與處理；而前者時序不相接且相去甚遠，但甲骨時代竟會混淆，顯係兩者卜辭內容習慣的關聯與糾葛超乎想像，區辨過程值得特別分說。

關於「第一四期卜辭的爭議」，具體而言，即是「王族卜辭」（或稱𠂤、子、午組卜辭）與「歷組卜辭」時代的辨正。本書於此，主要觀點是「王族」與「歷組」卜辭內

涵關聯性強，時代基本相同，因此認為兩者時代的探究，實可併觀而論之。然「王族」與「歷組」卜辭時代推定的結果並不相同，前者現今以武丁早期為共識，後者則有武丁晚期與武乙、文丁時期的差別；推定的依據亦不相同，前者以小屯南地地層為鐵證，後者則自婦好墓時代發想，由「卜問同一事件」連結至武丁晚期，或仍據小屯南地地層堅持時代應當定位於武乙、文丁時期。筆者過去二度彙整各家論述，專論第一、四期甲骨時代爭議，曾以全面性的考察分析，釐定相關卜辭的時代，主張「王族卜辭」與「歷組卜辭」皆為晚期之物，應屬第四期卜辭為是。當時相關論述著重於正反意見的羅列說明與比較，雖亦有得而稍獲肯定，但枝節旁雜，不免捨本逐末。所謂「物有本末，事有終始，知所先後，則近道矣」，此次再論，則特別析出核心論據加以辨正，意欲「從根拔起」，其重點在於強調小屯南地地層以及婦好墓的時代推定並不可靠，實有調整必要，而對於根據有疑時代所衍生的相關論證，除有必要，已不再一一評議。其實，卜辭時代的爭議，或源於認知角度不同，難免針鋒相對，各說各理，本書採用「晚期」立場檢視「王族」與「歷組」卜辭，並提出可能的說解詮釋以資參考，對支持「早期」成說難免有所辯駁，然批評目的不在指正錯誤，而是藉由論駁，對比早晚兩說的根本差異，以及審思相關論據的合理性。換言之，本書論述「王族」與「歷組」卜辭時代，無意尋求一槌定音，但願意在一片「早期」的支持聲中，積極提醒並佐證「晚期」存在的可能。

　　學術之遞進，向來後出轉精，甲骨學發展至今已逾二甲子，參與研究者雖非浩瀚不可勝數，卻也絡繹相屬，粲然可觀，而積累所見，成果斐然，實為吾人深化甲骨學研究的最大助力。本書之撰述，亦正似站在巨人肩上顧盼自雄，雖有匡正甲骨斷代謬說之大志，但並不以實現此一志向為要。本書樂於援引前輩、師友、後進同道諸說立論，除務求言而有據之外，更因各家心血不敢掠美，縱使道不相同，但凡有助於甲骨學之探索者，鉅細皆應重視，而吾人對此亦當至心感佩，並且樂觀看待。

凡例

一、 本書針對甲骨學斷代主題進行綜合評述,其中涉及諸多正反論說之說明與辨正,俱引原說原文為據實屬必要,而少數重出復見者亦有所需,實非得已;又,文內所見之特殊字形或以字形立說者,相關形體則多摹錄或掃描自原文原樣,力求如實呈現,務免轉引失真,以利說明討論。

二、 本書中所引用專書、論文之題名與內文,務求原貌呈現,包括用字、標點、訛字等多不更易;引用之資料作簡化字,與繁體字形明顯不同者,概逐轉成通用的正體字形,以利閱讀;而正簡皆存的字形則多襲用未改。又,徵引卜辭內容,除有保留形體之必要外,一律以現今通行隸定的字形表之;另其辭可確定僅闕一字者,作□,不詳字數者,則作☑,與一般甲骨學論文寫作慣例相同。

三、 本書所見圖表,來源多元,形式不一,為求版面俐落清爽,以及相關資料能有效參照運用,標示原則有三:(一)引用甲骨拓片或單一出土文物版式,僅於圖下逕標其著錄編號,不另編入本書圖表序號。(二)凡圖表摘錄自其他文獻之原始圖表,且形制內容皆未加更易者,權視為引文資料,只在當頁註解中標明其來源出處,亦不列入本書圖表序號。(三)凡自製圖表與摘自他處圖表而有明顯修改,乃至重繪者,皆依章節順次逐一編號,其中圖表分離排序,名稱依圖下表上陳列,除有必要,不再另標資料來源。

四、 本書頁下註解,體例格式大多與一般論文相同,特別處有四:(一)各章註解編號獨立成序,同一章中資料首見者標明其出版項,次見以後則略之。(二)資料出處相同且連續引用者,概以「同上註」明之;若屬間隔引用,則仍重複標示來源資料。(三)註解內容中另有引用資料者,其出處以括號圈記,括號內資料作者簡作「某氏」,以利區辨識別,與習慣作「氏著」者未盡相符,且某氏與作品間不加冒號,而出版年月亦將以〔年.月〕形式註明,以明層次主從。(四)學術期刊已明某年某期者,不再標其出版年月。

五、　本書引用早期著錄甲骨專書或專文內之拓片，皆核以《甲骨文合集材料來源表》，並盡量於首見時標明《甲骨文合集》號碼，以期便於參照檢閱；其間未附者，或為《甲骨文合集》未收，或屬甲骨批次說明而未便備錄，若有疏漏，尚請指正。

六、　本書所附之甲骨拓片及圖版皆隨文置放，其主要目的在於佐證相關文字敘述，故以清楚為原則，而比例大小無涉辨識者，慮及版面行文協調，縮放略以便宜為之。如有必要，敬請核校原版。

七、　本書末「參考暨引用書目」所列，以見於內文者為限，其編排分為「專書」與「論文」兩部分。「專書」又析為「古籍」、「編著」二類，凡原書成於民國前，雖經後人注疏、考訂者，仍歸「古籍」；「編著」類則包含「編纂」及「著述」之專書，其中「編纂」再依內容性質分為「甲骨著錄」、「工具書」以及「其他」。「論文」部分則依發表形式區以「發掘報告」、「一般期刊」、「專書論文集」、「學位論文」、「媒體網文」五類。以上各類之排序，「古籍」、「學位論文」略依時代排列，「甲骨著錄」、「工具書」以重要性為考量，餘則皆以作者編者姓名以及書名篇名之「傳統字（Traditional Chinese characters）」字形筆劃多寡為準，與「簡化字（Simplified Chinese characters）」為序者未盡相同。

八、　本書內文之敘述，援引大量學術專著、論文內容，為求體例一致，行文說明間，相關作者除受業親師尊稱「先生」外，餘則無論時代先後、年紀長少、地位高低，皆謹稱姓名，未備之處，敬請海涵。

本書所見甲骨著錄
簡稱對照表

簡　　稱	著錄專書專文
1.《合》《合集》	《甲骨文合集》
2.《合補》	《甲骨文合集補編》
3.《屯》《屯南》《南地》	《小屯南地甲骨》
4.《英》	《英國所藏甲骨集》
5.《花東》	《花園莊東地甲骨》
6.《村中南》	《殷墟小屯村中村南甲骨》
7.《甲》《甲編》《屯甲》	《殷虛文字甲編》
8.《乙》《乙編》《屯乙》	《殷虛文字乙編》
9.《丙》《丙編》	《殷虛文字丙編》
10.《人》《人文》《京都》	《京都大學人文科學研究所藏甲骨文字》
11.《上》	《殷虛書契後編》卷上
12.《上博》	《上海博物館藏甲骨文字》
13.《中大》	《中央大學史學系藏甲骨文字》
14.《六中》	《甲骨六錄‧中央大學所藏甲骨文字》
15.《六束》	《甲骨六錄‧束天民氏所藏甲骨文字》
16.《六清》	《甲骨六錄‧清暉山館所藏甲骨文字》
17.《六曾》	《甲骨六錄‧曾和君氏所藏甲骨文字》
18.《天釋》	《天壤閣甲骨文存‧考釋》
19.《卡》	《卡內基博物館所藏甲骨研究》
20.《存》《續存》	《甲骨續存》
21.《安明》《明續》	《明義士收藏甲骨》 《The Menzies Collection Of Shang Dynasty Oracle Bones》
22.《佚》《佚存》	《殷契佚存》
23.《京》《京津》	《戰後京津新獲甲骨集》
24.《明》	《殷虛卜辭》
25.《明後》	《殷墟卜辭後編》

26. 《林》《龜》　　　　　　　《龜甲獸骨文字》

27. 《金》　　　　　　　　　　《金璋所藏甲骨卜辭》

28. 《前》《前編》　　　　　　《殷虛書契前編》

29. 《後》《後編》　　　　　　《殷虛書契後編》

30. 《南北》　　　　　　　　　《戰後南北所見甲骨錄》

31. 《南坊》　　　　　　　　　《戰後南北所見甲骨錄・南北坊間所見甲骨文字》

32. 《南明》　　　　　　　　　《戰後南北所見甲骨錄・明義士舊藏甲骨文字》

33. 《南輔》　　　　　　　　　《戰後南北所見甲骨錄・輔仁大學所藏甲骨文字》

34. 《拾》《遺》　　　　　　　《鐵雲藏龜拾遺》

35. 《美》　　　　　　　　　　《美國所藏甲骨錄》

36. 《庫》《庫方》　　　　　　《庫方二氏所藏甲骨卜辭》

37. 《殷綴》《綴合》《甲綴》　《殷虛文字綴合》
　　《乙綴》

38. 《珠》　　　　　　　　　　《殷契遺珠》

39. 《掇》《掇一》《拾掇》　　《殷契拾掇》

40. 《通》《卜通》　　　　　　《卜辭通纂》

41. 《善》　　　　　　　　　　《善齋甲骨拓片》

42. 《菁》　　　　　　　　　　《殷虛書契菁華》

43. 《零》　　　　　　　　　　《鐵雲藏龜零拾》

44. 《寧》《寧滬》　　　　　　《戰後寧滬新獲甲骨集》

45. 《戩》　　　　　　　　　　《戩壽堂所藏殷虛文字》

46. 《粹》《粹編》　　　　　　《殷契粹編》

47. 《綴》　　　　　　　　　　《甲骨綴合編》

48. 《綴集》　　　　　　　　　《甲骨綴合集》

49. 《徵征》　　　　　　　　　《簠室殷契徵文・征伐》

50. 《燕》《卜》　　　　　　　《殷契卜辭》

51. 《輯佚》　　　　　　　　　《殷墟甲骨輯佚》

52. 《鄴三》　　　　　　　　　《鄴中片羽三集》

53. 《鄴初》　　　　　　　　　《鄴中片羽初集》

54. 《錄》《文》《河》　　　　《甲骨文錄》

55. 《簠人》《徵人》　　　　　《簠室殷契徵文・人名》

56. 《簠帝》《徵帝》　　　　　《簠室殷契徵文・帝系》

57. 《懷》　　　　　　　　　　《懷特氏等收藏甲骨文集》
　　　　　　　　　　　　　　《Oracle Bones from the White and Other Collections》

目次

圖表目錄

第壹篇

甲骨斷代

第一章

斷代概說

第一節　意義

　　甲骨的時代區分與判定，即所謂甲骨斷代，是甲骨學中一項基礎且關鍵的工作，斷代的成果，深刻影響甲骨學任何主題研究結論的精確性。唯有讓每片甲骨回到自己的時代位置，其上所載內容始能被正確理解，據此開展的相關研究工作始有意義。「一旦分期斷代出現錯誤，任何進一步的研究，都將誤入歧途，成為南轅北轍」，[1]這將使甲骨探索陷入混亂，大大阻礙甲骨學的發展，因此甲骨的斷代工作實屬首要之務。

一、史料編整

　　殷墟甲骨的發見至今已經超過一百廿年，共計約得甲骨 16 萬餘片，[2]這是極為珍貴的商史一手材料，為數雖不能算少，但相較於漫漫上古歷史的探求，這樣的線索無疑仍是連九牛一毛都還談不上。然此殷墟所見十多萬版甲骨之時代，大致涵括自盤庚至紂滅，約有 275 年，[3]而「三四十年間，文物制度，變異尚可云少，籠統研究，大體不至甚差，若二百餘年的一切史料羼雜錯亂，混為一談，則研究成果，與事實相去，真不可

---

[1] 林小安：〈武丁晚期卜辭考證〉，《中原文物》1990 年第 3 期，頁 45。

[2] 此據葛亮的統計（詳葛氏〈一百二十年來甲骨文材料的初步統計〉，《漢字漢語研究》2019 年第 4 期，總第 8 期，頁 33-54），本文從之，暫無細究。

[3] 盤庚遷殷至紂亡國，享祚異說頗多，《史記‧殷本紀》注引《正義》曰「《竹書紀年》云自盤庚徙殷，至紂之滅，七百七十三年，更不徙都」（萬曆廿六年刊《史記》，卷三，頁十），後《史記會注考證》同條資料竟易作「二百七十五年」（《史記會注考證》，北京：文學古籍刊行社〔1955.07〕，頁 221）；朱右曾輯錄《竹書紀年》改作「二百七十三年」（《汲冢紀年存真》，卷上，頁廿三），王國維謂此乃誤《正義》之語為《紀年》本文（詳參《古本竹書紀年輯校》，《竹書紀年八種》，臺北：世界書局〔1989.04〕，頁 224），而范祥雍則疑此本為《紀年》注語，《正義》引以釋史，並認為「瀧川本正義多據古抄本，比較可信」（見《古本竹書紀年輯校訂補》，上海：上海人民出版社〔1962.07〕，頁 21）。綜觀諸說，以范說較勝，本文從之。

以道里計」。[4]換言之，若將十餘萬甲骨混雜視為晚商史料來處理，則相關商代文化的探求勢必流於「知其然而不知其所以然」而大打折扣。

如果「不能具體地判斷甲骨文的相對年代，則十萬多片甲骨依然只是一堆"古董"」，[5]古董雖亦可貴，卻遠不及上古史料的價值。相反的，「倘能把每一時代的卜辭，還他個原有的時代，那麼，卜辭的價值，便更要增高，由籠統的殷人二百年間的卜辭，一躍而為某一帝王時代的直接史料」，[6]將這些「甲骨材料分別統歸于它所相當王世的具體時期，才能把有關商代社會歷史的研究置于可靠的基礎之上」，[7]如此方能提升各種專史研究的精確性。

舉例來說，如吾人欲考察商代曆法，經籍文獻材料不足，轉藉甲骨卜辭內容發揮勢所必然，且可能是最主要資訊來源，此即為甲骨史料價值之展現。然而，甲骨中「年終置閏」與「年中置閏」的曆法現象兼而有之，若未能將相關內涵加以斷代，則吾人僅能客觀描述此二現象並存的情形，實無法考察兩者關聯，進而探知商代曆法之一斑。如是獲知之商代曆法仍是混沌難明，沒有真正發揮甲骨史料之價值。如果能輔以斷代，將相關材料依時代排序，則吾人自能有效分析不同的「置閏」方式與不同帝王朝代的關係，讓相關帝王時代的典章制度有更具體呈現的可能。

二、 考知流變

甲骨若能以時代為基準先予區分，並依其時序先後加以排列，則吾人對於相關內容的探究，自能觀其體系，而察其演變，如此必然能對殷商文化的興替，有更具體之掌握與收穫。

以商先王名號為例，卜辭所見商湯稱號有「唐、成、咸、大乙」等，諸名普遍載於甲骨中，如未能區分，則僅能知曉商湯稱號眾多，而無法窺知其間使用習慣的不同。若以斷代為據，商湯諸多稱號的使用則明顯可見變易，其中「大乙」之號於武丁晚期出現後幾乎定於一尊，類此差異透露彼時制度的變革，唯有斷代才能掌握。

再以文字使用為例，卜辭所見之「災」有 ≋、 册、 ⼘、 ⼂ 等形體，諸形取意各有不

---

[4] 董作賓：〈甲骨文斷代研究例〉，《蔡元培先生六十五歲慶祝論文集》（上冊）（中央研究院歷史語言研究所集刊外編第一種，1933 年 1 月），頁 323。

[5] 陳煒湛：《甲骨文簡論》（上海：上海古籍出版社，1987 年 5 月），頁 161。

[6] 董作賓：〈大龜四版考釋〉，《安陽發掘報告》第 3 期（1931 年 6 月），頁 437。

[7] 王宇信：《中國甲骨學》（上海：上海人民出版社，2009 年 8 月），頁 160。

同,參以斷代,即知災字各形使用的主要時期實有所別,大致由「≋→ᄇ→用、⫶⫶」
遞嬗,據此可以探求不同時期災害的性質,提供吾人對於商代社會深入了解的管道;又
如「召」字,卜辭所見有「𓎤、𓎤」二形,就其原始創意「作溫酒盆上有個酒壺,一手
持杯,一手拿杓,挹酒招待客人之意」[8]觀之,前者形體完備當為「初形」,而後者則明
顯是簡化後的形體,然斷代資料顯示,前者用於晚期,後者用於早期,結果適好相反。
從字形演變表面來看,由「𓎤」至「𓎤」看似補充原形意象之不足,是一種「增繁」現
象,但也無法排除「𓎤」實早於殷墟卜辭之前即已存在,而後逐漸簡化成「𓎤」的可
能。不管為何,商末書寫「召」字的情形有些特別,如非「畫蛇添足」,就是「述古」
之作,這些情形即可能隱含若干商末文化的變易,若無斷代之助,或恐難以察覺。

　　因此,將甲骨回歸其所屬的時代,其上所記載的各種訊息變化,始能成為有效的研
究材料,據此方能進而建構更清晰的古代社會。

　　早在斷代標準初始架構之際,董作賓即曾指出,通過精密的斷代研究,必能獲得如
下成果:[9]

　　1,可以還他殷代每一帝王的真實而貴重的史料。

　　2,可以編著每一帝王的傳紀。

　　3,可以作各種專史的研究,如體制,曆法,地理等等。

　　4,從各期史實中,可以看出殷代社會發展的程序。

　　5,從各期文字上,可以看出殷代文化演進的階段。

　　6,對於發掘工作,由每坑卜辭的時代,可以證明同出的一切遺物的時代。

　　7,可以印證古代記載裏的真實材料。

　　8,可以糾訂前此混合研究的各種謬誤。

以上八項,1、2、3、6、7項根基於「史料編整」,4、5、8項則屬「考知流變」之功。
雖後繼實際斷代成果的運用,未必完全契合董氏的期待,但整體而論,董氏之言並無大
誤,適足以看出斷代工作的意義。

---

[8] 許進雄先生:《中國古代社會》(修訂三版)(臺北:臺灣商務印書館,2013年9月),頁262。
[9] 董作賓:〈甲骨文斷代研究例〉,頁423。

第二節　簡史

一、初識甲骨

一般以為，甲骨文最初是王懿榮於病中購藥所意外發見，此說乃據汐翁〈龜甲文〉所述：

> 光緒戊戌年。丹徒劉鐵雲。鶚。客游京師。寓福山王文敏懿榮私第。文敏病疥。
> 服藥用龜板。購自菜市口達仁堂。鐵雲見龜板有契刻篆文。以示文敏。相與驚訝。
> 文敏故治金文。知為古物。到藥肆詢其來歷。言河南湯陰安陽。居民掘地得之。
> 輦載銜粥。取直至廉。以其無用。鮮過問者。惟藥肆買之。[10]

依照這個說法，甲骨文的首位發現者應該是劉鶚，時間是在 1898 年（光緒戊戌年）。然此篇報導多處有違事實並不可信，李學勤曾撰專文批駁，[11]其說可從。

甲骨發現的源頭，根據明義士屢次向經手人濰縣范姓商人打聽所得：[12]

> 一八九九（己亥光緒二十五年），有學者名王懿榮（字廉生諡文敏公），到北京
> 某藥店買龍骨。得了一塊有字的龜板，見字和金文相似，就問來源。並許再得了
> 有字的龍骨，他要，價每字銀一兩，回家研究所得。王廉生是研究甲骨的第一人。
> 當年秋，濰縣范氏又賣與王氏甲骨十二塊，每塊銀二兩，蓋范氏在北京，聽說王
> 氏之事，便到彰德得了十二塊，回北京，賣與王氏。一九○○（庚子光緒二十六
> 年）春，范氏又得了八百塊，亦賣與王氏。其中有全龜甲一殼，文五十二字。[13]

另王襄有說：

> 世人知有殷契自公元一八九八年始（即前清光緒二十四年），濰友范壽軒售古器
> 物來，言河南湯陰（實安陽）出骨版（實龜甲獸骨）中有文字，徵詢吾人欲得之否。時

---

10 汐翁：〈龜甲文〉，《華北日報》副刊《華北畫刊》第 89 期，1931 年 7 月 5 日。

11 詳李學勤：〈汐翁〈龜甲文〉與甲骨文的發現〉，《殷都學刊》2007 年第 3 期，頁 1-3。

12 相關內容為范氏商人 1914 年所言，而明義士將之載入《甲骨研究》，1933 年初編印行。

13 明義士：《甲骨研究》（濟南：齊魯書社，1996 年 6 月），頁 7-8。

有鄉人孟定生共話，極慫恿其往購且言欲得之。孟氏意此骨版為古之簡策也。
昱年十月，范君來告以得古骨版，期吾儕到彼寓所觀覽。……孟氏與襄皆寒士，
各就力所能得者收之而已，所餘之骨版，據云盡售諸王廉生，得價三千金，言
之色喜。售王之骨版使人不能忘情者，即全龜之上半完整無缺，當時群以為大
寶也。[14]

兩者內容並不一致，頗有牴牾，歷來討論者眾，[15]仍難明斷，因此「何時何人首先發現
甲骨」幾成公案。其實，二文中之范氏古玩商並非一人，前者指范維清，後者已明言范
壽軒，[16]而不管是誰，無疑皆是甲骨發現一事之重要關係人。

根據范氏族人[17]得自老輩傳說回憶：

安陽殷墟小屯村一帶的農民祖祖輩輩耕田掘地，經常有龜甲獸骨碎片從田間出
現，歷來都當做"龍骨"送往藥店賣掉。1898 年秋天，范維清一行由於沒有收
到青銅器，便順手牽羊把這批"龍骨"送到北京藥材生貨店去賣。於是，便有了
患病的國子監祭酒大人查看藥中"龍骨"碎片等盡人皆知的一幕。當時王懿榮
即叮囑藥材生貨店掌櫃：若濰縣古董商范某再來，必為引見。1899 年夏天，范
維清一夥又去北京送"龍骨"，遂被引薦到王府。王懿榮見到范維清帶來的這批
契文甲骨，分外高興，當場指認上面一些近似鐘鼎文的字體給他們看，范氏等人
才恍然大悟：弄到的這批藥材是真正的骨董。[18]

以上說法與明義士所聞大致相仿，「濰縣范氏」當即范維清。[19]此外，熟悉北京古玩圈
掌故秘事的陳重遠另有他聞：

---

[14] 王襄：〈簠室殷契序〉，《甲骨文研究資料彙編》第 4 冊（北京：北京圖書館出版社，2008 年 6 月），頁 534。
（原作〈殷契墨本選集序〉，1955 年 10 月 27 日刊行）

[15] 詳參朱彥民：〈近代學術史上的一大公案——關於甲骨文發現研究諸說的概括與評議〉，《邯鄲學院學報》
第 18 卷第 2 期（2008 年 6 月），頁 58-64。

[16] 鄧華謂「范維清（字緝熙）是第一位發現並販運甲骨給王懿榮的那位濰縣范氏商賈，范椿青（字壽軒）
是繼而向天津王襄哄抬價格、重金推銷甲骨的同村同宗古董商賈。」（鄧氏〈甲骨文發現史上的另一樁公
案〉，《紀念王懿榮發現甲骨文 110 周年國際學術研討會論文集》，北京：社會科學文獻出版社〔2009.08〕，
頁 10）其說近理，當可信從。

[17] 主要三人：范信書（范維清第四代傳人）、范守文（范家庄老人）、范明科（續修族譜）。

[18] 鄧華：〈關於甲骨文發現的一段疑案〉，《紀念王懿榮發現甲骨文一百周年論文集》（濟南：齊魯書社，2000
年 12 月），頁 380-381。（原載《收藏》1999 年第 12 期）

[19] 《甲骨年表》「光緒廿五年」載「山東濰縣古董商人范維卿，為端方搜買古物，往來於河南武安彰德間，……
是年秋，范估以甲骨文字十二版售與王懿榮，每版價銀二兩。」（董作賓、胡厚宣《甲骨年表》，臺北：
中央研究院歷史語言研究所〔1937.04〕，頁 1）「范維清」其名首見於文獻，惟是時作「范維卿」。

光緒二十五年，端方擢任陝西布政使，護陝西巡撫，上任前讓孫秋颿去看望王懿
榮。因為王老夫子在病中，他來不及向王辭行。孫秋颿拜見王懿榮，王懿榮給他
看"龍骨"。龍骨上有類似商代青銅器上的文字，孫秋颿認不出是文字還是圖畫，
求教于王老夫子。王懿榮告訴他，自己在病中，派人到藥鋪去抓藥，熬藥時我檢
查各味藥，發現龍骨這付藥上有文字，又派人到藥鋪買來大量龍骨。"你給我多
搜集些銅器上的銘文拓片，等我病好後，我要仔細研究、考證，對照一下，有何
相似，有何不同。"[20]

端方於光緒廿四年九月外放為官，先派任陝西按察使，[21]隔年（光緒廿五年）暫護陝西
巡撫，[22]並改任陝西布政使，[23]故其離京赴任不及辭別者，應在光緒廿四年九月左右，
亦即 1898 年秋末，是時王懿榮正當抱病，抓過藥，已見到有字龍骨，但尚未與范維清
謀面。

綜上觀之，甲骨極可能早在 1898 年秋末，即為王懿榮病中無意間初次識見，而至
遲 1899 年夏范維清會見王氏後，始為外人所知。明義士「1899 年王懿榮到北京藥店買
龍骨」之說，必本於范維清，而范氏確實是在 1899 年才從王氏口中得知甲骨種種，彼時
（1914 年）相告明氏，細節或有含混，未得真貌。另外，王氏既得甲骨（當時稱為龍骨），
而秘行其事，[24]復託孫秋颿蒐羅銘文，其探究之心，無庸置疑，惟旋庚子亂起，王氏殉
國，功業未竟。

至於范壽軒求售甲骨情事，源於王襄的親身經歷，王氏對此多次回顧，具體成說者
主要有三，最早見於 1933 年：

前清光緒己亥年，河南安陽縣出貞卜文，是年秋，濰賈始携來鄉求售，鉅大之骨，
計字定值，字償一金。一骨之值，動即十數金，鄉人病其值昂，兼之骨朽脆薄，
不易收藏，皆置而不顧。惟孟定老世叔與予知為古人之契刻也，可以墨蹟視之，

20 陳重遠：《文物話春秋》（北京：北京出版社，1996 年 10 月），頁 303。

21 見錢實甫：《清代職官年表》（北京：中華書局，1980 年 7 月），頁 2199。

22 參端方：〈暫護陝西巡撫謝恩摺〉，《端忠敏公奏稿》（臺北：文海出版社，1967 年 8 月），頁 59。

23 見錢實甫：《清代職官年表》，頁 1958。

24 明義士曾以「he went away with his treasure wrapped in his bosom, only examining it in secret.」描述王懿榮
初得甲骨情狀（明氏《殷虛卜辭・序》，上海：別發洋行〔1917.03〕，頁 2）；王國維亦言殷墟甲骨文字「初
出土後，濰縣估人得其數片，以售之福山王文敏（懿榮）。文敏命秘其事，一時所出，先後皆歸之。」（王
氏〈最近二三十年中中國新發見之學問〉，《學衡》第 45 期〔1925.09〕，頁 1-2）；而陳夢家以劉鶚未及王
懿榮生前見其所藏甲骨，認為「當時王氏對此秘藏，並不輕以示人。」（陳氏《殷虛卜辭綜述》，北京：
中華書局〔1988.01〕，頁 647），皆認為王懿榮初見甲骨，並無聲張，而隱密行事。

奔走相告，竭力購求，惜皆寒素，力有不逮，僅于所見十百數中獲得一二，意謂不負所見，藉資攷古而已。後聞人云吾儕未購及未見之品，盡數售諸福山王文敏公矣。[25]

其中並未指明范氏何人；1935 年又敘：

（甲骨）當發見之時，村農收落花生果，偶于土中檢之，不知其貴也。濰賈范壽軒輩見而未收，亦不知其貴也。范賈售古器物來余齋，座上訟言所見，鄉人孟定生世叔聞之，意為古簡，促其脂車訪求。時則光緒戊戌冬十月也。翌年秋，携來求售，名之曰龜板。人世知有殷契自是始。甲骨之大者，字酬一金。孟氏與余皆困于力，未能博收。有全甲之上半，珍貴逾他品，聞售諸福山王文敏公。[26]

交往細節增多，且已確稱范姓賈人名號，其後 1955 年的描述（已見前引）大抵與此相同，范壽軒大名亦見其中。據上引文，可注意者有三：其一，王襄最初目驗甲骨應在光緒己亥（1899 年）秋天，確實晚於王懿榮（大約一年）；其二，是時甲骨或計字定值，價位高漲，顯非待考定之物，李學勤謂「商人將成批甲骨賣到天津，售價一字一金，這肯定已在把數片賣給王懿榮事後了」，[27]洵是一針見血；其三，王襄雖是當事人，但年老追憶，[28]其精確性或有可商，[29]如范氏求售甲骨之時間，就有「翌年秋」、「翌年十月」（十月已入冬）兩種表述，因此王說可參考，卻不宜據以論斷。

早期刻紋（文字）明顯的「龍骨」並未受青睞，「當時小屯人以為字不是刻上的，是天然長成的」，[30]根本不會特別留意，但「有字的不好賣，刮去字跡藥店纔要」，[31]故藥店所入藏者罕見契刻文字，時人自無從識其價值。清末世道衰頹，1898 年間有字甲骨混入藥店的件數可能大肆增加，為人所得見之機會自亦大為提高，而王懿榮因緣際會，

25 王襄：〈題所錄貞卜文冊〉，《王襄著作選集》（天津：天津古籍出版社，2005 年 1 月），頁 1788。（原載《河北第一博物院半月刊》第 32 期，1933 年 1 月 10 日）

26 王襄：〈題易穭園殷契拓冊〉，《王襄著作選集》（天津：天津古籍出版社，2005 年 1 月），頁 1873。（原載《河北博物院畫刊》第 85 期，1935 年 3 月 25 日）

27 李學勤：〈《王懿榮集》序一〉，《王懿榮集》（濟南：齊魯書社，1999 年 3 月），頁 5。

28 以末文為例，王襄云「世人知有殷契自公元一八九八年始」，實則當年縱有甲骨面世，時人亦不能知其為殷契，否則范氏兜售毋須試探，而孟氏亦不必臆其為簡冊；王又云「孟氏與襄皆寒士，各就力所能得者收之而已，所餘之骨版，據云盡售諸王廉生，得價三千金，言之色喜」，將范氏大賺一筆得意之情表露無遺，然既是當場所餘骨版，則售王懿榮之舉必是日後所為，而范氏喜色亦非王襄當日當場所見。凡此明顯皆為追憶所得。

29 王宇信對此辯之甚詳，其論極為可從（見王氏《中國甲骨學》，頁 22-25）。

30 明義士：《甲骨研究》，頁 7。

31 同上註。

憑藉其豐富的金石學知識，疑藥材上的刻劃是古代文字，應是「甲骨文」最早發現者無疑，此時劉鶚未涉其中，與之完全無關。在此之前，見過「甲骨」者（農人、藥商等）不知凡幾，但皆未能意識到其中隱含的劃時代價值，而范氏商人心術不正，卻歪打正著，1899 年間有幸受教於王氏，遂啟後續甲骨之收購、交易、珍藏、研究風潮，至此「甲骨文」可謂正式問世。[32]

1899 年秋天，王襄、孟定生初見甲骨謂：

所謂骨版者，相共摩娑，所見大小不一，沙塵滿體，字出刀刻。既定其物，復審其文，知為三古遺品。[33]

二人首見甲骨即認此屬三代古物，至於精確時代並無具體主張；1900 年王懿榮認為甲骨所記「皆商代帝王之名，且文字奇古，必為殷商遺物」，[34]首先判定甲骨為商代文物，然此說載於《甲骨年表》，卻無標明出處，難免啟人疑竇。[35]1903 年劉鶚於《鐵雲藏龜》自序中言及：

許叔重於古籀文必資山川所出之鼎彝，不意二千餘年後，轉得目睹殷人刀筆文字，非大幸與？[36]

又論：

鐘鼎凡有象形者，世皆定爲商器，此於車馬龍虎犬豕豚等皆象形也，其他象形之字甚多。……象形之字既多，可知其爲史籀以前文字，何以別其非周初？觀其曰問之於祖乙、問之於祖辛、乙亥卜祖丁十五牢、辛丑卜厭問兄於母庚，祖乙、祖辛、母庚，以天干爲名，實爲殷人之碻據也。[37]

明確指出甲骨上的刻辭就是商代文字，此後甲骨完全擺脫古董玩賞的角色，一躍成為研

---

32 詳另參吳俊德：〈甲骨文發現問題再探〉，《北市大語文學報》第 22 期（2020 年 6 月），頁 1-36。

33 王襄：〈簠室殷契序〉，頁 533。

34 董作賓、胡厚宣：《甲骨年表》，頁 2。

35 李宗焜即謂「《甲骨年表》於甲骨發現初期，凡所記述皆標所據，惟此則獨無，恐亦是得之傳聞」（見李氏〈甲骨文的發現與寧文之辨發覆──以王懿榮與陳介祺往來函札為例〉，《古今論衡》第 18 期〔2008.10〕，頁 36），此疑頗有理據，其論可從。

36 劉鶚：《鐵雲藏龜‧自序》，《甲骨文研究資料彙編》第 1 冊（北京：北京圖書館出版社，2008 年 6 月），頁 11-12。

37 同上註，頁 14-16。

究商代歷史最重要的材料。

1908 年羅振玉訪知甲骨發見地為小屯後，即認定此處為武乙之墟：

> 史記及竹書均言武乙徙河北，而未明指其地。今此龜甲獸骨實出於安陽縣城西五
> 里之小屯，當洹水（俗名安陽河）之陽，證以古籍，知其地為殷墟，武乙所徙，蓋在
> 此地。[38]

並「悟此卜辭者，實為殷室王朝之遺物」。[39]1915 年，羅氏自序《殷虛書契考釋》更進
一步指出：

> 商之遷都，前八後五，盤庚以前，具見書序，而小辛以降，眾說多違，洹水故墟，
> 舊稱亶甲，今證之卜辭，則是徙于武乙，去于帝乙。[40]

認為殷墟甲骨的時期橫跨武乙、文丁、帝乙三世。1925 年王國維認為：

> 《史記》既以盤庚所遷為亳，殷在河南，而帝辛之亡又都河北，乃不得不以去亳
> 徙河北歸之武乙，今本《紀年》襲之。然《史記正義》引古本《竹書紀年》云自
> 盤庚徙殷至紂之滅七百七十三年（《集解》引《紀年》湯滅夏以四百九十六年，則盤庚至紂不
> 能有七百七十三年，此有誤字）更不遷都。……今龜甲獸骨所出之地正在鄴西，與古《紀
> 年》說合，而卜辭中若「父甲一牡、父庚一牡、父辛一牡」（《後編》上第二十五葉）
> 一骨乃武丁時所卜，又卜辭中所祀帝王訖于武乙、文丁，則知盤庚以後帝乙以前，
> 皆宅殷虛，知紀年所載獨得其實，故卜辭中雖不見殷字，而殷之在河北不在河南，
> 則可斷也。[41]

王氏舉證說明殷墟實為盤庚至帝辛的王都所在，確立殷墟甲骨所包含的王世向上延伸至
盤庚，為日後斷代工作的進行奠定重要的基礎。

---

[38] 羅振玉：《殷商貞卜文字考》，《甲骨文研究資料彙編》第 3 冊（北京：北京圖書館出版社，2008 年 6 月），
頁 575。

[39] 同上註，頁 574。

[40] 羅振玉：《增訂殷虛書契考釋・序》，《殷虛書契考釋三種》（北京：中華書局，2006 年 1 月），頁 334。

[41] 王國維：《古史新證》（北京：清華大學出版社，1994 年 12 月），頁 55-56。其中「《後編》上第二十五葉」
為《後》上 25.9（＝《合》2131）。

二、 斷代嘗試

　　甲骨既包含多代王世，其正確時代歸屬自會引起探究者的興趣。1917 年，王國維名作〈殷卜辭中所見先公先王考〉問世，其中對於個別甲骨的時代有初步的判斷：

> 卜辭有一節曰癸酉卜貞王賓（此字原奪，以他文例之此處當有賓字）父丁﹝﹞三牛眔兄己一牛兄庚□□（此二字殘闕，疑亦是一牛二字）亡□。（《後編》卷上第十九葉）又曰癸亥卜貞兄庚□眔兄己□。（同上第八葉）又曰貞兄庚□眔兄己其牛。（同上）考商時諸帝中，凡丁之子，無己庚二人相繼在位者，惟武丁之子有孝己（〈戰國秦燕二策〉、《莊子》〈外物〉篇、《荀子》〈性惡〉、〈大畧〉二篇、〈漢書古今人表〉均有孝己。《家語》〈弟子解〉云高宗以後妻殺孝己，則孝己武丁子也）、有祖庚、有祖甲，則此條乃祖甲時所卜。父丁即武丁，兄己兄庚即孝己及祖庚也。[42]

又謂：

> 卜辭曰父甲一牡、父庚一牡、父辛一牡。（《後編》卷上第二十五葉）此當為武丁時所卜。父甲、父庚、父辛即陽甲、盤庚、小辛，皆小乙之兄，而武丁之諸父也（羅參事說）。[43]

此為根據稱謂具體論證相關卜辭時代的第一人，[44]亦是甲骨斷代之始。1928 年左右，明義士整理 1924 年所得一坑甲骨，析分成若干匣屜，並試圖將之區分時代，如定「甲屜二」為「武丁時」，其說明：

> 武丁稱小乙為父乙，母為母庚；羊甲為父甲，盤庚為父庚。此屜諸骨，為武丁後半期所卜者。[45]

---

[42] 王國維：〈殷卜辭中所見先公先王考〉，《定本觀堂集林》（臺北：世界書局，1991 年 9 月）卷九，頁 431。其中「《後編》卷上第十九葉」為《後》上 19.14（＝《合》23187）；「第八葉」者，應是「第七葉」，為《後》上 7.7 以及 7.9，兩版可綴，即《合》23477。

[43] 同上註，頁 433-434。

[44] 王氏於該文後註記為「羅參事說」，是以稱謂斷代者羅振玉亦有其說，更似在王說之前。

[45] 明義士：〈殷墟卜辭後編自序〉（未刊行，首見於李學勤：〈小屯南地甲骨與甲骨分期〉文末附錄，《文物》1981 年 5 期，頁 33），轉引自李學勤：〈明義士對一坑甲骨的整理〉，《社會科學戰線》2008 年第 9 期，頁 101。

又「甲屉五」說明：

> 祖庚稱武丁為父丁。在此時代中之獸骨，未有稱祖己為兄己者，其字形為大。小
> 乙之所以稱為小乙者，乃其孫之所稱，因其先祖中已有祖乙之稱在祖廟中也。予
> 曾以長時間，疑此大字諸獸骨，或屬于盤庚、小辛及小乙時代，彼等之稱及祖丁，
> 但此骨之有父丁及小乙者較之，可決屬于祖庚時代。[46]

「甲屉六」說明：

> 與甲屉五同時，並不在祖庚時代以前，且無祖甲時王宮字體之特點。其字形大而
> 粗草。[47]

「丙屉二」說明：

> 祖甲稱武丁為父丁，孝己為兄己，祖庚為兄庚。此時代之字體，變為小而細整，
> 尤以王宮等字，特用一種橫筆。[48]

整體觀之，明氏斷代除了稱謂外，已經注意到字形大小風格的差異，顯較王國維更進一
步，雖其判斷結果不一定正確，但其建構斷代標準的能力與用心，著實令人敬佩。

王、明二氏雖可謂斷代工作之先驅者，然皆缺乏系統化的考察與論述，故成效有限。
1931年董作賓考釋大龜四版，對於甲骨時代的判斷，主張：

> 斷代之法，應從各方面觀察而求其會通，大要不外下列數種：一，坑層　二，同出
> 器物　三，貞卜事類　四，所祀帝王　五，貞人　六，文體　七，用字　八，書法。[49]

初步提出全面性判斷甲骨時代的基準。不久，1933年董氏即完備其斷代架構與主張，就
甲骨文字本身，提出斷代十項標準：

> 一，世系；　　二，稱謂；　　三，貞人；　　四，坑位；　　五，方國；
> 六，人物；　　七，事類；　　八，文法；　　九，字形；　　十，書體。[50]

前後相較，前者第二項「同出器物」與甲骨本身無關，董氏認為「須待分頭研究之後，

---

[46] 李學勤：〈明義士對一坑甲骨的整理〉，頁101。
[47] 同上註。
[48] 同上註，頁102。
[49] 董作賓：〈大龜四版考釋〉，頁437。
[50] 董作賓：〈甲骨文斷代研究例〉，頁324。

才可以拿來比較」，[51]暫將之排除；第三項「貞卜事類」分成「方國」、「人物」、「事類」；第四項「所祀帝王」分成「世系」、「稱謂」兩項；其餘諸項用語或有不同，但皆為沿用。董氏斷代十項標準奠立甲骨斷代研究的基礎，影響相當深遠，此後相關探索者據之開展研究工作，大大豐富甲骨斷代內涵，使得十數萬片甲骨終有回歸其時代序列的可能性。

1951 年，基於對董作賓未能徹底整理「貞人」相關資訊，且其斷代成果語焉不詳，陳夢家有意重新貫徹斷代工作，[52]遂提出三種標準：

第一標準：

A 祖先的世系，

B 占卜當時的人對其祖先的稱謂，

C 占卜者的名字。[53]

第二標準：

甲、字體，包括字形的構造和書法風格等；

乙、詞彙，包括常用詞，術語，合文等；

丙、文例，包括行款，卜辭形式，文法等。[54]

第三標準：卜辭內容

一、祭祀　對祖先與自然神祇的祭祀與求告等；

二、天象　風、雨、啟、水及天變等；

三、年成　年成與祈年等；

四、征伐　對外戰爭與邊鄙的侵犯等；

五、王事　王之田獵、遊止、疾、夢、生子等；

六、卜旬　卜夕附之。[55]

並強調運用「上述的三種標準，必須要依照先後次序逐步進行，必須要根據了材料作歸

---

51 同上註。

52 陳夢家：〈甲骨斷代學甲篇〉，《燕京學報》第 40 期（1951 年 6 月），頁 4。

53 同上註，頁 5。

54 同上註，頁 6。

55 同上註，頁 7。

納的工作，必須要在嚴格的管制下尋求條例」。[56]整體觀之，陳氏所建構的斷代標準，較之董氏所主張，持說雖更為細緻明確，但實際上兩者並無根本上的差異。

1970 年許進雄先生受聘加拿大多倫多皇家安大略博物館（Royal Ontario Museum）整理甲骨實物，反復墨拓之餘，發覺甲骨鑽鑿形態有其時代歧異性，進而嘗試以鑽鑿作為斷代標準：

> 由於鑿鑽的窪洞只是用來幫助兆紋的裂開容易些，並不意在鑿成一定的形狀，所以很難單由鑿鑽來判定卜骨的正確時期，但對長鑿形狀的檢驗，有幾點是對卜辭時代的判別很有價值的。……鑿的長度比普通的長得多的只發現於第一期以後。第一期以後鑿的兩肩經常被挖寬，由於這第二次的挖刻，使得鑿的長度與寬度的比例，第一期比後期大得多，換句話說，第一期的鑿看起來是突些。另外還有一種長鑿，其長度比平常的短些，是只發現於第四期（尤其是文武丁的）與陳夢家所稱的自組的卜骨的。[57]

許先生將甲骨斷代標準的考察由正面延伸至背面，[58]為甲骨斷代研究開闢新的途徑，亦完備以甲骨本身特點做為區分時代依據的所有可能性。

三、標準運用

甲骨斷代標準雖已大抵完備，但如何運用始能發揮最大功效，卻還是須要依循一些基本原則。董作賓認為：

> 十種判別時期的標準，重要的自然是「貞人」，何以知某一貞人是在某一王的時代？自然要根據他們貞卜時王祭祀祖妣時的「稱謂」，而稱謂如何，又須先明瞭殷代王室的「世系」，所以世系、稱謂、貞人，三位一體，都是斷代的基礎。[59]

---

[56] 同上註。

[57] 許進雄先生：〈鑽鑿對卜辭斷代的重要性〉，《中國文字》第 37 冊（1970 年 9 月），頁 1。

[58] 甲骨背面之鑽鑿，許進雄先生之前，貝塚茂樹亦有考察（詳貝塚氏《京都大學人文科學研究所藏甲骨文字：本文篇》，京都：京都大學人文科學研究所〔1960.03〕，頁 116-122），然立論粗疏，未成體系。

[59] 董作賓：〈甲骨文斷代研究的十個標準（上）〉，《大陸雜誌》第 4 卷第 8 期（1952 年 4 月），頁 10。

陳夢家看法與董氏相似,更直言「占卜者是最好的斷代標準」。[60]陳氏主張根據第一標準可以找出兩種標準片:「一種是不具卜人名而可由稱謂決定年代者,屬於此者不多;一種是具有可定年代的卜人名字者,屬於此者為數甚多」;[61]接著運用上述標準片進行字體、詞彙、文例的考察歸納,如此即「可知某一時代字體詞彙與文例的特徵,用此特徵可以判定不具卜人的卜辭的時代」,[62]以之形成第二標準;最後再利用前二項標準,再將甲骨加以分期,並按其刻辭內容分別為不同事類進行研究,並將所得「綜合成某一時期的祀典,歷法,史實以及其他制度(如官制等)」,[63]如此可做為判別時代的第三標準。

1957 年,李學勤對陳夢家之說不以為然,謂:

> 卜辭斷代標準應以稱謂系統為主,祖先世系則係其根據。卜人雖是一個有效的標準,但因很多類卜辭不記卜人,所以並非通用的標準。《綜述》以祖先世系與卜人為斷代的第一標準,是不恰當的。[64]

並強調:

> 卜辭的分類與斷代是兩個不同的步驟,我們應先根據字體、字形等特徵分卜辭為若干類,然後分別判定各類所屬時代。同一王世不見得只有一類卜辭,同一類卜辭也不見得屬於一個王世。[65]

顯然在斷代的步驟上與董、陳二氏發生歧見。[66]1984 年林澐呼應李氏,認為「董作賓發現的『貞人』(卜人),是對署卜人名卜辭的一個最有效的分類標準。但它本身並不具有確定年代的直接意義」,[67]又強調:

> 過去有些研究者未能把分類和確定年代這兩件事情分開,不知道字體只能作為分類的標準,而把字的寫法逕直當作確定年代的標準。比如因為自組干支字的寫法

---

[60] 陳夢家:〈甲骨斷代學甲篇〉,頁 5。

[61] 同上註,頁 6。

[62] 同上註。

[63] 同上註,頁 7。

[64] 李學勤:〈評陳夢家殷虛卜辭綜述〉,《考古學報》1957 年 3 期,頁 125。

[65] 同上註,頁 124。

[66] 李氏的主張後來有更完整的論述,詳李學勤、彭裕商:《殷墟甲骨分期研究》(上海:上海古籍出版社,1996 年 12 月),頁 18-20。

[67] 林澐:〈小屯南地發掘與殷墟甲骨斷代〉,《古文字研究》第 9 輯(1984 年 1 月),頁 144。

和黃組有一些相近之處，就說自組卜辭應定在殷墟晚期，這種把分類標準和確定年代的標準混為一談的做法，是今後甲骨斷代研究中應該堅決擯棄的。[68]

另外，林澐以為「除了稱謂系統和世系對照，以及地層學的方法，再沒有其他方法可以作為確定年代的原始根據。但要正確使用這兩種方法，都必須首先解決甲骨分類問題」，[69]而其對董作賓十項標準中「坑位、方國、人物、事類、文法」的分類功能皆持否定態度：

> 由于發掘經驗表明，同一灰坑或其他單位所出的甲骨，即使是在早期地層中，時代雖較單一，類別也很複雜；在較晚的地層中，則往往混出各個時代各種類別的甲骨，所以後一種意義的「坑位」，在甲骨分類上也是沒有用處的。至于根據卜辭內容來分類，只是徒然造成種種混亂而已。[70]

林氏堅定相信「無論是有卜人名的卜辭還是無卜人名的卜辭，科學分類的唯一標準是字體」，[71]這是將考古學的類型學方法運用於甲骨分期研究，也改變日後甲骨斷代探索的方向。

第三節　成果

一、分期說

甲骨斷代標準的建立，當以董作賓為要。董氏之前，王國維以稱謂判斷單一卜辭的時代，雖數量極少，僅 3 片，分別為《後編》上 7.7+7.9、19.14、25.9（圖參下），[72]卻極精當；另有明義士統整一坑甲骨，曾將甲骨時代析分為武丁、祖庚、祖甲、康丁、武乙等五個時期，用心雖篤，但其初步的結論並不完全正確。[73]

---

[68] 同上註，頁 147-148。
[69] 同上註，頁 144。
[70] 同上註，頁 145。
[71] 林澐：〈無名組卜辭中父丁稱謂研究〉，《古文字研究》第 13 輯（1986 年 6 月），頁 30。
[72] 依序為《合》23477、23187、2131。
[73] 明氏此坑所得甲骨有部分屬於「歷組卜辭」，其中「父丁、父乙」明氏指為「武丁、小乙」，但據後來科

《後》上25.9

《後》上19.14

《後》上7.7+7.9

董作賓揭示甲骨斷代十項標準，同時亦將殷墟甲骨時代劃為五期：

第一期，武丁及其以前（盤庚、小辛、小乙）

第二期，祖庚，祖甲；

第三期，廩辛，康丁；

第四期，武乙，文丁；

第五期，帝乙，帝辛。[74]

此五期之分期雖顯粗略，但卻有效地將甲骨時代予以切割，有利於甲骨的整理與研究，而《甲骨文合集》[75]編纂的斷代運用，就是體現董氏五期概念最顯著的成果。

董作賓之後，先有胡厚宣基於實務工作，權將第三、四期的甲骨歸為一類：

廩辛、康丁、武乙、文丁時甲骨，根據稱謂，有確可分為廩辛、康丁及武乙、文丁兩期；亦有確可知其當屬於某一王者；但絕大多數，並無稱謂可據，字體事類，往往類似混同，難以強分。茲為慎重起見，姑列為一期。[76]

如此甲骨時代只分得四期；後有陳夢家主張殷墟卜辭可以分為九期，並規畫完備的分期

學發掘釐清之地層關係，此「父丁、父乙」應為「康丁、武乙」。

[74] 董作賓：〈甲骨文斷代研究例〉，頁324。

[75] 郭沫若主編：《甲骨文合集》，北京：中華書局，1977年12月～1983年1月。

[76] 胡厚宣：《戰後京津新獲甲骨集‧序要》（上海：群聯出版社，1954年3月），頁1。

架構：[77]

一，武丁卜辭		1	一世	早期
二，庚、甲卜辭	祖庚卜辭	2	二世	
	祖甲卜辭	3		
三，廩、康卜辭	廩辛卜辭	4	三世	
	康丁卜辭	5		中期
四，武、文卜辭	武乙卜辭	6	四世	
	文丁卜辭	7	五世	
五，乙、辛卜辭	帝乙卜辭	8	六世	晚期
	帝辛卜辭	9	七世	

然而陳氏也明白這樣的斷代分期，「在實際分辨時，常有困難」，[78]因此另外附有「早、中、晚」的大概分期，提出「在可以細分時，我們盡量的用九期分法；在不容易細分別時則用五期甚至三期的分法」的變通做法。[79]另外，夏含夷曾提出「細微斷代法」嘗試探求甲骨的絕對年代，認為：

> 若能確定某些記日記月的卜辭都屬於一年之內（或者在某些情況之下，在相連的兩年之內）就有可能得出範圍相似或接近的曆表上的參量。[80]

此論邏輯性極強，如果相關資料齊備、正確，則斷定甲骨某些事件的絕對年代並非空夢，較之陳夢家九期王世之區分更為精細，對商史探究無疑是一項難以筆墨的成就。惟夏氏亦認知「我們并不可能總是如此幸運地發現可能屬於同一年內的具有同版關係一系列卜辭」，[81]故此一芻議雖能試探，終不易落實。綜上，甲骨時代區分的類別，不管或併合或析分，董氏五期之說仍究還是目前最為適切且可行的甲骨分期模式。

---

[77] 陳夢家：《殷虛卜辭綜述》，頁138。
[78] 同上註。
[79] 同上註。
[80] 夏含夷：〈殷墟卜辭的微細斷代法——以武丁時代的一次戰役為例〉，《甲骨文發現一百周年學術研討會》（臺北：文史哲出版社有限公司，1998年5月），頁35。
[81] 同上註。

二、分類說

最早提出「先分類再斷代」概念的是李學勤。立說之初，李氏將殷代王卜辭析分為 11 類：[82]

期	類	相當時代
一	1	武丁前、中期
一	2	武丁晚期
二	1	祖庚
二	2	祖甲
三	1	廩辛
三	2	祖甲末年至康丁、武乙之際
四	1	武乙至文丁初年
四	2	文武丁
四	3	文武丁
四	4	文武丁
五		帝乙至帝辛前期

惜未揭示任何具體標準以供參照；接著《小屯南地甲骨》根據字體，將小屯南地中期地層及灰坑所出甲骨分為三類：「第一類卜辭」（筆畫纖細，字體秀麗工整）、「第二類卜辭」（字體變大，筆畫變粗，筆風剛勁有力）、「第三類卜辭」（字體較小，筆畫較細，絕大部分筆風柔軟而圓潤），[83]各類卜辭時代分別對應「康丁時期」、「武乙時期」、「文丁時期」。此外，《屯南》亦將𠂤組卜辭以字體分成三種：「第一種」、「第二種」、「第三種」，惟其時代缺乏明斷，大約可知第二、三種早於第一種。[84]整體觀之，該書的字體分析與分類，雖有具體成果，但受限於材料，其內涵仍顯粗略。

首位確實並全面性執行「先分類再斷代」這項主張者是林澐。林氏認為：

> 卜人名和祭祀稱謂只能作為聯係同一種字體對比研究的重要線索，分類卻只能依據字體。[85]

---

[82] 見李學勤：《殷代地理簡論》（北京：科學出版社，1959 年 1 月），「附錄：殷代王卜辭分類表」，頁 101。

[83] 詳中國科學院考古研究所：《小屯南地甲骨・前言》（北京：中華書局，1980 年 10 月），頁 20-21。

[84] 同上註，頁 23-24。

[85] 林澐：〈無名組卜辭中父丁稱謂研究〉，頁 31。

又謂：

> 要使全部甲骨卜辭盡可能都得到精密的分類，按字體書風進行分類的研究，勢必逐漸取代按貞人集團對甲骨進行分類的研究，而成為分類研究的主要手段。[86]

　　林澐所謂的「字體」實則包括書體風格、字形特徵和用字習慣三方面，與董作賓「字形」、「書體」的斷代標準未盡相同。其進行字體分類，具體得出「𠂤組大字」、「𠂤組小字」、「𠂤賓間組」、「𠂤歷間組」、「歷組一類」、「歷組二類」、「無名組」、「無名黃間組（無名組晚期）」8 類，加上未實際討論的「典型賓組」、「賓組晚期」、「出組」、「何組」、「黃組」等 5 類，共計 13 類，其發展脈絡與對應時代如下：[87]

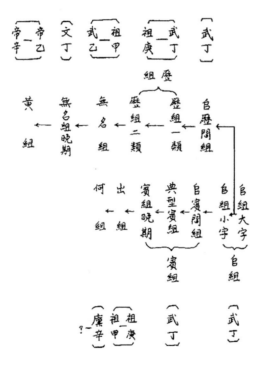

其後，循此模式進行甲骨斷代研究者不在少數，其犖犖大者如黃天樹從事字體分類，共得 22 類：[88]

| 𠂤組肥筆類 | 𠂤組小字類 | ☺類 | 典賓類 |
| 賓組㞢類 | 賓組一類 | 賓組賓出類 | 出組賓出類 |

---

[86] 林澐：〈甲骨斷代商榷〉，《出土文獻研究續集》（北京：文物出版社，1989 年 12 月），頁 51。

[87] 林澐：〈小屯南地發掘與殷墟甲骨斷代〉，頁 142。

[88] 詳黃天樹：《殷墟王卜辭的分類與斷代》（臺北：文津出版社，1991 年 11 月），頁 15-277。

𠂤賓間 A 類	𠂤賓間 B 類	歷一類	歷二類
歷草體類	𠂤歷間 A 類	𠂤歷間 B 類	事何類
何組一類	何組二類	歷無名間類	無名類
無名黃間類	黃類		

各類卜辭時代大約如下；[89]

1、　𠂤組肥筆類（武丁早期至武丁中、晚期之交）

2、　𠂤組小字類（武丁早期至晚期）（此類又分 A、B 兩類）

3、　𤇪類（武丁中期至中、晚期之交）（此類附于𠂤組之後）

4、　典賓類（典型賓組類，賓組二類，武丁中晚期至祖庚時期）

5、　賓組𤇪類（早于典賓組，大致和賓組一類相當）

6、　賓組一類（賓組中時代最早，武丁中期，與典賓組交替）

7、　賓組賓出類（賓組三組，武丁晚期至祖庚之世，少數可能晚到祖甲之初）（可分為龜骨並用群和用龜不用骨群）

8、　出組賓出類（出組一類，祖庚之初至祖甲之初）

9、　出組二類（祖甲之世）

10、𠂤賓間A類（武丁中期）

11、𠂤賓間B類（和A類時代大致相當，主要存在于武丁中期）

12、歷一類（主要是武丁，下限延伸至祖庚之初）

13、歷二類（主要是祖庚，上限應至武丁晚葉）

14、歷草體類（主要是祖庚時期）

15、𠂤歷間A類（武丁中、晚期）

16、𠂤歷間B類（武丁中、晚期）

17、事何類（可分為"賓組事何類"、"何組事何類"、"何組事何草體類"；可能要早于一般何組卜辭，其時代可能在祖庚之世或祖庚、祖甲之交）

18、何組一類（祖甲晚期至武乙之初）

19、何組二類（廩辛至文丁）

20、歷無名間類（祖甲晚世至武乙初年）

21、無名類（康丁或廩辛至武乙、文丁之交）

---

89 據趙誠整理所示（詳趙氏〈斷代和歷組卜辭討論〉，《古籍整理研究學刊》第 6 期〔2003.11〕，頁 3），其條列共 23 項，較黃氏 22 類多出「出組二類」。

22、 無名黃間類（武乙至文丁）

23、 黃類（文丁至帝辛）

各類卜辭時代相互關聯圖示如下：[90]

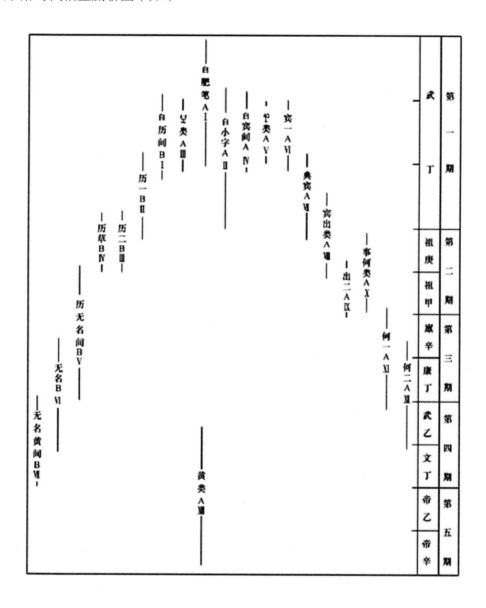

[90] 錄自黃天樹：《殷墟王卜辭的分類與斷代》（北京：科學出版社，2007 年 10 月），「表 1-1：殷墟王卜辭的分類及各類所占年代總表」，頁 9。

另有彭裕商將甲骨刻辭分出早期卜辭 16 類：[91]

> 𠂤組「大字類」　　𠂤組「小字一類」　　𠂤組「小字二類」
>
> 𠂤組「其他小字類及小字類附屬」（𠂤歷間組）
>
> 𠂤賓間組　　　賓組一 A 類　　　賓組一 B 類　　　賓組二類
>
> 出組一類　　　出組二 A 類　　　出組二 B 類　　　歷組一 A 類
>
> 歷組一 B 類　　歷組二 A 類　　　歷組二 B 類　　　歷組二 C 類

晚期卜辭 13 類：[92]

> 何組一類　　　何組二類　　　何組三 A 類　　　何組三 B 類
>
> 黃組　　　　　歷無名間組　　無名組一 A 類　　無名組一 B 類
>
> 無名組一 C 類　無名組二類　　無名組三類　　　無名黃間一類
>
> 無名黃間二類

總計王室卜辭共分得 29 類，其各大類卜辭時代概定如下：[93]

> 𠂤組卜辭：武丁早期—武丁中期
>
> 賓組卜辭：武丁中期—武丁晚期（可延及祖庚）
>
> 出組卜辭：祖庚、祖甲（上限可到武丁末）
>
> 何組卜辭：武丁晚末—武乙前期
>
> 黃組卜辭：文丁—帝辛
>
> 歷組卜辭：武丁中晚—祖甲早期
>
> 無名組卜辭：祖甲—武乙中晚
>
> 無名黃間類卜辭：武乙中晚—文丁
>
> 𠂤賓間組：武丁中期偏早
>
> 𠂤歷間組：武丁中期
>
> 非王卜辭：武丁中期

---

[91] 詳彭裕商：《殷墟甲骨斷代》（北京：中國社會科學出版社，1994 年 5 月），頁 46-285。

[92] 詳李學勤、彭裕商：《殷墟甲骨分期研究》，頁 139-184,269-307。

[93] 同上註，頁 326。

其演變承繼關係大致如下：[94]

$$\begin{array}{l}\text{𠂤組} \longrightarrow \text{𠂤賓間組} \longrightarrow \text{賓組} \longrightarrow \text{出組} \longrightarrow \text{何組} \longrightarrow \text{黃組} \\ \quad\longrightarrow \text{𠂤歷間組} \longrightarrow \text{歷組} \longrightarrow \text{無名組} \longrightarrow \text{無名組晚期}\end{array}$$

　　以上成果，不僅把甲骨字體分類工作推向極致，亦對後繼研究者樹立參照模範，將甲骨斷代工作的內涵徹底改變，成為現今相關研究論述的主流，《甲骨文字編》[95]編纂所採的時代排序，就是落實字體分類分期之代表著作。

　　大致而言，契刻於甲骨上的字形，或其所呈現的書體風格，確確實實有近似甚至相同者，以此作為依據進行字形分類，基本上是可行的，但劃分的標準並不容易一致，遑論精準有效，依此立論恐有流於各說各話之虞，而涉及時代的判定亦難脫一廂情願。此外，更特別的是，以字形分類的斷代工作，各家各類組甲骨的時代繫聯，竟然皆成平行兩系，以致各類組甲骨間縱向承繼關係或許清楚，然而橫向交互關係卻全然成謎，洵為甲骨斷代研究向前推進的一大障礙。

---

[94] 彭裕商：《殷墟甲骨斷代》，頁 309。

[95] 李宗焜：《甲骨文字編》，北京：中華書局，2012 年 3 月。

第二章

觀念釐清

第一節　甲骨的時代

　　甲骨斷代工作的內容就是判定甲骨的精確時代。目前所見殷墟甲骨的年代大約集中於武丁至帝辛之間，共計 7 世 10 王，[1] 享祚近二百七十年，就地質年代[2]觀之，其短促顯不足道；但若自歷史年代來看，此一時段的文化內涵仍有析分的必要。職是之故，甲骨年代的精準度就成為甲骨斷代學追求的目標。

　　甲骨年代的精準判定，有賴吾人對甲骨各項條件的仔細審酌，而一般甲骨施用的過程，董作賓認為有「取用、辨相、釁龜、攻治、類例、鑽鑿、燋灼、兆璺、書契、庋藏」十項工作，其執行順次：

> 貞卜之龜，何從得之？是為‘取用’。種類、大小，何由別之？是為‘辨相’。生龜不能用，必祭而殺之，是為‘釁龜’。殺之之後，剔取其腹下甲而‘攻治’之。此籌備卜事於始也。籌備既竣，乃可從事於貞卜，而所卜維何？又須前定，是為‘類例’。於是‘鑽鑿’焉，‘燋灼’焉，見‘兆璺’，定吉凶焉，而後‘書契’文辭於兆側以識其事，此卜事之全也。貞卜既已，‘庋藏’龜冊，而卜事終矣。[3]

此外，陳夢家據自己的觀察，也提出「取材、鋸削、刮磨、鑽鑿、灼兆、刻辭、書辭、塗辭、刻兆」等甲骨施用九事，[4]與董氏繁簡有別。大致而言，陳氏併「取用、辨相、釁龜」為「取材」，分「攻治」為「鋸削、刮磨」，省去「類例」，又合「燋灼、兆璺」為「灼兆」，細分「書契」為「刻辭、書辭、塗辭、刻兆」，略去「庋藏」，唯一相同

---

[1] 此指「武丁、祖己、祖庚、祖甲、廩辛、康丁、武乙、文丁、帝乙、帝辛」十王。
[2] 地質年代（geologic age）是用來描述地球歷史事件的時間單位，通常在地質學和考古學中使用。
[3] 董作賓：〈商代龜卜之推測〉，《安陽發掘報告》第 1 期（1929 年 12 月），頁 60。
[4] 陳夢家：《殷虛卜辭綜述》（北京：中華書局，1988 年 1 月），頁 10-16。

者「鑽鑿」。董作賓曾謂「觀於龜骨，往往有既鑽鑿而未灼之處，可知非臨時鑽之也。預先鑽（並鑿而言）之則其數何由定？曰定於龜版之大小」，[5]換言之，「鑽鑿」其實是「攻治」的一部份，在問卜之前實已備妥。

　　綜合董、陳二說，甲骨施用的各種情形，可概分為整治（取用、辨相、釁燮、鋸削、刮磨、鑽鑿）、契刻（類例、燋灼、兆璺、刻辭、書辭、塗辭、刻兆）、處置（庋藏）三大階段，因此目前考古出土的甲骨，其時代至少就可能會有三種意涵——甲骨整治的年代、甲骨契刻的年代、甲骨處置的年代。不同標記的甲骨時代若混雜無別，則相關斷代工作就難以精確，甚或可能相互扞格而產生爭議。

　　所謂「甲骨整治的年代」，指的就是甲骨被取用作為占卜原料的年代（即原骨年代），可包含取材與施鑿兩項作業，因此又能細分為「取材的年代」與「施鑿的年代」兩種時機。

　　商代甲骨的來源，除了王室本身所有之外，還有來自方國的進獻。[6]胡厚宣考察五種記事刻辭，認為：

> 至「甲橋」「背甲」「骨臼」等龜甲及牛骨刻辭言「三自某若干」一類者，記採集龜骨之事也。龜甲牛骨所以皆有之者，殷人於龜甲牛骨，皆有採集之事也。前言「某入若干」一類之記事刻辭，只見於龜甲，不見於牛骨，蓋殷代卜用之牛骨，大約只自行採集之一途，若龜甲者，則以其產自南方，除少數自行採集者之外，多數乃由他處進貢而來也。[7]

對此辨之甚詳，大致可從。總體來說，一般進獻的甲骨應已完成初步的整治，如見於進骨紀錄的「屯」（ ）字構形所示，表明牛胛骨已削去脊柱、莖塊（肩胛結節）、骨臼，以利收藏時左右兩版交疊捆縛。[8]相關甲骨攻治之過程，花園莊東地甲骨整理者亦曾指出「三個階段」：

---

[5] 董作賓：〈商代龜卜之推測〉，頁96。

[6] 董作賓以進骨紀錄用語，區分甲骨來源有三：進貢、採集、致送，並謂「龜甲須從各處進貢，所以用入、來字樣，表示來自遠方。龜與骨有時是取來的，所以用乞自、氏等字樣，至於第三種屬於"示"字的解釋。……以示為實，同置，為安置存放之義，也就是致送之義，同時也有尊敬致送的人之意，有如今言"見示"」（董氏〈骨臼刻辭再考〉，《中央研究院院刊》第1輯〔1954.06〕，頁466）。此論尚合情理，雖無確證，猶可備一說。

[7] 胡厚宣：〈武丁時五種記事刻辭考〉，《甲骨學商史論叢初集》（成都：齊魯大學國學研究所，1944年3月），頁601。

[8] 參董作賓：〈骨臼刻辭再考〉，頁457-458。

（1）靈龜處死後經初步整治加工為卜用龜甲，進貢給殷王朝。殷王朝在受納這些卜甲後，往往在這一批中某一片甲橋上，記錄某某進貢之數量。這就是卜甲反面記事刻辭的來由。（2）卜甲進貢給殷王朝後，王朝會有專人作進一步加工，在其反面施鑽鑿。由於記事刻辭在先，鑽鑿攻治在後，因此有的記事刻辭在攻治鑽鑿時被破壞而使其殘缺。（3）卜甲在占卜前，再施以灼。[9]

對於靈龜用為卜甲順序之說，言而有徵，洵為實情。

大致而言，鑽鑿之施用，目的在使甲骨燒灼後易現裂紋，而其形制之寬窄大小長短實與兆璺之呈現息息相關，挖鑿理應遵循一定的規範，具備較強的工藝技巧，甚或是一種「獨門絕技」不宜外傳，以免兆璺裂痕之樣態可被刻意安排與掌握，致使占問結果受到某種程度的人為控制，因此四方進獻之甲骨已完成鑽鑿的可能性確實不高，換言之，進獻的甲骨應屬未施鑽鑿的原料。至於王室本有的甲骨原料，整治時是否同時完成鑽鑿的施作，並無法確知。

總之，「取材的年代」與「施鑿的年代」兩者實際時代應該一致，但並非絕對，倘若未施鑽鑿的原料數量眾多，備料待用時間過長，[10]就有出現「取材的年代」與「施鑿的年代」不同的可能。

所謂「甲骨契刻的年代」，指的是占卜過程（問疑、燒灼、占斷）結束之後，將卜問內容結果契寫於甲骨上的年代。這項年代資料根據實務，尚能區分為「占問的年代」與「契刻的年代」兩種時機。

一般認為，當占問結束之後即把卜辭契刻於甲骨上，依此理解，則占問與契刻乃同時之作，自不存在「占問的年代」與「契刻的年代」的不同時機。然甲骨卜辭或有驗辭者，可證契刻時機實際必晚於占問時機，其間差距甚至逾月之久，並不宜同時視之。如《合》17055 正，卜辭大致完整，驗辭部分云「二旬又八日」，顯然自問卜至知道結果，至少已歷 28 日，而此卜攸關軍情，將軍在外死訊縱使迅速回報，卜辭之契刻亦不能當日完成，換言之，該卜辭契刻時間必然又晚於 28 日，表示此一占問結束，恐怕至早也在月餘之後始有機會將卜辭刻上。

---

[9] 中國社會科學院考古研究所：《殷墟花園莊東地甲骨》（昆明：雲南人民出版社，2003 年 12 月），頁 1760。

[10] 張政烺曾指出：「《南地》910、911 片是一骨之正背兩面，背面有"壬子，殼示"四字，是一期記事刻辭，它和甲橋刻辭、骨臼刻辭等（合集 17485-17665 片）相似……骨面有歷組卜辭三條，而歷組卜辭的記事刻辭（合集 35166-35218 片）卻與"壬子，殼示"絕不相同。可見此是一期入藏之骨，至歷組卜人始用之，而非賓組歷組合作的產物」（詳張氏〈帚好略說補記〉，《考古》1983 年第 8 期，頁 715）。

《合》17055 正

《合》6057 正

又如《合》6057 正，卜辭結構完備，整版字體刻畫工整，但明顯沒有對應兆璺，通篇應屬同時契成之作，而其上卜日存有「癸未、癸巳、癸卯」，驗辭日期則有「丁酉、丁未、己巳」，據此推算，初始之貞問與其卜辭契刻至少相距 47 日（癸未至己巳）。另《合》10405 正與此版契刻模式相近，其上刻辭若仍為同時契刻之作，則其上從十月癸酉日（前辭所見）至一月戊子日（驗辭所見），歷時已達 76 日，貞問與契刻兩者時機差距更大。

類似上述的時間差異，對於卜辭內容的理解或許會有一些影響，但對斷代工作的進行卻不致產生絕對的干擾。因此，除有必要而將「占問的時機」與「契刻的時機」析分看待者外，[11]大部分兩者仍可權視成相同的時機。

所謂「甲骨處置的年代」，指的是已完成卜問契刻的甲骨，遭到最終處置的年代。董作賓原本認為用畢之甲骨須要「庋藏」，實則乃誤讀卜辭，其後更易主張，[12]認為甲骨的處置有四種情形：「存儲」、「埋藏」、「散佚」、「廢棄」。[13]根據董氏的說解，「存儲」是指有意的保存儲藏，同一窖穴內可以存放不同世代的甲骨；「埋藏」是將甲

---

[11] 花東甲骨中「丁」生稱死稱之疑，或能以此觀點辨正。相關考察擬另文詳論，此處不贅。

[12] 董氏原將《甲》237（=《合》9356）「冊入」（卌入）誤釋為「冊六」，並推斷「所謂'冊六'者，猶今世書籍表面之書卷六矣」，同時認為據此可證「當日太卜所庋藏者，已既按年排列，秩然不紊」（詳董氏〈商代龜卜之推測〉，頁 126-129）；後謂「我曾誤解了"冊六"，以為甲骨就是殷代的簡冊，這毛病是過於"尊題"」（見董氏〈殷墟文字甲編自序〉，《中國考古學報》第 4 冊〔1949.10〕，頁 241），看法顯然已有所修正。

[13] 董作賓：〈殷墟文字甲編自序〉，頁 238-240。

骨集中傾倒窖穴中，並覆以灰土掩埋；「散佚」是指在搬運處理甲骨時偶然遺落四散；「廢棄」是指將甲骨廢物利用。對此，陳夢家認為：

> 地下發掘到的比較有秩序的大量堆積的甲骨，只能說是儲積。一個穴窖，倘然只包含一個朝代的甲骨，才是真正的有意的儲積，不管它是歸檔、儲藏或是埋藏，它可能是在某一個時期把同期甲骨存入的。一個穴窖，倘然包含一個以上的朝代的甲骨，那末它可能是某幾個時期由不同時期甲骨累積的。在穴窖以外的版築中、灰土中或穴窖以內零散的甲骨，它們是和別的東西一道堆積，不是專門存儲甲骨的所在。[14]

進而主張甲骨埋藏地下的情形只有「儲積的」、「累積的」、「零散的」三類。兩者相較，劉一曼認為陳氏的說法顯然較為合理，因為董氏所言之「"廢棄"是指甲骨本身的使用情況，而不是甲骨的埋藏」。[15]

整體來看，陳夢家的主張還是有些繁複，用畢後甲骨的處置其實只有兩種方式：儲存與廢棄。「儲存」者，並非將甲骨歸檔庋藏，而是特意置入窖穴夯埋，亦不圖日後備查取用；「廢棄」者則指無「儲存」必要之甲骨，用畢後即作廢。作廢後甲骨或廢骨利用，或堆置待除，或逕自扔棄，狀況不一。應該說明的是，甲骨「儲存」放置時間既久，與「廢棄」者即難以區別，而陳氏所謂「真正的有意的儲積」，也可能只是同一朝代廢棄甲骨的專用窖穴，窖內縱無其他雜物，甲骨排列亦稱整齊，但其實並無法確證此類窖穴必是有意的甲骨積置儲存，張國碩曾謂：

> 現今發現的甲骨文，皆出土于室外灰坑或所謂的"窖穴"中，不僅不能遮風避雨，而且這些坑沒有經過特殊的防潮、防滲處理，有的坑深接近地下潛水面，故又有潮濕浸水之虞，根本無法保存"甲骨檔案"。從灰坑本身來說，其大多不規整，坑壁未經過特殊加工，實為堆存垃圾或掩埋物品之處。[16]

總而言之，即使有專為積置儲存甲骨而挖掘的窖穴，其存放的心態仍可能是將甲骨廢棄不再動用。

甲骨若被有意的儲存，應有其特殊的緣由，而其埋藏時機並不易確定，或與契刻內容時代相近，不宜相隔過遠；廢棄的甲骨則同於垃圾處理，丟棄時機理當於占卜程序完

---

[14] 陳夢家：《殷虛卜辭綜述》，頁9。

[15] 劉一曼：〈論殷墟甲骨的埋藏狀況及相關問題〉，《揖芬集：張政烺先生九十華誕紀念文集》（北京：社會科學文獻出版社，2002年5月），頁148。

[16] 張國碩：〈關於殷墟的幾個問題〉，《考古與文物》2000年第1期，頁45。

畢之後，但也存在著集中置放累積再處理的可能時差，張國碩即指出：

> 在殷墟發掘出土的數萬片甲骨中，散見于地層、灰坑、房基和其他遺迹之內的甲
> 骨為數甚少，而絕大多數甲骨是集中出土在諸多灰坑、窖穴中。一些甲骨坑出土
> 甲骨數量很大，有的出土甲骨逾萬片，顯然這些甲骨非短期內所用，應是一段時
> 間內多次占卜所用甲骨的累積。[17]

又云：

> 甲骨的集中處置也使得某些卜用的甲骨保留較長一段時間。從小屯南地出土甲骨
> 來看，那些出土于地層、房基和部分灰坑中的甲骨，其數量較少且較破碎，不排
> 除這些甲骨是散佚、後期擾動再加掩埋的可能性，也不排除一部分甲骨是當時被
> 人們作為廢物而遺棄的。[18]

此類垃圾式掩埋並不會慎重為之，而日後或應建築所需，反覆挖掘填充之情事亦往往可
見，因此相關甲骨廢棄時代的判定實不宜一概而論。

　　不論是「儲存」或「廢棄」，甲骨最終處置皆難逃掩埋，而實際上目前所見甲骨亦
皆取自土中，因此用畢後甲骨的處置方式雖有二（儲存與廢棄），但甲骨斷代工作所能
推敲考察的是「埋藏的年代」。特別需要注意的是，「埋藏的年代」並不一定與「占問
的年代」相同，張國碩認為有些卜辭「從甲骨本身的占卜情形來看，許多甲骨是經過多
次甚至較長時間的卜用，僅占卜一兩次就棄之不用的甲骨數量較少」[19]，並強調：

> 占卜當日某事的吉凶，其應驗結果當可很快得出；而占卜將來一段時間某事的吉
> 凶，如某一軍事行動的勝敗、當年農業的收成、雨水是否充足、某地是否受祐、
> 將來是否有災禍等，其應驗結果需要等待較長一段時間才能得出。如此，則需要
> 把卜用後的甲骨存放一段時間，待結果出來以後，有的再把驗辭刻在甲骨上，然
> 後才可尋機處置。[20]

張氏的說法符合實務處理，明顯區別占問與埋藏時機之不同，而卜問與廢棄之間歷時長
短，多少影響甲骨年代的判斷，因此根據考古地層材料進行斷代，勢必應該更加留意並

17　張國碩：〈論商代甲骨卜用後的處置〉，《紀念殷墟甲骨文發現一百周年國際學術研討會論文集》（北京：
　　社會科學文獻出版社，2003 年 3 月），頁 352。

18　同上註，頁 353。

19　同上註，頁 352。

20　同上註，頁 353。

綜合考量相關甲骨埋藏狀態與卜辭內容訊息。

綜上所述，依循甲骨施用「取材→鑽鑿→占問→契刻→埋藏」的過程，與甲骨有關的時代標記至少有五：

① 原材年代
② 鑽鑿年代
③ 占問年代
④ 契刻年代
⑤ 埋藏年代

一般認知，以上五項時代標記所指涉的時代應是相同的，亦即甲骨自取材至埋藏皆在同一時段完成，因此甲骨整治的年代就是甲骨契刻的年代，甲骨契刻的年代就是甲骨處置的年代，這或許是多數甲骨的實際情形，但絕不應該視為當然而混雜一談。目前從事甲骨斷代探索者，多無別上述五項時代標記，缺乏深入考量其間可能的差異，致使部分甲骨的斷代結果淪於各行其是而產生爭議。

就斷代所能運用的標準而言，董作賓所言「世系、稱謂、貞人、坑位、方國、人物、事類、文法、字形、書體」之斷代標準可劃分成三部分：

A.「世系、稱謂、貞人、方國、人物、事類」；
B.「坑位」；
C.「文法、字形、書體」。

A 部分的標準與卜問內容息息相關，據此能判斷的是「占問年代」；B 部分「坑位」標準與其他根據考古挖掘所得地層關係者，所判斷的明顯只是「埋藏年代」；C 部分的三項標準，類同林澐的「字體」，可判斷的是「契刻年代」。此外，區別鑽鑿形態特徵可以判斷的是「鑽鑿年代」，至於原始甲骨的年代則須運用「碳十四測年法」（Carbon-14 Dating）測定。如果同一片甲骨在不同的標準下，被斷定出不同的年代，則應回頭檢視前述年代標記的意義差異，進而有所取捨，絕不能斷以己意，以偏概全。

在甲骨斷代的實務上，上述標準的運用並非涇渭分明，互不相干，反倒時時相互支應，但不管如何運作，標準的採用仍必須要有主從之別，始能避免各說各話或進退失據的窘境。

嚴格說來，甲骨之所以成為史料，是因為其上刻辭所記錄的內容，因此甲骨學上須要判定的時代自然也就是甲骨占問的年代。換言之，只有「占問年代」才是甲骨斷代的

主要對象，其餘不是。從這個角度來看，董作賓、陳夢家以「貞人」切入，進而擴展運用「稱謂、世系、事類」的斷代工作，較之林澐先從「字體」分類入手的主張，似乎更加切近甲骨斷代的核心。

第二節　貞人的角色

董作賓考釋大龜四版，確定甲骨卜辭中「貞上一字是人名」：

> 其決為卜問命龜之人，有時此人名甚似官名，則因古人多有以官為名者。又卜辭多「某某卜王貞」及「王卜貞」之例，可知貞卜命龜之辭，有時王親為之，有時使史臣為之，其為書貞卜的人名，則無足疑。[21]

認定就是「貞人」的名字。貞人在甲骨卜問過程中，擔任的工作除了「命龜」之外，董作賓整理骨臼刻辭後進一步認為，骨臼上記事的史官同時也是貞人，而「他們既能在骨臼上記事，刻辭，簽名；那末骨版或龜版上的卜辭，有他們書名貞問的，也當然可以是他們所寫的了」，[22]換言之，貞人的工作還有「書辭」。同時董氏也注意到：

> 卜辭有僅用毛筆書寫而未刻的，又有全體僅刻直畫的，可見是先寫後刻。……卜辭既經寫過，就一手執版，一手捉刀，為的版是向著自己，所以就先刻縱筆及斜筆，刻完了，橫轉過來，再一一補足橫畫。如果不寫而刻，那末在每一個字的結構上，稍繁的便不容易刻，何況每一筆畫，又須刻兩面刀鋒。[23]

主張卜辭必是「先書後契」，因此「書契」是二事，而「卜辭中書名的貞人，也就是這一個卜辭的書契者」。[24]總之，董氏認為甲骨卜辭就是貞人所契，並無其他刻工。

董作賓「貞人即刻工」之說，金祖同不以為然，認為：

> 契刻卜辭之人，不必即是卜人，當另有專司契刻者。今契刻此片（按：《珠》197＝《合》

---

[21] 董作賓：〈大龜四版考釋〉，《安陽發掘報告》第 3 期（1931 年 6 月），頁 438。

[22] 董作賓：〈甲骨文斷代研究例〉，《蔡元培先生六十五歲慶祝論文集》（上冊）（中央研究院歷史語言研究所集刊外編第一種，1933 年 1 月），頁 345。

[23] 同上註，頁 418-419。

[24] 同上註，頁 421。

16657)之人,亦即契刻卜人出大行旅等所卜各片之人,故其字體相似也。又依事實,卜人與契人不必僅事一主,即不必僅與某一帝王有關係,彼可連事二主也。又同一時期不必僅有一契人,故常有卜人之名相同,而其字體不同者。所謂同書者,同一明朝人書,其結構有不同者,而其氣韵則相屬,與清人書異也。[25]

而對於貞人工作包辦「命龜」、「書辭」與「契辭」,陳夢家亦頗有質疑:

> 我們既已分別書與契為二事,而卜事是分工的,並非由一人包攬。在討論侯家莊出土卜辭時,董氏曾看到有七版完甲上虞辛卜人狄許多的刻辭往往有 "書法的歧異",即連他自己的署名在一版之內可有不同的寫法(《考古》1:107,113),他將此解釋為狄書寫太隨便與太不規則。我們以為這種現象正足以證明卜者與刻辭者之不屬於一人。我們看到許多同版的卜辭,同屬於一個人的卜辭,其字形的結構與風格不同處,正證明了卜人並不一定是刻者。[26]

賈雙喜也有相同的觀察:

> 貞人、史官是具有較高文化和豐富知識的人,善于書法應是毋庸置疑的,但是這些在商代的卜問問龜的史官絕不是書者(契刻者),如果說貞人就是書者(契刻者),那麼,甲骨卜辭中無論貞人是在一塊甲骨中單個出現,還是同一個貞人在同一塊甲骨中多次出現,其字體應該是一致的。但是實際不是這樣。[27]

就此現象,賈氏提出說明:

> 甲骨文中的 "貞人" 就是卜問問龜的史官,而不是契刻甲骨文字的契刻者。而契刻甲骨文字還需有另外一批人。在一個 "貞人集團" 中,某一個貞人名是固定的,而為某個貞人契刻甲骨文的契刻者應該有若干個人,而這些若干人中的每個人在契刻甲骨文字時的字體應該是不相同的,就如同我們現在每個人寫字一樣。這批人他們掌握著不同契刻甲骨文字的風格,進而造成了甲骨文中同為某一個貞人,而契刻出來不同字體甲骨文字的事實。[28]

---

[25] 金祖同:《殷契遺珠·發凡》(上海:中法文化出版委員會,1939 年 5 月),頁 15。

[26] 陳夢家:《殷虛卜辭綜述》,頁 15-16。

[27] 賈雙喜:〈甲骨文中貞人不是卜辭契刻人——以契刻貞人字體不同為例〉,《圖書館工作與研究》2009 年第 2 期,頁 80。

[28] 同上註,頁 81。

此外，張秉權考釋《丙》612（=《合》21727），認為：

> 它上面的十七條卜辭，三條是由貞人㐀具名的，其餘的都由貞人子所卜問的，那
> 是在六個不同的日子裏刻上去的，但是它們的書體和刀法，完全出於一人之手，
> 所以不可能由貞人所刻。[29]

張氏考察方向不與陳、賈二人相同，但貞人與刻工分屬不同人的主張則屬一致，然前述
諸家持論雖合於情理，卻未能使貞人與刻工從此劃清界線。如王宇信曾謂「商代貞人是
具有高度文化修養的人，所卜之事早已爛熟于胸，契刻文字自然是輕車熟路，又何需先
用毛筆書好墨底以便 "模紅" 呢？」[30]雖未認同董作賓的主張，但顯然仍視貞人為卜辭
契刻者。

　　持平而論，判斷貞人是否為刻工（契刻者）之前，其實應該先確認刻工識不識字？
董作賓認為卜辭先寫後刻，果真如此，刻工依樣畫葫蘆，識字與否自無影響，然卜辭是
否先書後刻，並非沒有疑義。郭沫若即認為「甲骨文是信手刻上去的，并不是先書後
刻」，[31]並舉《粹》1048（=《合》7952）為例，深入說明：

> 內容是自甲子至癸酉的十個干支，反覆刻了好幾行，刻在骨版的正反兩面。其中
> 有一行特別規整，字既秀麗，文亦貫行；其他則歪歪斜斜，不能成字，且不貫行。
> 從這裡可以看出，規整的一行是老師刻的，歪斜的幾行是徒弟的學刻。但在歪斜
> 者中又偶有數字貫行而且規整，這則表明老師在一旁捉刀。這種情形完全和後來
> 初學寫字者的描紅一樣。從這裡也可以看出，甲骨文不是先書後刻，而是信手刻
> 上的。從這裡更可以看出，文字的書法有粗有精，且必先粗而後精。[32]

郭說推想，理致十足；但張秉權綴合《乙》530與《乙》6667（即《丙》66=《合》14129
反）時，注意其上朱書現象，特別強調：

> 在這一版上，有很多卜辭，是用毛筆寫過以後再加以刻畫的，我說它是毛筆寫的。
> 因為它們看起來與現代的毛筆字沒有什麼分別，至少筆尖應該是軟而有彈性的，
> 像後代的毛筆一樣，而決不會是像現代的鋼筆尖一類似的東西。其次，我說它是

---

[29] 張秉權：《殷虛文字丙編》下輯（二）考釋（臺北：中央研究院歷史語言研究所，1972年），頁94-95。

[30] 王宇信：《中國甲骨學》（上海：上海人民出版社，2009年8月），頁130。

[31] 郭沫若：〈古代文字之辯證的發展〉，《考古學報》1972年第1期，頁4。

[32] 同上註。

寫而後刻的，是因為在刻槽的上下和兩側，可以看到書寫的痕跡，因為刻槽不及寫的筆劃來得粗，所以還留著書寫的筆畫，可以看得出來，而且還有一些卜辭，只是"書"而未曾"契"。[33]

兩說論證針鋒相對，胡厚宣則有意調和：

> 卜辭文字，先寫後刻。惟習之既久，或不經書寫，而直用刀焉。卜辭中之大字者，因須刻多次，始能完成，故必先寫而後刻之。至其字小者，則往往隨刀一刻，即可成文。[34]

就實務而言，甲骨刻辭字體大小不一，並無規範，字大者（如部分賓組）縱使可先書而後契刻，但字小者（如黃組）根本毫無先書之空間與機會，而殷墟卜辭字體大多偏小，劉一曼即曾指出：

> 眾所周知，從第一期至第四期的甲骨上，契刻的小字卜辭數量相當多，第五期的甲骨卜辭，一般都是小字，且排列嚴密整齊，有的學者稱之為"蠅頭小楷"。特別是……那片殷墟出土的殷末周初"易卦"卜甲，其上的文字小如芝麻，細如髮絲，要用放大鏡才能看清，刻這樣的小字是不容易先書後刻，當是直接用刀刻上去。所以，甲骨文雖已出土 15 萬多片，但尚未發現一片小字的甲骨書辭。[35]

另張世超亦以實驗進一步證實：

> 我們以毛筆蘸淡的顏料在紙上摹寫一段賓組卜辭，代表當年用毛筆書寫於甲骨上的文字，然後循筆道的中綫用較細的筆較深的墨描畫，代表描刻出來的痕迹。……觀察細筆畫構成的字，會發現它們結構疏散，遠非那種緊飭、細勁的契刻文字之比。因此，不僅蠅頭小字難以先書後刻，即使是較大的字，用先書後刻的方法，也難取得我們所見的契刻文字的效果。觀察那些習刻字迹也可以知道，當年殷人所訓練的是以刀直接在甲骨上契刻文字，而不是循寫好的墨道描刻。[36]

綜觀諸說，各有其據，而張氏實證之論，現象明確，言之成理，更可信從。換言之，甲

---

33 張秉權：《殷虛文字丙編》上輯（一）考釋（臺北：中央研究院歷史語言研究所，1957 年 8 月），頁 100。

34 胡厚宣：〈卜辭雜例〉，《歷史語言研究所集刊》第 8 本第 3 分（1939 年 10 月），頁 401。

35 劉一曼：〈試論殷墟甲骨書辭〉，《考古》1991 年第 6 期，頁 553。

36 張世超：《殷墟甲骨字迹研究——自組卜辭篇》（長春：東北師範大學出版社，2002 年 12 月），頁 32-33。

骨卜辭「信手刻上」應屬一般常態，而「先書後刻」者恐為偶然為之的特例。

甲骨卜辭既是信手刻上，則契刻者若不識字，完全不知其契刻內容為何，卻能如此「筆暢句順」，實在令人無法想像。且據甲骨卜辭契刻實際情形來看，字形缺筆者並不多見，除去若干字形略顯粗疏，或為習刻者外，目前所見刻辭無論字體大小，不僅字形成熟俐落，連明顯錯寫者也極少，凡此事實在在顯示刻工對於所契刻的內容及文字，應有相當程度的理解與掌握。換言之，刻工沒有理由不識字，一旦刻工不識字，即便其契刻技巧登峰造極，如此大量的甲骨刻辭，其間正誤駁雜之紛亂恐怕難以避免，因此，刻工應是識字的。甲骨契刻者如果識字，基於在上古封閉的社會，教育並不普及，文字的認識與使用是特定人士的專利，一般工匠並無機會學習的現實，那麼他是貞人的可能性就很大了。

張世超曾據《周禮‧春官‧占人》鄭注所言「既卜筮，史必書其命龜之事及兆於策，繫其禮神之幣，而合藏焉」之事，以為「周記卜事於策，商記於龜骨，為之者皆史官」，[37]遂主張「甲骨契刻者可能就是商王室的史官」，[38]並認為「契刻者依據自己的認識與習慣，將貞人占卜情況的要點記錄下來，其前辭形式、貞人署名與否、命辭的語言形式都取決於契刻者」。[38]然張氏未及深辨，周史書策之目的為「藏」，是所謂將之列入官方檔案收藏，而商人契刻龜骨，多數用於個人備忘，過時即廢棄，等同垃圾。職是之故，即使商代史官亦有書策合藏之職，必當與龜骨契文有別，不會是同一件事，因前者是將「貞問實錄」載入史冊，重在詳實完備，後者僅契該卜「簡要內容」於龜骨，故常見其文簡略，兩者性質根本不同，無法相提並論。張氏反復強調：

> 卜辭的前辭是契刻者對占卜時間、貞人所作的記錄，驗辭是契刻者見到徵驗後補刻的記錄。前辭和驗辭是契刻者語言是沒有問題的。命辭和占辭雖然在占卜的當時出自貞人或殷王之口，但將那些複雜的貞問或占斷簡化成具體怎樣的詞句落在甲骨版上，仍然取決於契刻者。[39]

> 通常的占卜，貞人祇告訴契刻者內容要點，而不詳述其辭。落在龜、骨上的簡要卜辭語言，是由契刻者寫定的。[40]

然姑不論契刻者有無理解卜辭內容的能力，若依張氏之見，卜辭記錄純駁完全取決於契

---

[37] 以上俱見張世超：《殷墟甲骨字迹研究——自組卜辭篇》，頁210。

[38] 同上註，頁40。

[39] 同上註，頁43。

[40] 同上註，頁42。

刻者，則讓契刻者能有意無意左右卜辭的內容，在貞卜活動中竟似較貞人重要，令人詫異。且甲骨卜辭（尤其是命辭部分）之繁簡以備忘為要，所欲提醒者當為該卜全程負責貞問任務的人，此人即是貞人，只要讓貞人能識見契文即知曉本事，則卜辭所錄詳略與否其實並不重要（可參下舉同文例內容），因此決定卜辭內容簡化或省略的主導權應當是貞人所有，不會是契刻者。若貞人、刻工為二人，則刻工「任意」刻寫之內容，雖有所本，貞人仍未必能夠清楚掌握，這如學習者上課筆記之抄錄，內容詳略全憑個人所好，只要有提醒自己的作用，非必用文字，甚至連符號、線條或圖像等皆可派上用場，而此類特殊記號所標誌的訊息卻是旁人所難覺知。就此觀之，如以甲骨所載內容不被誤記誤刻為前提，貞人除卜問外，尚須負責卜辭契刻為宜，張氏之論對此有所失察，並不可從。

貞人就是契刻者，則「不同貞人之相同字體」現象，[41]致因或二：其一，當因系出同源且訓練有素之故，有如後世習字摹帖，篤實用心者摹得相像，風格自然相近甚或相同，由之亦可顯示出字形契刻技術的特殊性，肆意發揮的空間似乎並不太大；其二，由同版或其他貞人代刻，最明顯的例子就是卜辭所見時王親自貞問者，相關刻辭不會由時王親契，自是有其他貞人代庖，[42]而此模式或許非屬常態，但仍能套用在其他不同貞人所進行的貞問活動上，遂造成同版之中，貞人不同卻有相同字體卜辭之情事。質言之，同版相同字體之契刻，不論其辭分屬幾位貞人卜問，仍僅由一人所為，而此人當是使用該版問卜的貞人之一，而非另有刻工專司此版之契文。

另一方面，何以同一貞人，竟刻出風格不同之字體？[43]除上述致因之二的可能性外，

---

[41] 饒宗頤曾以《乙》8167+8320（＝《合》9743）、《乙》8172（＝《合》9788）、《乙》3925（＝《合》9745）、《乙》3287（＝《合》9735）諸例字形相同，卻分為韋、轟、寧、洰等人所卜，說明此一現象，並認為諸人「於甲午日所卜受年各片，其字體風格悉同，蓋出一人之手；可見當日鍥刻者乃別由史官任之，與貞卜者異其職掌」。（詳饒氏《殷代貞卜人物通考》，香港：香港大學出版社〔1959.11〕，頁1188。）

[42] 參董作賓：《甲骨學六十年》（臺北：藝文印書館，1965年6月），頁70。

[43] 饒宗頤據書體風格，曾指出「卜人宁，習見多作雄偉書體；亦有纖細似子㓆卜辭者，（例略）；亦有小字嚴整，近于所謂第五期者，（例略）。卜人爭書體有筆畫微細而頹靡恣肆者，（例略）；有纖小者（例略）有整飭似所謂『第五期』者，（例略），上舉各片，與爭習見之字體均不類。卜人凹書體亦有細小者，（例略）。而卜人大之書有類似宁爭者，（例略）。敘則大字細書均見之。（例略）至于㓁之怪譎，我與余之奇肆，（例略）在在可見一人之辭，而字形多體。」（詳饒氏《殷代貞卜人物通考》，頁1188-1189。）另，黃天樹依字體分類，亦舉四例：「口卜之辭，既有作典賓類字體的（《明》692）〔按即《合》13227〕，又有作出組二類字體的（《合》28589、《合》27178），也有作何組二類字體的（《合》27342）」、「何卜之辭，除了有何組字體外，有的字體與典賓類字體風格有些接近（《合》27150、《合》30531、《合》30532、《合》27153、《合》30115）」、「茵卜之辭，主要作賓出類字體（《合》3934、《合》16600、《合》3933）；也有作歷一類字體的（《合》33917）」、「大卜之辭，除了出組字體外，有的作何組二類字體（《合》27376、《合》29687、《合》27299、《合》27283）；有的作賓出類字體（《合》26765）」說明此現象存之一斑。（詳黃氏《殷墟王卜辭的分類與斷代》，北京：科學出版社〔2007.10〕，頁5-6。）

所謂「書寫太隨便與太不規則」或「如書法家創作時的有意之舉」之說當非主因，其中理解的關鍵仍應回到貞人身上。

董作賓認為貞人就是史官，根據的是骨臼上的記事刻辭，其進骨記錄[44]有史官的簽名，而這些簽名的史官中，有些同時也擔任貞人。其實貞人是否是史官，猶有可論，但此處須說明的是，貞人名的指稱內涵，恐非特為個人，而是團體。嚴一萍曾指出：

> 貞人是諸侯的貢士，是方國供職王廷的氏族代表。古代一個氏族即是一個方國，《逸周書・史記篇》所記古代諸侯方國都稱氏……這些氏在殷代即是諸侯方國，當他們「貢士」朝廷，服務王室時，氏的稱號就成為人的名字，卜辭所見的貞人應當就是如此。所以在一個名字的下面，可以包容幾個人，也可以延續上百年。[45]

裴錫圭亦認為：

> 甲骨卜辭裡所見的人名，絕大多數就是這個人的族氏，例如周族的人就叫“周”，父、子、孫都叫“周”。因此，在相隔一二百年甚至更久的卜辭裡，可以看到很多相同的人名。[46]

簡言之，吾人名「賓」者，實稱以「賓」為名的氏族或組織，其內成員對外皆可稱為「賓」，如同卜辭常見之「羌方」，其族人皆謂之「羌」，並非特定對象的專稱。因此，同記名為「賓」者，但實際上並不一定是同一個人，而署「賓」的相關卜辭也可能為不同的賓族人所負責，雖基於師承相同，契刻字體當以風格一致為常，然如有不同或不類情事之見，自也就無須困惑質疑。

---

[44] 董作賓原先認為「這是一種純粹的記事文字，記載的是頒發各處兵器“矛”的日子，件數，和經手記事的人——史官」（詳董氏〈甲骨文斷代研究例〉，《蔡元培先生六十五歲慶祝論文集》上冊，〔1933.01〕，頁345），並未意識到實際上這是一種進骨記錄。其後，董氏覺察錯誤，另撰〈骨臼刻辭再考〉，於「緒言」特意說明「在民國二十年九月，我曾把這一類刻辭寫成了一篇論文，名曰「〈帝矛說〉」，副題是“〈骨臼刻辭研究〉”」。二十一年八月和二十二年四月，經過兩次改定，發表在二十二年六月出版的“《安陽發掘報告》第四期”。這一篇文章，大標題錯了，應該廢掉，用副標題“〈骨臼刻辭研究〉”」（見《中央研究院院刊》第1輯，頁455），予以低調修正。晚年董氏再次重申「骨臼刻辭研究，我曾定名為『帝矛說』，以為是餽矛，那是錯的，現在應說是貢納骨版的記載。」（見《甲骨學六十年》，頁68）明確揚棄前說。

[45] 嚴一萍：〈甲骨文斷代研究新例〉，《慶祝董作賓先生六十五歲論文集》（下冊）（臺北：中央研究院歷史語言研究所集刊外編第四種，1961年6月），頁512-513。

[46] 考古編輯部：〈安陽殷墟五號墓座談紀要〉裴錫圭發言，《考古》1977年5期，頁343。

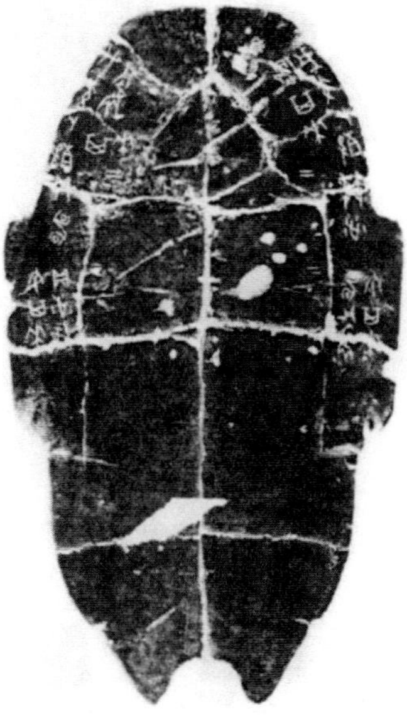

《合》3945 正

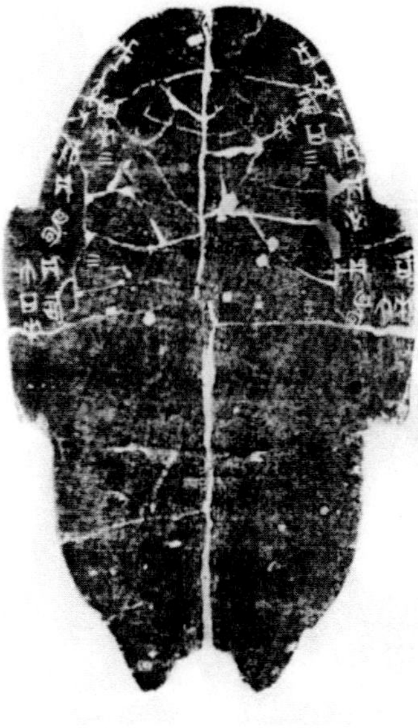

《合》3946 正

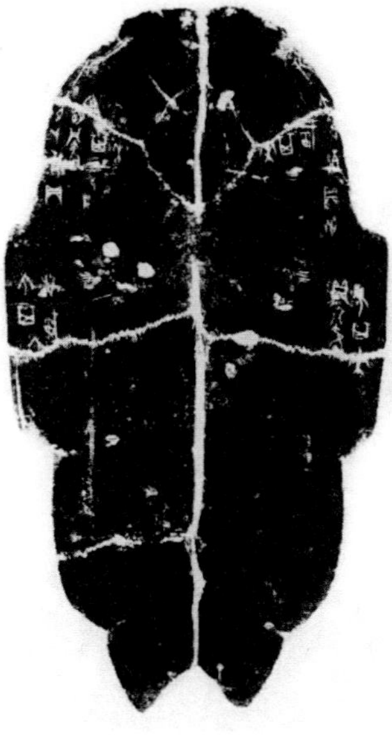

《合》3947 正

更有甚者，根據異版同文《合》3945 正、3946 正、3947 正的觀察（圖例見上），其上貞人同為「㱿」，但其上字體風格整體觀之，《合》3945 正與 3946 正相近，《合》3947 正與之則略見差距。[47]此組異版同文之序數分為二、三、四，雖相應卜辭行款、用詞、字形互有出入，[48]但屬同時同事之問卜當無疑義。此一現象顯示問卜過程中的貞人「㱿」，其具體人選不僅是㱿族內部「輪值」或個別「分派」產生，還可能是「集體」工作，亦即同組（族）人員一起上場。因此，異版同文例各版卜辭儘管僅署同一貞人名，但實際卜問負責與執行契刻者，應有同族數人。[49]

張政烺曾考察卜辭所載各期卜人，對於貞人跨期供職的情形，認為這是「異代同名」所造成，而「**根據這些資料可以說永、㲋、口、大、黃等都是龜卜世家，子孫繼續擔任占卜工作，為殷王室服務**」。[50]張氏「龜卜世家」之說亦能釋明「貞人相同，字體不同」的緣由，本文前述主張與之基本相同。惟據張說貞人職務代代相傳，造成異代而同名，

---

[47] 此三版字體楊郁彥全列為「典賓」類（見楊氏《甲骨文合集分組分類總表》，臺北：藝文印書館〔2005.10〕，頁 53）；崎川隆則皆屬「過渡②類」（見崎川氏《賓組甲骨文分類研究》，上海：上海人民出版社〔2011.12〕，頁 314），兩說雖不一致，但將此三版同歸一類，顯係受其「異版同文」之影響。

[48] 如右甲橋處卜辭，《合》3945 正作「雷[illegible]」者、《合》3946 正省作「雷」，《合》3947 正則僅作「[illegible]」；而「其」字或作「[illegible]、[illegible]、[illegible]、[illegible]」等形，明顯有別。

[49] 此與高嶋謙一所謂「賓組契刻者集團」（詳高嶋氏〈有關甲骨文的時代區分和筆迹〉，《胡厚宣先生紀念文集》，北京：科學出版社〔1998.11〕，頁 83），概念近似，但不完全相同。

[50] 張政烺：〈帚好略說〉，《考古》1983 年第 6 期，頁 538。

故不同字體必涉及不同世代，而本文所謂族內輪值或共事者，實際上有同代而同名的可能，並不必然與時代區別相關。根據賈雙喜「貞人名字體的相同與不同是不受貞人在一塊甲骨中單個出現，還是同一個貞人在同一塊甲骨中多次出現的限制，更不受占卜時間是在同一天還是時隔幾日制約」[51]的觀察結果，張說尚有調整的必要。

類似「異代同名」的主張，在張政烺之前，饒宗頤即有所注意：

> 今考貞卜者之名，有同于小臣者，如小臣中，小臣[illegible]，小臣口，與卜人中，卜人[illegible]，卜人口同名。亦有與侯伯相同。……殆因其為方國首長，故取以為號。故貞卜人物之名號，其中不少原為地名，此等稱謂，有時不是某一個人之私名，可以指若干人。例如春秋之齊侯晉侯，可指若干世之齊君晉君，不能專屬小白與重耳。[52]

張秉權亦有論說：

> 在古代的歷史中，人們的姓氏或封號，因地而得名的，為數不少，或者有些地方，因為人們的姓氏或封號而得名的，例子也很多，可見人名與地名之間的關係，有時是十分密切的。在甲骨文中的那些人名，我們雖然不能十分肯定它究竟是姓或氏或名或族類或封號的名稱，但是它們與那些跟它們用同一個字來命名的地方，有著十分密切的關係，當是十分可能的事情。[53]

進而認為：

> 出現在甲骨文中的人名，似乎不是他的私名，而是他的采邑或方國之名。又因那些不是私名，所以隔代之人，可以同名。……甲骨文中的那些人名，不僅是在某一時候，或某一場合代表某一個人，而且在有些時候這個同樣的字可以代表不同時代的不同的人，或者同一時代的一羣人，或一處地方。那麼用一般人名來作為斷代標準的時候，就不得不格外審慎了。[54]

除饒、張之外，《小屯南地甲骨》同樣主張卜辭中普遍存在「異代同名」：

> 在卜辭中，存在著許多方邦、侯國、地名與人名一致的現象，說明在商代也可能

---

[51] 賈雙喜：〈甲骨文中貞人不是卜辭契刻人——以契刻貞人字體不同為例〉，頁 81。

[52] 饒宗頤：《殷代貞卜人物通考》，頁 1199-1200。

[53] 張秉權：〈甲骨文中所見人地同名考〉，《慶祝李濟先生七十歲論文集》下冊（臺北：清華學報社，1967 年 1 月），頁 688。

[54] 同上註，頁 774。

存在著以方名、地名為氏的情況。那麼，這樣的人名，就不是私名而是氏名。所以，卜辭中的同名例中，有相當一部分應是同氏，既是同氏，這些所謂異代同名之人，所指的就不一定是同一個人，而只是同一個氏之人。[55]

蕭楠加以補說：

關於氏，《左傳》隱公八年有「胙之土而命之氏」的說法。孔疏則認為：「諸侯之氏，則國名是也。」也就是說，諸侯之氏與其所封國之國名是一致的。即以國為氏。鄭樵在《通志》中列舉了三十二種命氏的形式，其中包括「以國為氏」和「以邑為氏」兩種。即諸侯是「以國為氏」，大夫是「以邑為氏」，與孔穎達的說法基本一致。在卜辭中不少的方邦、侯國、地名與人名一致，說明商代也存在「以國為氏」、「以邑為氏」的情況。那麼，這些與方名、地名一致的人名，就不是私名，而是氏。這一點既已肯定，進而就可以肯定卜辭中的異代同名實際上就是同氏。既是同氏，這些同名者只能表明他們是出自同一個族氏，而不是同一個人。[56]

以上諸說，觀察至塙，所論可從，貞人名亦應如是看待，不是個人私名，而是氏族之稱，如此一來，不僅可以異代而同名，亦可能同代而同名。據此理解，貞人同時又是卜辭契刻者的主張即無所礙難之處。

第三節　計量的意義

　　甲骨學的探索，所根據的就是甲骨卜辭的內容，而對於卜辭紀錄情形的充分理解與全面掌握，必然對相關主題探究結論有著正面深遠的影響。

　　早期甲骨學的探索，每每根據單一或特定卜辭出現的內容進行論述，理解上偏重材料紀錄的有無，而缺乏對於相關記載多寡、詳略差異的全面性考察，因此探索結果往往只強調了其中的「特殊性」，卻不免忽略其「普遍性」。

　　以「酌」字形考察為例，此字《甲骨文編》計收 58 形，[57]其形體依序羅列如下：

---

[55] 中國科學院考古研究所：《小屯南地甲骨·前言》（北京：中華書局，1980 年 10 月），頁 41。

[56] 蕭楠：〈論武乙、文丁卜辭〉，《古文字研究》第 3 輯（1980 年 11 月），頁 58、60。

[57] 孫海波：《甲骨文編》（北京：中華書局，1965 年 9 月），頁 570-571。

就字形使用言之，上列 58 形（細審之，字字不同；概視之，則可類併）確實皆曾出現於甲骨卜辭中，換言之，商人書「酌」至少有 58 形。據此事實，若著重於每個字形的特殊性，則極易得出商人用字混亂，毫無一致性的結論。然而商人用字是否毫無章法，不宜僅就用字字形差異遽下判斷，應當將個別諸形的使用時機、頻率加以考察後再做論斷。

張琬渝曾經整理卜辭「酌」字，從中得知「酌」字諸形的書寫有明顯的時代差異以及使用次數多寡的主從現象；[58]同時又以酉形「無頸尖底」、「有頸尖底」、「有頸平底」、「無頸平底」等四類特徵做為字形區分標準進行統計，情形如下：[59]

表 1-2-1：各類「酌」字形統計表

酉	第一期	第二期	第三期	第四期	王族	第五期
無頸尖底	526（99.43%）	131（92.90%）		17（4.87%）	23（32.39%）	
有頸尖底	3（0.56%）	10（7.14%）	231（100%）	188（53.86%）	30（42.25%）	36（100%）
有頸平底				144（41.26%）	16（22.53%）	
無頸平底					2（2.81%）	

依照上表數據，張氏進一步說明：

> 第一，酒字字形以尖底為多，共計 1220 個；至於平底，則有 162 個。第二，以各期各類來說，王卜辭第一期「酒」字字形中的酉形全作尖底形（𠂤），其中以無頸為主，約佔 99.43%；第二期仍是以尖底無頸為最多，約有 92.90%；第三期則是全為尖底、有頸形（酉）的酒字，而此期不見無頸酉形；第四期以有頸酉字為主，約佔 95.12%，此外，除尖底形酒字，此期初見平底形酒字，為數甚多，約有 41.26%；王族卜辭則是以有頸的為多，其中尖底型約佔全體 42.25%，平底形則佔 22.53%；第五期與第三期相似，均為尖底、有頸形的酒字。[60]

---

[58] 詳張琬渝：《殷墟卜辭中的酒祭研究》（臺北：世新大學中國文學系碩士論文，許進雄先生指導，2009 年 7 月），頁 71-80。

[59] 據上註，「表三：酒字字形統計簡表」（頁 81）整理。

[60] 同上註，頁 81。

對於「酚」字的使用情形，張氏的分析與統計是很有意義的，其價值不在數據精準無誤與否，而是將該字於甲骨卜辭中各種不同的形體加以分類區別、統計，不僅有利對該字的掌握運用，且以數據清楚顯示不同時期用字的特徵、差異，及其字形演繹遞嬗的軌跡。如此觀之，商人「酚」字之書用，雖難謂井然有序，但確實有其遵循的書寫規範。

又如先王地位尊卑的考察，甲骨卜辭中先公先王個別受祭次數的多寡，可間接顯示出該先公先王受到重視的程度，因此如欲探究先公先王地位高下的具體差異，自相關卜辭中觀察其受祭情形，統計其受祭頻次，不失為一可充分運用的管道。

從史書上理解，商代先王大乙（武王）、大甲（太宗）、大戊（中宗）、武丁（高宗），記有特別標出的廟號，當屬重要之先王，然驗之卜辭卻不盡如此。以武丁卜辭為準，相關先公先王受祭次數的統計，名列前十者依序為：

祖丁（413）、祖乙（370）、小乙（333）、大乙（229）、祖辛（210）、
上甲（183）、大甲（134）、南庚（102）、羌甲（77）、叠甲（72）[61]

〈殷本紀〉所稱「中宗」之大戊，計數僅得 10，[62]與上述其他先王相距甚遠；再就整體卜辭所見，重要先公先王前五者依序為祖乙、祖丁、大乙、上甲、小乙，其受祭統計數據如下：[63]

表 1-2-2：重要先王統計數據表

稱謂	受祭總次數	各期比例總和	各期比例平均
祖乙	783	66.06%	**13.21%**
祖丁	381	50.39%	**10.08%**
大乙	526	44.37%	**8.87%**
上甲	496	42.63%	**8.53%**
小乙	536	35.59%	**7.12%**

上表所列，坐實祖乙、祖丁、小乙特出的尊崇地位，然其中祖丁、小乙二王所受重視之程度，卻完全無從自史籍中推知，[64]因此相關數據的統計結果，極可能就是商人對其先

---

[61] 詳吳俊德：《殷卜辭先王稱謂綜論》（臺北：里仁書局，2010 年 3 月），頁 88。

[62] 同上註，頁 366。

[63] 據上註統計表（頁 116-117）整理。

[64] 《史記・殷本紀》謂「帝祖乙立，殷復興」（《史記會注考證》，頁 213）；《太平御覽・皇王部》卷八三引《竹書紀年》謂「祖乙勝即位，是為中宗」（《太平御覽》，北京：中華書局〔1960.02〕，頁 391）；《晏子春秋・內諫上》謂「夫湯、太甲、武丁、祖乙，天下之盛君也」（《晏子春秋集釋》，北京：中華書局〔1962.01〕，頁 80），對於祖乙多所肯定，因此祖乙受到商人重視與此當有關聯，而祖丁、小乙皆無類此記載可稽。

王地位尊卑的普遍認知，而掌握此類數據的意義並加以運用，自能補充史書之不足。

斷代工作的進行，計量法亦有其運用的價值，尤其對於爭議內涵的討論。如卜辭人物的考察，早時認為同名（稱呼）即同人，因此陳夢家比對賓組、𠂤組、子組、午組卜辭的人物後，分𠂤組人物稱謂為四類：

> （1）同於賓組的　妣己, 妣癸, 父甲, 父乙, 父庚, 父辛, 母丙, 母丁, 母庚, 母壬,
> 　　　　　　　　兄丁, 兄戊, 子癸, 子伐, 奚甲, 丁示, 咸戊, 伊尹
> （2）同於子組的　妣己, 父甲, 父乙, 父戊, 父庚, 兄丁, 小王
> （3）同於午組的　妣己, 妣癸, 父戊, 父辛, 母丁, 兄己
> （4）獨有的　　　父癸, 兄甲, 子犀, 子族, 子咸, 侯昝[65]

並認為：

> 比較𠂤與賓組，則知兩者相同之多。兩組所同的父甲、父庚、父辛、父乙實即武
> 丁所以稱其父輩陽甲、般庚、小辛、小乙者，所以兩組都是武丁時代的卜辭。[66]

陳氏的比對工作未必有誤，但就此判定賓組、𠂤組兩組卜辭時代一致，則過於武斷。上列不同組中相同的稱謂，是否指稱同一人，應當有其他的觀察加以輔助，基於同時代的同一人物，其重要性應當相同，因此陳氏至少還須運用計量考察個別人物受祭情況以及頻次在不同類組中是否相近，始能判別是否為同一人。換言之，陳氏的考察偏向人物的「特殊性」，並不具「普遍性」，如此一來其主張即有可能淪於屬於特殊現象的觀察結果。

蕭楠（小屯南地甲骨發掘與整理者）區辨武丁卜辭與文丁卜辭中皆存的「父乙、母庚、兄丁」三稱之差異，詳說如下：

> 首先，此三稱在兩類卜辭中的情況是不同的：武丁卜辭的三稱只是同版關係，是
> 分別祭祀的對象；而在文丁卜辭中，「父乙」、「兄丁」往往同辭，是合祭的對
> 象。其次，武丁卜辭中的「父乙」、「母庚」、「兄丁」所受祭祀的種類比較多，
> 除禦祭、业祭外，還有告祭、翌祭、酚祭、晉祭；而文丁卜辭中的「父乙」、「母
> 庚」、「兄丁」所受祭類少得多，主要是又祭，其次是告祭、將祭，而母庚只受

---

65 陳夢家：《殷虛卜辭綜述》，頁 147。
66 同上註。

又祭、兄丁只受將祭。第三，武丁卜辭的三稱所受犧牲的種類比較多，以「宰」為主（武丁賓組卜辭祭祀時基本上用「宰」，廩康以後宰、牢並用），其次是牛、羊、伐等；而文丁卜辭三稱所受犧牲種類比較少，主要是牛，次為羊，沒有見到「宰」。[67]

其結論明白指出，「武丁卜辭中的『父乙』、『母庚』、『兄丁』同文丁卜辭的『父乙』、『母庚』、『兄丁』是不相同的。」[68]與陳夢家類似的考察，蕭楠具體分析相關人等受祭情形，雖未能佐以明確的數據，使其論述更加清晰，但已顯較陳說更為可信。另外，蕭楠亦曾比對賓組與歷組中的「婦好」，謂：

> 武丁卜辭中，有關婦好的卜辭近 200 條，其主要內容有征伐羌方、土方、巴方和夷的戰爭，並在戰爭中統帥諸如沚馘等人，她征集過軍隊，主持過祭祀，還有一些是武丁為她生育、疾病而占卜的卜辭。從這些情況看，武丁卜辭中帝好是地位十分顯赫、權力非同一般、受到特殊寵幸的人物。武乙、文丁卜辭中的帝好則不同：卜辭數量少（只有幾條），內容簡單、多是卜帝好有無囚。此時之帝好沒有擔任什麼要職、地位亦不高。可見，此帝好與武丁卜辭中的帝好不是同一個人。[69]

以卜辭記錄次數多寡凸顯婦好地位高低，並據此來判別是否同一人，已然充分運用計量的功能，大大彰顯計量法在甲骨斷代研究上的意義。

總上可知，對於商史文化的探究，「普遍性」的訊息才是基礎，它標記著當時社會普遍可見的作為或習慣，理當優先掌握；「特殊性」的訊息只能是輔助，它透露出在一般生活經驗中所可能產生的變異或反動行為，此類情事當然不宜等閒略之，但它絕非當時社會文化所當呈現的主流現象。若執著於「特殊性」訊息，並以之為要，則將反客為主，以變異為常態，視反動為正途，相關研究成果自是與商代社會原貌相去愈遠，無法盡信。

另外，因「普遍性」的訊息所標記者，為當時社會一般風氣，其時代性相對明顯，更有助於斷代工作的進行。如石璋如曾舉例說明：

---

67 蕭楠：〈再論武乙、文丁卜辭〉，《古文字研究》第 9 輯（1984 年 1 月），頁 159。
68 同上註。
69 同上註，頁 165。

清代華北某地葬俗，於死人入棺前，先在棺底撒上與其歲數相等之銅錢，稱為墊
背錢，以確定他的年齡，俾便陰陽兩界查證。其辦法並不刻意選擇某一朝代的銅
錢，即以當時流行的錢幣放入。按清朝十帝 268 年每朝都有鑄錢，在順治朝埋的
墓葬中只有順治錢，而不會有康、乾錢，在嘉慶朝埋的墓葬其中可以順治、康熙、
乾隆、嘉慶共存，但不可認為同坑共存，就把這四朝的銅錢認為同時鑄造。在光
緒末年埋的墓葬，其中可有九朝錢幣共存，但順治為時較短，錢幣已很少見，號
稱時久國富大量鑄錢的康熙朝，經過一百五十六年的種種銷耗也所剩無幾，與當
朝的光緒錢比，數量相差很多。[70]

此例可以引申，同坑中不同組的甲骨卜辭，依其存有數量之多寡、比例等情形，足以提
供相關卜辭時代推定的參考。

又如，俞偉超強調進行類型學的比較研究時，必須注意：

確定各種物品的共存關係，不應該只根據偶然見到的孤例。當年蒙德留斯（按：
Oscar Montelius, 1843-1921）曾講，各種物品的共存關係重複出現 30 次以上，這種共存
關係才由可能性轉變為現實性。……強調這種重複出現的次數，是因為在某些情
況下，有的東西會異常地使用多年；有的時候晚期遺存中，又會故意放入偶然得
到的早期物品。例如陝西華縣的西漢晚期墓中就在死者頭旁隨葬了仰韶石斧，湖
南衡陽的東漢墓中層出商周之際的銅爵等器，……洛陽的一座西晉墓中還出了
一套戰國的陶鼎、蓋豆、壺。像這些仰韶石斧、戰國陶明器，顯然是築墓時偶然
挖到早期物品而臨時決定放入的；商周之際的銅器大概是故意隨葬墓主收藏的
古董。[71]

由是可知，若未能確實掌握數量差別的意義，則極可能將不同時代的各種文物混雜一談，
以甲骨而言，即當分屬早晚期的卜辭，卻將其時代等同，如此一來，所有探究工作皆可
能因此誤入歧途，偏離真相，不可不慎。

探求「普遍性」訊息的計量工作，常遭「今日發掘出土甲骨並非殷商甲骨全部，並
無確切統計的母體範圍，量化的研究難令人信服」之疑，然此質疑並不足慮，現代統計

---

[70] 石璋如：〈乙五基址與賓、自層位〉，《中央研究院歷史語言研究所集刊》第 61 本第 1 分（1990 年 3 月），
頁 103。

[71] 俞偉超：〈關於"考古類型學"的問題〉，《考古類型學的理論與實踐》（北京：文物出版社，1989 年 5 月），
頁 13-14。

學有其採樣原理：

> 為了確保樣本能夠代表母體，樣本的獲得必須遵循一定的規則，最常見的抽樣方式是隨機抽樣，也就是從母體中以某種隨機方法挑選成員，母體中的每一個成員都有相同（或特定）的機率被選擇作為樣本，而且每個被挑選的成員彼此相互是獨立不互相影響，此時所建立的樣本可稱為隨機樣本。利用隨機樣本所獲得的資料所計算出描述統計量之後，得以用來推論母體的狀況。[72]

甲骨數量龐大，其量化研究本當以採樣行之，然現存甲骨終究不是全部，佔有多少比例亦無法估算，因此吾人若能儘量採用全部的現存甲骨，不因其收藏單位、發掘地點、問世早晚不同而有所取捨，則已符合「某種隨機方法」的抽樣條件，以此為據進行統計顯然可達統計學上的顯著水準，具有統計意義。

另外，還要說明：

> 在統計學上，統計意義與實務意義是兩個截然不同的概念，有時，一個很微弱的相關，可能會因為樣本數很大而達到統計的顯著水準，具有統計意義，但是實務意義低；但一個很強的相關，可能因為樣本數太小而沒有顯著的統計意義，但是其實務意義頗高。很明顯的，樣本數的大小是影響相關係數統計顯著性的重要因素。提高樣本數可以提升統計的意義，但不改變實務意義。影響實務意義的大小的決定因子並非樣本規模，而是變數之間的實質關係。[73]

由此觀之，甲骨學的量化研究亦無盲目衝高、求全樣本數的必要。以計量法探索任何甲骨學主題，原本就無法達至精準、絲毫無差的境地，然計量方式的運用仍有其必要性，全因在「隨機抽樣」的前提下，雖不能統計出相關主題的實際數量（屬於統計意義的追求），但卻可以看出若干相對消長的現象（屬於實務意義的探究）：

> 以祭祀用牲為例，不管甲骨資料收集如何完整，其祭祀用牲統計如何詳細，仍無法算計出該時期各類用牲的真實次數，更遑論其實際用牲之總數量，然若計得牛100次、羊50次，據此數目斷言牛牲之用二倍於羊牲雖過於武斷，但此數目所呈現牛牲之用遠超過羊牲的現象，極可能就是事實。[74]

---

[72] 邱皓政、林碧芳：《統計學：原理與應用》（臺北：五南圖書出版公司，2014年10月），頁2。

[73] 同上註，頁287。

[74] 吳俊德：《殷墟第四期祭祀卜辭研究》（臺北：國立臺灣大學文學院，2005年10月），頁12。

總而言之，全面檢索現有相關卜辭的計量工作當有其必要性，即便核算之數字無法十足精確，因具有統計學上的意義，自也存在著極大的參考價值，凡據此立論的甲骨學研究結果，始具「普遍性」的特質，而相關商史文化的建構始能更為接近事實。

第貳篇

斷代標準

　　甲骨卜辭斷代工作的精進，端賴斷代標準的建立。甲骨斷代標準的探索，大抵而言，可謂先「分項」而「系統」，再由「系統」析出「核心」。早期王國維、明義士等以「稱謂」判定卜辭時代、董作賓考釋大龜版發見之「貞人」，皆屬所謂分項標準；而後董作賓〈甲骨文斷代研究例〉提出十項標準與陳夢家「甲骨斷代學」諸文揭示各項標準的綜合運用，顯然斷代標準已臻系統化；隨著吾人對甲骨內涵的深入了解，對於斷代標準的考察使用自是日益精確，其中考古學「地層與類型」概念受到偏重，尤以「類型」的分析運用更是顯學，儼然成為甲骨斷代的核心標準。以下即就甲骨斷代標準的系統化建立與科學化運用，進行具體的說明與評析。

第一章

董作賓的斷代十項標準

　　1933 年董作賓發表〈甲骨文斷代研究例〉，認為這是「今後研究甲骨文字一個新的方案」，[1]全文長達 101 頁，徵引卜辭 439 條，製表 32 張，佐圖 24 版，資料豐贍，不易速讀，但其明確建構斷代標準十項，並將甲骨時代劃分五期，影響深遠。儘管文中若干說法並不精確，頗存可商之處，然該文仍是甲骨斷代探索者無法忽視的基礎鉅作。

第一節　主要內容

　　董作賓所提甲骨斷代的十項標準，分別為：世系、稱謂、貞人、坑位、方國、人物、事類、文法、字形、書體，具體主張分述如下：

---

[1] 董作賓：〈甲骨文斷代研究例〉，《蔡元培先生六十五歲慶祝論文集》（上冊）（臺北：中央研究院歷史語言研究所集刊外編第一種，1933 年 1 月），頁 323。

一、 世系

董作賓謂「斷代研究的第一步工作，即是定殷人的世系，世系定了，然後才有分割時期的可言」，[2]因此首要之務即先進行卜辭所見殷人世次的考察，其主要結果有四。

其一，確認「上甲六示」即「上甲、報乙、報丙、報丁、示壬、示癸」六世，並認為「此六世為武丁所訂定的名諡」。[3]

其二，得「十示」為「上甲、大乙、大丁、大甲、大庚、大戊、中丁、祖乙、祖辛、祖丁」十位排列整齊的直系先王，而如此「劃一齊整，決非偶然的，也決非逐漸的，這是有意的排比與定名」[4]的現象，更可佐證此等皆是「武丁重修祀典時所訂定的神主名諡」，[5]亦呼應《禮記‧喪服四制》所載武丁世「殷衰而復興，禮廢而復起」[6]之情事。

其三，以「九示」為「大乙至祖丁的九世」，即「十示」除去上甲而得；「三示」指「大乙、大甲、祖乙」，即所謂「太祖、太宗、中宗」三世；「五示」則是「丁、祖乙、祖丁、羌甲、祖辛」，即稱「武丁、小乙、祖丁、羌甲、祖辛」五王。

其四，主張「自上甲十示又三」為「上甲，大乙到祖丁的十示」再加「小乙、武丁、祖甲」三世；「自上甲至于武乙」、「自上甲至于多后」即指稱「上甲以下至於武乙的先公先王」；[7]「自上甲廿示」則為「上甲，大乙至祖丁，十世。小乙至武乙，五世。報乙至主癸，五世」[8]加總所得之二十位直系先王。

以上世系之考定，涉及斷代意義者，大約有三：首先針對「十示」末位「祖丁」，董作賓認為「祖丁被稱為祖，至早也不能過於武丁之世」，[9]換言之，契有「十示」之甲骨，其時代不會早於武丁時期；再者，董氏論「自上甲十示又三」，謂「十示有三，是加了三示，祖丁以後的三世，是小乙，武丁，祖甲，可知此片至早也須在第三期（廩辛，康丁之世）」，[10]即表明「十示又三」之辭當屬廩辛、康丁期之後；最後，所謂「上甲

---

[2] 同上註，頁 325。

[3] 同上註，頁 327。

[4] 同上註，頁 328。

[5] 同上註，頁 327。

[6] 詳《禮記正義》，《十三經注疏》（北京：北京大學出版社，2000 年 12 月），頁 1956。

[7] 董作賓：〈甲骨文斷代研究例〉，頁 330。

[8] 同上註，頁 330。

[9] 同上註，頁 328。

[10] 同上註，頁 329。

廿示」者，以世數計之，「截至武乙為止，恰足二十世之數」，[11]可定此卜屬文丁期以後之辭。

此外，董作賓承王國維餘緒，亦對殷代先公先王名號詳加考定，共得 43 名，以商湯為界，先公 12 人，先王 30 人，[12]宣稱「殷代帝王，除末二世之外，全都見於卜辭中」，[13]其主張表列如下：

表 2-1-1：董作賓考訂殷先公先王一覽表

編號	典籍名	卜辭名	編號	典籍名	卜辭名
1	嚳	夋（夋）	2	契	卨（卨）
3	相土	土	4	冥	季
5	振	王亥	6	恆	王恆
7	微	上甲	8	報乙	報乙
9	報丙	報丙	10	報丁	報丁
11	主壬	示壬	12	主癸	示癸
13	湯	大乙、唐	14	大丁	大丁
15	外丙	卜丙	16	中壬	南壬
17	大甲	大甲	18	大庚	大庚
19	沃丁	虎祖丁	20	大戊	大戊
21	小甲	小甲	22	雍己	中己
23	中丁	中丁	24	外壬	卜壬
25	河亶甲	戔甲	26	祖乙	祖乙
27	祖辛	祖辛	28	沃甲	虎甲
29	祖丁	祖丁	30	南庚	南庚
31	陽甲	羌甲	32	盤庚	般庚
33	小辛	小辛	34	小乙	小乙
35	武丁	武丁	36	孝己	祖己
37	祖庚	祖庚	38	祖甲	祖甲
39	廩辛	兄辛	40	康丁	康祖丁
41	武乙	武乙	42	文丁	文武丁

---

[11] 同上註，頁 330。

[12] 商湯一王兩號（大乙、唐）。

[13] 董作賓：〈甲骨文斷代研究例〉，頁 331。

上列諸名，上甲以前先公於典籍所載，僅振、恆與卜辭王亥、王恆在字形訊息上較為相合，其餘夋、禼、土、季對應嚳、契、相土、冥之主張，立論說解雖各有理致，卻不易坐實；上甲以下先公先王，典籍所載名號與卜辭所見完全相符者22人，[14]略有不同者4人，為「主壬、主癸、康丁、文丁」稱「示壬、示癸、康祖丁、文武丁」，其中在「文丁」內嵌入「武」，或為一種特殊的標記，自當有其緣由，惟今難以稽考。以上名號對應當可信從，此外尚有10人名號差異較大：微稱上甲、湯稱大乙或唐、中壬稱南壬、沃丁稱虎祖丁、雍己稱中己、河亶甲稱〓甲、沃甲稱虎甲、陽甲稱羌甲、孝己稱祖己、廩辛稱兄辛，其中中壬、沃丁、雍己、沃甲、陽甲五王名號的比附並不正確。

二、　稱謂

董作賓認為殷人對於受祭親屬的稱呼，乃以致祭時王為準，秩然有序，絲毫不紊，近親屬中「兄稱兄某，父稱父某，母稱母某，祖父，祖母以上，則稱祖某，妣某；輩次較遠則稱名諡」，[15]而透過相關的各種稱謂，可以判定相關卜辭應在某王的時代，因此「這是斷代研究的絕好標準」。[16]

董作賓首先詳細考察殷人祀典中「祖妣父母兄」的稱謂，計得「祖的稱謂」16個、「妣的稱謂」9個、「父的稱謂」7個、「母的稱謂」6個、「兄的稱謂」6個，細目表列如下：

表2-1-2：董作賓「祖妣父母兄」干名分布表

	祖	妣	父	母	兄
甲	祖甲		父甲		
乙	高祖乙、祖乙、中宗祖乙、小祖乙、后祖乙、武祖乙	妣乙	父乙		
丙					
丁	祖丁、后祖丁、康祖丁		父丁		兄丁
戊	祖戊	妣戊	父戊	母戊	兄戊

	祖	妣	父	母	兄
己	祖己	妣己、高妣己	父己	母己	兄己
庚	祖庚	妣庚、高妣庚	父庚	母庚	兄庚
辛	祖辛	妣辛、后妣辛	父辛	母辛	兄辛
壬				母壬	兄壬
癸		妣癸		母癸	
其他	高祖夋、高祖王亥				

嚴格說來，此稱謂系統疏漏尚多，但董氏亟欲釐清「主祭的帝王與被祭的神示因種種關係而稱謂不同」的企圖卻相當值得肯定。此外，董氏就「先妣配食先祖」現象，考知示壬至康丁之配妣：

示壬＝妣庚　　　示癸＝妣甲　　　大乙＝妣丙

大丁＝妣戊　　　大甲＝妣辛　　　大庚＝妣壬

中丁＝妣癸　　　祖乙＝妣己、妣庚　祖辛＝妣庚

祖丁＝妣己、妣癸　小乙＝妣庚　　　武丁＝妣辛、妣戊、妣癸

祖甲＝妣戊　　　康丁＝妣辛

不但讓卜辭「妣某」所指涉的對象，有具體的參考內涵，亦對稱謂系統的建構提供更為精確的材料。

以上稱謂的考定，可逕為斷代依據者，約有二類：

其一是特殊稱號，如「中宗祖乙」、「后祖乙」、「后祖丁」、「祖己」、「康祖丁」、「武祖乙」之類。董作賓認為「中宗祖乙」、「后祖乙」二稱「當在武乙之世，時稱小乙為祖乙，或小祖乙，后祖乙，故於河亶甲子祖乙，加＂中宗＂為別」；[17]又以為「后祖丁」是因「在第三、四期，廩辛武乙之世，已稱武丁為祖，因與祖辛子祖丁同名，故稱武丁為后祖丁」；[18]另謂「祖己」即「武丁之子孝己，未立而死，與大丁同入祀典。稱祖，在武乙以後」；[19]而針對「康祖丁」、「武祖乙」之稱，則主張「康祖丁即康丁，武祖乙即武乙，稱祖皆在第五期。至此時，祖之名丁者三，名乙者三，故各加

---

[17] 同上註。

[18] 同上註，頁 337。

[19] 同上註。

一字以為誌別」。[20]以上諸稱，皆與相關先王傳世名號不同，當視為一種先王別稱，其作用在於區辨，因此該類名號的使用必有其時代性，以之進行斷代，理論上自是可行，惟所判定的時代只能是使用上限，並無法有效斷定精確時代。

其二是同版關係的稱謂，如王國維據「父甲、父庚、父辛」三稱同辭，斷「此當為武丁時所卜。父甲、父庚、父辛即陽甲、盤庚、小辛，皆小乙之兄，而武丁之諸父也」；[21]董作賓見「兄庚、兄己」二稱同辭，謂「此條並稱兄庚兄己，確為祖甲時卜辭」。[22]與前類不同，此類稱謂的斷代價值頗高，判定結果也較為可信，但為數不多，並無法全面施用。

另外，在甲骨斷代值得一提的稱謂：「父己」、「兄己」，在現存殷墟卜辭中，此二稱與「祖己」三者實為一人，皆指武丁子「孝己」。根據「祖己」之稱，只能判斷時代在武乙之後，作用不大，若見「父己」、「兄己」，則能斷定時代分屬廩康（第三期）與庚甲（第二期）時期。理論上，盤庚之後的商王世系中，能被稱為「父己」、「兄己」者獨未能即位的孝己一人，與其他先王絕無相混可能，故此二稱在稱謂斷代上有其特殊的價值，非其他父某、兄某所能及。

三、貞人

董作賓考釋史語所殷墟第三次發掘所得大龜版，建立「貞人說」，[23]成為推進斷代研究的主要動機。以貞人斷定時代的方法，董作賓認為：

> 由許多貞人定每一卜辭的時代，更由所祀先祖等的稱謂，而定此許多貞人是屬於某帝王的時代，這樣，我們就可以指出某貞人是某王的史官。如果我們把同在一版上的貞人，聯絡起來，他們就可以成為一個團體。[24]

因此，如何建立完整的貞人團體，則是以貞人斷代的首要工作。

所謂「貞人」，董作賓曾以「丙寅卜，㱿貞：翌丁卯坐于丁？」、「丁巳卜，賓貞：

---

[20] 同上註。

[21] 王國維：〈殷卜辭中所見先公先王考〉，《定本觀堂集林》（臺北：世界書局，1991 年 9 月），卷九，頁 431。

[22] 董作賓：〈甲骨文斷代研究例〉，頁 341。

[23] 董作賓所謂貞人，即指「卜問命龜之人」（詳董氏〈大龜四版考釋〉，《安陽發掘報告》第 3 期〔1931.06〕，頁 438）。

[24] 董作賓：〈甲骨文斷代研究例〉，頁 344。

屮于丁一牛？」二辭（3.0.1863＝《合》339）為例，謂「這兩辭所卜之事，乃是峀同賓去
貞問的，辭中記載的"屮於丁"就是他們所貞之事，所以叫他們"貞人"」。[25]又因貞
人名出現在肩胛骨臼刻辭中，董氏更主張貞人「就是當時記事的史官」。[26]

　　董作賓分期整理貞人，先自同版者著手，分別得第一期 11 人：賓、峀、㞢、㘴、
㕛、吾、亘、毃、韋、永、箙，其同版關聯圖示如下左；[27]第三期 8 人：口、狀、彭、
尢、即、夕、宁、逆，其同版關聯圖示如下右。[28]

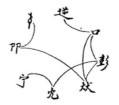

另據卜辭「兄庚、父丁、母辛」等稱謂現象，將大、旅、即、行、口、兄等六位貞人定
為第二期祖甲時貞人。此外，董氏以旅曾卜祀祖戊，認為旅亦屬第三期貞人，是兩朝元
老；又舉卜辭之例將黃列為第五期貞人，但未明所據為何。

　　同版貞人當屬同時代之人，因此「從其中的任何一個貞人，所貞卜的事項中，找出
他的時代，則其餘同時各人的時代，也可以連帶著知道」。[29]董作賓以《鐵》196.1（＝《合》
7954）其上貞人亘與子央、父乙同辭，以及《前》1.29.3（＝《合》2561）其上貞人峀與
母庚同辭的情形為例，認為：

> 父乙，母庚，確是武丁時對於小乙妣庚的稱謂，子央是武丁的一個兒子，這兩個
> 貞人亘和峀也當然是武丁時的史官了。他兩個既是武丁時人，他們同時的人，也
> 就不言可知了。[30]

根據此貞人系聯方法，確實可將本不相干或缺乏具體訊息的甲骨連成體系，進而有效判
定相關甲骨時代，其牽連甚廣，斷代功能可謂相當強大。貞人的發現與運用，雖未能臻
至「一切斷定時期問題，無不迎刃而解」的地步，[31]但確實成為甲骨斷代的重要依據。

---

25 同上註。

26 同上註。

27 同上註，頁 347。

28 同上註，頁 348。

29 同上註，頁 347。

30 同上註。

31 董作賓：《殷曆譜》（臺北：中央研究院歷史語言研究所，1945 年 4 月），上編卷一，頁 1。

四、坑位

　　早在殷墟科學挖掘之初，董作賓對於不同坑位出土的甲骨，即注意到其間不同之處。
董氏曾謂：

> 在民國十七年秋季試掘殷虛時，我就感覺到三個區域中出土文字的不同，如第三
> 區村中無"不呂𢍺"之文，及"戋字的特見"（詳〈新獲卜辭寫本後記〉，《安陽
> 發掘報告》第一期，葉 188-190），當時就疑心這些是一個時代特別的字句。[32]

然當時殷墟發掘者認為該址時期「僅止於武乙至帝乙的三世，時期甚短，沒有分劃的必
要」，且「這遺址是經過大水湮沒的，當然，甲骨要隨水漂泊淤積，他的分布及相互的
關係，也是凌亂無序」，[33]因此並未將坑位特點與甲骨時代作連結，其後隨著對五次發
掘所見宗廟、宮室基址以及版築、陶復遺跡的深入考察，始覺殷墟不為水患所毀，而
「每一片甲骨文字的所在，都有它的原因；那此版與彼版同出一地，都有他相互的關
係」，[34]及時體認坑位與甲骨相關的重要性。
　　因水患假說的揚棄，殷墟包含時期亦得向上下延展，如此各坑出土的的甲骨，勢必
須在時代上有所分別。董作賓統整五次殷墟發掘所得出土甲骨的坑位，將之分為五區，
並據卜辭內容探求時代關聯，其主要判斷表列如下：[35]

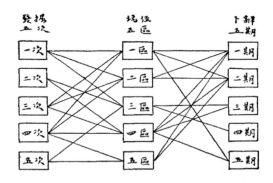

簡言之，第一區出土第一、二、五期甲骨；第二區僅出土第一、二期甲骨；第三區出土

---

[32] 董作賓：〈甲骨文斷代研究例〉，頁 351。

[33] 以上俱同上註。

[34] 同上註，頁 351。

[35] 同上註，頁 362。

第三、四期甲骨；第四區出土第一、二、三期甲骨，[36]其中第一、二期少而第三期多；第五區出土第一、二期甲骨。

董作賓的坑位分區，是人為劃分的區塊，與安陽小屯村的相對位置如下：

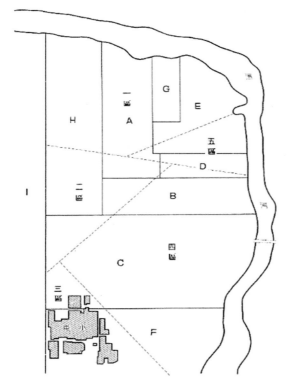

說明：
※左圖據「殷墟出土甲骨文字坑位略圖」
（見《甲骨學六十年》）描繪
※虛線所隔為斷代例分區（一區～五區）
※實線所隔為十三次發掘分區（A～I）

圖 2-1-1：殷墟發掘分區示意圖

大致言之，第一、二、四、五區皆屬村北範圍，由北而南為一、五、二、四區，第三區則以村中、村南為主。

董作賓依據甲骨出土的位置，判別村中具「父丁、母辛」稱謂[37]的卜辭時代，認為：

> 武丁之配有妣辛，康丁之配也名妣辛，稱父丁，母辛，固然可以是武乙時卜辭，
> 但同時也可以說是祖庚祖甲時的卜辭，至此，單以稱謂定時期的方法，便窮于應
> 付了。在貞人，文法，字形等方面，固然也可以幫著解決，而最有力的標準卻是

---

36 董氏謂「此區，除一，二，三期卜辭之外，似尚有少量晚期卜辭」（〈甲骨文斷代研究例〉，頁360），上表第四區所以聯繫第五期卜辭，當此「少數晚期卜辭」之故。然據董氏所疑之晚期卜辭，其上貞人「史、教、喜、㹨」，則此等卜辭時代實不屬第五期。

37 董氏所據村中卜辭，父丁稱謂者有 2.2.0358（=《合》32439）、2.2.0480（=《合》32678）、2.2.0202（=《合》32054）、《寫》241（1.2.0169=《合》32689）；母辛稱謂者有《寫》221（1.2.0149=《合》32754）。

坑位。因為這父丁，母辛的卜辭出土村中（第三區），我們就可以斷然說這是武
乙時的卜辭。[38]

另以 2.2.0358（=《合》32439）「☒大乙、大丁、大甲、祖乙、小乙、父丁」之辭為例，
論析「父丁」時代：

> 上列第一條先王的次序，是由大甲起，隔去大庚，大戊，中丁三世而至祖乙，又
> 隔了祖辛，祖丁，兩世而至小丁（按：當是小乙），再隔了武丁，祖甲而至康丁（父
> 丁），這父丁是康丁，卜辭屬于武乙，是很可能的。如果說父丁是武丁，便可在
> 祖甲之世了，但村中無第三期以上的卜辭，而祖甲時又必有貞人，今此版出土村
> 中，亦可見非祖甲時物。[39]

進而認定村中卜辭「父辛」[40]的指涉對象，「父辛亦即廩辛，（如謂為小辛，則當是武
丁卜辭，時代不能如此混雜）」。[41]同時又謂：

> 村中有武乙時的卜辭，時期是同武乙相聯接的，如果我們已經承認了武乙時的卜
> 辭，則「☒父乙羊，不。（《寫》312〔=《合》19943〕）」一辭當是文丁時物，父乙
> 即武乙了。不然，便只有武丁稱小乙，帝辛稱帝乙可以如此，而時期則又相隔甚遠，
> 前者為第一期，後者為第五期，皆應在村北地出土，不會跑進村子來的。[42]

依出土地判斷村中卜辭之「父乙」[43]就是武乙。

以上為董作賓據「坑位」判定甲骨時代之梗概，大致觀之，似以第三、四期甲骨時
代的判斷，效用較為明顯。

五、 方國

以方國作為斷代依據，其著眼於商王室與各方國關係的差異，董作賓曾概略性的指
出卜辭所見方國：

---

[38] 董作賓：〈甲骨文斷代研究例〉，頁 356。

[39] 同上註，頁 357。

[40] 董氏所據村中卜辭，父辛稱謂者有《寫》293（1.0.0394=《合》19924）。

[41] 董作賓：〈甲骨文斷代研究例〉，頁 357。

[42] 同上註。

[43] 父乙稱謂者即《寫》312（1.0.0448=《合》19943）。

例如盂方，在武乙時候還常常到那裡去田獵，村中出土多"王田于盂"的卜辭，到了殷之末葉，他卻叛變了，所以就命"多侯與多伯征盂方"（3.2.0259〔=《合》36511〕）。羌方是早被征服了的民族，武丁時有"師獲羌"（《後上》30.4〔按：30.14之訛，=《合》178〕）的記載，祖甲以來，他們常供祭祀的樂舞，後來也不服從了，所以在廩辛康丁時有"于父甲求伐羌方"（3.2.1649〔按：3.0.1649之訛，=《合》27983〕）之辭，是禱于祖甲在天之靈，要他降災罰于羌方。武乙之世，羌方又來賓了，卜辭有"王于宗門逆羌"（2.2.0562〔=《合》32035〕）的記載。人方在武乙文丁時，還是屬國，替他祈福，村中出土龜版有"惟人方受又"之辭，到帝辛時卻叛變了，有勞帝辛的親征（詳乙條）。苦（呂，從葉說釋苦）方，土方，在武丁時為西北的強敵，祖庚祖甲以後，彼此和好，再也不起戰爭了。[44]

以上提及之方國，計有：盂方、羌方、人方、苦方、土方等五國，與商王室的關係簡表如下：

表 2-1-3：卜辭所見五方國與殷商關係簡表

	武丁期	祖庚祖甲期	廩辛康丁期	武乙文丁期	帝乙帝辛期
盂方				順服	敵對
羌方	順服	順服	敵對	順服	
人方				順服	敵對
苦方	敵對	順服	順服	順服	順服
土方	敵對	順服	順服	順服	順服

不同的方國關係可以成為不同時期的特徵，將之明確釐清，即能據以判斷甲骨時代歸屬。以上述「羌方」為例，長期以來與商王室關係良好，一旦卜辭確有羌方正與商王室為敵的訊息，則該甲骨時代當屬廩康時期。

為強化對方國訊息的掌握與利用，董作賓嘗試考察武丁時期的方國狀況，共計稽得苦方、土方、沚、㠱、奴、肅、[45]兒、井方、戈、羌方、鬼方、見乘、下召、蒙、𢼸、屮等十六地，其中更有推斷其方位者如下：[46]

---

44 董作賓：〈甲骨文斷代研究例〉，頁363。

45 「肅」應正為「畫」。董作賓謂「所謂肅，舊疑即肅慎氏誤。今按當釋畫。」（見董氏《甲骨學六十年》，臺北：藝文印書館〔1965.06〕，頁90。）

46 董作賓：〈甲骨文斷代研究例〉，頁366。

此外，董氏又舉帝辛時期與人方征戰為例，詳加考證並論其細實，展現對方國關係充分理解的可能性。

持平觀之，董作賓考察卜辭內容，注意到其中方國的動態，並以之作為時代斷定依據的企圖相當可取。大致而言，邦與邦敵友關係的變化，必有致之之因，其脈絡常見醞釀形成之過程，故雙方關係可以好壞更迭，但不至於瞬息萬變。簡言之，方國關係較其他日常事類變化要更穩定，與時代自有更強的關聯性，故以之作為判定時代的標準理當較他者更為有效。

六、人物

基於「不同時期人物活動各有不同」的認知，董作賓視「人物」為甲骨斷代的標準，其考察模式與「方國」一致，以為若將甲骨卜辭包含時代詳加分割，則「不但方國的關係每代不同，就是各時期的人物如史官，諸侯，臣僚，也都有所隸屬」，[47]因此「各代的人物，自然成一個團體；反之，由人物的相互關係，也可以證明他們時代」。[48]

董作賓對於卜辭人物的考察，初步以史官、諸侯、小臣為試探起點，論及史官 30 人：

武丁時期：𣪘、亘、永、賓、㱿、韋、𠯑、吾、㝸、𠬝、箙、史
祖庚祖甲時期：大、旅、即、行、口、兄、出
廩辛康丁時期：逆、方、即、狀、宁、彭、尤、口、旅
帝乙帝辛時期：黃、泳

諸侯 3 人：

武丁時期：蒙侯虎、杞侯
帝辛時期：攸侯喜、曩侯（即杞侯）

---

47 同上註，頁 373。
48 同上註。

以及小臣 13 人：

　　武丁時期：小臣古、小臣从、小臣黍、小臣中
　　祖甲時期：小臣㑣
　　廩辛康丁時期：小臣囨、小臣立、小臣取、小臣龏
　　帝乙帝辛時期：小臣𧮫、小臣吉、小臣醜、小臣𤔲

　　除上所陳，董作賓針對第一期人物尚有更全面的探究，不僅確定甘盤（卜辭作師盤）、傅說（卜辭為夢父）的存在，並認為妻妌就是武丁之妻，更稽得武丁之子廿人：子漁、子央、子戠、子晵、子豐、子妌、子吉、子㝬、子效、子春、子𢀅、子寅、子詰、子定、子白、子亦、子妭、子鬲、子雝、子龏。其中子漁、子央、子戠三人董氏認定皆屬嫡子，以為應該就是載籍所及之武丁子祖己、祖庚、祖甲。

　　以上，董作賓卜辭人物考察之大要，粗略集中於名字的稽尋網羅，雖有助於各時期人物存佚的探知，但人物行事活動與形象特徵之建構，實遠遠未備，不易據之進行有效斷代工作。

七、事類

　　董作賓提出以「事類」作為分期研究的標準，其意本以「祭祀」為要，謂：

> 由貞卜事類可以分時期的，無如祭祀，每一時代的祭法和所祭的祖先神祇，都有不同，如父，祖，母，妣的稱謂；如"六旬"，"四方"的祀典；將來都可逐一列舉，分期研究。[49]

此說大抵可行，但董氏並無進一步的具體考察。

　　此外，董作賓認為如征伐、卜旬、帚矛、田遊等諸事皆屬能運用於斷代的主題。以田遊活動為例，董氏先後考察武乙與帝辛時期相關卜辭內容，將之析成「田」與「遊」兩類，計得武乙田遊之地十八處，其中包含「亦田亦遊者三，田而不遊者十一，遊而不田者四」；[50]帝辛田遊則有七十九地，其中「遊之地凡五十一，田之地三十六，內有亦

49　同上註，頁 389。
50　同上註，頁 395。

田亦遊之地八」,[51]兩時期相同的田遊地則有十處：盂、噩、宮、岳、牢、溫、向、棟、輦、斃。

除田遊地點的探求外，董作賓亦進一步指出武乙時期田遊卜辭的特點：

> 武乙時田遊卜辭，最易惹人注意的是凶从多作"凶戈"，卜田又慣作"王其田"之語，卜遊則多稱"于某凶戈"。其次就是出土的地方，在村內的，才有武乙時之物。[52]

而帝辛田遊卜辭特徵有五：

1. 詞句　常見的特別的詞句為"往來凶𣄰"，"旬凶𢦏"，"在某貞"，"茲御"，"王步于某凶𣄰"，"王𦥔（乩）曰吉"等。
2. 字形　干支字皆屬第五期形體，𣄰，𢦏的特見，月作𐂷，日作𐀁，王作王等。
3. 書法　字小而工整謹飭，甲骨都然，無大字及散漫錯綜者。
4. 貞人　除泳，黃，兩人外，多為王親貞或王親卜貞，或不錄貞人者。
5. 坑位　僅見于第一區，朱姓十四畝地，及何姓七畝地西北隅，為吾人第一，第四次所發掘。[53]

掌握上述特徵，能夠有效區分出武乙與帝辛時期田獵卜辭，此即董作賓所謂以事類進行斷代之功效。

八、文法

董作賓認為甲骨卜辭敘述雖明晰簡單，然其中文法仍有不同，而「由文法的隨時變易上，也可為劃定時期的標準。」[54]所謂「文法」，一般指文詞、文句的結構規則，[55]而

---

[51] 同上註，頁 402。

[52] 同上註，頁 391。

[53] 同上註，頁 395-396。

[54] 同上註，頁 402。

[55] 參教育部重編國語辭典修訂本【文法】詞條釋解。另楊如雪統整前說，謂「文法就是語句組織的條理。語句組織的條理不是一套既定的公式，而是從語文裡分析、歸納出來的規律，這種語句組織的規律，包括詞的內部結構及積辭成句的規則，因此文法可以說是語文構詞和造句的規律」（見楊氏《文法ABC》，臺北：萬卷樓圖書有限公司〔2002.02〕，頁 1-2），是對於現代「文法」較嚴謹完整的定義說明，可予參從。

董氏主張以「文法」作為斷代標準，其範圍則包括篇段、句法與用詞三個部分。

首先，董作賓注意到部分卜辭文字甚多，分段亦多，「如大龜四版之一，全版共 277 字，不為不多，但分段有 28，每段自為一辭，辭之多者不過十四五字。」[56]類似情形實不多見，董氏資料所及，除大龜四版之一（3.0.1863=《合》339）外，尚有《菁》1（=《合》6057）、3.2.0259（=《合》36511）、《前》4.37.5（=《合》36344）共四例，前二例為武丁卜辭，後二例則屬帝乙帝辛之世，雖同列長篇，但前者字數明顯較後者為多。據此，董氏斷定「武丁時卜旬而繫錄本旬大事者，篇段較長，如《菁華》所載。餘二，三，四期，無長篇者。」[57]言下之意，長篇式卜辭紀錄可能是一種時代風尚，具有斷代的價值。

另外，董作賓著眼卜旬辭「於本旬之末日，貞問下旬的吉凶，這是始終不易之法」的特點，而「每一時期貞旬之辭又各有不同，文法上亦多變化，為比較文法的絕好材料」，[58]遂舉以為例，具體說明五期卜辭文法的變易情形，並製表比較（詳下）[59]。

期	辭例	癸□	王	卜	在□（地）	貞人	貞	王	旬□甲戾	在□月	在□地	繫事	繫年
1	394	癸□		卜			□	貞		旬亡田				
	395	癸□		卜			□	貞		旬亡田	□月			
	234	癸□		卜			□	貞		旬亡田	□月	在□□	嶺中丁	
	174	癸□		卜			□	貞		旬亡田			來 嬉	
2	396	癸□		卜			□	貞		旬亡田				
	397	癸□		卜			□	貞		旬亡田	在□月			
3	398	癸□		卜			□	貞		旬亡田				
	400	癸□						貞		旬亡田				
4	401	癸□						貞		旬亡田				
5	403	癸□	王	卜	在 □			貞		旬亡戾			王乩曰吉	
	404	癸□	王	卜				貞		旬亡戾			肜大甲	
	405	癸□		卜				貞	王	旬亡戾				
	406	癸□						貞	王	旬亡戾	在□月	在□□		
	407	癸□		卜	在□□			貞	王	旬亡戾	在□月			王廿司
	408	癸□		卜				貞	王	旬亡戾	在□月	在□□	征人方	
	409	癸□		卜	在 □		□	貞	王	旬亡戾			征人方	

---

[56] 董作賓：〈甲骨文斷代研究例〉，頁 402。

[57] 同上註，頁 403。

[58] 以上俱同上註。

[59] 同上註，「表 30」，頁 405。

大致而言，若以上表最完整的第一期辭例 234 為初始基準，卜旬辭紀錄的長度自第一期至第四期逐漸減短，文句簡省態勢極為明顯，直至第五期卜旬紀錄始反轉增長，不僅恢復若干早期記錄時地之習慣，更特別的是，王亦時時躬親貞問，與第一期習慣又有不同。

　　接著，董作賓再以田獵卜辭為例，考察各時期句法的差異，其主要區別簡列如下：
　　　　第一期武丁時，田亦稱狩，辭作「往于田，亡𡿪？」、
　　　　　　　　　　　　　　「貞：狩于某？」
　　　　第二期祖甲時，辭作「干支卜，某貞：王其田，亡𡿪？在某月，在某卜」、
　　　　　　　　　　　　　　「干支卜，某貞：王其田，亡𡿪？」
　　　　第三期廩辛康丁時，辭作「干支卜，某貞：王其田，亡𡿪？」、
　　　　　　　　　　　　　　「干支卜，某貞：王其田，往來亡𡿪？」
　　　　第四期武乙時，卜辭省去貞人，𡿪變為𡿪或戈；
　　　　第五期，辭作「田某，往來亡𡿪？」戈又變為𡿪。

綜合以上，董氏所謂「從卜田和貞句的文法上，很可以看出殷人文風的一斑，大概第四期已有小的變動，第五期却大變動了，而二，三兩期多是因襲著第一期之舊」[60]之言，大致可從。

　　在文法「句法」的考察上，董作賓亦論及「語句」因時而不同的特點，謂武丁時「所云"下上弗若"，"不我其受又"（即我其不受又），皆一時特用的語句。」又指出「如"不跗躋"，"無來艱"兩語，亦只用於一時」，前者「為武丁時習用之語」，而後者「用於祖甲之世，其餘各時期，便不見用他」。[61]

　　同時，董作賓在文法「用詞」的考察，則以「馭蠱」、「受又」、「亡𡿪」三辭為例進行說明。董氏謂「馭蠱」是第三、四期常見之辭，字形也有變化，其例如下；[62]

---

60 同上註，頁 406。

61 以上俱同上註。

62 同上註，頁 407。其中第四例出處誤植，當 2.2.0201 為是。

又謂「受又」遍見於五期，為習用最久之辭，「在一至四期，皆作"又"，即以右手為佑助之意，晚期加小二字于下，作 ，即右字了。後世加口，加人，加示，皆所以補足佑助之義。」[63]對於「亡㞢」，則言「除第三期尚未發見外，一，二，四，五期皆有。五期㞢字曾彳旁，這是一個異點。」[64]

以上，即董作賓對於卜辭文法特點的分析，以及各期用法演繹之大要，其中論及的材料明確實用，為甲骨斷代工作提供極有價值之參考依據。

九、字形

文字形體的演進變化，無時不在進行，不同時期的形體差異有時是很可觀的，若能將相關字形逐一加以整理，找出文字變化的線索和系統，這不僅在文字學上有極大的貢獻，亦能運用做為斷定時代的依據。因此，將「字形」視為甲骨斷代標準之一，實屬必然。

董作賓以「字形」進行甲骨斷代的嘗試，途徑大抵有四：干支字形的比較、習見字演變的考察、象形變形聲者、月與夕互易現象，以下分別敘述說明。

首先，董作賓表示「因為干支字是差不多每版必有的，如果能作一個精密的分畫，區別出各時期字形的特點，（自然要除了少數的前後同一並無變化的字）可以說是再好沒有的標準。」[65]其分畫篩選各時期干支字形若干，並將之與金文、小篆表列比較[66]（參表2-1-4）。據該表，董氏進一步指出各期干支字形的特點：

> 祖甲時，一切多沿襲第一期之舊，惟辛酉二字筆畫加繁。第三期，巳字下一橫變為左右兩筆。第四期武乙時，子字加繁；辰字下一直向內屈曲；未字筆畫繁變，由 而 ；午字由虛而實。文丁時銳意復古，庚，午，未，酉，多還第一期之舊；但辛，子，辰，巳，仍沿已變之體。第五期，變化最多，戊，庚，癸，子，寅，辰，申，酉，皆成為一時特別書體；在甲子表及散片中，一望瞭然。[67]

---

63 同上註，頁408。
64 同上註，頁409。
65 同上註。
66 翻影自「干支字演化表」並略部分內容，詳董作賓：〈甲骨文斷代研究例〉附表31。
67 董作賓：〈甲骨文斷代研究例〉，頁410。

此一全面性且有系統的字形比較，確實凸顯相關字形差異與時代的關聯，尤其早晚期形態明顯不同的諸字，據之可以直接論斷所屬甲骨時代的早晚。

表 2-1-4：董作賓「干支字演化表」局部

其次，針對習見字演變的考察，董作賓將之又分成「先後異字」、「附形以足義」、「增加筆畫」、「筆順訛誤」四類加以說明。所謂「先後異字」，是指卜辭中先後用字不同的情形，其例如災字，「武丁祖庚之世用〰」，「祖甲之世，也把〰字直書作〰」，「這字一直用到廩辛康丁之世」。「到了武乙時代，田遊卜辭，一律改用𢦏字」，「同時也用一個從巛在聲的字，作𣲖」。「此字又過渡到𡿧字，第五期帝乙，帝辛之世，便完全改用𡿧字」。又如「伊尹亦作寅尹」，「以時期證之，作寅尹多在武丁之世，至武乙時期則書伊尹」；「馭𡙡改作延𡙡」「"馭𡙡"一語，為康丁至武乙時所習用，至帝乙時則改作"延𡙡"」[68]等例皆屬之。

---

68 以上俱同上註，頁 410-411。

「附形以足義」者,董作賓以「冓、賓、雚、羌」四字為例明之,冓字「在武丁時作✕,象構木為棟樑之形,本義為木相結構。引申之為相遇」,「至祖甲以後,乃加止為冓」,「加止形以示走而相冓,以後又加彳形為遘,以示相冓必於行道」;賓字武丁時作⚅,帝乙世則作⚅,「本賓客字,初作从人在室內,已有入幕為賓之意,後又加止,內向,更可顯見此室內之人,為方從外來之賓」;雚字多假為觀,「在武丁時作雚,借萑雀之萑為之。祖甲以後,加兩目形作雚,以示舉目觀看之義」;羌字「在武丁時作⚅,从羊从人,表示他們是牧羊的民族。後來便加上了繩索,作⚅,作⚅,以示羈縻之意」。[69]

「增加筆畫」之例亦有四字:其、來、雨、王。董作賓謂其字「作⚅,本象木條編製的箕形」,「自武丁至武乙前四期皆作是形。至第五期,則於箕之口部加一橫畫作⚅,此為帝乙,帝辛時其字的特徵」;來字「本為瑞麥之形,假作往來之來。武丁時皆作⚅,至武乙以後,則加橫畫於上作⚅,第五期時,"王來征人方","往來亡⚅",便均作⚅了」;雨字「在武丁祖甲之世,皆作⚅,上象雲,下象雨滴。武乙前後,已參差其雨滴作⚅,重雲作⚅,帝乙以後則作⚅」;王字主要有三形,「⚅為武丁至祖庚時書體,祖甲以後加橫畫於上作⚅,此體直寫至武乙之世。文丁時,銳意復古,干支字多復第一期之舊,王字亦復作⚅。但書法卻有不同,武丁時⚅字凡四畫,文字時却為五畫,即分中二畫為三畫,形亦小異」,「帝乙之後,⚅字中畫相合為一,變而為王,以至於帝辛之世」。[70]

「筆順訛誤」則例見自、西兩字,董作賓對此現象描述細微,查探武丁時自字作⚅或⚅形之狀,主張「大概是先寫兩邊的⚅,後寫一或二,再寫⚅。武乙時的史官抄的第一體,却已把筆順弄錯了,他誤把中間⚅形與兩旁連接起來,先作⚅,又將兩邊與橫畫相連作⚅」,寫成⚅形,「到了帝乙,帝辛時,却改正過來,從第二體,但又扯直了兩旁而作⚅形」;對於西字諸多形體,則認為「西是酒尊,本作⚅,象侈口,圜底,細頸,頸下有平行線之形。有時寫作⚅,這是武丁時的書法」。祖甲時,「有時寫作⚅,加了一道平行線紋,有時又誤作形⚅」,到廩辛康丁時「作⚅,有時把平行線紋加多作⚅,帝辛時又作⚅,⚅,再也不會回到⚅形」。[71]除上二例,董氏尚點出「干支字中,如未,申,辰,寅,子等字的變化,多半是由於筆順之誤」,但不再細繹個別變化過程。

---

[69] 以上俱同上註,頁 411-412。

[70] 以上俱同上註,頁 412-413。

[71] 以上俱同上註,頁 413。

前述諸項共計涉及習見字的演變資料 11 例，總結考察大要，簡表如下：

表 2-1-5：習見字演變簡表

	第一期	第二期	第三期	第四期	第五期
災	〰	〰	〰	𢦏	𤆎
	巛	巛	巛	𤆎	
冓	𣓏	𣓏	𣓏		
賓	𡧛				𡧛
雚	𮋎	𮋎			
羌	𦫳		𦫳𦫳		
其	𠀠	𠀠	𠀠	𠀠	𠀠
來	𥝋			𥝋	𥝋
雨	𠕩	𠕩		𠕩 𠕩	𠕩
王	王	王 王	王	王 王	王
自	𦣻 𦣻			𦣻	𦣻
酉	酉 酉	酉 酉	酉 酉		酉 酉

上表所及諸字的演變訊息或有不足之處，但董作賓對於相關字形早晚不同及其致因的掌握，頗可信從，亦為斷代工作提供有效的判別依據。

其三，關於「象形變形聲」者，其所牽連者實為造字法的不同。董作賓舉雞、鳳二字為例說明，前者作𩾃、𩾃、𩾃、𩾃、𩾃諸形，後者則有𩾇、𩾇、𩾇、𩾇、𩾇、𩾇等形，其中「𩾃、𩾃」象雞之形與「𩾇、𩾇、𩾇」象鳳鳥形一望而知，乃是象形字；「𩾃、𩾃、𩾃」與「𩾇、𩾇、𩾇」顯然是分別加上「奚」聲、「凡」聲的形體，屬於形聲字。比對用字時代，雞字「武丁時為象形字，至第五期帝乙帝辛之世，已演變為形聲之字」，[72] 而鳳字「無論象形或形聲，在卜辭中皆是假作風字用的，而第一期用象形字，第四、五期用形聲字」，[73] 兩者演變過程相似，亦完全符合文字演進的聲化現象。

末者，有關於「月夕互易」的現象，董作賓認為可以分為前後兩期觀察：「由武丁至文丁為前期，這一期中，以𝐃為月，以𝐃為夕。由帝乙至帝辛為後期，這一期中，以

---

72 同上註，頁 414。
73 同上註，頁 415。

$\mathbb{D}$為月，以$\mathbb{D}$為夕。」[74]簡言之，甲骨前四期卜辭中月作$\mathbb{D}$，夕作$\mathbb{D}$，第五期則完全反轉，以$\mathbb{D}$為月，以$\mathbb{D}$為夕。這的確是一項「最有趣味的發現」。[75]

以上所述，即董作賓對於卜辭相關文字字形演變的掌握與分析，合情入理，值得仔細參考。

十、書體

相較於字形繁簡變異是個別化的考察，書法風格優劣則屬全面性的評賞。董作賓整理甲骨，對於各時期文字書法的不同，有著深入的觀察：

> 在早期武丁的時代，不但貞卜及所記的事項重要，而且當時史官書契的文字，也都壯偉宏放，極有精神。第二，三期，兩世四王，不過守成之主，史官的書契，也只能拘拘謹謹，維持前人成規，無所進益；而末流所至，乃更趨於頹靡。第四期中，武乙終日遊田，書契文字，亦形簡陋。文丁銳意復古，力振頹風，所惜的當時文字也只是徒存皮毛，不見精采。第五期帝乙，帝辛之世，貞卜事項，王必躬親。書契文字極為嚴密整飭，雖居亡國末運，而文風丕變，制作一新，功業實不可掩沒。[76]

綜合說來，董氏歸結「壯偉宏放→拘拘謹謹→趨於頹靡→亦形簡陋→復古皮毛→嚴密整飭」的書契文字風格變化，由積極而散漫復嚴整的過程，明顯與殷代各期文風盛衰有關。

針對各時期書體作風特點，董作賓進一步舉例說明如下：

第一期作風雄偉，以4.2.0008（=《合》10229）為例，「這一版韋的筆法，是可以代表本期書體雄健宏偉的一例；旦的書法也有他的特點，字畫雖細，却甚精勁」；[77]

第二期作風謹飭，以1.2.0041（=《合》25579）為例，此為「行所書的一版，字體大小適中，行款均齊，可見謹飭的一斑」；[78]

第三期作風頹靡，以3.2.0501（=《合》31553）為例，此期中「雖然還有不少的工整的書體，但是篇段的錯落參差，已不似前此的守規律，而極幼稚，柔弱，纖細，錯亂，

---

[74] 同上註。
[75] 同上註。
[76] 同上註，頁417。
[77] 同上註，頁421。
[78] 同上註，頁422。

訛誤的文字，又是數見不鮮的」；[79]

第四期作風勁峭，以 2.2.0202（=《合》32054）為例，此期書體中「有一種他期所沒有的特徵，是較纖細的筆畫中而帶有十分剛勁的風格，峭拔聳立，有如銅筋鐵骨」；[80]

第五期作風嚴整，以 3.2.0259（=《合》36511）為例，「由這一版，可見第五期文字記載的比較繁縟，而行款的排列，字形的勻整，都是這一期的特點。這是我們一望可知的，無論他是祭祀，征伐，遊，田之辭，那結構比較齊整，嚴密，而又有方正的段，勻直的行，細小的字的甲或骨，不用問便是第五期之物」。[81]

《合》10229

《合》25579

《合》31553

《合》32054

《合》36511

---

[79] 同上註。

[80] 同上註。

[81] 同上註，頁 423。

董氏對於五期卜辭書體風格，區辨如上，就其舉例觀之，確實有別，是以可以引為斷代判斷的標準之一。

第二節　內容評析

董作賓所揭示的甲骨斷代十項標準，具體內容已如上述，其斷代功效並不一致，董氏部分論述亦未能切中要旨，爰就所識，分項評析於下。

一、世系部分

董作賓對於殷卜辭世系的考察，其說大抵可從，但運用於斷代工作上則明顯有所局限。以「十示」、「十示又三」、「廿示」判斷時代，只能粗知大範圍，如「武丁之後」、「康丁之後」、「文丁之後」之謂，凡此對於斷代雖非完全無益，但多數卻也沒有太大的幫助。沈之瑜曾指出：

> 董氏云："這十示中的祖丁被稱為祖，至早也不能過於武丁之世"，此說極是，凡是有明確世系作為斷代標準，只能確定卜辭的上限（即不得早於何時），至於它的下限，則必須結合其他標準方能判定。但是這種有明確世系的卜辭是很少的。至於沒有明確世系的卜辭，如"庚午卜四示牛五、五示羊……"（《存》二、七六七〔＝《合》34108〕）辭中四示、五示不知所措，依靠世系斷代就無從說起了。[82]

沈氏又云：

> 所謂"二示"，"它示"，"其它的示"實際就是指與直系相對的旁系。凡遇到旁系已經分開的卜辭，那末自上甲若干示，就可以理直氣壯地按直系自上甲往下數，數到若干先王為止。他的下一輩就是這片卜辭時代的上限。但斷代不能滿足於上限，必須還要根據其他標準去判定它的下限，下限才是這片卜辭的真實時代。[83]

---

[82] 沈之瑜：《甲骨文講疏》（上海：上海書店出版社，2002 年 10 月），頁 201。

[83] 同上註，頁 202。

如董氏分析「十示又三」（見《後》上 28.8=《合》34117），知其不能早於廩康時期，並謂：

> 但從字形考之，自作𝍏，未作𝍇，當是武乙時物，武乙稱祖己，祖庚，祖甲三人為祖，觀於三人的名稱，可知是武乙時所定，亦可證此片當在武乙時代（第四期）了。[84]

顯而易見，《合》34117 被定為第四期武乙之物，並非「十示又三」發揮作用，而是參酌字形、稱謂之後的綜合判斷。

另外，關於先公先王名號的考定，尚有兩點可議，其一是部分名號考定直斷，難以盡信，如判斷「南壬即中壬」，董作賓認為：

> 卜辭中帝王名稱，日干上一字，多與後世所傳者異，如示之與主，虎之與沃，羌之與陽，康之與庚，皆是，而其他先祖皆有祭，中壬不能獨無，《春秋經傳集解·後序》引《紀年》"仲壬即位，居亳"亳在殷南，稱曰南壬，或即以此。[85]

言雖有理，論證仍有不足。又如「虎甲」一名，董氏謂：

> 疑虎，沃音近相通，即是沃甲，丁丁山先生亦有此說，因苦無他證，未敢必。今於第三次發掘所得骨版中，發現虎祖丁一辭，知即沃丁，而虎甲之為沃甲，也同時可以斷定了。[86]

而對於「中己」則稱：

> 卜辭有中己，疑即雍己，中，雍音近可假。此片（按：《後》上 8.5=《合》27385）顯為第三期貞人，在廩辛時，稱祖己為父己，考殷世系中，名己者只有祖己雍己二人，父己既為祖己，則中己當是雍己了。[87]

前者虎甲即沃甲之比附，引以為證的「虎祖丁」並不存在，且兩虎字形完全不類，董氏竟逕自等同，失之草率；後者指中己為雍己，未必有誤，但就殷世系觀之，雍己之前並無其他己日先王，若雍己為中己，則大己何在？董氏於此未置一詞，過於輕忽。此等情事實囿於草探之初，難以周全，而董氏於後亦有覺察，如承認「虎祖丁不為沃丁，呂己

---

84 董作賓：〈甲骨文斷代研究例〉，頁 329。

85 同上註，頁 332-333。

86 同上註，頁 333。

87 同上註。

之為雍己，虎甲乃陽甲，非沃甲，羌甲方是沃甲」，「舊以虎甲為沃甲，羌甲為陽甲有誤」[88]等，已從善如流，匡正前說，是以春秋責賢，或可休矣。

其二，名號與稱謂有所混淆，定名有瑕。儘管史籍中微、湯、河亶甲諸稱並未見於殷墟卜辭，但對應卜辭所見的周祭施祭順次來看，微、湯、河亶甲分別是上甲、大乙、𰀁甲（戔甲）的比附，應無疑義，且連帶可以推定《史記》所無的武丁子孝己，[89]即卜辭中的祖己，凡此名號皆屬不易之論。史籍另有一王廩辛，未列周祭，無可比附，卜辭亦不見稱其號，費人疑猜，而董作賓分析第三期卜辭（3.2.0484=《合》27625）的紀錄，斷定其中「兄辛」就是廩辛，進而證實廩辛的存在，其說可參。然「兄辛」僅屬一般稱謂，與前述名號性質不同，並非特定專有的稱號，單就此稱，實難以確知其指涉對象。換言之，卜辭中「兄辛」可以是指稱廩辛，但「兄辛」絕非廩辛之專稱。

董作賓將卜辭所見「兄辛」逕自等同「廩辛」，如此決斷，似以五期卜辭中「兄辛」僅此一家，其實明知「稱兄辛也可以是小乙時卜辭，小乙于小辛可如是稱」，[90]卻未能加以權衡考量，予人口實。雖現下武丁前卜辭之存佚猶有疑義，但亦無法完全去除其可能，因此卜辭中「兄辛」還有指稱小辛之可能，逕作廩辛，明顯不妥，董氏於此略有失察，商王名號之考定實未竟全功。

綜上，相關先公先王名號的考定，可透過世系線索探求，但名號本身卻無法建構世系以資斷代，而名號實屬稱謂之一，其斷代價值理當同於稱謂。

二、稱謂部分

董作賓〈甲骨文斷代研究例〉在稱謂方面的考察只是初步的，部分意見後來亦有所調整，如：

> 舊舉「高祖夋」，當改「高祖夒」；
>
> 妣的稱謂中「妣乙」一例，引傳說以為即契母簡狄，誤，應刪去。今釋河，或以河為殷之先祖，亦非。[91]

---

88 董作賓：《甲骨學六十年》，頁 75-76。

89 孝己見於《竹書紀年》，武丁「二十五年，王子孝己卒于野。」（見王國維《今本竹書紀年疏證》，《竹書紀年八種》，臺北：世界書局〔1989.04〕，頁 340。）

90 董作賓：〈甲骨文斷代研究例〉，頁 360。

91 以上俱見董作賓：《甲骨學六十年》，頁 76。

更大的誤解是關於「某王爽妣某」為祖妣合祭的問題，董氏修正前說：

> 舊以此類卜辭為合祭祖妣，如第一例即庚辰日翌祭先祖示壬與先妣妣庚。今按祭
> 妣庚在庚辰，祭妣甲在甲子，只是卜先妣之祭，妣庚上有示壬，妣甲上有示癸，
> 乃是妻冠夫名，以示區別，並非合祭。猶如後世神主「顯考某府君德配某太夫人」
> 之類。[92]

此言所勘，極為精當，顯示董氏對於殷先祖妣關係的掌握已更深入，其稱謂系統的建立
益加完備。

儘管稱謂系統完備，單憑稱謂就要精準的判定甲骨時代，其實還是困難的。稱謂本
身並無明確的時代標記，每個時代皆有稱父稱母稱兄者，則被稱父稱母稱兄者絕非一人
明矣，因此欲以之斷代，尚須大量參酌甲骨的其他條件。沈之瑜即認為：

> 稱謂斷代也不是絕對的，因為往往單獨一個稱謂是無法判斷它的時代的，例如單
> 獨一個"父丁"，他既可以是祖庚、祖甲之稱武丁，也可以是武乙稱康丁或帝乙
> 稱父〔按：文之訛〕丁；又如"父庚、父甲"既可是武丁稱盤庚、陽甲，也可以是
> 廩辛、康丁稱祖庚、祖甲，如此等等。因此，也必須再借助其他標準方能判定。
> 更何況有許多卜辭中一個稱謂也沒有。[93]

而董作賓以稱謂為據的斷代實務，多見類下斷語：

> 亘為武丁時貞人，此父庚當為盤庚。同版有父甲為陽甲，亦可互證。此辭全由貞
> 人及字體定之，不然，亦可誤認為第三期物，因在廩辛，康丁之世，祭祖甲，祖
> 庚，亦可稱父甲，父庚。[94]

> 因㠯為第三期貞人，故可定此版所稱之父庚，為武丁子祖庚。[95]

> 辭稱祖甲為祖，在武乙之世，又稱父丁，則父丁當指康丁而言。此以坑位及字體
> 為證，不然，如說祖甲父丁為陽甲武丁，而此辭也可以在祖庚祖甲之世了。[96]

---

[92] 同上註，頁 76。
[93] 沈之瑜：《甲骨文講疏》，頁 203。
[94] 同上註，頁 339。
[95] 同上註。
[96] 同上註，頁 340。

盤庚以下諸王名辛者，惟小辛，廩辛，帝辛三人，而小辛廩辛皆有弟嗣位。此版出土大連坑，多第三期卜辭，又由字體證之，當為康丁時物，兄辛即廩辛。[97]

本來，稱兄辛也可以是小乙時卜辭，小乙于小辛可如是稱，不過此區武丁時物即甚少，不能更有以前卜辭；又第三期卜辭多祀后祖丁（即武丁），父甲（即祖甲，見 3.2.0367〔=《合》27321〕），父庚（即祖庚見 3.2.0676〔=《合》27430〕）之文，又有多數貞人皆可為證；更由字形，祀典觀察，亦非一，二之物；故可決定此兄辛為廩辛而非小辛。[98]

以上斷代結果顯然皆非純就「稱謂」判定，更參酌「貞人、字體、坑位」等其他訊息，雖互證可得不易之實，但相較之下，後者種種似較前者更具決定性，其中「字體」尤是關鍵。

上述情事間接說明「稱謂」不是絕對標準，無法直接以之斷定時代。如《合》27611、27612、27613、27614 等諸版上皆有「兄己」，《合》27615、27616、27617 同版更見「兄庚」，就稱謂論之，根本是標準第二期祖甲卜辭，然《甲骨文合集》將之皆歸於第三期，顯然非以稱謂為據。以《合》27617（即《南明》639）為例，陳夢家注意到其上「"兄己""兄庚"都是直行分書的，和庚甲卜辭"兄己"之橫行並列者不同」，[99]認定為廩康卜辭，島邦男亦將之歸於第三期，並謂「片中的イ、ㄓ二字，顯然為第三期的特色」，[100]兩人著眼點都是字體的特徵，稱謂於此反另須理解成旁系先祖，以符合其字體特色，凸顯稱謂用於斷代工作的困窘。林澐即曾指出：

> 對于確定年代來說，王室卜辭定年代的根本依據，是將稱謂同商王世系進行對照。……然而，多數甲骨卜辭是不含有稱謂的，加以後來的研究又表明，各代商王的祭祀男性亡靈，並不限于即位的先王，有許多是商王世系中找不到的，使問題更複雜化了。[101]

類此之情形，將動搖既有稱謂系統的建構與運用，讓相關詮說充滿各種變數。林氏因此主張：

---

[97] 同上註，頁 341。
[98] 同上註，頁 360。
[99] 陳夢家：《殷虛卜辭綜述》（北京：中華書局，1988 年 1 月），頁 456。
[100] 島邦男：《殷墟卜辭研究》中譯本（溫天河、李壽林譯，臺北：鼎文書局，1975 年 12 月），頁 40。
[101] 林澐：〈小屯南地發掘與殷墟甲骨斷代〉，《古文字研究》第 9 輯（1984 年 1 月），頁 143-144。

只有把零散的甲骨先進行分類，對每類甲骨中所見的全部稱謂加以總結，並統計
各種稱謂的數量比例以明確其主次，由這種「稱謂系統」與商王世系進行對比，
才能較可靠地確定每類甲骨的存在年代。[102]

然林說看似中肯，但實務上總結全部稱謂的「稱謂系統」，仍未必能有效與商王世系對
應，欲以斷定甲骨時代亦恐難如願。

總上，稱謂系統的完備，對於卜辭內涵的分析，乃至商史文化的探究皆有關鍵性的
助益，然於斷代工作上，若明確的稱謂系統（如：兄己+兄庚）竟可因未符字體及書寫
習慣，而須「另眼看待」，表示其斷代功用仍有局限，[103]而董作賓將之譽為「實為時期
劃分的最好標準」，[104]似有過當。

三、 貞人部分

董作賓於〈甲骨文斷代研究例〉中初步將卜辭所見貞人畫分成若干集團，有效鳩合
龐雜散亂的貞人資料，使之統整有秩，並彰顯其時代性，成為日後甲骨時代判斷的主要
基石，厥功至偉。然貞人本身不代表時代，[105]換言之，同一貞人可能分屬不同時期，而
同一時期顯然貞人亦不僅限於一人。因此，欲以貞人斷定甲骨時代，則必先確定貞人所
屬時代，而貞人時代的確定，實仍須借助其他訊息加以輔證。

董作賓論證貞人時代，認為「只有靠著他們替王卜祭祀時對於先人的稱呼」來判斷，
方法是「可以由受祭者的稱謂定某王，再定貞人是某王之史」[106]。董氏曾以「貞人亘與
子央、父乙同辭」、「貞人㞢與母庚同辭」為證（詳見前），說明貞人亘、㞢屬於武丁
時期。又如見貞人尤所貞問之辭中，有「小乙爽妣庚、父甲、妣癸、后祖丁、妣辛」等
稱號，認為：

---

[102] 同上註，頁 144。

[103] 許進雄先生亦曾表示「第三期的粗而小書體常有兄庚、兄己的稱呼，第二期祖甲時常有兄己、兄庚之稱，
故筆者常懷疑此種卜辭是第二期的。但是經過仔細的思考，覺得此種卜辭還是屬於第三或第四期的，知
道以稱謂斷代也常有問題。」（詳許先生《明義士收藏甲骨釋文篇》，多倫多：加拿大皇家安大略博物館
〔1977〕，B1671 號釋文，頁 120。）

[104] 董作賓：〈甲骨文斷代研究例〉，頁 341。

[105] 林澐謂「董作賓發現的『貞人』（卜人），是對署卜人名卜辭的一個最有效的分類標準。但它本身並不具
有確定年代的直接意義。」（詳林氏〈小屯南地發掘與殷墟甲骨斷代〉，頁 144。）

[106] 以上俱見董作賓：《甲骨學六十年》，頁 69。

稱小乙之配為妣，必在祖甲之後，又稱武丁為后祖丁，為祖，必在廩辛康丁之世，從此也可以說妣辛，妣癸，即武丁之妃，父甲即是祖甲了。若說父甲是陽甲，妣辛是大甲之配，妣癸是祖丁之配，尣是武丁時人，則武丁不應稱小乙，也無以解于后祖丁了。所以說尣是廩辛康丁時的貞人。[107]

顯見貞人時代確實有賴稱謂系統始能判定，但稱謂系統的穩定與有效卻非絕對（參前）。另外，董氏考釋大龜四版，論其貞人時代歸屬時提及：

> 我曾就《鐵雲藏龜》、《書契菁華》中所列的同版的貞人，選出有關係的一部分，與四版相較，已可署知四版的貞人，大概是在武丁祖庚之世。這是從帝王，書體，同時人名等都可以互證的。[108]

指出貞人時代亦可由帝王、書體、同時人名等相關訊息確認，其實就是利用世系、字體、稱謂予以斷代。世系與稱謂用於斷代的局限已如前述，而字體風格的爭議亦往往可見，凡此說明貞人所屬時代的判定，並不是毫無疑義，而現今吾人對於貞人時代的認知，亦非完全不可撼動。

董作賓曾以為貞人扶時代歸武丁期：

> 一個貞人叫作扶的，他所卜的祭祀有父乙，母庚（《甲》2907〔=《合》19946〕）於是我們就毫不遲疑的說扶是武丁時的史官。即如扶所寫的字不類第一期，可是我們無理由不承認母庚是小乙的配偶妣庚，而在武丁時稱母庚；父乙固然可以說是武乙，可是在〈戊辰彝〉中又明明白白是武乙奭妣戊，文武丁的母親，應該是母戊，不該是母庚；因此把貞人扶列入第一期。[109]

後來觀察重點改變，遂認為：

> 以前我們只看見父乙，母庚，兄丁，王字作𡗜，就斷定是武丁時，現在注意的卻是大乙這個稱呼，由於稱唐為大乙，可以斷定絕對不是武丁時，反過來，這裡的父乙就是武乙，也可以斷定這是屬於文武丁的卜辭，因而文武丁也可以有一個母庚，一個兄丁，而他把王字，復了古體。[110]

---

107 董作賓：〈甲骨文斷代研究例〉，頁348-349。
108 董作賓：〈大龜四版考釋〉，頁439。
109 董作賓：〈殷墟文字乙編序〉，《中國考古學報》第4冊（1949年10月），頁273。
110 同上註，頁274。

如此反覆的判斷結果，凸顯運用不同的標準所得斷代結果亦不相同的窘況。面對此類情事，雖能讓相關斷代標準之運用，有交相較量、權衡的機會，進而深化斷代結果的可靠性，但不容否認的是，這也為斷代工作平添若干變數與難度。

持平而論，「貞人」是目前甲骨斷代學上相對可靠有效的標準，然實務上以貞人斷代，仍須面對三項困境：其一，大部分甲骨上並無署貞人名，有時未署貞人名甚至是一種時代習慣，如董作賓曾注意到：

> 貞人的書名，到武乙時代（第四期）已完全沒有了，有時，貞卜之人就是帝王的自身，憑貞人以定時期的方法，也至此而窮。所以以貞人為標準，只是一種，無貞人的卜辭，便須從字句，書體，文法，坑位等等方面定期時期了。[111]

陳夢家亦指出：

> 武丁到廩辛的卜辭記卜人名的最多；廩辛以後卜人不記名，到了乙、辛又出現了少數記名的。因此用卜人斷代，也是有一定的限度的。[112]

對於沒有貞人名號的甲骨，貞人標準自是無法派上用場，而必須依靠其他訊息加以決斷。然所謂字句、書體、文法、坑位者皆屬間接標準，並無絕對的斷代效力，何況此類標準的析分亦難脫主觀之虞，其結論亦未必與貞人為主的斷代結果相符，徒增甲骨斷代的困擾。

其二，縱使甲骨上署有貞人名，貞人們的同版關聯訊息仍不多見，董作賓初步系聯貞人團後，亦深覺：

> 這不足以包括所有的貞人，因為在這些殘龜斷骨之中，見到他們互相聯絡的機會，實在太少了，所以有許多貞人，還不能用此方法去定他們的時代。[113]

又謂：

> 不能確定時期的貞人，還有許多，如逐（《前》5.28.1〔=《合》3449〕），臼（《前》8.42〔按：8.4.2之訛，=《合》21837〕），專（《前》5.12〔按：5.12.1之失，=《合》3750〕），喜（《鐵》48.4〔=《合》22999〕），尹（《後》上15.1〔=《合》24458〕），顯（《鐵》

10.1〔按:10.2 之訛,=《合》29418〕),教（3.2.0549〔=《合》27733〕），易（《前》
3.28〔按:3.28.4 之失,=《合》37867〕）等等，將來從各方面研究，總可以找出他們的
時代來。[114]

上述貞人，依董氏所論及之線索，或指稱「𡉈（逐）」、「𠂤（𠂤）」、「𢼊（專）」、
「𠖭（喜）」、「𡉚（尹）」、「𤕫（顯）」、「𢼸（教）」、「𢓊（易）」諸人，其
中𠂤之所出《前》8.42，應是《前》8.4.2（=《合》21837）之訛，然其上「𠂤」並不作貞
人；而「𢓊」之釋「易」，亦非，陳夢家隸為「派」，歸於第五期，較近之。其餘貞人
之時代，陳夢家將「專」列為武丁晚期，「逐」在祖庚期，「喜、尹」屬祖甲期，「顯、
教」則入廩辛期（詳後），雖其論可信，後多從之，但具明確同版關係者僅「逐、喜、
尹」，顯示部分貞人時代的聯繫仍存在誤差的可能性。董氏曾感嘆：

> 貞人是分期研究的堅實基礎。二十年來，常打算把每一貞人的卜辭收輯在一起，
> 再作詳細比較研究，以求他們時代的先後，但始終沒有做到。現在雖然增加了不
> 少新的貞人材料，仍未能達到精密研考的程度，這一點是非常遺憾的。[115]

顯示出對於貞人之考察確實不足，尚未完備。

其三，更關鍵的是，貞人供職時段跨越朝代，則以之斷代的準確性自會受到質疑。
陳夢家即曾謂「有些王朝的卜人不容易與上下朝代的分別」，[116]而許進雄先生考察貞人
荷的供職年代，見其與貞人史同版（《懷》389=《合補》4558）出現，亦有所疑：

> 貞人史有幾次與第一期的貞人爭（《前》六、九、六〔=《合》6813〕，《佚》三九
> 六〔=《合》17466〕），賓（《前》二、一一、七〔=《合》8195〕），彡（《續存》下
> 一七七〔=《合》1251〕），韋（《續》五、一六、七〔=《合》5525〕）等同版，如果
> 沒有其他的佐證，就難於判斷到底是史仕至第三期，或是荷已於第一期就仕為貞
> 人了。[117]

此外，根據鑽鑿形態的特徵，許先生尚認為「貞人大也非常非常有可能如貞人荷和口之

---

114 同上註，頁 349。

115 董作賓：《甲骨學六十年》，頁 86。

116 陳夢家：《殷虛卜辭綜述》，頁 173。其中第二「的」疑為衍字。

117 許進雄先生：〈談貞人荷的年代〉，《中國文字》第 43 冊（1972 年 3 月），頁 2。

從第一期奉職到第三期」。[118]類此貞人供職數期的例子其實並不罕見，[119]部分貞人未能與單一王世興亡同步存佚，因此確實掌握貞人供職年代與否，將直接影響斷代結果的可信度，顯然是欲以貞人斷代者必須克服的首要之務。

另外，對於貞人身分的確認，反映在貞人數量的考察，董作賓最初於〈甲骨文斷代研究例〉（1933 年）列出貞人第一期 11 人、第二期 6 人、第三期 9 人，第五期 1 人，去重出 2 人，[120]共 25 人（詳前），又在「揭穿文武丁時代之謎」後（1949 年），加上第四期貞人 17 人，[121]得 42 人。1952 年，[122]又增第一期 14 人、第二期 12 人、第三期 5 人、第五期 3 人，去重出 2 人，[123]共計 74 人。[124]

從貞人數量的變化，可知董作賓最初的貞人考察頗為粗略，而其後雖有近乎三倍的大量增補，似乎仍有所未殆，如陳夢家即能擴增為 120 人（詳後），第一期 73 人、[125]第二期 22 人、第三期 18 人、第四期 1 人、第五期 6 人，遠遠超過董氏所錄，並更加詳細；另島邦男亦有相關探究，得第一期 36 人、第二期 24 人、第三期 24 人、第四期 21 人、第五期 6 人，去其重出 4 人，[126]總計 107 人，雖不及陳氏豐備，亦較董氏多出許多。以上三人對各期貞人數量的增刪，說明各自對貞人身份掌握的情形並不一致，此必然直接影響貞人的斷代功用。

上述所及三家貞人考證之異同，詳論於後，此處不贅。概略觀之，董作賓身處草創，關於貞人的探索自難完備，然儘管如此，董氏對於貞人發見與整理的貢獻，仍是甲骨斷代學上赫赫之功，無法抹滅。

四、 坑位部分

基於科學發掘的嚴謹，與甲骨出土有關的直接或間接訊息，皆可以成為甲骨學研究的材料，其中出土坑位訊息的釐清，有助於判斷相關甲骨的時代。然董作賓的坑位認知

---

[118] 許進雄先生：〈略談貞人的在職年代〉，《中國文字》第 44 冊（1972 年 6 月），頁 8。

[119] 詳可參饒宗頤：《殷代貞卜人物通考》，香港：香港大學出版社，1959 年 11 月。

[120] 兩朝元老「旅」與「ㄓ」重出。

[121] 董作賓：〈殷墟文字乙編序〉，頁 278。

[122] 董作賓：〈甲骨文斷代研究的十個標準（中）〉，《大陸雜誌》第 4 卷第 9 期（1952 年 5 月），頁 20-22。

[123] 第二期所增「荷」，與「尢」同；第三期新增「旅」則已計於前。

[124] 《甲骨學六十年》（1965 年）所錄貞人與此相同，可視為董作賓最終主張。

[125] 涵括𠂤、子、午組貞人。

[126] 「ㄓ、即、大」並見於第二、三兩期，「彭」則出現在第三、四兩期。

較為原始，亦顯粗略，陳夢家曾指出：

> 所謂坑位應該和"區"分別，ABCDE 等區是為發掘與記錄方便起見在地面上所作人為的分界，並非根據了地下遺物的構成年代而劃分。必須是某些獨立的儲積甲骨的穴窖，纔有可能定這個坑包含某個或某些朝代的卜辭；或者某一鄰近地帶所發掘出來的甲骨，可能同屬於某一段時期的卜辭。[127]

而董氏所謂「坑位」並不相符，顯有不足。董氏所論「坑位」，實僅及於南北位置的橫向空間差異，完全未明甲骨坑層的縱向時間關係，而人為劃分的勘查區塊並無法反映殷人實際的居住樣貌，因此董氏以坑位斷定甲骨時代的嘗試，充其量只是地理位置的考察，其結果不免流於主觀而有所偏頗。[128]所幸，依相關甲骨出土分布的情形來看：

北　　第一區 → 第一、二、五期甲骨
　　　第五區 → 第一、二期甲骨
↓　　第二區 → 第一、二期甲骨
　　　第四區 → 第一、二、三期甲骨
南　　第三區 → 第三、四期甲骨

大致小屯村北與村中南的甲骨年代確實存在差異，因此董氏據以推斷甲骨時代之歸屬，結論並無大誤，多數尚能信從。

然而儘管甲骨分布位置自北而南，的確存有時代早晚的差異，但其中具體對應關聯卻是混亂的，如第一區位置最北，卻是第五期甲骨的大本營；[129]再者，各區的範圍南北界線並非平行連續，而是相互錯落，結果造成如偏南的第三區北部區域，較之其北的第四區南部區域，其位置更加北方（參圖 2-1-1）。因此，董氏所區分的甲骨出土區域在斷代工作上或可參考，但不宜作為判斷甲骨時代的主要依據。

另外，單就「坑位」來看，即使已知某些區塊有若干坑位出土甲骨，僅憑坑位的地理位置仍不足以判定時代，簡言之，坑位本身根本無法斷代。董作賓對於坑位時代的推

---

[127] 陳夢家：〈甲骨斷代與坑位〉，《中國考古學報》第 5 冊（1951 年 12 月），頁 170。

[128] 林澐即批評「董氏所謂『坑位』的本義是指發現甲骨的探坑、探溝所在的位置，這種按地點來對甲骨進行分類的想法已證明是行不通的。」（見林氏〈小屯南地發掘與殷墟甲骨斷代〉，頁 145。）

[129] 董作賓曾謂「這一區出土的甲骨文字甚少，又非常的破碎，但是實際上卻是非常重要。第五期，帝乙，帝辛時的卜辭，這一區就是他們的大本營；同出的又有第一，二期的卜辭。」（見董氏〈甲骨文斷代研究例〉，頁 352。）

斷，多據該坑位中甲骨內容而來，如以世系（武丁）、文法（亡尤、往來亡🔲）、字形
（🔲、🔲、🔲、🔲）等線索判定第一區包含第五期之物；[130]或根據貞人（敵）、文法（不
台🔲）、字形（🔲、🔲）等訊息判定第二區包含第一期之物；[131]而斷定第三區包含的時
期，則明顯是根據稱謂：

> 村中的卜辭，有些該早到第三期康丁之世，這很明顯的有卜辭中父己（2.2.0418
> 〔=《合》27412〕），父庚（2.2.0515〔=《合》27425〕），父甲（2.2.0416〔=《合》27461〕），
> 三種稱謂可証。稱祖己、祖庚、祖甲為父，這當然要在康丁之世。[132]

又如董氏推斷 E16 圓井中卜辭時代，依據該坑卜辭中有「祖甲、祖庚、祖辛、祖乙、兄
己」等稱謂，認為：

> 在祖甲時，往往兄己兄庚同祭，此只祭兄己，可知是祖庚時的卜辭。祖甲以下
> 四人，乃第二期祖庚祖甲所可共有的稱謂，這完全靠坑位同貞人互證的，不然
> 便可以說稱祖庚祖甲為武乙時的卜辭，稱祖辛，祖乙，也可以是文丁帝乙時的
> 卜辭，這樣，則此圓井中出土卜辭的時代，要包括第一，第四，第五各期了。
> 而事實並不如此，從字形，貞人，書體上，都可以看出這些卜辭是早期的（第
> 一二期）。[133]

然既能以其他標準確定甲骨時代，坑位資料則無足輕重，換言之，甲骨所從出之坑位時
代可據甲骨時代推斷，反之卻不行，甲骨時代並無法據所出坑位時代逕予決斷。因此，
嚴格說來董氏所謂之「坑位」標準並不適合用於斷代。

　　持平而論，甲骨出自地下，即屬考古材料，而其具體明確的出土資訊正是將甲骨學
推向科學化研究的基礎，更為甲骨斷代系統的建構提供強大的發動能量，地位至為關鍵。
史語所殷墟十五次發掘工作之後，董作賓充分利用相關資料進行甲骨斷代的嘗試，其中
特別標舉「坑位」，顯然即已意識到甲骨的出土資訊不可被忽視，眼光獨具。然不足的
是，董氏對於甲骨出土坑位的認知與主張過於含糊，著重在地理方位的辨異，對於坑位
內部甲骨堆積情形的討論付之闕如，無法充分有效地說明或詮釋同坑出土甲骨相互的關
係，大大弱化「坑位」在甲骨斷代上的功能，甚是可惜。

---

130 詳董作賓：〈甲骨文斷代研究例〉，頁 353。
131 同上註，頁 354。
132 同上註，頁 356。
133 同上註，頁 361。

五、 方國部分

董作賓初步設想以敵友關係為準,進行卜辭時代的判定,然實際作業卻是「武丁時的幾個方國」、「帝辛時的"正人方"」的詳細考察,而前者之成果有助於武丁朝地理疆域的掌握,後者則可具體了解商末征伐人方事件的梗概,兩者皆屬商史文化探索之要事,但如此一來,相關方國資訊的斷代功能卻不免為之隱晦。

換言之,掌握武丁時期的方國內涵,並藉此確定第一期甲骨已屬勉強,遑論對其他時期甲骨的辨識區分;而征伐人方固然是大事,稽其始末可補史籍之闕,然「人方」本身並無太多斷代訊息。若以「征人方」此一大事言之,其明確的時代性或有資斷代,但斷代標準的歸屬置於「方國」實不合適,不如改列「事類」為宜。

方國標準運用不足之處,董作賓早有覺知,曾謂:

> 方國本來不能算作標準,因為在殷代諸侯方國大都是世襲的,名稱也是始終一致的,我們不能說在某一王的時期有此國,以後或以前就沒有了它,我當時列為標準,只是因為殷王室在一個時期和某一方國的交涉特別之多而已。[134]

僅言「交涉特別之多」,未明敵我關係的變化,此類方國記錄凸顯的是雙方往來頻繁的事實,而其往來頻繁者,或源於如朝貢、征伐等事件之進行,相關時代判定可由事件發生的特殊性考之,卻難以自事件參與者本身(方國或人物)論斷時代。

此外,方國敵友關係雖較其他事類更穩定,與時代關聯性更強,然方國關係變化的考察,亦有其局限性。其一,所謂敵友,多以征伐與否為主要觀察重點,然征伐前之敵國,征伐後是否堅持頑抗,時時製造事端;抑或棄械臣服,誠心歸順商室,此二者南轅北轍,影響各異卻難以稽察。若為後者,則該敵國同時期亦可易變為友國,以茲逕予斷代,恐有不足。再者,方國敵友關係的釐清,須有可靠的斷代結果作為依據,必先「全部卜辭整理就緒之後才可以專門研究」,[135]然卜辭既已全部分期整理就緒,則「方國」斷代效用即無關宏旨,在在顯示「方國」斷代之用並不容樂觀看待。

---

134 董作賓:《甲骨學六十年》,頁89。
135 董作賓:〈甲骨文斷代研究例〉,頁373。

六、人物部分

董作賓考察「各時期人物的不同」，明顯將重點置於「史官」之上，並認為貞人即是史官，究其史官名單幾乎就是前述各時期之貞人，因此董氏史官的考察其實就是貞人的考察，而依照史官任職時期斷代，其實就是根據貞人斷代。

整體而言，史官任職時代的考察固然有助於甲骨斷代，然其作用若與貞人無異，特意強調史官之斷代功能則顯多餘，實可摒除。因此，所謂「人物」標準運用之倡議，董作賓似乎錯置重點。

董作賓「貞人即是史官」之說，猶有可取，但其考察尚有二處可商：其一，自骨臼刻辭立論的史官行事，並不正確。董氏謂：

> 武丁的史官們，想出了廢物利用之法，把骨版窠臼之處，拿來用作記事的簡冊。骨版的窠臼，……雖然微窪，却甚光滑，所以當時史官就拿他作記載一椿事體之用，這事體便是"帚矛"。[136]

認為「帚矛體」是一種純粹的記事文字，內容「記載的是頒發各處兵器"矛"的日子，件數，和經手記事的人——史官」。[137]此說不可從，其誤在於董氏錯釋「帚（彐）」與「矛（ϕ）」，[138]其後郭沫若引證說明「帚為婦省」，[139]並以為ϕ「當是勹ⓑ之古文，象有所包裹而加緘縢之形」，[140]即對董說進行修正。一般認為，郭氏對於「彐為婦」的考釋，至為允當；而將ϕ視為卜骨之包裹，讀為包，則有所不足，「未免隣於想像」。[141]

郭沫若「釋ϕ為勹」，又據「七ϕ又一乀」、「四ϕ屮一臼」諸例指出：

> 七勹四勹之外尚有零餘，可知一勹不止一骨。……言零餘之例無過一以上者。由此以推，則一勹必僅二骨，ϕ字亦正合二骨而締結之之形。蓋以骨臼之兩半月形合而為一圓，而於其骨頸處拴之。乀若丿即骨臼半月形之象形。[142]

---

[136] 同上註，頁 344-345。

[137] 同上註，頁 345。

[138] 董氏其後已承認錯誤並修正此說，詳前。

[139] 詳見郭沫若：〈骨臼刻辭之一攷察〉，《殷契餘論》，收錄於《郭沫若全集‧考古編》第一卷（北京：科學出版社，1982 年 9 月），頁 415-425。

[140] 郭沫若：〈骨臼刻辭之一攷察〉，《殷契餘論》，頁 428。

[141] 于省吾：《雙劍誃殷契駢枝》（北京：中華書局，2009 年 4 月），頁 1。

[142] 郭沫若：〈骨臼刻辭之一攷察〉，《郭沫若全集‧考古編》第一卷，頁 429。

其中對 🔹 字形的分析，大抵可從。胡厚宣肯定郭氏「一 🔹 為二骨」之說，但疑此字與金文「匹」字形極似，應當就是「匹」字。胡氏考察經籍匹義，認為：

> 言配，言偶，言雙，言合，與記事刻辭若干 🔹，即若干對之義，正相合。蓋牛胛骨有左右二骨，龜背甲必中刻為二而後用之，皆兩骨為一對，故刻辭之中，惟牛骨刻辭及背甲刻辭以 🔹 計也。[143]

胡氏注意到龜背甲亦以 🔹 計，較郭為勝，但「匹」之釋，仍有未備。于省吾比對金文「屯」字形遞嬗情形，又考察从 🔹 諸字及用法，認為「🔹 釋為屯，於字形，於从 🔹 之字，於詞例，於文義，無一不符」，[144]優於各說，後多從之。

从于省吾之說，🔹 為屯字可定，董作賓亦從善如流，謂「舊釋為矛，郭說為包，胡釋為匹，于釋為屯，今按于釋可從」，[145]間接承認前說之誤。然屯字用法，于氏以之為純字原形，「春秋以後屯字間有从糸作純者，是純乃後起字」，而「純足端名」即「絲織者曰純，絲織之一束一足曰一純」之謂；[146]董氏則認為「借屯為對，一屯即一對」，[147]意近郭、胡二說。

持平而論，于省吾於確認 🔹 為屯字，居功厥偉，但並未明 🔹 形所象，實有未殆；郭沫若以骨臼兩半圓締結之形釋之，近乎實況，然包裹之說，不免牽強。董作賓棄于取郭，認同 🔹 有表「雙、對」之意，因此主張「屯」借為「對」，兩者定為假借關係。以上三者，皆有不足，于說以為屯即是純，《說文》「純，絲也。」因此只能連結「商代蠶桑業已發達，故每以帛為舍賜之物」，[148]忽視 🔹 形構與絲難以系聯的事實；郭說以為 🔹 象包裹之形而釋為包，然「包」並無法引申出一雙、一對或二骨等相近之義；董說以音近借用解之，雖屬一項可能用法，但卻迴避形體取象的討論。

🔹 形當如郭沫若所釋，概表以繩捆縛牛左右胛骨骨臼之狀，此形中肩胛骨顯是整治後的狀態，骨臼鋸去一半、縱向橫向切割垂直截去肩胛結節、削平骨脊，如此左右兩片胛骨始較能緊密平貼，以利於置放收藏。肩胛骨本是一對，左右對稱，整治之後可平貼置放，再以特定絲繩捆縛，可以不紊。本文以為「屯」者本義不在數量與卜骨本身，而

---

[143] 胡厚宣：〈武丁時五種記事刻辭考〉，《甲骨學商史論叢初集》（成都：齊魯大學國學研究所，1944 年 3 月），頁 596。

[144] 于省吾：《雙劍誃殷絜駢枝》，頁 4。

[145] 董作賓：〈殷墟文字乙編序〉，頁 268。

[146] 以上俱見于省吾：《雙劍誃殷絜駢枝》，頁 3。

[147] 董作賓：〈殷墟文字乙編序〉，頁 268。

[148] 于省吾：《雙劍誃殷絜駢枝》，頁 3。

是用於捆縛的絲繩。質言之，「屯」本義或為絲繩，專用於卜骨的捆縛，而卜骨左右兩版為完整一組，因此「屯」有「全、滿」的引申義，並不以二數為限，後「屯」假借引申漸多，遂於本形復加糸作「純」。

董作賓的主張，第二項可商之處是，既然貞人就是史官，但董氏於文中前後二處的相關考察，其結果並不相符。首先，董氏所謂史官計有 30 人，而前述各期所涉貞人卻僅見 26 人，兩者差異顯示，董氏對於貞人的考察結果前後有所不同。[149]再者，董氏自謂尚有不能確定時期的貞人：逐、臼、專、喜、尹、顯、教、易，[150]此等諸人亦未同步於史官列序中出現，顯有疏漏。

此外，「人物」標準中，除去史官，尚見董作賓對其他諸侯與小臣資料的考察，立意雖可取，然一則為數有限，一則此等人物並無法確知必隨朝代更迭而興廢，故相關人等顯露之斷代訊息其實相當有限。再就武丁諸子的整理，董氏聯繫甲骨與古籍資料的努力有目共睹，欲坐實傳統歷史紀錄的用心亦非常明顯，然具體可聯繫的相關記載實有不足，終不免事倍功半，不易成為確論。

客觀言之，董作賓所謂「從直接的標準，可以考定許多人是在某一王的時代生存著，工作著，或者在某一時死去，那麼這許多人都可以作為間接的斷代標準」之說[151]並無錯誤，但實務上人物之用為斷代標準，必須著眼其特殊性，因其特殊作為無可複製，時代特質明顯，始有俾於斷代。然卜辭中類此人物畢竟罕見，若董氏考察正確，則其所謂甘盤、傅說者勉可近之，而其他各期諸侯、小臣與子某等，因不及於史籍，皆無具體對象可比附，徒為名號耳，而相同的名號稱呼並不一定指稱相同的人物對象，因此吾人可以根據卜辭特徵辨此名號之時代，卻無法藉由此名號逕自斷定卜辭時代。就此觀之，董氏所舉稱諸位人物，斷代作用其實相當有限。

再者，卜辭其實不乏「異代同名」情形，如張政烺探索殷代農事，曾特別指出：

> 犬征在卜辭中常見，也有關于農業生產的記載，如「丙戌卜，貞：令犬征田于京。《殷契卜辭》53（＝《合》4630）」這是第一期卜辭，丙戌這天占問，是否命令犬征在京地從事農田上的工作。又「□寅卜：令犬征田享。《甲骨續存》1853（按：應為1852＝《合》33216）」這是第三期卜辭，占問是否命令犬征從事享地的農田工作。

---

149 史官部分較貞人部分，第一期增「史」；第二期增「出」；第三期增「旅」；第五期增「泳」，合增多 4 人。
150 董作賓：〈甲骨文斷代研究例〉，頁 349。
151 董作賓：《甲骨學六十年》，頁 91。

這兩片卜辭中間隔兩三個王，時間約半個世紀以上，可見犬征不是一個人的名字而是族名。[152]

除「犬征」外，「卓」也有類似的情形：

如「癸卯〔卜〕，賓，貞：〔令〕卓衰田于京。《殷契卜辭》417（＝《合》9473）」這是第一期卜辭，殷王占問，是否命令卓在京地衰田。又「□卯，貞：王令卓衰田于京。《殷契佚存》250（＝《合》33220）」這是第四期卜辭，占問殷王是否命令卓在京地衰田。這兩片卜辭中間隔著四五個王，相去約數十、百年，可見卓是族名，不是人名，衰田的勞動自然也是由族眾即眾人負擔了。[153]

以上所述，張氏以為若將其中同名者都併成一人，似不可能，此皆當以「異代同名」現象視之為宜。

「異代同名」之可能，對於甲骨斷代影響至鉅，以人物作為依據者尤甚，因此「人物」標準之運用自須更加謹慎。為避免混雜誤識，人物的考察工作勢必兼顧其實際的生平活動，並聯繫其他有關的現象，妥適析合相關材料，斷不可僅以相同名號即逕自等同一人。

總而言之，根據董作賓的考察成果，儘管對於武丁時期人物已有充分的掌握，然以之作為斷代依據仍顯不足。關鍵在於人物的探析若無獨特行徑與之密切結合，其所屬名號只是一種稱謂，以稱謂逕行斷代的局限在此仍難以避免。簡言之，雖見名號相同，卻不能確認指稱同一人物，或該名號乃為專名，不因時代而變異，凡此糾葛龐雜，足以說明運用人物進行甲骨斷代，效能其實並不強大。

七、 事類部分

董作賓原本基於「每一王朝，各有時王的好尚，因而所貞卜的事項，多有不同」[154]的認知，對於卜辭「事類」的探索，初始構想較為深遠，主張凡祭祀、征伐、卜旬、進骨、田獵等卜辭常見之活動或事蹟，皆是考察之標的，然董氏實際示例者僅有田遊一類，其餘未及，相關斷代主張尚且不清楚，遑論充分運用。

---

[152] 張政烺：〈卜辭衰田及其相關諸問題〉，《考古學報》1973 年第 1 期，頁 109。
[153] 同上註，頁 109-110。
[154] 董作賓：《甲骨學六十年》，頁 92。

　　嚴格說來，董作賓對於田獵活動的考察亦非全面，其關注焦點只限於武乙與帝辛兩時期的異同，以之建構的「事類」標準明顯不足，即使熟知此二時期田獵之別，然缺乏其他時期田獵卜辭的分析比較，對於相關卜辭時代的判定，其助益也極為有限。

　　再者，董作賓分析武乙、帝辛田獵卜辭的特點，前者標舉用語、出土地，後者則明列詞句、字形、書法、貞人、坑位，其中竟無一涉及田獵活動本身特殊之處。唯一可算是田獵活動內容者，乃田遊之地的考察，但董氏所論並非著重兩者相異之處，反倒以「帝辛田遊之地與武乙同者凡十」作結，顯然亦無意以此作為區別兩類卜辭的標準，換言之，吾人判定武乙、帝辛田獵卜辭，所據者乃董氏「貞人、坑位、文法、字形、書體」五項斷代標準，而「事類」標準不在其中。就此觀之，董氏以田遊卜辭為例所建構的「事類」標準，實際上並未能具體彰顯其內涵的時代性，而斷代實務上亦難以有效施用。

　　總之，董作賓建構「事類」標準的考察，依其舉例觀之，雖能有效區隔武乙與帝辛時期田獵卜辭，但類此的探索，重點卻不在掌握各期田獵活動實質內容的沿革差異，僅在田獵卜辭外在形式上打轉，吾人欲就田獵內容特色判定相關卜辭時代實不可得。因此，董氏所謂「事類」的斷代標準在理論上沒有問題，完全可行，但其示例實作者，似有張冠李戴之嫌，名實並不相符，亦未能彰顯「事類」標準在斷代工作上的功效。

八、 文法部分

董作賓曾謂：

> 卜辭是專為記載貞卜事項的文字，間或附記徵驗的或偶然記事的文字，文詞也極其單簡，並不能代表殷代的歷史文學。不過在晚殷二百七十三年之間卜辭中也可以看出文法的演變，作為區別時期的標準。[155]

此為董氏將「文法」定為斷代標準的基本想法，大致沒有問題，但其「文法」的認知卻極含糊，具體內容不易掌握。董氏將「文學」與「文法」並舉而論，此「文法」內涵似與「章法」較為接近，[156]在〈大龜四版考釋〉中，斷代之法有「文體」而無「文法」，

---

[155] 同上註，頁 94。

[156] 陳滿銘謂「所謂的『章法』，探討的是篇章內容的邏輯結構，也就是聯句成節（句群）、聯節成段、聯段成篇的關於內容材料之一種組織。」（見陳氏《章法學綜論》，臺北：萬卷樓圖書有限公司〔2003.06〕，頁 33。）

顯示董氏初始的斷代構想，確實自卜辭的體裁或風格著眼，故考察有側重章法之傾向，與文法稍有差異。

實際操作上，董作賓分「篇段」、「句法」、「用詞」三項加以考察，篇段部分注意到卜辭字數多寡，並欲以此特徵決斷時代歸屬，然效用不大。原因在於長篇卜辭不多見，縱使具強烈的時代性，可用時機亦極少，而中短幅者，應以多少字數為界，亦缺乏明確基準，況且卜辭備忘，其文例結構各有不同的減省模式，以致字數多寡並非完全依賴時代風尚而定，換言之，相同時代之同類卜辭，可能因貞辭、命辭、占辭、驗辭或有不同省略，而使卜辭敘述長短有別，根本無法據此斷定時代。又如董氏注意到五期中卜旬辭異同，謂：

> 凡卜旬必於癸日，必問『旬亡囚』？其餘則各期不同，有記貞人者，有不記貞人者，卜旬之後，如記『王固曰』，必記徵驗之辭；也有於卜旬後附記他事者，或兼記月份，或兼記王年者，各期不同。[157]

各期卜旬辭之異同大抵如是，董氏觀察正確無誤。儘管如此，卜旬辭用於斷代亦非無往不利，董氏曾言「按著以上各時期的公式，一望可以知貞旬之辭的時代，如果再不能區分時，則由旬字，干支字，貞人等等，細加判定，便可一覽無餘。」[158]以董氏表列辭例394、396、398為例，其組成單元相同，時代卻不同，區辨的標準是貞人；而辭例400、401更未署貞人名，時代歸屬的判斷，只能從字形著眼或其他。然不管為何，斷定時代的標準皆不是根據卜旬辭例本身，這同時顯示出「文法」斷代的局限。

另外，董作賓整理田獵卜辭，標舉各期田獵用語之異同，以見各時期句法特點，其處理方式略同卜於旬辭的考察。然而董氏的說明，猶有可議者二：其一是董氏以「武乙時則省去貞人」[159]作為第四期田獵卜辭特徵，忽略第三期田獵卜辭多數亦無貞人署名的事實；其二，第四期「往田」、「獸（狩）」的田獵用語，董氏的比較未置一詞，完全漠視其特殊性，顯然有所疏漏。另外，董氏於此多次提及「災」的不同寫法，其中確有斷代價值者，但並不屬於「句法」範疇，如此一來，混雜為用，只見字形斷代功效，而句法時代性的差異則相對隱沒。

董作賓「文法」斷代標準的建構，尚及「用詞」一類。用詞的討論若與文法有關，

---

157 董作賓：《甲骨學六十年》，頁95。

158 董作賓：〈甲骨文斷代研究例〉，頁405。

159 同上註，頁406。

則勢必涉及語法組織，然董氏「用詞」所列三例，並無相關結構組織的探究，遑論根據語法特徵區分時代。持平而論，篇幅、段落、語句等單位所包含字數較多，其組合型態自有語法可稽，而用詞所及字數實少，不同組態其義可能迥異，無法類同比較，因此董氏欲求各期用詞習慣之差異，僅能在字形異構中翻檢，此與「文法」根本無關。

類似「卜旬辭」辭例的考察，重點在句式結構，其實應屬「句法」範疇，不宜廁身於「篇段」之中；「下上弗若」、「不跛躓」等語，其實功能與用詞諸例幾無二致，雖字形無異構可說，但歸為「用詞」亦無不可；而文法範疇中，時代表徵較強之「語法」，董氏竟未深究分析，有所偏廢。凡此顯示董氏所謂「文法」者，內涵精確不足，甚至有所混淆，其斷代作用自難充分發揮。

綜之，董作賓以「文法」區分時代的探討，其焦點粗略的集中在卜辭內容篇幅長短，以及較為特殊的用語使用上，對於卜辭文句結構及規律相關特徵的考察，則涉之甚少，與一般認知頗有差距。因此，儘管前述諸例斷代結果多可信從，但實不以「文法」竟其功。

九、 字形部分

董作賓對於「字形」標準的建構，最為顯著者為全面對比各期卜辭干支字形，並製表明之，務求「遞變之迹，可以一目了然」，[160]以藉此準確掌握相關卜辭的時代。董氏以為「據甲子表中字形的不同，斷定時代，可以說是很好的標準」，[161]然實際上演化表中各期字形，卻是難以有效發揮斷代功能。貝塚茂樹曾指出：

> 從表中可見，干支字形第一期到第三期間，全是因襲而無顯著變化，但是，在第四期前半的武乙時代，庚、子、辰、巳、午、未等字就發生了大的變化，到文丁時期，庚、午、未、辰等字體又復古到第一期了。可是，到了第五期，戊、庚、子、寅、辰、申、酉又變成了特殊的字形。……干支字形的變化同貞人一樣，是甲骨文斷代的重要標準，所以，它的演變過程，就必須要十分注意地加以探討。然而，頗為遺憾的是，董先生的干支變化表，今天看來卻有著重大的缺陷。[162]

---

160 董作賓：《甲骨學六十年》，頁 100。
161 同上註，頁 99。
162 貝塚茂樹：〈評甲骨文斷代研究的字體演變觀〉（楊升南譯），《殷都學刊》1985 年第 4 期，頁 5。

貝塚氏對於董氏干支演化表的質疑，顯然不認同文武丁復古之說，間接主張「王族」、「多子族卜辭」，即所謂𠂤、子、午組卜辭的時代應屬第一期。雖其持說並不正確（詳後述），但董氏干支表的斷代局限亦已一覽無疑。

大致而言，董作賓對字形現象的考察，方向正確，結論亦無偏頗，猶有可議者只在時代斷定精確性不足。然字形無法用以精確斷定時代，實乃文字本身特質所致，董氏之失無可厚非。眾所周知，字形的演變，除由官方強勢介入決斷外，原本就是緩慢漸進的改變，而甲骨文字亦無必隨朝代改換就更寫新形的道理，換言之，字形變化不是也不須配合政權更迭。因此，字形差異的斷代價值只能區分出早、晚或早、中、晚不同階段，而難及於個別君王朝代，吾人對此實無寄予高度期待之必要。

另外，字形本身並不能直接反映時代，換言之，即字形本身並不具備區別時代的功能，而董作賓的作法是先將「散見于各辭中之干支字，由貞人稱謂等定其時期」，[163]再從中各自歸結字形特徵，用作區分五期卜辭時代的字形標準，因此董氏所考察各期字形的差異，極可能僅是因貞人不同所致，實際上與時代並沒有直接關聯。眾所周知，「貞人」與甲骨斷代密切相關，[164]而目前「字形」的分類工作又無法與貞人完全切割，[165]因此甲骨字形差異之現象，通過與貞人時代的繫連，自有其區分時代的功能，但如此一來，「貞人」斷代所可能遭遇的問題（參前），以「字形」斷代亦難以完全避免。

綜上，董作賓以字形進行斷代的主張極為可取，甲骨卜辭中若干字形確實具有強烈的時代風格之差異，據以輔助時代的判斷當然有用。然字形的演變漸進，非依朝代而更迭，因此早晚形體差異雖可掌握，但精準區隔相鄰時期的用字卻不容易，欲大行「字形斷代」之道者，仍須多方參酌，謹慎為之。

十、 書體部分

董作賓主張以「書體」斷代，其基本認知在於：

> 在同一時代，每個人寫字都有他自己個別的作風，考驗字迹，核對『筆跡』，固

---

[163] 董作賓：〈甲骨文斷代研究例〉，附表 31「干支字演化表」備註。

[164] 董作賓謂「斷代研究例分卜辭為五期，主要的證據就是靠著貞人。」（董氏《甲骨學六十年》，頁 99。）

[165] 現以字體作為卜辭分類者，各組類名稱仍以「貞人」作為基準，顯見斷代工作上，字形與貞人關係密切，難以分割。

然是一種專門學問，但在一起稍微熟悉的朋友，往往一見字跡，就可以知道是某人寫的。這道理是古今無二的。[166]

所謂「一見字跡，就可知某人所寫」者，訴之經驗，辨識正確度或許不低，但終究無具體條件為據，實不嚴謹，且主觀太過，經不起科學性的反覆驗證，一有歧議，易流於各說各話，自以為是。

前及各期卜辭書體風格，董作賓分述依序為「雄偉、謹飭、頹靡、勁峭、嚴整」，大致上由盛而衰復盛的遞變，但對比前揭董氏另言五期卜辭「壯偉宏放→拘拘謹謹→趨於頹靡→亦形簡陋→復古皮毛→嚴密整飭」的風格演變，並不相侔，原因是董氏自己對於第四期卜辭之體察，前後有所不同所致，顯見書體風格認定缺乏明確標準，流於主觀，不僅影響考察結果，也削弱其斷代功能。

再者，以董作賓五期斷代主張來看，卜辭書體風格絕無法適好呈現五種類型而予以對應，所謂「雄偉、謹飭、頹靡、勁峭、嚴整」等作風，暫且不論是否觀察正確而「名實相符」，類此風格敘述只能是大略模糊的感受，根本難以概括全體實際的風貌。如第一期的雄偉作風，以董氏例《合》10229 觀之，確實近之，但例如同屬第一期的卜骨《合》46、1666 等，字體較小，雖不至於秀氣，但與雄偉作風相去亦遠，不宜納入；

《合》46　　　　　　　　　　　　《合》1666

又，第一期卜甲上小字者比比皆是，其書體風格絕談不上雄偉，其中或見契刻端整者，較之第二期毫不遜色（參《合》536），稱之謹飭亦不為過。

---

[166] 董作賓：《甲骨學六十年》，頁 100。

《合》536

第三期卜辭頹靡作風之存在，董氏之例即能說明，但第三期所見多數卜辭，契劃剛直俐落，行款整齊，則難以感受衰頹氣息（參《合》27037、27164、27221），因此第三期當以何種作風為主，頗可再斟酌。

《合》27037　　　　　《合》27164　　　　　《合》27221

至於第四期卜辭，董氏總體論述時謂之「簡陋」、「不見精彩」，個別例舉時又稱「作

風勁峭」，頗見矛盾。客觀言之，第四期卜辭風格確實可分為兩類，武乙期大多勁峭，部分與第一期作風難分軒輊（參《合》32087、32666、《屯》1131）；

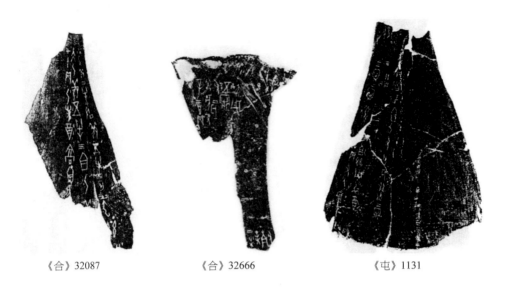

《合》32087　　　　　　《合》32666　　　　　　《屯》1131

文丁期風格則相對柔弱，甚至有些線條滯澀，不夠純熟，精采度的確遠遠不及其他（參《合》32721、32834、34120）。

《合》32721　　　　　　《合》32834　　　　　　《合》34120

凡此差異，董氏之主張皆未能兼顧，綜合性描述看似條理明確，而實際上卻難免顧此失彼，混雜一談。

以上所述，實為「書體」斷代標準施用難以跨越的障礙。因此，儘管甲骨上書契文字確實呈現著不同風格，欲以之斷定時代恐須更多的考慮衡量。

第三節　意義價值

董作賓〈甲骨文斷代研究例〉提出十項斷代標準，確實有「鑿破鴻濛」[167]之功，稱其是「一件劃時代大事」[168]，亦非過譽。惟所謂十項標準者，客觀言之，並無一是可逕斷時代之絕對標準，其斷代功能實為多重標準相輔相成的綜合結果，而非任一標準之獨斷發揮。質言之，此標準非界分依據之標準，僅屬斷代相關線索之探求途徑，實務上無法據以決辨曲直，尚須多方彙整，參酌比較，始得結論。因此，董氏斷代十項標準基本缺乏「一槌定音」的能耐，而其斷代功能亦現被過度樂觀期待之偏失。

儘管效用不如預期，董作賓斷代十項標準的提出，仍是甲骨學研究進步深化的一項關鍵，至為重要，無法忽視，其意義至少有以下三項：

一、甲骨時代區分的嘗試

董作賓所提斷代十項標準，並非明確之分界標準，[169]充其量只是卜辭時代的探索途徑。因此，董氏斷代標準的建立，其重點並不在於提出標準共計幾項，而是如何有效運用這些標準。董氏曾明確指出：

> 十個斷代標準中，世系、稱謂、貞人、坑位四者，是直接標準，方國、人物、事類、文法、字形、書體六者則是間接標準。[170]

質言之，斷代十項標準並不在同一層次，運作上實有主次之分，各項效用自然有別。董氏又謂：

---

167 郭沫若語，見《卜辭通纂》（臺北：大通書局，1976年5月）頁16。

168 王宇信語，見《建國以來甲骨文研究》（北京：中國社會科學出版社，1981年3月），頁20。

169 林澐即曾認為「董作賓原先所舉的十個斷代標準中，坑位、方國、人物都根本不應當作分類標準。『事類』和『文法』也多半不能作為分類標準。」（詳林氏〈小屯南地發掘與殷墟甲骨斷代〉，頁145。）

170 董作賓：《甲骨學六十年》，頁89。

斷代的十個標準，主要的法寶，不過是"稱謂"同"貞人"，其餘八項，除了世系之外，都是由稱謂，貞人推演出來的。[171]

以貞人為標準，只是一種，無貞人的卜辭，便須從字句，書體，文法，坑位等等方面定其時期了。[172]

"方國"同"人物"兩項，本是全部卜辭整理就緒之後才可以專門研究的問題，這裡一面把人物作為斷定時期的標準，一面也就是專類分期研究的一種嘗試，所以材料的不完全，方法的不周密，也在所不計了。[173]

對於斷代標準的運用，顯然存有先後原則，概括來看，大約是「稱謂、貞人、世系」、「文字、書體、文法、坑位」、「方國、人物、事類」的順次，而如是斷代標準運用之法與陳夢家「三種標準」主張大致相符，而陳氏所謂「三種標準，必須要依照先後次序逐步進行，必須要根據了材料作歸納的工作，必須在嚴格的管制下尋求條例」，[174]特別強調其運用步驟，顯係針對董說有所補充。

其實，看似井然的運用步驟，實務上仍有可商處，如世系、稱謂、貞人三項標準，其主從關係並不易釐清，儘管董氏表示：

> 十個判別時期的標準，重要的自然是『貞人』，何以知某一貞人是在某一王的時代？自然要根據他們貞卜時王祭祀祖妣時的『稱謂』，而稱謂如何，又須先明瞭殷代王室的『世系』，所以世系、稱謂、貞人，三位一體，都是斷代的基礎。[175]

但實際上世系的掌握雖有助於稱謂的認知，卻非斷代的絕對規範，而貞人的時代可自「稱謂」中探求，稱謂的時代亦可自「貞人」考得。[176]不僅如此，字體的時代可自「稱謂」中探求，[177]稱謂的時代亦可自「字體」考得；[178]又如事類、文法、字形的時代固然可自

---

[171] 董作賓：〈殷墟文字乙編序〉，頁 273。

[172] 董作賓：〈甲骨文斷代研究例〉，頁 344。

[173] 同上註，頁 373。

[174] 陳夢家：〈甲骨斷代學甲篇〉，《燕京學報》第 40 期（1951 年 6 月），頁 7。

[175] 董作賓：《甲骨學六十年》，頁 72。

[176] 如《合》2133、27430 之「父庚」，前者董作賓謂「亙是武丁時貞人，此父庚當為盤庚」；後者則「因尤為第三期貞人，故可定此版所稱之父庚，為武丁子祖庚」。（詳董氏〈甲骨文斷代研究例〉，頁 339。）

[177] 董作賓謂「第五期的文字自成一個系統，這類文字因他們見于祀武祖乙、文武丁的卜辭，如干支字等，可定為帝乙以後之書體。」（詳董氏〈甲骨文斷代研究例〉，頁 395。）

[178] 如《合》27625 之「兄辛」，董作賓言「又由字體證之，當為康丁時物，兄辛即廩辛。」（詳董氏〈甲骨文斷代研究例〉，頁 341。）

「貞人」中探求，但貞人的時代亦可自「事類」、「文法」、「字形」等中考得，[179]類此情事不一而足。諸項斷代標準主從關係混雜不明，相互糾葛，易陷入循環論證（Circular argument）的窘境，依從不同的標準即可能得出不同結果，爭議難以避免。

歸根究柢，董作賓所建構之各項斷代標準，其內涵本身皆不具絕對的時代性，必須深入交錯關聯後，始得大致的時代區分。嚴格說來，此舉存有盲點，[180]並不確實可靠，但董氏細究卜辭所存內容，分門別類考察其間特徵，並將相關特點予以聯繫推展，從而具體將殷墟卜辭分為五期，就其將甲骨分期整理以利深入研究的嘗試而言，無疑是十分成功的。吾人或許仍可質疑其斷代標準的運用效能，但卻無法否定董氏提出斷代十項標準，已讓甲骨斷代工作步上正軌，提供殷商文化更為有效的探索依據。

二、 卜辭全面考察的實踐

董作賓揭舉十項斷代標準，似已完備甲骨斷代標準之架構，使甲骨時代的判定益形明確，然其實際運用頗見局限，因此其說之價值並不在斷代效用本身，而是體現董氏對甲骨刻辭內容進行全面且細緻分析的探索成果。

十項斷代標準中，除去甲骨出土的坑位訊息資料之外，皆緊扣甲骨卜辭自身訊息加以開展，其中世系、稱謂、貞人、方國、人物、事類諸項屬於卜辭內容的實際探究；而文法、字形、書體則是卜辭形制的綜合觀察，通透各項標準，即能有效掌握甲骨內涵。

例如董作賓以貞人為斷代標準，論及「王親卜貞」，認為「在第一期武丁的時候，已有王親臨貞的事實」，[181]並以《前》8.14.1（=《合》21019）、8.14.2（=《合》20333）兩版三條卜辭為證，謂：

> 這三條的甲子字，王字，皆為第一期書體，可證是武丁時卜辭。王貞就是王親臨貞，這有一個特徵，就是卜辭中的說話都是王的口氣，該用王字之處就改為"余"字，"朕"字。譬如"古王事"是卜辭中常見的成語，郭沫若《甲骨文字研究》中以為"古"即《詩》「王事靡盬」之盬，此事最為得之。這裡王親貞了，便可

[179] 董作賓謂「有些貞人一時不能確定時代的，只有於字形，文法，事類，坑位各標準中，一一求之」；又言「將來據文法，事類，字形各方面還可以找出幾個第二期的貞人。」（詳董氏〈甲骨文斷代研究例〉，頁346、347）
[180] 以貞人分類者，即先假設同一貞人時代相同，因此同一貞人所卜之辭中稱謂系統只能符合某一時代，然貞人與稱謂系統是否相應無間，抑或關聯有所交雜，並無法具體置辨，留下誤入歧途的可能性。
[181] 董作賓：〈甲骨文斷代研究例〉，頁350。

以說是「古朕事」了。又辭中「余」字，亦王之自稱，如史官貞祭祀，多稱「王
受又」，而王親貞時，便可以說「余受又」了。[182]

以上探索立足於「貞人」，延伸至商王親自卜問的考察，其中涉及「事類」（王親貞親
卜）「字形、書體」（干支字、王字）、「文法」（古王事、古朕事、王受又、余受又）
諸種現象的探索，其結論重點不在卜辭時代歸屬如何，而是對於相關卜辭的統合、分析，
能更精準理解卜辭意涵。

再如以方國為斷代標準的考察，論及「武丁時方國」，董作賓引《菁》2（=《合》
6057）為例，說明：

> 苦方是常常侵畧殷人土地的，……沚是殷的屬國，與苦方，土方為鄰，所以屢受
> 這兩方的侵擾。有時殷王武丁冊命他去伐土方，……土方大國，比苦方還要強盛，
> 所以征土方要五千人，伐苦方卻只用三千。……據《殷虛書契考釋》（增訂本）
> 所輯卜辭，伐土方的只有四次，伐苦方的却有二十六次之多，這還是一部分的材
> 料，可見土方苦方與殷人的關係了。沚國在殷之西，他東鄰土方，西鄰苦方。這
> 次他是丁酉來的報告，陳述土苦兩方侵略他的情形；但是不到半月（從丁酉到己
> 酉十三天）光景，峀國也來人報告了，報告苦方又侵略了他的土田，……峀也是
> 殷人西北的屬國，也與苦方為鄰，所以受到他的侵擾。[183]

上述引文節略處，多為董氏所徵引之卜辭，除《菁》2外，依序尚見《前》7.29.1（=《合》
6728）、4.2.0002（=《合》390）、《徵征》36（=《合》6087）、《後上》31.5（=《合》
6409）、《前》7.2.3（=《合》6169）等諸版，[184]董氏將相關卜辭予以串聯，全面探析並
說明相涉方國之關係，據此其敵我盛衰之況昭然若揭。顯而易見，此處「方國」標準並
無大用，是相關卜辭的通盤探究，始有助於卜辭內容要義的掌握。

又如以人物標準的考察，論及「武丁廿子」，董作賓廣博徵引廿二條與子漁有關卜
辭，[185]並謂：

---

[182] 同上註。

[183] 同上註，頁 363。

[184] 根據徵引卜辭內容覈校，原《後上》31.6 為《後上》31.5 之訛；原《前》7.72.3 為《前》7.2.3 之衍。

[185] 此廿二條卜辭為《鐵》124.3（=《合》2086）、184.1（=《合》2978）、231.1（=《合》2980）、242.3（=
《合》2993）、264.1（=《合》14780）、265.3（=《合》2988）、《前》1.25.2（=《合》2976）、5.44.2（=
《合》13722）、5.44.3（=《合》169）、5.44.4（=《合》2972）、5.45.3（=《合》2983）、7.9.1（=《合》
2996）、7.13.3（=《合》2984）、《後上》27.2（=《合》369）、28.11（=《合》14831）、《戩》4.14（=《合》
2974）、43.9（=《合》6011）、《徵帝》186（=《合》130）、《徵人》89（=《合》13723）、90（=《合》

子漁，也許就是武丁的嫡長子，他的時代是從貞人散，賓，和祭祀父乙可以看得出來的。祭祀時要他參加，如"登于大示（大宗）"，出于祖乙，祖丁，父乙，晋于娥等等；王出門的時候，也要他侍從，（辭257同版有"貞于翌庚申，出"之辭，可知"出（有）从"即从王出行。）可見他是王所親近之人。在有一年的三月丁亥，他有疾了，為他穆卜，又在他病了的七日之後癸巳這一天，命他的家臣禱告于父乙，這很像後來的〈金滕〉故事。[186]

上述的分析乃董氏盤點大量的相關卜辭，從中細繹其關聯而得，且不論正確與否，其揭示「全面性觀察進而系統性描述」之研究方法，使簡略備忘的卜辭內容得有彰顯全貌的機會。

綜上所陳，董作賓研擬斷代標準的同時，其實也對甲骨卜辭內容進行全面性的考察，前者是歷時性研究的基礎，而後者則為共時性探索提供動力來源，兩者相成始見大用。董氏斷代十項標準實際效能雖有所局限，但其建構過程中卜辭全面考察之嘗試，提示吾人總綰材料的重要性，以及甲骨探索的正確方向，對深化甲骨學的研究工作貢獻卓著。

三、 殷商歷史文化的探實

承上所述，董作賓建構斷代標準，同時也對甲骨內容開展全面性探究，而甲骨內涵的梳理與商代文化或上古社會的復原，實有密不可分的聯繫，因此董氏斷代標準的建置工作，本質就是商史文化探實的過程。

董作賓對於殷商歷史文化的探實，其主要論述可分二類體察：

（一） 應合文獻紀載

〈甲骨文斷代研究例〉中，董作賓對於卜辭內容的詮釋，常引用文獻紀載說明或以之佐證，如於「世系」之「自微至主癸」的考察中，提及：

卜辭中的六世與《史記》所載，僅主與示字有小異，與報丁之位次錯亂而已。考

2982）、《遺》2.5（＝《合》2977）、「北大國學門藏片一」（＝《合》13619）。其中《前》5.44.4董氏誤為5.44.5，《戩》4.14誤為4.13。

[186] 董作賓：〈甲骨文斷代研究例〉，頁381。

之載籍，證之十干命名的次第，謂此六世為武丁所訂定的名諡之說，似可成立。
又《國語》稱"玄王勤商，十有四世"，玄王即契，謂自契至湯，十有四世而王
天下。今自契計，至王亥（振）七世，加湯及此六世，洽足十四之數。[187]

又於總結時，云：

> 殷人之世系及世數大略皆見於此。所祀先王先公，止於文丁，可知最後主祀者為
> 帝乙帝辛。《尚書・多士》稱"自湯至於帝乙，罔不明德恤祀"，觀於文丁以上
> 各先祖祀典之隆重，可見一斑。〈牧誓〉稱商王受"昏棄厥肆祀弗答"，實則帝
> 辛時卜祀之辭，也還不在少數。[188]

相關論述即與典籍內容可以相互呼應，有助於強化卜辭的正確理解。又如考察「坑位」，
見村中甲骨卜辭有「其尞于洹水泉」之語（2.2.0570=《合》34165），董氏以為可作古史
之證，遂有所闡釋：

> 《竹書紀年》文丁之世，有此一條：「三年，洹水一日三絕。」這一條是古本所
> 有的，見于《太平御覽》卷八十三所引，即此可證文丁時仍居殷都，襟帶洹水，
> 所以有一日三絕的記載。洹水俗名安陽河，據老的小屯村居民言，無論如何大旱，
> 這河水是不曾斷流過，能夠一天斷流三次，可見得旱災之甚。因為這次旱災，才
> 有卜辭中尞于洹水的載記，……稱尞于洹泉，必是祭祀山川求雨之典，"求雨"，
> 是卜辭中常見的，《紀年》及《呂氏春秋》〈順民篇〉，都載着成湯時因大旱而
> "禱于桑林"的故事，此條當也是文丁因洹水絕流而向洹水的源頭去祭尞求雨的
> 故事了。[189]

如此坐實經典文獻之紀載，正是「二重證據」的具體展現。

此外，董作賓卜辭考史之例，最值得一提者，莫過於「帝辛征人方」戰史的重現。
董氏在史語所殷墟第四次發掘 E 區，得見「王來征人方」卜骨（4.2.0025=《合》36496），
且同坑尚存鹿頭、象顎等各種遺物堆積，因此認定「它們有相互的密切的關係」，[190]並
就此展開「征人方」全面的考察。

---

187 同上註，頁 327。
188 同上註，頁 335。
189 同上註，頁 358。
190 同上註，頁 366。

　　董作賓首先援引《左傳》「夏桀有仍之會，有緡叛之；商紂為黎之蒐，東夷叛之」（〈昭公四年〉）與「桀克有緡以喪其國；紂克東夷而殞其身」（〈昭公十一年〉）諸語說明「紂與東夷的交涉，又同時用夏桀作陪，這故事是殷末的一件重大戰史」；[191]復引《呂氏春秋‧古樂》「商人服象，為虐于東夷，周公以師逐之，至于江南」之言，表明「殷人與東夷的戰爭在殷之末季」；[192]總結史實：

> 東夷曾在帝辛之世，背叛了殷人。帝辛曾征伐東夷，並且攻克了他。征東夷時曾服象。[193]

接著，董氏認為「古文夷作𡰥，从尸，尸亦人字」，指出「金文中東夷，淮夷，夷皆作𢎨」，[194]並贊同孫詒讓「〈王且尸方甗〉云"王𢎨𢎨方"，𢎨當為且，即袓之借字，𢎨當為尸，讀為夷」[195]之說，主張「人方」就是「夷方」，而「夷方」就是「東夷」。另又據〈丁巳尊〉（即〈小臣艅犀尊〉＝《集成》5990）「隹王來征人方，隹王十祀又五」載記銘文，推知「征人方」當是帝辛十五年之事。

　　以上考察不僅證實「征人方」的存在，對於此役發生時間亦有掌握，大大補實史料之闕殘。然相關探索並未到此終結，董作賓再根據卜旬辭的排比結果，推斷該役所歷期間，「依旬計之，至少也有一年之久，即自第一年的七月至第二年的六月」；[196]所到之處，至少有五處：「齊、雇、攸、舊、渦」，而「除舊之一地不可知外，其餘可以考知者皆在山東境內」，[197]細節幾乎逼近戰役紀實。更有甚者，董氏觀察相關遺物堆積情形，認為：

> 鹿頭刻辭的出土情形，是在一個鯨魚的肩胛骨的旁邊，中間又有巨象的下顎骨，而卜用的牛胛骨料也堆積在鯨魚骨的上面。看了這一幅鹿頭出土的的寫真，可以知道他們相互間的關係，同時就可以這樣的解釋它們。這鯨魚的肩胛骨，無疑義的是得自海濱，不啻征人方所獲珍異的戰利品。這象的下顎骨，也許就是"服"以"為虐於東夷"的功象，因為它是服戰役而犧牲者，所以留作紀念。[198]

---

191 同上註，頁367。
192 同上註。
193 同上註。
194 以上俱同上註。
195 見上註。
196 同上註，頁371。
197 同上註，頁372。
198 同上註，頁369。

撫今追昔，宛如戰後畫面重現，而「征人方」一役遂由隱微晦澀的文獻紀錄，翻身而為今人深刻的歷史事件。此例著實為「二重證據」的極致發揮，而董氏殷商歷史的探實工作，由之亦可見一斑。

（二）引申卜辭內容

除卻文獻紀錄可資輔助探究者外，董作賓對於殷商文化的探究成果，更多的是根據卜辭內容所載，予以分析並加擴充引申而得。如前及董氏考察「武丁時方國」、「武丁廿子」時所論要點，前者涉及商代方國勢力盛衰、活動區域的掌握，後者則是凸顯子漁其人之重要性，二者內涵同屬殷商歷史之重要環節，但卻皆為史冊所無，故董氏之說雖不易驗證，但備一說，足以補罅。

董作賓對於卜辭內容的引申闡述，乃奠基於通讀相關卜辭，即所謂「全面觀察」是也。因此，董氏考察殷商祭祀時，能注意到其早晚不同的特色：

> 殷人祀典，是在隨時改革的，雖然盤庚以後，不過二百餘年，而祀典已有許多的不同，如肜日，劦日，翌日之祭，皆不常見於前四期，叐與沉，薶之典，獨第一期為多，所祀先祖，亦時有不同，自上甲至於多后的衣祭，第一期無之，而第一期所祀王亥以上各祖妣，如妣乙，叐，兒，土等，後四期亦皆少見。[199]

此為文獻所不及見，董說明之；又，分析武丁諸子時，董氏對於子漁外諸人亦有觀察：

> 自子瞥至子弖五人，疑皆為武丁將師在外者，子瞥是不必說的，子豐，子娅，子吉，子弖，都曾記載過關于他們 "來婤婤" 之事，可見他們都是戍役在外。豐和娅，又有 "帚矛" 的記載，更可證他們是掌著兵柄。辭（292）〔即《前》6.51.1＝《合》3076〕記子弖歸，也可證他不在王朝。諸如此類，可知至少武丁的兒子，有此五人是將兵在外的。[200]

此亦為文獻所缺錄，董說補之；鑒於殷代帝王在位年數，史籍所載各有不同，董氏探究各期卜旬辭文法異同後，有感而發：

> 如果我們能完全把出土的貞旬之辭萃集起來，無論如何殘碎，只要有一個 "旬"

---

[199] 同上註，頁 341-342。

[200] 同上註，頁 383-384。

字，便可以認定他有這"十天"，再從字形上分別時期，排列帝王，便可由此推得每一帝王在位之年數若干，這又何等重要！[201]

同樣的期待，董氏也在「人物」考察中表露：

> 人物是每一王朝，活動在政治舞台上的主要腳色，從各時期上演人物中，可以更具體的明瞭當時歷史的真象，寫出殷代君臣的個別紀傳。[202]

最終，董氏並未能如願萃集相關卜辭，進行全面且深入研究，但其稽實商史的用心有目共睹，令人感佩。

董作賓引申卜辭內容，抉隱殷商史實，最令人眼睛一亮者當屬「新舊兩派」的提出：

> 由於據斷代分期實地研究的結果，發現了短短的二百七十三年間，殷代的禮制確有舊派與新派的不同。起初，這種觀察，是以兩派曆法的差異為依據的，後來又考驗一切禮制，皆有差異。此一觀察，乃打破了斷代例原分的五期，不能不進而作分別新舊兩派的研究。[203]

所謂「新舊兩派」是就卜辭內容實際分析後，所得見之客觀現象，可分為四個階段：[204]

第一階段	舊派（遵循古法）	盤庚、小辛、小乙、武丁、祖庚
第二階段	新派（改革新制）	祖甲、廩辛、康丁
第三階段	舊派（恢復古法）	武乙、文武丁
第四階段	新派（恢復新制）	帝乙、帝辛

而現象差異既存，何以致之則引人深思。董氏於此，兼合若干隱晦的史籍文獻紀錄，有著完整的設想，逐錄於下：

> 在這種新舊兩派政治禮制互相起伏的情形之下，可以看出當時必有黨派的爭議，甚至於互相抨擊。因為祖甲的創立新制，銳意改革，在古代是很不容易的，從成湯放桀而有天下，到了武丁時，有了三百年以上的歷史，禮制行之既久，自然已

---

[201] 同上註，頁 405。
[202] 董作賓：《甲骨學六十年》，頁 92。
[203] 同上註，頁 103-104。
[204] 同上註，頁 104。

有應興革之處，但一般人士固執先王成法的見解，是不容易使之改變的。在武丁
時代，祖甲年事已長，未嘗不曾為父王作過若干改革禮制的建議，或者為祖庚和
一般史臣所反對，不為父王採納，因而祖甲便飄然引去，隱居民間，不問政治。
這大概是『久為小人』的真正原因。等到祖庚崩後，祖甲繼位，方能實施他的抱
負，立時改革各種禮制。雖然由現在看，他所改革全是對的，但當時一班守舊的
史臣們，必以為這是『亂』了成湯之法，而表示非議。祖甲崩，廩辛、康丁繼位，
不過十四年，復古的運動，果然在武乙、文武丁父子時代，便又實現了。這時候，
贊助革新的史臣，也必暗中仍然有所策動，所以十七年之後，帝乙嗣立，新派政
策，又復抬頭。周人蓄意翦商，由來已久，正好利用殷王朝的新舊兩派盛衰起伏，
互相攻訐，收容失意的亡命政客，因而深悉殷人虛實，以至於卜舉克商。這是殷
末周初新舊史料中所已明白昭示的（例如在曆法上周初金文及史籍稱『祀』及『正
月』者為新派，稱『年』及『一月』『十三月』者為舊派。）[205]

以上所述，佚於史籍之外，雖無法稽實，但合情合理，足供一參。

董作賓新舊兩派之論，揭舉出兩項重要訊息，一是祖甲歷史定位的釐清，一是「文
武丁復古說」的成因。前者針對祖甲「亂湯之法」、「不義惟王，舊為小人」矛盾形象，
提出「在周人的傳說中，新派遺民的口吻，評論祖甲，必說他是一個『賢』明之主，舊
派遺民，評論祖甲，必要說他是一個昏『亂』之君」[206]的說解，甚是中肯；而後者藉由
改革或遵循傳統禮制兩派權力鬥爭的理解，為文武丁復古行動的可能提供論述基礎，也
強化王族卜辭時代歸屬晚期的理據，顯係商史探實之餘，斷代之功亦不容忽視。

總體看來，董作賓斷代工作的探求，始於分期，而終於分派。分期仍屬斷代標準的
運用場域，而分派則是甲骨卜辭的文化探索，兩者差異，足以說明董氏對史實文化追求
的企圖高於斷代標準架構及運用，因此其立說的初始本意，應該還屬後者。

其實，董作賓探究殷商文化的企圖，亦顯示在〈甲骨文斷代研究例〉章節安排，如
論世系，則慮及「見于卜辭的殷先公先王」；[207]論稱謂，則慮及「祖與妣的合祀」；[208]
論貞人，則述及「貞人即是史官」；[209]論坑位，則述及「文丁時的大旱與“寮于洹泉”」

---

205 同上註，頁 108-109。
206 同上註，頁 109。
207 詳董作賓：〈甲骨文斷代研究例〉，頁 331-335。
208 同上註，頁 341-343。
209 同上註，頁 344-345。

與「龜背甲上的灼兆與刻辭」;[210]論方國,則細究「帝辛時的"正人方"」史實;[211]論人物,則全面探求「武丁時代的人物」,[212]於謀臣、妻、子諸人之稽核鉅細靡遺,又比附祖己祖庚祖甲故事;論事類,則先考察「無逸篇中所見的殷人田遊」,[213]特別留意「關於武乙,帝辛好田遊的記載」。[214]凡此種種,論述內容與斷定甲骨時代並無直接關聯,甚或毫無助益,卻足以顯示〈甲骨文斷代研究例〉撰寫要點,實不以斷代標準的建構為限,董氏更有興趣者,應是商代歷史的核實。換言之,董氏對於殷代禮制抉發與復原的熱誠,恐遠超過甲骨斷代標準的提出,就此觀之,其後續《殷曆譜》的撰述以及所謂新舊派禮制的區分,方是董氏建構斷代標準真正關注的內涵。因此,董氏殷商文化的探實成果,不僅大大彰顯斷代標準之具體意義,同時亦是斷代標準核心價值之所在。

---

[210] 同上註,頁 358。
[211] 同上註,頁 366-373。
[212] 同上註,頁 375-389。
[213] 同上註,頁 389-390。
[214] 同上註,頁 390-391。

第二章

陳夢家的甲骨斷代意見

董作賓之外,陳夢家也將殷墟甲骨做全面性的時代分析,兩者意見並不一致,卻各自發揮著深遠的影響。

陳夢家關於斷代的論述,主要載於〈甲骨斷代學甲篇〉、[1]〈甲骨斷代與坑位—甲骨斷代學丁篇—〉、[2]〈殷代卜人篇—甲骨斷代學丙篇—〉、[3]〈商王廟號考—甲骨斷代學乙篇—〉[4]等四篇論文,[5]後彙整於《殷虛卜辭綜述》第四、五兩章〈斷代〉[6]以及第十一章〈先王先妣〉、第十二章〈廟號上〉[7]之中。

陳夢家甲骨斷代四文雖標以甲乙丙丁為序,然實際刊行的先後是甲丁丙乙,除甲篇篇題逕貫以「甲骨斷代學」,作總論說明之用外,其餘三文皆有不同的主題——「商王廟號考」、「殷代卜人篇」、「甲骨斷代與坑位」,標記陳氏探究甲骨時代的基準。

對應董作賓的斷代標準,陳夢家考察甲骨時代的主要根據,是「稱謂」、「貞人」與「坑位」。

第一節　稱號的整理

陳夢家認為:

> 名號在甲骨學的斷代上是一個很重要的標準,但名號本身必須斷代以後才有作為斷代的價值。[8]

---

[1] 陳夢家:〈甲骨斷代學甲篇〉,《燕京學報》第 40 期(1951 年 6 月),頁 1-63。

[2] 陳夢家:〈甲骨斷代與坑位〉,《中國考古學報》第 5 冊(1951 年 12 月),頁 177-224。

[3] 陳夢家:〈殷代卜人篇〉,《考古學報》第 6 冊(1953 年 12 月),頁 17-55。

[4] 陳夢家:〈商王廟號考〉,《考古學報》第 8 冊(1954 年 12 月),頁 1-48。

[5] 陳氏原擬撰〈甲骨斷代學戊篇(地理篇)〉(見《中國考古學報》第 5 冊,頁 224)一文,後未獨立刊行。

[6] 陳夢家:《殷虛卜辭綜述》(北京:中華書局,1988 年 1 月),頁 135-206。

[7] 同上註,頁 367-445。

[8] 陳夢家:〈商王廟號考〉,頁 2。

而「先王的廟號，有因時代而異的，有因祭法不同而異的，有一王數名的」，[9]因此釐清「同一王在不同時代卜辭中的異稱」、「同一商王不同名號的使用時機」以及「同一名號的不同構形寫法」，自能在甲骨時代判定上提供依據。

一、 基本主張

陳夢家全面整理商先王名號，以天干歸類，分為「七甲、六乙、二丙、八丁、一戊、二己、四庚、四辛、三壬、一癸」進行論述，條次分明，其主要結果統括表列如下：

表 2-2-1：陳夢家整理先王名號一覽表

時代 商王	武丁 1	武丁晚 1b	祖庚 2a	祖甲 2b	廩辛 3a	康丁 3b	武乙 4a	文丁 4b	帝乙 5a	帝辛 5b
上甲	上甲A 上甲A1-3	上甲C	上甲B	上甲B 上甲C	上甲B	上甲B	上甲A	上甲A	上甲B	上甲B
大甲	大甲 夫甲	大甲	大甲	大甲	大甲	大甲	大甲	大甲	大甲	大甲
小甲				小甲	小甲	小甲	小甲	小甲	小甲	小甲
河亶甲				戔甲A	戔甲B	戔甲B	戔甲B	戔甲B	戔甲B	戔甲B
沃甲	羌甲 且甲	羌甲 且甲	羌甲 且甲	羌甲 羌甲 且甲	羌甲	羌甲	羌甲	羌甲	羌甲	羌甲
陽甲	父甲 豙甲	豙甲	豙甲	豙甲	各甲 兔甲 且甲	各甲 兔甲 且甲	各甲 兔甲	各甲 兔甲	各甲 兔甲	各甲 兔甲
祖甲					父甲 帝甲？	父甲 帝甲？	且甲	且甲	且甲	且甲
報乙	匚乙	匚乙	匚乙	匚乙	匚乙	匚乙	匚乙	匚乙	匚乙	匚乙
大乙	唐 成 上乙？	大乙	大乙 唐	大乙 唐	大乙	大乙	大乙 成	大乙 成	大乙	大乙
祖乙	且乙 下乙	且乙	且乙	且乙	且乙 中宗且乙	且乙 中宗且乙	且乙 高且乙	且乙 高且乙	且乙	且乙
小乙	父乙 內乙	小乙	小乙 且乙 亞且乙？	小乙 且乙 小且乙 后且乙	小乙 后且乙	小乙 后且乙	小乙 且乙 后且乙	小乙 且乙 后且乙	小乙 且乙	小乙 且乙

---

[9] 同上註，頁 47。

商王 \ 時代	武丁 1	武丁晚 1b	祖庚 2a	祖甲 2b	廩辛 3a	康丁 3b	武乙 4a	文丁 4b	帝乙 5a	帝辛 5b
武乙								父乙	武 武乙 武且乙	武 武乙 武且乙
帝乙										父乙 文武帝 文武帝乙
報丙				匚丙	匚丙	匚丙	匚丙	匚丙	匚丙	匚丙
外丙				卜丙	卜丙	卜丙	卜丙	卜丙	卜丙	卜丙
報丁				匚丁	匚丁	匚丁	匚丁	匚丁	匚丁	匚丁
大丁	大丁	大丁	大丁	大丁	大丁	大丁	大丁	大丁	大丁	大丁
沃丁	羌丁?									
中丁	中丁	中丁	中丁	中丁	中丁 三且丁?	中丁 三且丁? 高且丁?	中丁	中丁	中丁	中丁
祖丁	且丁		且丁	且丁 小丁	后且丁	小丁 后且丁	小丁 四且丁	小丁 四且丁	且丁 四且丁	且丁 四且丁
武丁			父丁	父丁	且丁	且丁 王丁?	且丁	且丁	且丁	武丁
康丁								父丁	康 康丁 康且丁	康 康丁 康且丁
文丁									父丁 文武	文武 文武丁
大戊	大戊	大戊	大戊	大戊	大戊	大戊	大戊	大戊	大戊	大戊
雍己				邑A					邑B	邑B
祖己		小王	兄己	兄己	父己 小王父己 且己	父己 小王父己 且己	且己	且己	且己	且己
大庚	大庚	大庚	大庚	大庚	大庚	大庚	大庚	大庚	大庚	大庚
南庚	南庚	南庚	南庚	南庚	南庚	南庚	南庚	南庚	南庚	南庚
盤庚			且庚 三且庚?	且庚 般庚					般庚 凡庚	般庚 凡庚
祖庚				兄庚	父庚	父庚			且庚	且庚
祖辛	且辛	且辛	且辛	且辛	且辛	且辛	且辛	且辛	且辛	且辛
小辛	父辛			小辛	小辛	小辛 二且辛	小辛	小辛	小辛	小辛
廩辛						兄辛		三且辛		
帝辛										
主壬	示壬	示壬	示壬	示壬	示壬	示壬	示壬	示壬	示壬	示壬

時代 商王	武丁 1	武丁晚 1b	祖庚 2a	祖甲 2b	廩辛 3a	康丁 3b	武乙 4a	文丁 4b	帝乙 5a	帝辛 5b
中壬	南壬？									
外壬									卜壬	卜壬
主癸	示癸	示癸	示癸	示癸	示癸	示癸	示癸	示癸	示癸	示癸

上表所謂「上甲A」實指「⊞」形，[10]「上甲B」為「⊡」形，「上甲C」為「⊟」形；「戔甲A」指「II甲」，「戔甲B」為「北甲」；「邕A」指「邑、己」形，「邕B」則為「邑、邑」。此外，「羌甲」分作「羌甲、戠甲」二形，「陽甲」作「𣆴甲、啇甲、兔甲」三形，「盤庚」作「般庚、凡庚」二形等，皆屬「同一名號的不同構形寫法」的分析。

另如先王大乙可稱「唐、成、大乙」、祖乙稱「且乙、下乙、中宗且乙、高且乙」、祖丁稱「且丁、小丁、后且丁、四且丁」、小辛稱「父辛、小辛、二且辛」、小乙稱「父乙、小乙、且乙、小且乙、后且乙」、武丁稱「父丁、且丁、武丁」、祖己稱「兄己、小王、小王父己、且己」、祖庚稱「兄庚、父庚、且庚」、廩辛稱「兄辛、三且辛」、康丁稱「父丁、康丁、康且丁、康」等，諸王各名號使用時代互異，顯然即是探究「同一王在不同時代卜辭中的異稱」的具體結果。

除上，陳夢家亦留意祭法與稱謂間的關係，認為「祭法與同時代的不同稱謂有著某種程度的關係」，[11]如謂：

> 卜辭凡祭內乙多用𡆥歲、御等祭，間用羽祭。[12]

> 稱小乙的多為周祭，……周祭以外諸祭多稱后且乙，但歲祭亦稱小乙。[13]

> 凡周祭皆稱"且丁"，歲祭則稱"且丁"亦稱"小丁"，其它之祭皆稱"小丁"。[14]

> 康、康丁、康且丁三名，一般的通用於周祭，但牢祭則只有"康且丁"之稱。[15]

---

10 「上甲A」尚別出「A₁、A₂、A₃」三式，分指「⊞、⊡、⊞」三形，然覈檢陳氏所舉諸例（《拾》1.7=《合》13581、《善》1547=《合》1153、《林》1.22.19=《合》19809）「⊞」形外之線條，皆可能是物件表面損殘所致，並非構形筆畫之一部分，各式實當略去，可免治絲益棼之失。

11 陳夢家：〈殷代卜人篇〉，頁37。

12 陳夢家：〈商王廟號考〉，頁19。

13 同上註，頁20。

14 同上註，頁27。

15 同上註，頁30。

其實，陳氏對此相關論述並不詳備，頗見疏漏，[16]資料亦不豐贍，然此類觀察重點的提出確有另闢蹊徑之功，為掌握「同一商王不同名號的使用時機」建構有效的探索模式，其貢獻仍不容小覷。

　　陳夢家對商王名號的考察，實有所得，但其相關結論多數卻無法直接在甲骨斷代學上發揮作用，此非陳氏之失，而是稱謂己身的局限，換言之，多數稱謂並不具「斬釘截鐵」斷定時代的功能。陳氏對此亦有省察：

> 利用此等稱謂斷代，也不可以孤零地舉用，必須集合若干片的稱謂而組成某一代的稱謂，如甲片有"父丁""兄己"，乙片有"父丁""母辛"等，則父丁母辛兄己是庚甲時代所以稱武丁及其配偶的。名號的斷代也是相對的，我們看到卜辭有"武且乙"，則此辭至早是武乙之孫帝乙時代的，也可能是帝辛時代的。但是我們若證明了"文武帝"是帝乙的稱號，如本篇所述的，則我們因而確定了安陽有帝辛時代的卜辭，也因而證實了般庚至紂更不徙都之說。[17]

此言在觀念、邏輯上正確無誤，一針見血指出「稱謂」難以單打獨鬥的特性，它必須團體互助，始竟全功。因此在甲骨斷代工作上，稱謂本身多數不是重點，而其關鍵處在於稱謂與稱謂之間的聯繫關係。關係愈清楚，斷代結果就愈可信。

　　總而言之，商代先王的稱謂依其內涵可概分為二類，一是固定名號，如「廟號」，其指涉對象極為明確，此類稱謂貫穿用於不同時代，以之斷代成事困難；一是相對稱呼，如「祖某、父某」，其指稱對象往往隨時隨人不同而變動，而此類稱謂通常須要先透過年代的判定始知指稱對象，遑論逕以此稱謂斷定時代。以上稱謂名號單獨用於斷代，至多僅能區分出大範圍的時代歸屬，實務助益不大，換言之，欲以商王名號進行精確斷代，其實局限極大，除相當特殊的稱謂外，一般通用的稱號幾乎派不上用場。

二、 內涵修正

　　總體來看，陳夢家的考察工作相當完整，但部分主張猶可商榷。首先，商王名號指稱對象部分，至少有以下六點須要修正：

　　其一，陳夢家認為：

---

[16] 庚甲卜辭中，稱「小乙」者，除周祭、歲祭外，亦見於又祭（《合》23132），並未符陳氏所言。

[17] 陳夢家：〈商王廟號考〉，頁2。

從祖甲卜辭以來，已稱小乙為后且乙，而"且乙——小乙""且乙——后乙"常常是并卜於一辭的。武乙卜辭中的"高且乙"與"后且乙"是相對的，高與后表示先後。[18]

據此並有進一步說明：

> 自祖甲以後成唐稱大乙而不改，只有祖乙與小乙並稱"且乙"，所以為了區分起見產生兩條辦法：（1）小乙只在有次序的並列王名中稱"且乙"，凡單獨的"且乙"總指中丁子祖乙；（2）小乙與祖乙並列一辭時，在祖甲廩辛武乙卜辭中則祖乙稱"且乙"而小乙稱"小乙"或"后且乙"，而在武乙卜辭中除稱"小乙"以別於"且乙"外，也以"高且乙""后且乙"為分別。[19]

認定「高且乙」是指祖乙（中丁子），而小乙是「后且乙」。

　　陳氏觀察入微，提出祖甲以後卜辭「凡單獨的"且乙"總指中丁子祖乙」的意見是正確的，而謂「小乙只在有次序的並列王名中稱"且乙"」則明顯是受到《後上》20.5（=《合》35803）內載先王世次「且乙、且丁、且甲、康且丁、武乙」所影響。

　　《合》35803 屬第五期卜辭，若準以帝乙，從曾祖父但稱「康且丁」、祖父已稱「武乙」（不稱且乙、武祖乙）觀之，前者稱謂表示必須與其他丁日先王區別，而後者稱謂則顯示這一系列先王名號是固定的，有明確不易的指稱對象。若近世先王（康丁、武乙）皆以固定名號（康祖丁、武乙）稱之，遠世先王（小乙、武丁）是否還有以一般稱謂（且乙、且丁）稱呼的空間？再者，康丁既須稱「康且丁」而不逕呼「且丁」以資分別，則武丁又何以毋須稱「武丁」或「武且丁」就能與祖丁區別？顯然此處「且丁」不是武丁，而是祖丁。相同的質疑，此處小乙不稱「小乙」而謂「且乙」，如何能與其他獨見之「且乙」清楚辨識？

　　《合》35803 的「且乙、且丁」被認為是「小乙、武丁」，常玉芝的解釋相當符合情理：

> 這是帝乙、帝辛時期的一條卜辭，其中祖甲、康祖丁、武乙是直系相連的三個王，由此推知祖乙、祖丁與此三王必也直系相連。因祖甲之父為武丁，武丁之父為小乙，所以此辭祖甲之前的祖丁必是指其父武丁，祖丁（武丁）之前的祖乙必是指其父小乙。[20]

---

[18] 同上註，頁 17。

[19] 同上註，頁 18。

[20] 常玉芝：〈說文武丁—兼略述商末祭祀制度的變化〉，《古文字研究》第 4 輯（1980 年 12 月），頁 214。

但此「且乙、且丁、且甲、康且丁、武乙」是否一脈而下，卻難考實。武乙卜辭《屯》2281 見「中宗且丁且甲☑于父辛」之辭，[21]其中「父辛」前為「且甲」，「且甲」前為「且丁」，幾乎就是「武丁、祖甲、廩辛」相承而下，然此「祖丁」冠以中宗，[22]故不會是武丁。或以為「中宗且丁且甲」，當作「中宗、且丁、且甲」三人解，指稱「祖乙、祖丁、祖甲」三王，則「且乙、且丁、且甲」之組合形式似極《合》35803，然此處「且乙」乃為中宗，絕不可能是小乙。兩相參照，「且乙、且丁、且甲、康且丁、武乙」中，即使「且甲」就是祖甲，其前之「且乙、且丁」也未必一定是小乙、武丁，指稱祖乙、祖丁的可能性亦不小。據此而言，陳夢家所謂「小乙只在有次序的並列王名中稱"且乙"」之說，恐非實情。[23]

其二，陳夢家曾指出「卜辭不見沃丁，《卜通》309 片的羌丁是父丁的誤釋。《前》5.8.5 有"于羌丁"，《善》2331 有"羌丁用"，都是武丁卜辭，可能是沃丁」。[24]「沃丁」見諸《史記》而闕於周祭，無法對應，[25]存在頗有可疑。比照「沃甲─羌甲」之例，「沃丁」實有可能作「羌丁」，惟除《卜通》309（＝《合》32083）誤釋外，《前》5.8.5、《善》2331（＝《合》433）二例亦不存有「羌丁」名號，[26]陳說失察。

其三，陳夢家主張「三且丁是中丁」，並認為應計自大丁：

> 商王名丁的可有三種計法：……Ⅰ從報丁起，Ⅱ從大丁起，Ⅲ不計沃丁。我們由乙辛卜辭稱祖丁為四祖丁，則Ⅰ的計法是不能成立的。ⅡⅢ兩法都以中丁為第三，

---

[21] 《屯》2281 的時代《小屯南地甲骨》依據地層證據歸於武乙時期，至確。若將其時代前移至武丁，謂其中「父辛」是小辛、「祖甲」是羌甲，則「祖丁、祖甲、父辛」即指「祖丁、羌甲、小辛」三王。然據周祭世系，祖丁即位於羌甲之後，且分屬二世，何以受祭能反居其前？由是可知該「祖甲」顯非羌甲，而《屯》2281 的時代絕不宜前置。

[22] 《小屯南地甲骨》釋文將受祭對象析為「中宗祖丁」、「祖甲」、「父辛」三王（見《小屯南地甲骨》下冊・第一分冊・釋文，北京：中華書局〔1983.10〕，頁 997），猶有可商。

[23] 陳夢家稍早曾認為《合》35803 所列「且乙、且丁、且甲、康且丁、武乙」中的「且丁」是小乙父祖丁，理由是「到了乙辛時代，"武丁"的稱謂已立，不至於再有混淆」（陳氏〈商王廟號考〉，頁 26），其實這是正確的觀察，如此一來，「且乙」就不該是小乙。後來陳氏考量「乙辛周祭卜辭"且丁"和"武丁"同有三配曰戊、辛、癸，"且丁"乃是武丁，不是四且丁（祖丁）；這兩套配偶其實只是一套」（陳氏〈商王廟號考〉，頁 48），遂改認「且丁」為武丁。然「且丁」配妣內涵仍存有商榷的空間（詳吳俊德：《殷卜辭先王稱謂綜論》，臺北：里仁書局〔2010.03〕，頁 185-199），此「且丁」指稱小乙父祖丁的可能性還是存在的。

[24] 陳夢家：〈商王廟號考〉，頁 25。

[25] 相同情形者有五，除沃丁外，尚有中壬、廩辛、帝乙、帝辛。周祭施行於第五期，帝乙、帝辛未列其中，實屬必然，不足為奇，而中壬、沃丁、廩辛之缺，則令人費解。

[26] 自同版其他卜辭行款觀之，《前》5.8.5「于羌丁」中「羌丁」二字分屬二行，當作「羌☑丁☑」；《善》2331「羌丁用」（應為「用羌丁」之誤）當作「用☑羌☑丁」，皆不可連讀，故「羌丁」一稱並不存在。

則三且丁應是中丁。至於三且丁應自匚丁抑自大丁計起，我們以為後者的可能性較大。[27]

然卜辭所見丁日先王，報丁、大丁、中丁、祖丁、武丁皆於周祭祀典中受祭，獨未見介於大丁、中丁間之沃丁，因此「大丁第一、沃丁第二、中丁第三」的排次，略去報丁而納入沃丁，完全無法令人無疑。根據周祭卜辭，「四且丁」指稱祖丁（小乙父）無誤，按此次序，中丁必是「三且丁」，故陳說結論並無錯誤，但當計自報丁（1 報丁—2 大丁—3 中丁）為是。

其四，陳夢家認為「廩康卜辭中許多"且丁"應是武丁，因此將"后且丁"定為小乙父祖丁，較為合式。此"后且丁"是對"高且丁"而說的。」[28]又謂「高且丁」和「祖丁之稱"后且丁"相對，"高且丁"可能是中丁。」[29]簡言之，陳氏主張「高且丁」是中丁，「后且丁」則為祖丁。

姑且先不論「高且丁」之稱是否存在，[30]「后且丁」其實不是祖丁之稱。陳夢家從王國維之說將「𣥺」隸定作「后」，以為「象倒子在人後」，[31]因此有「先後」之說。然「𣥺」實應作「毓」字，實象產子伴有水液之形，本義含有「身所從出」之意，用以表「直系血親」關係。此種連繫所顯示之關係是「極為親近」，與「後」義當無所涉，故將之與「高」對稱時，並非標記先後，而是表示關係的親疏遠近。「高毓」既表親疏關係，則「毓祖某」所指稱的對象當是最接近時王的「祖某」先王，因此廩康卜辭中「后（毓）且丁」應指武丁，[32]不該是祖丁。

其五，陳夢家列舉文武帝卜辭：《前》1.22.2、4.17.4、4.38.2（=《合》36169、36173、36179）、《續》2.7.1（=《合》35356）、《簠帝》140（=《合》36167）、《粹》362（=《合》36172）、《續存》1.2295（=《合》38230）、《通》769（=《合》36176）、《明》

---

[27] 陳夢家：〈商王廟號考〉，頁 25。

[28] 同上註，頁 27。

[29] 同上註，頁 25。

[30] 陳夢家所舉之例為《續》1.21.10（=《合》27307），此版「高」處適殘，姚孝遂主編《殷墟甲骨刻辭摹釋總集》（北京：中華書局，1988 年 2 月）與胡厚宣主編《甲骨文合集釋文》（北京：中國社會科學出版社，1999 年 8 月）皆闕此字。

[31] 王國維：〈殷卜辭中所見先公先王續考〉，《定本觀堂集林》（臺北：世界書局，1991 年 9 月），頁 442。

[32] 島邦男根據《甲》2502（=《合》27321）上「毓祖丁」與「父甲」同旬受祀，斷言「毓祖丁除了是武丁外，不會是他人」（詳島氏《殷墟卜辭研究》中譯本，溫天河、李壽林譯，臺北：鼎文書局〔1975.12〕，頁 86）；而金祥恆另據《屯》2359 祖丁與后祖丁的同版關係，亦認為釋「后祖丁」為「武丁」，確鑿不易（詳金氏〈甲骨卜辭中后且丁非仲丁亦非祖丁說〉，《金祥恆先生全集》，臺北：藝文印書館〔1990.12〕，頁 213）。

308（=《合》36175）共計 9 例，主張「凡干支未殘者，皆於乙日祭文武帝，僅有一辭卜
於甲日則可能是牢祭。如此文武帝應是帝乙，則舊說以文武帝為文武丁是不確的」。[33]

　　陳夢家的看法並不正確，島邦男即曾指出：

> 陳氏把文武帝的祀日認作是乙日，這是錯誤的，應是丁日才對。所以文武帝是丁
> 名之王。陳氏於銘文「遘乙羽日」的「乙」釋作大乙之說，認為是不對的，可是
> 帝辛四祀四月舉行大乙的彡祀，與銘文正相符合。所以陳氏對銘文的解釋，並不
> 妥當。因此文武帝不是帝乙，而是文武丁。[34]

而常玉芝對此更有詳細辨析，謂陳氏之例中「文武帝并非皆于乙日受卜祭，所以這樣論
證文武帝為帝乙是站不住腳的。」[35]常氏又進一步深入分析「帝乙、帝辛時期最主要的
幾種祭祀卜辭」後，最終認為：

> 我們根據「干支卜貞翌日干支王其又彳于祖先名彡正王受又=」卜辭的祭日與祖
> 先名相一致的規律，求得了文武帝的日干名為「丁」。那末它是指商王朝的哪一
> 個丁名王呢？查文丁以前的各期卜辭中均未有「文武帝」一稱，也就是說，康丁
> 以前各丁名王均無稱作文武帝的，所以此文武帝必是指文丁。[36]

常氏「文武帝應為丁名王」的主張，其論與島氏相同，二說確實可從，亦足以糾陳氏以
為「文武帝應是帝乙」之謬。

　　其六，陳夢家引「甲室藏骨」卜辭有「癸丑卜其昪王丁于匕辛，卯牢」、「于匕辛
昪王丁」、「于匕辛、王丁入其昪于父甲」三辭，[37]並謂「這是康丁卜辭。父甲是祖甲，
妣辛是武丁之配，故王丁極可能是武丁」。[38]

　　然就《合》27455 所載內容（其辭依序作「癸丑卜：王丁黍入，[39]其昪于父甲？」、
「于妣辛昪王丁？」、「癸丑卜：其昪王丁于妣辛，卯牢？」）觀之，第一卜中「黍」
當是「昪」的內容物，「昪」是主要動詞，用作祭祀，則「黍」明顯就是祭品，卜辭「昪

---

[33] 陳夢家：〈商王廟號考〉，頁 24。

[34] 島邦男：《殷墟卜辭研究》中譯本，頁 88-89。

[35] 常玉芝：〈說文武丁—兼略述商末祭祀制度的變化〉，頁 206-207。

[36] 同上註，頁 225。

[37] 陳夢家所引此例，極可能是《合》27455，惟其上卜辭內容與陳氏所述稍有出入。

[38] 陳夢家：〈商王廟號考〉，頁 37。

[39] 此「王丁」為《殷墟甲骨刻辭摹釋總集》所摹（參頁 611），《甲骨文合集釋文》於此僅作「□日」（見 27455
號釋文）。卜辭於此並不清晰，兩者皆有可能性，然綜合該版三卜內涵觀之，前者所釋較佳，故本文從《殷
墟甲骨刻辭摹釋總集》。

黍」亦多見可證。[40]至於「黍」前「王丁」，對照「昇祭」其它祭品的敘述形式，如「昇冏米」（《合》1599）、「昇南冏米」（《合》34165）、「多寧以嚳昇」（《屯》2567），「王丁」（或為一字）極似方國或區域地名，標記「黍」所從來，而後二卜「王丁」當皆「王丁黍」之省，因此「王丁」實非先王稱號。

除上涉及「商王名號指稱對象」外，陳夢家的商王廟號考察尚有六處論述宜作刪正調整：

其一，陳夢家以《粹》330（=《合》32654）、331（=《合》27335）為例，謂「陽甲在康丁卜辭中仍稱且甲」。[41]其前者「且甲」與「父丁」同版，時代斷定上絕不會是康丁期，該例宜去。

其二，陳夢家以《上》26.6（=《合》34083）為例，認為其上"且丁"是武丁之稱。然其辭作「奉生于且丁母匕己」，而武丁配妣有三「妣辛、妣癸、妣戊」，「妣己」不在其中，反倒小乙父祖丁之配適為「妣己、妣庚」，因此該「且丁」明顯即是祖丁，絕不是武丁，此例宜去。

其三，陳夢家「在卜辭中」據《佚》917（=《合》14867）認為「在卜辭中大乙與祖乙極居重要的地位，並大甲而稱三示。」[42]實則該版卜辭作「三示卯于大乙大甲祖乙五宰」，[43]根據「卯某A于某B」辭例，絕無「某A」即是「某B」之情事，換言之，「三示」即使存在，也不會是「大乙、大甲、祖乙」三王的合稱，陳氏明顯誤讀卜辭。

其四，陳夢家對於商王世系廟號干日並不連續的情形，提出說明：

> 上甲至示癸六世，可能是成湯所追名的，其中雖然缺了戊己庚辛四名，但還完整的保持十天干的首尾。但大乙以後，相鄰次的先王其天干很少是順著十干緊相聯系的，中間有了許多空缺，如陽甲與般庚之間缺了乙、丙、丁、戊、己五名。這因為早一個王朝所遍祀的諸祖諸父諸兄，到後來因親疏之別而逐漸地減少所祭的對象。易言之，每一個王朝，致祭於死去的祖父兄子需要許多天干，但此朝所祭的祖父兄子到下一世或下幾世就逐漸的被淘汰了。[44]

---

[40] 參《殷墟甲骨刻辭類纂》，頁 366-367。

[41] 陳夢家：〈商王廟號考〉，頁 9。

[42] 同上註，頁 16。

[43] 此據《甲骨文合集釋文》14867 號釋文，此卜《殷墟甲骨刻辭摹釋總集》摹為「二示」（參頁 346），並無「三示」。

[44] 陳夢家：〈商王廟號考〉，頁 5。

因此認為：

> 卜辭中的廟號，既無關於生卒之日，也非追名，乃是致祭的次序；而此次序是依
> 了世次、長幼、及位先後、死亡先後、順著天干排下去的。凡未及王位的，與即
> 位者無別。[45]

陳氏主張商王干名的訂定，乃依據該先王在其世代中受祭順序的排次（即祭序說），因此如武丁父輩明確可稽者已有父甲（陽甲）、父庚（般庚）、父辛（小辛）、父乙（小乙）四人，據此順序，則可推知武丁諸父至少有十二人，即「1 父甲（陽甲）—2 父乙—3 父丙—4 父丁—5 父戊—6 父己—7 父庚（般庚）—8 父辛（小辛）—9 父壬—10 父癸—11 父甲—12 父乙（小乙）」，只因親疏有別，庚甲之後僅祭甲庚辛乙四人，略去其他，遂成今日所見干日排次並不連續的情形。

　　持平而論，陳夢家的說法自有理致，但難以核實，且對如何分辨超過十人重複干日的祭祀對象（如 2 父乙與 12 父乙），隻字未提，某種程度混亂了卜辭中商王名號的特殊性，不利於商史的探索工作，更重要的是，此說對於後來商先王名號產生「乙丁交錯」的規律現象，亦無任何說服力。

　　上甲至示癸六世完整保持十干首尾，中缺四干，陳夢家認為「上甲三匚二示皆是大宗，則報丁到示壬之間缺少了名戊己庚辛的四位先祖，想來是小宗而被淘汰」，[46]論點與上述「武丁諸父因親疏有別而略去部分祭祀對象」的情形相符。然綜觀卜辭所見商先公先王名號使用情形，「上甲、匚乙、匚丙、匚丁」後跳接「示壬、示癸」，一般認為此乃後世追名，[47]但其實「前四後二」之名號性質互有不同，籠統而論並不妥適。周祭系統中，前四者沒有配妣入祀，後二者則各有配妣一人入祀，這樣的情形顯示，上甲、匚乙、匚丙、匚丁四祖史蹟不明，而示壬、示癸及其配妣庚、妣甲在商人的認知上是確然熟知的先祖妣。

　　湯立國之前可能已於旬末二日常態性祭祀其祖與父，因此開國以後，至遲於武丁時期重修祀典時，即以「示壬、示癸」稱之，而成湯曾祖以上或知尚存先公四人，卻渺然未得其詳，遂自甲而丁依序排名致祭。其中值得注意的是，成湯母歿繼其父（示癸）後而受祭，故稱「妣甲」，而湯崩殂後，則位其母後享祀，號為「大乙」。無獨有偶，大

---

[45] 同上註，頁 124。

[46] 同上註，頁 5。

[47] 王國維謂「據此次序，則首甲次乙次丙次丁，而終於壬癸，與十日之次全同。疑商人以日為名號，乃成湯以後之事，其先世諸公生卒之日，至湯有天下後定祀典名號時已不可知，乃即用十日之次序以追名之，故先公之次乃適與十日之次同，否則不應如此巧合也」（詳王氏〈殷卜辭中所見先公先王續考〉，頁 440）。

乙之配繼之號「妣丙」，其子居於母後號「大丁」，大丁之配則號「妣戊」。以上諸先王妣干名，自癸而戊，序次井然，絲毫無紊，明顯是人為的安排，而此種安排的邏輯，適足以說明商代開國君王成湯，何以不在天干首日受祭的原因。

示癸以下五世至大戊，直系先王妣有十人（示癸、妣甲、大乙、妣丙、大丁、妣戊、大甲、妣辛、大庚、妣壬），共使用九干為名，雖自大甲次序略亂，但仍能看出就是刻意的分散排列，其目的或與祭祀活動人力運用有關。換言之，商先王妣祭日的安排，早先力求分散，偏重在「每日祭祀人力均衡安排」的考量；而中丁以後隨受祭人數逐漸增加，祀典遂多集中於某些特定干日舉行，此時所慮當以利於「旬內祭祀人力的有效調度」為先。

依照干日安排先王妣的名號，大約中丁以後，直系先王干名大致已有形成「乙─丁」交錯規律的傾向，愈晚世愈明顯。這種「乙─丁」而不是其他干日的規律交錯現象，應當與商代首二先王的名號（大乙、大丁）有關，簡言之，後世先王祭日或歸乙日，附祀於大乙；或歸丁日，附祀於大丁。乙、丁日先王多為父子關係，相差一世代，此類交錯現象與後代昭穆制度的模式極為相近，兩者之間，亦難脫干係。

其五，陳夢家認為：

> 中丁子祖乙和小乙父祖丁在武丁卜辭中都稱"祖"。祖乙以後有小乙，祖丁以後有武丁，而小乙武丁在祖甲以後又可稱為"且乙""且丁"。在祖乙小乙的例中，我們見到小乙讓他之前的祖乙獨稱"且乙"，他則改為"小乙""后且乙"等；在祖丁之例中，我們見到祖丁讓在他之後的武丁獨稱"且丁"，他則改為"小丁""后且丁"。當廩康之世，祖丁稱作"小丁""后且丁"以別於武丁之稱作"且丁"；武乙以後，祖丁又稱"四且丁"。[48]

此說令人費解。首先，陳氏用語「小乙讓他之前的祖乙」、「祖丁讓在他之後的武丁」云云，易產生小乙、祖丁二王死後尚能主事定名的錯覺，實則相關名號的確立與使用，當事者已死根本無法參與其中，更遑論時代先後矛盾所產生的扞格。再者，祖乙之所以稱「且乙」，應併祖辛、祖丁觀之，此三王分別是武丁之高祖父、曾祖父、祖父，因此在武丁時皆以「祖」稱之，由是亦可知，「祖乙、祖辛、祖丁」的名號必定在武丁期定名確立，若庚甲之後，則小乙更適合稱為「且乙」，而中丁子祖乙此後應當另定名號別之為是，不該也不會繼續沿用「且乙」之號，且從不改易。

當祖乙始稱「且乙」時，小乙被稱為「父乙」；當小乙晉為祖輩時，已有祖乙定名

---

48 陳夢家：〈商王廟號考〉，頁29。

在前，故只能另名「小乙、毓祖乙、小祖乙」或偶稱「祖乙」表之，而終以「小乙」定名。相同的邏輯，當祖丁始稱「且丁」時，武丁是時王；當廩康之後武丁晉為祖輩時，已有祖丁定名在前，故只能另名「小丁、[49]毓祖丁」或偶稱「祖丁」表之，而後以「武丁」定名。據此，陳氏所謂「祖丁改稱小丁、后且丁」，不僅不合邏輯，亦見張冠李戴之誤。

其六，陳夢家特別分析「廟號的區別字」，並將之分為四類：

一、 表示廟主之為物或所在的　　□，匸，示；帝，宗，家，中宗

二、 表示廟主之先後次第的　　上，下；大（夫），中，小；高，后；亞；內，外，南；二，三，四

三、 王號或美稱　文，武，文武，康

四、 生稱或王號　邕，癸，羌，象，般，〔廩〕[50]

其中第三類「文、武、康」陳氏認為也是「生稱」而附益於日干的廟號，其說法是：

原來謚法是晚起的，當春秋以前，只有生號而無謚號。這個事實是王國維說破的。他在〈遹敦跋〉一文中說‘此敦稱穆王者三，余謂即周昭王之子穆王滿也。何以生稱穆王？曰周初諸王若文武成康昭穆皆號而非謚也。’（《觀堂集林》卷十八）周初的‘獻侯鼎’生稱成王，‘趙曹鼎’生稱恭王，‘匡酉’生稱懿王，成恭穆懿雖不必是諸王的私名，然必為生時稱號無疑。以上所推，則周初的文武成康昭穆等是生稱，那末商晚世康丁武乙文武丁而獨稱的康武文武也是生稱了。[51]

以上陳氏所及的王號是生稱的可能性不大，主要的判斷如下。

如為生稱，必當為美稱，然春秋以前尚有厲、幽二王，《逸周書·謚法解》謂「暴慢無親曰厲、致戮無辜曰厲」，[52]「蚤孤有位曰幽、壅遏不通曰幽、動祭亂常曰幽」[53]皆無美意，[54]可證此類稱號不是生稱，或者謚法之制至晚當興於周厲王之前。然若厲王之

---

[49] 「小丁」並非專稱，武丁卜辭的「小丁」是祖丁，康武時期「小丁」實為武丁。說詳吳俊德：《殷卜辭先王稱謂綜論》，頁 179-184。

[50] 陳夢家：〈商王廟號考〉，頁 42。

[51] 同上註，頁 138。

[52] 參黃懷信、張懋鎔、田旭東：《逸周書彙校集注》（上海：上海古籍出版社，1995 年 12 月），頁 740。

[53] 同上註，頁 731-732。

[54] 郭沫若認為「幽、厲、靈、夷、愍、煬、荒、躁，均有善義。它如哀可讀為愛，悼可讀卓，亦未必追思也。」（詳郭氏《金文叢考》，北京：人民出版社〔1954.06〕，頁 112）對〈謚法解〉之說不以為然，但其說曲意迴護之跡明顯，本文不從。

前諸王名號皆是生稱,則厲王後諸王何以棄生稱不用而改稱死謚,其間轉折有何變故,亦著實令人難解。

另外,〈牆盤〉內所記周天子世次依序為「文王、武王、成王、康王、昭王、穆王、天子」等七王,而最末一王單稱「天子」;〈逨盤〉亦見周王世序有「文王、武王、成王、康王、昭王、穆王、共王、懿王、孝王、夷王、厲王、天子」共十二王,最末一王亦僅稱「天子」。「天子」乃時王之稱,〈牆盤〉中是指共王,〈逨盤〉上則是宣王無疑,此二王不逕稱「共王」、「宣王」而另號「天子」,明白顯示「天子」尚存世,是生稱,若二王有其它美名,竟何以不稱?天子前諸王早已崩殂,其稱號必是死稱,若是沿用生時之稱,難道厲王一生竟認同本身之惡,並沾沾自喜?又,《尚書·康王之誥》有「新陟王」[55]用以稱「新崩帝王」,[56]此王序次文、武之後,時王(康王)之前,即是成王。這顯示成王初崩之際,根本尚未有「成王」之名,若「成王」本是生時美稱,又何不逕書之?

青銅器物中,除上及「遹簋」生稱穆王、「獻侯鼎」生稱成王、「趞曹鼎」生稱共王、「匡卣」生稱懿王之外,尚有「利簋」生稱武王、「長由盉」生稱穆王、「衛鼎」生稱共王等諸例。對於這種現象,彭裕商分析認為:

> 以上七器,五祀衛鼎只是在訟辭中提到恭王,並非記載恭王自身的行動,與其他各器不同,故不能作為王號生稱的證據。其餘六器雖均記載各王的活動,但仔細考察,仍可看出有些是記載該王晚年之事,而鑄器應在下一王之初。[57]

杜勇也有相同的看法:

> 如果說每一件銅器的製作時代與其銘文的記事時代都只能發生在同一王世,那麼,時王生稱說是無可懷疑的,但人們看不到這樣的證據。假若上一王世發生的事,還可以通過數年後的下一王世鑄造的青銅器銘文加以記錄,那就無法排除彝銘中使用的某一王號雖然從語境上看是生稱,實際卻是以其謚號追述前事的可能。[58]

---

[55] 《尚書正義·康王之誥》云「敢敬告天子,皇天改大邦殷之命,惟周文武,誕受羑若,克恤西土。惟新陟王,畢協賞罰,戡定厥功,用敷遺後人休。今王敬之哉!張皇六師,無壞我高祖寡命。」(見《十三經注疏》,北京:北京大學出版社〔2000.12〕,頁 610-611。)其中涉及周諸王之稱分別有「天子、文、武、新陟王、王」。

[56] 王國維《今本竹書紀年疏證》注云「帝王之崩皆曰陟,《書》稱『新陟王』,謂新崩也。」(見《竹書紀年八種》,臺北:世界書局〔1989.04〕,頁 282。)

[57] 彭裕商:〈謚法探源〉,《中國史研究》1999 年第 1 期,頁 5。

[58] 杜勇:〈金文"生稱謚"新解〉,《歷史研究》,2002 年第 3 期,頁 5。

更具體主張：

> 僅憑金文中出現"生稱謚"的現象不僅無法否定西周已有謚法的文獻記載，相反
> 倒可從謚法的角度對這種現象給予更合理的解釋。這就是所謂生稱某王的金文，
> 其記事年曆雖在"某王"之世，但該器的製作則在"某王"去世後的嗣王之世，
> 因而在追述"某王"生前之事時得以使用"某王"死後才有的謚號。[59]

彭、杜二人將銘文內容與器物鑄造時代分屬前後王世的主張，無可驗證，質疑難免，惟
自此類器銘出現比例極低的情形觀之，相關銘文的鑄造過程或有其特殊性，而異於一般
情形，彭、杜之說為可能之一，自有能參之處。[60]因此陳夢家所謂「王號生稱」的看法
並不能盡信，宜作修正。

　　總結上述，陳夢家對商王名號的考察，雖有瑕誤，其實不掩其瑜，尤以全面性的資
料進行比對，判斷相關稱號的可能指稱對象，至今是一項值得稱許與效法的成就。然陳
氏試圖藉以進一步斷定甲骨卜辭年代的努力，成效並不如預期，此為「稱謂」本身條件
所限，實非兵之罪，也或許如此，陳氏《殷虛卜辭綜述》將此篇（〈商王廟號考—甲骨
斷代學乙篇〉）所論自「斷代」主題中抽離，另立「廟號」專章以彰顯其說之精要與價
值，可謂適得其所。

第二節　貞人的分組

　　繼董作賓之後，陳夢家也進行貞人的分析。陳氏所謂的「卜人」，乃「指甲骨卜辭
中所見的占卜者，董作賓氏稱之為"貞人"」，[61]他們是實際命龜者，與管卜事的「卜
官」不同。陳氏以為卜官職司「入、被乞、示、乞、簽署」五事，「相當於《周禮》的

---

[59] 同上註。

[60] 黃鶴提及「李學勤在為研究生授課時提出西周已行謚法，所謂的"王號生稱"的銅器銘文紀年往往較高，
所記之事可能發生在該王晚年。這類銅器很可能并非作於所稱的王世，而是若干年後在下一王世所作，
所稱的王號應是死謚而非生稱。……從數以千計的西周銅器來看，出現所謂的"美稱"的僅十餘件，這
也說明生有美稱之說不可靠。」（詳黃氏〈西周金文王號為生稱或死稱問題述評〉，《古籍整理研究學刊》
2013 年第 6 期，頁 24。）

[61] 陳夢家：〈殷代卜人篇〉，頁 17。陳氏「卜人」同於董氏「貞人」，卻不襲稱，尚待辨正，然基於表述一致
性，如非必要，本文於此通採一般「貞人」之稱，力免混淆。

大卜，卜師，龜人和董氏一類」。[62]

　　陳夢家以貞人作為基準，將甲骨卜辭區分成自組、賓組、子組、午組、出組、何組等六組；又輯武乙時期、帝乙帝辛時期卜人若干人，五期貞人於此大抵就緒。

一、具體內容

　　陳夢家的貞人分析，主要根據是同版系聯的關係，其考察結果可概分為賓組、出組、何組、自組、子組等五群組。就組織內容觀之，前三組明顯人數較多，規模較大，成員如下：[63]

> 賓組：賓、殼、爭、亘、古、品、韋、永、內、孚、屮、充、吾、箙、掃、共，16 人；
> 出組：出、兄、逐、中、㐭、㞢、喜、夨、大、尹、行、旅、冎，13 人；
> 何組：何、寧、龏、彭、壴、逆、口、𡁬、狄、徉、卬、叙、𠬝，13 人；

其同版關聯情形[64]為：

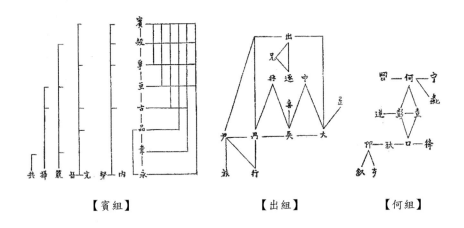

【賓組】　　　　　【出組】　　　　　【何組】

除同版關係外，賓組部分陳氏又根據人物事類納入「㚔、㣔、亞、索」；[65]根據出土坑

---

[62] 同上註，頁23。
[63] 此以〈殷代卜人篇〉所載貞人為準。
[64] 截圖自陳夢家：〈殷代卜人篇〉，頁53。
[65] 詳上註，頁29。

位納入「妣、卣、征、皕、衞」；[66]根據字體文例則納入「旬、徉、絉、己、邑、吏、戝、何、名、御、樂、偁、卯、離、笴、昰、陟、定、屰、夐、罜、疋、專」，[67]共計48 人。[68]出組部分，根據字體文例納入「犬、涿、堅、寅、夰、先、凸、伊」，[69]另以「異卜同辭」納入「即、洋」，[70]共計 23 人。[71]何組部分，根據字體文例納入「教、弔、狀、大、昍」，[72]共計 18 人。[73]

　　根據同版關係，自組與子組的成員分別是「自、扶、勺」（3 人）以及「子、余、史、我、衆、徙」（6 人）。自組以人物事類關聯可增「祰」；[74]以出土坑位關聯可增「勿、哯、奉、卣、取、丁」；[75]以字體文例關聯則可增「界、由」，[76]共計 12 人。[77]子組以出土坑位關聯可增「衔、豕、車、萬」；[78]以字體文例關聯則可增「羕」；[79]另見「夕」，未詳所以，合計 12 人。[80]

　　上述之外，陳夢家另將字體、稱謂皆自成一系的「午、兌」（2 人）歸為一組，稱為「午組」；[81]又根據字體繫得武乙時期貞人「歷」（1 人）；根據事類稽得帝乙帝辛時期貞人「黃、派、猶、夃、立、Ａ」（6 人）等，[82]初步合算，五期貞人總計 122 人。[83]

　　貞人考察的過程其實是複雜的，初時難以精確無誤，陳夢家曾指出：

> 凡卜辭的前辭作 "甲子卜某貞" 時，我們很容易的決定某是卜人；凡前辭作 "甲子卜某" 時，"某" 可能是卜人，可能是命辭的開端。以𠬪為例，《佚》502（=《合》20194）自卜、《續》3.43.2（=《合》19754），《河》665（=《合》20660）由卜、

---

[66] 同上註，頁 29-30。

[67] 同上註，頁 27-28，30-31。

[68] 同上註，頁 54。

[69] 同上註，頁 38-40。

[70] 同上註，頁 33。

[71] 同上註，頁 54。

[72] 同上註，頁 48。

[73] 同上註，頁 54。

[74] 同上註，頁 29。

[75] 詳陳夢家：〈甲骨斷代與坑位〉，頁 191-192。又參〈殷代卜人篇〉，頁 30。

[76] 同上註，〈甲骨斷代與坑位〉，頁 194；〈殷代卜人篇〉，頁 30。

[77] 陳夢家：〈殷代卜人篇〉，頁 54。

[78] 陳夢家：〈甲骨斷代與坑位〉，頁 191-192。

[79] 同上註，頁 207。

[80] 陳夢家：〈殷代卜人篇〉，頁 54。

[81] 陳夢家：〈甲骨斷代與坑位〉，頁 211-212。

[82] 陳夢家：〈殷代卜人篇〉，頁 50-51。

[83] 同上註，頁 54。

《佚》790（＝《合》20192）王卜都提到厇，《乙》44，55，187，321，345（＝《合》20757，20772，20413，20200，20456）都提到，但他或是人名或是族名國名，並不是卜人。如此之例還有不少，為慎重計，我們把有些似乎"卜人"的都刪去不錄。但我們定為"卜人"的𪗆、車、萬、𡊮因片數稀少，是否真正為卜人，尚待考定。[84]

因此其斷代意見彙整於《殷虛卜辭綜述》（1955 年）後，相關貞人的內容亦見修正，與〈甲骨斷代與坑位〉（1951 年）、〈殷代卜人篇〉（1953 年）二文所錄相關貞人頗有出入，前後比較，差異如下：

賓組部分：《殷虛卜辭綜述》在「人物事類」刪去「索」，「出土坑位」增加「𪗆」，「字體文例」增加「耳」，減 1 人加 2 人，賓組共計 49 人。另易「妣」為「𡚾」形，「充」混作「充」形。

出組部分：《殷虛卜辭綜述》在「字體文例」刪去「伊」1 人，出組共計 22 人。

自組部分：〈甲骨斷代與坑位〉本以「史」為「同版關係」，〈殷代卜人篇〉中將之改列「字體文例」，另據「出土坑位」增加「勿、𠚩」，此 3 人《殷虛卜辭綜述》全數保留，人數未變，仍為 12 人。

子組部分：《殷虛卜辭綜述》在「出土坑位」刪去「萬」，同時也將「夕」略去，減 2 人，子組共計 10 人。

總結上述，陳夢家最終貞人整理結果，共得貞人 120 人，具體內容如下：

賓組 49 人：賓、𣪘、爭、亘、古、品、韋、永、内、孚、屮、充、吾、籨、掃、共、𡚾、㭬、亞、𡚾、𠙵、征、𪗆、𪗆、衛、𣲒、𢓊、𠤏、己、耳、邑、戉、何、名、御、樂、𠈳、卯、離、𦰩、昰、吏、陟、定、𡉥、𡧫、𡩜、𧿹、專

出組 22 人：出、兄、逐、中、𡚁、㞋、喜、夨、大、尹、行、旅、凸、犬、涿、堅、寅、夲、先、𠚩、即、洋

何組 18 人：何、宁、𪊧、彭、壴、逆、口、𡆥、狄、𢓀、卬、𥿋、�、教、弔、狀、大、暊

自組 12 人：自、扶、勺、𢓊、勿、𠚩、𡊮、卣、取、丁、界、由

子組 10 人：子、余、我、𢓢、𢓢、衍、豕、車、史、𥸤

午組 2 人：午、兊

[84] 陳夢家：《殷虛卜辭綜述》，頁 203。

武乙期1人：歷

帝乙帝辛時期6人：黃、派、𠂤、𠂤、立、Ａ

二、時代區分

針對貞人時代的判定，陳夢家認為途徑有四：

（一）由同組卜人的稱謂定其時代；

（二）由特殊刻辭的簽署定其時代；

（三）由卜辭內所記述的人物事類定其時代；

（四）由字體文例等定其時代。[85]

根據以上原則，陳氏進一步將區分成𠂤組、賓組、子組、午組、出組、何組的甲骨卜辭，擬定其時代依序為武丁晚期、武丁時期、武丁晚期、武丁時期、祖庚祖甲時期以及廩辛時期，簡示如下。

表 2-2-2：陳夢家各組卜辭時代對照簡表

組別	時代
賓組	武丁時期
午組	武丁時期
𠂤組	武丁晚期
子組	武丁晚期
出組	祖庚祖甲時期
何組	廩辛時期

上述時代的安排，主要還是根據稱謂系統。陳夢家謂：

> 甲骨斷代是以賓組之確定為武丁卜辭為起點的，而武丁卜辭的斷代是以所稱諸父甲庚辛丁〔按：乙之誤。〕為上代的四王為基礎的。[86]

---

[85] 陳夢家：〈殷代卜人篇〉，頁19。

[86] 陳夢家：〈甲骨斷代與坑位〉，頁206。

正因賓組卜辭中有父甲、父庚、父辛、父乙的稱謂，可以對應武丁四父（陽甲、盤庚、小辛、小乙），遂以之斷定賓組為武丁時期卜辭；接著以賓組卜辭時代為基準，陳氏連帶判斷自、子、午組卜辭皆是武丁卜辭，其主要論述如下。

自組卜辭時代部分，陳夢家認為：

> 比較自與賓組，則知兩者相同之多。兩組所同的父甲、父庚、父辛、父乙實即武丁所以稱其父輩陽甲、盤庚、小辛、小乙者，所以兩組都是武丁時代的卜辭。[87]

又進一步說明：

> 由于字體，可知自組一方面遵守賓組的舊法，一方面已產生了新形式。自組的紀時法和賓組也是大同而小異。自組某種卜辭形式，或同于賓組，或為自組所特有，或下接祖甲卜辭，與字體的情形一樣，足以表示自組當武丁之晚葉，開下代的新式。自組祭法見于賓組，而"出""又"通用亦顯示交替之迹。至其稱號中，或守武丁舊制，或開新例如大乙、上甲諸例。凡此可見自組大部分和賓組發生重疊 overlapping 的關係，小部與下一代重疊，它正是武丁和祖庚卜辭的過渡。[88]

斷定自組卜辭屬於武丁的晚期。子組卜辭時代部分，陳氏注意到 B119、YH006、YH127 三坑皆有自組、子組與賓組卜辭混合出土的情形，根據「子組自組和賓組常常出于一坑，而同坑中很少武丁以後（可能有祖庚）的卜辭」，[89]可斷子組卜辭屬於武丁時期。陳氏又見「己丑子卜貞子𩰫乎出敦」（《前》8.10.1）之卜問，進一步指出：

> 子𩰫是武丁時人，下列各片記他伐基方：《乙》2108（=《合》5672），《前》5.13.1（=《合》6570）內卜，《萃》1174（=《合》6578）泰卜，《佚》786（=《合》6580）殼卜。下列各片記他祭父乙：《續》1.28.5、1.28.9（=《合》2944、969）。因此可證子是武丁卜人。上舉《前》8.10.1 共有兩辭，其另外一辭和《金》622（=《合》40888=《英》1822）𠂤所卜者相同，而《河》519（=《合》23805）云"丙寅卜疑貞卜𠂤曰⋯⋯王曰⋯⋯，"疑是祖庚時代的卜人，則卜𠂤也延到祖庚之世，此可證子和𠂤似屬于武丁的晚世。[90]

---

87 同上註，頁 189。
88 同上註，頁 197。
89 同上註，頁 207。
90 同上註，頁 211。

判斷子組與自組同是武丁晚期的卜辭。午組卜辭時代部分，陳氏首先察覺午組卜辭「字體自成一系，不與賓自子三組相同」，[91]且其若干特殊的稱謂互見於若干版中，幾乎亦是自成一系，然而陳氏全盤考察午組稱謂後，認為：

> 此組的稱謂約有半數與賓自子三組相同，而其中下乙一稱尤足證午組屬于武丁時代。[92]

直接確定午組卜辭的時代。總而言之，陳氏以為上述四組卜辭之人物、稱謂極為相近，因此判斷其時代當為一致，遂全歸於武丁時期，又其中自、子兩組有與庚甲卜辭關聯的跡象，時代較晚，另析為武丁晚期。

出組卜辭的稱謂中，「父丁、母辛、兄庚」諸稱互有共版的情形，陳夢家指出：

> 武丁的下一世是祖庚祖甲兄弟相及為王，他們稱武丁為"父丁"，稱武丁配偶為"母辛"。祖庚是祖甲之兄，所以祖甲卜辭稱祖庚為"兄庚"。凡有"兄庚"的卜辭是祖甲卜辭，其上的卜人是祖甲卜人。[93]

再加上另有「兄己」一稱共存，配合商王世系觀之，當指武丁之子、祖庚祖甲之兄祖己，因此其時代明顯屬於祖庚與祖甲時期。

出組卜辭時代為祖庚祖甲時期雖是無疑，但出組包含兩個王朝，其中貞人供職的時段並不一致，陳夢家認為出組貞人的朝代有四種情形：

> 一、自武丁晚期至祖庚，亦有延至祖甲的；二、大略占祖庚時代的；三、占祖庚祖甲兩朝的；四、大略占祖甲時代的。[94]

因此主張出組「卜辭應該加以劃分的，事實上也有劃分的可能」。[95]陳氏主要以「同於武丁卜辭的人物紀錄」、「兄庚稱謂與周祭歲祭之有無」作為分期的依據，實際劃分結果，得「兄羣、大羣、尹羣」三群，其時代為：

---

[91] 同上註。

[92] 同上註，頁214。

[93] 陳夢家：〈殷代卜人篇〉，頁32。

[94] 同上註，頁35。

[95] 同上註，頁32。

尹羣及其附屬者當屬於祖甲時代，兄羣的兄出當屬於祖庚時代並上及武丁晚期。中間的大羣可分為二：一是大羣早期的見於武丁記事刻辭的中丮（以及显丮）與兄羣早期的兄出同時，當屬於祖庚時代，並上及武丁晚期；二是大羣晚期的大夨喜與兄羣晚期的逐當屬於祖庚晚期與祖甲早期。大羣的中夨大的"前辭形式"介於武丁與祖甲之間，可以為證。[96]

並將各羣貞人時代關聯圖示如下：[97]

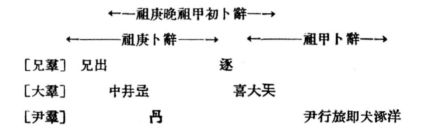

何組卜辭時代的判定，仍是根據稱謂。何組稱謂有「父己、父庚、父甲、后祖丁」諸稱，陳夢家謂：

> 由於他們稱祖庚祖甲祖己為父，稱武丁為后祖丁，我們定何組為廩辛康丁世的；由於何組卜辭從來不出現"兄辛"的稱謂，並由其字體文例之上承祖甲，我們決定何組為廩辛卜人。[98]

另外，陳氏留意「旬」「夕」二字不同寫法，指出：

> 祖甲卜辭"旬""夕"兩字的寫法，旬字出頭，夕字中間有一點。這兩個寫法到了何組有很大的變化；旬字不出頭，夕字和月字都一律沒有一點。以此為衡量，凡近於祖甲舊式的是早期，近於廩辛新式的為晚期。[99]

認為何組貞人猶能再區分為早晚兩群，因此陳氏考察字體形態（災、旬、夕、合書）與

---

96 同上註，頁40。

97 同上註。

98 同上註，頁44。

99 同上註，頁49。

祭法內容（周祭）後，再將何組貞人分為兩類：

> 早期的　大暊何宁卬
> 晚期的　口狄彭壴畎徉 [100]

整體觀之，陳氏對出、何二組貞人的時代分析極為細緻，結論大致可從，為貞人歸屬時代精準化的探索提供了絕佳示範。

至於武乙文丁時期的貞人，陳夢家謂：

> 武乙文丁兩世的卜辭，很少有記卜人的。我們祇找到一個卜人歷，他的字體似當屬於武乙，……他的卜辭總是作"甲子歷貞旬亡囚"的形式，甲子以後沒有"卜"字，"旬"字的寫法又回復到祖甲及其前的舊形式。[101]

換言之，文丁卜辭沒有貞人署名，而武乙時期貞人則僅據字體判別，且獨「歷」一人，與其他貞人組別差異甚大，故陳氏並未將之名為「歷組」。

帝乙帝辛時期貞人的部分，陳夢家共稽得六人（依序為黃、派、俻、亼、立、Ａ），而此六位貞人未見於同版者，彼此關係並不明確，難以系聯，因此陳氏亦未將之邏統為一組。陳氏定此六人為帝乙帝辛貞人，實未詳所據，應該還是依照字體劃分，另有「六人中，黃和派同有"正人方"的卜辭，第二至第四卜人都有周祭卜辭」之謂，[102]似乎也考量帝乙帝辛時期特殊的事類。

綜上所述，陳夢家對於貞人時代的推判，主要途徑有二：其一，先進行貞人分組，再就各組稱謂系統判定貞人時代，如賓、出、何、自、子、午等組；其二，先進行卜辭斷代，再就各期字體特徵推定貞人時代，如武乙、帝乙帝辛時期貞人。簡言之，前者屬直接判斷，確實以貞人為本位；後者則是間接推斷，主要是通過字體的系聯，兩者作為並不相同。

總結以上，陳夢家貞人的考察成果，共 120 人，[103]統括表列如下：

---

[100] 同上註。

[101] 同上註，頁 50-51。

[102] 同上註，頁 51。

[103] 陳夢家原稽得貞人 122 人，詳見〈殷代卜人篇〉，頁 51 及 54。此據《殷虛卜辭綜述》，頁 202 及 205。前者「索、萬、夕、伊」4 人為後者所刪除，而後者另增「敱、耳」2 人。

表 2-2-3：陳夢家所定貞人一覽表

組別	時代	關聯依據	貞　人	數量	合計
賓組	武丁	同版關係	賓、殷、爭、亘、古、品、韋、永、內、孚、出、充、吾、箙、掃、共	16	49人
		人物事類	燊、桼、亞	3	
		出土坑位	兕、宁、征、軌、齒、衒	6	
		字體文例	旬、徉、桼、己、耳、邑、戜、何、名、御、樂、伄、卬、離、夆、昰、吏、陟、定、屰、夏、㽙、足、專	24	
午組	武丁	字體文例	午、兊	2	2人
自組	武丁晚	同版關係	自、扶、勺	3	12人
		人物事類	徛	1	
		出土坑位	勿、呬、辜、鹵、取、丁	6	
		字體文例	界、由	2	
子組	武丁晚	同版關係	子、余、我、徚、徏	5	10人
		出土坑位	衒、豕、車	3	
		字體文例	史、㽺	2	
出組	祖庚祖甲	同版關係	出、兄、逐、中、冄、昰、喜、夨、大、尹、行、旅、凸	13	22人
		字體文例	犬、涿、堅、寅、奔、先、㞢	7	
		異卜同辭	即、洋	2	
何組	廩辛	同版關係	何、宁、夒、彭、壹、逆、口、彑、狄、徉、卬、紋、㞢	13	18人
		字體文例	教、弔、狄、大、暊	5	
	武乙	字體	歷	1	1人
	帝乙帝辛	字體事類	黃、派、猾、仐、立、𠂤	6	6人

三、內容平議

　　陳夢家貞人整理的工作，全面且仔細，對後繼甲骨學研究者影響極大，尤其將貞人分組的結果，不但開啟斷代研究新方向，也奠下日後分期斷代走入「兩系說」的基礎。陳氏貞人分組之說無疑影響深遠，然其立論雖大多可從，但仍無法完全擺脫「草創性」，部分主張實可進一步商榷修正。

（一）貞人內容

　　陳夢家貞人的分組，其歸類標準首重「同版關係」，此外尚有「字體文例」、「人物事類」、「出土坑位」、「異卜同辭」四項依據。客觀言之，從同版關係、字形書體、人物稱謂、事類文例乃至出土坑層進行綜合考察，進而將貞人分組者，陳氏實為第一人，其成果豐碩，影響深遠。

　　陳夢家之前，董作賓已初步全面性整理貞人，其最終主張以《甲骨學六十年》為準，五期共得貞人 77 人，[104]分別是第一期 25 人，第二期 18 人，第三期 13 人（其中口、荷、旅同見於第二期），第四期 17 人，第五期 4 人，較之〈甲骨文斷代研究例〉分別增加：[105]

第一期 14 人：而（介）、中（眞）、君（眔）、吏（甹）、逆（屰）、杰（森）、　　　　　　　佛（㑞）、先（岦）、䖵（䖵）、叟（㪅）、羅（畢）、專（叀）、　　　　　　　夏（夐）、內（內）；

第二期 12 人：喜（喜）、犬（犬）、洋（洋）、戔（戔）、荷（中）、癸（癸）、　　　　　　　逐（逐）、涿（涿）、尹（尹）、出（出）、陟（陟）、埅（埅）；

第三期 　5 人：顯（顯）、教（敎）、旅（旅）、呂、畷（畷）；

第四期 17 人：大、自（自）、卣（卣）、叶（叶）、取（取）、我（我）、繇（繇）、　　　　　　　史（史）、車（車）、術（術）、勺（勺）、匡（匡）、㣤、幸（幸）、　　　　　　　萬（萬）、余（余）、子（子）；

第五期 　4 人：泳（泳）、猵（猵）、立（立）。

　　陳夢家之後，島邦男又全面稽核貞人，五期計得貞人 111 人，分別是第一期 36 人，第二期 24 人，第三期 24 人（其中口、即、大同見於第二期），第四期 21 人（其中彭同

---

104 排除重見於第二、三期之口、荷、旅，則實得貞人 74 人。
105 董作賓：《甲骨學六十年》（臺北：藝文印書館，1965 年 6 月），頁 79-86。

見於第三期），第五期 6 人，其具體內容如下：[106]

表 2-2-4：島邦男所定貞人一覽表

時代	關聯依據	貞 人	數量
第一期	稱謂同版	〔貞人字形〕、〔貞人字形〕、〔貞人字形〕	36 人
	同版	〔貞人字形〕、〔貞人字形〕、〔貞人字形〕、〔貞人字形〕、〔貞人字形〕、〔貞人字形〕、〔貞人字形〕、〔貞人字形〕、〔貞人字形〕、〔貞人字形〕、〔貞人字形〕	
	字體	〔貞人字形〕、〔貞人字形〕、〔貞人字形〕、〔貞人字形〕、〔貞人字形〕、〔貞人字形〕、〔貞人字形〕、〔貞人字形〕、〔貞人字形〕、〔貞人字形〕、〔貞人字形〕、〔貞人字形〕、〔貞人字形〕、〔貞人字形〕、〔貞人字形〕、〔貞人字形〕、〔貞人字形〕、〔貞人字形〕、〔貞人字形〕	
	人物	〔貞人字形〕	
第二期	稱謂	〔貞人字形〕、〔貞人字形〕、〔貞人字形〕、〔貞人字形〕、〔貞人字形〕	24 人
	同版	〔貞人字形〕、〔貞人字形〕、〔貞人字形〕、〔貞人字形〕、〔貞人字形〕、〔貞人字形〕、〔貞人字形〕	
	字體	〔貞人字形〕、〔貞人字形〕、〔貞人字形〕、〔貞人字形〕、〔貞人字形〕、〔貞人字形〕、〔貞人字形〕、〔貞人字形〕、〔貞人字形〕、〔貞人字形〕、〔貞人字形〕、〔貞人字形〕	
第三期	稱謂	〔貞人字形〕、〔貞人字形〕、〔貞人字形〕、〔貞人字形〕	24 人
	同版	〔貞人字形〕、〔貞人字形〕、〔貞人字形〕、〔貞人字形〕、〔貞人字形〕、〔貞人字形〕、〔貞人字形〕、〔貞人字形〕、〔貞人字形〕、〔貞人字形〕（〔貞人字形〕）、〔貞人字形〕、〔貞人字形〕、〔貞人字形〕	
	字體	〔貞人字形〕、〔貞人字形〕、〔貞人字形〕、〔貞人字形〕、〔貞人字形〕、〔貞人字形〕、〔貞人字形〕	
第四期	稱謂字體	〔貞人字形〕、〔貞人字形〕	21 人
	同版	〔貞人字形〕、〔貞人字形〕、〔貞人字形〕、〔貞人字形〕、〔貞人字形〕、〔貞人字形〕、〔貞人字形〕、〔貞人字形〕、〔貞人字形〕	
	字體	〔貞人字形〕、〔貞人字形〕、〔貞人字形〕、〔貞人字形〕、〔貞人字形〕、〔貞人字形〕、〔貞人字形〕、〔貞人字形〕	
第五期	字體	〔貞人字形〕、〔貞人字形〕、〔貞人字形〕、〔貞人字形〕、〔貞人字形〕、〔貞人字形〕	6 人

明顯與陳氏所得又有不同，由是可知，諸家對於卜辭貞人全面盤點的結果，仍存有相當的差異。換言之，儘管最終陳氏所核列貞人數量已達 120 人，但貞人的探索並未因此底定。[107]

---

[106] 島邦男：《殷墟卜辭研究》中譯本，頁 32。

[107] 陳夢家自認「收錄的卜人共 120 人，還不能說十分完備」（陳氏《殷虛卜辭綜述》，頁 202）；韓江蘇、江林昌則謂「據不完全統計，賓組卜辭中有貞人 42 位，自組卜辭中有 8 位，H3 卜辭中有 20 位，原子組卜辭中有 6 位，午組卜辭中有 2 位；出組卜辭中有 27 位；何組卜辭中有 27 位；歷組卜辭中有 2 位；黃組卜辭中有 2 位。總計 136 位貞人。」（詳韓、江氏《〈殷本紀〉訂補與商史人物徵》，《商代史》卷二，北京：中國社會科學出版社〔2010.12〕，頁 578。）然據該書「貞人表」（頁 278-580）所列，何組只有

上述董、陳、島三家對於貞人的認定互有出入，並不一致。首先，陳夢家根據《殷代文化概論》所錄貞人，[108]指出其中董氏第一期所列貞人，「中」為祖庚貞人，「先」為祖甲貞人；第二期所列貞人，「陟」為武丁晚期貞人，「�坙」為祖甲貞人，「㺇、何、口」為廩辛貞人；第三期所列貞人，「旅」為祖甲貞人；第四期所列貞人，「扶、自、由、術、勹、取、我、余、子、霽、車、𡋡、萬、卣、衝」皆為武丁晚期貞人，另外「𢓲、史」則不是貞人。總計董說貞人「共 73 人，何、口、旅重複，實得 70 人，其中有二個並非卜人」，[109]去除後僅存 68 人。以上陳氏簡要修正董氏的貞人內容，可間接說明兩家對於貞人的考察，有相同認知者為 68 人，此即貞人系統建構發展的基礎。

董作賓所稽貞人數量雖遠不及陳夢家，但兩者對貞人身分的認定實相去不遠，僅二人（𢓲、史）不同；對貞人時代的歸屬則有較多的歧見，而其中最大的差異在於第四期貞人部分。陳氏認為董氏定為第四期的貞人，即屬自、子、午組的貞人，時代「多應該是武丁晚期的」，[110]其判斷依據主要是「出土坑位」以及「稱謂系統」，而前者所涉坑位有四：B119、E16、YH006、YH127，陳氏之分析流於表面，後者稱謂的比較亦不夠嚴謹，因此陳氏主張尚有可商（詳後）。

另外，島邦男貞人的整理工作晚於董、陳，但有後出轉精的優勢，對董陳二家所列貞人亦能進行比對檢討。島氏先是指出董作賓「以為是第一期貞人的介，其實是第二期的貞人介，介、�及青是第二期貞人。𤐫並非貞人之名」，[111]又認為「歸𠬝於第三期，歸�於第一期，其實此兩人皆第二期貞人。又歸𣆟、宁於第二期，而其實應是第三期貞人」，[112]並疑第四期之「𤐫、重、朿、𦻜、𢓲、勹」六名並不是貞人。[113]以上對董說既存貞人的修正，島氏所評與陳夢家未盡相同，但條陳辨析，論而有據，顯較陳說為勝。

同時，島邦男亦對陳夢家的貞人體系有所調整，認為陳氏第一期貞人（賓組為限）可商者 21 人，[114]其中「孥」不是貞人；「屮、己、昆」誤釋；「共、𩑶、耳、𡋡」訊息不明，難以確識為貞人；「陟、𡍩」改入第二期；「戉、何、御、名」改入第三期；「㼱、

---

20 位，而黃組有 5 位，共計 132 位，未詳何故。

108 董作賓：《殷代文化概論》初稿，芝加哥大學東方學院油印本，1947 年 7 月。

109 陳夢家：《殷虛卜辭綜述》，頁 203。

110 陳夢家：〈殷代卜人篇〉，頁 51。

111 島邦男：《殷墟卜辭研究》中譯本，頁 6。

112 同上註，頁 14。

113 同上註，頁 28。附帶一說，董作賓據《乙》367（＝《合》20874），認為「朿」為貞人，然該卜作「丙午卜萬☐」，島邦男謂「其果否為貞人，還是疑問，朿釋萬尤令人費解」（同頁）。實則該版有二卜，另一卜作「丙午卜來又告」，董氏之「朿」實據後卜，而「萬」之所由，則依前卜，兩者皆可視為貞人，但董氏混雜誤植於前，遂令島氏費解於後。

114 詳見上註，頁 7-10。

亞、衝」改入第四期；另應補入「⊟、Ⓧ、界、⌀」。第二期貞人可商者 4 人，[115]其中「卅」訊息不明，難以確識為貞人；另應補入「口、陟、Ⓧ」。第三期貞人可商者 6 人，[116]即應補入「Ⓧ、Ⓧ、米、⊟、Ⓧ、Ⓧ」。第四期貞人（含𠂤、子、午組）可商者 19 人，[117]其中「午、允」為午組貞人，原歸在武丁期（第一期），應改列武乙期（第四期）；「𡥀、卣、史、車、勿、豕」訊息不明，難以確識為貞人；「吶」不是貞人；「彳、彳、衍」當是一人；另應補入「亞、Ⓧ、⊟、𠂤、Ⓧ、Ⓧ、Ⓧ」。

整體觀之，島邦男核校陳夢家貞人主張，詳細深入，多可信從，而部分尚有可議者，商榷如下：

其一，島邦男謂：

> 如果Ⓧ是貞人之名，那麼，當從郭沫若「此爭與Ⓧ二人共卜」（《粹編考釋》）說。Ⓧ既為貞人名，應該有寫在Ⓧ、Ⓧ等貞人名上的共卜諸例，但卜辭中無此例，因此Ⓧ是否為貞人名是令人懷疑的。唐蘭謂Ⓧ字有「ⓍⓍ」的用法（《前》六·三三·四〔＝《合》3914〕），又二字形相近，認為ⓍⓍ同字，釋為「再」，謂：「ⓍⓍ者，再貞也。」（《天釋》第一至三頁）唐蘭否定了Ⓧ為貞人名說。……就其用例分析，下辭（按：《甲》3177＝《合》16670）在癸酉日連續五次卜「旬亡田」間有「ⓍⓍ」，故Ⓧ是「再」之義，唐說至確，Ⓧ不是貞人名。[118]

陳夢家持說與郭沫若相同，而唐蘭主張言之有據，似較郭說為勝，但亦未能完全無疑。島氏以「既為貞人名，何以僅與爭共卜，而不見其他」[119]質疑「共卜」說，其實相同的理由，亦可用於「再貞」說，疑其「何以只有爭能夠再貞，其他貞人卻不行」，對此問疑，唐氏顯然同樣無法圓說。

董作賓發現貞人，乃比勘自前辭句法結構，其標準形式作「干支卜某貞」，而「某」即貞人之謂。[120]據此，「癸卯卜，Ⓧ貞：旬亡田？」（《合》16870）中「Ⓧ」只能是貞人，不宜再作他解，換言之，上辭中之Ⓧ當然是貞人，島氏之斷顯有失察。「Ⓧ」可作貞人，但卜辭之「Ⓧ」並非皆是貞人，正如「⌀」既是貞人，但亦有不作貞人者，《合》32「乍⌀」之辭即為明證。因此，Ⓧ與爭同辭出現之情事，以「共卜」（Ⓧ為貞人）或

---

[115] 詳見上註頁 15。
[116] 詳見上註，頁 19-20。
[117] 詳見上註頁 29-30。
[118] 同上註，頁 9-10。
[119] 其實，與「Ⓧ」聯見之貞人，尚有「內」（《合》909）、「𣪊」（《合》3610、16531）、「賓」（《合》3700）。
[120] 詳董作賓：〈大龜四版考釋〉，《安陽發掘報告》第 3 期（1931 年 6 月），頁 438。

「再貞」（✦不為貞人）解之，皆能備一說，惟囿於「✦」辭例不多，難以究明，故陳夢家所持「二人並卜」之說，情況特出但未必為非。

其二，「㠱」作為貞人僅《錄》82（=《合》3944）一見，同版反面刻辭「帚井示」，陳夢家將之列為賓組貞人，島邦男謂：

> 陳氏以為證的《文》82片背面有「㞢井丁」三字，基於㞢井這稱謂只見於第一期之甲骨片中這一前提，因此將㠱歸作第一期貞人。可是㞢井的稱謂明明在屬於後期的《寧》3.238（=《合》32765）「㞢㞢㠱㞢井㞢」、《京》2004（=《合》32764）「卜㞢…㞢井…㠱㞢」（㞢㞢的稱謂第四期以外未見）片中亦有記載，所以以它來作為第一期貞人的證據未免失之輕率。而且此片字體作「㞢㠱㞢㞢㞢㞢㞢㞢」，未字作㞢的例子亦為第一期所無，因此將之歸入第一期，實不妥當。[121]

以上論說涉及㞢井、㞢㞢、㠱三人，陳氏以㞢井連結㠱，斷其時代為第一期的主張，並無疑義；而島氏以㞢㞢之稱專屬第四期，反駁陳氏前說，亦有可取之處。島氏根據「㞢㞢與㞢井同辭」、「㞢井與㠱同版」情形，認為㞢㞢、㞢井、㠱三者同屬第四期，然此說成立前提是相關㞢井必須同為一人，但㞢井此稱異代有同名者，不宜據之遽斷時代歸屬，因此，陳、島二說雖針鋒相對，竟皆無大誤。

「㠱」或釋為「堯」，[122]可商，作為人名大約三見，[123]其中可確定為貞人者，僅《合》3944一例。此例為卜旬辭，字體與第一期雄偉風格不同，但「禍」作「㞢」形，常見於第一、二、三期，而與第四期作「㞢、㞢」形差異明顯，因此反面「帚井」當為第一期人物。另《合》32764所載，㞢㞢其稱僅見於第四期，而「帚」半殘，復原近「㞢」形，屬晚期字形特徵，[124]因此此版「帚井」應屬第四期人物。島邦男論陳夢家之失，未切要旨，不可信從，「㠱」仍歸第一期貞人為宜。

其三，陳夢家以「妣」、「定」、「丁」三人為貞人，島邦男從之。「妣」為貞人，其據為《乙》749（=《合》555），陳氏本疑「或即永」，[125]後易為「妣」形，又謂「參

---

121 島邦男：《殷墟卜辭研究》中譯本，頁8。其中《寧》3.238（=《合》32765）卜辭「井」後漏「㞢」字；《京》2004（=《合》32764）卜辭之「卜」、「㞢」實屬臆補。

122 參《甲骨文合集釋文》，3944號正釋文；《殷墟甲骨刻辭類纂》，頁618。此形與「㞢、㞢」根本不類。

123 參陳夢家說，來源為《河》82（=《合》3944）、《乙》4484（=《合》9275）、《乙》4986（詳陳氏《殷虛卜辭綜述》，頁178、181）。

124 與《花東》帚字作「㞢、㞢、㞢」諸形者幾乎相同（詳參李宗焜《甲骨文字編》，北京：中華書局〔2012.03〕，頁694），晚期風格濃厚。

125 陳夢家：〈殷代卜人篇〉，頁29。

《庫》1809」，[126]不疑為「永」，顯棄前說；而島邦男此人作「⟨形⟩」形，與陳雖不同，但無異說。然檢核原辭，該辭貞人確實為「永」，陳、島說並誤，而陳氏由是轉非，殊是可惜。

貞人「定」，所據為《珠》503、505（＝《合》3937、3938），其形原拓未精，《殷墟甲骨刻辭摹釋總集》作「⟨形⟩」，[127]此形同時見於《合》3939，而《甲骨文合集釋文》則隸定為「窒」，[128]皆不以為「定」，陳、島之說或可正之。

貞人「丁」，所據為《乙》443（＝《合》20072）、《掇》315（＝《合》21451），兩者皆不能確定為貞人，且丁與貞極為接近，或當一字，作「⟨形⟩」，即員字。以《合》20072「戊子卜員弗來」觀之，「員」可以是貞人（「戊子卜，員：弗來？」），但非必是貞人（「戊子卜：員弗來？」）。據此，陳、島之說宜再審酌。

其四，貞人「⟨形⟩、⟨形⟩、⟨形⟩、⟨形⟩、⟨形⟩、⟨形⟩」為島邦男增補，而陳夢家所無，其出處分別為：

⟨形⟩：《鐵》62.2（＝《合》19322）；

⟨形⟩：《甲》3515（＝《合》12624）；

⟨形⟩：《拾掇》1.284（＝《合》22314）；

⟨形⟩：《佚》108（＝《合》20255）；

⟨形⟩：《甲》3014（＝《合》21903）；

⟨形⟩：《乙》4860（＝《合》22049）。

然核實原辭，其中「⟨形⟩」、「⟨形⟩」二形模糊，難以確指，前者《殷墟甲骨刻辭摹釋總集》作「⟨形⟩」，[129]《甲骨文合集釋文》則作「吾」，[130]而後者《殷墟甲骨刻辭摹釋總集》闕摹，《甲骨文合集釋文》逕作「自」，[131]意見亦不相同。持平觀之，島氏將「⟨形⟩」、「⟨形⟩」列為貞人，並不妥切，該二字形實不完稱，缺筆意味濃厚，或為「吾」、「⟨形⟩」之殘，《甲骨文合集釋文》所釋近之，較為可參。另外四人，「⟨形⟩」為「⟨形⟩」之殘，「⟨形⟩」為「⟨形⟩」之訛，訊息明確，足可勘正，而「⟨形⟩」、「⟨形⟩」二者乃島氏誤讀卜辭，[132]實未存

---

[126] 陳夢家：《殷虛卜辭綜述》，頁 183。

[127] 見《殷墟甲骨刻辭摹釋總集》，頁 106。

[128] 見《甲骨文合集釋文》，3937 號釋文。

[129] 見《殷墟甲骨刻辭摹釋總集》，頁 427。

[130] 見《甲骨文合集釋文》，19322 號釋文。

[131] 見上書，20255 號釋文。

[132] 「⟨形⟩」所出，辭曰「丙午卜不⟨形⟩☒」，島邦男誤「⟨形⟩」為「⟨形⟩」，故以為「⟨形⟩」為貞人；「⟨形⟩」所見，當

焉，皆應剔除。

（二）卜人認知

　　陳夢家考察貞人，特意用「卜人」之稱，在整理五種記事刻辭署名情形後，認為「甲尾刻辭只記"入者"的名字，其他四種刻辭記"入者""乞者""被乞者""示者"和"簽署者"的名字」，[133]其中「入者、乞者、被乞者、示者、簽署者」之謂，即是負責卜用甲骨之收入、整治、經管的人，而這些人「名之為卜官，相當於《周禮》的大卜、卜師、龜人和菙氏一類。他們和命龜者的"卜人"是不同的。」[134]

　　陳夢家區分卜人與卜官，煞費心思，不僅強調：

> 所謂"卜人"乃是刻在卜辭上的命龜者，董作賓氏名為"貞人"的。命龜者的卜人和管卜事者的卜官是不同的，然而是有關係的。某些卜官，也兼為命龜者，故其名字亦見於卜辭署寫卜人之處，即在"甲子卜"與"貞"之間。卜人與卜官或者是兼職的，或者是移調的，今已不可考知。[135]

又謂：

> 在命龜以前，有一些卜官管理卜事，大致分為三種。有經手進入甲骨的"入者""乞者"，有整治甲骨的"示者"，有經管甲骨的"簽署者"。這些卜官又兼為命龜的卜人，尤其是"簽署者"多為卜人，但也有專作"簽署者"而不作卜人的。由此言之，卜人也可以包括在卜官之內。卜官似是分工的，某一種卜官專為管理卜事而偶亦作卜人。[136]

所謂「卜事」，陳氏以為其程序如下：[137]

　　1. 卜事準備　取龜，攻龜，治龜，鑽鑿，備灼具

　　分二辭作「貞不𠂤」、「戊午卜」，而島氏誤讀為「戊午卜𠂤貞不☒」一辭，遂以為「𠂤」為貞人，兩者皆不確。

133 陳夢家：〈殷代卜人篇〉，頁22。
134 同上註，頁23-24。
135 陳夢家：《殷虛卜辭綜述》，頁178。
136 同上註，頁181。
137 同上註，頁17。

2. 命龜　告龜以所卜之事

3. 灼龜見兆　龜對於所卜問的回答

4. 占龜　視兆坼定吉凶

5. 書辭　記錄命龜之辭與兆象

以上諸事，卜官主要掌管第 1、3、4、5 項諸職，卜人則負責第 2 項任務，雖有時卜人亦能擔負卜官工作，但兩者分工根本不同。

　　然據《周禮・春官・宗伯》載知，[138]「大卜」以八命者贊三兆、三易、三夢之占，以觀國家之吉凶，以詔救政；「卜師」掌開龜之四兆，揚火以作龜，致其墨，凡卜，辨龜之上下、左右、陰陽，以授命龜者而詔相之；「龜人」掌六龜之屬，凡取龜用秋時，攻龜用春時，各以其物入于龜室，上春釁龜，祭祀先卜，若有祭事，則奉龜以往；「菙氏」掌共燋契，以待卜事，凡卜，以明火爇燋，遂吹其焌契，以授卜師，遂役之；「占人」掌占龜，以視吉凶，凡卜筮，既事，則系幣以比其命，歲終，則計其占之中否。概略言之，以上卜事之任務分配，龜人負責取龜、攻龜施鑿（取龜用秋時，攻龜用春時）；菙氏備灼具（共契燋）；大卜命龜（以八命贊三兆、三易、三夢之占）；卜師灼龜見兆（揚火作龜、致其墨）；占人占龜（占龜以視吉凶）、書辭（系幣以比其命、計其占），而「卜人」並不在其中。

　　《周禮・春官・宗伯》編制明載，

> 大卜，下大夫二人。卜師，上士四人。卜人，中士八人，下士十有六人。府二人，史二人，胥四人，徒四十人。[139]

賈公彥謂：

> 大卜有卜師及卜人，皆士官。而卜人無別職者，以其助大卜、卜師行事故也。其卜師則與大卜別職，亦是別職同官。[140]

就此觀之，卜人位階低，職司輔助大卜、卜師，確實可以擔負卜官工作，但並無陳夢家所謂「命龜」之專職。

　　另〈占人〉言「凡卜筮，君占體，大夫占色，史占墨，卜人占坼」，鄭注云「體，

---

[138] 詳見漢鄭玄注，唐賈公彥疏：《周禮注疏》，《十三經注疏》（北京：北京大學出版社，2000 年 12 月），頁 746-764。

[139] 同上註，頁 523。

[140] 同上註。

兆象也。色，兆氣也。墨，兆廣也。坼，兆釁也。體有吉凶，色有善惡，墨有大小，坼
有微明。尊者視兆象而已，卑者以次詳其餘也。」賈疏則謂「據兆之正釁處為兆廣」，
而「就正墨旁有奇釁鏬者為兆釁」，[141]顯見卜人卑於太史官，其工作為「占坼」，亦即
「觀察兆釁」，與「命龜」完全不稱。因此，陳夢家單舉卜人稱其命龜者，實有未備。

根據《周禮》，命龜者主要應為大卜，而所謂「貞人」，並不見於經傳，不易考知
其任務執掌，董作賓初謂「卜問命龜」，實無所據。其後，董氏區分貞、卜為二，主張：

> 貞人者，問事之人。蓋卜與貞為兩事，卜者，卜官之所司，灼龜見兆斷其吉凶之
> 事也。貞者卜問，貞人即問卜之人，其人或為時王，或為王之婦、子，或為諸侯，
> 或為史臣，非必如卜官之有專責，人人得為貞人也。帝乙帝辛時，王能自卜，故
> 曰「王卜貞」，他期稱「某日卜王貞」者，卜官所卜，王問其事，此例甚為明白。
> 又或有不稱「貞人」而稱「卜人」者，以「卜某」為句。不知卜人貞人，顯然有
> 別，如「丙寅卜矣貞卜冉曰：『云云』。王曰：『云云』。八月。」（《錄》五
> 一九〔=《合》23805〕）此辭王為祖甲，貞人為矣，卜人為冉，是其例也。[142]

後續仍強調：

> 有人覺得『貞人』一詞，不見經傳，於是改用『卜人』，這不免錯了。卜與貞，
> 本是兩件事，早期是太卜司卜、太史司貞，有時王來親貞，晚期有時王要自卜自
> 貞，所以也稱『王卜貞』。貞人並不是名詞，意思只是『問卜的人』，問卜的人，
> 任何人都可以充任，或是王自己去任。至於卜人應該是只限於太卜，才有這灼龜
> 見兆，斷定吉凶的專長。[143]

又云：

> 因為『貞人』是問卜的人，大部分是當時的史官，但不全是史官，有時候殷王親
> 自來問卜，記著『王貞』，這王也可稱為『貞人』，王婦、王子、諸侯、偶然問
> 卜，都寫他們的名字，也都可稱為『貞人』。。不過史官作貞人，所記卜辭都是
> 自己寫自己刻的，⋯⋯若是王貞，則卜辭的書契，自然需要史臣代庖。[144]

---

141 以上俱同上註，頁 763。
142 董作賓：《殷曆譜》（臺北：中央研究院歷史語言研究所，1945 年 4 月），上編卷一，頁 1。
143 董作賓：《甲骨學六十年》，頁 69-70。
144 同上註，頁 70。

總而言之，「『貞人』不能稱『卜人』，問卜的人却都可以稱『貞人』，貞人多數是史官，寫刻卜辭出于他們的手筆。」[145]以上所及貞、卜之別，董氏辨之甚明，持說顯與陳夢家不同。董氏所謂「問卜之人」，指涉一般，似無涉命龜專職，自是不屬卜官，而饒宗頤則認為：

> 《周禮・占人》下云：「史占墨。」《禮記・玉藻》云：「史定墨。」鄭玄以為即太史。故太史職云：「大祭祀，與執事卜日。」鄭注：「執事，太卜之屬；與之者，當視墨。」春秋時多使史官占卜，如晉獻公卜伐驪戎，而史蘇占之，是其例。蓋卜筮官與太史為官聯也。故卜筮官，亦通謂之史。（〈晉語〉韋昭注：「筮史，筮人。」）惟此乃卜筮官屬，與史占墨之為太史者異。（詳《周禮正義》）董氏嚴分卜與貞為二事，謂：「太卜司卜，卜人僅限于太卜，主灼龜、見兆、斷吉凶之事；太史司貞，貞人則謂問卜之人，任何人皆可充任。」按之《周禮》，則太卜乃涖卜之官，其職高于卜人，而史亦可占墨，以定吉凶，參與卜事，其區別不必如是之嚴也。[146]

不僅呼應董氏貞人即史官，並融通史官與卜官的職務關聯，試圖坐實貞人參與卜事的具體行為。

持平而論，殷卜辭前辭完整形式作「干支卜，某貞」，[147]釋為「某干支日舉行占卜活動，由某人負責此次貞問」，文從字順語意清楚，因此董作賓將負責貞問的人稱為「貞人」，實較陳夢家稱「卜人」為佳。「貞人」擔負某次主要貞問工作，並署名於甲骨上，除可供查核稽考之外，亦間接說明貞人在該次占卜活動的重要地位，極可能就是總綰其事者，簡言之，貞人應當是管控該次占卜施行的主事者。綜觀占卜過程，貞問的內容為其核心，因此貞人理所當然擔負提問要責，此工作即是「命龜」，而其身分或以史官為常，任務則同於大卜，饒宗頤之說尚有可參。

本文認為，卜事進行之步驟，大致為「取龜→治龜→鑽鑿→辨龜→命龜→灼龜→眠璺→占兆→契辭→葳收」，對應《周禮》卜官，龜人取龜、攻治、施鑿後，龜版已成占卜材料待用；占卜之始，菙氏備妥灼具交付卜師，卜師取龜版詳辨，再交與大卜命辭，辭畢復由卜師燒灼龜版，使其坼出卜形裂紋；接著卜人細審其璺，再將情狀告知占人斷其吉凶，最終契辭於龜版上加以收藏。上述過程若準以殷墟卜辭內容所見，則可能是龜

---

145 同上註，頁71。

146 饒宗頤：《殷代貞卜人物通考》（香港：香港大學出版社，1959年11月），頁28。

147 前辭多有簡省形式，常見作「干支卜，某」、「干支卜貞」、「干支卜」、「干支貞」、「貞」等諸式。

人取龜治龜、施鑿後，貞人用之，行辨龜、命龜、灼龜，並檢視兆璺，再將兆象稟告商王，由商王核準占書斷定吉凶（王固曰），而後貞人契刻卜辭以資備忘，最終載策而藏。

兩者相較，卜辭貞人特點有三。其一，貞人工作內容涵括《周禮》大卜、卜師、卜人、占人等卜官職掌，大致而言，貞人等同大卜，為卜筮官之長，統攝占卜活動的核心任務。其二，貞人應具灼龜見兆的能力與技術，此當習練而就，因此不宜是「任何人都可以充任」的角色。其三，關於占卜既事之作為，鄭玄謂「史必書其命龜之事及兆於策，繫其禮神之幣，而合藏焉」；賈公彥詳之曰「卜筮事訖。卜筮皆有禮神之幣及命龜筮之辭。書其辭及兆於簡策之上，並繫其幣，合藏府庫之中。至歲終，揔計占之中否，而句考之」，[148]顯見占卜結果將由史官載冊，因此問卜之相關內容（含卜問日期、地點、命龜內容等）若有必要，即先契刻龜版上加以備忘，待至適當時機一併載入史冊。如是所言，適能說明何以某些甲骨呈現「有卜無辭」之情狀，亦能推知卜辭內容「記錄簡略」之緣由，而「貞人為史官」之說，或有所據，難謂無稽。

綜上，本文認為貞卜未必二事，整體占問活動可謂之「貞」，而「卜」則是其中部分內容，二者可分可合。渾言之，貞卜之事統由貞人全權負責，施作到底；析言之，則可別為命龜及其他（辨龜、灼龜、視兆），前者為「貞」，由貞人專職，無可易換，[149]而後者稱「卜」，由相關卜官分責輔助執行，互助支援。若商王親貞，當有其他貞人或卜官相佐，始成貞卜之事。就此而言，卜辭貞字上人名，陳夢家謂之「卜人」與職事不合，董作賓稱其「貞人」，或近實情。

（三）時代判定

陳夢家區分各組貞人，主張可由「同組稱謂」、「特殊簽署」、「人物事類」、「字體文例」等現象判斷其時代，而稱謂系統顯然是其核心標準。舉例而言，根據稱謂的比較，陳氏認為𠂤組稱謂可分為四類：[150]

（1）同於賓組的 妣己，妣癸，父甲，父乙，父庚，父辛，母丙，母丁，母庚，母壬，兄丁，兄戊，子癸，子伐，𥞉甲，丁示，咸戊，伊尹

---

[148] 以上俱見《周禮注疏》，頁764。

[149] 《合》23805云「丙寅卜，夨貞，卜竹曰：『其虫于丁，宰？』」似以卜竹為命龜之人，而卜竹與貞人夨別為二人，此卜非貞人命龜，但不得其故。如是辭例至今僅見，顯非常態，或因應特殊情事為之，本文附註於此，權置不究。

[150] 陳夢家：《殷虛卜辭綜述》，頁147。

（2）同於子組的　妣己, 父甲, 父乙, 父戊, 父庚, 兄丁, 小王

（3）同於午組的　妣己, 妣癸, 父戊, 父辛, 母丁, 兄己

（4）獨有的　　　父癸, 兄甲, 子犀, 子族, 子咸, 侯告

針對其中「同於賓組」者，陳氏謂：

> 試比較𠂤與賓組，則知兩者相同之多。兩組所同的父甲、父庚、父辛、父乙實
> 即武丁所以稱其父輩陽甲、般庚、小辛、小乙者，所以兩組都是武丁時代的
> 卜辭。[151]

然類此的稱謂對應並不嚴謹，盲點有二：一，強調𠂤組與賓組相同的稱謂，固然可藉以考察兩組關聯度，但未及不同的稱謂的比較，容易忽略其根本的差異。二，即便𠂤組與賓組有著大量的相同稱謂，基於異代同名的可能性，並無法確認各稱謂所指涉人物是否相同。

以「父某」為例，賓組有「父甲、父乙、父戊、父庚、父辛、父壬」，𠂤組則有「父甲、父乙、父戊、父庚、父辛、父癸」，兩者皆無「父丙、父丁、父己」，相似度高達八成，視為同代合情合理，但值得注意的是，𠂤組有「父癸」而無「父壬」，雖僅二人之差，卻足以讓𠂤組稱謂系統的理解充滿變數。根據統計，[152]賓組父某共得 470 例，𠂤組 45 例，各別數量簡列如下：

表 2-2-5：賓、𠂤組「父稱」數量統計表

	父甲	父乙	父丙	父丁	父戊	父己	父庚	父辛	父壬	父癸	總計
賓組	61	326	0	0	2	0	52	28	1	0	470
𠂤組	6	27	0	0	3	0	1	7	0	1	45

從數量來看，𠂤組「父癸」與「父庚」相等，其重要性或該相當，若父庚為盤庚，則父癸難有同等先王可稱；若弱化「父癸」，謂其為先王兄弟之一，則父庚亦能作如是觀，非必是盤庚。又，𠂤組中「父戊」數量多於「父庚」，故其主要稱謂依序應是「父乙、父辛、父甲、父戊」，與賓組「父乙、父甲、父庚、父辛」並不相同，逕稱𠂤組之「父甲、父庚、父辛、父乙」為「陽甲、盤庚、小辛、小乙」，顯有未備。

---

151 同上註。

152 詳吳俊德：《殷卜辭先王稱謂綜論》，頁 367-368。

再以百分比例觀之，簡要表列如下：

表 2-2-6：賓、自組「父稱」比例統計表

	父甲	父乙	父丙	父丁	父戊	父己	父庚	父辛	父壬	父癸
賓組%	12.98	69.36	0.00	0.00	0.43	0.00	11.06	5.96	0.21	0.00
自組%	13.33	60.00	0.00	0.00	6.67	0.00	2.22	15.56	0.00	2.22
相差%	-0.35	9.36	0	0	-6.24	0	8.84	-9.6	0.21	-2.22

所謂「父甲、父庚、父辛、父乙」者，賓組比例以父乙最高，幾近七成；父甲、父庚約略相同，占一成多，而父辛明顯降低，僅約父甲父庚一半，而父乙更勝十餘倍。就此看來，武丁對其四父隆殺有別，直系父乙最尊，旁系三父遜之，其中又以父辛最下。另觀自組相關四父，仍以父乙為最，但較賓組已降約一成，不可謂不大；父甲則與賓組近似，而父庚、父辛分別減、增幾近一成，造成旁系三父，父甲、父辛比例相當，父庚明顯低下的情形，重要性有別。兩者相較，可見賓、自二組中父庚、父辛地位之差異明顯，未必是同指盤庚、小辛二人，因此，自組父甲、父乙之稱亦非必陽甲、小乙莫屬。

賓組卜辭常見上述四父相互同版甚或同卜出現之情事，同版者如：

「父甲、父乙」（《合》1248 正反、2135）

「父甲、父庚」（《合》2132、2133、2869 反）

「父甲、父辛」（《合》2134）

「父乙、父庚」（《合》235 正、892 正反、3255 正反、10936 反）

「父乙、父辛」（《合》371 正、816 正、1821 反）

「父庚、父辛」（《合》444、9827）

「父甲、父乙、父庚」（《合》905 正）

「父甲、父庚、父辛」（《合》775 正反、2130、2131）

「父乙、父庚、父辛」（《合》903 正）

「父甲、父乙、父庚、父辛」（《合》6482 反）

同卜者則有：

「父甲、父庚」（《合》2117 反）

「父庚、父辛」（《合》2141、2159、6647 正）

「父甲、父庚、父辛」（《合》7862）

「四父」（《合》2331）

凡此可證，賓組「父甲、父乙、父庚、父辛」四父關係密切，地位尊崇，對應武丁時期父輩先王，指稱「陽甲、盤庚、小辛、小乙」四人當無疑議，然自組相關四父同版與同卜情形皆極罕見（見下），換言之，絕多個別為事，難明其間關聯，並無法與賓組四父相提並論。

自組中「父甲、父乙、父庚、父辛」四父同版跡象僅一，見《合》22193，然其上字形稚滯，刻辭渙漫，難以成讀，《殷墟甲骨刻辭摹釋總集》謂之習刻，[153]大抵可從。此外，《合》22194 殘辭作「☒庚父辛父☒」，郭沫若謂此「原文上下均斷，或為『父庚、父辛、父乙』亦未可知。」[154]真如郭說，則此版至少有三父共見一卜，至今獨例，惟該卜釋讀變數猶多，難以遽斷，無法如願。另，《合》20530 辭曰「父甲至父乙」，或以為即「父甲、父庚、父辛、父乙」，顯是指稱「陽甲、盤庚、小辛、小乙」，隱含四王同卜並存。此說合於情理，確有其可能性，然參酌卜辭另見「入乙至父戊」（《合》22074）、「祖庚至父戊」（《合》22187）等類似諸例，其中父戊根本不在先王之列，則「父甲至父乙」之「父乙」亦可能非先王之稱，遽斷為「小乙」，尚缺堅實可信的佐證，而「父甲至父乙」乃稱賓組四父之說，仍有可商。

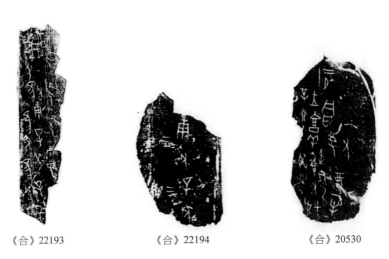

《合》22193　　　　　《合》22194　　　　　《合》20530

又，《合》21538 甲見「般庚、父甲」同版，而《合》21538 乙則有「父庚、小辛」同版情狀，兩者若併，可得「般庚、小辛、父甲、父庚」諸稱同出一版，勉可算是上述四父相互同版例之一。此例實歸子組，並非自組，但依陳夢家之意，自、子二組時代一致，皆屬武丁時期，故其上「父甲、父庚」必仍稱「陽甲、盤庚」無疑。然同版尚見「般庚」之稱，則此版父庚就應當不是般庚，而盤庚不能稱為父庚，顯示其時代應在武丁之

153 見《殷墟甲骨刻辭摹釋總集》，頁 490。
154 郭沫若：《殷契粹編》（北京：科學出版社，1965 年 5 月），頁 433。

後，換言之，子組時代必須晚於武丁期，而自組時代不該歸屬在武丁時期亦連帶可知。

《合》21538甲、乙

綜合上述，陳夢家僅就稱謂現象之異同，斷定賓、自組貞人時代歸屬，其實並不可靠，而結論宜作保留，另再商榷。

除了稱謂，陳夢家對於貞人時代的判定，所倚重的還有人物事類與字體文例，前者性質與稱謂類似，其時代訊息並無絕對性，陳氏曾謂：

> 在斷代時，不可以某種稱謂常見於某代卜辭，就據以作斷代的標準。如小丁后祖乙固然多見於祖甲卜辭，唐固然多見於武丁卜辭，但稍後的卜辭中仍然會出現的。[155]

此言雖針對「稱謂」而發，但其實「人物」亦有類似的情形應避免，即所謂異代同名現象，加上卜辭主要「事類」，如祀典、征伐、農事、田獵等，即使諸事各期特徵不近相同，也無法在「有無所見」情形上考知時代。因此，陳氏「因其卜辭內所記人物事類亦見於賓組或自組卜辭，所以定為武丁時代」[156]的主張，缺乏實證，無法盡信。

---

155 陳夢家：〈殷代卜人篇〉，頁37。
156 同上註，頁29。

關於字體文例的運用，陳夢家曾疑「戓」（𢦏）與「何」（𠂤）為一人，認為：

> 此何字從戈和廩辛卜人何的一般寫法略有不同，但是和《甲》2513（=《合》31330）
> 《佚》282（=《合》31356）（都出土於大連坑）的何相近。《甲》3421（=《合》19037）
> 賓的卜辭和《中大》103（=《合》8645）一片都提到何（寫法同廩辛何一般的寫法）
> 乃是武丁卜辭。我們不問廩辛時代的卜人何是否在武丁時代已經存在，在此暫先
> 分別為兩個時代的卜辭；因為武丁卜人何的卜辭，其字體是賓組的，（比較《明》
> 125〔=《合》1158〕爭的卜辭）和廩辛時代的文體不同。口也是廩辛卜人，但是《明》
> 692〔=《合》13227〕所摹的一片，其字體是賓組的，其上的卜人口應是武丁卜人，
> 但因為這是摹本，或許有摹誤之處，沒有正式列入。[157]

據上所言，陳氏將「𢦏」、「𠂤」視為一人，猶有可取，[158]然僅憑藉字體將何、口並列
於武丁時期，論說籠統，作法亦顯粗疏。以「何」為例，「𢦏」形見於《合》30926，確
實為貞人，與廩辛期《甲》2513、《佚》282 之貞人作「𠂤」形相較，其實並未如陳氏所
言之相近，而武丁期《甲》3421 之「𠂤」、《中大》103 殘形復原之「𠂤」[159]，雖可謂
與「𠂤」頗為近似，但仍有不同，更須說明的是，武丁期兩版之「何」皆非貞人之用，
陳氏一時不察，卻因同版呈現賓組字體，即主張何亦是「武丁卜人」，實則武丁時期並
無貞人何，[160]陳氏於此斷定流於輕率，以致貞人時代有所混淆，顯有未備。

另外，陳夢家曾嘗試以字形特徵，再將廩辛貞人分其早晚：

> 祖甲卜辭"旬""夕"兩字的寫法，旬字出頭，夕字中間有一點。這兩個寫法到
> 了何組有很大的變化，旬字不出頭，夕字和月字都一律沒有一點。以此為衡量，
> 凡近於祖甲舊式的是早期，近於廩辛新式的為晚期。在此應當注意的三點是：不

---

[157] 同上註，頁30。

[158] 島邦男認為「舀作𢦏是第三期的現象，所以這個貞人𢦏與第三期的𠂤當是一人」（島氏《殷墟卜辭研究》
中譯本，頁9），其說與陳氏所疑相同。

[159] 胡厚宣：《中央大學所藏甲骨文字》，《甲骨六錄（甲骨學商史論叢三集）》（成都：齊魯大學國學研究所，
1945 年 7 月），頁 40。

[160] 許進雄先生曾以貞人何與史同版（《懷》389=《合補》4558）之例，呼應陳夢家之說。然許先生亦指出
該版鑽鑿「長度已達二公分，比第一期卜甲上的鑿長大點，顯然是第一期到第二期的過渡期之物，由於
祖庚在位年代不長，把荷的年代提早到武丁晚期或祖庚早期，該是沒有問題的」（詳許先生〈談貞人荷
的年代〉，《中國文字》第 43 冊〔1972.03〕，頁 2），且該版屬「王燕叀吉」卜辭，「這種辭式的風行時期
大概在第二期」，「是新舊派過渡期的產物」（同前，頁 4），因此該版時代很可能是祖庚時期，貞人何未
必供職於武丁期。

出頭的旬字的寫法只在何組出現，祖甲和康丁卜辭中都不見；所謂早晚是說這個卜人最早出現的時限，不是說他不延長到晚期；同一個卜人（甚至於在同一版上）可以同有新舊兩式，足以證明新舊形式的交替。[161]

以上陳氏所言具體可參，而其「新舊交替」過渡現象的主張，更能明確其發展序列，自能信從。然同版新舊兩式並存的體認，陳氏並未加以有效發揮。對貞人彭壴之別，陳氏謂：

> 壴彭同版而並非同一個人，《甲》2797（=《合》27542）壴卜和《甲》2698（=《合》27543）彭卜同辭，都是卜"其左妣辛一牛"，胡厚宣〈卜辭同文例〉和董作賓都將此二人誤為一人。上舉見于同版之例，可見在《甲編》中壴彭有七次同版，是不可能在一版之內將同一卜人寫成兩個形體的。[162]

將彭、壴別為二人，島邦男從之，[163]所據皆是「彭、壴」有同版問卜實例。就人名而言，彭、壴各自為名，不宜混同，但自用字觀之，「彭、壴」本義雖有區別但密切相關，[164]而形體僅三撇之差，實為有限，書寫簡省的可能性極大，如前述「何」作「ㄎ、ㄎ、ㄎ、ㄎ、ㄎ」等，前四形混雜同見同版之中，吾人仍視其繁簡不同諸形為一人；又或「彭、壴」乃同一人長少署名簡繁的不同，而兩形並存亦能以過渡交替現象視之，不必強分為二人。

衡量「彭、壴」署名狀況，作「彭」者逾70版，而「壴」者未及30版，[165]可知該名當以「彭」為主；再據陳夢家的初步統計，[166]「旬字出頭」的早期寫法，見於「彭」2例、「壴」0例，其餘現象則大致相同，顯然「壴」之用應該較「彭」為晚，此亦符合甲骨因契刻不易而簡化字形的傾向，但兩者並無明確的先後遞嬗關係，簡言之，若兩形指稱一人，則以「彭」為初始名號，其後或年長，或圖便利，時而減省書寫成「壴」，兩名遂並行而終。

總結上述，陳夢家對於貞人的整理，全面且系統化，不僅使貞人成群結隊，各有歸

---

161 陳夢家：〈殷代卜人篇〉，頁49。
162 同上註，頁43。
163 詳島邦男：《殷墟卜辭研究》中譯本，頁17。
164 《說文·卷五》謂「彭，鼓聲也」、「壴，陳樂立而上見也」；參酌甲骨文鼓字「ㄎ」，象手持鼓棒擊鼓之形，而壴「ㄎ」顯然就是鼓的主體，彭「彭」則是擊鼓所發之聲，兩者關聯密切。
165 參《殷墟甲骨刻辭類纂》，頁1500。
166 陳夢家：《殷虛卜辭綜述》，頁200。

屬，便於認識，也建立甲骨時代明確且有效的區分標準，提供斷代工作者極為具體的考察依據，即使其中部分主張可再深究，仍不掩其卓著貢獻，相當值得肯定。

第三節　坑位的運用

陳夢家對於甲骨時代的判斷，除運用同版關係、字體文例外，就以出土坑位最為突出，陳氏據此考察康武文時期以及自子午組卜辭，修正董作賓斷代諸說，其中又以推斷自子午組卜辭屬於武丁期的結論影響最大。

一、坑位資料

（一）康武文卜辭

陳夢家考察康武文卜辭的出土情況，檢視並分析小屯殷墟第二、三、五次發掘的資料，指出：

> 第二次所獲牛骨部分（《甲》490-928）全是康武文卜辭，大約只出村中；只有《甲》508（＝《合》33460）屬于第二期的，但此次也在 B 區的縱 1-2 坑有所發掘，可能出于 B 區。

> 第三次在 ABE 三區發掘，都在村北，這一次發掘以 B 區的大連坑為主，出了極多的廩辛卜辭，但是也出自組（《甲》955〔＝《合》20460〕）和康武文的卜辭。可見康武文的卜辭也出在村北，不過數量較少罷了。

> 第五次所獲康武文卜辭和自組的龜甲（《甲》3483〔＝《合》20066〕）可能出于 36坑附近的 F1-4，其他一，二，五期的龜甲可能出于 E 區。如此，則村南也出康武文卜辭，也出自組卜辭。[167]

其結論：

---

[167] 以上俱見陳夢家：〈甲骨斷代與坑位〉，頁183。

就現在已有材料而言，廩辛卜辭尚未在村中出現；康武文卜辭出在村中，但在村南村北也有一些出土的。[168]

同時，陳氏亦針對廩辛卜辭進行析察，謂：

> 第四次發掘 E16 坑出土不少甲骨，其號數見《甲編》李跋；餘下的出土于 ABE 三區，廩辛卜辭大約以出于 B 或 E 區的可能性最大。第五次發掘地在 F1-4 與 E57, 59, 60，上述 F1-4 出康武文卜辭，則此次廩辛卜辭可能出于 E 區諸坑。第九次所獲甲骨分出于 D 區及侯家莊。[169]

總結來看，「廩辛卜辭在 BDE 和侯家莊等地都有出土」，[170]與康武文卜辭多見於村中村南有著明顯的不同。

董作賓曾據殷墟第一、二、三區甲骨出土情形，推斷：

> 在村中挖掘的以前，是絕無第三期卜辭的，第四期的卜辭，也以村中出土為最多。三期卜辭，在我們發掘的第三次，有一批出在"大連坑"，第九次，有一批甲骨出在侯家莊，這都是以後的事。所以以前著錄，除了《佚存》所收美國斯美士的一部份，《粹編》所收善齋的一部份之外，別的書都是沒有的。⋯⋯大概凡是在 1904 年以前出土，是劉姓地，無第五期卜辭；在 1909 年以前出土的，有第五期卜辭，無村中的三，四期卜辭，是朱姓地。1909 年以後所得的，如果有三，四期物，必是村中出土無疑。[171]

董氏自信滿滿，而陳夢家予以四點辨正：一，1909 年以前出土的廩辛卜辭，可於《庫方二氏藏甲骨卜辭》、《甲骨卜辭七集》與《金璋所藏甲骨卜辭》三書中獲得實例；二，1929 年發掘大連坑以前，已有為數不少的廩辛卜辭被著錄；[172]三，村中只出康武文卜辭，尚未出過出廩辛卜辭；四，康武文卜辭也出現於村北。

以第三期卜辭而言，董作賓部分持說實未慮及廩辛卜辭，嚴謹不足，相形之下，陳

---

[168] 同上註，頁 184。

[169] 同上註。

[170] 同上註。

[171] 董作賓：〈殷墟文字甲編自序〉，《中國考古學報》第 4 冊（1949 年 10 月），頁 234。

[172] 陳夢家於此例舉《殷虛書契前編》、《殷虛書契後編》、《殷虛書契續編》、《殷虛書契菁華》、《誠齋殷虛文字》、《殷契摭佚》、《龜甲獸骨文字》、《殷契遺珠》、《殷虛卜辭》、《殷契卜辭》、《戩壽堂所藏殷虛文字》、《福氏所藏甲骨文字》、《甲骨六錄·清暉山館所藏甲骨文字》、《甲骨六錄·中央大學所藏甲骨文字》等書證之（見陳氏〈甲骨斷代與坑位〉，頁 185）。

夢家整體的考察較為細緻。然即便如此，陳說亦有失察，《甲》477（=《合》30475）為第二次發掘，於村中區南橫溝坑所得，其上卜辭署有「￼」，乃廩辛貞人，換言之，《甲》477 即廩辛卜辭，且出於村中，因此陳氏「就現在已有材料而言，廩辛卜辭尚未在村中出現」之說，[173]明顯有誤，尚待修正。

（二）𠂤子午卜辭

陳夢家考察𠂤組卜辭的出土情況，資料零星散見者 7 處：

1. 《甲》145、168、169，出於第一次發掘 A 區 26 坑，同出者多為賓組卜辭和少數祖庚卜辭。
2. 《甲》450、454、488，第二次發掘所得，疑出於村南 36 坑以西沿大道的諸坑。
3. 《甲》955，第三次發掘所得，出於 ABE 三區。
4. 《甲》3281、3304，第四次發掘所得，出於 E16 坑外 ABE 三區。
5. 《甲》3371、3372、3483、3576，第五次發掘所得，疑出於村南 36 坑之東。
6. 《甲》3763，出於第八次發掘 D 區。
7. 《乙》474，出於第十三次發掘 YH036。

另有大量出土且坑位清楚者 5 處，

1. 《甲》182-281，第一次發掘，F 區 36 坑，全坑皆是𠂤組卜辭，不出賓組卜辭。
2. 《甲》2941-3176、3322、3324-3328，第四次發掘，E 區 16 坑，此坑是𠂤組與賓組卜辭混合。
3. 《乙》1-237，第十三次發掘，B 區 119 坑，此坑以𠂤組為主，雜有賓組與子組卜辭。
4. 《乙》299-467，第十三次發掘，B 區 YH006，此坑情形與 B119 相似。
5. 《乙》477-482，第十三次發掘，B 區 YH044，全坑皆是𠂤組卜辭。

綜上，陳氏認為：

> 以上兩類，其出土的集中地可歸併為五：一，村南 36 坑及其附近；二，E16 坑；三，B119 坑；四，A 區 26 坑；五，D 區。第三，四次在 ABE 發掘所得的，可以包

---

[173] 陳夢家：〈甲骨斷代與坑位〉，頁 184。

括在以上五處之中。如此可知𠂤組卜辭並不限定出於一地。[174]

值得注意的是，𠂤組的出土常雜有賓組卜辭，如 E16 和 B119 等坑都是一坑之中𠂤組與賓組卜辭並見，顯示兩者關係並不尋常，而陳氏另從稱謂、字體、紀時法、前辭形式、常用祭法、稱號等各項特點，全面比對𠂤、賓組內涵之異同，舉其要說如下：

> E16 所出《甲》3013，3045+3047（=《合》20608，19890+21290）各片，是𠂤組卜辭而其字體實近于賓組卜辭。兩組的 "不" 字都是一個寫法，沒有上面的一平劃，和後來的寫法不同。但是𠂤組的寫法和賓組確乎有些差異的地方。𠂤組的干支字有和賓組相同的，有接近晚期的，後者實為𠂤組的新形式。[175]

> 𠂤組的紀時法和賓組相似而有小異。兩組都稱 "一月" 而無祖甲卜辭的 "正月"。兩組在某月之前通常不加 "在" 字，而祖甲卜辭常作 "在幾月"；……賓組卜辭凡稱幾日者以所卜之日為第一日，𠂤組以所卜之次日為第一日計算。[176]

> 𠂤組和賓組的最通常的前辭形式有二：（甲）甲子卜某貞，（乙）甲子卜某。𠂤組以（乙）式較多，賓組以（甲）式較多。[177]

> 𠂤組常用的祭法是 "㞢" 和 "御"，又有 "尞" "酓" "歲" 等，都是賓組所常用的，但是賓組的祭法更多。𠂤組的 "㞢" 和 "又" 是通用的。[178]

> 𠂤組的配偶作「大乙母妣丙」（《甲》248+254〔=《合》19817〕扶卜）、「示壬母妣庚」（《甲》460〔=《合》19806〕）；母即配偶之義，與祖甲卜辭之作 "祖某奭妣某" 者不同。[179]

最終結論指向「𠂤組卜辭按其內在所表示的時代性乃是屬於武丁的」，[180]進而明確表示「𠂤組卜辭屬于武丁的晚期」。[181]

---

174 同上註，頁 192。
175 同上註，頁 193。
176 同上註，頁 194-195。
177 同上註，頁 195。
178 同上註，頁 196。
179 同上註。
180 同上註，頁 200。
181 同上註，頁 197。

另外，關於子組卜辭的出土情形，陳夢家觀察有三：[182]

（1）B119 和 YH006 兩坑是自組和子組的混合，且有少數的賓組；

（2）E16 是自組和賓組的混合，YH127 是子組和賓組的混合；

（3）E16 和 B119 都有徉的卜辭，他是和自組同時代的卜人。

並據以主張：

> 子組自組和賓組常常出于一坑，而同坑中很少武丁以後（可能有祖庚）的卜辭，
> 則子組自組應該是武丁時代的，YH127 坑中的午組及其他少數卜辭也是屬于這一
> 時代的。[183]

至此，陳氏根據甲骨發掘資料，將自、子、午三組卜辭統括於一大類，又三組卜辭與賓
組出土坑位關聯性高，遂定其皆是武丁時代的卜辭。

二、 論點商榷

（一）坑位勘正

陳夢家對於殷墟甲骨坑位的了解，其根據材料極為有限，依陳氏言：

> 在《乙編》卷首董氏也有一篇很長的自序，幸而在末了附載了"本編登記號與
> 坑位對照表"，對於讀者是很有便利的。李濟之氏跋《甲編》時曾列了 E16 坑
> 的甲骨號數，再有董氏在〈新獲卜辭寫本〉之後列了一張"新獲甲骨統計表"
> 也是對照坑位與第一次發掘所得甲骨號數的。以上這些，是我們現在僅僅可得
> 的坑位資料。[184]

總括來說，只有三項：〈乙編序〉「本編登記號與坑位對照表」、〈甲編跋〉「E16 坑
甲骨號數」、〈新獲卜辭寫本〉「新獲甲骨統計表」，相當粗略，因此陳氏所論多為其
據理推測，雖無可厚非卻也不可盡信。

例如，陳夢家以為第二次所獲牛骨部分，「只有《甲》508 屬于第二期的，但此次

---

[182] 同上註，頁 206。

[183] 同上註，頁 207。

[184] 同上註，頁 178。

也在 B 區的縱 1-2 坑有所發掘，可能出于 B 區」，[185]實則《甲》508 出於 F 區 D103-104
坑，[186]不在 B 區，且當為康丁卜辭，不屬第二期；另《甲》516（=《合》19996）、922
（=《合》19860）亦為第二次發掘所得卜骨，兩版皆屬自組卜辭，陳氏不察，逕謂此次
發掘之牛骨「全是康武文卜辭」，顯有未備。陳氏又謂：

> 第二次所獲龜甲（《甲》448-489）凡屬于自組卜辭的（《甲》450, 454, 488 等）
> 或出于村南 36 坑之西大道邊；凡屬于二期（《甲》451, 471）和五期（《甲》477-
> 481）的，可能出于 B 區的縱 1-2 坑。[187]

覈校可知，《甲》450（=《合》20156）、454（=《合》20110）出於 D103-104 坑，《甲》
488（=《合》19920）則是 C101 坑，觀其位址，確實在 36 坑西側，陳說無誤，然第二次
發掘所得卜甲共 42 片，絕大多數可歸自組卜辭，[188]而其出土地點並非完全在 36 坑西側，
尚有部分出於村中斜一（《甲》471、473+474=《合》19829）、斜一支坑（《甲》485=
《合》19829）、斜二北支坑（《甲》475=《合》21242）、連連一（《甲》476=《合》
20416）等諸坑，大致位於 36 坑西北方，根本不在附近，陳氏所言未達一間。又，《甲》
451（=《合》19839）、471 不屬第二期，仍應歸自組為宜，而前者出於 F 區 D103-104 坑，
後者 F 區斜一坑，與出 B 區村北斜二（Z）坑之第五期《甲》478（=《合》37470）、479
（=《合》35760）、480、481[189]諸版，皆非來自 B 區的縱 1-2 坑，差距極為顯著，[190]陳
氏判斷並不正確。

　　另外，陳夢家曾推度自組的龜甲（《甲》3483）可能出于 36 坑附近的 F1-4，實則出
於 E 區 E59 坑，不僅不在 36 坑之東，且與村南相去甚遠，以之作為「村南也出自組卜
辭」之證，自不可取。然據第二次發掘情形來看，村南確實也出自組卜辭，[191]陳氏此論
歪打正著，尚能信從。除《甲》3483，陳氏另舉第五次發掘之《甲》3576（=《合》22274），

---

[185] 同上註，頁 183。

[186] 石璋如：《小屯‧遺址的發現與發掘‧丁編》甲骨坑層之一（一次至九次出土甲骨）（臺北：中央研究院
歷史語言研究所，1985 年 4 月），頁 226。

[187] 陳夢家：〈甲骨斷代與坑位〉，頁 183。

[188] 《甲》448-489 中，456、466 屬第一期，477 為第三期，470、478-481 應皆是第五期之物，餘皆應屬於自
組卜辭。

[189] 陳夢家以為《甲》477-481 皆第五期，其實《甲》477（=《合》30475）屬第三期。

[190] 以上坑位資料俱參石璋如：《小屯‧遺址的發現與發掘‧丁編》甲骨坑層之一（一次至九次出土甲骨），
頁 225-226。

[191] 不僅如此，2002 年中國社會科學院考古研究所安陽工作隊在小屯村南進行發掘，亦得不少自組卜辭，詳
參《殷墟小屯村中村南甲骨》（昆明：雲南人民出版社，2012 年 4 月），頁 50。

其出土坑位是 E39，亦不在村南 36 坑之東，陳氏仍有誤判。

除上所論及坑位推斷之錯誤，陳夢家對於自組卜辭出土情形的相關論述，尚有三處可商：

其一，陳氏以為第一次發掘 26 坑在 A 區，實際上 26 坑位於第二區，重訂區名後歸於 B 區，不是 A 區。此坑出土甲骨雖「多是賓組卜辭和少數的祖庚卜辭」，但亦見若干第五期卜辭（《甲》112=《合》37334、132=《合》38414、135、220），而陳氏略之，未知其詳。

其二，陳氏指出第一次發掘之 F 區 36 坑，皆是自組卜辭而無賓組卜辭，然該坑出土有字甲骨 149 片，拓印 111 片（卜甲 109 片、卜骨 2 片），時代分散五期，其中第一期卜辭 53 片，[192]尚較同坑自組卜辭（50 片）為多。[193]慮及斷代異議，再核以《甲骨文合集》第一期，F 區 36 坑中亦至少 18 片屬之，[194]與陳氏所言差異頗大。陳氏未明其所據，但顯然過於武斷。

其三，陳氏謂「YH036，第十三次，只出了一片，（《乙》474〔=《合》20805〕，扶所卜」，[195]實則同坑字骨《乙》8660（=《合》19798）、8686（=《合》20113）皆為扶所卜，顯見疏漏。[196]類似的失誤，第三次發掘之《甲》955 出於橫十三丙北支坑，大約位於 A、B 兩區交界處，而此坑自組卜辭甚多，[197]陳氏所謂「此次所獲只有一片龜甲（《甲》955）是扶所卜的」[198]之語，敘述易生混淆，恐有誤導之嫌。

綜上觀之，受限於材料訊息不足，陳夢家對於殷墟甲骨出土情形的掌握，其實並不妥切，不僅不夠完整，且判斷多有失準，形成論述缺陷，殊是一憾。

---

[192] 詳石璋如：《小屯·遺址的發現與發掘·丁編》甲骨坑層之一（一次至九次出土甲骨），頁 22。

[193] 第一次發掘，F 區 36 坑所得自組卜辭有：《甲》181-183、185、188、190、191、196-199、202、204-207、209、210、215、218、219、225、228、229、234-236、238、241、243、244、246-249、254-256、260、264、270、272、273、278、280、281、283、284、287、447，共 50 片。

[194] 即《甲》187（=《合》14872）、189（=《合》7235）、192（=《合》14872）、194（=《合》10564）、201（=《合》12475）、203（=《合》7235）、212（=《合》13179 乙）、221（=《合》15338）、222（=《合》11104）、232（=《合》9374）、237（=《合》9356）、240（=《合》15401）、257（=《合》13179 甲）、258（=《合》19314）、266（=《合》1268）、274（=《合》9497）、282（=《合》14885）、286（=《合》10947）。

[195] 陳夢家：〈甲骨斷代與坑位〉，頁 190。

[196] 石璋如以為陳夢家「沒有注意到 8660 及 8686 兩片字骨也是扶片，可能陳氏未見到《乙編》下輯」（詳石氏《小屯·遺址的發現與發掘·丁編》甲骨坑層之二（十三次至十五次出土甲骨）上，臺北：中央研究院歷史語言研究所〔1992.09〕，頁 64）。

[197] 第三次發掘，橫十三丙北支坑（含橫十三丙北支一）共出甲骨 206 片，其中自組約 101 片，佔比近半數。參石璋如：《小屯·遺址的發現與發掘·丁編》甲骨坑層之一（一次至九次出土甲骨），頁 82-83。

[198] 陳夢家：〈甲骨斷代與坑位〉，頁 190。

（二）𠂤賓關聯

陳夢家從甲骨出土情形，注意到𠂤組與賓組卜辭的關聯，因而先後進行兩者內涵特點之比較，認為：

> 由于稱謂，可知𠂤組和賓組很多相同的，……由于字體，可知𠂤體一方面遵守賓組的舊法，一方面已產生了新形式。𠂤組的紀時法和賓組也是大同而小異。𠂤組某種卜辭形式，或同于賓組，或為𠂤組所特有，或下接祖甲，與字體的情形一樣，足以表示𠂤組當武丁之晚葉，開下代的新式。𠂤組祭法見于賓組，而"出""又"通用亦顯示交替之迹。至其稱號中，或守武丁舊制，或開新例如大乙、上甲諸例。[199]

其觀察結果是「大同小異」，大同者指時代大致相同，小異者則謂先後有所差異，簡言之，𠂤組屬於武丁晚期卜辭，其實就是「武丁和祖庚卜辭的過渡」。

總括來看，陳夢家對於𠂤組與賓組卜辭相關的對照考察，頗為多元，其時代聯繫的推斷，亦稱合理，然其主張卻未必為是，可議之處亦有若干，整體猶存商榷空間。

首先，陳夢家指出：

> 某一組不能決定年代的甲骨，若總是和具有武丁卜人的甲骨同出一坑，則此組甲骨很可能是武丁時代的。[200]

此言大致無誤，卻不完備，如前述「墊背錢」之現象，「在嘉慶朝埋的墓葬其中可以順治、康熙、乾隆、嘉慶共存，但不可認為同坑共存，就把這四朝的銅錢認為同時鑄造」，[201]並無法完全排除。石璋如甚至認為「這個事實，不但為賓少𠂤多作個有力的說明，同時也可為賓早𠂤晚的共存給以最好的解釋。更不能說同坑所有的遺物即同時了。」[202]

持平觀之，雖𠂤組與賓組常同出一坑是事實，但陳夢家疏忽的是，並未同時考察其他同出卜辭的情形，以致無法通觀全局，掌握關鍵。根據史語所殷墟發掘所見，𠂤組與賓組同出一坑者至少有 22 單位，[203]其中 17 單位或多或少皆伴有其他時期卜辭，未雜他

---

[199] 同上註，頁 197。

[200] 同上註，頁 180。

[201] 石璋如：〈乙五基址與賓、𠂤層位〉，《中央研究院歷史語言研究所集刊》第 61 本第 1 分（1990 年 3 月），頁 103。

[202] 同上註。

[203] 此處所指分別是：第一次第 9、26、36、37 坑，第二次 C101-102、D103-104 坑，第三次縱二乙、橫十

辭者僅 5 單位；[204]另外，自組單與賓組以外卜辭同出者，至少亦有處可稽，[205]因此僅就同出現象觀之，自組與賓組時代的推斷並無「非同時不可」的必要。

另外，陳夢家的考察亦未注意同坑自組與賓組卜辭數量比例差異，因此無法進行更為深入的分析，錯失探究實情的契機。陳氏曾舉 F 區 36 坑、E16、B119、YH006 諸坑出有大量自組卜辭，然其間自組與賓組卜辭數量比例並不相同，依序為 43:53、41:221、238:10、151:14，大致而言，F 區 36 坑中兩組卜辭數量差不多，但 E16 中賓組為多，較自組超出五倍，而 B119、YH006 兩坑則以自組為多，且逾賓組十倍以上，差異極為顯著。自、賓兩組卜辭同坑數量懸殊的情形，亦普遍見於其他同出的坑窖中，如第 9 坑（2:90）、第 26 坑（2:70）、橫十三北支（101:11）、橫十三·二五（10:116）、橫十三大連坑中（11:98）、A13（1:53）、A16（2:21）、E59（2:104）、D50（1:22）、D98（2:98）等皆屬之。[206]

以上自、賓卜辭數量差異現象，未必會影響甲骨時代的斷定，而其形成之因與時代是否有所關聯，亦難論說，但若自組與賓組卜辭時代相同，則說明多數自賓同坑者之甲骨並非隨機填埋，而應是有意的處置安排，方能使兩組卜辭數量懸殊。然殷墟發掘所見，坑窖廢棄後才被填實，填埋物品多是垃圾，垃圾來源固然尚可細究，但入埋前當不至於再有特殊處理的需要，因此自組與賓組卜辭同坑填埋應視隨機之作為宜。既是隨機填埋，而自賓同坑卜辭數量竟呈現如此廣泛、明顯的消長現象，顯露的可能正是時代不一致的訊息。

再者，陳夢家比對自組與賓組卜辭中稱謂、字體、紀時法、前辭形式、常用祭法、稱號等各項特點，雖結論聲稱兩者時代相符，而實情卻不容樂觀。

「稱謂」部分，陳夢家根據署有自組貞人名以及同坑出土的自組卜辭，稽其稱謂，認為與賓組稱謂相同者多，而其上「父甲、父乙、父庚、父辛」即是「陽甲、小乙、盤庚、小辛」。然根據相關卜辭數量統計，顯示自組四父（父甲、父乙、父庚、父辛）重要性與賓組顯然有別，不宜相提並論（詳說見前），陳氏主張之不妥，可得一二。

「字體」部分，陳夢家比較自組與賓組用字，所及字例共「不、子、午、于、辛、

三丙北支（含橫十三丙北支一）、橫十三·二五（含橫十三·二五乙）、橫十三大連坑中坑，第四次 A13、A16、E16 坑，第五次 E59、F1、F3.1 坑，第八次 D50 坑，第九次 D98 坑，第十三次 B119、YH006（含YH006 南、YH006 南井）、YH127，第十五次 YH265 坑。

[204] 即縱二乙、E16、B119、YH127、YH265 五坑，其中縱二乙與 YH265 中，自賓皆僅各一，而 B119 雜有子組卜辭，YH127 亦雜見子、午組卜辭，且子組數量遠較 午組為多。

[205] 即第二次 G109-110 坑，第二次斜一、斜一支、斜二北支、連連一坑，第五次 F3 坑以及第十五次 YH393。

[206] 以上數值皆據《小屯·遺址的發現與發掘·丁編》相關紀錄，統計整合而得。

丁、貞」等七字，其中所謂「如 "辛" 字或多一平劃，"丁" 字或方或圓」者，語焉不詳，亦無關宏旨；又言「兩組的 "不" 字都是一個寫法，沒有上面的一平劃」，[207]雖無大誤，卻不夠精確，其不足處在於，陳氏忽略賓組「不」尚有其他寫法（𣎴 𣎴 𣎴 𣎴），且不以「沒有上面的一平劃」（𣎴）為主要形體，與自組「不」明顯有別。更有甚者，「𣎴」形亦見於歷組卜辭，[208]則欲以「不字寫法相同」強化自賓關聯，恐流於一廂情願。

此外，陳夢家尚列舉自組「子、午、于」字形，並區分為「賓組式的子（屮）」與「新式的子（屮屮）」、「賓組式的午（𠂤）」與「新式的午（𠂤）」、「賓組式的于（于）」與「新式的于（𠃌）」，藉以說明自組用字「有和賓組相同的，有接近晚期的」，[209]並認為接近晚期的字形是自組的新形式。陳氏用心甚篤，然所謂「新形式」自有承先啟後的功用，但自組新式諸字在接續賓組後的出組、何組卜辭中，極為罕見甚或完全未見，反較常見於歷組與黃組卜辭。此種現象說明自組中「接近晚期」的字形，所接近的並非武丁晚期，而是殷墟晚期，因此自組與賓組的時代差距應該更大。另，陳氏仔細蒐羅「貞」字，得至少 10 種寫法如下：[210]

並認為賓組貞字一律作「式一」（𦉞），自組貞字只作方耳的「式四」（𦉞）。就此觀之，自組與賓組貞字寫法，判然有別，不相雜廁。陳氏又以「由（屮）、春（𣆶）」二人可和賓組聯系，而其所卜之貞亦作「式四」，由此證明「式四」寫法存於武丁時期。陳氏持說尚有理致，但未詳所據，實則貞人「由（屮）」本歸自組，與賓組無涉，而「春（𣆶）」確屬武丁期，卜辭所見十餘例，其中 6 例與其他貞人連用，是否貞人，猶可再商；[211]貞人單見者 7 例，[212]以上 13 例中僅一版（《合》16670）貞字作（𦉞），此片乃背甲，卜辭風格較自組近，與賓組遠，頗為特別，其實情如何，有待深究。

總之，陳夢家對於自組字體的考察，未能完全呼應賓組字體的特點，且整體看來，反而似對自、賓有別的論述提供若干佐證。

「紀時法」部分，陳夢家關注的焦點有三：其一，月份前有無「在」。陳氏認為自

[207] 以上俱見陳夢家：〈甲骨斷代與坑位〉，頁 193。

[208] 可參《合》32187、33075、33838 等諸版。

[209] 陳夢家：〈甲骨斷代與坑位〉，頁 193。

[210] 同上註。

[211] 即指《合》909（內𣆶）、3610（殼𣆶）、3756（爭𣆶）、16815（爭𣆶）、16816（爭𣆶）、16862（爭𣆶）。

[212] 即《合》3912、3913、3755、16531、16670、16847、16870。

組與賓組卜辭在某月之前，通常不加「在」字，與祖甲時期「在某月」的習慣不同，藉此說明自賓兩組卜辭的關聯性。然陳氏又謂「**兩組亦偶然加"在"字，如《金》696（＝《合》40352＝《英》1106）亘所卜有"才九月"，《乙》15（＝《合》20843）係 B119 坑所出自體卜辭有"才六月"」**，[213]如此一來，表示自組與賓組標記月份時，「在」字有無，其實並非絕對，據此強化關係，力道自然薄弱。

其二，月份記寫合書與否。陳夢家指出「**賓組卜辭十一月和十二月合書，到廩辛卜辭作"十月又二"」**，[214]而自組兩式皆有，實無法據此有效推知與賓組的關聯，且據陳氏之例觀之，自組直行分書者（4 例）遠較合書者（1 例）更為常見，[215]似乎才是主要的書寫形式。因此，若根據合書與否推斷時代，自組卜辭應當在廩辛期之後。

其三，稱幾日的計算方式。陳夢家注意到「**賓組卜辭凡稱幾日者以所卜之日為第一日，自組以所卜之次日為第一日計算」**，[216]兩者算法有著根本上的不同。計日方式與日常習慣或時代風尚關聯性高，而類此計日方式的差異，意義極為重大，非但不能說明自賓關係密切，反倒足以表示自組與賓組必須分屬不同時代。

以上所陳，再次凸顯自組與賓組卜辭有著根本的差異，實非如陳夢家所言「相似而有小異」。

「前辭形式」部分，陳夢家首先指出自組與賓組常見的前辭形式有二，而自組以「甲子卜某」為多，賓組則是「甲子卜某貞」較多。且不論賓組前辭是否存有「甲子卜某」形式，以陳氏觀察所見，自組與賓組的前辭形式顯然有所差別。

接著，陳夢家蒐羅「前辭之後用"曰"字」之例，列舉型態五種：[217]

> （甲）干支卜某，某固曰
> （乙）干支卜某曰　干支卜王曰
> （丙）干支卜某貞王曰　干支卜王貞某曰
> （丁）干支卜曰
> （戊）干支卜曰貞

並謂：

---

[213] 陳夢家：〈甲骨斷代與坑位〉，頁 194-195。

[214] 同上註，頁 195。

[215] 同上註。

[216] 同上註。

[217] 同上註，頁 195-196。

（甲）（乙）是𠂤組所特有；（丙）亦見于賓組（《續》4.29.1, 5.9.1〔=《合》6568 正，586〕）和祖庚卜辭（《河》519〔=《合》23805〕）；（丁）亦見于賓組（《乙》5411〔=《合》1676 正〕，《庫》1535〔=《合》39498=《英》1117〕）和祖庚卜辭（《金》122〔=《合》40926=《英》1924〕）；（戊）則是祖甲卜辭所常見者，如《河》586, 703, 709, 739（=《合》24138, 24398, 24356, 24448）等。[218]

據上，陳氏以為（丙）、（丁）二式同見於𠂤組與賓組，然（丙）式特徵在於「干支卜某貞」後續以「某曰」，實則「某曰」已非前辭，屬「命辭」的一部分，此類形式特別的命辭雖不多見，但並非𠂤組與賓組所獨有，第五期黃組卜辭中亦見數例；[219]而（丁）式見於賓組者，《續》4.29.1 相關辭為「來辛丑卜曰」，《續》5.9.1 相關辭為「王固卜曰」，皆續前辭「干支卜某貞」之後，亦非前辭甚明，且𠂤組所謂「干支卜曰」者，「曰」實為貞人，陳氏不察，對比不倫不類，（丁）式當刪。又，（戊）式前辭雖與賓組無關，但陳氏以祖甲卜辭「干支卜王曰貞」對應之，極不適切，原因在於𠂤組前辭從未見「干支卜王曰貞」，且陳氏所引𠂤組「干支卜曰貞」之例（《乙》43=《合》20707），其中「曰」仍是貞人，此例當與「干支卜某貞」一類，不宜隨意混同。

綜上可知，𠂤組與賓組的前辭形式雖有相近處，但差異之處更大，陳夢家的分析並不可從。

「常用祭法」部分，陳夢家的考察極為粗略，僅僅提出「𠂤組常用祭法屮、御、尞、酚、歲等，同時皆是賓組所常見，而賓組的祭法更為多樣」的觀察。陳說未能進一步舉證，亦無相關數據可參，流於空泛，殊是可惜。其實，陳說未必有誤，但其論仍有不足，疏忽的是𠂤組常見祭法固然與賓組相近，但與第四期歷組相較亦無不同，[220]因此單就𠂤賓祭法相較，恐是無濟於事，而陳氏顧此失彼，以致徒勞無功。

「稱號」部分，陳夢家針對𠂤組稱號有四點申述，[221]

一、 𠂤組先王配妣作「祖某母妣某」，與祖甲卜辭作「祖某奭妣某」不同。
二、 𠂤組上甲作「𡆀」與庚甲卜辭近，但與賓組作「田」不同。
三、 𠂤組與賓組卜辭也有「𦥑甲」之稱。
四、 𠂤組與賓組卜辭都有「大乙」之稱。

---

218 同上註，頁 196。
219 如《合》36557、36741。
220 詳參吳俊德：《殷墟第四期祭祀卜辭研究》（臺北：國立臺灣大學文學院，2005 年 10 月），頁 345-346。
221 參陳夢家：〈甲骨斷代與坑位〉，頁 196-197。

上述第一點，自組稱號的特點與賓組完全無關；第二點，「上甲」寫法，說明自賓二組習慣不同，並無相近處；第三、四點，「杏甲、大乙」之稱見於賓組，並不尋常，陳氏以為武丁稱陽甲，是「其晚期當有此種新稱謂出現」，[222]而武丁稱大乙，則是「武丁時代通常稱唐，但到了晚期已有大乙之稱；祖甲時代通常稱大乙，但即在祖甲之後唐的稱謂並未全棄」。[223]簡言之，是將賓組「杏甲、大乙」二稱皆歸於武丁晚期，而自組亦有「杏甲、大乙」之稱，故其時代應在武丁晚期。

其實，陳夢家所言大致合於情理，但其推論乃根據自組與賓組時代相同而發，若自組時代晚於賓組，則前述四點關於稱號的申述，理解上亦完全無礙，實無須再費周章。若以大乙為例，卜辭有四稱「大乙、唐、成、咸」，可概分為新舊二稱：「大乙」與「唐、成、咸」，而賓組、自組、出組、何組關於新舊稱號使用情形大約如下：[224]

表 2-2-7：大乙新舊相關稱號使用情形

	武丁期		祖庚期	祖甲期	廩辛期
	賓組	自組	出組一類	出組二類	何組
舊稱	214次	1次	6次	16次	3次
新稱	13次	11次	0次	19次	31次

從數量上看，武丁期賓組以舊稱為主，晚期新稱出現，而自組處晚期之際，故以新稱為主流，大致符合陳氏的設想，然接續在後的出組使用情形，卻令人費解。數據顯示，祖庚期對於新稱的使用尚少，與自組的情形難以承續，到了祖甲期，新舊稱的使用約略相當，廩辛期之後，新稱使用明顯成為主流。因此，以大乙新舊稱號的使用脈絡來看，自組時代實不該繫賓組之後，應再往後移，置於廩辛之後較為適當。

綜上所述，陳夢家根據自賓出土坑位情形，認為其時代相同，進而分析自組與賓組卜辭內涵，試圖緊密聯繫自賓兩組，坐實自組與賓組時代相同的倡議。然持平而言，陳氏並未能如願，其相關分析結果往往指向自賓兩組內涵差異不小，以致兩者同時性亦難彰顯。陳氏曾謂：

即在同一朝代之內，字體文例及一切制度並非一成不變的；它們之逐漸向前變

---

[222] 同上註，頁 204。

[223] 同上註，頁 197。

[224] 以下數據參吳俊德：《殷卜辭先王稱謂綜論》，頁 366-375。

化也非朝代所可隔斷的。大體上的不變和小部分的創新，關乎某一朝代常例與
變例（即例與例外）之間的對立，乃是發展當中的一個關鍵。這一朝代的變例
或例外，正是下一朝代新常例的先河。已經建立了新常例以後，舊常例亦可例
外的重現。[225]

顯然也意識到𠂤賓兩組卜辭的差異，遂以「常例」、「變例」加以詮說，實則以賓組為
準，𠂤組之常例少，變例多，而多數變例卻不在緊鄰時代中繼續發展，反倒間隔數代始
見其風行。如此現象顯示，𠂤、賓之間的差異恐非「常例、變例」所可概括，較為可能
的原因，應該就是𠂤組與賓組卜辭的時代，根本不相同。

　　總結以上，陳夢家的甲骨斷代主張，發軔於稱號的整理，立足於貞人的分組，擴展
於坑位的運用，係對董作賓「稱謂」、「貞人」、「坑位」三項斷代標準的延伸發揮。
整體言之，陳氏的探索遠較董氏全面且深入細緻，但無疑仍是董說的貼實闡揚，充分體
現董氏斷代標準的效用。

　　儘管如此，陳夢家的斷代意見尚未臻完善，對於「稱號」，其整理之功難以小覷，
但斷代之用則收效甚微；對於「坑位」，見其然而未究其所以然，論其同而疏略其所差
別，既細察秋毫，竟未及輿薪，亦將徒勞而無功。相較以上兩者，陳氏於「貞人」則貢
獻卓著，換言之，陳氏斷代首功即在貞人分組分期的系統建立，不僅在甲骨學草創之初，
大大加速甲骨斷代學的探索進展，直至今日，仍是甲骨斷代工作上最主要且有效的運作
模式。

---

225 陳夢家：〈甲骨斷代與坑位〉，頁 197-198。

第三章

甲骨斷代的地層學運用

甲骨出自地下，本身就是考古材料，因此運用考古學方法來處置甲骨是必然的步驟。1928 年起中央研究院歷史語言研究所在殷墟展開十五次科學化挖掘，相較於共計獲得 24918 片[1]甲骨的重大收穫，其每片甲骨都有其明確的「出生地」紀錄，讓甲骨時代得以推敲並進行系統性研究，實更具深刻的歷史意義。

此後，關於殷墟甲骨的發掘工作並未完全停止，甲骨出土仍時有所聞，其中小屯南地、花園莊東地、小屯村中村南等處的發掘所獲甲骨數量較多，且其出土坑層資訊相對完整，不僅為甲骨斷代工作提供豐富的判斷資料，亦大大提高所有甲骨回歸其正確年代的可能性。

第一節　殷墟甲骨坑層

有資於甲骨斷代的殷墟坑層資料，主要來源有四，列述如下。

一、史語所十五次發掘

1928-1937 年，史語所進行殷墟發掘，先後在小屯、後岡、侯家莊南地等地開挖達 15 次，根據考古報告紀錄，前九次開坑總數 1027 單位，其中出甲骨者 179 單位，佔數 17.43%；[2]後三次共開挖探方 121 處，穴窖 469 處，墓葬 423 處，合計 1013 單位，其中

---

[1] 董作賓：《甲骨學六十年》（臺北：藝文印書館，1965 年 6 月），頁 13。然據《小屯·遺址的發現與發掘·丁編》載錄資料顯示，殷墟前後十五次發掘出土甲骨可計數者逾 42579 片，其中有字甲骨 24907 片（字甲 22826 片，字骨 2081 片），與董氏所言未盡相符，詳參石璋如：《小屯·遺址的發現與發掘·丁編》甲骨坑層之二（十三次至十五次出土甲骨）上（臺北：中央研究院歷史語言研究所〔1992.09〕），〈序〉，頁 15。又，本文據石氏資料逐實統計，僅得 24802 片（字甲 22722 片，字骨 2080 片），短少 105 片。

[2] 石璋如：《小屯·遺址的發現與發掘·丁編》甲骨坑層之一（一次至九次出土甲骨）（臺北：中央研究院歷史語言研究所，1985 年 4 月），頁 206。其中第二次發掘之資料前後不符，經核實當以前者數據為是（同

出甲骨者，探方 17 處，穴窖 35 處，墓葬 2 處，合計 54 單位，佔全坑數 5.33%，[3]可見出甲骨的地點並不多。

據上，殷墟發掘得甲骨者共 233 單位，其層位判斷往往與基址的發掘息息相關，石璋如即曾表示：

> 從種種穴窖與基址的關係而判定雙方的層位，更由各種不同的穴窖中所出的甲骨而判定基址的建築使用及其廢棄的時期，並可以看出某個地區情形複雜，某個地區情形簡單，某個地區使用的長久，某個地區使用的短暫。[4]

然「甲骨不是每一個穴窖中均有出土，而出土甲骨的穴窖又未必全與基址有直接關係」，[5]因此初期甲骨坑層的探索顯得較為零散且粗略。以基址為準，涉及甲骨穴窖者約 53 處，[6]層位關係如下：

屬基層者 14 處：	D32、D31、D34.1	（甲十三基址）
	B122[*]、B125、B126、B130	（乙五基址）
	C75	（乙八基址）
	C128	（乙十一基址後）
	C170	（乙十三基址）
	C171[*]	（乙十六基址）
	C329[*]	（丙九、十、十六基址）
	C334[*]	（丙十三、十五基址）
	C333[*]	（丙十四、十六基址）
屬上窖者 3 處：	D42	（甲十二基址）
	H17	（乙七基址）
	4:H22[*][7]	（乙五基址）

書，頁 27），故出土甲骨坑數當為 181 單位，所佔比例略升至 17.62%。

[3] 詳石璋如：《小屯・遺址的發現與發掘・丁編》甲骨坑層之二（十三次至十五次出土甲骨）上，〈序〉頁 4。

[4] 同上註，頁 267。

[5] 石璋如：《小屯・遺址的發現與發掘・乙編》殷虛建築遺存（臺北：中央研究院歷史語言研究所，1959 年），頁 320。

[6] 詳上註，頁 320-323。標註「＊」者，為據《小屯・遺址的發現與發掘・丁編》甲骨坑層之二相關資料（頁 268-269）補之。

[7] 4:H22 原為跨在 B17 與 B30 之間的長方坑 B55，後改稱 4:H22。《小屯・遺址的發現與發掘・丁編》甲骨坑層之一誤將之視為乙五基下窖（頁 108，插圖二十三），後改正為乙五基上窖（見《小屯・遺址的發現

屬下窖者 17 處： B10、B31　　　　　　　　　　（乙一基址）

7:H27　　　　　　　　　　　　（乙三基址）

H85、H76、H38　　　　　　　（乙五基址）

H5　　　　　　　　　　　　　（乙六基址）

H36　　　　　　　　　　　　（乙八基址）

H228、H244S　　　　　　　　（乙十一基址後）

H90*　　　　　　　　　　　　（乙十二基址）

H371*　　　　　　　　　　　　（乙十三基址）

H427　　　　　　　　　　　　（丙九、十、十六基址）

H423、H359　　　　　　　　　（丙十三、十五基址）

H364　　　　　　　　　　　　（丙十五基址）

H344　　　　　　　　　　　　（丙十七基址）

屬傍窖者 19 處： E16、E52　　　　　　　　　　（甲二基址）

E98　　　　　　　　　　　　　（甲四基址）

5:H20　　　　　　　　　　　　（甲六基址）

E181　　　　　　　　　　　　（甲九基址）

D120　　　　　　　　　　　　（甲十一基址）

大連坑　　　　　　　　　　　（乙一基址）

H6、H44、H96*　　　　　　　（乙五基址）

H53　　　　　　　　　　　　　（乙七基址）

H126、H127　　　　　　　　　（乙十一基址前）

H371　　　　　　　　　　　　（乙十三基址）

H251　　　　　　　　　　　　（乙十八基址）

H330、H370　　　　　　　　　（乙二十基址）

H448　　　　　　　　　　　　（丙一基址）

H393　　　　　　　　　　　　（丙十七基址）

　　根據上列基址與穴窖的層位資料，石璋如全面分析其間關聯並推斷基址年代，其具體主張摘錄於下：

與發掘・丁編》甲骨坑層之二上，〈序〉，頁 1；詳另可參石璋如：〈乙組兩處基址與其甲骨穴窖釋疑──兼論自然層位與穴窖堆積──〉，《董作賓先生九五誕辰紀念集》，家屬自印〔1988.08〕，頁 22-25）。

甲組基址與甲骨的關係有三種形式：第一種為基層；基層中的甲骨是打基址時混入其中的，這一種甲骨的年代最能表示基址的年代。本組基址基層中所混入的為第一期甲骨，而沒有晚期的甲骨，則此基址年代，不能早於第一期甲骨之前。第二種形式為探坑，探坑都在基址的附近，其中零星的甲骨的年代與基址沒有很大的關係，其中甲骨的年代有一，四，五等期，僅足說明基址附近的地層有一，四，五等三時期甲骨的堆積而已。第三種形式是傍窖，傍窖距基址都不遠，與基址有同時並存的可能，其中所出甲骨的年代，有一、二、三、四、五等五個時期，其數量一，二兩期較多，三、四、五等期較少。乃是說明這些窖使用的時間相當的久，從第一期起到第五期止均在使用，它們因為在基址的旁邊，那些基址使用的時間，也可能由第一期至第五期。從這些甲骨的時代的觀察，對於甲組基址的看法是：甲組基址的建築可能與第一期甲骨同時，而使用的期間一直至第五期。[8]

乙組基址與甲骨的關係，五種形式全有：第一種探坑中所出甲骨的時代，為一期及四期。第二種基層中所出甲骨的時代也是一期及四期。第三種下窖中所出甲骨的時代，也是一期及四期。第四種傍窖中所出甲骨的時代也是一期及四期。惟有第五種上窖中所出甲骨的時代為第五期。從這些現象中可以看出乙組基址建築的時代相當的長，一期至四期全有，如乙五，乙七均較早，可能為一或二期；乙十一後，乙十三則較晚，因其下有第四期甲骨。但亦不能晚於第五期，因第五期甲骨把它破壞了。所以乙組基址建築的時代可能相當甲骨第一或第二至第四期的年代。[9]

丙組基址與甲骨的關係有三種形式：第一種為探坑，其中所出的甲骨為第四期。第二種為傍窖，其中所出的甲骨也為第四期。第三種為下窖，其中所出的甲骨為三期和四期。由這些情形去觀察，則丙組基址建築的時代，不能早於甲骨第四期，晚到什麼時候不若乙組基址那樣的有限制，也可能為第五期的建築物。[10]

　　殷墟前後十五次的發掘工作，歷時較長，涉及區域面積廣闊，所探得的基址、墓葬、窖穴等遺跡數量龐大，無法輕易全面掌握，其地層情況及關聯性自是複雜繁瑣，非逐一推敲釐清難得全貌，而攫取部分欲以小窺大者，亦恐有以偏概全之虞。

---

[8] 石璋如：《小屯‧遺址的發現與發掘‧乙編》殷虛建築遺存，頁325。

[9] 同上註，頁325-326。

[10] 同上註，頁326。

　　持平觀之，殷墟十五次發掘所發布的甲骨坑層資料，整體而言仍顯單薄，亦缺乏具體且完整穴窖相互疊壓關係的訊息，其核心目的似在於推斷相關基址的年代，非以坑位斷代為要，故所揭坑層資料自是詳略有別，難免顧此而失彼，吾人據以立論當力求通觀全貌，更加審慎為是。

二、 小屯南地

　　1973年，中國科學院考古研究所安陽發掘隊在小屯村南進行發掘，依發掘報告統計，共開探方21個，發掘面積430平方米，總得甲骨刻辭5335片，[11]灰坑探得124處（含一近代井H120），屬殷代文化堆積者120坑，其中58坑出有字甲骨，共計2920片（字甲51片，字骨2869片）。[12]

　　小屯南地地層涵括時段長，文化層早晚有明顯的區別，且具有相當的普遍性。[13]發掘者以T53、T55兩探方為據，進行地層探究，前者其分析如下：

> 在探方T53中，殷代文化堆積呈現出極複雜的疊壓和打破關係，今示例如下（箭頭表示疊壓和打破關係）。
>
> $$H5\,7 \to H75 \to H91 \to H107 \to F6 \to H111 \to H112 \to H115$$
> 上有 H92，下有 H85 → H99 → H102 → H110 →（4A）
>
> 在上述三組關係中，H57是最晚的，它出IV式鬲、III式泥紅圈底罐；H75、H91、H92、H85、H99等五坑比較接近，以出III、IV式簋、IV式盆為主；H102、H107、H110、（4A）、H112、H115等比較接近（F6未出陶片），以出I、II式鬲、I式簋、III式盆、I式豆為主。因此T53這些地層單位亦可以分為早、中、晚三個時期。[14]

後者則謂：

---

[11] 中國社會科學院考古研究所安陽工作隊：〈1973年小屯南地發掘報告〉，《考古學集刊》第9集（1995年12月），頁45。

[12] 此據〈1973年小屯南地發掘報告〉，「附表二：1973年小屯南地灰坑登記表」（頁128-137）統計所得，與《小屯南地甲骨・前言》（北京：中華書局，1980年10月，頁5）所載3044片頗有差距。

[13] 中國社會科學院考古研究所安陽工作隊：〈1973年小屯南地發掘報告〉，頁118。

[14] 同上註。

T55 東壁③層以下均為殷代文化層堆積。第③層出 V 式簋、Ⅳ 式盆；第④、⑤兩層比較接近，出 Ⅲ 式鬲、Ⅲ 式盆、Ⅲ 式泥灰圜底罐；第⑥、（6A）、（6B）三層比較接近，出 Ⅰ 式鬲、Ⅰ 式簋、ⅡⅢ 式盆。因此，T55 東壁③層以下的殷代文化堆積可以明顯地劃分為早、中、晚三期。[15]

兩者早、中、晚三期彼此相當，出土文物亦大致相同，以之為據，即可將小屯南地殷代文化堆積分為早、中、晚三期：[16]

早期：T55⑥、（6A）、（6B）；T53H102、H107；T53（4A）、H112、H115
中期：T55④、⑤；T53H75、H91、H92、H85、H99
晚期：T55③；T53H57

根據 T33（H81→F3→H49→H56→G1）、T53（見上）的地層關係，小屯南地早期地層尚可析分兩段；另據 T11、T12、T22、T54，接續的中期地層亦能再分兩段；[17]

```
T11、T12：   H23→H16
                    ↘
                    H40
T22：        H39→H37
T54：        H47→H55
```

而晚期地層內含單位雖多，但無顯著差別，遂存一段，不再區分。以上小屯南地坑層的年代，可總結三期五段：[18]

早期・第一段：以 H112、H115、H13、G1 為代表
早期・第二段：以 H26、H102、H107、H110、T53（4A）、H49 為代表
中期・第三段：以 H16、H37、H40、H55、H92、H99、F3 為代表
中期・第四段：以 H23、H39、H47、H75、H81、H85 為代表
晚期・第五段：以 H2、H57、H64 為代表

相關對應殷代文化分期，說明如下：

小屯南地早期第 1 段所出陶器同 59ASH117 所出陶器十分接近。此段 H13 所出一

---

[15] 同上註。

[16] 同上註。

[17] 同上註，頁 119。

[18] 同上註。

件銅器亦近於武官村北 59M1 所出之銅鼎。59ASH117 與武官村北 59M1 均屬殷墟文化第一期。早期第 2 段所出陶器亦同於 59 年大司空村 I 期所出器形，大司空村 I 期屬殷墟文化第一期。因此小屯南地早期第 1 段、第 2 段同屬於殷墟文化第一期。[19]

小屯南地中期所出的器從形式上看與早期有一定間隔。中期第 3 段所出陶器同 55ASTH1 所出陶器相近，而中期第 4 段所出陶器亦同於 62ASH23 所出陶器。55ASTH1 與 62ASH23 均屬於殷墟文化第三期。因此小屯南地中期第 3 段、第 4 段同屬於殷墟文化第三期。[20]

小屯南地晚期所出陶器同 62ASH54 所出陶器相近，但比 59 後崗殺殉坑所出陶器要早。62ASH54 和 59 後崗殺殉坑都屬於殷墟文化第四期，從陶器發展上看，62ASH54 要早於 59 後崗殺殉坑。因此小屯南地晚期（屯南第 5 段）應相當於殷墟文化第四期前半段。[21]

　　小屯南地的發掘工作，相較於史語所十五次發掘，對於地層早晚關係更加留意，著墨頗多，又強調同層共存遺物之關聯，用心甚篤，其時代的推斷雖未必毫無疑義，但就考古地層資料而言，具體清楚的坑層脈絡，必然有助於相關文化現象的探索。

三、 花園莊東地

　　1991 年，中國社會科學院考古研究所安陽工作隊在殷墟花園莊東地進行發掘，依發掘簡報，共開探方 2 個，發現殷代灰坑 11 座，[22]其中僅於 H3 坑發現甲骨。H3 坑所出甲骨，卜甲 1558 片（腹甲 1468 片、背甲 90 片），卜骨 25 片，總計 1583 片，其中有刻辭者 689 片，字甲 684 片（腹甲 659 片、背甲 25 片），字骨 5 片，且以大版和完整的卜甲居多，占比逾半。[23]

---

[19] 同上註，頁 122。
[20] 同上註，頁 122-123。
[21] 同上註，頁 123。
[22] 中國社會科學院考古研究所安陽工作隊：〈1991 年安陽花園莊東地、南地發掘簡報〉，《考古》1993 年第 6 期，頁 488。
[23] 中國社會科學院考古研究所：《殷墟花園莊東地甲骨·前言》（昆明：雲南人民出版社，2003 年 12 月），頁 3。同書又謂字甲中「腹甲 667 片，背甲 17 片」（頁 1760），雖總數未變，但卜甲材料判別有所差異。

花園莊東地地層堆積共四層，出於第二層下的灰坑有 H5、H6、H7、H8、H10，在 H7 下有 H11、H12；出於第三層下的灰坑有 H2、H3、H9，在 H2 下有 H4，H2 打破 H3，相關文化分期：

> 據地層疊壓及灰坑打破關係和出土陶片的特徵，可將 T4、T5 的殷代遺迹分為三期：早期坑為 H2、H3、H4、H9（其中 H2 比 H3 與 H4 稍晚一些）；中期為 H11、H12；晚期為 H5、H6、H7、H8、H10。第 3 層的時代，由於所出的陶片少而碎，尚不容易準確區分，從陶質、紋飾看，似屬殷墟文化第一、二期。[24]

相較小屯南地，花園莊東地發掘面積小（46 平方米），其地層現象亦較為單純，值得注意的是，甲骨坑 H3 坑內堆積情形，在大批甲骨倒入坑中之後，「隨即填上灰土、黃土，並進行夯打，在黃夯土上再填上一層灰土，與當時的地面平齊」，[25]頗不尋常。花東發掘者認為：

> 在殷墟墓葬發掘中，墓內絕大多數填土都經過夯打。越是形制較大、隨葬品豐富的墓，填土夯打得越堅硬。而灰坑的填土，大多都不經夯打。夯打墓葬填土的目的在於保護墓主遺骨與墓中隨葬品的安全。甲骨坑上部的填土被夯打，其目的應與之相似，及埋藏甲骨的人，希望這些神聖之物，永遠安寧地長存於地下，免遭他人褻瀆。[26]

此種情形意謂此批甲骨或有其特殊之處，然觀其刻辭，除占卜主體是「子」而非「王」之外，並無明顯異常的重要內容紀錄，有無特意保護之必要，著實可商，而 H3 坑內甲骨層上有夯土是客觀事實，抉其成因，索其內隱，仍屬要務，猶待吾人繼續深究。

四、 小屯村中村南

1986、1989 年，中國社會科學院考古研究所安陽工作隊前後兩次在小屯村中展開發掘工作，一共開挖探方 8 個（3+5），共計獲甲骨 305 片，綴合後 291 版（8+283）；[27]2002、

---

[24] 同上註，頁 17。

[25] 同上註，頁 14。

[26] 同上註。

[27] 中國社會科學院考古研究所：《殷墟小屯村中村南甲骨》（昆明：雲南人民出版社，2012 年 4 月），頁 1、7。

2004 年安陽工作隊又在小屯村南進行兩階段發掘，此次開探方共 32 個（22+10），發掘面積廣達 1630 平方米（1150+480），清理灰坑、穴窖共 80 個（63+17），墓葬 45 座（20+25），祭祀坑 11 座（10+1），規模頗大，遺物亦多，但僅於第一階段探方中獲得甲骨 233 片，綴合後 207 版。[28]

小屯村中甲骨出於 T2、T3H5、T4、T6、H7、T7、T8，其中 T2、T3H5 屬 1986 年所發掘，相關文化分期如下：

> T2 第 3、3A 層所出的陶器形態，大體上相當於殷墟文化第三期晚或第四期初，4、4B 層所出的陶器相當於殷墟文化第三期晚段，第 5 層所出的陶器，相當於殷墟文化第二期。T3H5 出土的陶片的形態，與 T2 第 3、3A 層陶片基本相似。[29]

餘者為 1989 年所挖，出甲骨者以 H7、T8 為要，依兩者之殷代文化層所出陶鬲陶簋、器蓋、陶罐、陶盆等形式特徵，村中發掘者認為：

> Ⅰ式陶鬲，常見於殷墟文化第三期的遺址中。Ⅱ式鬲，常見於殷墟文化第四期（或四期早段）的遺址中。
>
> A 型三角劃紋簋，形體近似 1973 年小屯南地 H83:19 的 V 式簋，其時代屬殷墟文化第四期早段。B 型簋，形體近殷墟郭家莊 M1:16 的 D 型 Ⅰ 式簋及苗圃北地 T265③:1 的Ⅳ式簋，前者屬殷墟文化第三期，後者屬第四期早段。C 型簋形制與小屯南地 H83:18 的 V 式簋相似，為殷墟文化四期早段常見的器形。
>
> A 型器蓋與 1973 年小屯南地 AⅡ式器蓋，BV 式器蓋近似，其時代約當殷墟文化四期早段。B 型器蓋似小屯南地 H85 的Ⅳ式器蓋，H85 之時代屬小屯南地中期二段，即殷墟文化第三期晚段。
>
> A 型三角劃紋罐，形似殷墟郭家莊 M45:6 的 AⅢ式罐，其時代為殷墟文化第三期。B 型紅陶罐為殷墟文化三、四期最常見之陶罐。
>
> Ⅰ式盆，流行於殷墟文化三、四期，而Ⅱ式盆比Ⅰ式盆略晚，流行於殷墟文化第四期。[30]

整體觀之，村中地層時代多集中在殷墟文化第四期早段，顯以晚期地層為主，並無明確的第一、二期的早期地層。

---

[28] 同上註，頁 14-15。
[29] 同上註，頁 7。
[30] 以上俱同上註，頁 13-14。

小屯村南的甲骨多出於 2002 年第一階段的發掘，並集中於 T3、T4、T4A 三個探方，出有刻辭甲骨的殷代遺迹有 H4、H6 上、H6 下、H9、H55、H57、H23、H24、H47、H54、F1、G1、T4A（3）、04T5（10）等 14 單位，[31]其相關地層疊壓及打破關係如下：

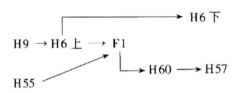

圖 2-3-1：村中南相關灰坑地層關係圖

根據同出的陶器形態，上列單位文化分期如下：

> H55 與 H9 均出了飾大三角繩紋的球腹簋及矮襠鬲等殷墟文化第四期的典型陶器，故此二坑可訂為第四期。
> 從 H6 上所出的陶鬲口沿、簋底及紅陶圜底罐形制看，該坑的時代為殷墟文化第三期晚段（或三、四期之交），較 H9 與 H55 略早。
> H57 出了小三角繩紋簋口沿及簋底，H60 的陶豆與陶罐均屬典型的殷墟文化三期的器物。所以它們的時代屬第三期。
> F1 出的陶片較碎，但因它打破 H60，時代可能屬三期晚段。
> H6 下出了成組陶器，形制較上述幾個坑要早，其中陶簋、陶豆為殷墟文化二期早段的特徵性器物。其時代應屬二期早段。[32]

此外，不在上述序列中的單位，其時代為：

> H4，坑內出的細繩紋環絡紋鬲，"T" 字形口沿的弦紋簋，腹較深把較粗的豆，是殷墟文化第一期（或一期晚段）的典型器物。所以該坑的時代屬第一期。H4 是 02 年小屯南地出甲骨的灰坑中時代最早的。其餘的 H23、H24、H47、H54、G1、T4A（3）及 04T5（10），具出土的陶器形態分析，屬殷墟文化第四期。其中 H23 所出的陶器屬四期晚段，是出甲骨的灰坑中時代最晚的一個。[33]

總結來看，小屯村南出土甲骨單位，依其時代先後可區分為：

---

[31] 同上註，頁 48。其中 04T5（10）應屬 2004 年的發掘。

[32] 以上俱同上註，頁 49。

[33] 同上註。

第一期：H4

第二期：H6 下

第三期：H57、H6 上、F1

第四期：H55、H9、G1、H24、H47、H54、H23、T4A（3）、04T5（10）

其實，小屯村南已發掘的甲骨坑層，整體時代仍偏向晚期，與 1973 年小屯南地頗為近似，若依村南發掘者的判定，小屯村南所出的甲骨亦未見第二期庚甲卜辭，顯示地層分析尚存缺環疑義，因此上列甲骨單位的文化分期，看似連續完整，實則猶有再商榷的空間。

第二節　甲骨時代主張

根據殷墟甲骨出土的坑層情形，進行個別甲骨時代的判定，是考古學對於甲骨斷代研究的最大貢獻，然考古資料的分析與運用，極為專業嚴格，並非相關斷代研究者所可輕易掌握，歷來深入考察者並不多見，亦難以有效加以論正。以下針對涉及甲骨斷代的坑層關係的相關論說，擇要說明於下。

一、陳夢家的考察

陳夢家進行甲骨時代判定，所運用的坑層資料依據，主要是史語所殷墟十五次發掘的結果，其說所及有 E16、YH127 諸坑。

針對 E16 坑，陳夢家根據出土甲骨有不少本來是完整的情形，認為此坑是有意的堆積，一坑中只包含一個朝代，而對於董作賓曾將該坑時代定於祖甲以前，[34]並不以為然：

> 關於 E16 坑甲骨的時代，董氏是根據了他的〈斷代例〉舊作。該文曾論第四區（即 E 區）的兩次發掘，就是第四次 E16 坑（所謂圓井）的發掘和第五次 E57，

---

[34] 董作賓原以為「第四次發掘的 E16 坑，這是一個圓井，應該叫作實的，井中只有一、二期的卜辭，深至十公尺，下及水面，因為兩丈以下，全是沙土，在第二期祖甲時，此實塌陷，也就廢而不用了。所以當時存儲的東西，也就保留到如今。」（詳見董氏〈殷墟文字甲編自序〉，《中國考古學報》第 4 冊〔1949.10〕，頁 238-239。）

59，60（所謂圓坑）的發掘。他據貞人定 E16 坑所出全是第一期的，所舉的是賓組卜人而沒有列自組卜人。他說 E57，59，60 所出甲骨屬于一，二期，因為所出《甲》3522（＝《合》24812）的旅是第二期卜人，《甲》3553 的何是第三期（他說何可以早到二期）的卜人。又《甲》3322（＝《合》22275）有兄己，是出于 E16 坑的，照他的說法是祖甲時代的稱謂。因此之故，他定 E16 和 E57，59，60 出一，二期的卜辭。[35]

針對董氏判定 E16 坑中自組卜辭時代，陳氏認為：

> 他根據《殷曆譜》的研究，以為自組卜人屬于文武丁，……自組卜辭在村南大道旁（36 坑一帶）出土不少，他把村南和村中廟前混合為一區，認為只出三，四期卜辭，因此定自組卜人為文武丁的。[36]

據此，陳氏質疑董說：

> 我們可以發現董氏對於 E16 坑斷代的矛盾了。他一方面說 E16 坑塌陷于祖甲以前，坑中只出一，二期卜辭，一方面又已 E16 所出自組卜辭與甲尾刻辭定為文武丁的。要是根據後說，那末 E16 坑應該遲到文武丁時代，要是根據前說，自組卜辭和甲尾刻辭應該屬于一二期了。[37]

並主張村中與村南出土的甲骨必須區別，

> 第三期廩辛和康丁卜辭是不同的，村中只出康武文卜辭而康武文卜辭也出在村外，廩辛卜辭出于村外各處而不出在村中；自組卜辭不出於村中，出于村南和村北各處。[38]

其目的在截斷自組與康武文卜辭時代連接的可能，同時以「E16 坑中自組卜辭與賓組卜辭並見」為據，斷定自組卜辭時代歸屬武丁期。

　　針對 YH127 坑，陳夢家曾指出「E16 是自組與賓組的混合，YH127 是子組與賓組的

[35] 陳夢家：〈甲骨斷代與坑位〉，《中國考古學報》第 5 冊（1951 年 12 月），頁 199。
[36] 同上註，頁 200。
[37] 同上註。
[38] 同上註。

混合」，[39]又謂：

> 既然 YH127 大多數都是賓組卜辭，摻合在這坑之中的子組午組和其它少數卜辭是
> 否也屬于武丁時代的？我們認為子組𠂤組和賓組常常出于一坑，而同坑中很少武
> 丁以後（可能有祖庚）的卜辭，則子組𠂤組應該是武丁時代的，YH127 坑中的午
> 組及其它少數卜辭也是屬于這一時代的。[40]

基於同坑關係，陳氏認為以上四組卜辭時代相同，皆屬武丁時期，但個別之間仍有先後
差異：

> 我們所論的四組，雖都是武丁時代的，然而也有早晚之不同，𠂤子兩組大約較晚。
> 除了有早晚葉之分外，賓組似乎是王室正統的卜辭；𠂤組卜人也常和時王並卜，
> 所以也是王室的，而其內容稍異。午組所祭的人物很特別，子組所記的內容也與
> 它組不同。……很可能有王室貴官之參與卜事的。[41]

而上述四組卜辭時代的再區分，顯非以坑層關係竟其功，由之亦可窺知以同坑關聯進行
斷代的局限。

客觀言之，陳夢家「同坑同時代」的主張尚合情理，藉此擴展的卜辭內容比較，自
有其參考價值，但在考古學上並非鐵律，[42]同坑但時代不同者亦往往可見，如據殷墟甲
骨穴窖出土情形，饒宗頤即指出：

> 今由《丁編》紀錄，知同坑甲骨既包有各期之物，同坑所見貞人，又往往賅有各
> 期之人，則同坑之關係，只可用以考察其包含之內容，而難以作為論斷其先後之
> 依據。[43]

而其成因複雜分歧，無法一概而論，若缺乏有效的分析掌握，率以坑位斷代恐致張冠李
戴，難以如願。

---

[39] 同上註，頁 206。

[40] 同上註，頁 206-207。

[41] 同上註，頁 218。

[42] 石璋如所舉「墊背錢」之例已見前引，亦可佐證，此處不贅。

[43] 饒宗頤：〈《甲骨文通檢》前言—貞人問題與坑位—〉，《中國語文研究》第 9 期（1987 年 9 月），頁 67。

二、鄒衡的分期

　　相較於陳夢家的「原始」等級，鄒衡充分運用考古資料，建構殷墟文化分期體系，顯然是「進階」的工作，不僅將相關考古材料系統化，其結論的深遠影響更是難以估量。

　　鄒衡據以考察的材料，仍以史語所十五次發掘所得為主，與陳夢家不同的是，鄒氏特別注重地層疊壓關係，進行真正的考古學研究：

> 小屯遺址的發掘，主要是在 30-20 多年前進行的，先後經十年之久。在這樣長的時間之內，主持發掘的人曾數度更換，發掘方法也不斷在改變，對於小屯文化層的構成，始終沒有取得一致的認識。甚至有人企圖根據深度來劃分文化層，這樣只會造成紊亂。不過，在小屯後幾次發掘中，對於文化層的疊壓關係，基本上已弄出一些眉目。本文即以第 13-15 次在小屯 C 區發掘的材料為主，挑選一些有疊壓關係的單位，特別是窖穴，作為分期的基礎。[44]

此舉不僅正確，而且必要，鄒氏以之為基礎，並參考侯家莊西北岡、大司空村層位資料，為殷墟文化的分期工作開啟序幕。

　　鄒衡首先注意到「水溝」的用途，認為：

> 水溝是小屯文化層中的一種特殊的文化遺迹。它們的分布集中在 C 區內，有幹溝和支溝兩種；除一、二條支溝與幹溝有打破關係（如 K23 破壞 K22、24K）外，其餘都是彼此相通的。因此，它們很可能是在同一時期被有計劃地建造的。從劃分文化層的角度上來看，水溝自然不失為一個比較可靠的層位標準。也就是說，凡在水溝之下或被水溝破壞的單位必然早于在水溝之上或破壞水溝的單位。[45]

因此，鄒氏以水溝為基準，串聯相關遺迹單位，再輔以陶器的形制、花紋特徵與組合關係，進行分析殷墟文化地層。此項分析工作總計涉及 39 單位，初別為 7 組，[46]再歸為四

---

[44] 鄒衡：〈試論殷墟文化分期〉，《北京大學學報》1964 年第 4 期，頁 38。

[45] 同上註。

[46] 即第 1 組：YH335、YH103、YH027、YB45 及方坑；第 2 組：YH006、YH066、YB25 及方坑、YH225、大司空村I期、SKH6、YH056、YE16、YH096（參考）；第 3 組：HPKM1001、YA10、YH171、YH093、YH005 及 W、薛家莊南 T1、YH160；第 4 組：YNH1、YH140、YH059；第 5 組：YH158、YH018、YIX4、YH039、Y23 坑；第 6 組：Y19 坑、大司空村II期（一）、YH154、YC64、丙、戊；第 7 組：薛家莊北 T1、YH006 南井、YE181 方坑、SPH2、大司空村II期（二）、YH051、後岡殺殉坑。

期：第1組（4個單位）為第一期；第2、3組（15個單位）併為第二期；第4、5組（8個單位）併為第三期；第6、7組（11個單位）併為第四期。[47]以上四期「相對年代順序與其所包含的甲骨卜辭、銘文以及其他刻辭、題名所屬的絕對年代順序基本上是一致的」，[48]故可據以推斷其絕對年代大致如下：

殷墟文化第一期：約為甲骨第一期以前，或屬盤庚、小辛、小乙時代
殷墟文化第二期：約為甲骨第一、二期，即武丁、祖庚、祖甲時代
殷墟文化第三期：約為甲骨第三、四期，即廩辛、康丁、武乙、文丁時代
殷墟文化第四期：約為甲骨第五期，即帝乙、帝辛時代

鄒衡的殷墟文化分期，序列清楚，據此鄒氏指出：

（𠂤組、子組和所謂午組卜辭）其所屬甲骨期別及其絕對年代，學術界意見不一，但不外兩派：一派認為屬於早期，並推測其絕對年代或為武丁時代，或為武丁晚期，或疑為武丁以前，即盤庚、小辛、小乙時代。另一派認為屬於晚期，並推測其絕對年代或為文武丁時代，或更晚。從YE16的層位關係來看，附屬子組卜辭出於最下層；𠂤組卜辭從最下層至最上層都與賓組卜辭同出，只是上層（即第三、四層），又與第二期卜辭（《甲編》2942-2943可以綴合）同出。YH006包含的甲骨，也是𠂤組、子組和賓組卜辭同出。如果這類卜辭屬於晚期，則上述諸單位（YE16、YH006、YH005、YM331、YM388、HPKM1001等）的年代上限也只能是晚期。這無論從層位關係和同出他器來看，都是解釋不通的。與此相反，如果把這類卜辭定為早期，則與上述層位關係和同出他器完全不發生矛盾。因此，我們采用早期說，並推定其絕對年代大體相當於武丁時代，或稍有前後。[49]

又補充層位關係和同出他器，謂：

第十三次發掘的YH127，出甲骨17096片，十之八九是賓組卜辭，十分之一是子組、"午組"和其他（《綜述》頁156）。按該坑最上層中，包括我們所定的第三期葬坑YM164。再下層為YH117；再下層為YH121；再下層才是YH127（《中考報》四，頁301-302及最末頁插圖壹）。可見YH127的年代最早。此外，在坑內

[47] 鄒衡：〈試論殷墟文化分期（續完）〉，《北京大學學報》1964年第5期，頁66。
[48] 同上註，頁85。
[49] 同上註，頁83-84。

的甲骨堆中，夾雜有一片 Ca I 式（或 Cb I 式）陶豆口緣片也可參考。據第二章所述，YM388、HPKM1001 所居層位都較早。又 YH006 被 YH001、014、006 南井所打破，又被 YH119 所壓，故 YH006 所居層位也較早。[50]

特別是 YM388：208W 式豆，就其形制言，決不能屬于晚期，因而該器本身所有的陶文也決不可能屬于晚期。[51]

鄒氏堅定自、子、午組卜辭時代屬於早期，相當於武丁時代的主張，為甲骨斷代爭議討論，提供重要參考。

實際上，儘管殷墟文化分期序列明確，然可供甲骨斷代參考者並不多，主要原因是殷墟地層的考古觀察，可以得知相關坑層的相對年代先後，卻無法確知其絕對年代，而鄒衡的建構工作，從無到有，「要估計殷墟文化各期可能包括的絕對年代，也只有參照同期所包含的甲骨卜辭和其他刻辭、題名等」，[52]換言之，殷墟文化分期必須借助甲骨始得定其年代，而非相反的甲骨借助文化分期始知其時代，因此欲藉由殷墟文化的分期進行甲骨斷代，其作用顯難充分發揮。

三、 石璋如的主張

石璋如為實際參與史語所殷墟發掘(4-15 次)者，亦是殷墟坑層發掘報告的撰寫者，對於殷墟甲骨坑層的討論，自有其重要的發言地位與價值。

石璋如的考古經驗與資料，本當早於陳夢家、鄒衡、李學勤、劉一曼等人，惟躬逢戰亂，史語所十五次甲骨相關出土資料先行零星散見，[53]已為研究者所參考運用，而其

---

[50] 同上註，頁 84，注①。

[51] 同上註，頁 84，注②。

[52] 同上註，頁 82-83。

[53] 如石璋如所撰〈第七次殷虛發掘：E 區工作報告〉(《安陽發掘報告》第 4 冊，上海：中央研究院歷史語言研究所，1933 年 6 月，頁 709-728)、〈小屯後五次發掘的重要發現〉(《六同別錄》上冊，李莊：中央研究院歷史語言研究所，集刊外編第三種，1945 年 5 月，頁 1-36)、〈小屯的文化層〉(《六同別錄》上冊，李莊：中央研究院歷史語言研究所，1945 年 5 月，頁 1-42)、〈殷虛最近之重要發現附論小屯地層〉(《中國考古學報》第 2 冊，南京：中央研究院歷史語言研究所，1947 年 3 月，頁 1-81)、〈殷虛最近之重要發現附論小屯地層後記〉(《中國考古學報》第四冊，南京：中央研究院歷史語言研究所，1949 年 12 月，頁 291-303)、〈小屯 C 區的墓葬群〉(《中央研究院歷史語言研究所集刊》第 23 本，傅斯年先生紀念論文集下冊，1952 年 7 月，頁 447-487)、〈殷代地上建築復原之一例〉(《中央研究院院刊》第 1 輯，1954 年 6 月，頁 267-280)、〈小屯殷代的建築遺蹟〉(《中央研究院歷史語言研究所集刊》第 26 本，1955 年 6 月，

殷墟地層考察完整的紀錄與主張，遲至 1992 年始完全發表，[54]因此石氏關於甲骨斷代的意見，多數針對前述研究者的誤解而發（詳後），且其一再謙稱「不懂甲骨」，[55]對於「甲骨斷代，一無所知」，[56]故石說僅單純從甲骨坑層實際狀態立論，進行現象的分析，提出合理的說解，並不以駁斥他說為要，整體論述客觀，相當值得細審思辯。

根據發掘所見，石璋如針對 E16（4:H16）與 YH006 的坑層問題，尤其是「下層出晚期甲骨」的原因，有極為詳實的說明。石氏以為：

> 要在短暫的期間內把穴窖填平，故需要大量的填品，平日所堆積的垃圾，正是為所需的最好對象，現在由上而下挖取，投入所填的窖中，它的原來的上層，變成窖中的下層，中層仍屬中層，原來的下層則變成窖中的上層了，這就是何以晚期的東西在下，早期的東西在上的原因。[57]

基於上述現象的觀察，石氏指出：

> 這種穴窖中的堆積，似是雜亂但也有道理和程序可尋，正好借著下層遺物的時期，以判定它們封閉的時間。如 E16 的中下層有第四期亞的卜辭，且沒有比亞再晚的卜辭，右穴的 5:H18 也僅有四期卜辭，即說明 E16 坑為第四期封閉。YH006 的下層沒有比第五期宰丰卜辭再晚的卜辭，即說明 YH006 為第五期封閉。同時也可由此封閉的早晚進而作甲骨斷代的依據。[58]

因此石氏認為：

> E16 及 YH006 兩個坑中，董、陳諸位先生均認為沒有二、三期的甲骨，何以致此？

頁 131-188）、《小屯・遺址的發現與發掘・乙編》殷虛建築遺存（臺北：中央研究院歷史語言研究所，中國考古報告集之二，1959 年）、〈小屯殷代丙組基址及其有關現象〉（《慶祝董作賓先生六十五歲論文集》下冊，臺北：中央研究院歷史語言研究所，集刊外編第四種，1961 年 6 月，頁 781-802）等諸文屬之。

[54] 《小屯・遺址的發現與發掘・丁編》甲骨坑層之一，於 1985 年 4 月出版；《小屯・遺址的發現與發掘・丁編》甲骨坑層之二，則於 1992 年 9 月刊行。

[55] 參見石璋如：《小屯・遺址的發現與發掘・丁編》甲骨坑層之一（一次至九次出土甲骨），〈序〉頁 4；〈『扶片』的考古學分析〉，《中央研究院歷史語言研究所集刊》第 56 本第 3 分（1985 年 9 月），頁 409；以及〈殷虛的穴窖坑層與甲骨斷代二例〉，《中央研究院歷史語言研究所集刊》第 59 本第 4 分（1988 年 12 月），頁 1087。

[56] 參見石璋如：《小屯・遺址的發現與發掘・丁編》甲骨坑層之二（十三次至十五次出土甲骨）上，〈序〉頁 14。

[57] 石璋如：〈殷虛的穴窖坑層與甲骨斷代二例〉，頁 1114。

[58] 同上註。

由於這個時期，重要的人們均集中於乙一基址的崇拜，二、三期的卜辭遂集中於乙一基址之後的大連坑中。按乙一基址為祖庚、祖甲時代的建築，也造成殷代建築重要的分水嶺，前後的形式與方向，迥然不同。賓組卜辭活躍發展於開鑿在乙一基址建築之前的 E16 坑中，即在祖甲之前；而自組卜辭，則活躍發展於開鑿在乙一基址之後乙五基址傍窖的 YH006 坑中，即在大連坑之後亦即三期之後。兩個坑很顯然的有先後之別，因此董作賓先生認為賓為第一期的貞人，自為第四期的貞人最為允當。[59]

再以乙五基址為例，層位關係訊息相對繁多，其與甲骨時代的關聯，石璋如認為：

乙五基址最為複雜，是所有基址中現象最為亂雜的一處，與之有關的單位可達 14 處，（表略）。從基下窖所出甲骨之時期來判斷，它的初建時期，可能在甲骨文第一期，或第一期之後，因為其中所出甲骨一律為一期之物。第四次發掘時有基上窖 4：H22，其中有五期甲骨。故廢棄之時期可能在第五期。另從近旁窖觀察，它使用的時期可能很久，因為第四期甲骨比例特多，甚至有第五期者，即說明了大部分穴窖在第四期已被填平，僅有極少數延至五期才被廢棄。至於基內方所出的甲骨，其時期可協助作為基址建築時期的參考，不過亂土中的甲骨不可使用，有的是運自它方，有的是經過擾動，均非原來的樣子，如 B122 所出全部為擾土中的碎片。而 B125，B126，B130 等坑之甲骨，多出自基址的夯土中，大多數為一期物，少數為二期物，故乙五基址之初建可能為一期之末，或二期時，或二期以後，當不致有多大的問題。[60]

顯而易見，石氏上述分析的重點在基址時代考察，而其主要依據是穴窖所出甲骨的年代，若細究其對於甲骨時代判定的運用，則多所隱晦不彰。如石氏論及乙五基址基下窖時，謂：

按 YH038，YH083 與 YH085 三者有層位疊壓關係，即 YH038 西部破壞 YH083，南部破壞 YH085，……即 YH083，YH085 略早，YH038 略晚。但劉氏提出（《乙》）475 近賓（YH038），476 似祖庚（YH085），恰巧與地層相反了，不過他尚未確定，而在「近」、「似」之間，地層可給以答案。肖氏則認為（《乙》）475、476

---

[59] 同上註。

[60] 石璋如：《小屯‧遺址的發現與發掘‧丁編》甲骨坑層之二（十三次至十五次出土甲骨）上，頁267。

字體近出組，也是在「近」字階段而不能確認，果然則乙五基址的上限更不能早於第二期了。[61]

簡言之，石氏據地層關係，認為《乙》475（＝《合》24536）、476 皆屬第二期卜辭，卻不明言。如石氏又云：

> 按乙五基址是武丁之後的建築，B119 是乙五基址旁穴上層的堆積，也是穴窖廢棄後的上層堆積，就兩者的關係來說，這個處所不可能有武丁時代的大量堆積；……如果我們依照坑中堆積的深度，把有貞人名字的甲骨 38 片（陳氏 10 貞人 28 片，加所遺 3 片及其它 5 貞人 7 片），依次的排列起來，……自組卜辭居上層，賓組卜辭居中層，自與子組卜辭居下層。可是這個堆積，恰巧與陳氏所述，賓組為武丁；自組、子組為武丁晚期的說法正相反。實際的情形由 0.50～0.80 這 30 公分的深度中，都是同樣的灰土，沒有什麼異樣的變化，看不出層位的分別，只是深度不同而已。[62]

顯然有意藉由穴窖堆積情形，為自、子、午組卜辭時代的討論撥亂反正，但流於概略性說明，缺乏精確性論斷，仍有所不足。總之，石氏坑層資料的分析，其主要作用雖不在甲骨斷代，但其中藉以論斷基址時代的甲骨時代訊息，亦能於甲骨斷代考察時提供重要參考。

　　相較於陳夢家偏向「點」的探究，與鄒衡將之往縱向延伸，以時間為軸區分早中晚地層，進行「線」的分析，石璋如的貢獻在於其論兼及橫向關係，強調不同穴窖與基址的環境關聯，屬於「面」的綜合考察，更幾近於「立體」的建構，自有其無法忽視的參考價值。據此，石氏認同董作賓對於自組卜辭時代的主張，顯非孺慕盲從，師心自用之舉，其說或近事實，較可信從，而其中所關聯的殷墟文化隱微訊息，雖已陳舊卻極為重要，吾人仍當審慎把握。

四、 屯南的分段

　　小屯南地所得甲骨，出土時都有明確的地層關係，而且與陶器共存，據之可將其時

---

[61] 同上註，頁 41-42。

[62] 同上註，頁 15。

代概分為早、中、晚三期：

> 小屯南地早期的時代大致相當於武丁前後，小屯南地中期大致相當於康丁、武乙、文丁時代，小屯南地晚期大致已進入帝乙時代。[63]

若比照小屯南地坑層年代的細分，析為五段，則各階段與其相關甲骨年代之對應，關聯如下。

關於屯南第 1 段，屬於殷墟文化一期前段：

> 此段除 H115 出過一片刻辭卜甲（《屯南》2777）外，其餘地層單位均未發現甲骨刻辭。H115 所出的那片卜甲上僅刻 "奉生" 二字，文辭簡單，筆風纖細，與常見的武丁刻辭明顯不同。這是目前已知有確切地層關係的最早的殷墟卜辭。[64]

《屯》2777 風格不僅與武丁刻辭不同，亦「和武丁以後的卜辭有著區別」，且「該片卜甲的鑽鑿形態與武丁早期卜甲的鑽鑿形態基本相同」，屯南發掘者因此推斷其可能為武丁以前的卜辭，進而認為「早期第 1 段的時代是武丁以前，亦即盤庚、小辛、小乙時代」。[65]

關於屯南第 2 段，屬於殷墟文化一期後段：

> 此段主要出 "𠂤組" 卜辭，如 T53（4A）、H104； "午組" 卜辭，如 H102。H107 則 "𠂤組" 與 "午組" 同出。T55（6A）亦出一片武丁時期的卜辭（《屯南》4575）。[66]

整體觀之，此段地層所出甲骨，「有相當數量的 "𠂤組" 卜辭、"午組" 卜辭和其他武丁時代的卜辭」。[67]另外，屯南發掘者認為：

> 在殷墟發掘的婦好墓、18 號墓中，其墓主 "婦好"、18 號墓銘文中的 "子漁" 均是武丁 "賓組" 卜辭的常見人物，而該二墓所出陶器則屬殷墟文化第二期。所以武丁一代跨越了殷墟文化第一、二期。[68]

---

63 中國科學院考古研究所：《小屯南地甲骨·前言》，頁 22。

64 中國社會科學院考古研究所安陽工作隊：〈1973 年小屯南地發掘報告〉，頁 123。

65 以上俱同上註，頁 125。

66 同上註，頁 123。

67 同上註，頁 125。

68 同上註。

進而主張屯南第 2 段時代「應屬武丁前期」。[69]

　　關於屯南第 3 段，屬於殷墟文化三期前段：

> 此段除出武丁卜辭外，主要出康丁和武乙卜辭，如 H99、H92、H37、H55 等。值
> 得注意的是，康丁和武乙卜辭在地層上很難進一步劃分。它們往往同出，即便單
> 出、而各自共存的陶器基本相同，都屬於屯南第 3 段。[70]

從卜辭出土的角度來看，此段地層中並未見廩辛卜辭，屯南發掘者指出：

> 在以往的甲骨分期或殷墟文化分期中，研究者常常將廩、康聯在一起。實際上，
> 廩、康卜辭的區分十分明顯；而在田野考古發掘中，廩、康卜辭亦不常在一起。
> 這啟示我們：以往將廩、康劃歸同一期是欠妥的。[71]

換言之，屯南第 3 段時代僅康丁和武乙二代屬之，並不包括廩辛在內。

　　關於屯南第 4 段，屬於殷墟文化三期後段：

> 此段除出武丁、康丁和武乙卜辭外，還大量地出文丁卜辭，如 H85、H47、H75、
> H39、H23、H79 等。H23:104（《屯南》751）其上有 "父乙" 稱謂。值得注意的
> 是，在出文丁卜辭的地層單位中，往往伴隨著出大量的康丁和武乙卜辭。這說明
> 康、武、文卜辭在時間和空間上是緊密連接的。[72]

據上，文丁卜辭大量出土於此段，而「從地層上看，該段晚於中期第 3 段；從時間上看，
它晚於康丁、武乙。因此該段的時間應是文丁」。[73]

　　關於屯南第 5 段，屬於殷墟文化四期前段：

> 此期除出少量的武丁卜辭外，亦大量地出康、武、文卜辭。這是早期卜辭遺存於晚
> 期地層的結果。值得注意的是，在 H57、H58、H48、H17 等灰坑中，出現了接近帝
> 乙字體風格的卜辭，如《屯南》648（H17:114）、2157（H48:27）、2405（H57:206）、
> 2263（H57:12）、2489（H58:70）等。[74]

---

[69] 同上註。
[70] 同上註，頁 123。
[71] 同上註，頁 125。
[72] 同上註，頁 123。
[73] 同上註，頁 125。
[74] 同上註，頁 123。

一般以為殷墟文化四期已屬殷末帝乙、帝辛時期，[75]前段可對應帝乙時期，而屯南發掘者認為「從晚期第 5 段的地層和出土物的情況分析，它是緊接中期而來但進入晚期尚不久的一個階段。因此，小屯南地晚期的時間可能是帝乙」。[76]

綜上所述，屯南甲骨的時代，「包括過去甲骨分期的第一、三、四、五期，以第四期的武乙卜辭為主，康丁卜辭次之，文丁卜辭較少，而第一期與第五期的數量極少。」[77]值得注意的是，除廩辛卜辭之外，其中亦未見祖庚、祖甲時期甲骨，相應地層也有缺環，令人生疑。整體觀之，小屯南地所出甲骨，其時代集中在康丁、武乙時期，顯示該區域地層年代有偏晚的現象，所謂早期地層亦非無懈可擊，因此據以判定的甲骨年代，亦存有可商的空間。

五、 花東的一坑

花園莊東地所得甲骨，僅出自 H3 一坑，因此以地層關係來判斷花東甲骨時代，H3 的坑位資訊即是重點，至為重要。

H3 位於探方 T4 中北部，平面近長方形，坑內堆積分四層，自第 3 層中下部至第 4 層出現甲骨。此坑甲骨，「在整治、鑽鑿形態、字體風格等方面基本一致，全坑都屬同一類卜辭」，[78]其時代亦應一致。

根據 T4 的殷代遺跡分期，H3 屬於早期坑，而「花園莊東地早期相當於大司空村一期（或稱殷墟文化一期晚段），中期相當於殷墟文化第三期，晚期相當於殷墟文化第四期早段」，[79]因此「花東 H3 坑的時代當屬殷墟文化一期晚段」，[80]發掘者認為大致相當於武丁早期。[81]

花東 H3 甲骨中，涉及人物約有七八十位之多，[82]其中不少人名見於賓組、自組、子組，如「子歆、子尻、子妻、子利、屵（嵩）、婦好、宁豆、丁、弔、子辟、彈」

---

[75] 鄒衡：〈試論殷墟文化分期（續完）〉，頁 85。

[76] 中國社會科學院考古研究所安陽工作隊：〈1973 年小屯南地發掘報告〉，頁 125。

[77] 中國科學院考古研究所安陽工作隊：〈1973 年安陽小屯南地發掘簡報〉，《考古》1975 年第 1 期，頁 39。

[78] 中國社會科學院考古研究所：《殷墟花園莊東地甲骨·前言》，頁 26。

[79] 同上註，頁 17。

[80] 同上註。

[81] 同上註，頁 32。

[82] 同上註。

等，[83]故其時代最遲不會晚於賓組，即武丁時期。再考之「子斲」、「婦好」二人活動情況：

1. 婦好。賓組卜辭中有活著的婦好，也有死去的婦好。而 H3 卜辭所見的婦好是位活躍的人物。關於婦好之死，學術界有不同的說法。有的認為死於武丁晚期前葉，也有的推斷為武丁中後期。

2. 子斲。子斲在武丁賓組卜辭和𠂤組小字類卜辭受到祭祀，說明他已經死去。但在 H3 卜辭中他也是一位活著的人物。因此，H3 卜辭的時代應早於賓組卜辭和𠂤組小字類卜辭。[84]

因此，「花東 H3 卜辭的歷史時代，大體上相當於武丁前期。」[85]

整體而言，花東甲骨時代的判定，是根據地層與人物關係而定，其中人物關係僅能供作參考，在無法確實排除這些人名是「異代同名」或為「團體名稱」之前，以人物作為斷代依據，局限甚大，亦無法杜絕爭議。至於地層早晚關係，一般取決於共存陶器形態，然陶器形態異同，並非可以明確分割，往往近似間，即留有議論空間。儘管發掘者一再聲稱相關考古資料基本吻合，但花東甲骨時代歸於早期之說，實猶可商。

六、 村中南的整理

小屯村中村南甲骨，涵括四次發掘成果，分別來自 1986 年 T2、H5，1989 年 T4、T6、H7、T7、T8，2002 年 H4、H6 上、H6 下、H9、H55、H57、H23、H24、H47、H54、F1、G1、T4A（3），2004 年 04T5（10）等 21 甲骨單位，相關甲骨時代的判定，依序敘述如下。

關於 1986 年村中 T2、H5，共有 8 片字骨，出於現代擾亂坑者與殷代文化層及灰坑各有 4 片，其時代為：

出於擾亂坑的 4 片卜骨，1 片〔T2（1B）:3〕屬 "歷組卜辭"，餘 3 片〔T2（1B）:1、2、4〕屬 "無名組卜辭"。出於殷代文化層及灰坑的 4 片卜骨〔T2（3A）:5、T2

---

[83] 詳見上註，頁 32-35。

[84] 同上註，頁 35。

[85] 同上註。

（4B）:6、H5:3〕屬"無名組卜辭"。學術界多認為"無名組卜辭"的時代大體相當於廩辛、康丁、武乙前期，而它們所處的地層，相當於殷墟文化三期晚段或四期初，約當文丁、帝乙時期，比卜骨之時代略晚。[86]

關於 1989 年村中 T4、T6、H7、T7、T8，共有甲骨 283 片（字甲 1，字骨 282），其中出於晚期坑層 151 片，出於殷代文化層及灰坑 132 片。後者甲骨相關時代訊息，大致是 T4（4）屬殷墟文化三期，出無名組卜辭；T6（3B）、（3C）、（3D）與 H7，皆屬殷墟文化四期早段，出無名組、歷組卜辭；T7（3A）亦屬殷墟文化四期早段，出無名組卜辭；T8（3）、（3A）屬殷墟文化三期或三期晚段，出無名組、歷組與自組卜辭。綜合言之，

出於殷代遺址的 132 片甲骨卜辭，只 1 片〔本書 288 號，T8（3A）:230〕屬自組卜辭，出於殷墟三期的文化層中。其餘均屬無名組和歷組卜辭，出於殷墟文化三期和四期早段的文化層和灰坑中，它們和殷墟文化分期的對應關係與 1973 年小屯南地發掘的情況近似。[87]

對應屯南文化分期，三期和四期早段，相當於康丁、武乙、文丁、帝乙時期，整體仍較以字形分類的甲骨時代稍晚。

關於 2002 年村南 H4、H6 上、H6 下、H9、H55、H57、H23、H24、H47、H54、F1、G1、T4A（3）諸單位，集中於 T3、T4、T4A（T4 西擴方）內，一共出土甲骨 207 片，其相關時代訊息，大約是 H4 屬殷墟文化一期，出一期、自組、午組卜辭；H6 上屬殷墟文化三期晚段，出一期、歷組、自組、午組卜辭；H6 下屬殷墟文化二期早段，出一期、自組卜辭；H9 屬殷墟文化四期，出一期、歷組、自組、午組卜辭；H55 屬殷墟文化四期，出無名組、歷組、午組、黃組卜辭；H57 屬殷墟文化三期，出賓組、一期、歷組、午組卜辭；H23 屬殷墟文化四期，出無名組、午組卜辭；H24 屬殷墟文化四期，出無名組卜辭；H47 屬殷墟文化四期，出一期、無名組、歷組卜辭；H54 屬殷墟文化四期，出午組卜辭；F1 屬殷墟文化三期晚段，出歷組卜辭；G1 屬殷墟文化四期，出歷組卜辭；T4A（3）屬殷墟文化四期，出無名組、歷組、午組卜辭。整體觀之，相關甲骨的坑層時代，仍較以字形分類的甲骨時代晚。

---

[86] 中國社會科學院考古研究所：《殷墟小屯村中村南甲骨》，頁 7。
[87] 同上註，頁 14。

根據村南甲骨出土情形，發掘者有四點觀察：

1. 午組卜辭、𠂤組卜辭、一期卜辭既出於殷墟文化三、四期的坑層中，又出於第一、二期的灰坑中。特別是在第一期的灰坑 H4 只出午組、𠂤組卜辭和一些字體較特別暫不好歸組的第一期卜辭，又一次證明了午組、𠂤組卜辭的時代最早，屬武丁前期的卜辭。

2. 黃組卜辭（H55:79），只見於 H55 一個灰坑中，而該坑屬殷墟文化第四期，說明該組卜辭時代較晚，其主體應屬帝乙、帝辛時代的卜辭。

3. 歷組卜辭見於第三期及第四期的坑層中，在一、二期的灰坑中沒有發現。

4. 無名組卜辭見於第四期的坑層中，在一、二期的灰坑中沒有發現。[88]

綜之，「從兩次村南的發掘及 1986、1989 年小屯村中的發掘情況看，無名組和歷組卜辭總是出於第三、四期的坑層中」，[89]確實與過去小屯南地甲骨的情形相似，因此「它們是殷墟文化中期或中期偏晚的卜辭」，[90]而不應歸於早期。

第三節　地層斷代平議

一、基本認知

關於考古地層現象，石璋如認為可分為普通文化層的形成與穴窖中堆積兩大類：

普通文化層的形成猶如敦煌千佛洞的壁畫，係一層一層加上去的，即魏畫在下，依次為隋、唐，最上為宋，其疊壓與時序相同。而穴窖堆積則如王道士造千像塔，按王道士所轄洞區，由藏經洞而南，其窟為晚唐、盛唐、初唐、隋。當其毀佛塑道時，即由北而南依次把佛像投入千像塔中，故晚唐像在下，盛、初唐像居中，隋像在上，其疊壓與時序相反。[91]

---

88 同上註，頁 50。
89 同上註。
90 同上註。
91 石璋如：〈殷虛的穴窖坑層與甲骨斷代二例〉，頁 1087 下注。

兩者不僅有別，甚至堆積情形剛好相反，因此運用相關資料時，自是須先有所辨明，不宜混同。然而原則雖容易把握，但將地層材料用於文物時代的判斷，實務上仍受局限甚大，其作用實不易有效發揮。

（一）地層早晚

甲骨文出自地下，屬於考古學材料，其時代的斷定，自可運用考古學方法加以整理、研究，曹定雲曾指出：

> 田野考古斷代中，最常用的方法就是地層學和類型學。在實際進行斷代時，必須將地層學和類型學緊密結合，才能得出科學的結論。在地層學和類型學的關係中，地層學是第一位的、主導的；類型學是第二位的、從屬的。類型學依賴於地層學。沒有地層根據的類型學則是無源之水，無本之木，是經不起田野發掘實踐檢驗的，最終將被田野發掘實踐所拋棄。[92]

換言之，考古材料的斷代，最為基礎的依據即是地層。然而地層本身並無法提供確切的時代資訊，因此地層直接顯現的僅是相對的早晚關係，具體年代的考察則必須依賴相關的出土遺物，俞偉超即謂：

> 層位關係只能表示相對年代。一個遺址，如果有十個層位，單憑層位關係只能知道彼此的相對早晚，而哪些層位的形成時間極為接近或相距甚遠，只能依靠其中的包含物來判斷。[93]

對此，曹定雲進一步說明運用原則：

> 地層學斷代的要旨，是先確認各文化層次的先後以確定它們的相對年代，然後再以各層所含遺物斷定各層的絕對年代。這裡有兩條必然遵守的基本原則：①各層（或各墓）所含年代最晚的一件遺物，是代表該層（或該墓）可能的最早年代；②各層（或各墓）的年代，可以以該層所壓和被壓的上下兩層的年代分別作為它的上限和下限。[94]

---

[92] 曹定雲：〈田野發掘是卜辭斷代的基礎〉，《殷都學刊》1999 年第 1 期，頁 41。

[93] 俞偉超：〈關於"考古地層學"問題〉，《考古學文化論集（一）》（北京：文物出版社，1987 年 12 月），頁 17。

[94] 曹定雲：〈殷墟田野發掘與卜辭斷代〉，《考古學集刊》第 15 集（2004 年 2 月），頁 175。

綜上觀之，即使謹慎遵守原則，至多亦只能推斷相關地層年代的上下限，仍難以有更精準的明確結論，顯見地層斷代的局限性。

持平而言，若缺乏年代參照的基準點，所謂早中晚期地層之分，只能是一種概想，早晚時段的推度，根本無法坐實。目前地層早晚的劃分，多以相關穴窖同出陶器型式為據，然器物形制的演變過程，並無確切的分段界線，其遞嬗往往漸進隱微，其特徵之變亦不以時代異同為準，用其斷代至多能知早晚梗概，然欲究其細緻精準時段，則明顯有所不足。

以鄒衡殷墟文化分期為例，其探索的基本方法為：

> 從分析部分有分期意義的陶器和銅器的形制類型入手，再結合部分單位的層位關係和器物共生關係，分別確定遺址和墓葬的初步分期；然後綜合各期遺跡和遺物的特徵，再對殷墟文化各期內涵作較全面地對比研究。[95]

而具體的分析是以「殷墟最常見、形制變化最顯著的分檔矮領鬲（A型）、大口段（C型盉）、深腹平底盆、平底罍（A型）四種陶器為主要標準，再用其共生的甑、直腹段（A型）、豆、盤、淺腹圜底缽、釜、厚胎缸、大口尊、圜腹罐、瓮、瓿以及器蓋等陶器為次要標準」，[96] 串聯 39 個地層單位進行考察；其結果展現則為鄒氏將 39 個單位分為 7 組，再概分為早晚二期，又整併為四期，相關聯繫簡表如下：[97]

表 2-3-1：鄒衡殷墟文化分期所據之地層單位

早　期			晚　期			
第一期	第二期		第三期		第四期	
第 1 組	第 2 組	第 3 組	第 4 組	第 5 組	第 6 組	第 7 組
YH335 **YH103** YH027 YB45 及方坑	**YH096** YH006 **YH066** YB25 及方坑 **YH225** 大司空村 I 期 SKH6 YH056 YE16	**YH096** HPKM1001 YA10 YH171 **YH093** YH005 及 W 薛家庄南 T1 YH160	YNH1 YH140 **YH059**	**YH158** YH018 YIX4 YH039 Y35 坑	Y19 坑 大司空村 II 期（一） YH154 YC64、丙、戊	薛家庄北 T1 YH006 南井 YE181 方坑 SPH2 大司空村 II 期（二） **YH051** 後岡殺殉坑

---

[95] 鄒衡：〈試論殷墟文化分期〉，頁 37。

[96] 鄒衡：〈試論殷墟文化分期（續完）〉，頁 63。

[97] 據鄒衡：〈試論殷墟文化分期（續完）〉「表四：穴窖與探溝（方）分組統計表」（頁 64-65）資料製表。

並據其中 8 個單位的層位關係：

> YH103（第 1 組）早於 YH096（第 2、3 組）；YH066（第 2 組）早於 YH093（第 3 組）；YH225（第 2 組）早於 YH158（第 5 組）；YH059（第 4 組）早於 YH051（第 7 組）。[98]

遂斷定以上「7 組單位的先後順序只能是：第 1→7 組，而絕對不可能相反」。[99]

然而，上列 39 個單位的分組，其結果難謂絕對，鄒衡曾提及：

> 我們在《論鄭州》一文中曾提出了三分法。即把第 1-2 組合併，稱為早期；把 3-4 組合併，稱為中期（當時因受資料限制，誤將中期單位 YH005 和 YH036 列入早期；又誤將中期單位 YH160 列入晚期）；把 5-7 組合併，稱為晚期。現在看來，這樣劃分，也混淆了一些重要的變化現象。[100]

間接說明各單位時代的劃分，必須依從其他資料隨時調整，而實際上各單位出土的所有器物形制，在各組之間亦常見交錯現象，主從難分，因此鄒氏分組內涵並非不可改易。石璋如曾指出：

> 有人主張把坑（穴窖）分為早、中、晚三期，早期的坑中只能出早期的東西，不會出中、晚期的遺物；中期的坑中，可以出早、中期的遺物而不會出晚期的遺物；至於晚期的坑中，則早、中、晚等三期的遺物均可共存和蘊藏。雖然他們的理論是正確的，也舉出了若干坑穴為證，不過那些坑穴都不是一系列的直接疊壓，穴窖本身的時期尚有問題，故其中的包含也就不能確定了。[101]

亦對地層時代早晚的劃分結果有所疑慮，無法呼應鄒氏分期主張。

另外，上述鄒衡所論 8 個單位所呈現的早晚關係，僅及於第 1、2、3 組先後關係的確定，並無法擴充說明「第 3 組時代必須早於第 4 組」、「第 4 組時代必須早於第 5 組」、「第 5 組時代必須早於第 6 組」等情事，換言之，第 3→4→5→6 組的時代順序是推度而來，並無關聯的實據，因此鄒衡以為「不可能相反」之說，其實過於武斷。再者，上

---

[98] 同上註，頁 63。
[99] 同上註。
[100] 同上註，注④。
[101] 石璋如：〈乙五基址與賓、自層位〉，《中央研究院歷史語言研究所集刊》第 61 本第 1 分（1990 年 3 月），頁 78-79。

述第 3→4→5→6 組並無明確地層關聯，其時序推度當據陶器型，然須注意的是：

> （陶片等）這種包含物雖然經常隨著地層不同而同步變化，但也經常有陶片等包
> 含物未變而地層已變的情況，何況在發掘工地上要確切判斷期別差別不大的陶片
> 等包含物的變化是相當困難的。[102]

如以最具演變代表性的鬲與平底罍為例，第 3、4、5、6 組相關形制為：

表 2-3-2：鬲、罍分組相關形制表

	斜直腹鬲	鼓腹鬲	平底罍
第 3 組	AaIII	AbIII	AI
第 4 組	AaIV	AbIV	AII
第 5 組	AaV	AbV	AIII
第 6 組	AaVI	AbVI	AIV

上表序列清楚有致，據此定出第 3、4、5、6 組的時代早晚，本無可厚非，然考其分類依據，Aa 及 Ab 兩型鬲之典型標本，其 III、IV、V、VI 分式之特徵，對比如下表所示：[103]

型	式	標本號	全形 外貌	全形 通高器寬	足 外貌	足 占通高%	根 制法	襠部	壁厚 mm.	繩紋
Aa	III	Y橫12乙南支：348A	方	0.98	肥胖	13.0	另作后安	敞高	8—10	粗
	IV	YNH1：41	方	0.92?	粗矮	9.0 ?	另作后安	中	4—6	粗
	V	YIX4：362K	扁方	0.78	粗矮	11.0	另作后安	中	8—12	粗
	VI	司一一：5	扁	0.72	小尖	0.3	隨即捏成	低	10—12	粗
Ab	III	YH005W：348B	扁方	0.83	肥胖	11.0	另作后安	中	9—11	中
	IV	YH140：348F	扁方	0.80	粗矮	10.0	另作后安	敝低	5—7	粗
	V	YH018：362E	扁方	0.75	粗矮	10.0	另作后安	敝低	8—11	
	VI	Y19坑：362F	扁	0.72	小尖	0.3	隨即捏成	最低	8—10	粗

其中全形外貌、足根外貌、襠部、繩紋等特徵的描述極為簡略，而諸式之間差異並不顯著，差異細微卻無具體數值作為界線標準，實務上之析合則易生混同，歸類不免流於主

---

[102] 俞偉超：〈關於"考古地層學"問題〉，頁 19。

[103] 節錄鄒衡：〈試論殷墟文化分期〉「表一：分襠矮領陶鬲典型標本統計表」（頁 42）。

觀，因此相關時序安排自難斷然無疑。又，各式間早晚特徵遞嬗的脈絡並不清楚，雖未至雜出紛亂，然亦無線性演變的明確方向，而不同式者常有相同特徵，據此逕自認定諸式必然依循「Ⅲ→Ⅳ→Ⅴ→Ⅵ」方向演進，著實缺乏說服力。

復觀平底罍諸式特徵，Ⅰ式「下腹緩收，領較矮，繩紋較細」、Ⅱ式「下腹緩收，領較高，繩紋較細」、Ⅲ式「下腹急收微起稜，領較高，口較大；一般都飾有三角劃紋」、Ⅳ式「下腹急收起稜，或作折腹，高領，耳或變小，或僅有兩個把手」，[104]整體而言，諸式特徵變化雖有其趨勢，但其間差異仍存模稜空間，所謂「較高、較矮」或「微起稜、起稜」之判別，恐繫乎私意，其界線亦非堅定不移。

綜上，儘管鄒衡立說有據，體系完備，然其所論，尚能置疑，顯見地層時代的判定有其複雜與局限之處。吾人本其說，或能知地層先後差異之概況，至於早期地層所標記對應的歷史年代，僅憑地層早晚現象，實難以多置一詞。

（二）穴窖堆積

1. 形式

考古發掘中，甲骨多出於穴窖，而穴窖堆積形式並非一成不變，據實地挖掘所見，石璋如分析堆積的形式有兩種：

> 其一、為循自然的程序堆積，如 B46 的甲骨，它是正常文化層中的產物，是循自然的程序而形成，故一期的甲骨在下，二期甲骨在上，層序井然。其二，為雜亂或反自然的堆積，如 4:H22 中的產物，堆積時雜亂無章，最近的產品在手旁先投入，早期的產品放置較遠，後投入，故呈五期的甲骨在下，一期的甲骨在上的反常現象。[105]

若未能掌握確實的堆積形式，穴窖內遺物年代的判斷，則易生謬誤而不自知。此外，穴窖堆積尚有他種形式，石氏曾指出：

> 在一個較大而深的灰土坑或穴窖中往往一個深度，或一個層面，存在著數期的甲骨，如第一次的第 9 坑，每一深度，便有四期不同的甲骨。甚至有接近底部或下

---

104 以上俱見鄒衡：〈試論殷墟文化分期〉，頁 47。
105 石璋如：〈乙組兩處基址與其甲骨穴窖釋疑—兼論自然層位與穴窖堆積—〉，頁 27。

層，出有晚期的甲骨，反而接近口部或上層，出有早期的甲骨，如第三次的橫十三丙坑，第五次的F3坑。[106]

又如：

> 有些在一個坑中，上下不同深度的甲骨破片，可以拼合在一起，如第四次的E16坑的3027:8.4公尺+3077:7.5公尺；3041:8.4公尺+3072:7.54公尺（考釋版壹陸壹），還有些不同坑位，不同深度的甲骨破片，可以拼合在一起，如2295:4.35公尺（橫十三丙北支）+2436:1.2～3.0公尺（橫十三·二五乙）+2764:2.50公尺（大連坑）（考釋版玖零）。[107]

類此的穴窖堆積，其層位並無區分時代早晚的功能，在甲骨斷代的工作上，自是派不上用場。

對於穴窖堆積近乎紛亂的各種形式，石璋如注意到：

> 我們尚沒有發現在一個坑中，專埋甲骨而不雜其它遺物，即令出甲骨最多之坑其中也有大量的陶、骨、蚌、石等殘存與大量的灰土。[108]

因此有所質疑：

> 這些甲骨似乎是他們用過而不要的東西，隨著垃圾而填到廢棄的穴窖中，或隨便丟到兩個建築物之間的庭院中；但那些整版的甲骨每數個疊在一起，放置在坑底，或入口處，又好像是有意的埋藏。總之，據我個人的推想，這些東西，可能有一定保存的時限，以便查考，過了時效，他們也許不要了，而隨著垃圾丟棄，或埋在穴窖中了。[109]

總括來看，甲骨用畢的處置，似乎等同垃圾的廢棄，而「垃圾」的處理方式，石氏認為：

> 這些問題，……不是單純的甲骨學的問題，而是牽涉到當時住在殷都人們生活方式的問題。要知道這些灰坑或穴窖，都是廢棄後而才被填埋的，其中的填埋物品

---

[106] 石璋如：《小屯·遺址的發現與發掘·丁編》甲骨坑層之一（一次至九次出土甲骨），〈序〉頁5。

[107] 同上註。

[108] 同上註，頁211。

[109] 同上註。

大部分是當時的垃圾，這些垃圾是怎樣製成，是須要進一步分析的。[110]

綜上可知，穴窖文化遺存時代歸屬的考察，必在掌握堆積形式之後進行始有意義，而相關堆積形式的釐清，又涉及遺存絕對年代的勘定，其中以甲骨時代作為指標幾乎是唯一途徑，如此循環牽連，終不免異議叢生。

顯而易見，石璋如對於穴窖堆積形式的分析，乃建立在所出甲骨時代已然確定的基礎上，若甲骨時代待定，則其相關考察立失所據，所有說明亦難脫一廂情願之嫌。朱鳳瀚曾指出：

> 甲骨本身使用年代與其在地層中的分布狀況二者之間的關係（較早的卜辭何以常出現於晚期地層中，同一坑中不同組、不同時期的卜辭何以會混合堆積），還需作合理的解釋，這也涉及到對甲骨（特別是刻辭甲骨）為什麼會分置於窖穴、灰坑與散布於一般地層中的不同原因的探討。[111]

對於穴窖的斷代運用亦偏向保守。總而言之，穴窖堆積情形所透露的訊息，當可作為探究相關歷史文化內涵的利器，卻無助於個別甲骨時代的判定。

2. 深度

考古發掘所得穴窖之相關地層資料，其實兼含兩種訊息，石璋如即謂：

> 所謂的層位有兩種含義，第一種含義是外在的，即坑本身個體在地層中所佔的位置，如由於彼此的切割，或層位的疊壓，顯示出自身所在，下層？中層？上層等，層與層間有清晰的痕跡，明顯而自然的分出先後。第二種含義是內在的，即坑的內部堆積的狀況，由於在一個小單位中堆積，土色混亂，除少數特殊之坑中土質、土色有分辨外，絕大多數層次很難分辨，雖然不能依照土質土色作自然界定，但填土的程序仍可分為上、中、下等三層，即下層先填入，中層次填入，上層後填入，這個規律是不可改的。[112]

第一種含義，標記穴窖所處地層位置，謂之層位訊息，藉由疊壓打破關係，判定其時代相對早晚；而第二種含義，強調穴窖所出遺物位置，謂之坑層訊息，依據堆積深淺情況，

---

[110] 同上註，〈序〉頁 5。

[111] 朱鳳瀚：〈近百年來的殷墟甲骨文研究〉，《歷史研究》1997 年第 1 期，頁 137。

[112] 石璋如：〈乙五基址與賓、自層位〉，頁 87。

推斷該穴窖使用年限，兩者意義並不相同。前者基於自然沉積，地層時代先後早晚較為絕對，而人力無法撼動改變；後者面對遺物堆積，僅能知其填入時間先後，可藉此推知穴窖的使用時限，並無法判斷遺物年代。

考察遺址文物時代，必先究其層位現象，一般而言，雖下層堆積理當時代較早，上層者則較晚，然研判時仍須注意：

> 中國考古學界在對器物進行類型學的分析時，一直延用的是按地層放置遺物。然後進行分型定式。但是需要注意的是，這種按地層編排器物，只是起到一種單位規範的作用，以免把器物搞亂，並不代表上層的東西晚於下層。[113]

而層位區分之「主要依據，在於土色、土質之別，而不是陶片等包含物」，[114]因此探求文化遺物所存位置深淺，並無法直接推斷其時代早晚。換言之，地層之厚薄，與時代並無絕對的關聯性，俞偉超曾謂：

> 從文化層形成的複雜原因出發，還可知道一個文化層的厚度，絕非衡量其形成時間長短的尺度。由被拋棄的垃圾所形成的一個文化層，可能需要很長的時間；同一天塌毀的一組房屋，可能立即形成一片很厚的地層；一個連續使用的建築群，室內戶外，每天打掃，這片地方就可能幾十年、甚至數百年都形成不了一個新地層。總之，文化層的厚度絕非衡量其形成時間長短的尺度。[115]

據此清楚可知，不同層位的遺物年代差距，並無法自各層厚度加以推斷。

大致來看，地層厚度的考察，並無益於縱向地層時代早晚的判斷，但卻有助於橫向區域關聯的探求。換言之，相鄰或相近區域，同屬先民活動範圍者，除非遇有特殊情狀，其地層結構層次儘管有所差異，卻不會完全無關，故相同範圍內深度相近的不同遺存，其時代亦可能大致相同。

至於穴窖坑層堆積深度，有兩種情形，意義各自不同。其一，坑內屬於自然堆積，因此其間層位可依不同土質土色劃分，如 YH251；其二，坑內似是一次性堆積，其間層位劃分不明，如 YH044。前者坑內不同深度之遺存，時代早晚或有不同，而後者坑內遺存廢棄年代則大約同時，深淺僅示投入先後之別，遺物本身時代與深度差異較無關聯。

---

113 趙東升：〈考古類型學的一點思索〉，《文物世界》2002 年第 6 期，頁 18。
114 俞偉超：〈關於"考古地層學"問題〉，頁 19。
115 同上註，頁 17。

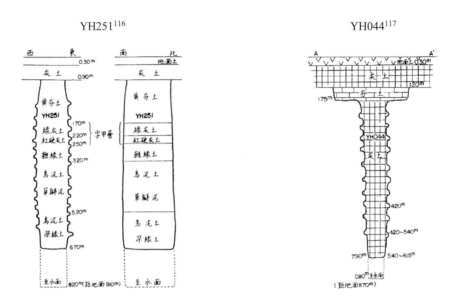

圖 2-3-2：YH251 與 YH044 剖面圖比較

　　綜上所述，考古遺物出土之深度，其斷代效用極為有限，實際上，根本無法純以堆積深淺位置判定時代，往往還須考量其他地層條件，始能有效推知遺物年代。因此，吾人考察地層年代，或層位早晚，堆積深度可以參考，但不宜據以立論。

（三）時代推定

　　地層層位關係，可知早晚，卻難明時代，欲探索時代者，必當察究自其他遺物資料。首先，具有初步年代意涵者是遺址文物，確定文物年代，則相關地層年代的分析即有所依據。以殷墟地層所見穴窖而言，出甲骨者，則時代則以甲骨年代為準進行推斷，張光直曾謂：

> 作為斷代標尺，考古學上的 "坑位"（董作賓的十期分類法中提出）是十分不可靠的。許多第一期和第四期的卜辭同出于一個坑位（見石璋如：《殷墟建築遺存》），但坑位時代的確定大多依賴于卜辭的斷代而不是相反。[118]

換言之，甲骨可以決定地層（穴窖）的年代，若反其道而行，以地層決定甲骨時代，則

---

[116] 石璋如：《小屯・遺址的發現與發掘・丁編》甲骨坑層之二（十三次至十五次出土甲骨）上，「插圖三十六：YH251 的形式與土層」，頁 171。

[117] 同上註，「插圖十二：YH044 甲骨出土層位」，頁 44。

[118] 張光直：《商文明》（瀋陽：遼寧教育出版社，2002 年 2 月），頁 375-376，註 68。

可能流於主觀的認定，容易忽略真相。

以陶器與青銅器形制特徵變化，作為文化分期的標準，自有其可信從的科學依據，然其演進序列即便不可違逆，亦只能說明不同類型遺物之間，其時代相對的早晚，並無法確知各類型遺物的絕對年代，而所謂「早期特徵」、「晚期特徵」僅屬相對而言，至於「早期」該當何時，遺物形態特徵演變之考察則完全無濟於事。因此，據遺物的早期特徵認定地層（穴窖）屬於早期，再據此早期地層斷定同出甲骨為早期之物，雖合邏輯卻顯有未備。關鍵在於甲骨的時代有其絕對性，同一版甲骨的年代，不會因出現於早期地層或晚期地層而有所改變。

一般而言，早期地層只能出早期甲骨，一旦發現早期地層存有晚期甲骨，則須調整時代認知的不是甲骨，而是地層，換言之，甲骨仍屬晚期不變，而相關地層則必須改以晚期視之。此時該地層所出其他早期文物，其時代認知未必需要因應改易，俞偉超曾指出：

> 晚期地層出早期遺物的現象是太多見了。例如在黃河中游有許多仰韶、河南龍山相疊壓的遺址，這種遺址，在龍山地層中一般會出仰韶陶片，如果不加分析，把二者視為同時之物，就等於重犯當年安特生在仰韶村把仰韶、龍山（實際是廟底溝二期）地層混為一談的錯誤。[119]

張忠培亦謂：

> 晚期地層和灰坑及房屋廢棄後的堆積中，往往混進早期的陶片；而早期的堆積中，則不應包含晚期的陶片等遺物。[120]

就此觀之，因晚期甲骨存在而修正的晚期地層中，即使存有早期形制的陶器或青銅器，認知上亦無任何扞格。

綜之，根據地層關係無法遽知甲骨時代，不僅如此，與甲骨同出之器物亦不能；相反的，地層與遺物絕對年代的推定，尚須借助甲骨出土訊息始能為之。然而，以甲骨推斷遺物年代亦須謹慎，李濟早已提醒：

> 我們不能因為某一坑內出有某一時代的甲骨，也就斷定其他的實物與甲骨同時；

---

[119] 俞偉超：〈關於"考古類型學"的問題〉，《考古類型學的理論與實踐》（北京：文物出版社，1989 年 5 月），頁 12。

[120] 張忠培：〈地層學與類型學的若干問題〉，《中國北方考古文集》（北京：文物出版社，1990 年 3 月），頁 241。

甲骨的存在，若運用得適當，只能給同坑出土的實物一個最早時代的限制；至於最晚時代的限制，單靠甲骨文的聯繫，是不夠的。[121]

陳夢家也有說明：

某坑若只出武丁卜辭，則同坑出土的其它實物不一定是武丁時代的，可能是以後的；因此，不可以某坑的甲骨年代來拘束同坑的其它實物的年代，反之其它實物的花文形制足以決定此坑堆積中的實物的最晚時期，而不是堆積的最晚時限。[122]

又云：

坑位只能供給我們以有限度的斷代啟示，而在應用它斷代實需要十分的謹慎。一個獨立的有意儲積的穴窖，就其實物本身的斷代可知此窖所包含實物的最早與最晚的期限，而實物的最晚期限乃是此窖停止堆積的最早期限。[123]

由是可知，實物與堆積時代不可相混一談，坑位年代所標示的僅是堆積年代，坑內實物的年代顯然必須另作考察，而其時代不會晚於堆積年代，總而言之，「一個只包含武丁卜辭的坑穴最早是武丁時代的儲積，也一樣可能是武丁以後的儲積。」[124]就此觀之，若以「同坑遺物→地層→甲骨」順序推斷甲骨年代，並不易做到確然無疑。

另外，曹定雲仍認為：

卜辭斷代中，首先要考慮地層關係，然後再考慮稱謂、字體與人名。考古中的地層是自然形成的，地層的先後次序是不能改變的；但卜辭中的稱謂人名則包含著許多不確定的可變因素。卜辭中同一個"稱謂"、同一個"人名"，不一定就是同一個人；上一代的"兄丁"與下一代的"父丁"，也不一定就是同一個人。所以，不考慮地層關係，單憑稱謂、人名去進行卜辭斷代，就十分地脆弱與危險，弄不好就會出現失誤，甚至是嚴重的失誤。[125]

曹氏之言，亦有理致，可以參酌，須釐清的是，地層先後次序固然不能改變，但地層的

---

[121] 李濟：〈跋彥堂自序〉，《小屯·殷墟文字·甲編》（上海：商務印書館，1948年4月），頁15。

[122] 陳夢家：〈甲骨斷代與坑位〉，頁179。

[123] 同上註，頁179-180。

[124] 同上註，頁179。

[125] 曹定雲：〈田野發掘是卜辭斷代的基礎〉，頁43。

形成卻相對充滿變數，有時「在擾亂地層中，早期、晚期的遺物混在一起，實際是晚期形成的一個新的地層」，[126]若未能先確實掌握其內含遺物年代之差異，所謂地層擾亂現象根本無法稽考，而地層早晚亦難以明確界定。如此一來，即使考慮地層關係，若相關遺物年代不能明，則以卜辭而言，其上相同稱謂的指稱亦不能明。簡言之，甲骨卜辭中涉及上下代之相同稱謂或人名考辨，其具體指稱之對象，並不易依地層關係而有效確認，曹說過於樂觀。

綜上，以考古地層學進行具體的甲骨時代推定，其作用範圍實極為有限，劉一曼等曾指出：

> 考古學的地層、坑位（包括共存器物）對於卜辭的斷代應是重要的標準之一。它對時代越早的卜辭的作用就越大，是主要的斷代依據。而對晚期的卜辭仍具有一定的參考作用。但是，地層、坑位只能判斷卜辭的相對年代，要判斷它屬於那個王，還要通過對卜辭的內容（世系、稱謂、貞人、字體以及同出的其它遺物等）作多方面的分析，才能得到正確的結論。[127]

而彭裕商則認為「從理論上來講，中晚期地層對早期遺物時代的判定是無能為力的」，[128]並謂：

> 中晚期單位一般來說均不能直接作為甲骨斷代的主要標準而獨立解決問題，祇能作為參攷資料。因此，在對這些單位所出甲骨進行斷代研究的時候，我們的主要依據就應該是甲骨的自身條件了。……所以在中晚期地層的情況下，甲骨斷代就應該以甲骨的自身條件為主要標準，而地層祇能作為次要的參考條件。如果由前者得出的結論與地層關係相合，當然是相得益彰；反之，如果二者相違，則其時代的判定就應以自身條件為主。[129]

由是可知，雖對地層資料運用多所肯定，但其論同時說明考古地層在甲骨斷代上，充其量只能有效區別早期甲骨，至於中、晚期甲骨的明確辨識則無能為力，而層位關係固然可以提供時代先後參考，但絕對年代仍須依賴卜辭內容的分析，始有論定的可能，更是凸顯考古地層學在甲骨斷代上的限制。

---

[126] 俞偉超：〈關於"考古地層學"問題〉，頁 12。

[127] 劉一曼、郭振祿、溫明榮：〈考古發掘與卜辭斷代〉，《考古》1986 年第 6 期，頁 556-557。

[128] 彭裕商：《殷墟甲骨斷代》（北京：中國社會科學出版社，1994 年 5 月），頁 266。

[129] 同上註，頁 14。

二、 論據檢視

（一）絕對年代

目前殷墟地層分期，絕對年代的確立，始於 1959 年大司空村的發掘所得，該次發掘將殷代遺存堆積分作兩層，其分別是：

> 上層所出器物與 "梅園庄 II 期" 以及殷墟常見的一致；下層陶器與上層有顯著的變化，尤以鬲和簋最為突出。最值得注意的 114 號灰坑內發現了一片卜骨，刻有 "辛貞在衣" 四個字，從字體來看，屬於甲骨文第一期即武丁時期，給這層堆積的絕對年代提供了有力的證據。[130]

所謂有力的證據，發掘者進一步說明：

> 大司空村發現兩片帶字的卜骨，一件出於 114 號灰坑，整治較粗糙，未切臼角，正面左側刻有 "辛貞在衣" 四字；另一件刻有 "文貞" 兩字，字體纖細，顯係習刻。……前一件字體，具有武丁時期（甲骨文第一期）的特徵，地層和共存遺物也屬早期的，它提供了推斷分期和絕對年代的證據。未切去臼角顯然是早期的特徵，過去認為晚期所特有的說法是不正確的。從文辭上來看，很像是習刻，但所提到的 "衣" 則無疑是地名，按 "衣" 的地名也常見於卜辭，為殷王田遊之區。[131]

其後，《殷墟發掘報告》總括大司空村遺址發掘，認為：

> 這裡的殷代遺存大體可劃分為三期，在兩個第 I 期的灰坑中出有較多的可復原的陶器，可作為苗圃第 I 期陶器的補充。各期的年代大致與苗圃北地之各期相當。從一個屬於第 II 期的灰坑中出有武丁期甲骨文分析，此期的絕對年代大致在武丁前後。第 I 期的年代可能早於武丁，其下限最晚到武丁時期。[132]

---

[130] 中國科學院考古研究所安陽發掘隊：〈1958-1959 年殷墟發掘簡報〉，《考古》1961 年第 2 期，頁 65-66。
[131] 同上註，頁 75。
[132] 中國社會科學院考古研究所：《殷墟發掘報告 1958-1961》（北京：文物出版社，1987 年 11 月），頁 85。

1962 年大司空村遺址又見發掘，此次將殷代文化層再細分成四期，而其中第一、三期絕對時代判定的線索是：

> 在屬於大司空村一期的灰坑中，曾出土屬於第一期的刻字卜骨，這一期的年代大約相當於武丁前後，是殷代比較早的。……在屬於第三期的小屯西地 1 號灰坑中，也曾出土刻字卜骨一塊，從字體觀察，在甲骨文斷代中，大約是第三期晚或第四期早的。這片卜辭與同出陶器的時代是符合的，出土的陶器與第一期的比較要晚得多。這片卜辭為斷定第三期的年代提供了寶貴線索。[133]

綜上所載，殷墟地層絕對年代的初始判斷，顯而易見，完全是依據大司空村以及小屯西地兩處遺址所出，共二塊字骨（圖見下）而論定，影響所及，苗圃文化的年代，亦能據以推斷：

> 關於苗圃各期的年代問題，1959 年我們曾在原訂屬於 "大司空村 I 期" 的一個灰坑中（原號為 59ASH114，現號為 SH314）發現了一片字體近似武丁時期賓組卜辭的帶字卜骨，因而推測這一期的年代大致在武丁前後。通過 1960 年大司空村的發掘，參考 1962 年大司空村的發掘資料和苗圃北地的分期工作，我們認為大司空村第三區遺址亦可分為三期，而從出有武丁期卜辭灰坑中兩件復原的陶鬲形制考察，顯然比第 I 期 SH317、SH326（原號為 59ASH117、59ASH126）所出的陶鬲為晚，因此，這次我們把 SH314 定為第 II 期。由此推斷，苗圃 I 期的年代上限應早於武丁，它的下限最晚到武丁；第 II 期的上限可早到武丁，下限可能到祖甲；至於第 III 期的年代，本身可劃分為早、晚兩期，但這次未予細分。從上述的屬於早段的 VAT1 第 3 層所出的鬲、簋等考察，有的形制與 1955 年小屯 H1 中所出的近似；有的與 1973 年小屯南地的 H50（如圜底罐、罍）所出的接近，而在 55H1 中出有一片字體近似康丁時期的卜骨。在 73H50 中出有第 III、IV 期（康丁、武乙、文丁時代）的卜辭，看來第 III 期早段的上限可能到廩辛，其下限大致到文丁；第 III 期晚段鬲、簋的形制，有的與後岡圓坑所出的近似，其年代約當乙、辛時期。[134]

---

[133] 中國科學院考古研究所安陽發掘隊：〈1962 年安陽大司空村發掘簡報〉，《考古》1964 年第 8 期，頁 381。
[134] 中國社會科學院考古研究所：《殷墟發掘報告 1958-1961》，頁 10。

SH314③:3（59ASH114③:3）[135]

55H1[136]

整體觀之，目前殷墟文化分期工作，所有絕對年代劃分依據皆源於此，而該二版卜骨地位之關鍵，不言可喻。

其實，類似上述的時代劃分也有隱憂，李濟曾云：

> 若說，在一塊版築土中，找出一塊可以認為是祖甲時代的帶字龜版或獸骨，就斷定這片版築也是祖甲時代築的，這就可以引起大大的爭端；譬如，看一所專藏宋版書的現代圖書館書庫，我們不能因為書是宋朝的，也說庋書的書架，庫內用的桌椅，紙張筆墨，甚至連庫房的建築，都必定是宋朝的。同樣地，我們不能因為某一坑內出有某一時代的甲骨，也就斷定其他的實物與甲骨同時。[137]

換言之，該二版卜骨雖至為重要，但其能發揮的作用卻無法令人樂觀。

此外，前述兩版作為時代判斷基準的卜骨，本身亦有可商。出於 55H1 者（上圖右），以目前甲骨斷代成果衡量之，明顯屬於第三期，應是康丁時期偏早的卜辭無疑；而出於 59ASH114 者（上圖左），謂之「近似武丁時期賓組卜辭」，則恐非是。59ASH114③:3 為一殘骨，存骨之上半部分，骨臼未切，缺乏背面鑽鑿資料，無法確知所留文字是否卜辭，可能是習刻。綜合該版卜骨訊息，尚可據以推斷時代者，確實只有字體特徵。細究「辛貞在衣」四字，值得注意的是「貞」與「衣」二字，分作「𩂣」、「𧝎」形，復覈《甲

---

135 中國科學院考古研究所安陽發掘隊：〈1958-1959 年殷墟發掘簡報〉，圖一六，頁 75。

136 河南省文化局文物工作隊第一隊：〈一九五五年秋安陽小屯殷墟的發掘〉，《考古學報》1958 年第 3 期，圖六，頁 70。

137 李濟：〈跋彥堂自序〉，《小屯‧殷虛文字‧甲編》，頁 15。

骨文字編》二字各類形體，摘出相關諸形簡要對比如下：[138]

表 2-3-3：賓組與歷組中「貞」、「衣」二字諸形對比

		賓組				歷組			
貞	𝌀	𝌀	𝌀	𝌀	𝌀	𝌀	𝌀	𝌀	𝌀
		A6 賓組一類	A7 典型賓組	A8 賓組三類	AB 賓組	B2 歷組一類	B2 歷組一類	B3 歷組二類	B3 歷組二類
		賓組				出組	歷組		
衣	𝌀	𝌀	𝌀	𝌀	𝌀	𝌀	𝌀	𝌀	𝌀
		A7 典型賓組	A7 典型賓組	A8 賓組三類	AB 賓組	A9 出組二類	B2 歷組一類	B3 歷組二類	B3 歷組二類

相較之下，與其說 59ASH114③:3 上「貞」、「衣」兩字特徵接近賓組，倒不如說該二字形根本就是歷組的風格。

此一關鍵卜骨，林澐認為：

> 大司空村 H114 所出卜骨……只發表了摹本，據摹本來看，貞字作方耳而字較窄長，正是歷組一類的特點；不切臼角，也是歷組一類可以有的特徵。「在衣」之衣與歷組一類字體的《屯南》2564「在衣」之衣一樣，中間有數點。[139]

林氏所見，極為正確，而其所謂「歷組一類」者，因其上「只有父乙稱謂而不見父丁稱謂」，[140]主張亦屬於武丁時期，與原本該文化分期聯繫的賓組時代，並無二致。然歷組卜辭時代並不宜歸於早期（詳後），因此，以該版卜骨作為絕對年代依據的層位時代，仍有審酌之空間。

若 59ASH114③:3 屬於歷組無誤，則其所從出之「大司空村 I 期」文化層，[141]時代必須向後推遲，無法早於武乙時期，而牽連所及，其他相關文化層的時代都應該往後調整推斷，方屬合理，惟殷墟文化四分期如同董作賓甲骨斷代五分期、陳夢家貞人分組分期，於今已然根深蒂固，儘管有其必要，一時之間亦難以全盤修正，而吾人之認知運用，當有所合理取捨。

---

[138] 「貞」字諸形，詳見李宗焜：《甲骨文字編》（北京：中華書局〔2012.03〕），頁 1057-1063；「衣」字另見頁 726-730，惟該書將此形釋為「卒」。

[139] 林澐：〈小屯南地發掘與殷墟甲骨斷代〉，《古文字研究》第 9 輯（1984 年 1 月），頁 139。

[140] 同上註，頁 138。

[141] 林澐曾謂該版卜骨「據鄭振香同志告知，乃出于 H114，而該坑陶器具現行四期分法，應定為大司空村二期」（詳林氏〈小屯南地發掘與殷墟甲骨斷代〉，頁 133），就時代連結而論，已將之略往後移，由此可見相關文化層時代的推定，仍存有必要的調整空間。

（二）資料辨正

董作賓首先注意到，可利用甲骨出土的坑位關係判斷甲骨年代，遂成其甲骨斷代十項標準之一。然是時（1933 年）董氏並未全面分析甲骨坑層與時代的關聯性，而殷墟十五次挖掘完整甲骨的坑層資料，遲至 1992 年才完全刊畢，其間相關研究者僅能就片段零星發表的材料進行討論，遂難脫瑕誤而影響立說。

綜觀以殷墟甲骨出土考古資訊進行相關論述者，部分因原始材料認知有誤，以致運用有所偏差，現舉其要者辨正說明如下，冀以匡正視聽。

1. 關於 YH006

YH006 坑是史語所殷墟第十三次發掘所得，位於 B 區，大部分在 B119，僅南邊一小部分在 B123，整體包含 YH006 北、YH006 南、YH014、YH006 南井等單位。

鄒衡探索 YH006 時代，注意到賓、自、子三組卜辭同出一坑，又認同 YH006 南井所出牛距骨刻辭（《乙》8688=《合》35501）為第五期，屬於帝乙帝辛時代之物，[142]因此以為「YH006 被 YH001，YH014，YH006 南井所打破，又被 B119 所壓，故 YH006 所居層位也較早」，[143]遂於其文化分期中，將 YH006 與 YH006 南井分列第 2、7 組，[144]兩者時代大約是武丁與帝乙的差異。正因如此認知，始對 YH006 坑中深 1.05 公尺所出《乙》8651、8652（＝《合》38060 正反）有所質疑，謂「《乙編》8651-8652，坑號可疑，或為YH006 南井之誤。」[145]鄒氏的理解並不正確，石璋如提出澄清：

> 關於層位方面在（頁 85，注 7）[146]下云：「又 YH006 被 YH001，YH014，YH006 南井所打破，又被 B119 所壓，故 YH006 所居層位也較早」。這個說法，只有 YH006 被壓在 B119 之下，這一點是對的，而且堆積是相連接的。它與 YH001 兩者不發生關係。至於和 YH014，YH006 南以及南井等，它們彼此是相關連的，YH006 北與 YH006 南，中間有門可通。YH014 為 YH006 南的壁窖，南井是 YH006 南的穴底窖，原來的結構如此，並沒有彼此打破的情形。[147]

---

[142] 鄒衡：〈試論殷墟文化分期（續完）〉，頁 84。

[143] 同上註，注①。

[144] 同上註，頁 64-65。

[145] 同上註，頁 83，注②。

[146] 石文引鄒說，文見《夏商周考古學論文集》（北京：文物出版社，1980 年 10 月），下同。

[147] 石璋如：《小屯・遺址的發現與發掘・丁編》甲骨坑層之二（十三次至十五次出土甲骨）上，頁 38。

並予以強調：

> YH006 南與南井的關係，並非南井打破 YH006 南，在上層毫無跡象可尋，所謂南
> 井並非後代的井，乃是 YH006 南的穴底窖，其中出水故名。實際上窖底呈東西長
> 方形，頗似棺木，並有部分板線，有人疑為墓葬，但其中沒有人骨，是否為當時
> 的室內葬尚須研究。這個現象及層位在該圖上〔按：圖參下〕已經表示的很清楚。在
> 此再予強調決非打破 YH006 南的後代井。[148]

YH006 坑相關層位的具體情形，如下圖示：[149]

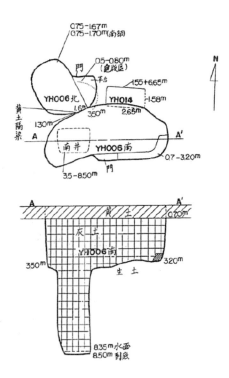

圖 2-3-3：YH006 相關坑層示意圖

石氏又云：

> 關於甲骨方面，……在（頁 84 注 2）云：「其中『乙編』8651～8652，坑號可疑，
> 或為 YH006 南井之誤」。因此把南井列為打破 YH006 的上層堆積，訂為殷虛文化

---

[148] 石璋如：〈殷虛的穴窖坑層與甲骨斷代二例〉，頁 1103。

[149] 截自石璋如：《小屯・遺址的發現與發掘・丁編》甲骨坑層之二（十三次至十五次出土甲骨）上，「插圖
九：YH006 甲骨出土層位」（頁 31）之部分。

第四期，以便解釋其中出第五期甲骨之原因。YH006 北、YH006 南、南井、YH014 等是一個整體，南井中出有第五期的卜辭，正是說明了該整體廢棄的時期。[150]

進而釐清：

> 很清楚的 YH006 為𠂤與子的混合，而 YH006 南及南井則為所謂的五期的宰丰在下層，而第一期的賓組則居上層了，假設宰丰距骨為第五期的話，那麼正好可以說為第五期封閉的了。過去大家都沒有把穴窖的性質分辨清楚，以為所有的堆積都是下層的遺物早，上層的遺物晚，而沒有注意到穴窖封閉的情形及其本身的層位，以致有所疏失和誤解。[151]

而鄒氏所論，尚有補充：

> YH006 包含的甲骨，也是𠂤組、子組與賓組卜辭同出。如果這類卜辭屬於晚期，則上述諸單位（YE16、YH006、YH005、YM331、YM388、HPKM1001 等）的年代上限也只能是晚期。這無論從層位關係和同出他器來看，都是解釋不通的。與此相反，如果把這類卜辭定為早期，則與上述層位關係和同出他器完全不發生矛盾。[152]

對此石氏則認為：

> YH006 為乙五基址的旁穴，在前面曾經說過，其建築在武丁之後，就其所舉而觀，武丁貞人只有吏一位，卜辭三片而已。自扶而下當屬晚期的貞人，由於 YH006 是晚期的穴，難道晚期的穴中沒有一片晚期的甲骨嗎？這個道理恐怕是講不通的。況且鄒氏認宰丰為五期卜辭。[153]

兩者雖針鋒相對，但石說憑藉挖掘實錄，其參考價值應略勝一籌。

綜上所言，礙於資訊不全，鄒衡對於 YH006 南井的觀察，並未能符合實況，依石璋如挖掘所見，YH006 南井與 YH006 實屬同一單位，南井是 YH006 南的穴底窖，並非打破關係，其時代自當相同，同屬於晚期；即使將南井暫置不論，YH006 坑內仍存有第五期刻辭（《乙》8651、8652），據此觀之，YH006 只能是晚期的坑穴，而不該歸於早期，因此鄒氏殷墟文化分期之架構與內涵，尚有待全盤調整再作修正。

---

150 同上書，頁 39。

151 石璋如：《小屯．遺址的發現與發掘．丁編》甲骨坑層之二（十三次至十五次出土甲骨）上，頁 39-40。

152 鄒衡：〈試論殷墟文化分期（續完）〉，頁 84。

153 石璋如：《小屯．遺址的發現與發掘．丁編》甲骨坑層之二（十三次至十五次出土甲骨）上，頁 38。

2. 關於 YH127

YH127 坑是史語所殷墟第十三次發掘所得，位於 C 區，在 C113 中部，屬於 YH117 坑的穴底竇，並在 YH126 之上。YH127 出土甲骨至少 16989 片，[154]單坑數量之多目前僅見，再加上其中有賓、自、子、午等兩大類（賓組、王族）卜辭同坑共存的情形，因此受到較多注意。

關於 YH127 坑層位，鄒衡曾謂：

> 第十三次發掘的 YH127，出甲骨 17096 片，十之八九是賓組卜辭，十分之一是子組、"午組"和其他（《綜述》頁 156）。按該坑最上層中，包括我們所定的第三期葬坑 YM164。再下層為 YH117；再下層為 YH121；再下層才是 YH127（《中考報》四，頁 301-302 及最末頁插圖壹）。可見 YH127 的年代最早。此外，在坑內的甲骨堆中，夾雜有一片 Ca I 式（或 Cb I 式）陶殷口緣片也可參考。[155]

明確主張 YH127 屬於早期坑。劉一曼、郭振祿、溫明榮的分析是：

> YH127，這是乙十二基址的一個旁窖，是一個埋藏甲骨的窖穴，坑內共出 17096 片。絕大多數是賓組卜辭，少量子組、午組，自組和一些字體較特別的卜辭。YH127 的最上層是 M156，其下為一大而淺的灰坑 H117，H117 之下為 H121，在此坑以下才是 YH127，可見這一組遺迹中，YH127 之時代最早。M156 之時代大體相當於殷墟文化第三期（即大司空村三期）。又，從 YH127 坑內甲骨堆中所夾雜的陶簋口沿觀察，似屬殷墟第一期（即大司空村一期）之物。這些迹象表明，這個坑的時代要早於第三期，可能也與殷墟二期相近。[156]

其說較鄒氏更進一步，認為 YH127 坑時代與殷墟文化二期相仿。另曹定雲評董作賓斷代主張時，提及：

> 對 H127 坑的分析，董先生也是明顯"失誤"。關於 H127 坑，前面已經作過介紹，在該坑所處的地層系列中，它是最早的。董先生對此也完全承認。他說："窖

---

[154] 同上註，頁 132。其中字甲 16981 片、字骨 8 片，並未計入有拓號無編號字甲 106 片。

[155] 鄒衡：〈試論殷墟文化分期（續完）〉，頁 84，注①。其中 YH127 出土甲骨數目包含無編號者，遂與石璋如所核計不同。

[156] 劉一曼、郭振祿、溫明榮：〈考古發掘與卜辭斷代〉，頁 551。

的田野號數，叫做 H127。它的附近地層頗為複雜，最上層的是墓葬群，單就它本身有關係的遺迹說，最上層是 M156；其次是 H117，一個大而淺的灰土坑；又其次 H121 灰土坑。當 H117 到底之後，才發現它的上口，它曾破壞了 H127 坑東邊的一部份，那麼 H127 在這一帶是資格最老的遺迹了。"該坑卜辭絕大多數是"賓組"卜辭，少量的"子組"、"午組"和"𠂤組"卜辭。從該坑所出陶簋口沿觀察，屬大司空一期。董先生一方面承認 H127 在這一帶地層關係中"資格最老"而一方面又將"𠂤組"等卜辭定為文武丁卜辭。這是董先生在卜辭斷代中的又一個"矛盾"。[157]

總之，曹氏認為：

> 董作賓先生將𠂤組、午組、子組等卜辭定為"文武丁"卜辭，這是忽視了 E16、YH127 等坑是早期地層這一最基本的事實。他沒有從這些坑位的實際地層出發，而是從卜辭的稱謂、字體等出發，從"假定"出發，從而出現了嚴重的失誤。[158]

仍以 YH127 坑為早期穴窖，並據之論說甲骨時代。以上諸說咸認為 YH127 是早期穴窖，雖論而有據，但仍可商榷。

首先，針對鄒衡所謂「CaI 式陶簋口緣片」，石璋如指出：

> 他說的 Ca I 式為 YH225 所出，這個小窖的位置在乙十七基址的西南，時代較晚。而上口確是被 K20 水溝打破了，不過這條水溝建築的較晚，故 YH225 不可能是武丁時代的建築，假設以這個盂或段為標準而定 YH127 的時代的話，則 YH127 中的陶器，即含有武丁以後的成分了。[159]

再者，上述諸說對於 YH127 坑相關地層的理解，似有不足。根據石氏的發掘紀錄，YH127 坑具體情形如下圖示：[160]

---

157 曹定雲：〈殷墟田野發掘與卜辭斷代〉，頁 180-181。

158 曹定雲：〈田野發掘是卜辭斷代的基礎〉，頁 42。

159 石璋如：《小屯・遺址的發現與發掘・丁編》甲骨坑層之二（十三次至十五次出土甲骨）上，頁 136。

160 據上書，「插圖二十一：YH126 與其他現象的關係及字甲出土層位」（頁 68），以及「插圖二十二：YH127 與 YH117 及 YH121 的層位關係」（頁 72）兩圖資料併整改繪而成。

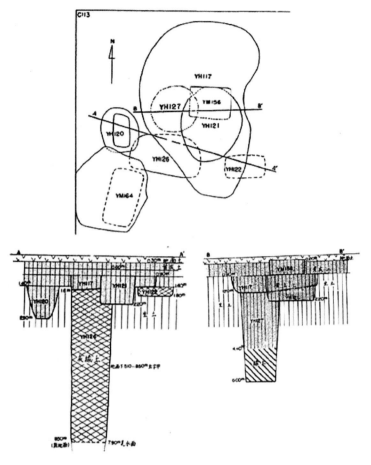

圖 2-3-4：YH127 相關坑層示意圖

石氏觀其整體坑層現象，認為：

> 固然 YH127 的上層有若干層的堆積，也是 YH117 的下層實，但 YH127 是 YH117
> 的穴底實，兩者是相連接的，並且 YH117 之下東南有 YH122，西南有 YH126，
> YH126 尚出有了一片屬於第一期的字甲（《乙》486），故 YH127 在這裏不是最
> 早的坑。[161]

其中 YH126 的層位關聯，鄒、劉、曹等人皆未提及，而石氏則有特別說明：

> 據田野實測圖所示，它的東端被壓在 YH117 及 YH121 之下，它的西端被壓在 YH120
> 及 YM164 上層的黃土坑之下。田野工作者慣例在每穴之旁，記載其上口深及底深，
> 獨於 YH126 僅記底深 8.50 公尺見水面尚未到底，而未記其上口深。很清楚的，

---

161 石璋如：《小屯‧遺址的發現與發掘‧丁編》甲骨坑層之二（十三次至十五次出土甲骨）上，頁137。

它是一個下層的長方窖，毫無異議。

既然 YH126 為在 YH117 及 YH121 之下的下層窖，它的上口深度應較兩窖的上口為低，方為合理。查 YH121 的上口為現地面下 0.90 公尺，係在 YH117 平復後而興建，則 YH117 乃為 YH121 的下層穴，南端亦係打破 YH117 的情形，又深入其下 0.40 公尺，且 YH126 是由 YH121 的底部發現它的東端，除了東西兩端被壓在上述的現象之下，它的北壁亦被 YH117 所破壞。

若 YH126 的上口深，確為現地面下 0.60 公尺，未嘗不可，亦無礙其為下層穴窖，因當時的地面或高低不平，其未被破壞之處，也許正是被保留之最高上口了。既然上口如此之高，可否列為上層穴窖呢？不可，因為如為上層穴窖，一定有一個條件，即必須打破 YH117 及 YH121，實際的情形則是被 YH117 及 YH121 破壞它的東部，故 YH126 仍屬下層穴。[162]

簡單來說，YH127 與 YH117 兩坑上下相接，實同一坑，又 YH117 打破 YH126，因此 YH127 時代應該晚於 YH126，石氏推斷其坑中甲骨時代，謂：

依 YH127 所居的層位觀察，其上有 YM156，YM155 等墓葬及 YH121 穴的疊壓，其上層尚有一段時期的堆積，不可能有五期的遺存；其下層尚有 YH122 及 YH126 的一段堆積，而 YH126 中出一期卜辭，也不能僅有武丁一代的遺存，故其中含有一至四期的說法，最合乎地層的程序。[163]

由是觀之，YH127 為早期坑的認知並不正確，而出於該坑的自、子、午卜辭亦不能據以逕歸為早期卜辭。

3. 關於乙五基址

鄒衡認為乙五基址「下壓第二期穴窖（YH006），其上又被第二期穴窖（YH093）所打破；而且第二期墓 YM18.4 又與此基址東半部的建造儀式有關。所以本基址的年代也只能大體相當於窖穴、墓葬的第二期。」[164]曹定雲則指出「乙五基址下面，壓了好幾個甲骨坑：H76 出賓組卜辭；B17 出自組卜辭；B30 出自組卜辭。據此可以推斷出乙五基址

---

[162] 以上俱同上註，頁 67。

[163] 同上註，頁 144。

[164] 鄒衡：〈試論殷墟文化分期（續完）〉，頁 75。

是庚甲時候的建築，𠂤組卜辭當早於祖庚、祖甲。」[165]

其實，YH006 為乙五基址基旁窖，並未被乙五基址所壓，如下圖示：[166]

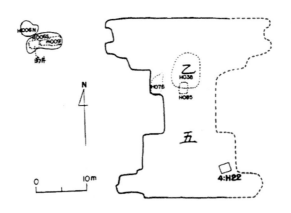

假若 YH006 為乙五基址所壓，而 YH006 封閉於第五期（見前述），則乙五基址的建造時代不能早於甲骨第五期，自不會是庚甲時期。

另外，B17、B30 壓在乙五基址下的說法，亦不正確。B17、B30 皆為史語所殷墟第四次發掘的探坑，B17 在 B16 的西端，兩坑呈丁字形相接；B30 緊挨 B17 之北，並相平行，兩坑東齊西不齊。B30 坑深 3.00 公尺處，有長方坑跨在 B17 與 B30 之間，此長方坑以下稱 B55，後改稱 4:H22。[167]相關層位圖示如下（A—A' 縱面圖另見於後）：[168]

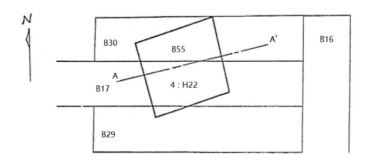

圖 2-3-5：B55 相關諸坑示意圖

[165] 曹定雲：〈殷墟田野發掘與卜辭斷代〉，頁 181。

[166] 據石璋如：〈乙五基址與賓、𠂤層位〉，「圖六：乙五基址與上、下窖及旁窖的關係」（頁 95）改繪。

[167] 詳見石璋如：《小屯・遺址的發現與發掘・丁編》甲骨坑層之一（一次至九次出土甲骨），頁 108-109。

[168] 據上書，「插圖二十三：B17 與 B30 及 B55 諸坑相關的情形」（頁 108）增繪，其中 B16 參「插圖二十二：殷虛第四次發掘 A、B 兩區出土甲骨坑位」（頁 102）而補充。

B17、B30 兩坑發掘者石璋如，原本將 4:H22 列為乙五基址基下窖，以為屬於「殷第一次挖窖期」，[169]但同時又有所惑，遂謂「它的坑層是值得再加研究的一個問題」加以存疑。[170]石氏的疑惑是：

> 因為其中所出甲骨的時期與坑層的堆積不相配合。乙五基址的時代相當甲骨文第二、三期，4:H22 中（包括 B16 在內）出有 8 片甲骨，根據董作賓、嚴一萍兩位先生之分期（《甲骨坑層之一》，附錄一，表一七七）一期 3 片：3303, 3305, 3349；四期 4 片：3357, 3358, 3304, 3360（可與 3357 相拼合）；惟 3348 這一片董、嚴及屈萬里先生同認為是第五期。這些甲骨與乙五基址斷代很有關係，如果不加改正，則乙五基址建造的時代，必被誤認為殷代亡國之後的建築了。[171]

《甲》3348

經過詳加考察推敲，石璋如發現：

> 由於殷虛第四次發掘，係以一個探坑為單位，遇有特殊情形或需要，則在其旁另開一坑以找現象的輪廓，但現象的確定往往不能在一平面上，如 B17 停止在深 3.8，而 B30 停止在深 3.6，B17+B30 則於深 3.0 公尺發現為方井。所幸 B17+B30 之東墻，於耕土層下即發現其破壞夯土，最幸運的是在 B29 保存了 B55 的西南角，因 B29 於地面下 0.50 公尺發現全坑夯土即停止下掘，B55 的口面、方向、深度即由此角測定的，它是一個打破夯土的單位決無疑問。[172]

更清楚的關係說明是：

> B17 與 B30 合併發掘於深 3.00 公尺發現整齊邊緣後稱為 B17+B30 方井，最後改稱 B55，編輯穴窖之次第時，而稱為 4:H22。即破壞夯土之處為其上段，方井或 B55 為其下段，而 4:H22 為其全稱，實際上乃是上下一體。[173]

總結以上，石氏認為：

---

[169] 石璋如：《小屯・遺址的發現與發掘・乙編》殷虛建築遺存，頁 77。

[170] 石璋如：《小屯・遺址的發現與發掘・丁編》甲骨坑層之一（一次至九次出土甲骨），頁 109。

[171] 石璋如：《小屯・遺址的發現與發掘・丁編》甲骨坑層之二（十三次至十五次出土甲骨）上，〈序〉頁 1-2。

[172] 石璋如：〈乙組兩處基址與其甲骨穴窖釋疑—兼論自然層位與穴窖堆積—〉，頁 25。

[173] 同上註，頁 24-25。

這個窖認知的經過頗為曲折，本來其中的甲骨分別為 B17，B30 及 B16 等探坑。
最初是以深度為標準，而認為是基下坑。後來又查出它們與 B55 有關，但 B55 的
斷面需要追查，經追查的結果乃知 B17、30、16、55 等坑的灰土乃是一體，即
4:H22，那灰土是打破乙五基址的夯土而填入，當然屬於基上窖了。[174]

其修正層位圖示如下：[175]

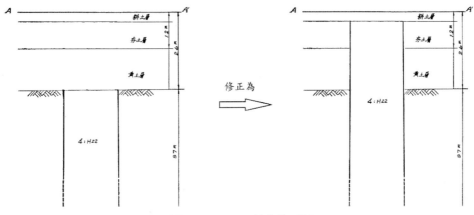

圖 2-3-6：4:H22 坑位修正圖

據此觀之，B17、B30 不僅不在乙五基址之下，反倒屬於基上窖，故其中存有第五期甲骨
確實不足為奇，而值得注意的是，兩坑自組卜辭的時代推斷，其實並無早於祖庚祖甲時
期的必要。

（三）諸說商榷

1. 殷墟十五次發掘材料

董作賓揭示「坑位」的斷代作用之後，甲骨研究者針對於地層、坑位與甲骨斷代問
題連結的相關探索此起彼落，[176]其中「以坑位的早晚為其中甲骨作斷代依據者」，更是

---

174 石璋如：〈乙五基址與賓、自層位〉，頁 90-91。

175 據石璋如：《小屯‧遺址的發現與發掘‧丁編》甲骨坑層之一（一次至九次出土甲骨），「插圖二十三：
　　B17 與 B30 及 B55 諸坑相關的情形」（頁 108）增繪。其中「A-A'」標記根據為前列 4:H22 圖示，兩圖
　　宜併參看。

176 石璋如謂「甲骨學者對於坑位、層面與甲骨斷代問題，更為注意也更為有興趣。其中有的利用坑位作甲
　　骨斷代並創新說者如陳夢家，有根據新說並利用層位進一步探討殷商文化者如鄒衡，甚至為著一個問題
　　輾轉引證而涉及許多坑位，並兼及穴窖、墓葬以及器物者如李學勤。更有以坑位的早晚為其中甲骨作斷

主要的考察工作。

以坑位的早晚作為甲骨作斷代依據者,其考察對象多集中於𠂤組卜辭,然殷墟發掘初期的相關地層訊息並不清楚明確,因此若干敘述與判斷難免有所不足。石璋如曾蒐羅諸家相關討論,彙集列表予以比較,總計討論涉及之地層單位共計 39 處,[177]本文循此資料,擇要檢討甲骨斷代意見於下。

劉一曼等人曾針對 8 個單位之時代加以分析:

① B17,在乙五基址下,所出的卜辭為《甲》3357、3358,屬𠂤組卜辭。

② B30,在乙五基址下,所出的卜辭為《甲》3303、3304、3305,其中 3304 為𠂤組卜辭,另兩片也似早期字體。

③ H38,在乙五基址下,所出的卜辭為《乙》475、476。前者近賓組卜辭,後者似祖庚卜辭。

④ H76,在乙五基址下,所出的卜辭為《乙》483,屬賓組卜辭。

這四個坑,均被乙五基址所疊壓,而乙五基址內有三個出刻辭甲骨的坑(即打破基址或與基址同時的坑)B125、B126、B130。B125,所出卜辭為《乙》277-289、8646、8501,屬賓組和出組卜辭;B126,所出卜辭為《乙》290-296,屬賓組卜辭;B130,所出卜辭為《乙》297,亦屬賓組卜辭。因此乙五〔原漏補〕基址應為祖庚、祖甲時期之遺存,基下灰坑時代的下限,不能晚于祖庚、祖甲,或者更早一些。

⑤ YH005,在乙六基址下,所出卜辭為《乙》298、8649、8650,近𠂤組或早期字體。此坑出了一些完整的陶器,其中鬲、簋、盂、罍等的形式,屬于殷墟文化第二期(即大司空村二期),大概坑之時代也與此相近。

⑥ H36,在乙八基址下〔原作乙基八下〕,所出卜辭為《乙》474、8683-8687、8657-8660,屬𠂤組卜辭。其中有一出刻辭卜甲的坑 C75,所出的卜辭為《乙》8648、8682,字體似𠂤組,但此基址打破了水溝,水溝之年代相當于殷墟第二期,所以基址的年代上限不能早于第二期。H36 的年代大概相當於祖庚、

代依據者如劉一曼。並有根據甲骨出土層位及共存關係加以分析而作比較者如肖楠。」(見石氏《小屯·遺址的發現與發掘·丁編》甲骨坑層之二「十三次至十五次出土甲骨」上,〈序〉頁 6。)由之可見一斑。

177 相關地層單位分別是:B119、B125、B126、B130、YH005、YH006、YH038、YH044、YH076、YH096、C75、YH036、YH126、YH127、YH228、YH244S、YH265、YH370、YH371、YH251、YH330、C334、YH309、YH344、YH258、YH347、YH354、YH359、YH362、YH364、YH367、YH393、YH423、YH427、YH448、YM331、YM362、YM338、YM066。詳石璋如:《小屯·遺址的發現與發掘·丁編》甲骨坑層之一(一次至九次出土甲骨),〈序〉,頁 6-12。

祖甲時期。

⑦ YH127,這是乙十二基址的一個旁窖,是一個埋藏甲骨的窖穴,坑內共出 17096 片。絕大多數是賓組卜辭,少量子組、午組,自組和一些字體較特別的卜辭。 YH127 的最上層是 M156,其下為一大而淺的灰坑 H117,H117 之下為 H121, 在此坑以下才是 YH127,可見這一組遺迹中,YH127 之時代最早。M156 之時 代大體相當於殷墟文化第三期(即大司空村三期)。又,從 YH127 坑內甲骨 堆中所夾雜的陶簋口沿觀察,似屬殷墟第一期(即大司空村一期)之物。這 些迹象表明,這個坑的時代要早於第三期,可能也與殷墟二期相近。

⑧ YH448,這是丙一基址之旁窖。所出的卜辭為《乙》9036、9037,屬"午組卜 辭"。此坑出土的陶簋,腹壁較直,矮圈足(參見《殷墟陶器圖錄》228G, 1947 年),型式近似殷墟第一期(大司空村一期)。[178]

以上論述,劉氏等人主要在說明自、子、午組卜辭多出於早期地層,其時代當屬早期。 然細究所論諸項,其中:

①②③④涉及乙五基址,該基址建造時代約當庚甲時期,因此基址下所出甲骨:《乙》 475、476、483、277-289、8646、8501、290-296、297 等屬於賓或出組卜辭,並無特殊之 處,而《甲》3357、3358、3303、3304、3305 等諸版雖多屬自組卜辭,但所出之 B17、 B30,其實就是 B55,後又改稱 4:H22,原屬乙五基上窖,根本不在乙五基址下(詳前), 因此窖中甲骨年代亦無早於庚甲時期的必要。

⑤YH005 形制特別,南北長約 24.50 公尺,東西寬約 11.0 公尺,石璋如原先認為:

> 這是一個很奇怪的大穴,為殷虛發掘以來極少見的形式,它的用途可能與儲水有
> 關。如果把它和北邊的 YH096,與其東邊的 YH044,視為兩個龜室的話,則 YH005
> 大穴很可能是一個養龜池。[179]

後又因「其中所出龜版只有 12 片恐不可能」而自我否定,[180]另以為該坑「是一種與天 象有關的設施」。[181]儘管 YH005 的用途尚不能確知,但石氏所言:

> 凡是屬於 YH005 的灰土內,出有陶片 17550 片,獸骨 10399 片,骨料 490 片,鹿

---

[178] 以上各項俱見劉一曼、郭振祿、溫明榮:〈考古發掘與卜辭斷代〉,頁 551-552。

[179] 石璋如:《小屯‧遺址的發現與發掘‧丁編》甲骨坑層之二(十三次至十五次出土甲骨)上,頁 28。

[180] 石璋如:〈殷虛地上建築復原第十例兼述乙六基址及 YH005 大穴與銀河〉,《中央研究院歷史語言研究所 集刊》第 74 本第 4 分(2003 年 12 月),頁 589。

[181] 同上註,頁 600。

角 2525 片，牛角 28，羊角 2，骨矢 155，獸蹄 58，銅範 5。這些都是 YH005 廢棄
後用以填坑的亂土，雖與 YH005 本身的直接用途無關，但也可以從中尋出一些蛛
絲馬跡來。[182]

卻極具參考性，由此亦可知，YH005 填土所見文物，其時代無法標記該坑時代。另外，
乙六基址與 YH005 也非疊壓關係，石氏曾指出乙六基址的夯土層與其它基址不同，「是
沒有夯窩的，夯土色灰，厚約 0.40 公尺。地面層及灰褐土下 0.90 公尺露出它的上面，
其下壓著 YH005 大灰坑的東邊」，「兩者同被蓋在灰褐土之下，而灰土面卻比夯土面為
高」，[183]說明乙六基址並非一般的基址，推測應屬「台上架木屋」之「榭」，[184]因此其
時代應與 YH005 大致相同。據之，同屬填坑棄物，即使 YH005 所出鬲、簋、盂、罍諸
器為殷墟文化第二期形式，同坑《乙》298、8649、8650 的時代未必與之相彷。

　　⑥YH036 形制亦不尋常，「是一個南北窄，東西長的長穴，頗似一條東西向的橫溝，
可能為當時的溝防」，[185]乙八基址疊壓在上，基址時代雖上限不早於殷墟文化第二期，
但「由地層上觀察，乙七基址是早於乙八基址的」，[186]而乙七基址：

> 根據著夯土的邊緣，礎石的遺存以及它的附屬墓葬的排列等現象來推測，它的範
> 圍可能為東西 44.00 公尺，而南北的長短，則仍無法知道（圖略），但在它的北
> 邊 C60，C64，C70 等三探坑均為夯土（圖略），並在 C64 及 C70 二探坑中各有一
> 礎石。（圖略），即 7:H23 穴，也在它的範圍之中了，
> 這個穴中出有的四期的甲骨文字。[187]

其實，7:H23 所出卜骨《甲》3689（=《合》36743）實為第
五期卜辭，並不屬第四期，而 7:H23 屬乙七基址 C 部基下
窖，[188]據此可知乙七基址時代恐不能早於乙辛時期，連帶所
及，乙八基址的時代亦不可能早於乙辛時期。換言之，乙八
基址時代下限可晚至甲骨第五期，故其下所出甲骨《乙》474、
8648、8657-8660、8682-8687 等諸版，其時代歸屬並非必在

《甲》3689

---

[182] 同上註，頁 589。

[183] 以上俱同上註，頁 591。

[184] 詳參上註，頁 592。

[185] 石璋如：《小屯・遺址的發現與發掘・丁編》甲骨坑層之二（十三次至十五次出土甲骨）上，頁 58。

[186] 石璋如：《小屯・遺址的發現與發掘・乙編》殷虛建築遺存，頁 89。

[187] 同上註。

[188] 同上註，頁 83。

庚甲時期之前，可以更晚。

　　⑦YH127 的時代認知，應與 YH117、YH126 兩坑連帶理解，根據石璋如的考察（詳前述），YH127 為 YH117 穴底竇，本屬一坑，YH117 打破 YH126，而 YH126 所見《乙》486 為第一期卜甲，就此觀之，YH127 恐當晚於第一期。又，根據石氏的整理，YH127 所見甲骨「除了三期的一片字甲及五期的一片（非本坑出土）之字甲外，其餘不論字甲或字骨均為一、四期之物」，[189]其中屬第五期《乙》5379（=《合》21332）「係由《甲》1880（=《合》22400）所脫落」，[190]可以不

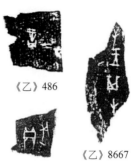

《乙》486

《乙》8667

《乙》8455

論，而第三期者為《乙》8455 當屬午組，亦無須過慮，惟石氏以為第一期的《乙》8667（=《合》31906）[191]實屬第三期，若該版出處可信，則 YH127 封閉的年代至少應晚於廩康時期，不僅不是早期坑，恐歸於晚期始為合宜，因此該坑所出甲骨時代自可重新審視，自、子、午組卜辭未必是早期卜辭。

　　⑧YH448 位於殷墟西南區，丙一大基址的北方，「上口以上為黃灰土，內填灰黑土，它是打破東鄰的 YH445 大穴而建築者，係上層的穴窖」。[192]就丙組基址以及上層窖的特性來看，YH448 時代應不會太早。較為具體的時代推斷，石璋如指出，YH448 是以 YM331、YM362 為中心，環繞周圍的穴窖群之一坑，與之相關的穴窖出有甲骨者有 13 坑（詳前），共計獲得卜辭 64 版，其中除有賓組 1 版（《乙》8935=《合》13515）、自組 59 版、午組 2 版外，值得注意的是，尚見歷組 2 版（《乙》9064=《合》34784、9089=《合》32945），時代已晚至甲骨第四期，就此觀之，即使伴有早期文物出土，YH448 時代的推斷仍不應過早，而《乙》9036、9037 亦未必屬早期之物。

　　整體而言，上述①至⑦的斷代意見確已運用考古地層學，但相關的地層資料各家理解卻未盡一致，甚至有所訛誤，實有待更精細準確的探究分析；而⑧所涉及者為類型學，雖與地層學的考察並無直接關聯，但其所屬地層學訊息，亦有可商之處。

　　除上，尚有第四次發掘的 E16（即 4:H16）可商。關於 E16，董作賓原以為該坑於祖甲時塌陷封閉，但 E16 坑中僅出賓、自卜辭，而董說又以自組為文武丁卜辭，[193]時序上

---

[189] 石璋如：《小屯‧遺址的發現與發掘‧丁編》甲骨坑層之二（十三次至十五次出土甲骨）上，頁 133。

[190] 同上註，頁 135。

[191] 同上註，頁 92。

[192] 同上註，頁 238。

[193] 董作賓同文有言「第四期文武丁時物，上舉的細弱書體及貞人狄可證。」（詳董氏〈殷墟文字甲編自序〉，

根本無法自圓其說，陳夢家即曾指出其中矛盾（詳前），並據此坑主張自組時代應與賓組相同。

實際上，李濟對董說早有質疑：

> 關於 E16 坑的堆積情形，我始終沒有看出，有何種現象或事實，可以算作這坑在祖甲或其他時代塌陷的證據。到了將近最下層，誠然有石塊漸多的紀錄，但這只是最下一公尺上下的現象，也不能作塌陷說的根據。[194]

並認為董說缺乏客觀有效的論證：

> 照董先生的論斷，凡是 E16，出土的器物都屬于祖甲，或祖甲以前的時代；這條重要的論斷同時包含下列幾條必然的推論：
> （1）見於 E16 坑的的各色各式陶器：——黑色陶、灰陶、紅陶、白陶、帶釉陶——都是祖甲或祖甲以前的陶器；
> （2）見於 E16 坑的各種銅器：——各式斧形器，各式句兵、刺兵，各樣銅矢，各種裝飾小件——都是祖甲或祖甲以前的銅器；
> （3）見於 E16 坑的其他各種實物：——朱砂、黃金、玉器、雕花骨器等——都是祖甲或祖甲以前的實物。
>
> 假如我們確能證實 E16 坑是在祖甲時封閉或塌陷的，上列的推論自然不會引起什麼疑問。若說照斷代的研究，這一坑所出的甲骨文字，沒有比祖甲時代更晚的，因此也就聯帶地斷定了，與甲骨同出的器物，也必然與它們同時：——這個"必然"卻需要另外的證明。[195]

李氏又云：

> E16 坑出過帶釉的陶，白陶，若干不同樣子的銅矢：——有些，我以為是較晚的形制，卻出現於最下層——這些當然都可以早到祖甲時代，或以前；不過這一類的判斷是否能與這遺址內所有的現象相符，應該有我們的充分的注意。……要是所得的結論證明，有若干實物不能早到祖甲的時代，我們也就不能單靠一方面證據，把 E16 坑的最後堆積，強為提早。[196]

頁 232。）

[194] 李濟：〈跋彥堂自序〉，《小屯・殷虛文字・甲編》，頁 14。

[195] 同上註，頁 15。

[196] 同上註，頁 15-16。

在在顯示其對 E16 坑時代判定的看法，與董作賓並不相同，整體看來，李濟舉證明確，論述合理，其認為 E16 坑時代應該偏晚之主張，洵然可從。

石璋如考量甲二基址的特殊性，對於旁竇 E16 的時代有初步推斷：

> 這個 4:H16 竇建築的時代，可能與甲二基址之下 5:H8 穴同時，因為竇口與穴口在一個平面上。墓下的 5:H8 時代很早，而且也是一個特殊的居穴，雖然也是南北較長 但有一個向東的走廊，即門所在，其上可以加頂以便住人，而且穴壁製作的相當光平，可能為早期的重要地區所在。因為距河邊太近，可能遭水患而廢棄，廢棄後又在其上建築甲二基址，建基的時代可能相當甲骨文二、三期。這 E16 竇在甲二基址西北，建基後，又在使用，但改面東為面北了。[197]

至於 E16 封閉時代，石氏比對 E16 坑與西北岡大墓遺物後加以說明：

> 高脊紋箭矛較常見，E16，1001 大墓，1003 大墓均出。高脊素箭矛較少見，只有 E16 及 1004 大墓出。矛字戈，即戈上鑄有一個矛字，只見於 E16、1001 大墓，1004 大墓，在其它地方均未見過，大概壽命很短。箍口錛只在 E16 及 1550 大墓兩處出。這四件東西，它們在 E16 坑的層位，箍口錛深 8.0 公尺出土（下），矛字戈深 7.3 公尺出土（中），兩個矛深 6.6 公尺出土（上）。層位不能解決它們的時代問題，只有在西北岡來解決。[198]

而西北岡相關大墓時代早晚，依序為 1001、1550、1004、1003、1002，[199]據此，石氏謂：

> 有人把 1004 指為廩辛的墓，也有人根據司母戊鼎的形式把其中牛、鹿二鼎斷為文武丁時代或稍早，那麼 E16 中與之同型的矛字戈及高脊素箭矛，亦當為文武丁時代了。又有人把 1003 墓中的小臣石毀，斷為帝乙、帝辛時代，則 E16 中與之同型的高脊紋箭矛，也有帝乙、帝辛時代的可能了。毫無問題的 E16 是一個早期建造的竇，但其中藏有四個不同時代的與之同型的器物，則決不可能解釋為武丁一代的堆積。[200]

---

197 石璋如：《小屯·遺址的發現與發掘·丁編》甲骨坑層之一（一次至九次出土甲骨），頁 117。
198 石璋如：〈殷虛的穴窖坑層與甲骨斷代二例〉，頁 1095-1096。
199 石璋如謂西北岡大墓「就層位來說很難分出先後，但就工程來說卻可看出早晚，墓壁陡的時代早，墓壁斜的時代晚，由於西北岡的地層，2 公尺以下都是黃沙，墓壁若陡易於塌陷，經驗告訴他們，若要保持墓壁完整，則非傾斜不可。於是就各墓的斷面圖來測量墓壁的斜度，1001 為 84～87°平均 85.5 度最陡，即最早；1550 平均 85.3°居次；1004 平均 75°又次之；1003 平均 70°居四，至於 1002 則為 65.5～71 平均 68.25°，更晚了」（詳石氏〈殷虛的穴窖坑層與甲骨斷代二例〉，頁 1096-1097），其說可參。
200 石璋如：〈殷虛的穴窖坑層與甲骨斷代二例〉，頁 1097。

亦認為 E16 封閉時間已晚,坑內甲骨的時代自有往後延伸的可能,因此賓、自兩組卜辭非必同為早期之物。

另外,陳夢家論證賓、自組卜辭時代相同,其依據尚及第十三次發掘的 B119。針對陳說,石璋如曾指出:

> 乙五基址是武丁以後的建築,B119 是乙五基址旁穴上層的堆積,也是穴窖廢棄後的上層堆積,就兩者的關係來說,這個處所不可能有武丁時代的大量堆積;就他所舉的貞人與片數來說,這個坑位,這個時候,只有武丁時的一個貞人,古(吉),一片字甲,《乙》4。他列舉的很清楚,一看便可知道這裏不是第一期的中心區。[201]

同樣是認為 B119 的時代應該偏向晚期,該坑所出甲骨,其時代推斷亦無「同屬早期」的絕對必要。

2. 小屯南地發掘材料

運用小屯南地地層材料所進行的甲骨時代判定,主要作用有二:一是歷組卜辭分類的時代推定,一是自、子、午組卜辭時代的佐證。前者收穫主要在於中期地層及灰坑所見三類卜辭之時代定序:

> 第一類、第二類卜辭出于中期一組灰坑與地層,第三類卜辭出于中期二組灰坑與地層,一組灰坑與地層的時代要早于二組,故第一、二類卜辭的時代要早于第三類卜辭。[202]

再輔以「稱謂」情形,可得第一類卜辭是康丁卜辭,第二類卜辭是武乙卜辭,第三類卜辭是文丁卜辭,為歷組卜辭時代晚期說提供地層上的確證。至於後者所謂證據,主要論點如下:

> 1973 年,在小屯南地的發掘中,在早期的灰坑和地層中,也發現了自組、午組和一些字體較特別的卜辭。如 H102 出的《屯南》2698 屬午組卜辭;H104 出的《屯南》2765、2766 屬自組卜辭;H107 出的《屯南》2767-2771 屬自組和午組卜辭;探方 T55(6A)出的《屯南》4575,過去《屯南》前言誤定為賓組,今正。這片

---

[201] 石璋如:《小屯・遺址的發現與發掘・丁編》甲骨坑層之二(十三次至十五次出土甲骨)上,頁 14。
[202] 中國科學院考古研究所:《小屯南地甲骨・前言》,頁 21。

卜辭字體較特別，貞字的寫法也見於《乙》8695、8713（《合集》丙二 22261、22249）等片，時代近於自組。特別是 T53（4A）所出的自組卜甲《屯南》4511-4517，其中 4517 還有自組卜辭的貞人扶，尤為學術界所矚目。許多學者認為這是斷定自組卜辭屬于早期的一個重要證據。[203]

大致而言，是以「早期地層只出早期文物」的定則，說明自、子、午組卜辭時代屬於武丁時期。

單就地層關係觀之，H102、104、107 三坑時代被歸為「早期‧第 2 段」，屬於武丁前期，其地層疊壓情形為：

H99→**H102**→H110

H119→**H104**→H123

H90→**H107**→H112→H115

然據此並不足以斷定各坑時代，尚須詳察坑內相關出土文物，而相關諸坑時代的判定顯非依從所出甲骨，所根據者當僅是各坑出土的陶器形制，其相關訊息表列如下：[204]

表 2-3-4：H102、H104、H107 相關灰坑出土陶器一覽表

坑號	陶器	陶片	時代
H99	盆Ⅲ	鬲Ⅱ、Ⅲ、簋Ⅱ	中期‧第3段
H90		鬲AⅡ、盆Ⅲ、簋Ⅱ	早期‧第2段
H102	鬲AⅡ、簋Ⅰ、盆Ⅲ、圜底罐AⅠ、平底罐BⅠ、BⅡ	鬲BⅠ	早期‧第2段
H104		鬲AⅡ、簋Ⅰ、盆Ⅱ、Ⅲ、圜底罐AⅠ	早期‧第2段
H107		鬲AⅠ、BⅠ、盆Ⅲ	早期‧第2段
H110		盆Ⅲ、平底罐AⅡ	早期‧第2段
H119		鬲AⅡ、BⅠ、盆Ⅱ、Ⅲ、平底AⅡ罐	早期‧第2段
H112		鬲AⅠ、BⅠ、簋Ⅰ、盆Ⅲ、豆Ⅰ	早期‧第1段

---

[203] 劉一曼、郭振祿、溫明榮：〈考古發掘與卜辭斷代〉，頁 552。

[204] 詳中國社會科學院考古研究所安陽工作隊：〈1973 年小屯南地發掘報告〉，「附表二：1973 年小屯南地灰坑登記表」，頁 134-137。

坑號	陶器	陶片	時代
H115			早期‧第1段
H123		鬲AⅠ、Ⅱ、盆Ⅲ、平底罐AⅡ	早期‧第1段

　　考古上灰坑疊壓情形，屬於客觀的存在，不是主觀的認定，並不易混淆，而非現場實際挖掘者，對此亦難以置疑，然各坑所屬時代的判斷，或者考察時代基準的差異，則存商榷的空間。舉例言之，以上列H90、H99兩坑為例，兩坑所見陶器（陶片）形制幾乎相同，但前者時代為「早期‧第2段」，後者則是「中期‧第3段」，並不一致，雖說晚期地層可以見到早期遺物，但H90與H99並無疊壓關係，將兩坑時代定為同期同段，其實不離譜。

　　又如H8所見陶片形制有鬲AⅡ、BⅠ、盆Ⅱ，幾乎全為早期型式，時代定為「中期‧第3段」，應是受制於該坑所出卜骨（《屯》569、570）為第四期；[205]H36所見陶片形制僅鬲AⅠ，亦屬早期型式，時代定為「中期‧第3段」，應該亦是受該坑出第三、四期卜骨（《屯》2077-2084、2086）的影響；[206]H109所見陶片形制有鬲AⅡ、BⅠ、簋Ⅱ、盆Ⅲ，皆屬早期型式，時代卻為「中期‧第3段」，當是該坑有第四期卜骨（《屯》2772）之故；[207]但H92所見陶片形制有鬲AⅡ、BⅠ、盆Ⅱ，屬早期型式，所出卜骨署有賓組貞人訇，同樣是早期，其時代亦被推定為「中期‧第3段」，[208]則令人不免困惑。

　　另如H41未出甲骨，所見陶器形制僅平底罐AⅠ，屬早期型式，且H41被H32打破，H32被H31打破，但此三坑時代皆被定為「中期‧第4段」，[209]竟絲毫無別；H68所見陶器形制有盆Ⅲ、罍Ⅱ，屬早期型式，H68被H50、H67打破，而H68又打破H70，在「H50、H67→H68→H70」系列中，H70時代應最早，但所出陶器平底罐AⅢ、罍Ⅱ、器蓋BⅡ，卻已見晚期型式，H67、H68、H70皆無甲骨，僅H50中存有文丁卜骨（《屯》2161、2200），將此四坑時代同時定為「中期‧第4段」使人未安，而層位與遺物時代關係相左的現象，更著實讓人費解；[210]H100所見陶片形制有鬲AⅡ、盆Ⅱ，皆屬早期型式，且未見甲骨，雖為晚期H60所疊壓，但逕定H100時代為「中期‧第4段」，[211]則

205　同上表，頁128。
206　同上表，頁130。
207　同上表，頁136。
208　同上表，頁135。
209　同上表，頁130-131。
210　同上表，頁131-133。
211　同上表，頁135。

不詳所據。

以上所述，儘管屯南發掘者蕭楠強調：

> 對于每一個地層單位時代的劃分都不是由我們主觀意識決定的，而是由考古發掘
> 時客觀存在的地層情況決定的；不是一個坑一個坑孤立地決定的，而是將它們放
> 入地層系列中決定的；不是單純地根據地層或者陶器決定的，而是根據地層和全
> 部遺物決定的，以全部遺物中的最晚之物作為該地層單位時代的上限。[212]

然相關地層或灰坑時代的實務考察，其標準仍顯含糊，不易明確稽查，難免啟人疑竇。
凡此，說明小屯南地地層時代的推斷，尚有商榷的餘地，而相關早中晚各期各段灰坑的
劃分，亦非不可撼易，反倒透露調整的必要。

綜觀小屯南地所揭的地層與文化遺物資料，「Ⅲ式盆」的存在頗為特別，值得注意。
據統計，小屯南地共有 41 個灰坑出現各式陶盆（含陶盆殘片），其形制與時代關聯，
簡表如下：[213]

表 2-3-5：小屯南地陶盆出土灰坑

期	段	Ⅰ式	Ⅱ式	Ⅲ式	Ⅳ式	Ⅴ式
早	1		H13、108	H10、H112、H123		
早	2	H101	H101、H104、H109	H49、H90、H102、H104、H107、H109、H110		
中	3	H92	H92、H8	H55、H91、H99、H109		
中	4		H100	H47、H68、H103	H23、H24、H39、H84、H85	
晚	5			H3	H6、H54、H57、H60、H77、H82、H83	H6、H7、H45、H58、H62、H64

其中Ⅲ式盆所存時代涵括早中晚三期五段，似乎更集中於早期，然形制相對應較早的Ⅰ
與Ⅱ兩式盆，卻未能明確且精準的顯現於相關地層關係中。若非中晚期殷人有普遍保留

[212] 蕭楠：〈關於《小屯南地甲骨》之體例及其相關問題——答裘錫圭同志〉，《書品》1989 年第 2 期，頁 18。
[213] 據中國社會科學院考古研究所安陽工作隊：〈1973 年小屯南地發掘報告〉，「附表二：1973 年小屯南地灰坑登記表」，頁 128-137。

及使用早期器物的習慣，則屯南地層時代的考察恐有不足。

屯南所見Ⅲ式盆完整者 5 件，而圖示僅二：H99:45 以及 H10:1，見下：[214]

H99:45　　　　　　　H10:1

其形近似於 YH093:117C 與 YM197:116A（圖見下），前者為鄒衡所分「深腹平底盆Ⅲ式」，列為殷墟文化第二期第 3 組參考器；後者為「深腹平底盆Ⅳ式」，是殷墟文化第三期第 4 組參考器，[215]就具體年代而言，前者約在祖庚祖甲時期，後者則已是康丁時期。對比觀之，相當於武丁時期的殷墟文化第二期第 2 組參考器 YH056:117F（圖見下），形制與之則差距較大。準此，屯南所見Ⅲ式盆不應屬於早期器物，而「確定某一地層的時代，是以該層所包含的遺物中之時代最晚者，作為該層時代的上限，即該層的可能的最早的時代」，[216]因此，屯南Ⅲ式盆的時代既應向後推遲，連帶所及，小屯南地所謂早期坑年代的推斷當有偏早之虞，亦須朝中晚期調整。

  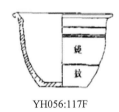

YH093:117C　　　　　YM197:116A　　　　　YH056:117F

另外，林澐曾指出：

> 小屯南地發掘區中，沒有遇到相當于大司空村二期的地層和單位。這是這一地區原無此期堆積，還是有過此期堆積而被後期破壞無遺，發掘報告中並沒說得很清楚。[217]

---

[214] 詳中國社會科學院考古研究所安陽工作隊：〈1973 年小屯南地發掘報告〉，「圖二八：陶器」，頁 68。

[215] 詳鄒衡：〈試論殷墟文化分期〉，文末附圖，圖一：遺址分期圖表。

[216] 李先登：〈關於小屯南地甲骨分期的一點意見〉，《中原文物》1982 年第 2 期，頁 32。

[217] 林澐：〈小屯南地發掘與殷墟甲骨斷代〉，頁 132。

《小屯南地甲骨》亦謂：

> 無論從陶器型式的發展變化上觀察，還是從甲骨分期上觀察，小屯南地早期與中
> 期之間都有缺環，時間上並不是緊密相接的。在這次發掘中，有個別灰坑出有近
> 似大司空村二期的陶片，但數量很少，且不出刻辭甲骨。所以，關於大司空村二
> 期與甲骨分期的對應關係，還有待於今後的發掘來充實。[218]

小屯南地發掘報告中，對此現象有所辯解：

> 在連續四期的殷墟文化中，小屯南地出現了二期的"缺環"。這個"缺環"同小
> 屯南地不出祖庚、祖甲、廩辛卜辭相呼應。但是，小屯南地某些地層單位，如 H101、
> H90，它們所出陶片，比較接近殷墟文化二期。可此種單位太少、陶器亦太少，難
> 於另作一期劃分，故統歸入早期第 2 段。[219]

而彭裕商則樂觀表示：

> 我們認為小屯南地還是有殷墟二期的堆積的。比如在發掘簡報中定為中期的
> H68，從出土器物來看，就應該是第二期的單位，該坑出有一件陶罍和一件陶盆，
> 陶罍在形制上非常接近殷墟二期墓武官 76M12 的罍，陶盆更是殷墟早期常見的形
> 制。……此外，《前言》還提到，小屯南地還"有個別灰坑出有近似大司空村二
> 期的陶片"。這就使我們聯想到，是否《前言》所定中期灰坑有些實際上是第二
> 期的。[220]

儘管諸說試從其他遺存說明文化地層是連續的，但仍無法消除小屯南地地層年代的推斷，
尚有再斟酌的疑慮，且彭氏據出土器物所論 H68 的年代歸屬，若參以 H70 的遺物狀況
（H68 打破 H70，而 H70 出有晚期遺物。詳前述）進行分析，其實是不成立的。

小屯南地發掘報告另提及：

> 小屯南地發現的殷代遺存，以殷代中期以後的為主，早期的較少。小屯南地所出
> 的甲骨刻辭其時代大多屬康丁、武乙、文丁。在解放前的發掘中，村北主要出一

---

[218] 中國科學院考古研究所：《小屯南地甲骨・前言》，頁 22。

[219] 中國社會科學院考古研究所安陽工作隊：〈1973 年小屯南地發掘報告〉，頁 123。

[220] 彭裕商：《殷墟甲骨斷代》，頁 267。

期、五期卜辭，村中、村南主要出康丁、武乙、文丁卜辭。據此，我們推測：在
殷代中期以後，卜事機關大概從村北移到村南。[221]

以占卜機關的遷移說明屯南地層的缺環現象，確實較存在兩個占卜機關的說法（兩系說）
合於情理，而吳俊德則認為：

> 綜觀小屯南地所出之甲骨，其時代絕大多數屬於第三、四期，第一、五期甚少，
> 而完全不見第二期者，《小屯南地甲骨》編者亦承認有地層上的「缺環」，顯示
> 地層的分析並非不容疑議。若從出土甲骨的時代觀之，小屯南地地層極可能多屬
> 中晚期，數版第一期甲骨散雜其間，或屬偶發的丟棄行為，在地層的分析上，實
> 應無太大的影響。[222]

質言之，小屯南地的殷墟文化或自第三期（鄒衡所分第四組）左右始見發展，所謂早期
地層應該全盤重新考量。

3. 村中南發掘材料

小屯村中、村南挖掘前後四次，共計 21 單位出土甲骨（詳前），在村南相關地層
材料中，屬於早期的灰坑有二：一是屬於第一期的 H4，一是屬於第二期的 H6 下，然此
二坑時代的推斷，皆有可商之處。

關於 H4 坑，是 2002 年所掘，整理者認為：

> H4，坑內出的細繩紋環絡紋鬲，"T" 字形口沿的弦紋簋，腹較深把較粗的豆，
> 是殷墟文化第一期（或一期晚段）的典型器物。所以該坑的時代屬第一期。H4 是
> 02 年小屯南地出甲骨的灰坑中時代最早的。[223]

所謂殷墟文化第一期的典型器物，「細繩紋環絡紋鬲」（02H4:29）與「"T"字形口沿
弦紋簋」（02H4:37）皆是碎小殘片，其型式不明，根據殘形，前者近似《屯南》T22③:66，
屬AⅢ式鬲；[224]後者則與《屯南》H102:4 相近，屬Ⅰ式簋；[225]而「腹深把粗的豆」（02H4:35），

---

221 中國社會科學院考古研究所安陽工作隊：〈1973 年小屯南地發掘報告〉，頁 126。

222 吳俊德：《殷墟第四期祭祀卜辭研究》（臺北：國立臺灣大學文學院，2005 年 10 月），頁 43。

223 中國社會科學院考古研究所：《殷墟小屯村中村南甲骨》，頁 49。

224 見中國社會科學院考古研究所安陽工作隊：〈1973 年小屯南地發掘報告〉，「圖二六：陶鬲」，頁 65。器
型描述見同文，頁 64。

225 同上註，「圖二七：陶器」，頁 67；器型描述見同文，頁 66。

近於《屯南》H13:11，屬 I 式豆。[226]另外，H4 坑中尚有盆、罐各一件，盆（02H4:32）僅存口部及上腹部，根據殘片與相關器形描述，近於《屯南》H10:1，屬Ⅲ式盆；[227]罐（02H4:33）存留口、肩的部分，根據殘片與相關器形描述，近於《屯南》H86:76，屬 A Ⅳ式平底罐。[228]相關諸器型式圖例如下：[229]

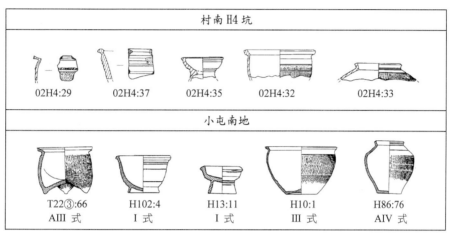

圖 2-3-7：村南 H4 坑與小屯南地陶器形制比較

以上諸器，雖 I 式簋、I 式豆與Ⅲ式盆時代可歸於屯南「早期·第一段」，但 AⅢ式鬲時代是屯南「中期·第 3 段」，而 AⅣ式平底罐時代主要在屯南「晚期·第 5 段」。[230]就此觀之，H4 坑就算是「02 年小屯南地出甲骨的灰坑中時代最早的」，其時代恐怕並非「殷墟文化第一期」，實際上應該還要更晚，極可能是在第三期以後。

又，H4 坑位於 T3 探方西北部，「開口於第 2 層（擾土層）下，上層和東部被一擾坑打破，只殘留西少半部，平面形狀不詳」[231]（圖示[232]如下），與其他灰坑也無疊壓關係，該坑斷代根本缺乏直接有效的地層依據，而其間所見遺存亦非皆為早期器物，因此，將 H4 時代定為殷墟文化第一期，著實難以使人無疑。

---

[226] 同上註，「圖二九：陶豆」，頁 70；器型描述見同文，頁 69。

[227] 同上註，「圖二八：陶器」，頁 68；器型描述見同文同頁。

[228] 同上註，「圖三一：陶平底罐、罍」，頁 72；器型描述見同文，頁 71。

[229] 「村南 H4 坑」諸器形圖錄自中國社會科學院考古研究所：《殷墟小屯村中村南甲骨》，「圖四五：02 小屯南地第一、二期陶器」，頁 43；「小屯南地」諸器則錄自中國社會科學院考古研究所安陽工作隊：〈1973 年小屯南地發掘報告〉，詳目參上。

[230] 參中國社會科學院考古研究所安陽工作隊：〈1973 年小屯南地發掘報告〉，「表二：1973 年小屯南地陶器類型分期表」，頁 122。

[231] 中國社會科學院考古研究所：《殷墟小屯村中村南甲骨》，頁 19。

[232] 同上註，「圖一六：2002AXTNT3、T4 北壁剖面圖」，頁 17。

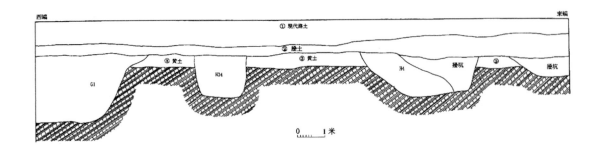

相同的考察，灰坑 H6 下所出器物見於圖示者有七，根據相關器物型式的描述，其中 02H6 下:138 近於《屯南》H102:3，屬 A II 式鬲；[233]02H6 下:139 近於《屯南》H13:6，屬 B I 式鬲；[234]02H6 下:145 近於《屯南》H37:6，屬 II 式豆；[235]02H6 下:144 近於《屯南》H59:1，屬 III 式簋；[236]02H6 下:147 近於《屯南》T32③:20，屬 A III 式圜底罐；[237]02H6 下:146 近於《屯南》H10:2，屬 A II 式平底罐。[238]相關諸器型式圖例如下：[239]

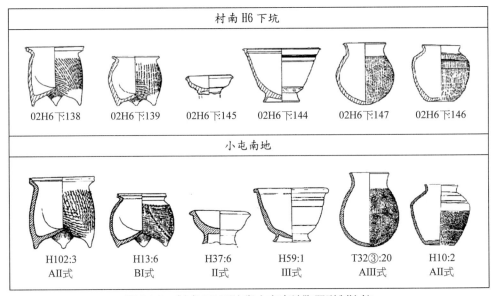

圖 2-3-8：村南 H6 下坑與小屯南地陶器形制比較

---

233 見中國社會科學院考古研究所安陽工作隊：〈1973 年小屯南地發掘報告〉，「圖二六：陶鬲」，頁 65；器型描述見同文，頁 64。《殷墟小屯村中村南甲骨》將之定為 A 型I式（頁 25）。

234 同上註。《殷墟小屯村中村南甲骨》將之定為 A 型II式（頁 25）。

235 同上註，「圖二九：陶豆」，頁 70；器型描述見同文，頁 69。

236 同上註，「圖二七：陶器」，頁 67；器型描述見同文，頁 66。

237 同上註，「圖三〇：陶器」，頁 71；器型描述見同文，頁 70。

238 同上註，「圖三一：陶平底罐、罍」，頁 72；器型描述見同文，頁 71。

239 「村南 H4 坑」諸器形圖錄自中國社會科學院考古研究所：《殷墟小屯村中村南甲骨》，「圖四五：02 小屯南地第一、二期陶器」，頁 43；「小屯南地」諸器則錄自中國社會科學院考古研究所安陽工作隊：〈1973 年小屯南地發掘報告〉，詳目參上。

以上諸器，根據《小屯南地甲骨》的分類分期，[240]AⅡ式鬲時代為「早期・第 2 段」，
BⅠ式鬲時代為「早期・第 1 段」，Ⅱ式豆、Ⅲ式簋、AⅢ式圜底罐、AⅡ式平底罐時代
皆為「中期・第 3 段」，所謂 H6 下中「陶簋、陶豆為殷墟文化二期早段的特徵性器物，
其時代應屬二期早段」[241]之說並不真確，灰坑 H6 下的時代顯然是被估斷過早，應當重
新考量。

總括來看，村南早期地層的判斷，存在偏早的可能，與鄰近小屯南地相關地層一樣，
時代皆應向中晚期修正。

4. 花東發掘材料

花園莊東地相關灰坑多見於 T4、T5 探方，其中屬於早期灰坑者有 H2、H3、H4、
H9，其時代「相當於大司空村一期（或稱殷墟文化一期晚段）」，[242]比照《屯南》，大
約是「早期・第 2 段」，屬於武丁前期。[243]

花東 H3 坑時代被斷為殷墟文化第一期，與其中遺存器物形制有關，如 H3:2「器形
近似殷墟一期晚段 T290A⑥:8 環絡紋小鬲」、H3:5「器形近似殷墟一期晚段 62H15:38 陶
盆」、H3:6「器形近似苗圃北地第一期陶罐 H99:5」[244]等，覈之相關器型，所見雖大致
相符，但仍有可商之處。

花東 H3:5、H3:6 皆為殘片，整理者謂分別與 62H15:38、H99:5 近似，但 H3:5 殘部
形制與 H94:49、H136:29 更為相近，前者屬第二期早段陶器，[245]後者是第二期晚段陶
器；[246] H3:6 殘部形制則與 H102:4、64F1:3 更為相近，前者屬第二期晚段陶器，[247]後者
是第三期陶罐。[248]整體來看，H3:5、H3:6 因殘片之故，時代歸於殷墟第一期晚段固然可
以接受，但其實將之歸於第二期晚段以後，亦未嘗不可。換言之，花東 H3 坑時代並無

---

[240] 中國社會科學院考古研究所安陽工作隊：〈1973 年小屯南地發掘報告〉，「表二：1973 年小屯南地陶器類型分期表」，頁 122。

[241] 中國社會科學院考古研究所：《殷墟小屯村中村南甲骨》，頁 49。

[242] 中國社會科學院考古研究所：《殷墟花園莊東地甲骨・前言》，頁 17。

[243] 中國社會科學院考古研究所安陽工作隊：〈1973 年小屯南地發掘報告〉，頁 125。

[244] 以上俱見中國社會科學院考古研究所：《殷墟花園莊東地甲骨・前言》，頁 17。

[245] 參中國社會科學院考古研究所：《殷墟的發現與研究》（北京：科學出版社，1994 年 9 月），「圖九六：第二期早段陶器」，頁 210。

[246] 參上書，「圖九七：第二期晚段陶器」，頁 212。

[247] 參上書，「圖九八：第二期晚段陶器」，頁 213。

[248] 參上書，「圖一〇二：第三期陶罐」，頁 220。

非在早期不可的必要，甚至，將之歸於中晚期才屬合理的安排。

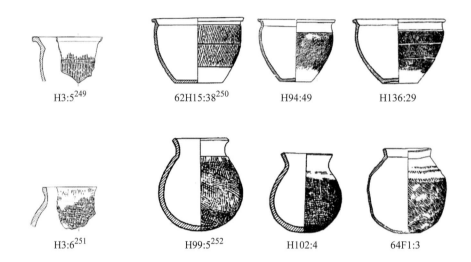

H3:5[249]　　　62H15:38[250]　　　H94:49　　　H136:29

H3:6[251]　　　H99:5[252]　　　H102:4　　　64F1:3

　　花東另一早期坑 H9，也有類似的情形。H9:10「直口，短頸，圓肩，深腹，平底。腹飾交叉繩紋」[253]的特徵與 64F1:5「小口直頸，圓肩，平底，較厚，頸以下飾繩紋兼弦紋」[254]的描述差別甚微，將之視為同型器亦無不可，而後者已屬第三期陶罐，因此 H9 坑的時代不會太早，而「殷墟一期晚段」的判斷顯然不正確，可能還得向後推延至第三期左右。

H9:10[255]　　　64F1:5[256]

[249] 錄自中國社會科學院考古研究所：《殷墟花園莊東地甲骨・前言》，「圖二二：H3 出土陶器」，頁 17。

[250] 錄自中國社會科學院考古研究所：《殷墟的發現與研究》，「圖九一：第一期晚段陶器」，頁 202。

[251] 錄自中國社會科學院考古研究所：《殷墟花園莊東地甲骨・前言》，「圖二二：H3 出土陶器」，頁 17。惟該器圖示標為 H3:4，與正文 H3:6 有別，未詳何者為是。

[252] 錄自鄭振香：〈論殷墟文化分期及其相關問題〉，《中國考古學研究——夏鼐先生考古五十年紀念論文集》（北京：文物出版社，1986 年 8 月）「圖一：第一期陶器（苗圃北地出土）」，頁 118。

[253] 中國社會科學院考古研究所：《殷墟花園莊東地甲骨・前言》，頁 16。

[254] 中國社會科學院考古研究所：《殷墟的發現與研究》，頁 220。

[255] 錄自中國社會科學院考古研究所：《殷墟花園莊東地甲骨・前言》，「圖二二：H3 出土陶器」，頁 15。

[256] 錄自中國社會科學院考古研究所：《殷墟的發現與研究》，「圖一〇二：第三期陶罐」，頁 220。

　　綜上觀之，花園莊東地相關地層時代的考察，亦有偏早的現象，與小屯南地、村南諸地所見情形類似，而屯南、村南、花東三地地緣極為接近，幾乎就是同一區域，地層結構相去不應太遠，因此關於地層的分析，三者其實可以並觀參考。若將所謂早期地層暫置不論，屯南、村南、花東三地皆無典型且明確的殷墟二期灰坑及遺存，亦不出甲骨第二期卜辭，透露此三地所處區域之殷墟文化似自第三期始見發展。又根據本文針對相關遺存器型比對的發現，所謂早期灰坑，其時代皆有推定過早的疑慮，如能將其歸回合理的時段，則屯南、村南、花東三地最早的殷墟文化恐應不會早於第二期晚段，如此一來，通觀屯南、村南、花東所處區域的地層關係，並不存在文化斷層，亦無所謂的「缺環」現象。

　　總括來看，以地層學訊息進行甲骨斷代工作，受限於其「相對性」時序的本質，無法提供「絕對性」年代的訊息，因此欲以之作為甲骨斷代依據，則首要之務是先確定相關地層的年代。然地層年代的推定，大多依賴相關文物遺存所標記的時代，換言之，即類型學的運用成為斷定地層時代的關鍵；而器物形制的分類有其難以克服的局限，判斷器型演進的主要特徵之取捨，亦缺乏明確嚴謹的標準，且器物埋放棄置不以同時之物為限，更是增加時代釐清、推定的困難。凡此未解，所論尚疑，不易使人完全信從，本文前列諸多器物形制對比的異議，凸顯的即是類此困境。職是之故，面對特定卜辭（如𠂤、子、午組卜辭）時代的判讀，單以地層訊息作為主要依據，仍然無法避免爭議。

第四章

甲骨斷代的類型學運用

運用考古學理論方法進行甲骨斷代工作,除了前述地層學以外,重要的還有類型學。

所謂類型學又稱器物形態學、標型學或型式學,其原理是「將遺物或遺迹按類型進行排比,把用途和製法相同的遺物(或遺迹)歸成一類。並確定其中的標準型(或稱標型),然後按照型式有差異程度的遞增或遞減排出一個"系列",從而探求該遺物的變化規律。根據這個變化規律,可以推斷出它們之間的相對年代」。[1]如此模式套用於甲骨的整理與分析,大致符合資格者有「字體」以及「鑽鑿」形態,而龜甲牛骨的種類、大小規格樣態並不在其中。

第一節　卜辭字體分類

甲骨所契刻「字體」,本即文字,理解辨識之間,其特徵人人可得而見,因此針對字體形態異同的整理與分類,必然成為甲骨學研究一項基礎工作,進而用以聯繫甲骨時代的判定。

關於字形形體不同,早在甲骨探索之初,明義士已有所注意,並作為判斷時代的依據;[2]其後董作賓將之明列於斷代標準之一,[3]而陳夢家的甲骨斷代分析亦大量參酌字體的特徵;[4]接著李學勤進一步強調字體分類是卜辭斷代的首要步驟,[5]林澐更是將之譽為「分類第一標準」,[6]不僅大大凸顯字體在甲骨斷代工作的重要性,也開啟建構字體分類

---

[1] 曹定雲:〈殷墟田野發掘與卜辭斷代〉,《考古學集刊》第 15 集(北京:文物出版社,2004 年 2 月),頁 175。

[2] 參明義士:〈殷墟卜辭後編自序〉(1928 年,未刊行,見李學勤:〈小屯南地甲骨與甲骨分期〉文末附錄,《文物》1981 年 5 期,頁 33。)

[3] 詳董作賓:〈甲骨文斷代研究例〉,《蔡元培先生六十五歲慶祝論文集》(上冊)(中央研究院歷史語言研究所集刊外編第一種,1933 年 1 月),頁 409-423。

[4] 詳陳夢家:《殷虛卜辭綜述》(北京:中華書局,1988 年 1 月),頁 135-203。

[5] 參李學勤:〈評陳夢家殷虛卜辭綜述〉,《考古學報》1957 年 3 期,頁 124。

[6] 詳林澐:〈小屯南地發掘與殷墟甲骨斷代〉,《古文字研究》第 9 輯(1984 年 1 月),頁 146。

系統的另一新頁。循此主張，卜辭字體的分類工作風起雲湧，至今方興未艾，成果亦頗為可觀，對甲骨斷代工作確實影響深遠。

一、 林澐的主張

（一）分類內容

　　林澐的甲骨卜辭字體分類工作，起步甚早，涉及類別有：「𠂤組小字」、「𠂤賓間組」、「𠂤歷間組」、「歷組一類」、「歷組二類」、「歷無名間組」、「無名組」、「無名黃間組」，其具體內容整理分述於下：

　　「𠂤組小字」，字體特徵除字小之外，「主要表現是人作 𠂤（从人傍之字也如此）、令作 𠂤、隹作曲足的 𠂤 𠂤、乍作 𠂤、囚作 𠂤、冥作 𠂤」、「用作 𠂤、𠂤作中豎較短的 𠂤、𠂤、在作 𠂤、女作 𠂤、耳作 𠂤」，[7]另有「辰字作末筆彎曲的 𠂤」、「辛字上部加短劃作 𠂤」、「叀字作 𠂤」、「貞字作 𠂤」[8]亦屬之。

　　「𠂤賓間組」，字體特徵「從書體上看，比較嚴正，字較大，故一般被認為屬賓組。但因字較窄長，比一般賓組字體清秀」、「貞字作 𠂤，和𠂤組作 𠂤 不同，兩耳較一般賓組尖狹些。干支字的寫法相當劃一，基本同于賓組。惟辛字偶有作 𠂤（賓組絕大多數作 𠂤），辰字有作 𠂤、𠂤（賓組絕大多數作 𠂤），同于𠂤組」。[9]

　　「𠂤歷間組」，字體特徵「貞字皆作 𠂤，即（斜方頭形）」、「也有一些作方形耳或三角形耳的，或兩耳形狀不一」。[10]此外，「囚字以 𠂤 最常見，也有作 𠂤、𠂤 之例，干支之子（巳）作 𠂤，于偏旁中偶作 𠂤，丑強調指尖之折部，以 𠂤 作為典型，卯作尖耳之 𠂤，未均作 𠂤，酉 𠂤、𠂤 互見」、「子作 𠂤」、「其作 𠂤」、「用作 𠂤」、「不作 𠂤」、「雨作 𠂤」、[11]「寅作 𠂤」、「受作 𠂤」[12]皆屬之。

　　「歷組一類」，其特徵字體較小，筆畫較細，具圓潤感。此外，「貞作方形耳，而且多數下方兩斜劃不相觸而成 𠂤，乙多作曲筆之 𠂤，丁作扁方形之 𠂤 與扁圓形之 𠂤 互見，

7　以上俱同上註，頁 117。

8　以上俱同上註，頁 116。

9　以上俱同上註，頁 116-117。

10　以上俱同上註，頁 125。

11　以上俱同上註，頁 125-126。

12　以上俱同上註，頁 127。

戌作ㄑ，庚多作ㅂ，子作較扁的ㅂ、ㅂ，寅多作偏尾之ㅂ，卯有相當比例作圓耳之ㅂ，辰作ㅂ或ㅂ，子（巳）ㅂㅂ互見，未作首部方折或曲弧的ㅂㅂ（有少量的ㅂ）而不見ㅂ，申作鈎曲頗甚的ㅂ，酉作ㅂㅂㅂㅂㅂ而有頸無頸者往往共見一版，戌一般作弧刃的ㅂ而有相當比例的ㅂ，壬字有相當比例底部作弧型的ㅂ，囚一律作寬首的ㅂ或ㅂ，叀作ㅂㅂ，自作ㅂ而不見ㅂㅂ。弜字作ㅂ之外有一定比例的ㅂ。」[13]

「歷組二類」，其字體「有一部分在個別字的寫法上同歷組一類相同」，「但它們的書體却和歷組一類不同，字較長大，刀法粗獷有力，多折筆」，[14]酉字常作「ㅂㅂ」，貞字作「ㅂ」，庚字作「ㅂ」，囚作「ㅂ」，叀作「ㅂ」。[15]

「歷無名間組」，其「字畧狹長，刻劃工整而比歷組要細，而且很少有曲筆」，其字形特點「用字的豎劃均有明顯的折角，橫劃均僅有一筆左右相通，另有二短劃上下相錯（ㅂ）。牢字外框均方正、狹長（ㅂ）。又字及又旁均作明顯的折角（ㅂ）。于字均橫平豎直（干）。眔字的目形均兩端向相反方向強烈彎曲（ㅂ）。ㅂ、ㅂ和ㅂ的寫法也是完全一致的」。[16]

「無名組」，以卜字出支與吉字字形的關聯為準，可分為兩群：「左支卜系」（只和ㅂ形「吉」同版）、「右支卜系」（只和ㅂ形「吉」同版）。

「左支卜系」，「書體作風上，字都相當小，但有一種拙樸感」，其字形「受字作ㅂ形，下方手形的一個指支和舟形的短劃連為一筆，另兩個指支簡畧為一短直劃。單獨的又字則作折角分明的ㅂ。牢字作ㅂ，外框轉折處作斜角」，「叀字下底基本上是平的，右側斜劃每稍低（ㅂ）；用字兩側均作直豎，夾在中間的四個短橫劃右左皆不相通（ㅂ）」，「人形不作ㅂ而作ㅂ，止形作寬掌尖踵的ㅂ，位于右下方的又旁均如受字作ㅂ形，庚字作ㅂ，日字作頗大的圓形（ㅂ），不字作ㅂ，目形作平行四邊形的ㅂ，亡字的折角不明顯（ㅂ），戔字的ㅂ旁較長大」。[17]

「右支卜系」，「在書體上，比較秀潤，刻劃細勁而末端多呈尖鋒，字較小而大小都比較劃一」，其字形「用作ㅂ、叀作ㅂ、弜作ㅂ」，「牢作ㅂ，外框作ㅂ」，「與有同版關係的受，無例外地均作ㅂ（左上方的爪形作ㅂ而不作ㅂ，右下方又和舟連筆，但折角不顯）」。[18]

---

13 同上註，頁 130。

14 以上俱同上註，頁 131。

15 同上註，頁 131。

16 以上俱同林澐：〈無名組卜辭中父丁稱謂研究〉，《古文字研究》第 13 輯（1988 年 6 月），頁 25。

17 以上俱同上註，頁 28。

18 以上俱同上註，頁 29。

「無名黃間組」（即無名組晚期），其「字小而稜角顯明」，「貞字作兩腳微外撇之𝕏，有少數上下斜劃相通（《屯南》2405 之𝕏），其幾乎全作𝕏，災均作𝕏，辛作𝕏，庚作𝕏，戊作𝕏，子作𝕏，寅作𝕏，辰作𝕏，子作𝕏，未作𝕏，申作𝕏，酉作𝕏，戌作𝕏，亥作𝕏」，[19] 又「午作𝕏，辰作𝕏，于作𝕏，受又之又作𝕏，吉作𝕏，翌作𝕏」。[20]

綜合以上，林澐所述的分類特徵字形，可概略統括表列如下：

表 2-4-1：林澐分類的特徵字形

類別	特徵字形	備註
𠂤組小字	【字形組】	
𠂤賓間組	【字形組】	兼有賓組、𠂤組字形特點
𠂤歷間組	【字形組】	
歷組一類	【字形組】	
歷組二類	【字形組】	較歷組一類字長、有力、多折筆
歷無名間組	【字形組】	兼有無名組性質及歷組特點
無名組	【字形組】	左支卜系
	【字形組】	右支卜系
無名黃間組	【字形組】	無名組晚期

（二）各類時代

整體觀之，林澐的字體分類特別著重各組卜辭間的過渡現象，主要工作有四：由𠂤組中分出「𠂤組小字」與「𠂤歷間組」、由賓組中分出「𠂤賓間組」、將歷組分為「歷組一類」、「歷組二類」並劃出「歷無名間組」、區分「無名組」並劃出「無名黃間組」。

林澐注意到𠂤組小字與賓組卜辭的同版情形，體認到「𠂤組和賓組之間的無法否定

---

[19] 林澐：〈小屯南地發掘與殷墟甲骨斷代〉，頁 134。

[20] 同上註，頁 135。

的『過渡』現象」，[21]又因該類卜辭賓組特點較多，遂於賓組範圍中劃分出「自賓間組」。再把自組卜辭分成「大字」、「小字」二類，將之與「典型賓組」常用字形對照，則可發現「自組小字的字體，正介于自組大字和賓組之間。自組大字的字形，它幾乎都有；賓組的字形，它也幾乎都有；此外還有介于兩者之間的其他異體。」[22]林氏認為：

> 從自組大字到賓組字體的總的演變趨勢是：由多體而趨向劃一，由多曲筆而趨向便于刻寫的折筆，由圖畫性強而趨向較簡單的符號化。「自賓間組」正視這一總的演化趨勢中的一個環節。而且，自組大字卜辭和自組小字卜辭有同版現象，自組小字卜辭又有和賓組卜辭（自賓間組）同版之例。目前卻尚未發現自組大字卜辭和賓組卜辭有同版之例。[23]

以上情形顯示相關卜辭循「自組大字—自組小字—自賓間組—典型賓組」[24]逐步過渡。

另外，林澐以「自歷間組」聯繫自組與歷組，根據字體又將歷組分為「歷組一類」、「歷組二類」，而「歷組一類中，稱謂只見父乙而未見父丁；歷組二類中則兼有父乙和父丁，但不同版。」[25]林氏基於「自歷間組在字體上介于自組和歷組之間」，「歷組一類字體在很多方面比歷組二類更接近自歷間組」，「無名組和黃組在字體上有直接聯繫」的情形，[26]以及「鑽鑿形式」、「卜骨骨臼之整治」、「記事刻辭」的特徵，認為「用純型式學的方法可以肯定自組→自歷間組→歷組一類→歷組二類→無名組→黃組的發展序列的合理性」，並主張「自歷間組、歷組一類和少量歷組二類卜辭中的父乙稱謂，顯然應理解為武丁之稱小乙，而不可能是文丁之稱武乙」。[27]

據上，林澐對於歷組卜辭時代的推斷是：

> 自歷間組和歷組一類卜辭中只有父乙稱謂而不見父丁稱謂，所以它們應該和賓組卜辭在時代上有重合關係。歷組二類卜辭則既有父乙稱謂，又有父丁稱謂，且父丁稱謂常見，應該上限始于武丁而延于祖庚（但因未見兄庚稱謂，未敢斷言其必延至祖甲），且主要存在于祖庚時代，所以和出組卜辭在時代上有重合關係。[28]

---

21 同上註，頁114。
22 同上註，頁118。
23 同上註，頁118。
24 同上註
25 同上註，頁131。
26 以上俱同上註，頁134。
27 以上俱同上註，頁138。
28 同上註，頁138。

至於「歷無名間組」，其字體「幾乎都可以在歷組二類中找到相同或相近的刻法」，「但是，在歷組二類中只是作為個別出現的字形」，「總的說來，該群卜辭更多地具有無名組的性質，但保留著歷組的一些特點」。[29]就此而言，「歷無名間組」時代應介於「無名組」與「歷組二類」之間。

「歷無名間組」的稱謂中有父丁，林澐根據該組稱謂組合與出組大群相同的現象，進而認定「『歷無名間組』同出組大群之同屬于祖甲時代是無疑的。因此『歷無名間組』字體的父丁當然是指武丁」；[30]而「無名組」之「左支卜」、「右支卜」兩系，兩者亦皆有父丁稱謂，林氏則指出前一類卜辭（「左支卜」）：

> 字體不但與歷組卜辭有很大的差別，而且與「歷無名間組」也看不出有直接承襲的關係。從稱謂來看，該群所見的父甲（例略）、父庚父己（例略）、母己（例略）、兄辛（例略），是康丁時代應有的稱謂組合。所以該群卜辭中的父丁，應該是與康丁相繼之武乙稱康丁，不可能是隔代之前王祖甲稱武丁。也就是說，該群卜辭的特有字體，在康丁之世已經形成，而沿用到武乙之世。[31]

而後一類卜辭（「右支卜」），林氏自字形組合特點觀之，認為：

> 𝍕、𝍕、𝍕、𝍕的穩定組合，只能是在康丁之世形成的。這種字體中的父丁，當然應該也是武乙之稱康丁，而與父丁同版之祖甲（例略）正是武乙之稱祖甲。所以，這種字體也是從康丁之世延至武乙之世的。[32]

總之，「無名組」中具父丁稱謂的卜辭可分為三種：

> 第一種字體與歷組二類很接近，其中的父丁是祖甲之稱武丁。凡屬這種字體的卜辭，應屬祖甲時代，有可能延至廩辛。第二種和第三種字體和歷組字體相差甚遠，其中的父丁是武乙之稱康丁。屬于這兩種字體的卜辭都是上起康丁時代而下延至武乙時代的。[33]

另「無名黃間組」，其字體「確有接近黃組卜辭的一面」，「但和黃組卜辭又有相異的一面」。[34]林澐以本類卜辭《屯》660、648為例，說明其特點：

---

29 以上俱同林澐：〈無名組卜辭中父丁稱謂研究〉，頁26。
30 同上註，頁27。
31 同上註，頁28。
32 同上註，頁30。
33 同上註。
34 以上俱同林澐：〈小屯南地發掘與殷墟甲骨斷代〉，頁135。

以《屯南》660 為代表的這批卜辭，顯屬無名組的性質而與黃組有相當顯然的區別，以《屯南》648 為代表的卜辭的書體與以《屯南》660 為代表的書體之接近性，要大於它與黃組卜辭的接近性。而且它們和整個無名組一樣有單記干支的記事刻辭（例略），這是黃組所沒有的。[35]

簡言之，「無名黃間組」同於無名組，且接近黃組，但不與黃組同類，因此又稱「無名組晚期卜辭」，其時代應在黃組之前的文丁時期。

綜上所述，林澐所主張的各類卜辭的時代關聯，表列簡示如下：

表 2-4-2：林澐各類卜辭的時代關聯

時　代	類　　別		
武丁時期	自組大字		
	自組小字	自歷間組	
	自賓間組	歷組一類	
	典型賓組	歷組二類	
祖庚時期	出組		
祖甲時期	出組（大群）	歷無名間組	
廩辛時期	何組		
康丁時期	無名組		
武乙時期			
文丁時期	無名黃間組		
帝乙時期	黃組		
帝辛時期			

二、方述鑫的主張

（一）分類內容

　　林澐之後，方述鑫探索卜辭斷代，曾據字體將自組卜辭「分作了 A、B、C 三大群。A 群卜辭又分作 A1、A2、A3 三個類別。B 群卜辭又分作 B1、B2 兩個類別。C 群卜辭又分

35 同上註，頁 136。

作 C1、C2 兩個類別」，[36]合得 7 類；同時主張歷組卜辭根據字體可分為 9 類（武乙 3 類，文丁 6 類），[37]兩組共計 16 類。各類卜辭字形特徵說明如下：

自組 A 群卜辭：

A1 類和 A2 類字體及風格相同，也就是『屯南‧前言』所分的第二種自組卜辭：「……此種字體筆畫渾圓流暢，轉折處都是圓轉角，如用毛筆所寫。它們中有的字很大，有的較小，但總的風格是一致的。一些常用字的寫法特點明顯。如丙字寫作囗，丁寫作囗，戊寫作囗，庚寫作囗、囗，壬寫作王，子寫作囗、囗，卯寫作囗，未寫作囗、囗，酉寫作囗、酉，貞寫作囗、囗，屮寫作囗，王寫作囗，用寫作囗，其寫作囗，于寫作囗，止寫作囗，晶寫作囗，六寫作囗等等。」我們將其中字體大的分為 A1 類（例略），將字體小的分為 A2 類（例略）。[38]

A3 類與 A1 類風格接近。此類卜辭字體也較大，但稍顯細弱，結構比較散亂，多為習刻之辭。一些常用字的寫法也很有特點，如屮作囗，从作囗，羌作囗，受作囗、囗，母作囗、囗，衛作囗，宰作囗，自作囗、囗，𠦪作囗，于作囗、于，弜作囗，丁作囗，庚作囗、囗、囗，子作囗、囗、囗、囗、囗，未作囗、囗、囗、囗、囗，戊作囗、囗、囗等等。[39]

自組 B 群卜辭：

B1 類字體纖小而略顯圓潤。一些常用字很有特點，如其作囗、囗、囗、囗，方作囗、囗、囗，于作囗、囗、于，今作囗、囗、囗，𠦪作囗，丙作囗、囗，子作囗、囗、囗、囗、囗、囗、囗，戊作囗、囗、囗、囗、囗 等等。

B2 類也就是『屯南‧前言』所分的第一種卜辭……。此類卜辭的特徵字體除了貞作囗外，還有有作囗，牛作囗，子作囗，不作囗，干支字庚作囗，子作囗，未作囗，申作囗，戊作囗等等。[40]

自組 C 群卜辭：

C1 類卜辭字體規整，筆風較剛勁，一些字很有特色，如受作囗、囗，羊作囗，不作囗，韋作囗、囗，俑作囗、囗，庚作囗，子作囗，丑作囗，寅作囗，戊作囗。

---

36 方述鑫：《殷虛卜辭斷代研究》（臺北：文津出版社，1992 年 7 月），頁 126。

37 同上註，頁 185-188。

38 同上註，頁 126。

39 同上註，頁 126-127。

40 以上俱同上註，頁 127。

C2 類卜辭的字體纖細，筆風較羸弱，字體和風格很接近 B1 類。一些字也很有特點，如受作☐、☐，不作☐、☐，韋作☐、☐，佣作☐，其作☐、☐，祖作☐，窜作☐、☐，疋作☐，令作☐，丙作☐，庚作☐、☐、☐，子作☐、☐、☐、☐、☐，未作☐。[41]

歷組武乙卜辭分為三類：

第一類，字體纖細秀麗，而且均勻，……康丁卜辭的字體風格和此類卜辭基本相同。

第二類，字體一般比較粗大，剛勁有力，是武乙卜辭中的主流，有的字還有康丁卜辭的風格，如更作☐，子作☐。有的字則帶有文丁卜辭的風格，如貞作☐。

第三類，字體較第一類大而粗獷，比第二類柔和而散逸。某些字如子作☐，酉作☐、☐，接近康丁卜辭。某些字如更作☐，則接近第二類卜辭。[42]

歷組文丁卜辭分為六類：

第一類，字體剛勁有力，風格近似武乙第二類卜辭。

第二類，字體纖細而略顯圓潤，貞作☐，戊作☐，庚作☐，子作☐，辰作☐，巳作☐、☐，午作☐，未作☐、☐，酉作☐、☐，戌作☐，更作☐、☐，弜作☐，啟作☐、☐，伐作☐，自作☐、☐，其作☐，易作☐、☐，允作☐，羌作☐、☐、☐，用作☐，受作☐、☐，不作☐，祖作☐等等。

第三類，字體瘦硬，貞作☐，伐作☐，眾作☐，子作☐，庚作☐，丑作☐，戌作☐、☐，亥作☐、☐，酉作☐，易作☐，其作☐，自作☐，登作☐、☐，弜作☐，祖作☐，不作☐，用作☐。

第四類，字體纖長瘦硬，伐作☐，子作☐，以作☐，更作☐，其作☐。

第五類，字體纖細秀麗，風格類似武乙第一類卜辭。

第六類，字體通常較小而棱角明顯，……其風格介於文丁五類和黃組卜辭之間。貞作☐，王作☐、☐，其作☐、☐，災作☐、☐、☐，戊作☐，庚作☐、☐，辛作☐，子作☐、☐，寅作☐、☐，巳作☐，午作☐，未作☐，酉作☐、☐，戌作☐。[43]

41 以上俱同上註，頁 128。
42 以上俱同上註，頁 185-186。
43 以上俱同上註，頁 187-188。

綜合以上，方述鑫所述的分類特徵字形，可概略統括表列如下：

表 2-4-3：方述鑫分類的特徵字形

類別		特徵字形	備註
自組 A 群	A1 類	（甲骨特徵字形）	字體大
	A2 類	（甲骨特徵字形）	字體小
	A3 類	（甲骨特徵字形）	
自組 B 群	B1 類	（甲骨特徵字形）	
	B2 類	（甲骨特徵字形）	
自組 C 群	C1 類	（甲骨特徵字形）	
	C2 類	（甲骨特徵字形）	
武乙 卜辭	第一類	（甲骨特徵字形）	參「武乙卜辭典 型字表」[44]酌補
	第二類	（甲骨特徵字形）	
	第三類	（甲骨特徵字形）	
文丁 卜辭	第一類	（甲骨特徵字形）	參「文丁卜辭典 型字表」[45]酌補
	第二類	（甲骨特徵字形）	
	第三類	（甲骨特徵字形）	
	第四類	（甲骨特徵字形）	
	第五類	（甲骨特徵字形）	參「文丁卜辭典 型字表」[46]酌補
	第六類	（甲骨特徵字形）	

---

[44] 同上註，「武乙卜辭典型字表」，頁 189-191。

[45] 同上註，「文丁卜辭典型字表」，頁 191-194。

[46] 同上註。

（二）各類時代

　　方述鑫的字體分類工作，範圍僅限於𠂤組與歷組兩種卜辭。在𠂤組部分，又分 A、B、C 三群，方氏根據甲骨出土情形，指出「𠂤組 A、B 群卜辭在小屯村北、村中、村南均有發現，C 群卜辭則只出在村中和村南」，[47]而小屯村的發展是由北而南漸進的（說詳前），因此「我們有理由認為，小屯村北所出的𠂤組 A、B 群卜辭要早於村中、村南所出的𠂤組 C 群卜辭」，[48]而𠂤組 C 群卜辭出於小屯南地 T53（4A）早期地層，應屬武丁晚期之物。又，「𠂤組 A 群有父辛、父乙，即小辛、小乙，以及小乙之配母庚，又有盤庚和陽甲。這些稱謂似乎只能說明𠂤組 A 群卜辭屬於武丁時代」，[49]「𠂤組 B 群卜辭和賓組卜辭字體接近，並且有好幾版賓組和𠂤組 B2 類共版的現象」。[50]以上說明𠂤組 A、B、C 三群卜辭時代皆在武丁時期。

　　至於𠂤組 A、B、C 三群卜辭的早晚關係，方述鑫認為：

> 特別是 A 群卜辭基本上用屮祭，而少用又祭，B 群卜辭屮又皆用，C 群卜辭基本上用又祭而不用屮祭。「又祭」，在賓組卜辭中僅是特徵，可是在第二期祖甲卜辭中則是常見的形式。……根據這些情況，𠂤組 A、B 群的時代應早於 C 群的時代。[51]

統括來看：

> 我們推測，𠂤組 A 群和 B1 類卜辭，以及賓組卜辭在武丁早期已經出現。以後𠂤組 B1 類受賓組的影響，發展成為𠂤組 B2 類。𠂤組 C 群卜辭的字體和 B 群比較接近，很可能是由 B 群卜辭，特別是 B1 類卜辭發展而來。它和「婦女卜辭」貞字作𫷤的卜辭，貞字作𫸂刀法很劣的卜辭，以及子組卜辭等「非王卜辭」一起，共同構成武丁晚期卜辭的支流。𠂤組 A 群卜辭、B1 類卜辭，則和刀、亞卜辭及「午組卜辭」一起，共同構成武丁早中期卜辭的支流。[52]

　　另外，方述鑫對於武乙、文丁時期共計 9 類卜辭時代先後的考察，根據相關字體風格特徵判斷，武乙第一類卜辭「乃上承康丁卜辭而來，應是武乙卜辭中最早的」；[53]第

---

[47] 同上註，頁 160-161。

[48] 同上註，頁 161。

[49] 同上註，頁 163。

[50] 同上註，頁 164。

[51] 同上註，頁 165。

[52] 同上註，頁 167。

[53] 同上註，頁 185。

二類卜辭「可能是武乙卜辭向文丁卜辭過渡的卜辭」；[54]第三類卜辭「應是武乙第一類向第二類過渡性的卜辭」。[55]文丁第一類卜辭「風格近似武乙第二類卜辭，大概是文丁卜辭中比較早的」；[56]第二類卜辭「是文丁卜辭的主流，文丁卜辭中所佔比例最大，其風格略近似文丁第一類卜辭，可能即承第一類卜辭而來」；[57]第三類卜辭「在文丁卜辭中所佔比例也相當大，其風格略近似文丁第一、二類卜辭，可能也是承第一類卜辭而來。根據『用侯屯』的成套卜骨有文丁二類和三類兩種字體，可以肯定二、三類是同時的」；[58]第四類卜辭「和文丁第三類卜辭字體風格最近，又都有『廿示』用語，兩類的時代應相同」；[59]第五類卜辭「風格類似武乙第一類卜辭，大概是文丁卜辭中最早的一類」；[60]第六類卜辭「大概是以上幾種文丁卜辭向黃組卜辭過渡的卜辭，其時代屬於文丁晚期至帝乙早期」。[61]

綜上所述，方述鑫所分各類卜辭的時代關聯，分表簡示如下：

自組卜辭部分：

圖 2-4-1：方述鑫自組各類卜辭時代關聯

武乙、文丁卜辭部分：

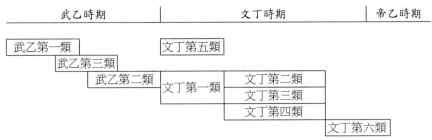

圖 2-4-2：方述鑫各類武乙、文丁卜辭時代關聯

---

54 同上註，頁 186。

55 同上註。

56 同上註，頁 187。

57 同上註。

58 同上註。

59 同上註，頁 188。

60 同上註。

61 同上註。

三、黃天樹的主張

（一）分類內容

黃天樹從事字體分類，呼應林澐之說，又加以闡述：

> 同一個貞人所卜之辭在字體上有時可能分屬於不同的類；另一方面，不同組的貞
> 人所卜之辭有時字體又同屬一個類。因此如果同時用貞人和字體兩個標準來劃分
> 甲骨就會陷入顧此失彼的窘境。從這個意義上講，為甲骨分類只能使用一個標準。
> 就是說分類應僅僅以字體為標準，不要受貞人的干擾。這樣以字體劃分出來的
> "類"和以貞人劃分出來的"組"是兩個系統。依據字體的分類由於不受局限，
> 因此所劃分出的"類"是一個完整的"類"系統；依據貞人的分組由於受到很大
> 的局限，如：貞人名殘缺、不署貞人名或雖署貞人名但無系聯關係等等，因此所
> 劃分出的"組"是一個殘缺的"組"系統。從分類的角度來看，字體標準是一個
> 比較理想的分類辦法。[62]

據此，黃氏主張將「依據字體繫聯而得到的一類卜辭稱之為"類"」，[63]另附加說明「為
了使大家容易明瞭我們所說的某類指的是哪些卜辭，我們往往利用大家所熟悉的組的名
稱來為"類"命名」。[64]

黃天樹的分類工作，精微細緻，體系完備，共計將王卜辭區分成「𠂤組肥筆類」、
「𠂤組小字類」、「𡉈類」、「典賓類」、「賓組𠂤類」、「賓組一類」、「賓組賓出
類」（賓組三類）、「出組賓出類」（出組一類）、「𠂤賓間A類」、「𠂤賓間B類」、
「歷一類」、「歷二類」、「歷草體類」、「𠂤歷間A類」、「𠂤歷間B類」、「事何
類」、「何組一類」、「何組二類」、「歷無名間類」、「無名類」、「無名黃間類」、
「黃類」等22類。[65]

以上各類字體，其特徵分列說明如下：[66]

---

[62] 黃天樹：〈試論賓、出、何三組卜辭在時代上的接續關係〉，《考古與文物》1991年第3期，頁58。

[63] 黃天樹：《殷墟王卜辭的分類與斷代》（北京：科學出版社，2007年10月），頁6。

[64] 同上註，頁7。

[65] 參上註，「目錄」，頁xiii。其中並無「出組二類」專節。

[66] 黃天樹《殷墟王卜辭的分類與斷代》版本有二，分別是1991年11月臺北文津出版社以繁體字印行（1991
年版），以及2007年10月北京科學出版社所出簡體字本（2007年版）。後者新出，頗有增補修正，本文
以下引述相關資料，除有必要，皆據簡體字本（即2007年版）。

「𠂤組肥筆類」，「一般說來字形稍大，筆道多呈肥筆，渾圓流暢，轉折處多呈圓轉角」，「𤕩作兩足外撇之□，和小字類作兩足內斂之□不同，王作□或□，𤮺作□，丙作□或□，方作□，子作□或□，少量作□，用作□，雨作□，人作□，止作□，丁作□或●，更作□、□、□，酉作□，子（巳）作□，個別作□，午作□。」[67]

「𠂤組小字類」，依字體又可分為 A、B 兩類：「𠂤組小字 A 類」，「書體清秀，筆畫細勁」，「其作□或□，甲子之子作□，乙子之子（巳）作□，少量作□，祭祀之侑多作□，少量作□，申作□，午作□或□，辰作□等，貞字的寫法多樣，如：《合》21021 龜版□、□、□、□、□並見」；[68]「𠂤組小字 B 類」則「一般是字形較小而多作方筆，稍顯呆板」，「貞作方耳□，其作□，午作□，人作□，卯作方耳□，余作□」。[69]

「□類」，其「字形較大且多曲筆，有些字體刻得比較草率」，「□作□，尖銳的特角頗引人注目，申作□，未作□，寅作□或□，辛作□，母作□或□」。[70]

「典賓類」，其「風格雄健、整飭、字體比較大，筆劃多瘦勁有力；部分卜辭筆劃肥厚」，「賓作□，殼作□，翌作□，不作□，少量作□，囚作□，少量作□，隹多作□，人作□，方作□，申作□，亥多數作□，少量作□，子作□，酉作□」。[71]

「賓組□類」，其風格「稍肥的筆道，圓曲而拙笨，字形奇詭，與典賓類迥異」，[72]如「韋作□」、「翌作□」、「戌作□」、「酉作□」、「巳作□」、「丙作□」、「丑作□」、「不作□」、「子作□、□」等。[73]

「賓組一類」，「刻在骨版上的一般字形稍大，筆劃方飭，多用直筆」，「刻在龜版上的一般字形略小，筆劃細勁」，[74]字例如「翌作□」、「賓作□」、「殼作□、□」、「亥作□」、「囚作□」、「貞作□」、「丑作□」、「不作□」、「辛多作□、□」、「申多作□，少量作□」等。[75]

「賓組賓出類」（賓組三類），部分「字形比較大，筆劃尖銳，鋒棱畢露，略顯草

---

[67] 黃天樹：《殷墟王卜辭的分類與斷代》，頁 11。

[68] 以上俱同上註，頁 22。

[69] 以上俱同上註，頁 24。

[70] 以上俱同上註，頁 29。

[71] 以上俱同上註，頁 42-43。

[72] 同上註，頁 48。

[73] 字形摹自黃天樹：《殷墟王卜辭的分類與斷代》，「表 4-1」，頁 48。

[74] 以上俱同上註，頁 50。

[75] 字形摹自黃天樹：《殷墟王卜辭的分類與斷代》，「表 4-2」，頁 52。

率」，[76]部分則「多為蠅頭小字，用筆工整」。[77]字例如「賓作◻」、「爭作◻」、「子作◻」、「隹作◻」、「日作◻」、「貞作◻」、「翌作◻、◻」、「亥作◻」、「丑作◻、◻」等。[78]

「出組賓出類」（出組一類），其字體風格賓組三類卜辭相近，「王作◻，祭祀之侑作◻，翌作◻，子作◻，亥作◻，隹作◻」，與「出組二類（即舊稱祖甲卜辭）王作◻，祭祀之侑作◻」不同。[79]

「自賓間A類」，其「風格清秀，字形較大而窄長，筆道婉轉流暢」，「隹作曲足之◻，貞作兩耳尖狹之◻，今者（？）之者作◻，申作◻，方作◻，人作◻，不作◻，囚作◻」，[80]另「黍多作"◻"」，「"朕史（事）"之"史"多省去"又"旁作"◻"」，「◻作"◻"」，「卑作長柄無橫劃的"◻"」[81]亦屬之。

「自賓間B類」，其「筆畫方飭，字形工整」，「鹿作◻，隹作直尾之◻，屮多寫作◻，申作◻，不作◻，允作短尾之◻」，「子作◻」。[82]

「歷一類」，字形較小，「筆畫較細，有一種圓潤感」，[83]貞作方形耳◻、乙作曲筆之◻、丁作◻◻、戊作◻、庚多作◻、子作◻◻、寅多作◻、卯作圓耳之◻、辰作◻◻、子（巳）作◻◻、未作◻◻、申作◻、酉作◻◻◻◻、戌作◻◻、王作◻、囚作◻◻、叀作◻◻、自作◻◻、弜作◻◻。[84]

「歷二類」，其「字形較大，筆道較粗且有力度，表現出粗獷的陽剛之美」，「貞作◻、◻、◻，酒作◻或◻，子（巳）作◻，不作◻，王作◻」。[85]

「歷草體類」，其「字體草率、凌亂」，部分常用字如「子作◻，于作◻，令作◻，庚作◻」寫法與自歷間類相近。[86]

「自歷間A類」，其「字體多曲筆」，與◻類卜辭接近，「王作◻，子作◻或◻，不作◻，用作◻，未作◻或◻，寅作◻，受作舟形橫置之◻、◻，章作◻或◻，庚作◻

---

[76] 同上註，頁 72。

[77] 同上註，頁 74。

[78] 字形摹自黃天樹：《殷墟王卜辭的分類與斷代》，「表 5-1」，頁 75。

[79] 以上俱同上註，頁 76。

[80] 以上俱同上註，頁 107。

[81] 以上俱同上註，注①。

[82] 以上俱同黃天樹：《殷墟王卜辭的分類與斷代》（臺北：文津出版社，1991 年 11 月），頁 110。

[83] 黃天樹：《殷墟王卜辭的分類與斷代》，頁 168。

[84] 以上字形特點悉從林澐所論，黃氏未另置新說。

[85] 以上俱同黃天樹：《殷墟王卜辭的分類與斷代》，頁 169。

[86] 以上俱同上註，頁 195。

或□，貞作□」。[87]

「自歷間 B 類」，其「風格剛勁而多折筆」，「貞作□，兩耳成棱形且耳根相連，甲子之子作□，乙巳之巳作□，丑作□，未作□，少量作□，卯作□，戌作□，酉作□而少量作□，兩字橫劃多傾斜作□，不作□，伐作□，少量作□，囚作□，用作□，受作豎形舟之□」。[88]

「事何類」，其「風格稍顯柔弱」，「干支之子（巳）作圓首、兩臂一上一下呈曲筆的□；貞人"事"作凸底之□。」[89]另有書體較為草率者，「乙巳之子（巳）有時作方首曲臂之□，王字多數作□，少量作□」，[90]暫歸此類。

「何組一類」，其「風格是字形較大，筆畫粗細比較平勻，橫平豎直」，「貞作□、□或□，王作□，牢作□或□，翌作□，少量作□，又作直尾□，吉多作□，上部之□，橫劃不連，旬字不出頭的□和出頭的□互見，庚作□，辛作□，乙子之子（巳）作□，申作□，亥作□」。[91]

「何組二類」，其「字體顯小」，「有如用小楷筆所書，"刻劃粗而不平勻，每一筆勢首尾尖而中部粗"（《綜述》第 142 頁）」。[92]字例如「翌作□」、「貞作□」、「子作□」、「以作□」、「吉作□」、「又作□」、「牢作□」、「丑作□」、「王作□」、「用作□」等。[93]

「歷無名間類」，兼有無名類與歷類的字形特點，如「用作□」、「牢作□」、「又作□」、「于作□」、「眔作□」、「福作□」、「歲作□」、「未作□」。[94]另「"吕（以）"字作□、兄作折足的□」[95]亦是此類特徵。

「無名類」，筆劃纖細而勻，刀法略帶傾斜，大抵寫法「吏作□」、「午作□」、「王作□」、「酉作□」、「弜作□」、「子（巳）作□」、「辰作□」、「甲子之子作□」等[96]。

---

[87] 以上俱同上註，頁 207。

[88] 以上俱同上註，頁 208。

[89] 以上俱同上註，頁 220。

[90] 同上註，頁 223。

[91] 以上俱同上註，頁 231。

[92] 以上俱同上註，頁 238-239。

[93] 字形摹自黃天樹：《殷墟王卜辭的分類與斷代》，「表 10-2」，頁 239。

[94] 以上字形特點悉從林澐所論。

[95] 黃天樹：《殷墟王卜辭的分類與斷代》，頁 244。

[96] 參林澐：〈無名組卜辭中父丁稱謂研究〉，頁 26。林澐將無名組又分為「左支卜」、「右支卜」兩類，黃天樹從之，但未置新字例。

「無名黃間類」，其「字形的稜角顯明，筆畫之間比較疏朗」，「貞作兩腳外撇之 〇，有少數上下斜劃相通作〇，其作〇，災多作〇、〇，少量〇、〇共見於一版，辛作 〇，戊作〇，戌作〇，子（巳）作〇，申作〇，未作〇，王字底部作弧形不大的〇， 酉作〇，甲子之子作〇，癸作〇，寅作〇，亥作〇，亡作〇，翌作〇」，[97]另「叀作〇， 武作〇」[98]亦屬之。

「黃類」，其「字體細小，書法整飭，行款劃一，文例嚴謹」，「王作〇，丙作〇， 庚作〇，辛作〇，癸作〇，乙巳之“巳”作〇，甲子之“子”作〇，寅作〇，辰作〇， 午作〇，申作〇，酉作〇，戌作〇，亥作〇，其作〇，用作〇，叀作〇，茲作〇，囚作 〇，固作〇」。[99]

綜合以上，黃天樹所分類的特徵字形，可概略統括表列如下：

表 2-4-4：黃天樹分類的特徵字形

類別	特徵字形	備註
𠂤組肥筆類	（見原圖）	
𠂤組小字類	（見原圖）	A類
	（見原圖）	B類
𡉚類	（見原圖）	
典賓類	（見原圖）	
賓組𢦏類	（見原圖）	
賓組一類	（見原圖）	
賓組賓出類	（見原圖）	賓組三類
出組賓出類	（見原圖）	出組一類
出組二類	（見原圖）	附說於出組一類，無討論
𠂤賓間A類	（見原圖）	
𠂤賓間B類	（見原圖）	
歷一類	（見原圖）	同林澐說

---

[97] 以上俱同黃天樹：《殷墟王卜辭的分類與斷代》，頁 266。

[98] 同上註，頁 269。

[99] 以上俱同上註，頁 270。

類別	特徵字形	備註
歷二類	（甲骨字形）	
歷草體類	（甲骨字形）	
自歷間 A 類	（甲骨字形）	
自歷間 B 類	（甲骨字形）	
事何類	（甲骨字形）	
何組一類	（甲骨字形）	
何組二類	（甲骨字形）	
歷無名間類	（甲骨字形）	
無名類	（甲骨字形）	從林澐說
無名黃間類	（甲骨字形）	
黃類	（甲骨字形）	

（二）各類時代

黃天樹對於所區分各類卜辭時代之主張，於其博士論文《殷墟王卜辭的分類與斷代》（1988 年）中論之甚詳，而相關論述亦多於成書後，另以專文方式刊行，如〈論自組小字類卜辭的時代〉（1990 年）、〈試論賓、出、何三組卜辭在時代上的接續關係〉（1991 年）、〈歷組卜辭時代補論〉（1992 年）、〈歷無名間類卜辭及其時代〉（1996 年）、〈談殷墟卜辭中的師*組肥筆類卜辭〉（1997 年）、〈賓組卜辭的分類與斷代〉等（1998 年），[100]足見黃氏斷代考察之全面且深入。

黃天樹卜辭分類有關時代的討論，重心仍在「自組」、「賓組」、「歷組」卜辭上，對於相關各組的承繼關係，顯然有著更細緻的分析觀察。以下敘述，統括援引其主要觀點，說明黃氏各類卜辭時代的判定。

關於自組卜辭，主要分成「自組肥筆類」、「自組小字類」二類，前者黃天樹根據卜辭稱謂情形，認為「目前還看不出師組肥筆類有早到武丁以前的跡象。因此，其上限

---

[100] 以上諸文，皆已收入黃天樹：《黃天樹古文字論集》，北京：學苑出版社，2006 年 8 月。

仍以定在武丁早期為宜」，[101]再就以下四項考察結果：

第一，肥筆類卜辭中出現的人名，不少和師組小字類、賓組等卜辭相同。

第二，肥筆類卜辭中出現的方國名也些與師組小字類、賓組相同。

第三，師組肥筆類的特異灼痕（灼痕指鑿旁或鑽旁燒灼的痕跡）也見於賓組等龜甲。

第四，師組肥筆類與師組小字類字體同見於一版甲骨之上（例略）。這種現象表明，師組小字類中時代較早的部分和師組肥筆類關係極為密切，兩者有一段時間共存。且肥筆類又與𡿪類字體同見於一版（例略）。𡿪類卜辭數量不多，大致存在於武丁中期。因此，與𡿪類卜辭關係密切的師組肥筆類的下限也已下延至武丁中期。[102]

說明「師組肥筆類和師組小字類、𡿪類、賓類的關係比較密切」，從而判斷「自組肥筆類」的時代，「上限為武丁早期，下限延至武丁中期或中、晚期之交」，極可能是「目前所知殷墟卜辭中時代最早的一類卜辭」。[103]至於「自組小字類」，與「時代較早的師賓間類以及時代較晚的賓組三類卜辭都有同時並存的迹象，也就是說它是從武丁較早的時候開始，一直延伸到武丁晚期的一類卜辭」，[104]大致與「自賓間類、典賓類（賓出類）同時並存」。[105]

自組卜辭的劃分，除上兩類，猶有「自賓間 A 類」、「自賓間 B 類」、「自歷間 A 類」、「自歷間 B 類」四類過渡性卜辭以及「𡿪類」卜辭可附屬於此組。「自賓間 A 類」的時代，從稱謂系統看，屬於武丁時期，又其所卜事項有些與自組小字類相同，「表明兩者有一段時間並存」，[106]「主要是武丁中期之物」；[107]而「自賓間 B 類」數量不多，「從它的字體、前辭、署辭、人物等方面來看，和 A 類時代大致相當，主要存在於武丁中期」；[108]「自歷間類」A、B 二類卜辭，書體風格上有曲筆（A 類）、折筆（B 類）之異，但見同卜一事，足見兩者關係極密切，而兩者字體亦有共同特點，又與「武丁時代的自組和歷類字體有時見於同版之上」，[109]從上述跡象看，黃天樹認為：

---

101 黃天樹：〈談殷墟卜辭中的師*組肥筆類卜辭〉，《文博》1997 年第 2 期，頁 16。

102 同上註，頁 16-17。

103 以上俱同上註，頁 17-18。

104 黃天樹：〈論自組小字類卜辭的時代〉，《陝西師大學報》（哲學社會科學版）1990 年第 3 期，頁 113。

105 同上註，頁 114。

106 黃天樹：《殷墟王卜辭的分類與斷代》，頁 120。

107 同上註，頁 123。

108 同上註，頁 125。

109 同上註，頁 209。

𠂤歷間類主要和時代較早的賓組一類、歷組一類卜辭關係最為密切，有同時並存的證據。其時代較晚的部分卜辭與典賓類、歷組二類卜辭也有一定的聯繫。如果和𠂤組小字類相比的話，不難看出，𠂤歷間類與典賓類、賓出類的關係遠不如𠂤組小字類密切。𠂤歷間類主要應是武丁中期的卜辭，其下限至多延伸至武丁晚期，沒有晚到祖庚之初的迹象。[110]

另「𐠺類」則自成一類，「從稱謂看，𐠺類應是武丁之物」，[111]再觀以字體，此類與「𠂤組肥筆類」同版並存，又與「𠂤賓間類」同卜一事，由是可知，「𐠺類卜辭的時代不會晚到武丁、祖庚之際，主要應存在於武丁中期」。[112]

綜合以上，各類卜辭時代關聯可簡示如下：

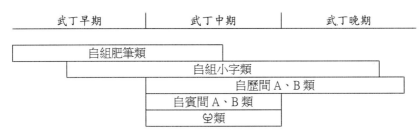

圖 2-4-3：黃天樹𠂤組各類卜辭時代關聯

關於賓組卜辭，主要分成「典賓類」、「賓組𐠺類」、「賓組一類」三類。黃天樹認為「典賓類」卜辭有「父甲、父庚、父辛」稱謂同版的現象，為公認的武丁時代卜辭，「主要存在於武丁晚期」，「其中有一部分卜辭可能上及武丁中期」。[113]另外，黃氏考察「賓組一類」，認為：

> 賓組一類和𠂤歷間類等卜辭有很多占卜事項是相同的，有一些例子甚至可以肯定是同時為一件事而占卜的，這是賓組一類和𠂤歷間類等卜辭時代大致相當的有力證據。𠂤歷間類是武丁中期的卜辭，因此賓組一類主要也應該是武丁之物。[114]

再就「賓組一類」與「典賓類」字體有交替現象，推斷「賓組一類的時代主要屬武丁中期，由於和典賓類罕見同卜一事之例，其晚期部分卜辭與典賓類早期卜辭並存的時間也

---

[110] 同上註，頁 215。

[111] 同上註，頁 31。

[112] 同上註，頁 37。

[113] 以上俱同黃天樹：〈賓組卜辭的分類與斷代〉，《考古》1998 年第 9 期，頁 75。

[114] 同上註，頁 77。

一定很短暫」。[115]至於「賓組ᵹ類」，因與「自賓間類」、「賓組一類」字體有共版情
形，而「自賓間類卜辭有些學者認為其時代一般要早於典賓類，因此，把與自賓間類字
體同版的ᵹ類的時代看作是早於典賓類的時代，應該是可以的」，[116]「它的時代大致和
賓組一類相當」。[117]

賓組卜辭的劃分，除上三類，另有「賓組賓出類」卜辭可歸之。「賓組賓出類」又
稱「賓組三類」，其字體主要見於賓組又見於出組，故時代較其他賓組類卜辭應為晚。
具體時代的考察，黃天樹指出：

> 賓組三類罕見〝父某〞一類的稱謂。〝父乙〞稱謂僅見一例（合 1487）。由此可
> 知：賓組三類中至少有一部分卜辭應是武丁之物。大家都知道，賓組三類和祖庚之
> 世的出組一類關係極為密切。因此，確切地說，賓組三類應是武丁晚期之物。[118]

再據「丁」稱謂的使用情形，黃氏認為「賓組三類晚期卜辭應延伸至祖庚之世，與出組
一類、歷組二類等卜辭有一段時間並存」。[119]

綜合以上，各類卜辭時代關聯可簡示如下：

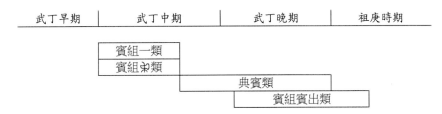

圖 2-4-4：黃天樹賓組各類卜辭時代關聯

關於歷組卜辭，主要分為「歷一類」、「歷二類」、「歷草類」三類。黃天樹據「〝X〞
形鋸痕」、「卜骨的截鋸」、「鑽鑿形態」、「不同組的字體見於同版」等四種現象，
肯定「歷組卜辭是武丁晚年到祖庚時期的卜辭這一說法是可信的」，[120]而針對「歷一類」、
「歷二類」兩類卜辭的時代，黃天樹認為：

115 同上註。
116 黃天樹：《殷墟王卜辭的分類與斷代》，頁 49。
117 同上註，頁 50。
118 黃天樹：〈賓組卜辭的分類與斷代〉，頁 78。
119 同上註，頁 79。
120 黃天樹：〈歷組卜辭時代補論〉，《文博》1992 年第 3 期，頁 12。

從上列兩類卜辭的父輩稱謂不難看出：歷一類主要是武丁之物，歷二類主要是祖庚之物。但是歷一類偶見"父丁"稱謂，歷二類也有少量"父乙"稱謂。由此表明：歷一類的下限應延伸到祖庚之初；同樣，歷二類的上限也應上及武丁晚期。兩者至少有一段時間是同時並存的。[121]

而「歷草類」與「歷二類」同卜一事，且均有「父丁」稱謂，兩者關係極為密切，同時並存，其時代主要是在祖庚時期。[122]

歷組卜辭的劃分，除上三類，另有「歷無名間類」卜辭可歸之。「歷無名間類」的時代，「總的看來，其上限應晚於歷二類而早於無名類」，[123]亦即其上限應上及祖甲晚期，另根據「祖甲、父辛」稱謂，可知「歷無名間類的下限已延伸至武乙初年。其晚期的部分卜辭與無名類有一段時間並存」。[124]

綜合以上，各類卜辭時代關聯可簡示如下：

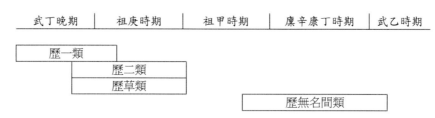

圖 2-4-5：黃天樹歷組各類卜辭時代關聯

關於何組卜辭，主要分為「事何類」、「何組一類」、「何組二類」三類。「事何類」為黃天樹字形分類所特有，該卜辭以「♀」為核心特徵，依貞人（事、何）可再分成「賓組事何類」、「何組事何類」兩小類，而此類另見字體略草者，為數不多，仍可劃出「何組事何草體類」，以上三小類字體風格約略近似，時代以「何組事何類」為參照。

「事何類」時代的考察，黃天樹根據「事」貞卜辭「多數作賓出類字體，少數作事何類字體，沒有作時代比較早的賓組一類字體的」情形，判斷「貞人"事"應是賓組中時代最晚的一位貞人」，[125]與出組貞人在祖庚之世有過一段共存的時間；又見「何組事

---

[121] 同上註，頁 13。

[122] 黃氏以為屬「歷草類」的《屯》2668，其上有「又歲兄庚」之語，據此則能將「歷草類」卜辭時代延伸至祖甲之初。

[123] 黃天樹：〈歷無名間類卜辭及其時代〉，《文博》1996 年第 5 期，頁 15。

[124] 同上註，頁 16。

[125] 以上俱同黃天樹：《殷墟王卜辭的分類與斷代》，頁 218。

何類和前述賓組事何類書體風格和特徵性字形相同。而和何組一類字形迥異」，[126]因此主張「何組事何類可能要早於一般何組卜辭，其時代可能在祖庚（或祖庚、祖甲之交）之世」。[127]至於「何組一類」的時代，黃氏指出：

> 從稱謂系統看，何組一類的時代主要存在於廩辛之世，要晚於前述時代主要屬於祖庚（或祖庚、祖甲之交）的何組事何類卜辭。但這兩類卜辭在字形上有嬗變的痕迹。……說明事何類和何組一類是相互銜接的。[128]

又著眼於「它的字體、文例以及所反映的制度與時代主要屬於祖甲之世的出組二類十分相似」，[129]遂認為「和出組二類關係密切、同時並存的這部分何組一類卜辭應早於何組二類卜辭，其時代很可能上及祖甲晚年」，[130]若從「父辛」稱謂觀之，其時代下限「已延伸至武乙之初」。[131]相較於「何組一類」與「無名類」少有聯繫，「何組二類」與「無名類」、「黃類」卜辭則有不少相同或相近之處，從稱謂系統來看，其時代上限「應在廩辛康丁之世」，[132]再就人名、占卜事項等關聯觀之，「何組二類」與「無名類」更是並存一段時間，故時代下限可能與「無名類」卜辭相同。

綜合以上，各類卜辭時代關聯可簡示如下：

圖 2-4-6：黃天樹何組各類卜辭時代關聯

除自組、賓組、歷組、何組之外，黃天樹的字體分類系統，尚有「出組賓出類」、「無名類」、「無名黃間類」、「黃類」四類。

「出組賓出類」又稱「出組一類」，其字體風格、文例及所反映的制度與「賓組三類」卜辭相近，根據稱謂現象，「目前尚未見署出組貞人名的出組一類卜辭中有 "父乙"

---

[126] 同上註，頁 225。

[127] 同上註，頁 228。

[128] 同上註，頁 233。

[129] 同上註。

[130] 同上註，頁 237。

[131] 同上註，頁 238。

[132] 同上註，頁 241。

稱謂，因此，出組一類的上限仍以定在祖庚之初為宜」，同時因「有"兄庚"稱謂，表明出組一類有一部分已晚到祖甲之初，與出組二類至少有一段時間並存」，[133]附帶一說，黃天樹逕將「出組二類」等同「祖甲卜辭」，並「不作專門討論」，[134]略有未備。

　　出組兩類卜辭時代關聯簡示如下：

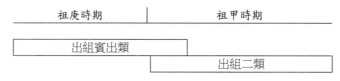

圖 2-4-7：黃天樹出組各類卜辭時代關聯

　　關於「無名類」的時代，黃天樹認為：

> 由於它數量多，內容也比較豐富，有很多迹象表明它存在的時間是比較長的。從無名類的稱謂系統看，因為它沒有歷無名間類那樣有"聯稱的兄己、兄庚"稱謂，所以它的上限以定在康丁（也有可能上及廩辛之世）之世為宜。[135]

而其時代下限，根據「祖己」、「父乙」稱謂，可能「已晚到文丁之世」。[136]至於「黃類」的時代，則據「征伐盂方」的卜問內容，「不見於時代晚到武乙、文丁之時的無名類等其他卜辭中。也就是說，征伐盂方的戰爭，目前尚看不出有早到文丁之世的跡象」，因此「黃類卜辭的時代不會太早，可能還是帝乙時代的」。[137]另外，「無名黃間類」字體兼有無名類和黃類字體的現象，黃氏認為「不一定解釋為是因時代推移而逐漸演進的產物，也可能是無名類和黃類同時並存、互相影響而產生的一種字體類別」。[138]此類卜辭絕多數是田獵卜辭，根據鑽鑿形態，「可以認為無名黃間類的上限以定在武乙之世為宜」，[139]而據占辭使用特徵，「可以把無名黃間類的下限定在文丁之世」。[140]

　　綜合以上，各類卜辭時代關聯可簡示如下：

---

[133] 以上俱同上註，頁 79。

[134] 同上註，頁 76。

[135] 同上註，頁 265。

[136] 同上註，頁 275。

[137] 以上俱同上註，頁 271。

[138] 同上註，頁 269。

[139] 同上註，頁 268。

[140] 同上註，頁 269。

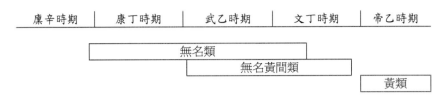

圖 2-4-8：黃天樹無名組各類卜辭時代關聯

　　總括上述對各類字體的時代分析，黃天樹製有「殷墟王卜辭的分類及各類所占年代總表」供參，[141]惟前已俱引（見頁 23），此不重錄。

四、 李學勤、彭裕商的主張

（一）分類內容

　　與方述鑫、黃天樹幾乎同時從事甲骨分類者，還有彭裕商。彭氏將各類甲骨卜辭進行更細緻的區分，首先將殷墟早期王室卜辭分為自組「大字類」、自組「小字一類」、自組「小字二類」、自組「其他小字類及小字類附屬」（自歷間組）、「自賓間組」、「賓組一 A 類」、「賓組一 B 類」、「賓組二類」、「出組一類」、「出組二 A 類」、「出組二 B 類」、「歷組一 A 類」、「歷組一 B 類」、「歷組二 A 類」、「歷組二 B 類」、「歷組二 C 類」等，共 16 項，並佐以字表參照，有利於諸項字形特徵的理解掌握；[142]稍後擴及中後期，與李學勤合力全面分析王室卜辭，在前 16 項的基礎上，再加上「何組一類」、「何組二類」、「何組三 A 類」、「何組三 B 類」、「黃組」、「歷無名間組」、「無名組一 A 類」、「無名組一 B 類」、「無名組一 C 類」、「無名組二類」、「無名組三類」、「無名黃間一類」、「無名黃間二類」等 13 項，總計得 29 項，[143]字表則增為 28 個，[144]完備字形分類體系。

　　以上所及各類字體，據字表內容，其相關特徵分列說明如下：

　　「自組大字類」，字體圓潤較大，且近手寫體。主要特徵字例參下表。[145]

---

141 黃天樹：《殷墟王卜辭的分類與斷代》（北京：科學出版社，2007 年 10 月）「表 1-1：殷墟王卜辭的分類及各類所占年代總表」，頁 9。本書已援引，見頁 23。

142 彭裕商：《殷墟甲骨斷代》（北京：中國社會科學出版社，1994 年 5 月），頁 46-285。

143 李學勤、彭裕商：《殷墟甲骨分期研究》（上海：上海古籍出版社，1996 年 12 月），頁 61-307。

144 同上註，表 4-12、表 14-25、表 31-37，頁 62-292。

145 錄自《殷墟甲骨分期研究》，「表四：自組大字卜辭特徵字體舉例」，頁 62。

此外，若以字體特徵聯繫，尚有一些字體與本類卜辭關係密切，「以前稱其為𠂤組大字二類」，[146]現將之作為附屬，不另成類。主要特徵字例參下表。[147]

「𠂤組小字一類」，字體較小，筆畫亦較細，形體稍長，較規整。主要特徵字例參下表。[148]

「𠂤組小字二類」，字體小而規整，多折筆。主要特徵字例參下表。[149]

---

[146] 同上註，頁 66。

[147] 錄自《殷墟甲骨分期研究》，「表五：𠂤組大字類附屬特徵字體舉例」，頁 67。

[148] 錄自《殷墟甲骨分期研究》，「表六：𠂤組小字一類特徵字體舉例」，頁 71。

[149] 錄自《殷墟甲骨分期研究》，「表七：𠂤組小字二類特徵字體舉例」，頁 73。

「自組其他小字類及小字類附屬」，字體較小，筆劃柔弱，與自、歷卜辭皆有所聯繫，亦可稱「自歷間組」。主要特徵字例參下表。[150]

乙	庚	辛	子	丑	辰		巳	午	未	申

酉	戌	亥	禍	貞	易	隻	用	伐		其

蔑		人		祭	雨	隹	不	王	又	大

「自賓間組」，字體稍帶長形，筆劃勻稱，較為規整。「貞字寫法作尖耳，同於賓組卜辭，其它字形頗多與自組小字二類相近」。[151]主要特徵字例參下表。[152]

戊	庚	辛	子	寅	卯	辰		巳	午	未	申	酉	戌	亥	貞	受

出(又)	其	氏	翌	乍	朕	異	用	因	兄	父	取	不	壺	隻	隹	子

「賓組一A類」，是賓組卜辭的主要部分，最具賓組特色。貞人賓和殼的寫法較特殊，整體字體風格較接近「自賓間組」。主要特徵字例參下表。[153]

子	巳	辰	未	申	酉	亥	賓	殼	爭	貞	受

出	其	翌	用	因	不	壺	雀	隹	隻	子

「賓組一B類」，字體較規整，與「自賓間組」、「自組小字二類」相較，其結構變化明顯。主要特徵字例參下表。[154]

子	巳	辰	未	申	酉	亥	賓	殼	貞	受

出	其	翌	用	禍	不	子	惠	隹	隻	雀

---

150 錄自《殷墟甲骨分期研究》，「表八：自歷間組特徵字體舉例」，頁 79。

151 李學勤、彭裕商：《殷墟甲骨分期研究》，頁 106。

152 錄自《殷墟甲骨分期研究》，「表九：自賓間組卜辭特徵字體舉例」，頁 106。

153 錄自《殷墟甲骨分期研究》，「表十：賓組一A類特徵字體舉例」，頁 112。

154 錄自《殷墟甲骨分期研究》，「表十一：賓組一B類特徵字體舉例」，頁 113。

「賓組二類」，字體大小不一，結構基本一致，字形近於出組一類，與賓組一類的區別較為明顯。主要特徵字例參下表。[155]

子	丑	巳	未	申	酉	亥	賓	爭	貞
受	屮	氏	翌	田	不	壴	隹	隻	羌

「出組一類」，字體近於賓組二類，以王（ ）、又（ ）、子（ ）等諸形最有代表性。主要特徵字例參下表。[156]

戊	庚	辛	子	丑	寅	辰	巳	午	未
申	酉	戌	亥	王	屮	氏	翌	田	不	壴
貞	其	用	隹	羌	子	彫	自	寧	元

「出組二 A 類」，字體筆畫較細，形體較小，王（ ，加上橫畫）、又（ 、 兩形並用）諸字較之「出組一類」寫法已有所變化。主要特徵字例參下表。[157]

庚	辛	子	丑	寅	辰	巳	午	未	申	酉	亥
賓	王	屮	氏	翌	瞪	雨	田	不	壴	其
貞	用	隹	羌	彫	自	寧	勿	父丁	兄庚	上甲

「出組二 B 類」，字體大小與筆畫粗細皆不一致，字形結構與「出組二 A 類」又有不同，上衍橫畫現象增多。主要特徵字例參下表。[158]

---

[155] 錄自《殷墟甲骨分期研究》，「表十二：賓組二類特徵字體舉例」，頁 117。

[156] 錄自《殷墟甲骨分期研究》，「表十四：出組一類特徵字體舉例」，頁 130。

[157] 錄自《殷墟甲骨分期研究》，「表十五：出組二 A 類特徵字體舉例」，頁 134。

[158] 錄自《殷墟甲骨分期研究》，「表十六：出組二 B 類特徵字體舉例」，頁 137。

庚	辛	子	丑	寅	辰	巳	午	未	申	酉

亥	賓	王	屮	氏	翌	曌		兩	因	不

重	貞	其	用	羌	酚	自	宰	父丁	兄庚	上甲

「歷組一A類」，字體較小，筆畫纖細、圓轉。主要特徵字例參下表。[159]

庚	子	辰	巳	未	申	酉	戌	亥	自

咲	以	其	歲	隹	弜	受	惠	禍	方

步	用	羌	曌	不	宰	貞	啟	允	禾	尹	害

「歷組一B類」，字體較大，筆畫較粗，多帶折筆，不及「歷組一A類」圓轉，而字形結構則與之基本一致。主要特徵字例參下表。[160]

庚	子	辰	巳	未	申	酉	戌	亥	自

咲	以	其	歲	隹	弜	受	惠	禍	方

步	用	羌	曌	不	宰	貞	啟	允	禾	尹	害

「歷組二A類」，字體清秀窄長，貞字多作「🜚、🜚」形，頗具特色。主要特徵字例參下表。[161]

庚	子	辰	巳	未	申	酉	戌	亥	自	貞

用	酚	不	咲	曰	其	受	隹	惠	禍	方	步	害

---

[159] 圖表更製自《殷墟甲骨分期研究》，「表二十二：歷組一類特徵字體舉例」，頁187。

[160] 同上註。

[161] 錄自《殷墟甲骨分期研究》，「表二十三：歷組二A類特徵字體舉例」，頁195。

「歷組二B類」，據書體風格和特殊字形的組合，本類尚可分成甲、乙、丙三羣。甲羣字體瘦勁，筆畫較細、貞字兩橫畫相距較遠、酉形多有折筆；乙羣筆畫較粗，貞字寫法近於賓組；丙羣不僅筆畫較粗，書體亦散亂，貞字多作瘦長高足形，少數為方耳形。主要特徵字例參下表。[162]

圖 2-4-9：彭裕商「歷組二 B 類」特徵字例

「歷組二C類」，字體較大，筆畫較粗，與「歷組二A類」、「歷組二B類」區別明顯。本類字形組合有兩種形式：其一，王作「太」、酉作「酉」、子作「屮」；其二，王作「王」、酉作「酉」、子作「屮」。主要特徵字例參下表。[163]

「何組一類」，字體多折筆或圓筆，部分字形有早期作風，如王作「太」、又作「屮」等，接近賓組與出組一類的寫法。主要特徵字例參下表。[164]

---

162 圖表更製自《殷墟甲骨分期研究》，「表二十四：歷組二 B 類特徵字體舉例」，頁 205。
163 錄自《殷墟甲骨分期研究》，「表二十五：歷組二 C 類特徵字體舉例」，頁 222。
164 錄自《殷墟甲骨分期研究》，「表十七：何組一類特徵性字體舉例」，頁 140。

「何組二類」，字體略帶長形，較為規整，部分字形與「出組二類」有明顯的銜接關係。主要特徵字例參下表。[165]

「何組三 A 類」，字體較大，字跡較為潦草，上承「何組二類」，偶見字形倒刻現象。主要特徵字例參下表。[166]

「何組三 B 類」，字體較小，形體結構較規整，筆畫稍粗而出鋒，也有字形倒刻的現象。主要特徵字例參下表。[167]

---

165 錄自《殷墟甲骨分期研究》，「表十八：何組二類特徵字體舉例」，頁 144。
166 錄自《殷墟甲骨分期研究》，「表十九：何組三 A 類特徵性字體舉例」，頁 148。
167 錄自《殷墟甲骨分期研究》，「表二十：何組三 B 類特徵字體舉例」，頁 151。

「黃組」，字體一般較細小，少數大字，形體結構特徵大致相同。主要特徵字例參下表。[168]

丙	戊	庚	辛	癸	子	寅	辰	巳
午	未	申	酉	戌	亥	王	貞	又	吉
災	患	遘	禍	雨	歲	翌	牢	茲

「歷無名間組」，字體略帶狹長，字形如庚作「帝」、戌作「戈」、眾作「眔」、弜作「弜」、叀作「叀」、用作「用、用」等頗見特色。主要特徵字例參下表。[169]

庚	辛	子	丑	辰	巳	午	未	申	酉
戊	亥	王	又	歲	患	遘	弜	用
雨	翌	羌	眔	登	取	㞢	不	受	兄	往

「無名組一A類」，字體窄長，多數較散亂，叀字作瘦長平底形，吉字一般作尖底形。主要特徵字例參下表。[170]

戊	庚	辛	子	寅	辰	午	未	申	酉	又	翌
王	弜	患	吉	遘	用	雨	不	受	其	往	羊

「無名組一B類」，筆畫較細，字體比「無名組一A類」規整，但大小並不一致，多數偏小。主要特徵字例參下表。[171]

戊	庚	辛	子	辰	巳	午	未	申	酉	亥	又	歲
王	弜	吉	患	遘	用	雨	翌	不	受	咎

---

168 錄自《殷墟甲骨分期研究》，「表二十一：黃組卜辭特徵字體舉例」，頁174。
169 錄自《殷墟甲骨分期研究》，「表三十一：歷無名間組特徵字體舉例」，頁271。
170 錄自《殷墟甲骨分期研究》，「表三十二：無名組一A類特徵字體舉例」，頁279。
171 錄自《殷墟甲骨分期研究》，「表三十三：無名組一B類特徵字體舉例」，頁282。

　　「無名組一 C 類」，筆畫相對較粗，多折筆，有硬勁。吉字作「」形，頗為特別。主要特徵字例參下表。[172]

　　「無名組二類」，字體主要特徵是吉字作「」形，而卜字向右出支，與「無名組一類」之吉作「」，卜向左出支，明顯有別。此外，庚、叀、東等諸字形中間均作斜劃，極為特殊。主要特徵字例參下表。[173]

　　「無名組三類」，字體較小，結構與「無名黃間類」相近，字形有較多晚期特徵。主要特徵字例參下表。[174]

　　「無名黃間一類」，字體接近「無名組三類」，貞字作高足形、其字作未封口形。主要特徵字例參下表。[175]

---

172 錄自《殷墟甲骨分期研究》，「表三十四：無名組一 C 類特徵字體舉例」，頁 284。

173 錄自《殷墟甲骨分期研究》，「表三十五：無名組二類特徵字體舉例」，頁 286。

174 錄自《殷墟甲骨分期研究》，「表三十六：無名組三類特徵字體舉例」，頁 290。

175 圖表更製自《殷墟甲骨分期研究》，「表三十七：無名黃間類卜辭特徵字體舉例」，頁 292。

戊	庚	辛	癸	子	寅	辰		巳	午	未	申

酉	戌	亥	王	又	災	貞	吉	其	殳	翌	宰

「無名黃間二類」，字體晚期特徵更加明顯，與「黃組」甚為接近。貞字作撇足形，其字加橫線封口。主要特徵字例參下表。[176]

戊	庚	辛	癸	子	寅	辰		巳	午	未	申

酉	戌	亥	王	又	災	貞	吉	其	殳	翌	宰

（二）各類時代

彭裕商對於甲骨字形各類時代的分析，具體完整，運用考古相關資訊，著重發展序列的考察，其具體主張，分自、賓、出、歷四組摘要引述說明如下：

自組卜辭部分：

「大字類」卜辭，以考古學角度看，「第二組單位 YM362、YM331 出有文例字體都近似於本類的卜辭，YM388 隨葬石戈上的文字也同於本類，這幾座墓葬都早於殷墟一期」，[177]因此時代大致估計在武丁早期，其上限應在武丁之初或稍有前後。這類卜辭與自組小字類有若干同版現象，時代已聯繫到小字類，「其下限至多能晚到武丁中期偏早」。另見此類附屬卜辭，因其「與大字類同卜同版，關係密切，二者必有一段重合，其上限在武丁早期」，「比上述大字類要晚一些」。[178]

「小字類」卜辭，集中出於 YH006 坑以及探方 T53（4A），皆屬第三組單位，時代下限大致在武丁中期，又因「與大字類並存或接近，推測其上限可到武丁早期」。[179]「小字類」可分成「小字一類」、「小字二類」兩類，此「兩類卜辭在時代上很接近，但又並非完全重合」，[180]從卜辭的相互聯係來看，「小字一類上與自組大字相接近，下不與

---

176 同上註。
177 彭裕商：《殷墟甲骨斷代》，頁 78。
178 以上俱同上註，頁 79。
179 同上註，頁 81。
180 同上註，頁 89。

"自賓間組"銜接；小字二類則上與自組大字比較疏遠，下與"自賓間組"緊密銜接」，「總的來說，一類應略早於二類」。[181]

「小字類附屬」（自歷間組）卜辭，「可與《屯南》4514、4516 相聯係，後者均出殷墟一期地層，大致相當於武丁中期」。[182]此類卜辭在卜問內容上與某些較早的賓組、歷組一類皆有關聯，顯示亦是武丁中期的遺物，而「由於本類卜辭與出自 T53（4A）的自組小字有聯係，並且又有甲尾刻辭，故推測其上限可到武丁中期偏早」。[183]

據上，自組相關卜辭發展序列大致是：

自組大字類 →自組小字一類 →自組小字二類 →自歷間組

圖 2-4-10：彭裕商自組相關卜辭發展序列

賓組卜辭部分：

「自賓間組」卜辭，有出於 E16 坑者，該坑「堆積下限約在武丁晚期」，而「從坑中出土的陶器和銅兵器等形製看，是屬殷墟早期，即武丁時代。本類卜辭出在該坑下層一段（6.5-9.4 米深），其時代不會晚到武丁晚期」。[184]再自卜辭的相互聯係來看，「本類一方面與自組小字二類相銜接，一方面又逐漸演變為賓組一 A 類，是自組與賓組之間的連鎖」，說明「本類卜辭不會晚於武丁中期，其上限銜接自組小字二類，可到武丁中期偏早」。[185]

「賓組一類」卜辭，有出於 YH127 坑者，該坑「處於灰坑多早於水溝的地域；在有關的疊壓，打破關係中居最下層；上層墓 YM164 是第四組的單位；本身又出第三組典型器物的殘片。據此，我們將該坑的時代推定在第三組，絕對年代大致在武丁中期」，該坑「數千片賓組卜辭都是一 A 類和一 B 類，而沒有一片是接近出組的賓組二類」。[186]「賓組一類」所分「賓組一 A 類」、「賓組一 B 類」兩類卜辭，從內容相互聯係來看，「"自賓間組"直接與自組小字二類相銜接，而賓組一 A 類不管是在字體方面還是在涉及人物方面都非常接近"自賓間組"，是由後者逐步演變來的」，「賓組一 B 類」往後發展為「賓組二類」，「賓組二類」與「出組非常接近，並有同卜一事的例子」，「可見兩者

---

[181] 以上俱同上註，頁 97。
[182] 同上註，頁 97。
[183] 同上註，頁 106。
[184] 以上俱同上註，頁 152。
[185] 以上俱同上註，頁 153。
[186] 以上俱同上註，頁 156。

有一段時間的重合」。[187]綜之,「賓組一類出於第三組單位,在卜辭的相互聯係及涉及人物等方面也早於賓組二類,推測其時代大致屬武丁中期,下限可延及武丁晚期」。[188]

「賓組二類」卜辭,「出土地層也多屬武丁晚期」,與「早期出組有一部份重合」,亦與「某些歷組二類有時代相近的事例」,「故推測其年代大致在武丁晚期,下限可到祖庚之世」。[189]

據上,賓組相關卜辭發展序列大致是:

```
自組小字二類 → 自賓間組 → 賓組一 A 類 → 賓組一 B 類 → 賓組二類 → 出組
```

圖 2-4-11:彭裕商賓組相關卜辭發展序列

出組卜辭部分:

「出組一類」卜辭,「有父丁、母辛的重要稱謂,但沒有兄庚,所以大致是祖庚時期的。這類卜辭又與賓組二類有同卜之例,在字體、人物等方面也與後者接近,其上限可能上及武丁之末」。[190]

「出組二類」卜辭,有「兄庚」稱謂,其時代為祖甲時期。本類卜辭以「周祭」為準,可區分為「出組二 A 類」、「出組二 B 類」兩小類,「A 類沒有〝周祭〞,記月方式作〝某月〞,字體也比較接近一類,保有較多的早期特徵。人物上絲又見於賓組二類,故其時代應在祖甲前期」;[191]「B 類有系統的〝周祭〞,記月方式作〝在某月〞,字體與一類顯然不同,其中一部分(例略)與何組卜辭(例略)字體基本一致,表現出明顯的銜接關係。具有較多偏晚的特徵,其時代應大致在祖甲後期」。[192]

據上,出組相關卜辭發展序列大致是:

```
出組一類 → 出組二 A 類 → 出組二 B 類
```

圖 2-4-12:彭裕商出組相關卜辭發展序列

歷組卜辭部分:

「歷組一 A 類」卜辭,所見「祇有父乙稱謂,年代不會晚至祖庚」,「本類銜接〝自

---

187 以上俱同上註,頁 158-159。
188 同上註,頁 159-160。
189 以上俱同上註,頁 160-161。
190 同上註,頁 183-184。
191 同上註,頁 184-185。
192 同上註,頁 185。

歷間組〞，有同卜、同版，相同句式及鑽鑿形態等方面的大量例證。此外又與賓組一類在占卜內容上有聯係，而後兩者的年代均大致在武丁中期。記月方式作〝十三月〞也同於賓組」，[193]因此本類卜辭的時代「大致屬武丁中期」。[194]

「歷組一B類」卜辭，其稱謂「主要是父乙，但也有個別父丁（例略），其下限當已延及祖庚。本類與一A類銜接，在占卜內容和同版關係上，與賓組一類（主要是一B類）和二類均有聯係，但較多的是前者的聯係」，因此本類卜辭時代「上限應到武丁中期偏晚，下限可延及祖庚之初」。[195]

「歷組二A類」卜辭，其稱謂「有父乙和父丁，但不同版，應為武丁到祖庚時期的稱謂。本類與一B類關係極為密切，有較多同版同卜之例，並在占卜內容上與賓組二類有一定聯係」。[196]據此觀之，本類卜辭的時代「應在武丁末到祖庚初」。[197]

「歷組二B類」卜辭，其「主要稱謂是父丁，大致是祖庚時期的遺物」。「在占卜內容上，本類與賓組二類、出組一類及賓出間卜辭有較多聯係」，「由字體特徵而論，本類三羣中，甲羣近一B類，乙羣近二A類，丙羣介於乙羣與二C類之間，推測一B類以後分為兩支，一支是二A類，另一支是二B類甲羣。前者往後發展為二B類乙羣、丙羣、二C類，是歷組的主流；後者往後逐漸蝸合於乙羣之中」。[198]因此，本類卜辭的時代「大致屬祖庚時，上限可到武丁之末」。[199]

「歷組二C類」卜辭，其「重要稱謂衹有父丁，可知不會早到武丁之時」。「在字體特徵上，本類第一種字形組合與二B類丙羣相銜接，第二種字形組合往後發展為〝歷無名間組〞，是歷組二C類與〝歷無名間組〞之間的連環」。[200]第二種字形組合「王字上加短橫也與出組二類一致。結合到與〝歷無名間組〞的銜接關係，推測本類卜辭中有些可能已是祖甲時所卜」，「但由本類還未形成系統的〝周祭〞來看，其下限可能衹到祖甲早期」。總之，本類卜辭時代「大致屬祖庚後期，其中第二種字形組合有一部份卜辭可能已延及祖甲之世」。[201]

「歷無名間組」卜辭，「上承歷組二C類，往後發展為無名組」，[202]其稱謂系統「已

---

[193] 以上俱同上註，頁276。
[194] 同上註，頁277。
[195] 以上俱同上註，頁277。
[196] 同上註，頁277-278。
[197] 同上註，頁278。
[198] 同上註。
[199] 同上註，頁279。
[200] 同上註。
[201] 以上俱同上註。
[202] 李學勤、彭裕商：《殷墟甲骨分期研究》，頁296。

有較多的兄庚稱謂，其它稱謂也大多同於出組二類。如《屯南》1011 妣庚、母壬、兄庚同版，《合集》27615 兄己、兄庚同版，這些稱謂都是見於出組二類的。可見〝歷無名間組〞大致屬祖甲時代（下限可能到廩辛）」。[203] 另外，附屬於「歷無名間組」的「歷無名間組晚期卜辭」中已有一見「兄辛」之稱，故該類卜辭時代「大致屬廩辛時代，其上限可及祖甲之末，下限延及康丁之初」。[204]

據上，歷組相關卜辭發展序列大致是：

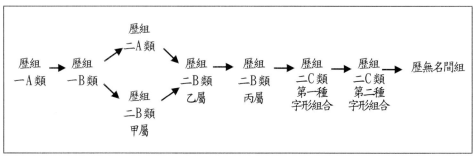

圖 2-4-13：彭裕商歷組相關卜辭發展序列

除上之外，彭裕商後與李學勤合作，延續前述分類結果，針對何、黃、無名三組卜辭進行時代判定，摘要引述如下：

何組卜辭部分：

「何組一類」卜辭，與賓組貞人（史）有同版現象，兩者字體也有相似之處，可以說明本類卜辭「上限應早到武丁晚期」，[205] 又從記月、字體、兆辭、稱謂、書體風格、同版等各項內容觀之，「大致與祖庚祖甲時的出組卜辭相當。由於本類已有上加小橫劃的〝王〞字和〝在某月〞的記月方式，並有與出組二類同版之例，推測其下限應到祖甲。但尚未發現稱一月為正月，可能只晚到祖甲前期」。綜合言之，本類卜辭時代「上限到武丁晚期，下限及於祖甲，大致是祖庚祖甲時之遺物」。[206]

「何組二類」卜辭，由稱謂「祖丁、父甲、父庚」來看，「時代大致屬廩康之世」，而其字體「與出組二類的一部份卜辭一脈相承，表現出很明顯的銜接關係」，占卜內容則「仍保留有祖甲時期的周祭」，因此本類卜辭時代「上限有可能到祖甲晚末」。[207] 又，

---

[203] 彭裕商：《殷墟甲骨斷代》，頁 279。

[204] 李學勤、彭裕商：《殷墟甲骨分期研究》，頁 297。

[205] 同上註，頁 155。

[206] 以上俱同上註，頁 156。

[207] 以上俱同上註，頁 156-157。

「本類與無名組關係較為疏遠，尚未發現占卜內容上的聯繫」，「稱謂上又未發現"兄辛"，加之本類卜辭數量也不多，其包含的年代不會很長，故推測本類卜辭大致是廩辛時代的遺物」。[208]

「何組三Ａ類」卜辭，重要稱謂同「何組二類」，字體亦近之，「另一方面，本類與三Ｂ類的聯繫更為廣泛」，[209]顯示「本類卜辭在發展序列上介於何組二類與三Ｂ類之間，即上承何組二類，往後與三Ｂ類銜接」。[210]本類卜辭亦與「無名組一Ｂ類」與「無名組二類」有聯繫，「這兩類卜辭的時代都屬康丁到武乙」，因此本類卜辭時代，「在稱謂上大致屬廩康之世，與二類緊密銜接，其上限應到廩辛。橫向上與無名組聯繫，稱謂中已開始出現祖己、父辛，其下限已延及武乙早年」。[211]

「何組三Ｂ類」卜辭，與「何組三Ａ類」聯繫，而無與「何組二類」聯繫之例，因此本類卜辭「在發展序列上是何組中最晚的，推測其時代上限可能在廩辛後期」。[212]本類亦與「無名組」有所聯繫，「以無名組二類為多，其次是一Ｂ類，目前尚未發現其他種類的無名組卜辭。這些現象說明本類與無名組中二類和一Ｂ類時代相近，有一段共存的時間」，[213]而「無名組二類和一Ｂ類時代下限都已到了武乙，本類與之的聯繫比三Ａ類更為密切和廣泛，其下限也理應延及武乙之世」。[214]此外，本類與「無名組」也有相區異之處，說明「本類雖與無名組有較長時間的並存，但其時代下限應早於無名組」。總之，本類卜辭「上承三Ａ類，其上限當在廩辛之世。在卜辭發展序列上，本類是何組中最晚的，橫向上與無名組有很多聯繫，占卜事類、字體、地層等也都有一些較晚的迹象」，[215]「其下限當在武乙中期以前」。[216]

據上，何組相關卜辭發展序列大致是：

何組一類 →何組二類 →何組三Ａ類→何組三Ｂ類

圖 2-4-14：彭裕商何組相關卜辭發展序列

---

208 以上俱同上註，頁 157。
209 同上註。
210 同上註，頁 158。
211 以上俱同上註，頁 159。
212 同上註，頁 160。
213 同上註，頁 166-167。
214 同上註，頁 167。
215 以上俱同上註，頁 168。
216 同上註，頁 169。

黃組卜辭部分：

「黃組」卜辭，其時代「傳統認為屬帝乙帝辛之世，從其有關的重要稱謂來看，已有武祖乙、文武丁，其中有帝乙卜辭是沒有問題的」，而「黃組」人物、事類有一部分與「無名組」相近，因此本類卜辭「上限應在文丁之世」。[217]此外，「黃組與無名組、何組三類相互之間時代相近的只是較少一部分，其大多數卜辭彼此間在時代上尚有一定距離」，「何組三類」時代的下限是武乙時期，且早於「無名組」，故時代又晚的「黃組」，其所包含的三個王世應為「文丁、帝乙和帝辛」，時代下限已到帝辛。綜之，「黃組卜辭實包含三個王世的遺物，其上限在文丁，下限到帝辛」。[218]

無名組卜辭部分：

「無名組一類」卜辭，具「兄辛」稱謂，「大部分都應為康丁時物」。[219]本類又分「無名組一A類」、「無名組一B類」、「無名組一C類」三小類。「一A類」卜辭「從稱謂系統來看，這些卜辭除"父甲"、"兄辛"等康丁時的稱呼外，並無"父丁"、"祖甲"等可能為武乙時的稱呼。以字體而論，本類有些字的寫法接近"歷無名間組"」，[220]其時代「應大致屬康丁前期」；[221]「一B類」卜辭已開始少量出現「父丁」稱謂，字體有較多偏晚的特徵，人物亦有並見「黃組」者，據此，本類卜辭「也可能有少數晚至武乙」；[222]「一C類」卜辭與「一B類」、「無名組三類」都有同版關係，而常見占辭「引吉」約在武乙中期出現，又吉字寫法接近「無名黃間類」，顯示本類卜辭年代較晚，「是無名組一類中偏晚的」，其中「一些卜辭已晚至武丁中期」。[223]綜合上述，「本類A、B、C三小類中，A類時代最早，大致屬康丁前半期；B類中絕大部分應為康丁時物，有一部分已延及武乙；C類大部分也應為康丁遺物，有一部分延及武乙。B、C兩類雖均延及武乙，但B類有父丁稱謂的那一群卜辭只與C類同版，尚未發現其與無名組三類同版的現象，故推測B類的下限應早於C類的下限，也即C類延及武乙之世的卜辭比B類為多」。[224]

「無名組二類」卜辭，以稱謂系統觀之，大部分應屬康丁時期，其中「已有兄辛稱

217 以上俱同上註，頁176。
218 以上俱同上註，頁184。
219 同上註，頁298。
220 同上註。
221 同上註，頁299。
222 同上註，頁300。
223 以上俱同上註。
224 同上註，頁301。

謂，故推測其上限未及廩辛」；[225]而本類卜辭亦見「父丁」稱謂，且部分字體寫法較晚，故其時代的下限「正處於康丁、武乙交替之際」。[226]總之，「本類卜辭多數為康丁時遺物，有一小部分已延及武乙，其下限不晚於武乙中期」。[227]

「無名組三類」卜辭，字體上有「較多明顯的晚期特徵」，占辭用法「與無名黃間類卜辭相似」，占卜內容以田獵為主，「類同於無名黃間類卜辭」。在發展序列上，「本類很明顯是繼承無名組一、二類而發展來的，與偏晚的無名組一C類也有同版關係，本類再往後即發展為無名黃間類卜辭。既然無名組一、二類的下限已延及武乙，則本類的時代上限當不會早於武乙」，本類卜辭數量不多，延續的時間亦應不長，「其下限一般不應超過武乙」，「大致處於武乙中晚期」。[228]

「無名黃間類」卜辭，又分為「無名黃間一類」、「無名黃間二類」兩小類。「無名黃間一類」卜辭，「在卜辭發展序列上，與無名組三類相銜接，其上限當在武乙之世」。「無名黃間二類」卜辭，其「字體與黃組非常接近」，但「明顯要早於黃組」，本類又見「武乙」稱謂，故時代「只能出現於文丁以後」。[229]綜合而言，「本類卜辭包含的年代大致從武乙到文丁，鑒於武乙在位時間較長，推測其中一類卜辭大體上是武乙晚期之物，其上限可及武乙中晚期之交」。[230]

據上，無名組相關卜辭發展序列大致是：

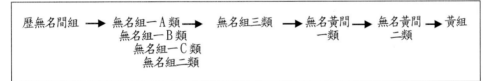

圖 2-4-15：彭裕商無名組相關卜辭發展序列

總結以上，李學勤、彭裕商所分各類字體與時代之關聯，可簡示如下：[231]

---

225 同上註。
226 同上註，頁 302。
227 同上註，頁 304。
228 以上俱同上註，頁 304。
229 以上俱同上註，頁 305。
230 同上註，頁 305。
231 改編自落合淳思：〈甲骨文出組‧何組‧黃組の分群と分類〉，「圖 3：彭裕商分類（『殷墟甲骨分期研究』を元に筆者が作成）」，《中国古代史論叢》第四集（2007 年 3 月），頁 49。

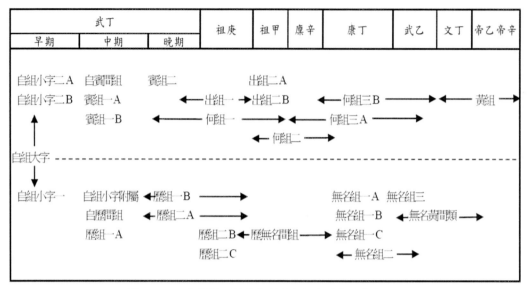

圖 2-4-16：李學勤、彭裕商所分各類字體與時代之關聯

五、 王蘊智的主張

（一）分類內容

上述黃天樹、彭裕商的甲骨字形分類體系，奠基於其博士學位論文，架構完備，析分詳實，但不免繁複。王蘊智循此脈絡亦做了同樣的工作，將甲骨文字逕分為王卜辭與非王卜辭兩大類，前者包含自組、賓組、歷組、出組、何組、無名組、黃組等 7 大類，後者則有子組卜辭、非王無名組、午組卜辭、花園莊東地子卜辭、圓體類、劣體類、刀卜辭、侯家莊南小圓坑子卜辭、屯西類、後岡等其他零星卜辭 10 種類型。[232]

王蘊智殷墟王卜辭的分類系統，自組類又分為「自組大字類」、「自組大字附屬類」、「自組小字類」、「自賓間類」、「自歷間類」；賓組類又分為「賓組一類」、「賓組二類」「賓組三類」；歷組類又分為「歷組一類」、「歷組二類」，其中「歷組一類」細分成「歷一甲類」、「歷一乙類」，「歷組二類」細分成「歷二甲類」、「歷二乙類」、「歷二丙類」；出組類又分為「出組一類」、「出組二類」、「出組三類」；何組類又分為「何組一類」、「何組二類」、「何組三類」，其中「何組三類」細分成「何組三

---

[232] 王蘊智：《殷商甲骨文研究》（北京：科學出版社，2010 年 3 月），頁 409。

甲類」、「何組三乙類」；無名組類又分為「歷組無名組間類」、「無名組一類」、「無名組二類」、「非典型無名組二類」、「無名組三類」、「無名組黃組間類」，其中「無名組一類」細分成「無一甲類」、「無一乙類」、「無一丙類」，「無名組黃組間類」細分成「無黃一類」、「無黃二類」，而「無黃一類」再分成「無黃一甲類」、「無黃一乙類」、「無黃一丙類」。以上分類，大小類別共計可區為 32 類，簡表如下：

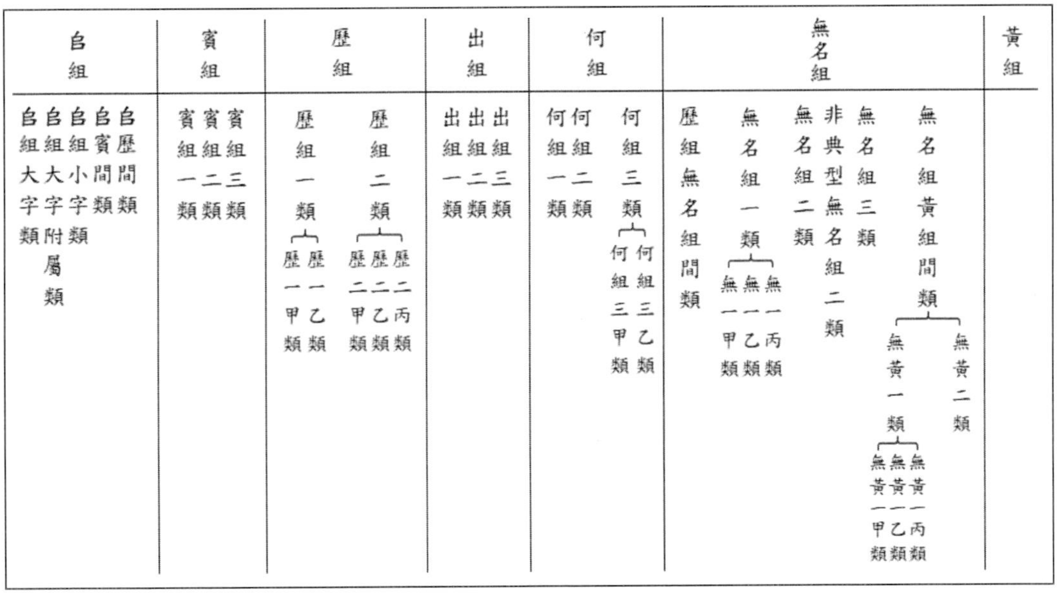

自組	賓組	歷組	出組	何組	無名組	黃組
自組大字類 自組大字附屬類 自組小字類 自賓間類 自歷間類	賓組一類 賓組二類 賓組三類	歷組一類（歷一甲類、歷一乙類） 歷組二類（歷二甲類、歷二乙類、歷二丙類）	出組一類 出組二類 出組三類	何組一類 何組二類 何組三類（何組三甲類、何組三乙類）	歷組無名組間類 無名組一類（無一甲類、無一乙類、無一丙類） 無名組二類 非典型無名組二類 無名組三類 無名組黃組間類〔無黃一類（無黃一甲類、無黃一乙類、無黃一丙類）、無黃二類〕	

圖 2-4-17：王蘊智殷墟王卜辭的分類

各類字體特色及其特徵字例，分列說明如下：

自組大字類：「字形稍大，筆畫圓潤，多施以肥筆」。[233]本類字例舉要參下。[234]

自組大字附屬類：「字形大而草率，多曲筆，刻痕粗細不均，與大字類有較大差別」。[235]本類字例舉要參下。[236]

---

[233] 同上註，頁 145。

[234] 字例圖示錄自《殷商甲骨文研究》，頁 145。

[235] 王蘊智：《殷商甲骨文研究》，頁 146。

[236] 字例圖示錄自《殷商甲骨文研究》，頁 147。

自組小字類：「字形一般較小，筆畫細，結體上也不盡相同，一個字往往有多種寫法。據此我們還可將其分為兩小類：一類多斜筆和曲筆，另一類則多見橫筆和折筆」。[237]本類字例舉要參下。[238]

自賓間類：「書風秀逸，字形偏長，用筆工飭。一些字的結體開闊適度，婉轉流暢」。[239]本類字例舉要參下。[240]

自歷間類：「書寫風格上，本類有些字與自組大字附屬類比較接近，字形潦草而多曲折之筆；筆畫柔潤含蓄，與歷組一類卜辭的書寫風格比較接近」。[241]本類字例舉要參下。[242]

賓組一類：「文字契刻風格大致比較接近，其中刻在骨版上的字形稍大，用筆整飭，直筆較多；刻在龜版上的字形略小，多折曲之筆，筆畫瘦挺而內斂」。[243]本類字例舉要參下。[244]

---

[237] 王蘊智：《殷商甲骨文研究》，頁148。
[238] 字例圖示錄自《殷商甲骨文研究》，頁148。
[239] 王蘊智：《殷商甲骨文研究》，頁150。
[240] 字例圖示錄自《殷商甲骨文研究》，頁150。
[241] 王蘊智：《殷商甲骨文研究》，頁152。
[242] 字例圖示錄自《殷商甲骨文研究》，頁152。
[243] 王蘊智：《殷商甲骨文研究》，頁166。
[244] 字例圖示錄自《殷商甲骨文研究》，頁166-167。

　　賓組二類：「本類所見刻辭可謂賓組時期的經典範本。其書風雄健大氣，用筆寬闊疏朗，布局嚴整有度，骨版所契字形稍大於龜甲」。[245]本類字例舉要參下。[246]

　　賓組三類：「相對賓二類而言，賓三類字形較小、刻寫稍嫌拘謹。其書寫風格大致可歸為兩種情形：一種是龜骨并用，字形稍大，筆畫銳利，凸顯棱角，個別字迹略顯草率」；「另一種是用龜不用骨，字形較小，筆畫工整」。[247]本類字例舉要參下。[248]

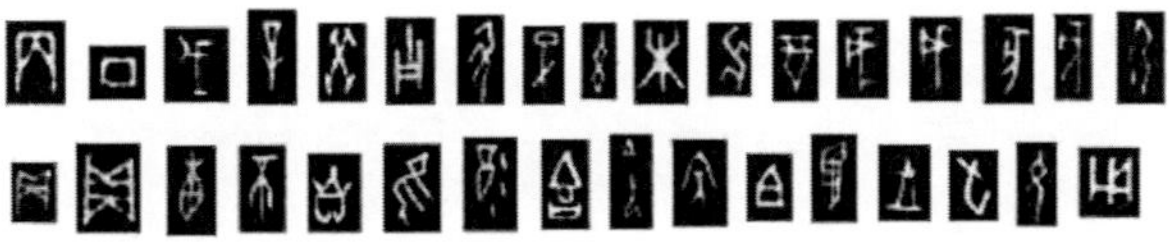

　　歷組一類分為歷一甲類、歷一乙類。歷一甲類「字形較歷一乙類稍小，筆畫間使用彎筆和弧筆較多，用刀柔潤細緻，書法含蓄溫婉」。[249]本類字例舉要參下。[250]

245 王蘊智：《殷商甲骨文研究》，頁 194。
246 字例圖示錄自《殷商甲骨文研究》，頁 194-195。
247 王蘊智：《殷商甲骨文研究》，頁 240。
248 字例圖示錄自《殷商甲骨文研究》，頁 240。
249 王蘊智：《殷商甲骨文研究》，頁 247。
250 字例圖示錄自《殷商甲骨文研究》，頁 247-248。

歷一乙類則「有些字的結體和歷一甲類相近，多數字形稍大而偏長，契刻力度比甲類略重，較多使用直筆和折筆，結體方正硬朗，章法上講究文字大小錯落、疏密有致的布局意圖，此對後面歷組卜辭的書寫風格有較大影響」。[251] 本類字例舉要參下。[252]

　　歷組二類分為歷二甲類、歷二乙類、歷二丙類。歷二甲類「文字結體內斂狹長，契刻者奏刀簡潔工整，挺勁有力，筆畫線條不論曲直，首尾粗細相當，均停渾厚，其書法風格緣出自歷一乙類」。[253] 本類字例舉要參下。[254]

歷二乙類「字形仍然偏大，結體穩重，用筆剛健峻峭，書風率真自然，粗獷豪放」。[255] 本類字例舉要參下。[256]

而歷二丙類則「字形可大可小，或嚴整遒勁、或急就草率，契者用刀率性恣肆，不拘一

[251] 王蘊智：《殷商甲骨文研究》，頁248。
[252] 字例圖示錄自《殷商甲骨文研究》，頁248。
[253] 王蘊智：《殷商甲骨文研究》，頁252。
[254] 字例圖示錄自《殷商甲骨文研究》，頁252。
[255] 王蘊智：《殷商甲骨文研究》，頁252。
[256] 字例圖示錄自《殷商甲骨文研究》，頁253。

格」。[257]本類字例舉要參下。[258]

　　出組一類：「行款布局比較整齊，文字結體矜持、有折角。一些字形接近賓三類寫法」。[259]本類字例舉要參下。[260]

　　出組二類：「字形筆畫纖細，用折筆較多，單字或大或小，文字結構略顯鬆散」。[261]本類字例舉要參下。[262]

　　出組三類：「字形規整、對稱、方正，筆畫秀逸，使用圓筆、弧筆較多」。[263]本類字例舉要參下。[264]

---

[257] 王蘊智：《殷商甲骨文研究》，頁 253。
[258] 字例圖示錄自《殷商甲骨文研究》，頁 254。
[259] 王蘊智：《殷商甲骨文研究》，頁 279。
[260] 字例圖示錄自《殷商甲骨文研究》，頁 279。
[261] 王蘊智：《殷商甲骨文研究》，頁 282。
[262] 字例圖示錄自《殷商甲骨文研究》
[263] 王蘊智：《殷商甲骨文研究》，頁 285。
[264] 字例圖示錄自《殷商甲骨文研究》，頁 285。

　　何組一類：其「字形多折筆和圓筆，少數早期寫法近於賓組及出組一類字形」。[265]
本類字例舉要參下。[266]

　　何組二類：「字形修長，筆畫粗細均勻，多不出鋒，布局比較規整」。[267]本類字例
舉要參下。[268]

　　何組三類分為何組三甲類、何組三乙類。何組三甲類多用骨，其上「字形較大而潦
草，布局不夠規整，時有倒刻現象」。[269]本類字例舉要參下。[270]

何組三乙類則多用龜甲，「字形較小，結構較為規整，筆畫稍粗而出鋒，偶見倒刻的情
況」。[271]本類字例舉要參下。[272]

265　王蘊智：《殷商甲骨文研究》，頁305。
266　字例圖示錄自《殷商甲骨文研究》，頁305。
267　王蘊智：《殷商甲骨文研究》，頁307。
268　字例圖示錄自《殷商甲骨文研究》，頁307。
269　王蘊智：《殷商甲骨文研究》，頁310。
270　字例圖示錄自《殷商甲骨文研究》，頁309-310。
271　王蘊智：《殷商甲骨文研究》，頁310。
272　字例圖示錄自《殷商甲骨文研究》，頁310-311。

　　歷組無名組間類：「有些字形獨具風格；有些字的書寫和歷組一致」。[273]本類字例舉要參下。[274]

　　無名組一類多數使用左肩胛，「左肩胛骨上的字形多用折筆，字體較方正，書風略顯粗獷」。[275]無名組一類分為無一甲類、無一乙類、無一丙類。無一甲類「字形大小不一，書風稍顯渙散，字迹比較凌亂、屏弱，有些習刻的味道」。[276]本類字例舉要參下。[277]

無一乙類中「卜字表兆枝的筆畫通常向下方傾斜」。[278]其餘字例舉要參下。[279]

而無一丙類則「用直筆和折筆較多，筆端多出鋒」。[280]本類字例舉要參下。[281]

　　無名組二類：多數使用右肩胛，「右肩胛骨上的字形風格細膩，字形俊秀，筆觸婉

[273] 王蘊智：《殷商甲骨文研究》，頁333。
[274] 字例圖示錄自《殷商甲骨文研究》，頁333。
[275] 王蘊智：《殷商甲骨文研究》，頁336。
[276] 同上註，頁337。
[277] 字例圖示錄自《殷商甲骨文研究》，頁336-337。
[278] 王蘊智：《殷商甲骨文研究》，頁337。
[279] 字例圖示錄自《殷商甲骨文研究》，頁337。
[280] 王蘊智：《殷商甲骨文研究》，頁338。
[281] 字例圖示錄自《殷商甲骨文研究》，頁338。

轉柔美」。[282]本類字例舉要參下。[283]

非典型無名組二類：其字形特徵「與典型的無二類有一定的差別，可能是無二類刻手的早期作品」。[284]本類數量較少，字例從缺。

無名組三類：「很多字形寫法和無二類近似，字形小巧，結構緊湊，善用折筆，筆畫較粗，筆端常出鋒」。[285]本類字例舉要參下。[286]

無名組黃組間類分為無黃一類、無黃二類。無黃一類「貞字兩側為平行的豎筆」[287]，可再分為無黃一甲類、無黃一乙類、無黃一丙類。無黃一甲類「字形特徵和無一乙類相近似，其字形較大而長，多呈長方形，習用折筆，字形結構不甚緊湊」。[288]本類字例舉要參下。[289]

無黃一乙類則「字形結構緊湊，用弧筆較多，有些字的寫法和無二類相似」。[290]本類字例舉要參下。[291]

---

282 王蘊智：《殷商甲骨文研究》，頁 336。

283 字例圖示錄自《殷商甲骨文研究》，頁 338-339。

284 王蘊智：《殷商甲骨文研究》，頁 331。

285 同上註，頁 340。

286 字例圖示錄自《殷商甲骨文研究》，頁 340。

287 王蘊智：《殷商甲骨文研究》，頁 341。

288 同上註，頁 341-342。

289 字例圖示錄自《殷商甲骨文研究》，頁 341。

290 王蘊智：《殷商甲骨文研究》，頁 342。

291 字例圖示錄自《殷商甲骨文研究》，頁 342。

而無黃一丙類數量較少，其「字形風格和無三類、無黃二類相近」。[292]本類字例舉要參下。[293]

無黃二類：「多數字形具有更多的"晚期特徵"」。[294]本類字例參下。[295]

黃組：「字形細緻精巧，書寫風格比較接近」。[296]本類字例舉要參下。[297]

除上，王蘊智針對非王卜辭亦有分析，主要集中在子組、午組、非王無名組以及花東卜辭四類，各類字體特色及其特徵字例，分列說明如下：

子組類：「書風謹嚴、娟秀，字形大小相若，易於與其他類別相區分」。[298]本類字例舉要參下。[299]

---

[292] 王蘊智：《殷商甲骨文研究》，頁341。
[293] 字例圖示錄自《殷商甲骨文研究》，頁342。
[294] 王蘊智：《殷商甲骨文研究》，頁343。
[295] 字例圖示錄自《殷商甲骨文研究》，頁343。
[296] 王蘊智：《殷商甲骨文研究》，頁359。
[297] 字例圖示錄自《殷商甲骨文研究》，頁359。
[298] 王蘊智：《殷商甲骨文研究》，頁412。
[299] 字例圖示錄自《殷商甲骨文研究》，頁412。

午組類：「有其獨特的書寫風格，並喜用異體字」。[300]本類字例參下。[301]

非王無名組類：「字形大小適中，筆畫不太流暢，通常一筆即可完成筆畫，在這種卜辭裡則每每分作兩筆」。[302]本類字例舉要參下。[303]

花園莊東地子卜辭：「其書風柔婉秀麗，筆畫纖細、圓潤。不少字的寫法象形意味較重」。[304]本類字例舉要參下。[305]

（二）各類時代

王蘊智信從兩系說，認為：

---

300 王蘊智：《殷商甲骨文研究》，頁 427。
301 字例圖示錄自《殷商甲骨文研究》，頁 427。
302 王蘊智：《殷商甲骨文研究》，頁 442。
303 字例圖示錄自《殷商甲骨文研究》，頁 442。
304 王蘊智：《殷商甲骨文研究》，頁 456。
305 字例圖示錄自《殷商甲骨文研究》，頁 457。

根據甲骨出土情況、卜法文例、書寫風格及占卜內容等特徵，整個王卜辭從𠂤組類甲骨開始，又大致演繹出兩條線索。一是小屯村北出土的甲骨，它由𠂤組的𠂤賓間類發展到賓組、出組、何組、黃組。另一條線索是小屯村中、村南出土的甲骨，它由𠂤組的𠂤歷間類發展到歷組、無名組。黃組是整個殷墟甲骨的共同終結。[306]

對於𠂤組類卜辭時代，王氏以為「1973 年在小屯南地發現有 8 片（綴合後為 6 片）𠂤組卜甲，出土於殷墟一期 T53（4A）層，這為𠂤組卜辭時屬武丁時代提供了證據」，[307]並謂：

> 𠂤組卜辭在語辭、文例、卜法、字形及行款布局等方面表現出較多的早期性。其中𠂤組大字類應是殷墟時代最早的甲骨卜辭，其時代大致在武丁執政的前期。大字附屬類卜辭與大字類有同版現象，二者有一段重合的時間，另外大字類在人物以及占卜事類方面與小字類的聯繫相對多一些。𠂤賓間類和𠂤歷間類直接繼承了𠂤組類的一些作風，又分別與村北系的賓組一類和村南系的歷組一類卜辭相銜接。[308]

總言之，「𠂤組卜辭的下限不晚於武丁中期或中期偏晚。」[309]𠂤組相關各類卜辭時代關聯可簡示如下：

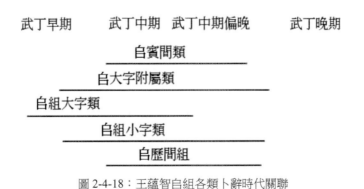

圖 2-4-18：王蘊智𠂤組各類卜辭時代關聯

賓組類卜辭「所見貞人多，跨越時間長，記錄內容豐富，主要為商王武丁中後期時

---

306 王蘊智：《殷商甲骨文研究》，頁 142。

307 同上註，頁 144。

308 同上註，頁 144-145。

309 同上註，頁 145。

的甲骨遺物」,[310]可再劃分為賓一、賓二和賓三等三個亞類,王蘊智對其時代的推斷是:

> 從卜辭所見人物來看,賓一類的人物多與𠂤賓間類相同,有些人物如子𣎴、雀、
> 弜、𠂤禽、婦鼠等還見於𠂤組小字類卜辭。賓二類中也見有一些與𠂤賓間類、𠂤
> 小類、賓一類相同的人物,另有些人物則只與賓三類相同。賓一類與武丁中期偏
> 早時的𠂤賓間類有一段並存期,其下限與武丁中晚期的賓二類也有一段交叉現象,
> 一部分賓三類卜辭與後來的出組一類、何組一類相銜接。[311]

綜上,相關各類卜辭時代關聯可簡示如下:[312]

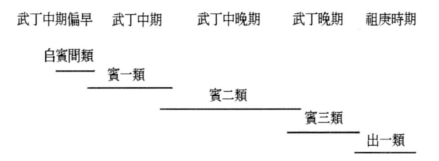

圖2-4-19:王蘊智賓組各亞類卜辭時代關聯

歷組類卜辭可概分成歷一與歷二兩亞類,王蘊智認為:

> 歷一類卜辭中有"父乙"稱謂,這是商王武丁對其先父小乙的尊稱。歷二類習見
> 有"父丁"稱謂,當是武丁之子對其先父武丁的稱呼。該類卜辭中也偶見"兄
> 庚"的稱謂,蓋為商王祖甲稱其兄王祖庚。歷一類卜辭的時代大致屬於商王武丁
> 的晚期,歷二類卜辭的時代大致在武丁晚期後段且延至祖庚、祖甲時期,但也有
> 一些例外,歷一和歷二類不是簡單的順承關係。[313]

據上述,歷組各亞類卜辭時代關聯可簡示如下:[314]

---

310 同上註,頁165。
311 同上註。
312 錄自《殷商甲骨文研究》,頁165。原圖文字為簡化字。
313 王蘊智:《殷商甲骨文研究》,頁244。
314 錄自《殷商甲骨文研究》,頁245。原圖文字為簡化字。

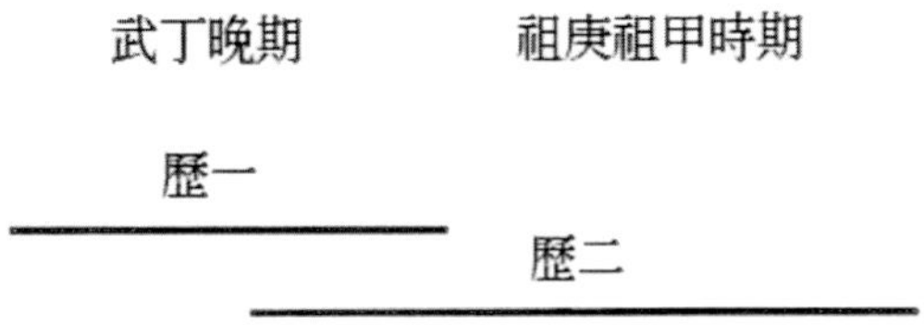

武丁晚期　　　　祖庚祖甲時期

歷一

歷二

圖 2-4-20：王蘊智歷組各亞類卜辭時代關聯

出組類卜辭「主要是商王祖庚、祖甲時代之物」，可再分為出一、出二、出三等三個亞類，「此三類在貞人、稱謂、事項和字形等方面既存在連續過渡的情形，又存在各相鄰類型之間的共存現象」，[315]而其時代推斷，王蘊智指出：

> 出一類和出二類共見的貞人是"出"和"大"，出二類和出三類共見的貞人是"即"和"旅"。從稱謂上看，出組一、二、三類卜辭中都有"父丁"、"母辛"的稱謂。從字形、人物等方面來看，出一類又和賓三類接近，二者還有同卜之例，所以其上限可能在武丁末期。出一類未見"兄庚"的稱謂，說明其下限可能未及祖甲時期。出二類常見"兄庚"的稱謂，這是祖甲對其故兄祖庚的稱呼，可知這些甲骨是商王祖甲之遺物。出二類有些卜辭用字習慣和出一類相同，如二者都用"出"而不用"又"字。出三類也多見"兄庚"的稱謂，內容上有系統的周祭卜辭，字形偶有幾版和出一類相近，……但和出二類明顯不同。出三類有些字形和時代較晚的何組周祭卜辭相近，其時代晚於出一和出二類，大致在祖甲晚期。[316]

據上述，出組各亞類卜辭時代關聯可簡示如下：[317]

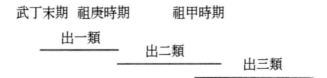

武丁末期　祖庚時期　　　　祖甲時期

出一類

出二類

出三類

圖 2-4-21：王蘊智出組各亞類卜辭時代關聯

---

315 以上俱同王蘊智：《殷商甲骨文研究》，頁 278。

316 同上註。

317 錄自《殷商甲骨文研究》，頁 279。原圖文字為簡化字。

何組類卜辭「上承出組卜辭，下接黃組卜辭，與村南系列的無名組卜辭時代大致相當」，[318]可再分為何一、何二、何三等三個亞類，而其時代推斷，王蘊智主張：

> 大體說來，何一類卜辭可上溯到武丁晚期，下及廩辛時期；何組二類卜辭大致是在商王祖甲晚期和廩辛時期，何組三類卜辭為何組卜辭中時代最晚者，其大致在廩辛、康丁至武乙中期。何組的三個亞類卜辭在時間上並不是簡單的順承關係，其中何組一類與何組二類有共時關係，何組二類與何組三類有共時關係。[319]

據上述，何組各亞類卜辭時代關聯可簡示如下：[320]

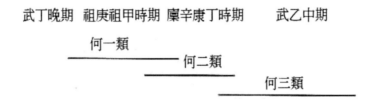

圖 2-4-22：王蘊智何組各亞類卜辭時代關聯

無名組類卜辭可再分為歷無、無一、無二、非典型無二、無三、無黃等六個亞類，其時代推斷，王蘊智認為：

> 歷無類卜辭是歷組和無名組之間的過渡。無一和無二類有相同的稱謂系統、鑽鑿形態、人物和事類、同文卜辭、習語等，其多數屬商王康丁至武乙時的遺物。……非典型無二類卜辭的字形特徵、文例特點與典型的無二類有一定的差別，可能是無二類刻手的早期作品。……無三和無黃類的占卜內容以田獵為主，主要是商王武乙的遺物。[321]

綜上，無名組各亞類卜辭時代關聯可簡示如下：[322]

---

318 王蘊智：《殷商甲骨文研究》，頁 304。
319 同上註。
320 錄自《殷商甲骨文研究》，頁 304。原圖文字為簡化字。
321 王蘊智：《殷商甲骨文研究》，頁 331。
322 錄自《殷商甲骨文研究》，頁 331。原圖文字為簡化字。

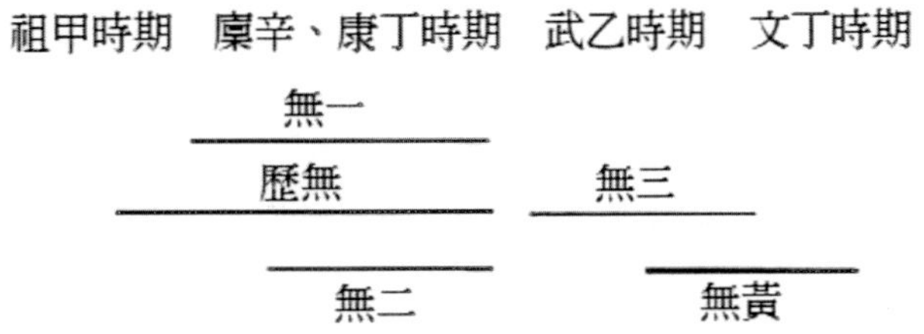

祖甲時期　廩辛、康丁時期　武乙時期　文丁時期

無一
歷無　　　　無三
無二　　　　無黃

圖 2-4-23：王蘊智無名組各亞類卜辭時代關聯

黃組卜辭的時代推斷，王蘊智謂：

> 從我們對材料的整理情況來看，原認為第五期的黃組卜辭並不限於帝乙、帝辛兩王。一部分黃組卜辭的時代，最早可上溯至文丁時期。[323]

並以為黃組融和村南、村北兩系習慣，「在占卜制度、刻辭文例、書寫風格等方面都在何組和無名組卜辭的基礎上有明顯的發展」，[324]成為殷墟卜辭的終結。其時代簡示如下：

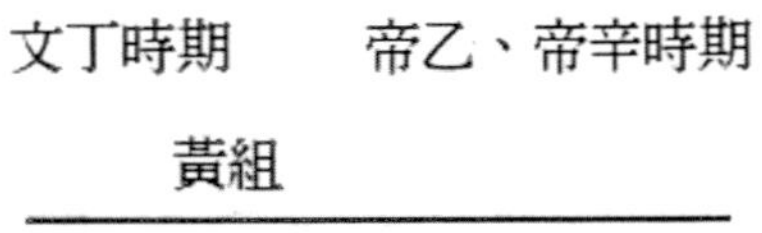

文丁時期　　　帝乙、帝辛時期

黃組

圖 2-4-24：王蘊智黃組卜辭時代關聯

至於非王卜辭，王蘊智則指出：

> 就甲骨文例、占卜內容和書寫風格而言，非王卜辭遠不及王卜辭規範。各類非王卜辭都帶有自己的一些特點，有些還呈現出較強的隨意性，其中子組、午組、花東子卜辭最為卓爾不群，它們有不同的專職占卜人員，有不同的占卜、刻辭習慣。從彼此的差異又似可推知，它們應是一些王室同胞貴族占卜活動的遺物。現在看來，除去小屯西地類等一些零星偏晚的材料，殷墟非王卜辭的時代大多屬於武丁時期。[325]

---

[323] 王蘊智：《殷商甲骨文研究》，頁 353。
[324] 同上註。
[325] 同上註，頁 409。

　　統合上述，王蘊智對於殷墟各類卜辭時代的判斷，基本上與黃天樹的主張相彷，簡表如下：[326]

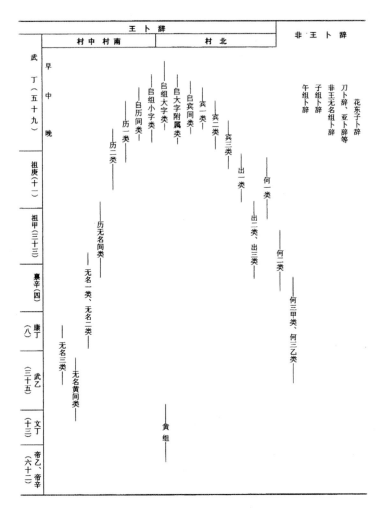

　　整體觀之，前述諸家甲骨卜辭的字形分類，儘管部分類組名稱有所不同，但分類架構則相當一致，主要類別皆是自組、賓組、出組、何組、歷組、無名組、黃組，幾乎沒有例外，這樣的分類結果，從正面來看，表示各組類形態特徵明確，共識性高，是極有效的甲骨時代區分的判斷標準；然另一方面，亦可能顯示各組類的區別，實以貞人為界，並非真正類型學運用，因襲之下，錯失藉此重新審視貞人供職年代與細究其相關分工情形的機會，殊是可惜。

---

326 錄自《殷商甲骨文研究》，「表 3-1　殷墟卜辭各組類演變及斷代簡表」，頁 143。王氏自注此表，云「表中有關王卜辭的部分參考了黃天樹先生《殷墟王卜辭的分類及各類所占年代總表》，商王世系及在位年數參考了《今本竹書紀年》。本表裡各類卜辭前後連線的長短不代表出土卜辭數量的多少。」（同前。）

六、 其它的主張

　　甲骨字體分類的探索，除上述諸說觀照較為全面，亦見局部論述者，成果頗為可觀，顯示字體分類的重要以及深化研究的必要性。以下即就其中相關諸說，擇要簡明評述其要點。

（一）張世超的字迹考察

　　張世超的甲骨字形分類與前述諸家不同，是以文字刻寫的角度，進行字跡的考察，所謂「"字體"指字形與書體風格」，而「"甲骨字迹"則是從甲骨刻辭的整體著眼，除字形與書體風格外，刻痕、行款佈局、記事的書面語言形式等可以反映刻寫活動特徵的考察內容都包括在內」，[327]所涉討論範圍顯然較字體研究寬泛許多。

　　基於概念上不與貞人分組糾纏，張世超的字迹考察以字母編號命名，然其考察範圍以自組卜辭為限，並無涉及他組貞人，且其所分之 NS_1、NS_2、NS_3、NS_4、S_1、S_2、N_1 七種字迹類別，「除少數片的歸屬與分類研究者所定有出入外，甲骨集合的主體是彼此相對應的」，[328]詳情如下：[329]

表 2-4-5：張世超字迹類型對照表

字迹類型	黃天樹的分類	李學勤、彭裕商的分類
NS_1	自組肥筆類	自組大字類
NS_2	𝕌類	自組大字類附屬
NS_3	自組小字 A 類	自組小字一類
NS_4	自組小字 B 類	自組小字二類
S_1	自歷間 A 類	附屬自組卜辭
S_2	自歷間 B 類	自歷間組
N_1	自賓間 A 類 自賓間 B 類	自賓間類

就此而言，張氏分類既可與前述諸家相應，表示其類型主張並無特殊之處，而各種字迹卜辭字體特徵之標舉，體例不一，相關說明較前諸說更為細緻清楚，卻也顯得冗雜，實

---

327 張世超：《殷墟甲骨字迹研究——自組卜辭篇》（長春：東北師範大學出版社，2002 年 12 月），頁 17。
328 同上註，頁 44。
329 同上註，「表一：本書字迹歸分與《分類》、《分期》二書分類對照」，頁 1。

不利深入識別。除字體特徵外，張氏亦強調書面語言、佈局特徵以及字迹早晚的考察，並藉此擴展甲骨學的研究內涵，諸論雖未臻完善，但肇建墾拓之功，仍當記上一筆。

總括來看，張世超所區分的各種字迹卜辭，其特色大致如下：

字體特徵方面：

NS₁字迹卜辭，常見字形有 𝚈、角、目、白、𝐻𝐻、∩、𝐻𝐻𝐻、ヲヲ、彡、𝜹、ⵁ、人、𝑥、𝑏、𝐻𝐻、𝑥、𝑥、𝑥、𝑥、𝑥、𝑥、𝑥𝑥、𝑥、𝑥𝑥、△、𝑥、𝑥、𝑥𝑥、𝑥、𝑥、𝑥𝑥、𝑥；另有具體說明者，如王前期填實（▲），後期虛廓（△），末一橫筆兩端不逸出；干支巳（𝑥）與普通名詞子（𝑥）形體有別；月、夕同形（𝐷）與亡（𝑥）皆左向；丁多虛廓（○），少填實（●）；側立人形軀幹作圓緩弧狀（𝑥、𝑥、𝑥、𝑥），且單見之人形或與人形類似者，除妣（𝑥）外，皆左向（𝑥、𝑥、𝑥、𝑥、𝑥、𝑥）；貞人㢦（𝑥），特寫左手，顛位筆段為頭至左足；單見之手形皆右手（𝑥、𝑥、𝑥）；單見之止為左足（𝑥、𝑥、𝑥、𝑥），上下二足為上右下左（𝑥、𝑥）；單見之眼形為左目，二目角上下反向（𝑥、𝑥）；牛、羊喙短（𝑥、𝑥、𝑥），牲畜、動物皆左向（𝑥、𝑥、𝑥、𝑥、𝑥、𝑥）；工具、兵器形左向，且鐵部一畫向右上斜（𝑥、𝑥、𝑥、𝑥、𝑥、𝑥），勿（𝑥）亦左向；向下向上尖角，直畫不逸出（𝑥、𝑥、𝑥、𝑥）；五（𝑥）習慣左上右下斜出；用（𝑥）左向，二豎畫微向外撇；卜兆枝斜畫較長，左右向無規律，但同版所向一致；申（𝑥）中間一畫皆Z式，而乙、己多為Z式，少S式；辰（𝑥、𝑥）左向，無例外；丑（𝑥、𝑥）上二指有爪，下一指無爪；燎有二形（𝑥、𝑥），形體相差九十度。[330]

NS₂字迹卜辭，其字形特點有三：字形多變（𝑥𝑥𝑥𝑥、𝑥𝑥𝑥、𝑥𝑥）、善用斜畫（𝑥、𝑥、𝑥、𝑥、𝑥、𝑥）、多用彎曲之筆（𝑥、𝑥、𝑥、𝑥𝑥），「從文字上看給人以潦草的感覺」，[331]常見字形有𝑥𝑥、𝑥、𝑥、𝑥𝑥、𝑥、𝑥、𝑥𝑥𝑥、𝑥𝑥、𝑥、𝑥𝑥、𝑥、𝑥𝑥、𝑥𝑥、𝑥𝑥、ΛΛ、△、ハ、ゝ、𝑥𝑥、𝑥；另有具體說明者，如己、申多Z式，少S式，乙則二式均多見，弗（𝑥、𝑥）皆作Z式；卜兆枝左右向不定，同版者亦如此；盧或連體式（𝑥），或分體式（𝑥、𝑥）；月、夕同形（𝐷），左向，亡（𝑥、𝑥）亦左向；乎（𝑥、𝑥）上部作斜點，于（𝑥）上部二斜畫，左向；象兵器形之字習慣左向，且鐵部一畫習慣左下右上傾斜（𝑥、𝑥、𝑥、𝑥），王（𝑥）底部一畫與玨（𝑥）所从之土，也有相同的習慣；象禽獸之字皆左向（𝑥、𝑥、𝑥、𝑥）；獸（𝑥、𝑥）所从之單形多變，而犬足習慣與單柄相連，且犬不高於單之橫畫；麋（𝑥）顛位筆段連於腦後，嘴部習慣

---

330 詳見上註，頁 129-133。

331 同上註，頁 173。

用短畫表現；獨見之人形皆左向（　、　、　、　、　），疾（　）所從人形右向為特例，而妣（　）、比（　）雖類似人形，但皆右向；母、女同形（　、　、　），皆左向；干支巳與普通名詞子，皆雙臂上舉（　），兩者無明顯區別；象足形之止，正向獨見習慣作左足（　、　、　）；象手形之又，或作分體式（　），或作連體式（　、　）；丑（　、　、　）與又情形類似，上部象虎頭形。[332]

NS₃字迹卜辭，「書體風格清秀娟細，多用斜筆曲筆，字形多變」，[333]常見字形有　、　、　、　、　、　、　、　，字形多變情形明顯；另有具體說明者，如翌（　、　）擬以刀形，刃部線與前尖相連，從日者多見；月、夕無別（　），省作（　），出現飾筆（　）；女、母同形（　、　、　、　、　）；象手形之爪（　），顛位筆段為前指至臂式，臂腕彎曲，或作　、　，筆段特徵不同；象足形之止，習慣以足內與行款方向相反；方（　）以右向多見；辰（　、　）或左向或右向，皆與行款方向相對；豕（　、　）偶或寫其足（　）；疾（　）於「骨凡有疾」中作　；舞（　）習慣寫其手；侑祭之侑，前期作屮，後期作又；干支巳（　）與普通名詞子（　、　、　、　）或有別，或同作　，二臂上舉；卜兆枝或左或右，多數無規律，但已開始注意與兆坼方向一致。[334]

NS₄字迹卜辭，「字體較NS₃字迹略顯方正，多橫筆、方折之筆」，[335]常見字形有　、　、　、　、　、　、　、　、　、　、　；另有具體說明者，如貞（　、　）作方耳，鼎足二斜畫遠離，有時作非三角形的尖耳形（　）；其（　）一般底部較平，上部有二短畫；王（　）顛位筆段連於左斜畫，右斜畫微彎，末畫習慣向右上傾斜；史、朕所從之又，或作二指形（　），持物之人（　、　）其手形前指彎曲作　；目或作尖尾三角形（　）；止或作平跟（　）；象倒口之形或作　（　、　）；母、女（　）或頭作後仰形，加飾點與不加者無別；執所從之卒，或作　；屮（　）中豎上端往往有短畫；放習慣作　形；翌（　、　）擬以刀形，背部線與前尖相連，從日或不從日；叀一般作　，偶作　、　；豕（　）、虎（　）偶或摹其足；自所見皆右向，丑皆象左手指爪；月、夕同字，習慣右向，左向極少見。常見缺刻字形下部橫畫（　、　、　、　、　、　）；卜兆枝左向多見，右向少見；干支巳（　、　）與普通名詞子（　、

---

[332] 詳見上註，頁168-185。

[333] 同上註，頁223。

[334] 詳見上註，頁223-229。

[335] 同上註，頁271。

𠂤）區別甚嚴，極少例外。[336]

S₁字迹卜辭，「字形亦多變化，一個字往往有幾種寫法，多曲筆，有時字迹顯得潦草」，[337]常見字形如 ⿰⿰、⿰、⿰、⿰、⿰、⿰、⿰、⿰、⿰、⿰、⿰、⿰，其中受作舟形橫置，無論哪端居上，上部總是右手；子、庚、酉、未、貞等各異體字常與NS₃字迹對應相似。[338]

S₂字迹卜辭，「風格略顯剛勁，多用折筆」，[339]常見字形特徵：貞（⿰）兩耳呈梯形，右耳接近三角形；雨（⿰）多橫畫傾斜；⿰（⿰）外形與S₁字迹同，但中間卜形較規範；示作 ⿰、⿰；干支子作⿰；王（⿰）下部呈正三角形；酉作 ⿰、⿰；庚作⿰；卯（⿰）兩外側呈尖角形，右側常低於左側；叀（⿰）底畫作右上傾之斜筆；不（⿰）中間一筆為Z式；翌作⿰；受（⿰）舟作豎形；以（⿰、⿰）二體皆見；干支巳（⿰）與普通名詞子（⿰）二字有別；侑祭皆作「又」，無「⿰」字；另有字形下部習慣作尖底（⿰、⿰、⿰、⿰、⿰）、二斜畫往往不能準確相接（⿰、⿰、⿰、⿰、⿰、⿰、⿰、⿰）、筆段特徵不穩定（⿰、⿰、⿰）、人形及類似人形（⿰、⿰、⿰、⿰、⿰、⿰、⿰、⿰、⿰、⿰、⿰、⿰）、手形（⿰、⿰）、動物形（⿰、⿰、⿰、⿰、⿰）、兵器（⿰、⿰、⿰、⿰、⿰、⿰、⿰、⿰）以及月（⿰）、亥（⿰）、亡（⿰）、旬（⿰）、弜（⿰）、于（⿰）、方（⿰）、卜兆枝等諸字皆左向的現象，而乙、申所从習慣作Z式，整體較S₁字迹穩定。[340]

書面語言方面：

NS₁字迹卜辭中，以「干支卜王」、「干支卜某」二種前辭形式最多見。「干支卜王」形式或被誤為「干支卜」，實則「其中之"王"有的屬前辭，是貞者；有的其實不屬前辭，是命辭中的主語」；[341]此類卜辭「無占辭而有驗辭」，「無兆側刻辭，兆序最大至"六"」，「用辭附於辭末而不單出，作"用"或"不用"」，「署辭徑刻於骨面」；「有句尾語助詞"不"」，[342]另有部分卜辭則見疑問語氣詞「不我」。

NS₂字迹卜辭中，前辭形式以「干支卜」最為多見，且「除王親貞外，不署貞人名」，[343]「無占辭、驗辭、兆側刻辭，用辭、署辭亦未見。兆序也較少見，最高數目為

---

[336] 詳見上註，頁 271-275。

[337] 同上註，頁 316。

[338] 詳見上註，頁 316-317。

[339] 同上註，頁 325。

[340] 詳見上註，頁 325-328。

[341] 同上註，頁 139。

[342] 以上俱同上註，頁 141-142。

[343] 同上註，頁 186。

"三"」;「"屮"、"又"有別，見於 NS₁ 字迹的祭名作"屮"，祐護之意則作"又"」、
「"囚"、"咼"二字有別，災禍之義作"囚"，"咼告"作"咼"」；[344]「全部卜辭中，
未見一例句末語助詞」，[345] 又「經常出現誤字、脫文現象」。[346]

NS₃ 字迹卜辭，「前辭形式絕大部分為"干支卜"，此外，依所見多少排列尚有"干
支卜某"、"干支卜貞"、 "干支"、 "干支貞"、"干支卜某貞"、 "干支卜曰"、
"干支某"、 "干支卜某曰"等形式。並且有不同前辭形式同版現象」；[347]「開始出現
了占辭，以"余曰"標誌，尚屬占辭的原始形式」；[348]「卜辭中的用辭都緊接命辭刻寫」，
「驗辭一般緊接命辭或用辭刻寫」，「開始出現兆辭，如"二告友"」；「記事刻辭刻
於右尾甲，如"弜入"、"㇏入"」；[349] 此外，兆序同版所見最高次數為九；未見虛詞
「勿」，改用「毋」；習慣用語有「毋蠱」、「骨凡有疾」；時間名詞狀語「今」可置
於助動詞和動詞之間，亦可置於動詞和賓語之間；往往可見「乎」、「抑」句末語氣詞。

NS₄ 字迹卜辭，「前辭形式以"干支卜某貞"為最多見。此外，依所見多少排列尚
有"干支卜某"、"干支卜貞"、 "干支卜"、 "干支貞"、"干支卜某曰"等」；[350]
「卜辭中占辭遠較 NS₃ 字迹卜辭占辭複雜」，[351] 有「某曰」、「某固曰」等用法；「用
辭作"用"或"不用"，與 NS₁ 字迹卜辭同」，「用辭有緊接命辭刻寫者」，「但多數
是在命辭後單起一行」。[352]「署月形式比 NS₃ 字迹規則，皆作"某月"，署於命辭後者
多見，署於前辭前者較少見。也有將月名署於上下二辭之間，為二辭共用的現象」；[353]
「卜辭中的兆辭，最多見者為"二告"」，「還有"不台"」以及「"不絡䁅"」；「記
事刻辭亦見於右尾甲」，「兆序所見多為"三"以內之數」；「卜辭中亦可見有句末語
氣詞」，[354] 有「乎」、「抑」、「執」、「……抑……執」、「不我」等形式；「習慣
用語"毋蠱"在 NS₄ 字迹中記作"勿蠱"」，「開始出現將先人的稱呼中的日名置於前
面的情形」。[355]

---

[344] 以上俱同上註，頁 188-189。

[345] 同上註，頁 190。

[346] 同上註，頁 191。

[347] 同上註，頁 232。

[348] 同上註，頁 241。

[349] 以上俱同上註，頁 244。

[350] 同上註，頁 276。

[351] 同上註，頁 280。

[352] 以上俱同上註，頁 283。

[353] 同上註，頁 290。

[354] 以上俱同上註，頁 284-285。

[355] 同上註，頁 287。

S₁字迹卜辭，「前辭一般都作"干支卜"，少數作"干支卜貞"」，「偶亦作"干支貞"」，「不署貞人名。未見占辭、驗辭，兆序最高者為"七"」；[356]「卜辭中命辭的時間詞都放在句子前面，與S₂字迹卜辭或置於句後者有別」。[357]

S₂字迹卜辭，「前辭形式以"干支卜"為主，此外還有"干支卜貞"、"干支貞"二種形式，皆不署貞人名，其中"干支卜貞"前辭形式主要用於貞"旬亡囚"的卜辭」，「卜辭無占辭，而有驗辭」，「兆序辭多見，所見最高數字為"五"」，「用辭承NS₄字迹的趨勢，都與命辭分離開，獨立於附近」，「署辭有尾右甲刻辭"䟓入"」，「卜辭中未見有句末語氣詞」；[358]「語言方面的兩個特點：一是經常貞問"易日"、"不易日"，二是常常把先人稱謂中的日名放在前面」。[359]

佈局特徵方面：

NS₁字迹卜辭「行款甚不規範。以直行為主，反映出當時直行的竹簡墨書行款習慣；雜以橫行、斜行、折行等，說明當時在龜、骨版上尚未形成規範的佈局習慣」。[360]內容部分「記月形式較特殊，作"某月卜"」，「或綴於辭末，或置於前辭之前」；「合文較典型者有"父乙"，在前期字迹中作阝若阝，即使直行刻寫也不拆作彐」，「橫右行也不顛倒作彐、彐」。[361]

NS₂字迹卜辭「習慣於在骨版上倒刻」，[362]其「行款之安排均未有規律」，「以"下行而右"和"直下行"二種形式最為多見」。內容部分「記月形式為"某月"，或橫書置於前辭前側」，「或直書綴於辭後」；[363]「受祀的先王、姒、母名號，多用合文，少用分書。合文一般為自右向左橫讀，與NS₁同」，「橫讀之合文處於直行卜辭中時，以其上或其下之字對準合文中先讀之字」。[364]

NS₃字迹卜辭「行款以下行而左和下行而右為主，直下行比較少見」，[365]已「注意到了對稱刻辭在龜版上的佈局」。[366]內容部分「合文自左讀自右讀無規律，較有特色的

---

[356] 同上註，頁317。

[357] 同上註，頁324。

[358] 以上俱同上註，頁330-331。

[359] 同上註，頁331-332。

[360] 同上註，頁149-150。

[361] 以上俱同上註，頁141-142。

[362] 同上註，頁186。

[363] 以上俱同上註，頁188。

[364] 同上註，頁189。

[365] 同上註，頁249。

[366] 同上註，頁250。

是由"允"字參與構成的一組」，「皆將另一字置於"允"字下角空處」，如「允不」作⿰、「允雨」作⿰、「允先」作⿰、「允啟」作⿰；「由"匕"構成的合文，"牝"（或讀為牝牛）則"匕"字背向；先妣之名號則"匕"字對向」，前者如「⿰、⿰、⿰」；後者如「⿰、⿰」；「月名合文，"三月"、"四月"中之"月"字對向」，「"十月"、"十一月"、"十二月"中之"月"字以背向為主」，偶見對向者（⿰），前者如「⿰、⿰」；後者如「⿰」；「"十一月"、"十二月"中之"一"、"二"置於"月"上為其特色」，如「⿰、⿰、⿰」；「有將月名合文解散，順行款而寫之傾向」，如「⿰、⿰、⿰、⿰」。[367]

NS₄字迹卜辭，「行款也是以下行而左和下行而右為主體」，「直下行和橫左行及其他形式極少見」，「也注意到了對貞刻辭在龜版上的佈局」。[368]內容部分「用辭置於前辭、命辭前下方。這是一種將用辭在行款上獨立出來的傾向。因此，NS₄字迹卜辭中的用辭除置於月名之前者」，「還往往見到置於月名之後者」；「驗辭狀態與NS₃字迹卜辭基本相同，有緊承命、用辭之後者」，「有另起一行刻寫者」，說明「驗辭尚未形成固定的佈局格式」；[369]「月名合文習慣於"月"字右向，數目字在"月"字背向」，「"十一月"、"十二月"中的"一"、"二"習慣置於"十"上或"十月"二字之上」，前者如「⿰、⿰、⿰」，後者如「⿰、⿰」，「月名合文也有解散的傾向」。[370]

S₁字迹卜辭，「行款皆為下行而左或下行而右」，「尚未形成後代那種龜版上的行款格式」。[371]

S₂字迹卜辭，「行款絕大多數為下行而左或下行而右。一個獨特的習慣是喜歡將前辭中的"卜"字刻於干支末一字的左下方，好像是忘記刻寫而後補上去的」，[372]「另一獨特的習慣是有時將命辭一部分提到前辭之前續寫」；「驗辭除置命辭後者外，還常常置於前辭之前」，「還可以置於前辭的下方」。[373]至於骨版上類似對貞的正反問句式，見「正問居左，反問居右，其驗辭置於命辭附近，若與正問相合則刻於左，與反問相合則刻於右」，「還有另外一種行款形式：將省略的反問置於正問全辭的前辭下方」，「還有一種情況是將省略的反問刻於命辭下方，行款一般與命辭反向」；[374]骨版「下部的刻

---

367 以上俱同上註，頁248-249。
368 以上俱同上註，頁288。
369 以上俱同上註，頁283-284。
370 以上俱同上註，頁285。
371 以上俱同上註，頁317。
372 同上註，頁332。
373 以上俱同上註，頁333-334。
374 以上俱同上註，頁334-335。

辭都集中在骨版的外側，對貞上下疊刻」；「選貞卜辭也可以省略形式上下疊刻」。[375] 另「S₂字迹有它的特定情況：一、合文有解散的傾向；二、字形方向相當穩定；三、簡短的刻辭喜歡橫左行刻寫（如驗辭）」；[376]「卜辭中的先人稱謂往往用橫讀式的合文刻寫」，[377] 如「𩵋、𩵋、𩵋、𩵋、𩵋、𩵋」。

以上各項特徵說明，皆未及 N₁ 字迹，張世超所不足，本文無以為據。至於各類型字迹卜辭時代關聯，張氏基於 NS₁ 字迹卜辭上契刻技術、前辭命辭、行款佈局皆呈現較原始的狀態，以為該卜辭之契刻無先例可參，又據 NS₁ 字迹卜辭中出現父乙、母庚、咎甲、般庚、祖丁等稱謂，認為：

> 有"祖丁"而無"父丁"之稱謂，可以作為此種字迹卜辭中沒有早於武丁時代之辭的消極證據。因此，關於 NS₁ 字迹卜辭的時代我們祇能這樣說：據其稱謂，可以確定 NS₁ 字迹卜辭屬武丁時代；據其字迹特徵及與其他字迹卜辭的關係，可以知道 NS₁ 字迹卜辭早於 NS₃、NS₄ 字迹卜辭及其後的所有卜辭。[378]

遂主張「NS₁ 字迹卜辭至少在殷墟文化中，應是其甲骨刻辭的源頭」。[379] 張氏另外指出：

> 在 NS₁ 字迹與 NS₂ 字迹的"刻寫影響因素"中，不具備一致性的影響指向。與 NS₂ 字迹同版的 NS₁ 字迹都屬其前期字迹，有源 NS₂ 影響字的幾版 NS₁ 字迹，可以確定者也都較早。這種字迹間的關係說明 NS₂ 字迹卜辭與 NS₁ 字迹卜辭基本上是同時的材料。[380]

說明 NS₁、NS₂ 字迹時代相同，而二種卜辭並無相承關聯；又謂 NS₃ 字迹與 NS₂ 字迹關係密切：

> NS₃ 字迹中的源 NS₂ 影響字遠多於源 NS₁ 影響字。除此之外，NS₃ 字迹斜筆和彎曲之筆的運用，也來自 NS₂ 的影響。NS₂ 字迹卜辭中最主要的前辭形式"干支卜"，在 NS₃ 字迹卜辭中也是最普遍的前辭形式。NS₂ 字迹卜辭有"凪告"（例略），NS₃ 字迹卜辭中也有"凪告"（例略），不僅如此，NS₂ 字迹"凪告"、"亡囚"用字有

---

[375] 以上俱同上註，頁 336。
[376] 同上註，頁 332，注②。
[377] 同上註，頁 332。
[378] 同上註，頁 162。
[379] 同上註。
[380] 同上註，頁 202。

別：前者作 _卩 或 _卩 ，後者作 _卩 或 _卩 ，NS₃ 字迹亦與此完全一致。[381]

進而判定「NS₂ 與 NS₃ 之間當是一種先後師承的關係」；[382]相對而言，NS₄ 字迹則與 NS₁ 字迹的關係密切，其「影響字絕大部分源自 NS₁ 字迹」，[383]且若干特徵，如：

> NS₄ 字迹卜辭的字形善用橫筆，前辭中"干支卜某"、"干支卜某貞"、"干支卜某卜"諸形式與 NS₁ 字迹卜辭前辭形式之相合，句末語氣詞"不我"與 NS₁ 字迹卜辭中句末語氣詞"不我"的關係，都表明了這樣一個事實：就字迹而言，NS₄ 字迹與 NS₁ 字迹有著極密切的關係，就歷史人物而言，NS₁ 與 NS₄ 之間當是一種先後師承的關係。[384]

簡言之，NS₁、NS₂ 字迹分別與 NS₃、NS₄ 字迹有時代先後的承繼關係。此外，張氏特別指出 NS₃ 與 NS₄ 字迹兩者糾葛：

> NS₃、NS₄ 字迹之間還存在許多雷同特徵，例如，二種字迹都不太拘泥字之方向，或左或右，比較隨意，皆有同一版上的同一字左向右向同見的現象；"乙"、水旁及"申"字主干皆以 S 式為主，偶見 Z 式；象兵器形之"戊"、"戌"、"我"、"歲"、"戈"等字以與行款同向者為主，偶見與行款對向者；署月名的位置相似，月名都有由合文解散為豎排之傾向；"征"字都有由所從"止"字足內內向變為外向的過程，等等。上述字體特徵，使 NS₃ 字迹與 NS₄ 字迹十分近似，一些甲骨碎片上的刻辭，可以確定是此二人留下的字迹，卻很難判定它出自二人中的哪一人之手。[385]

通過考察比對，張氏認為此「二種字迹間沒有先後相錯的迹象，應當是同時的」，[386]並推斷其具體時代「下限不宜過分向晚延伸，它不會晚到典型賓組卜辭的時代而與之同時共存」。[387]

至於 S₁ 字迹特徵「十分接近於 NS₂ 字迹」，「又有許多特徵很接近 NS₃ 字迹」，另「一些 NS₂、NS₃ 所共有的特徵字形，也為 S₁ 所繼承」；[388]「以上現象說明，S₁ 字迹主要

---

381 同上註，頁 258-259。
382 同上註，頁 259。
383 同上註，頁 294。
384 同上註，頁 295。
385 同上註，頁 215-216。
386 同上註，頁 299。
387 同上註，頁 301。
388 以上俱同上註，頁 320-322。

受到 NS₂ 和 NS₃ 兩種字迹的影響。此外，字迹中還透露出少量的 NS₄ 字迹影響」，[389]整體而言，「從字體特徵上看，S₁ 字迹與 NS₂、NS₃ 字迹都有著較密切的關係，從行款發展看，S₁ 字迹當與 NS₃ 後期字迹約略同時」，而「S₁ 字迹中的一些特徵字形如 ⼄、⼟、⾆ 等為後來的歷組卜辭所繼承」；[390]另一方面，S₂ 字迹部分「一些特徵性字與 S₁ 字迹雷同」，[391]兩者「關係極為密切，當是同時並存的兩種卜辭」。根據考察，張氏認為「在早於 S₂ 字迹卜辭的卜辭中，對其影響最大者是 NS₄ 字迹卜辭」，[392]具體情形如：

> S₂ 字迹多折筆，這也是 NS₄ 字迹的特徵之一。從字形看，S₂ 字迹 "貞" 作 ⿰，梯形耳實源於 NS₄ 之方耳 "貞"；"方" 作 ⼧，源於 NS₄ 前期字迹；"祖" 作 ⼂，源於 NS₄ 之特徵字；……從行款方面看，S₂ 字迹卜辭中的用辭獨立，是 NS₄ 字迹卜辭用辭獨立的繼續。從語言方面看，S₂ 字迹卜辭中常見的命辭形式 "旬亡囚" 始見於 NS₄ 字迹卜辭；S₂ 字迹卜辭中那種將日名放在前面的先人稱謂，也是最先見於 NS₄ 字迹卜辭。[393]

因此「S₂ 字迹卜辭和與之同時的 S₁ 字迹卜辭的存在時間，當在 NS₃、NS₄ 字迹卜辭之後，歷組、賓組卜辭之前」。[394]

綜合以上，張世超所分各種字迹卜辭，簡要關聯如下：[395]

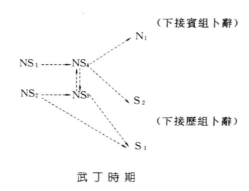

武 丁 時 期

若將上列各種字迹對應黃天樹所區分的各類卜辭，則相互關聯為：

---

[389] 同上註，頁 322。
[390] 以上俱同上註，頁 323。
[391] 同上註，頁 343。
[392] 以上俱同上註，頁 345。
[393] 同上註，頁 345-346。
[394] 同上註，頁 347。
[395] 同上註，「表二：已歸分出的各字迹卜辭間的關係」，頁 1。

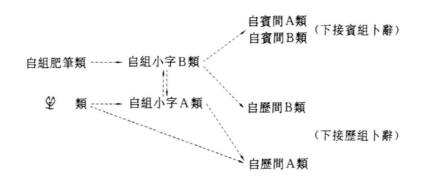

圖 2-4-25：張世超字迹類別轉換字體分類的關聯圖

張氏對各種卜辭時代先後及其相承關係的推斷，較黃說（見前）具體明確，而兩者雖然相近，實則主張並不相同。

張世超借鑑現代刑偵之筆跡學，針對殷墟甲骨卜辭進行字迹鑑定分析，相關概念與原理運用確實有新穎之處，然其具體分類內容較之既有成果並無太大差異，而自刻手刻寫習慣延伸的部分論述，其中實存若干可以商榷的餘地。

首先，張世超的卜辭分類工作，著重在字迹的釐析，其基本認知：

> 具體的字迹產生於書寫個體。書寫不是印刷，由於書寫者師承、閱歷、氣質、習慣等方面的差別，各人筆下的字迹總要有一些與他人字迹不同的特徵，這就是字迹的個性特徵。字迹的個性特徵總是與書寫它的個體相對應的。就字迹的個性特徵而言，沒有哪兩個人的字迹是完全相同的。[396]

因此，主張「一個契刻者所寫刻的卜辭就形成一個類，不同類卜辭之間的關係可以視為不同寫刻者之間關係的反映」，[397]而其將自組卜辭概分為 NS_1、NS_2、NS_3、NS_4、S_1、S_2 六類，意謂卜辭自組刻工只存在六人，儘管目前所見各類字迹卜辭片數並不多，但以商王室占問的日常習慣來看，若此六人又非同時供職，則個別工作量恐超出常情所及。張氏以為貞人與刻工為二，而不同貞人之間僅由一人刻工負責契寫，形成「貞人可以輪替，刻工卻不得休息」的情況，其實並不合理。這樣的主張，在賓組卜辭中將益形嚴重，以黃天樹賓組相關分類共有六種[398]為準，則賓組刻工亦只有六人，其工作量之大頗難想像。

---

[396] 同上註，頁 64-65。

[397] 徐寶貴：〈《殷墟甲骨字迹研究》平議〉，《古籍整理研究學刊》2003 年第 4 期，頁 97。

[398] 此處指稱「典賓類」、「賓組￼類」、「賓組一類」、「賓組賓出類」（賓組三類）、「自賓間 A 類」、「自賓間 B 類」等六類。

另就刻工的表現，張世超認為：

> 由於墨書文字的影響，契刻學習師承差別等因素，在全部殷墟甲骨字迹中，上述
> 契刻字形的發展不是簡單的單線式的，但在同一種字迹內，却往往可以看出字迹
> 的先後發展變化。原因很簡單，一個掌握了純熟契刻技術的人，除非特殊的原因
> 是不會再採用從前笨拙的方法刻寫的。[399]

又謂：

> 實際上一個人的前期字迹與後期字迹之間並不存在一條截然劃分的界綫。因此，
> 當我們用上述標準去觀察 NS₁ 字迹卜辭時，會發現在少數的甲骨上有某種早特徵
> 的字與另一種晚特徵的字同時存在的現象，這是難免的。[400]

以上所述雖言之成理，但卻也凸顯「即使是同一人，也存在字迹不同」的現象。張氏認
同「同一個人的字迹經歷多年的書寫活動，其特徵也會發生或多或少的變化」，[401]然單
就字迹分類論，不同字迹特徵何以不將之析分為二者，而必繫於一人？同一刻工早晚字
迹風格若有所轉變，其供職時間勢必久長，反映在年紀上則有老與少的階段差異，而視
此差異為師徒二人相承又有何不可？更有甚者，張氏既已贊同《合》19970、20576 兩版
正面為 NS₂ 字迹，反面則是 NS₁ 字迹，卻又主張「這兩例正反所刻是同一人字迹」，[402]
不詳何故。類此糾雜不僅影響字迹說架構的建立，連帶具體的分類內容亦不免受人質疑。
職是之故，字迹鑑識工作雖有科學基礎，但用於甲骨卜辭分析，刻工內外變項仍多，未
能有效釐清掌握之前，其分類結果自不宜樂觀。

再者，張世超的卜辭字迹研究，「是根據甲骨字迹的書體、字形、行款佈局、書面
語言等方面特徵進行歸分，進而總結出每位刻手的刻寫習慣與字迹特徵，各種字迹之間
的關係」，[403]特別強調刻寫習慣，其中也注意到卜辭刻寫的時序，謂「甲骨字迹佈局的
研究不僅要著眼於諸刻辭在甲骨版上的平面分布，還要關注這些刻辭中透露出契刻時序
信息」。[404]張氏立說實為可取，然其持論猶有未備。

例如張世超認同「卜辭中的驗辭的確是占卜、刻寫後，待驗徵出現時又續刻上

---

[399] 張世超：《殷墟甲骨字迹研究——自組卜辭篇》，頁 85。
[400] 同上註，頁 157。
[401] 同上註，頁 65。
[402] 同上註，頁 171。
[403] 同上註，頁 43。
[404] 同上註，頁 94。

去」，[405]因此主張賓組大字骨版一氣呵成的刻辭形式，「本不是在該版上實際占卜的記錄，而是從以前的占卜材料中選出的卜例集中刻在一版上形成的」。[406]且不管商人何以要將過去的卜例集中刻在一起，若真有此事，刻寫端整，必有其用，何不嚴謹以對，而竟契於廢版？且以《合》10405、10406 為例，兩版同文，意謂將過去的卜例集中刻寫多次，面對此一現象，能忽視其重要性？凡此，在在說明「將過去的卜例集中刻在一起」的主張應非事實，前辭、命辭、占辭、驗辭可以連續完整刻寫，其實此種情形若干第五期卜辭，如《合》37363、37378、37380 等亦能有所參考。

再如界欄內外卜辭刻寫先後的考察，張世超據「半包圍形界欄內之刻辭與其鄰近之辭比，一般為晚刻者」的規律，認定《合》22184（圖參下）中「庚申」之卜當在「己酉」、「癸丑」二卜之後。然張氏未及細辨者，「己酉」與「癸丑」二卜行款皆屬異態，明顯順沿不規則界欄而刻寫，如此觀之，界欄應先「己酉」與「癸丑」二卜存在，而界欄內的「庚申」之卜或許亦先於「己酉」與「癸丑」二卜刻寫。

又如張世超提出觀察所得：

> 在同一片甲骨版上，由於空間的局促而處於邊緣、非常規刻寫部位的，改變了常規行款、字體大小的刻辭，往往晚於相應的處於中間、常規刻寫部位的，行款符合常規，整齊、舒展，字體均勻的刻辭。[407]

並據以判斷《合》10406 正（圖參下）左側「癸未」之卜「必於中部"癸巳"辭和右側"癸酉"辭之後刻寫」。[408]其實，張氏所言未必為真，細審其例，《合》10406 正面主要有三卜，由右而左卜日依序為「癸酉、癸巳、癸未」，中有兩線分隔，按張氏說法，該三卜順序應是「癸巳、癸酉、癸未」，若分隔線於該三卜辭刻畢後始畫，則三癸日干支串聯歷時已達 50 日；若分隔線非卜辭刻寫就緒後繪製，則

《合》22184

---

405 同上註。

406 同上註，頁 370-371。

407 同上註，頁 105。

408 同上註。

此版分隔線刻畫特別，且清楚顯示順著左右兩卜刻辭邊緣而下，似有為中間一卜爭取較大空間的用意，其線條與《合》10405 正（圖參下）平整樣態完全不類，且中間一卜諸行始字，皆較左右兩卜為高，當是一種受限於中間位置狹窄的因應作法。就此觀之，《合》10406 正卜辭行款刻寫的樣態，不但能充分說明左右兩卜之刻寫必須早於中間一卜，極可能「癸酉、癸未」二卜之問亦早於「癸巳」一卜，而此卜日順序亦符合連續三旬的癸日干支。如此現象，猶能佐證此三卜契寫的特殊情狀，實非「過去卜例集中刻寫」之說所能妥適解釋，張論於此有所誤失，不可盡信。

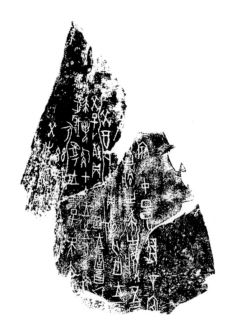

《合》10406 正　　　　　　　　　　　《合》10405 正

除刻寫時序外，張世超的字迹分類工作，亦強調習慣性特徵的掌握。張氏主張：

> 習慣性特徵的掌握，有助於對該人字迹的認定。字迹中例外現象的存在，也不會影響這種特徵運用的效果，因為我們在鑒定一篇字迹時根據的是它的綜合特徵，而不是某一孤立的特徵。某些較獨特的習慣性特徵可以作為認定某一版字迹的主要依據。[409]

並以《合》35266 上殘「鹿」之形（）為例，謂「NS₂ 習慣於用短畫將麋鹿類動物的嘴部表現出來」，[410] 又舉《合》35263「麋」字（ ）為例，說明「顛位筆段（即象眉形之

---

409 同上註，頁 182。
410 同上註。

後一筆）連於麋首腦後，嘴部習慣於用短畫表現」[411]的情形為 NS₂ 字迹之特色，可將之視為獨特的習慣性特徵。若據以考察相關卜辭，張氏所言大致無誤，但令人困惑的是，《合》35266 上鹿嘴雖有短畫，但同版另一鹿作「[字形]」形，嘴部即無短畫；而《合》35263 亦另有二麋作「[字形]、[字形]」形，前者嘴無短畫，後者幾無任何關連特徵，總和來看，NS₂ 字迹中相關「鹿」形極為多變，至少嘴部短畫可有可無，顛位筆段連於腦後亦非絕對。從字形分類的角度觀之，因同版關係將「[字形]、[字形]、[字形]、[字形]」劃歸同類本亦無可厚非，但諸形之頭部、頸部、軀幹、足趾的書寫特徵呈現各不相同，就字迹而言，實不宜逕歸為一類而視為同一種字迹。

同樣糾結的情形，張世超所區分的各類字迹卜辭中，其字體特徵不乏「字形多變」者，如 NS₂、NS₃、S₁ 類皆具有此特點，而多變的字形，多數亦涉及不同的書寫習慣，其間或分屬不同刻工所為，應加以計量比對後，再區分成不同的字迹類別為是，若將之籠統混雜並視其為字體特色，不僅讓字迹內容幾乎同於字形分類，亦使字迹相關研究事倍功半。

至於字迹卜辭時代的推斷，張世超的考察範圍僅及自組卜辭，並將其視為早期卜辭，因此在理解其中若干字迹現象時，已然先入為主。如謂：

> NS₁ 字迹實際上是刻者用刀在甲骨上按墨書的方法刻字。因此，在成熟契刻字迹中那種將一整條卜辭或其中的幾個字先刻好直畫，再調轉甲骨版統一刻橫畫的作法是不存在的。[412]

> NS₁ 字迹中多弧綫。實驗證明，半徑較小的的弧綫（較明顯者見於 ○、□ 等字形）要想刻得勻圓，必須在契刻的同時，另一手使甲骨版配合變動其角度。……為了使曲綫勻圓，刻時刀下較用力，留下的刻痕較深，字畫較重。這種契刻方式的代價是，刻一條卜辭需用較長的時間，費時費力，適應不了大量契刻的需要。……NS₁ 後期字迹中有些便不再像從前那樣刻畫用力了。[413]

> NS₁ 字迹卜辭前辭情況複雜。這是因為這種卜辭時代較早，尚未形成規範的前辭。[414]

疑問語氣詞 "不我" 見於 NS₁ 字迹的部分卜辭，這與當年此人的刻寫狀態有關：

---

[411] 同上註，頁 181。

[412] 同上註，頁 134。

[413] 同上註，頁 135-136。

[414] 同上註，頁 137。

既然字都可以從容地刻寫潤色，對於語言中的虛詞，自然也可以詳細地記錄下來了。但頻繁記錄句尾語氣詞畢竟是很煩瑣的，所以在 NS₁ 字迹卜辭中就已出現了簡化為"不"或完全省略的形式。隨著契刻事務的增多，刻寫者對效率的要求越來越高。句末語氣詞在自組以後的其他字迹卜辭中或簡化，或省略，到賓組以後的卜辭中，就很難見到了——反正人們都知道命辭是貞問的，讀辭時可以把語氣詞帶出來，不必再反反復復地去刻那些語氣詞。這大概就是在全部殷墟卜辭中很少見到疑問語氣詞的原因所在。[415]

NS₁ 字迹的行款甚不規範。以直行為主，反映出當時直行的竹簡墨書行款習慣；雜以橫行、斜行、折行等，說明當時在龜、骨版上尚未形成規範的佈局習慣，刻者往往是根據甲骨面上宜於契刻的面積及字形所佔面積因勢而刻，故爾形成如此多樣的行款形式。[416]

NS₁ 字迹卜辭尚未形成有規律的行款和佈局。這是當時契刻技術不成熟的表現，是此種卜辭時代較早的又一證據。[417]

綜上，張氏對於 NS₁ 字迹卜辭的整體特徵理解，可概括為三：「一、其字迹所反映出來的，契刻技術的原始性。二、前辭的不規範，與命辭界限不清的原始狀態。三、行款、佈局的不規範，隨意性」，因而認為「NS₁ 在開始契刻甲骨文字時，是沒有先例可以學習、摹仿、借鑒的。在此之後，適應於甲骨刻寫的字體、辭例、行款才逐漸形成」，[418]顯視 NS₁ 字迹為時代最早的卜辭。然上列的諸項說明，雖是張氏論證 NS₁ 字迹時代最早的依據，但所謂「按墨書的方法刻字」、「刻時刀下較用力」、「前辭情況複雜」、「刻寫效率較差」、「行款甚不規範」、「行款和佈局沒有規律」等刻寫現象，與卜辭時代早晚並無直接關係，張氏以之論斷 NS₁ 字迹卜辭的時代，雖非完全無據，但難免一廂情願。

細究張世超所論，其中「按墨書的方法刻字」、「刻時刀下較用力」、「行款甚不規範」、「行款和佈局沒有規律」等現象呈現，實受刻工個人刻寫風格的影響較大，與其所處時代的關聯性並不明確；而「前辭情況複雜」、「刻寫效率較差」兩項的特點，或與時代風尚有所相關。然儘管如此，就張氏例舉所見，各項前辭形式在各種字迹卜辭中的使用縱有多與少的差別，但所謂複雜情形似是普遍存在，並非 NS₁ 字迹卜辭所特別獨見。關於「疑問語氣詞」之刻用，張氏以為是早期「從容地刻寫潤色」的遺痕，後為

---

415 同上註，頁 149。
416 同上註，頁 149-150。
417 同上註，頁 153。
418 以上俱同上註，頁 162-163。

求效率而簡化或省略，然此類卜辭例數甚少，辭中未見其它早期特徵佐證，將之視為刻工個人風格亦無不可。總之，張氏對於 NS₁ 字迹卜辭時代的主張，並不十分可靠，換言之，若自組卜辭時代屬於晚期，則據 NS₁ 字迹卜辭既有特徵，將其時代改置亦非難事。

另外，張世超認為以契刻文字發展的趨勢來看：

> "王"字由填實式的 ▲ 變為虛廓式的 △。前者是按墨書原則刻寫的結果，但要想在甲骨上刻出填實的 ▲，首先必須刻出其輪廓 △ 來，然後再挖掉其中間的部分。久之，刻者便會發現祇用其輪廓形 △ 來表示是很簡便的事。一旦開始刻寫簡體的 △ 以後，刻寫者便很難再恢復刻寫那種麻煩的 ▲ 填實式了。自組卜辭以後的刻辭中再未見到填實式的"王"字，便是一個證明。NS₁ 字迹中的虛廓式"王"作 △，下部橫畫兩端皆不逸出，意味著它是一個輪廓，在字形上保持著與前期 ▲ 的密切關係。[419]

僅就「王」字「▲、△」兩形演變而言，此論尚稱合理，然張氏未注意的是，NS₁ 字迹中「多弧線」的現象，在目前所見甲骨中與第五期（黃組）卜辭最為接近（字例參前），若兩者有密切的承繼關係，則 NS₁ 字迹卜辭的時代當屬於晚期；且刻寫「▲」形的 NS₁ 字迹卜辭中，亦見其它晚期特徵，如《合》20582「▲」與「予」形同見一骨，據此觀之，NS₁ 字迹卜辭時代不宜過早，而「王」字兩形演變即有「△→▲」的可能。

林澐曾指出：

> 造成字體多樣性的因素是很複雜的，哪些寫法是書寫者的個人習慣，哪些寫法反映早晚之別的時代特徵，尚有待我們根據不斷發現的新資料，作深入分析，如果只根據自組卜辭中某些字的寫法和帝乙帝辛時的黃組卜辭（即舊稱「第五期卜辭」）相近，就認為它時代上晚于賓組，這和因為商末周初的金文中有的字比甲骨文的寫法還要富于圖形性，就認為它比甲骨文時代還早，同樣是可笑的。[420]

此言大致無誤，卻未達一間。若先將時代定位有疑的自組卜辭抽離，再將其他卜辭依時代排列，可確定的是，賓組在前，黃組殿後，而自組具有近黃組風格字體是不爭的事實，時代屬於晚期的推斷亦極合理，並不可笑；且所謂「商末周初的金文比甲骨文時代還早」之說尚須釐清，商末周初之金文，不管字體如何，該器物時代絕無早於甲骨文的可能，

---

[419] 同上註，頁 153-155。
[420] 林澐：〈小屯南地發掘與殷墟甲骨斷代〉，頁 121。

但僅就字形而論，金文所見採者則未必皆晚於甲骨文所刻寫，兩者不可混為一談。因此，雖「△→▲」的演變方向與一般常理不符，但「▲」形近似金文，刻寫極可能受其干擾，而銅器銘文於商末（甲骨第五期）已有數見，其肥筆墨丁習慣或對晚期卜辭的刻寫造成影響，因此「▲」形的出現未必是早期卜辭的鐵證。

以上所述，僅針對張世超字迹研究中，主要的分類主張提出異見，其它若干看法或可商榷者則暫置不論。整體觀之，張氏的研究確實獨樹一幟，體系尚稱完整，各類字迹卜辭關連性大致清楚，就自組卜辭的再細分而言，頗為可參。惟對於各類卜辭時代的系聯，張氏未能宏觀論述，不免顧此失彼，且缺乏各類卜辭全數內容，並無法加以檢驗，或建構精準的類形內涵，其失與字形分類相同，皆令研究者難以全面掌握並有效運用。

（二）蔣玉斌的卜辭整理

蔣玉斌的字體分類，是對殷墟子卜辭的總整理，其方法與前人分類又有所差異。蔣氏的分類整理工作「實際上既包含著從字體特徵、刻寫習慣等方面分出類別，又包含著從卜辭內容（如占卜主體、稱謂系統等）中確定其屬性」，[421]兼顧「分類」與「定性」兩方面，前者重點在於字體形態分析，本質即是字體分類，而字體特徵及刻寫習慣是其主要依據；後者重點則在於卜辭內容探究，若精確掌握相關記載訊息，實有助於卜辭時代的釐清工作。

在字體分類方面，蔣玉斌將子卜辭匯總整理所得，概分成9類：[422]甲種、乙種、丙種、圓體類、劣體類、刀卜辭、侯南類、屯西類、花東類，其中甲種猶可分出「異卜類」，乙種又可分為A、B、C、D四群，而丙種亦能再區分A、B兩類，總和觀之，目前所見子卜辭至少可區分出14不同類別。相關各類子卜辭字體特徵大致如下：[423]

甲種子卜辭，特徵字可列舉者，如「▨、▨」，其中「不少形體十分接近自歷間 B 類的寫法。如耳呈棱形的貞字，▨形的囧

---

[421] 蔣玉斌：《殷墟子卜辭的整理與研究》（長春：吉林大學歷史文獻學專業博士論文，林澐先生指導，2006年6月），頁9。

[422] 此處未計入零星卜辭材料，共有「後岡出土的卜骨刻辭」、「貞字作三足形的卜辭」、「大司空村出土的"辛貞在衣"和"文貞"卜骨刻辭」、「花園莊南地"子貞"卜骨刻辭」、「"子亡若"卜骨刻辭」、「無名類、黃類卜辭中存在的少量占卜主體為非王的卜辭」等六種。

[423] 蔣玉斌將「花東類」列入子卜辭，認為殷墟子卜辭的主要類別已齊備，然其文中對於「花東類子卜辭」並未有具體分析。

字，庚字，丑字，巳字，未字，酉字等等。其在風格上的清秀端正也彼此接近。自歷間B類多有先人名倒稱的習慣，甲種也有一些這樣的例子」，「說明它們的刻手來自共同的師承或有彼此的影響」。[424] 又此類常見「異體混用」情形，「比如"貞字的異體不下十種之多"，彼此還常見於同版」；[425]「以一律作吕」，「祭祀之侑、有無之有、連接名詞的有皆作"又"」，用 者僅見於《合》22214、22258 二例。[426]

乙種子卜辭，「完全是按字體和稱謂系統劃分出來的」，[427]「大部分字體特徵是比較一致的，但也有一小部分在字體上有一定的變化」，可區分為 A、B、C、D 四小群：

A 群特徵字可列舉者，如「」，此類的「人」形「上部寫法不固定，腿部較直，面向左（"北"字除外）」，「匕」形則「下部向旁彎曲；只有少數作 」，「絕大多數"匕"都面向右，憑此也可與"人"區別開來」；此外，「鼓腹的貞，尖底的其，折足的于，折祕的戊戌等字，都是本類才有的寫法」，又「好用尖銳的斜筆和折筆」、[428]「慣用 S 形」、「書寫異體」、「倒刻字形」與「又寫作左」等，[429] 皆屬本類的特殊契刻習慣。

B 群是「按筆書習慣刻寫的一小群卜辭」，[430] 特徵字可列舉者，如「」，此類中「有些字的寫法與自肥筆類接近，如巳、東、其、卯的寫法在自肥筆類中都能找到。但于、戊、庚等字的寫法，卻不見於自肥筆類而見於乙種 A 群」，[431]「同時還可以注意，乙 B 字體顯得很不成熟，字形結構、筆劃的連接方式等都不穩定。可以設想，這是刻手初習的作品」。[432]

C 群是「字體有少許自賓間 A 類特徵的一小類卜辭」，「其特別之處，比較明顯的是庚作 ，子作 ，有點接近自賓 A 類，另外宰作 ，用作 ，豕作 ，豕足沒有明顯的上揚，戊字歲字中橫出頭。"又歲"和連接名詞的"又（有）"都作"又"，也與乙種 A 群同樣語境用"屮"的習慣不同」，「這些卜辭所系的卜兆，兆序字在縱兆正頂」；

424 以上俱同蔣玉斌：《殷墟子卜辭的整理與研究》，頁 29。
425 同上註，頁 30。
426 以上俱同上註，頁 34。
427 同上註，頁 71。
428 以上俱同上註，頁 74。
429 同上註，頁 75。
430 同上註，頁 76。
431 同上註，頁 76-77。
432 同上註，頁 77。

「對貞卜辭，都是以左辭為主」。[433]

　　D 群是「刻于卜骨、"巳"作▨的一小類卜辭」，「字體一致而且很有特色」，「巳字作▨，手臂一上一下；牛作▨，兩角不像 A 群那樣強烈內折；禱字作▨，上部同於來字，與金文禱字的寫法更為接近；庚、地支子分別作▨、▨，也都不是 A 群最流行的」；又此類「刀法上看不出尖銳的斜筆及折筆；申字出現一次作 S 形」。[434]

　　丙種子卜辭，是「根據其貞人集團、稱謂系統、字體等方面的特徵劃分出來的」，[435]根據各種刻寫習慣，尚能將此類卜辭劃分成 A、B 兩小類：A 類特徵字可列舉者，如「▨、▨」，此類「刀法沉穩，字畫圓轉，多曲筆，工整有序」；B 類特徵字可列舉者，如「▨、▨、▨、▨、▨、▨、▨、▨、▨、▨、▨、▨、▨、▨、▨、▨、▨」，此類「用刀相對急快，多折筆，刻辭頗顯潦草凌亂」。[436]

　　異卜類子卜辭，數量雖少，但自成一體，主要特徵為「無論卜辭刻在左甲還是右甲，卜字出支基本上都向右。卜字的這種契刻習慣不見於其他類組」，[437]其特徵字可列舉者，如「▨、▨、▨、▨、▨、▨、▨、▨、▨、▨、▨、▨、▨、▨、▨、▨、▨」，經常與甲種同出現，但「與甲種字體有著明顯的區別，幾乎沒有多少相似點。多數特徵字在結構上就與甲種不同」，[438]前辭有「干支」一類，亦為甲種子卜辭所未見。此類又與丙 A 類同出，字體相近，推斷是「異卜類→丙 A 類」的演變。

　　圓體類子卜辭，特徵字可列舉者，如「▨、▨、▨、▨、▨、▨、▨、▨、▨、▨、▨、▨、▨、▨、▨、▨、▨、▨」，其中「最明顯的特徵就是圓腹的貞字和滾圓的丁字。與此相應，卯、酉、申、子、巳、匕等的圓形或曲線部分，也都寫得十分圓轉」，「刻手則顯然是有意識地追求圓轉的風格」。[439]

　　劣體類子卜辭與圓體類子卜辭有一定的關聯，其特徵字可列舉者，如「▨、▨、▨、▨、▨、▨、▨、▨、▨、▨、▨、▨、▨、▨、▨、▨、▨、▨、▨」，其中「雨像雨點的點劃散開，以及不、未的寫法都與圓體類

---

[433] 以上俱同上註，頁 78。
[434] 以上俱同上註，頁 79。
[435] 同上註，頁 96。
[436] 同上註，頁 101。
[437] 同上註，頁 38。
[438] 同上註，頁 39。
[439] 以上俱同上註，頁 111。

相同，但由於本類刀法拙劣，往往寫得沒有圓體類那麼規整」。[440]此類卜辭風格特別，字體紊弱不端整，雖「同一形體也有不同的刻法，但都穩定在少數幾種變體上」，「可見劣體類刻手的契刻技藝已經很成熟，其風格特異，主要是刀法上的問題」。[441]

刀卜辭子卜辭，本類字體很有特色，如「普通名詞子作 &，不作 &，丁作 口，庚作 &，辛作 &，日外框作圓形，來作 &。戊作 &」，「有無的有作"又"，旬字用"徇"表示」，「"史"字經常缺刻」，[442]有「&、&、&」諸形。又，此類卜辭一般不記前辭，偶見前辭皆作「干卜」，「單稱天干的習慣也見於花東類和貞字作三足形的子卜辭」。[443]

侯南類子卜辭，特徵字可列舉者，如「&、&、&、&、&、&、&、&、&、&、&、&、&、&、&、&、&、&、&、&」，其中「貞字腹部圓鼓，其上部近同於"貝"字。其字兩側豎筆高出箕體一倍。我、戊所從的戈形已寫得很像無名黃間類以及李學勤、彭裕商先生分出的何組三 B 類一直到黃類卜辭的寫法。庚字寫法亦極特殊」。[444]此類卜辭風格頗為獨特，雖「字體特徵與無名組或何組相同或相近」，但「不少字的轉折處比較圓轉，筆道肥腴，很像金文或筆書的風格。王字中的三角形、陟所從的阜形、《侯》28 的 & 形等還作填實的寫法」，則「為無名組或何組等未見」。[445]

屯西類子卜辭，指稱 1971 年小屯西地所出的 10 版字骨，其「字體接近無名類王卜辭，但在甲骨的鑽鑿、刻辭的刮削、祭祀對象與用牲等方面，都與同時代的不同，而自成一格」，[446]「卜骨上刻有的"茲用"（附 9）、"吉"（附 4、8、10）等，都比較晚，是第三、四期的作風。刻辭中的眾、牧、卯、且、匕等字，都是典型的三、四期字體」。[447]

至於各類子卜辭時代的推斷，蔣玉斌根據同版現象、同坑現象、人物關聯、占卜事項、倒稱現象、字體風格，「認為甲種子卜辭大約是武丁中期之物」；[448]而乙種子卜辭雖分為四群，但時代大致相同，單從稱謂系統來看，蔣氏認為問卜者不是商王，「應該是一位與武丁關係極遠的"子"」，[449]認同此種卜辭時代在武丁期；又因乙種 B 群卜辭

---

[440] 同上註，頁 116。

[441] 以上俱同上註，頁 117。

[442] 以上俱同上註，頁 128。

[443] 同上註，頁 129。

[444] 同上註，頁 134。

[445] 以上俱同上註，頁 135。

[446] 以上俱同上註，頁 138。

[447] 以上俱同上註，頁 140。

[448] 同上註，頁 45。

[449] 同上註，頁 95。

字體較為散亂，契刻習慣不穩定，遂疑其「很可能就是仿習乙種 A 群而刻的」，[450]意指乙種 A 群卜辭時代早於乙種 B 群；丙種 A、B 兩類卜辭「記載同事而字形、字體等彼此對立鮮明，證明這是兩個刻手的作品，而不是同一刻手在不同時期所為」，[451]而「賓組與丙種占卜機構之間存有緊密的聯繫」，[452]推斷丙種子卜辭時代亦武丁時期；刀卜辭主要出於 E16 坑，「時代大約在武丁中晚期」；[453]侯南類卜辭的時代，「董作賓先生認為屬第三期、第五期，李學勤先生認為屬廩辛時代。儘管斷定該類卜辭時代的證據並不充分，但從前文歸納的該類特徵來看，該類卜辭的時代不會太早」；[454]屯西類子卜辭，「這批卜骨刻辭字體接近無名組，各類特徵和同出器物都顯示其時代當在康丁到武乙時代」。[455]總括而言，蔣氏認為：

> 這些子卜辭從其所處時代看，既有早期的：如大約在武丁時期的甲種、丙種、乙種、圓體類、劣體類、"刀卜辭"、花東類、貞字作三足形的卜辭、後岡出土的卜骨、花南類；也有中晚期的，如侯南類、屯西類子卜辭、"子亡若"卜骨以及無名類、黃類字體的子卜辭等。[456]

對於子卜辭時代的認定，跨度極大，幾乎已涵蓋甲骨五期。

整體而言，蔣玉斌的子卜辭整理工作，材料的掌握具體全面，值得讚許，內容的考察廣泛深入，亦值得肯定，但若以字體分類與甲骨斷代的角度衡量，則尚有若干不足。

以斷代而言，蔣玉斌曾表示：

> 各類王卜辭的大致時代，在學界已漸趨一致，不同意斷代新說的證據，遠不如日益增加的有利於新說的證據多。各類子卜辭尤其是舊有幾種主要的子卜辭，基本上也被定為武丁時期之物。近年黃天樹先生又對這些卜辭進行了全面研究，給出了主要幾類子卜辭較具體的斷代。我們基本同意黃先生的研究方法和結論，因此本文對於黃氏已經斷好代的類組，一般是結合諸家觀點作綜述性的介紹，只在個別地方稍加補充。對於黃氏未論及的類組，我們再作專門的討論。[457]

---

[450] 同上註，頁 78。

[451] 同上註，頁 103。

[452] 同上註，頁 106。

[453] 同上註，頁 131。

[454] 同上註，頁 137。

[455] 同上註，頁 141。

[456] 同上註，頁 159。

[457] 同上註，頁 44。

據此可知,蔣氏的子卜辭整理工作,嚴格說來並不涉及甲骨斷代,而各類卜辭間的時代關聯與時段區別顯然不是工作要點,因此對於各類卜辭時代的論述相當有限,完整性不足。不僅如此,實際上卜辭類別的區分也不是蔣氏研究的重點,其相關類別的劃分多數沿襲前說,如下表所示:[458]

表2-4-6:蔣玉斌子卜辭分類對照表

蔣玉斌	《合集》	陳夢家		李學勤		林澐	黃天樹	彭裕商
甲種	丙二	嬪妃所作		婦女		甲種	婦女	非王無名組
乙種	丙一	午組		兂卜辭		乙種	午組	午組
丙種	乙一	子組		子卜辭		丙種	子組	子組
圓體類	乙二	附屬子組	第二群	子組附屬	第二種	丙種a屬	圓體類	子組附屬
劣體類			第一群		第一種	丙種b屬	劣體類	

另外「侯南類」、「屯西類」和「花東類」以出土地明之,而「刀卜辭」乃因卜人刀之見,凡此卜辭自成一系,未再區別,實與字形分類無關。蔣氏整理工作涉及實質字形分類者,應屬甲、乙、丙三種子卜辭的再析分,然甲種子卜辭中,別出「異卜類」,乙種子卜辭分為A、B、C、D四群,丙種子卜辭區為A、B兩類,所見小類之稱並不一致,頗為隨興,未詳其故,而體例不一,實不利於後續討論及運用。

以分類來看,蔣玉斌對於分類標準特徵的描述,仍以各別字例的特徵說明為主,缺乏系統性,雖觀察尚稱細緻,但若干敘述如前引「耳呈棱形的貞字」、「上部寫法不固定,腿部較直」、「下部向旁彎曲」、「鼓腹的貞,尖底的其,折足的于,折秘的戊戌」、「不少字的轉折處比較圓轉,筆道肥腴,很像金文或筆書的風格」、「卯、酉、申、子、巳、匕等的圓形或曲線部分,也都寫得十分圓轉」、「庚字寫法亦極特殊」等諸語,皆屬精準不足的概略性描述文字,較之張世超的考察(參前),深度尚有未逮。且蔣氏對於卜辭字體特徵的凸顯,習以其他類別作為類比,如:

「不少形體十分接近白歷間B類的寫法」;[459]
「有些字的寫法與白肥筆類接近」;[460]

458 據《殷墟子卜辭的整理與研究》,「各類子卜辭本文用名與各家命名對照表」修改。
459 蔣玉斌:《殷墟子卜辭的整理與研究》,頁29。
460 同上註,頁76-77。

「字體有少許自賓間 A 類特徵的一小類卜辭」；[461]

「我、戍所从的戈形已寫得很像無名黃間類以及李學勤、彭裕商先生分出的何組
　　三 B 類一直到卜辭的寫法」；[462]

「字體特徵與無名組或何組相同或相近」。[463]

然所謂「自歷間 B 類」、「自肥筆類」、「自間 A 類」、「無名黃間類」、「何組三 B
類」、「黃類」、「無名組」、「何組」等，皆非蔣氏整理工作所及，各類字體特徵或
具體內涵亦無充分呈現，逕以之進行對比，實易模糊焦點，此舉非但無助於精準掌握各
類子卜辭的字體特徵，尚可能將與子卜辭無關的其他卜辭捲入整理工作，治絲益棼，宜
當審慎。

　　其實，蔣玉斌將子卜辭的字體特徵與其他類卜辭對比，本亦無可厚非，對於嫻熟甲
骨卜辭字體分類的研究者而言，確也可透過此種連結，快速掌握各類子卜辭的字形特徵，
但子卜辭本為殷墟卜辭的一部分，其字體特徵自是殷墟卜辭字體分類的一環，熟悉字形
分類者多半對子卜辭亦有一定程度的認識，而蔣氏所分大類，皆因襲成說，未見新論，
其相關字體特徵之論說從簡，似是必然的表述模式，亦可間接說明蔣氏對於子卜辭的整
理，字體分類並不是主力工作。

　　另外，蔣玉斌實際操作的字體分類工作，亦有可議之處，如提及：

　　A 群內部的字體，還是有一定變化的。以 "貞" 字為例，就有 ▨▨▨▨▨▨ 等幾
　　種不同的寫法。有一定量的異體，也是該群的一個特點。[464]

蔣氏歸「貞」字諸形於同一類，說明其分類並非根據字形特徵，至少「貞」字不是分類
依據，而是先以其他標準區分出類別，再自該類別中整合出字形特徵，然依此所得字形
特徵一般較為寬泛，獨特性不強，因此在同類卜辭中存有同字異形者，雖非必然，但亦
屬司空見慣的一種現象，不僅不足為奇，更無須將之視為特點。又如《合》22067 的特
殊情況，風格不同的字體並存：

　　該版上部是典型的乙種 A 群字體，但其下面的字體與乙種 A 群有很大區別。貞字
　　作▨、▨、▨；不作上部無橫的▨，又字兩筆上面開口很大▨，子名中的 "子" 作

461 同上註，頁 78。

462 同上註，頁 134。

463 同上註，頁 135。

464 同上註，頁 75。

手臂一上一下的 ，與乙 A 群不作 ，又作 ，子名之 "子" 作兩臂上舉不同。但 "其" 作尖底 、吉字借劃作 ，匕、乙共有的曲線都作 S 形，以及兆序字在縱兆的正頂，都與乙 A 群相同。這實際上也是乙種內部變化較大的一個變種。不過，由於其只有一片我們就不另劃小類了。[465]

若分類標準置於「不」、「又」、「子」諸字之上，則此版將不屬乙種 A 群；但若著重在「其」、「吉」、「匕」、「乙」的特點，則此版可歸入乙種 A 群。蔣氏雖將此版視為乙種子卜辭的變種，卻又因目前僅為一見，遂不擬別出小類，亦未將之納於任何一群，懸繫於乙種之中，並不妥適。尤其，蔣氏已將乙種子卜辭分為四小群，面對某群中異體頻見，或同版見不同風格字體之情形，不妨再深入探究群內各字異體或風格迥異諸字的組合關聯，並予以適當析分為不同類別，讓各類型字體特徵更為明確清楚，若含糊統括為一類，實難建立有效的字體類型系統。

蔣玉斌的整理工作，共計稽得殷墟子卜辭 2064 版，經綴合存留 1794 版，[466]並分類逐片表列，[467]以示論而有據，然美中不足的是，雖得「甲種子卜辭」374 版，卻不知「異卜類」為其中哪幾版？同樣的疑問也在乙、丙種子卜辭的材料呈現上，「乙種子卜辭」250 版中 A、B、C、D 小群各為哪幾版？「丙種子卜辭」460 版中 A、B 兩類又分別是哪幾版？以上訊息，蔣氏材料總表中並無任何標示，亦無特別區隔處理，致使其具體操作的字體分類結果，竟又以例舉說明佐證，與前說諸家作法無別，而缺乏完整的材料訊息供參，截斷後續可能的討論與精進機會，著實令人扼腕。

綜上所述，蔣玉斌對於殷墟子卜辭的整理，其主軸並不是分類，亦不以區別時代為要，因此其研究成果雖對子族內涵有較清楚的勾勒，在商史文化探索上具有極大的參考價值，但對於甲骨斷代的助益卻是相當有限。

（三）崎川隆的賓組分類

殷墟卜辭的字體分類工作，崎川隆的主軸僅及於賓組，其分類雖不全面，但對賓組

---

[465] 同上註，頁 80。

[466] 同上註，頁 159。其中包含「甲種子卜辭」374 版，綴合後 300 版；「乙種子卜辭」250 版，綴合後 200 版；「丙種子卜辭」460 版，綴合後 400 版；「圓體類子卜辭」130 版，綴合後 110 版；「劣體類子卜辭」220 版，綴合後 170 版；「刀卜辭」18 版，綴合後 17 版；「侯南類子卜辭」33 版，綴合後 30 版；「屯西類子卜辭」10 版，綴合後 10 版；「花東類子卜辭」569 版，綴合後 557 版。

[467] 詳蔣玉斌：《殷墟子卜辭的整理與研究》，「附錄二：各類子卜辭材料總表」，頁 168-221。其中有部分資料誤植，無法完全精確呈現材料來源。

甲骨相關形制詳加考察，仍有可參之處，其分類架構是：

> 以字體及其他特徵為標準，將所有的賓組甲骨文歸納為四個典型類型、三個過渡類型。典型類型有：典型師賓間類、典型賓一類、典型典賓類和典型賓三類。同時，……在四個典型類型之間劃出三個過渡類型，分別稱作過渡①類、過渡②類和過渡③類，此外，在師賓間大類和賓三大類中又分別劃出"非典型"類型。[468]

崎川氏的分類標準，除「字體」（單字形態）之外，尚考量「特徵性字體組合關係」以及「字排方式及版面布局特徵」兩大條件，前者本諸林澐主張而推闡之，後者則屬於新分類標準的提出，統括前人所未備者，令人耳目一新。

崎川隆賓組卜辭的分類，具體所得有四大類：「師賓間大類、賓一大類、典賓大類、賓三大類」，頗有兼納前述黃天樹、彭裕商二說，故雖有不同，但極為近似，而其小分類多達 14 類：「典型師賓間類、非典型師賓間類 A、非典型師賓間類 B、非典型師賓間類 C、非典型師賓間類 D、非典型師賓間類 E、過渡①類、典型賓一類、過渡②類、典型典賓類、過渡③類、典型賓三類、非典型賓三類 A、非典型賓三類 B」，則顯然較於黃、彭的分類更加精細深入。崎川氏所分各類卜辭之特徵字形，表列比較如下：[469]

表 2-4-7：崎川隆賓組分類特徵字體比較總表

（＊"隹"字頭下部分為偏旁）

---

[468] 崎川隆：《賓組甲骨文分類研究》（上海：上海人民出版社，2011 年 12 月），頁 47-48。

[469] 錄自《賓組甲骨文分類研究》，「表 40：各類型特徵字體比較總表」並繁化字形，頁 188。

　　崎川隆的字體分類工作，確實較前列諸說精細，是所謂「對單字形態特徵進行仔細觀察和描述，實現其形態定義的嚴密化」[470]的具體實踐，然各類字體之特徵卻沒有因此更加清晰。如「典型師賓間類」特徵性字體「戊」，崎川氏謂「本類的"戊"字與其他類型相比，α 的長度較長，β 的傾斜度稍大，右豎畫頂端沒有短橫劃，而 γ 處有一斜筆。另外 δ 部分一筆刻成」，[471]雖相關部位說明尚稱完整，亦附表明之（見下），但「較長」、「稍大」之謂，則頗為模糊，自由心證不易掌握，更嚴重的是，「典型師賓間類」的「戊」並非皆作此形，同時亦見「」（《合》4155）、「」（《合》4795）、「」（《合》7752）、「」（《合》9373）、「」（《合》16475），[472]其 β 或 γ 或 δ 的特徵皆與主述內容實不相符，顯示崎川氏引為特徵性字體者，其字形之特殊處並不具代表性，而吾人據此分類，仍難以掌握其詳情。

師賓間類	賓一類	典賓類	賓三類

圖 2-4-26：崎川隆賓組各類「戊」特徵比較

　　相較於「戊」例特徵說明僅及於「典型師賓間類」，其餘三類未論，所述極為有限，其間差異的認知恐流於主觀，崎川隆的「子」例說明則分見於「典型師賓間類」、「賓一類」、「典賓類」、「賓三類」，並列有四表輔參，依序如下：

師賓間類	賓一類	典賓類	賓三類

賓一類	師賓間類	典賓類	賓三類

典賓類	師賓間類	賓一類	賓三類

賓三類	師賓間類	賓一類	典賓類

圖 2-4-27：崎川隆賓組各類「子」特徵比較

470　崎川隆：《賓組甲骨文分類研究》，頁46。

471　同上註，頁58。

472　詳參上註，「2-1：典型師賓間組類」，頁770-781。

各類的說明，表列如下：

表 2-4-8：崎川隆「子」字特徵說明

類　別	「子」字特徵說明
典型師賓間類	本類的“子”把 α 刻成斜折，β 也同樣多用斜折筆。在賓一類也有一些類似的字體，但在 α、β 處沒有明顯的折筆。在典賓類，α、β 都由直畫構成，垂直相交。賓三類的 α、β 也是由直畫構成的，但 α 多用短斜筆，與賓一、典賓都有區別。[473]
賓一類	本類的“子”字如師賓間類，α、β 均為斜線，但沒有折轉。賓三類也把 α 寫作斜線，但筆畫較短，和本類字體有一定區別。[474]
典賓類	本類的“子”字 α 比師賓間類和賓一類短一些，而且 α 和 β 互相垂直，此為其最大特色。[475]
賓三類	本類“子”字①、②兩體互見。字體①把 α 刻成短斜線；字體② α 呈 V 型。[476]

表觀之下，四類「子」字各有特色，差異明顯，然細究字形的相關特徵描述，仍有模糊之失，未能精進，如「典型師賓間類」謂「賓一類也有一些類似的字體，但在 α、β 處沒有明顯的折筆」，似乎暗指「賓一類」中另有一些不與「典型師賓間類」類似的字體，但「賓一類」的說明「本類的“子”字如師賓間類，α、β 均為斜線，但沒有折轉」，卻表明該二類「子」字差異即在 α、β 處有否折轉，實情如何猶待辨明，而崎川氏描述之不足已然顯現。

再以四類四型「子」字觀之，首先，「賓三類」的字例前後不一致，顯示觀察的標準有所更變游移，並不嚴謹。再者，「典型師賓間類」中亦見「𤕰」（《合》4726）、「𤕰」（《合》6705）、「𤕰」（《合》7007）、「𤕰」（《合》8426）等諸例，[477]與「賓一類」、「賓三類」的特徵幾無分別；「賓一類」中「𤕰」（《合》1901）、「𤕰」（《合》3912）、「𤕰」（《合》16796）[478]的 α 皆非斜線；「典賓類」中「𤕰」（《合》559）、「𤕰」（《合》6174）、「𤕰」（《合》7364）、「𤕰」（《合》13362）、「𤕰」（《合》16938）的 β 皆非直線，而「𤕰」（《合》586）、「𤕰」（《合》4024）、「𤕰」（《合》

---

[473] 崎川隆：《賓組甲骨文分類研究》，頁 58。

[474] 同上註，頁 107。

[475] 同上註，頁 136。

[476] 同上註，頁 161。

[477] 詳參上註，「2-1：典型師賓間組類」，頁 770-781。

[478] 詳參上註，「2-4：典型賓一類」，頁 804-826。

6436）、「ᄆ」（《合》17078）[479]的 α、β 並非互相垂直；「賓三類」中「ᄆ」（《合》3122）、「ᄆ」（《合》4061）、「ᄆ」（《合》15736）、「ᄆ」（《合》16697）、「ᄆ」（《合》18801）、「ᄆ」（《合》19512）[480]的 α 皆非短斜線。以上種種，與崎川氏字形特徵觀察的描述顯有不合，表示其對各類的特徵性字體掌握欠妥，以致相關特徵多有混淆，實無法充分作為有效的分類依據。

其實，崎川隆的字體分析，最大的優點恐即是其最大的缺點。崎川氏為求字體分類客觀化，曾以賓組「賓」、「殼」二貞人名為例，進行「比較嚴格的考古學類型學方法」的類型劃分，先「根據各字的偏旁筆畫分解開來，盡可能詳細地觀察、描述各部分所展示的形態特徵」，再「按各部分形態的組合關係來劃定字體類型」。[481]據之，崎川氏將「賓」上半形分成 6 類，下半形則有 9 類（組合後至少可構成 54 種類型）；「殼」左半形分成 10 類，右半形亦有 10 類（組合後至少可構成 100 種類型），[482]並從中提煉出「賓」字 11 個主要類型、「殼」字 8 個主要類型。且不論相關形態特徵觀察是否合適正確，單就主要類型過多而言，即意謂此分類工作相當瑣細，其標準之差別則未必皆清晰可辨，實務操作將流於主觀認定，影響所及恐有個人化之虞，與客觀化的初衷相去漸遠，不僅無法充分擴大探究範圍，既有的分析成果亦難於廣泛而有效的運用。

另，崎川隆所進行賓組文字分類，其結果雖有大類小類之別，然實以小分類為要，而大、小類別之關聯如下：

師賓間大類：劃分為典型師賓間和非典型師賓間兩類。又對非典型師賓間類進行了進一步的細分，分成 A、B、C、D、E 五個小類。此外又為帶有賓一類成分的資料劃出了一個小類，成為過渡①類。

賓一大類：劃出了典型賓一、過渡②兩個小類。過渡②類為賓一類向典賓類過渡的中間類型。

典賓大類：由典型典賓、過渡③兩個小類構成的。過渡③類是典型類至賓三類的中間過渡類型。

賓三大類：由典型賓三類和非典型賓三類構成，非典型賓三類再細分為 A、B 兩個小類，其中非典型 B 類有可能是向何組二類的過渡類。[483]

總合上述關聯，「同時根據早於賓組的師組字體和晚於賓組的出、何組字體之間的繼承

---

[479] 以上字例俱見《賓組甲骨文分類研究》，「2-6：典型典賓類」，頁 839-869。

[480] 詳《賓組甲骨文分類研究》，「2-8：典型賓三類」，頁 873-899。

[481] 以上俱同崎川隆：《賓組甲骨文分類研究》，頁 24。

[482] 此據《賓組甲骨文分類研究》，「圖 14」，頁 24。

[483] 以上俱見崎川隆：《賓組甲骨文分類研究》，頁 189。

關係」，[484]賓組各類卜辭時代先後為：

圖 2-4-28：崎川隆賓組各類卜辭時代先後示意圖

　　崎川隆的賓組分類，雖較前述諸說更加精細，但實質上卻也無太大的區別，時序上都是由「賓一類」→「典賓類（賓二類）」→「賓三類」的演變，[485]雖各家對此三類卜辭時代的推斷並不一致（詳前），但崎川隆僅謂「典型師賓間類、過渡①類」屬於早期，「典型賓一類、過渡②類」屬於中期，「典型典賓類、過渡③類、典型賓三類」屬於晚期，[486]並無具體的相關時代論述，明顯不足，而其分類工作僅能體現各類卜辭演進脈絡與遞嬗的可能性，此舉雖完全符合類型學的科學操作，卻也暴露類型學的不足，無法直接對應所屬年代，而若無時代訊息加以定位，各大小類卜辭時序先後的安排則難免主觀，未必合於實情。就甲骨斷代而言，單純的分類並無法達到目的，殊為可惜。

　　此外，崎川隆賓組卜辭的分類工作，整體看來與前說所見亦無關鍵性的區別，其有異於前說者，是將甲骨卜辭行款排列、契刻位置亦納入類型學的分析，提供甲骨分類工作新的參考標準，其相關類型之劃分，具體主張如下：

字排特徵方面，區分字排類型為五：

Ⅰ型「全部文字按照直線排列，行的寬度也是一定的，每一個文字的角度也全呈水平，極為整齊」；

Ⅱ型「以三四個文字為一單元，行的寬度和文字的角度相同」；

Ⅲ型「全部的文字按照一定的角度傾斜」；

Ⅳ型「可見各文字在水平方向上出入」；

Ⅴ型「每一個字傾斜的角度都不相同，完全沒有規則，行的寬度也是左右搖擺不定」。[487]

---

[484] 同上註。

[485] 彭裕商主張「賓一 A→賓一 B→賓二」，名稱不同，實則無別。

[486] 參崎川隆：《賓組甲骨文分類研究》，頁 195。

[487] 以上俱同上註，頁 32。

相關圖示如下：[488]

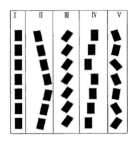

版面布局方面，含括龜版與骨版二部分，龜版部位又析成上部（首甲、中甲）、中部（前甲、後甲、甲橋）、下部（尾甲）[489]三部分加以分類：

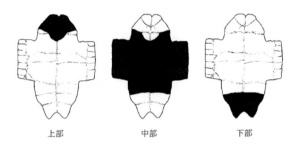

上部　　　　中部　　　　下部

其中上部布局類型有五：

Ⅰ型「沒有契刻任何文字」；

Ⅱ型「以首甲的第一鱗痕線為上端，沿著龜甲輪廓的曲線斜刻。多見三字三行。行款剛好布置在與第一鱗痕平行的角度，刻辭不會超出首甲的範圍。並且在中甲沿中縫線向下刻辭」；

Ⅲ型「跨首甲和上腹甲之間的滕理刻字，行款多為三行、每行四到六個字。行款稍微傾斜，但傾斜角度比Ⅱ型要小一些，大概在 30 度左右。字數外側行較多，向內側行遞減。最內側一行一般只有一兩個字」；

Ⅳ型「從首甲第一鱗的最上部附近開始沿龜甲的輪廓曲線刻辭。一般由四五行構成，最外側的一行有六七個字，字數向內側遞減。字體比其他類型大一點，字數也較多。整個龜版上部被刻辭覆蓋」；

Ⅴ型「不拘於鱗痕、滕理的方向或龜甲的輪廓曲線位置，沿縱向刻字。字體比Ⅱ型、Ⅲ型大，字距較寬」。[490]

---

488 錄自《賓組甲骨文分類研究》，「圖 18：字排類型」，頁 32。

489 圖示錄自《賓組甲骨文分類研究》，「圖 28」，頁 41。

490 以上俱同崎川隆：《賓組甲骨文分類研究》，頁 42-43。

相關圖示如下：[491]

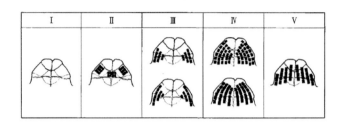

中部布局類型有五：

A型「將甲橋部的空間均勻分為上下兩部分，三字三行刻辭。比B型字形大」；

B型「在甲橋的中央部及下端部刻辭，一般分三四行、每行兩三字。字體比A型的要小。也有一些在前甲上端也布置有同樣的刻辭」；

C型「避開甲橋部的卜兆，縱向分兩行刻辭，每行七字左右。在前甲、後甲上散見小字刻辭，一般沒有對稱性，多用橫向的長界線」；

D型「在前甲中央部用大字進行刻辭。有些刻辭避開卜兆、字距寬大，也有些刻辭犯兆、字距較小」；

E型「版面各處散見小字刻辭。多用短界線」。[492]

相關圖示如下：[493]

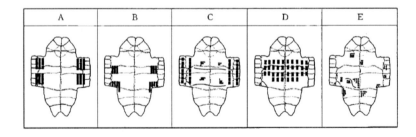

下部布局類型有四：

i型「沒有任何刻辭」；

ii型「從第五鱗到第六鱗沿輪廓刻有一兩行字」；

iii型「沿第五鱗到第六鱗的中縫線和輪廓縱向刻辭」；

iv型「在右甲尾第六鱗下端刻有兩個字。多數為倒書。也有例外，即在左甲尾第六鱗下端刻辭的」。[494]

---

491 錄自《賓組甲骨文分類研究》，「圖31：大龜版上部5種布局類型」，頁43。

492 以上俱同崎川隆：《賓組甲骨文分類研究》，頁43-44。

493 錄自《賓組甲骨文分類研究》，「圖32：大龜版中部的5種布局特徵」，頁43。

494 以上俱同崎川隆：《賓組甲骨文分類研究》，頁44。

相關圖示如下：[495]

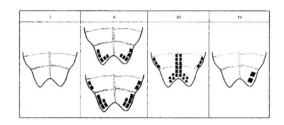

另見小龜版特有類型有四：

    Ⅰ型「從首甲到尾甲，沿龜版的輪廓用大字刻一兩行」；

    Ⅱ型「從中甲到甲尾沿中縫線縱向刻有一行刻辭」；

    Ⅲ型「沿龜版輪廓在首甲下半部和後甲側部分別進行刻辭。首甲下半部的刻辭跨首甲和前甲的腠理，有三行左右，向內行字數遞減。甚至有些龜版刻辭呈橫行」；

    Ⅳ型「在前甲的中心部從上端用大字沿縱向刻辭三四行。同時，沿前甲、後甲、尾甲的邊緣以小字刻辭」。[496]

相關圖示如下：[497]

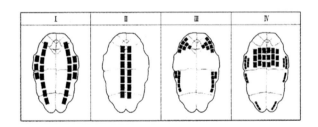

而骨版部分則析成骨頂、骨邊、骨扇三部分[498]加以分類：

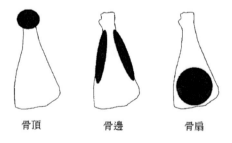

骨頂　　　　骨邊　　　　骨扇

---

[495] 錄自《賓組甲骨文分類研究》，「圖33」，頁44。

[496] 以上俱同崎川隆：《賓組甲骨文分類研究》，頁45。

[497] 錄自《賓組甲骨文分類研究》，「圖35」，頁45。

[498] 圖示錄自《賓組甲骨文分類研究》，「圖28」，頁41。

其中骨頂部布局類型有五：

　　Ⅰ型「在骨頂部左右兩端留有大片空白。刻辭多為小字，行距、字距的密度較大。
　　　　　絕大多數沒有切除骨臼」；

　　Ⅱ型「在骨頂部左右兩端以及上端留有大片空白，中央部刻上三四行字。刻字多為
　　　　　小字，行距，字距密度較大。絕大多數沒有切除骨臼」；

　　Ⅲ型「刻辭大面積覆蓋整個骨頂部，文字的佔有面積極大，空白部分很少。緊靠骨
　　　　　頂部邊緣刻字，文字多為大字。行距、字距的密度較小。也有一些只在一側
　　　　　刻辭、另一側完全空白的例子。中部有界線」；

　　Ⅳ型「與Ⅲ型基本相同，但中央部沒有界線」；

　　Ⅴ型「骨頂部留有大片空白，不契刻任何文字」。[499]

相關圖示如下：[500]

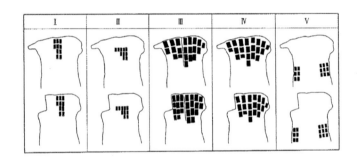

骨邊部布局類型有五：

　　A型「中部刻一條長線，在其兩側各單排刻上一縱列文字。字距較大」；

　　B型「兩側骨邊各刻一兩行字，每行七八個字。刻字與骨邊緣的距離較遠，偶見刻
　　　　　辭的一部分進入到骨扇部的情況。行距、字距比A型狹窄一些」；

　　C型「刻辭為四字三行，或三字四行。由於文字數所占刻辭的佔有面積的比例較大
　　　　　的緣故，讓人感覺相對密集。刻辭的佔有空間比較小，刻辭與刻辭之間的空
　　　　　間較大」；

　　D型「刻辭為兩字兩行或三行，或三字兩行。刻辭的占有面積較大，由於字體較大
　　　　　字數較少，與C型比起來感覺比較寬鬆。刻辭與刻辭之間多用界線」；

　　E型「刻辭為縱一兩行，每行兩三個字。多用小字，字數少，刻辭與刻辭之間空隙
　　　　　較大」。[501]

---

[499] 以上俱同崎川隆：《賓組甲骨文分類研究》，頁37。

[500] 錄自《賓組甲骨文分類研究》，「圖22：骨頂部文字布局類型」，頁36。

[501] 以上俱同崎川隆：《賓組甲骨文分類研究》，頁37。

相關圖示如下：[502]

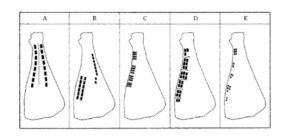

骨扇部布局類型有三：

 i 型「10 個字左右的一條條卜辭沿縱列分佈。沒有看到一條卜辭被分為兩行以上的例子」；

 ii 型「單行、多行都很常見。把字多的卜辭刻成兩行以上的例子較多」；

 iii 型「骨扇部未見契刻文字」。[503]

相關圖示如下：[504]

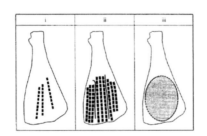

  上述分類成果更細緻的呈現甲骨刻辭外顯條件的特徵，從深化甲骨學研究的角度來看，崎川隆的用心值得肯定，然實務運用則有待加強。首先，目前所見甲骨，殘片佔絕大多數，有足夠字排特徵與版面布局訊息的甲骨實為有限，縱使相關類型之劃定清楚明確，仍難以充分發揮作用。再者，相關類型析分的標準過於細瑣，且部分流於主觀感受，不易形成有效度的類別形態，亦不利於全面性的運用。更須補強的是，各類例舉有限，普遍性實有不足，研究者難以據之參照推演，既無法深化形態認知標準，遑論形成穩定的有效類型，以完備分類系統。

  此外，在賓組分類的實際操作上，崎川隆雖將字排及布局特徵作為新的分類標準，但無法與字體相提並論，其考察所見，「字排」方面：

---

502 錄自《賓組甲骨文分類研究》，「圖 23：骨邊部文字布局類型」，頁 37。

503 以上俱同崎川隆：《賓組甲骨文分類研究》，頁 38。

504 錄自《賓組甲骨文分類研究》，「圖 24：骨扇部文字布局類型」，頁 38。

在典型師賓間類和過渡①類中，Ⅳ型和Ⅴ型占絕大多數，不見Ⅰ型和Ⅱ型。在典型賓一類中，除Ⅳ型和Ⅴ型外還出現了Ⅱ型和Ⅲ型，但未見Ⅰ型。到了過渡②類，依然是以Ⅳ型和Ⅲ型為主，但開始出現接近於Ⅰ型的字排。在典型典賓類中，上述四個類型中所呈現的以Ⅲ型和Ⅳ型為主的情況出現轉變，Ⅰ型占絕大多數，其他型式基本消失。這種情況是典型典賓類中所獨有的。而到了過渡③類、典型賓三類，Ⅲ型、Ⅳ型和Ⅴ型又恢復到主要地位，Ⅰ型卻基本消失。[505]

而「布局」方面的情形如下，

龜版上部，早期（典型師賓間、過渡①）以Ⅱ、Ⅲ型為主；到了中期（典型賓一、過渡②），Ⅱ型消失，出現Ⅳ型將其替代；到了晚期（典型典賓、典型賓三），Ⅴ型開始占主要地位。[506]

龜版中部，早期大致上僅限於B型；但到了中期，尤其是在過渡②類中，類型突然變得很豐富，出現了B、C、D等類型；隨後到了晚期，可能是從B型發展而來的A型開始流行，但到了賓三類就已不見A型，只有E型。[507]

小龜版從典型賓一類開始突然出現，其類型在過渡②類中最為豐富，有Ⅰ、Ⅱ、Ⅲ三型，數量也很多，到典賓大類，小龜版數量開始下降，只能見到少量Ⅲ型。[508]

骨頂部布局早期（典型師賓間、過渡①類）全部為Ⅰ、Ⅱ型，從中期開始出現Ⅳ型，在典型典賓、過渡③類中Ⅳ、Ⅲ型占絕大多數。然而到了典型賓三類時，Ⅰ、Ⅱ型又開始流行，Ⅳ、Ⅲ型卻基本不見了。[509]

骨邊部布局除了典型師賓間類稍為不同外 各類型之間區別不大，均屬於C、D、E等型式。[510]

在早期的資料中，骨扇部不見刻辭；從中期（典型賓一類、過渡②類）開始出現i型，在典型典賓中出現ii型；但到了典型賓三類又不見ii型，只有i型。[511]

---

[505] 崎川隆：《賓組甲骨文分類研究》，頁193。

[506] 同上註，頁195。

[507] 同上註。

[508] 同上註。

[509] 同上註，頁196。

[510] 同上註。

[511] 同上註。

整體觀之，相關類型的分析顯然是附屬在「字體」之下，在各項字體類別中觀察字排、布局的呈現狀況，雖有分類之實，卻乏斷代之效，因此其總結僅能指出「在字排特徵上，典賓類的表現迥異於其他大類」，「在布局特徵上，龜版在中期（典型賓一類～過渡②類）出現比較明顯的變化；骨版雖然變化不如龜版大，但在過渡②類～典型典賓類中也出現了若干變化」，[512]聊備一格，對於字排、布局各類型時代可能的先後排序與討論則付之闕如，完全無助於甲骨時代的推斷。

又，相較於賓組甲骨文字分類成果，逐片表列，資料齊全，崎川隆對於字排、布局的分類既無同步同表標記，亦無另表呈現相關紀錄，研究者難以窺得全貌，自無法加以討論與有效運用。因此，崎川氏所補充的分類新標準，有首發之功，無實質之用，近乎虛晃，殊是可惜，若欲藉此發揮分類分期作用，尚須大規模的補充加強。

第二節　鑽鑿形態分析

所謂「鑽鑿」者，即在甲骨上挖洞，其目的在於透過燒灼後，能讓甲骨有效出現「卜」形的裂紋（即兆璺）。甲骨發現之初，羅振玉已注意到其後的鑽鑿形態：

> 今驗之新出之龜，其鑽迹作 O 狀，大如海松子仁，以利刃鑿之之痕可辨認，或一或二灼痕，或即在鑽旁，或去鑽痕稍遠。灼痕員形，畧小於鑽迹，此又鑽與灼爲二事之實驗。……其鑽灼處皆在腹內之澀面，而不在腹下光滑之處（骨亦然），殆以光滑之處難灼也。其部分則或偏或正，其式不一。[513]

羅氏之述尚稱清楚，然其目的在於「據目驗補經史之缺」，強調鑽鑿施作狀況，於形態之特點則著墨不多，僅「鑿跡皆橢圓形如 ◉，鑽則正圓形如 ○，既鑽更鑿者則外圓而內橢如 ◉」[514]之謂，極為粗略。董作賓整理甲骨，對胛骨上鑽鑿的觀察是：

> 鑽處孔圓而較深，多施于胛骨一邊之厚處（由正面看，為右胛骨之左，左胛骨之右）。鑿處孔橢圓，兩端作尖形如棗核，中為直槽，多施于胛骨之薄處。有鑿與鑽並用者，既鑿，復鑽于一旁，與龜版上鑽鑿並施者相同，作 ◖ 或 ◗ 形。……其

---

512 以上俱同上註，頁 197。

513 羅振玉：〈鐵雲藏龜序〉，《鐵雲藏龜》（臺北：藝文印書館，1959 年），頁 2-4。

514 羅振玉：《增訂殷虛書契考釋》，《殷虛書契考釋三種》（北京：中華書局，2006 年 1 月），頁 670。

行列，上半狹處有一行者，有兩行者，以下漸寬，行亦漸多，逐次增加，有至四，五，六行者。其數量，最少者，正面僅一鑿，背面由十八乃至七十。正面鑽鑿處皆在中部下方，因此部背面平滑，易於見兆刻辭之故，背面則多在中部上方及骨之兩邊。[515]

董說已然掌握大要，惟忽略不同時代間的鑿形區別，未能在甲骨斷代上豎立新的標準。郭若愚基於學術責任，曾在編纂甲骨著錄時，將部分鑽鑿形態拓印出來，並謂：

> 本編附有側面和反面祇有卜兆鑽灼而沒有文字的拓片，側面是表示龜甲的厚度和鋸痕（本編163龜腹甲亦然）；反面是表示鑽灼的形式。我覺得做學術工作是嚴肅的、精密的，因此亦必須是負責的，根本不能忽視一點現象，而且要立刻說明，以供大家研究。[516]

可惜並未引起大量注意。其後，貝塚茂樹進行甲骨鑽鑿的觀察分析，認為「王族卜辭」的形態原始，時代應屬第一期：

> ともかくその鑽鑿の技法から見ると、王族卜辭は小屯卜骨中ではもつとも原始的な段階のものを含んでいるのである。この現象は王族卜辭を晚期の文丁時代ではなく、第一期に編入する著者らの説に一つの傍證を供するものといえるであろう。[517]

貝塚氏所論無疑是將鑽鑿用作甲骨時代判斷依據之例，此例不僅彰顯鑽鑿形態的斷代功能，也為鑽鑿形態全面整理與探究的必要性提供佐證。整體觀之，目前鑽鑿材料之刊布仍顯不足，相關討論亦難充分，尚待全面深化資料整理，以有效提供甲骨斷代運用。

鑽鑿多與刻辭見於相反面，雖大小形態之不同明顯可見，但比之字體，其差異性相對較小，且無須釋讀，用途單調，其中訊息確實極易被忽視，因此目前系統性全面探索者仍不多，主要有三，其成果簡要論述於下。

---

[515] 董作賓：〈骨文例〉，《中央研究院歷史語言研究所集刊》第 7 本第 1 分（1936 年 12 月），頁 7。

[516] 郭若愚：《殷契拾掇二編·自序》，收錄於《殷契拾掇》（上海：上海古籍出版社，2005 年 6 月），頁 115。

[517] 貝塚茂樹：《京都大學人文科學研究所藏甲骨文字》（京都：京都大學人文科學研究所，1960 年 3 月），頁 122。（中譯：不管怎樣，從鑽鑿技術來看，王族卜辭是小屯卜骨中非常原始階段的卜骨。這種現象為作者主張將王族卜辭編入第一期，而不是文丁晚期提供了一個旁證。）

一、許進雄的主張

（一）分類內容

許進雄先生考察鑽鑿形態，曾指出：

> 鑿與鑽，是因挖刻工具的不同，同時也是因挖出之形態不同而命名的。一向以縱長的窪洞為鑿，其旁邊的半圓形挖洞為鑽。其實長鑿旁的圓洞大多數是挖成，或因燒灼火力過大而燒毀剝裂成的，只有非常少數是鑽成的。為了要與純粹是鑽成而不伴以長鑿的小圓鑽分別起見，只稱單獨的小圓鑽為圓鑽，長鑿旁的半圓窪洞為圓鑿，而主體的縱長者為長鑿。剝裂面則不稱為鑿或鑽的。[518]

為求描述精確有據，許先生首先將長鑿部位予以定名：①頭、②肩、③中線、④內壁；說明輔以圖示如下：

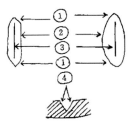

圖 2-4-29：長鑿部位標示

而其形態之觀察所得，各部位特徵描述及圖例大致如下：

頭部：

尖針狀突出	平圓頭	尖圓頭	三角形頭	尖形	平切
⋀	⊓	⋂	⋀	⋀	⊓

圖 2-4-30：各種長鑿頭部形狀

肩部：

筆直肩	微曲肩	彎曲肩	寬肥	水滴形
▯	▯	▯	▯	◊

圖 2-4-31：各種長鑿肩部形狀

---

518 許進雄先生：《甲骨上鑽鑿形態的研究》（臺北：藝文印書館，1979 年 3 月），頁 4。

中線：

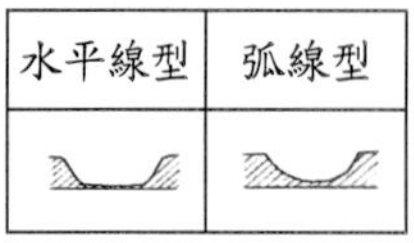

水平線型	弧線型
◡	◡

圖 2-4-32：長鑿中線形態

內壁：

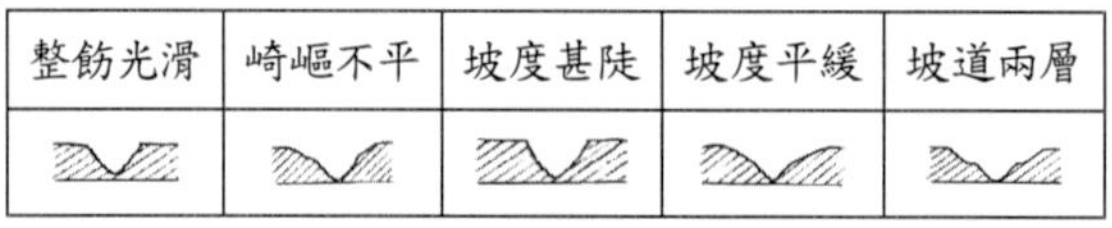

整飭光滑	崎嶇不平	坡度甚陡	坡度平緩	坡道兩層
◺◹	◺◹	◺◹	◺◹	◺◹

圖 2-4-33：長鑿內壁形態

上述各部位形態之區分並不繁瑣，且大抵上「尖針狀突出」、「三角頭形」者多是「筆直肩」；「平圓頭」者多是「微曲肩」；「尖圓頭」者則多為「彎曲肩」，顯示相關形態的挖鑿有其規範性，並非恣意為之而完全不受限制。然儘管如此，各部位的組合終非一致，又長短有別，仍有其複雜性，而許先生於此並無擬定型式以統攝，稍有不足。

許進雄先生分析甲骨上鑽鑿的形態，注意其常變同異之勢與時代關聯，遂依鑽鑿形狀及挖刻位置，概分為五種類型進行考察：[519]

① 單獨的長鑿型。
② 圓鑿包攝長鑿型。
③ 小圓鑽型。
④ 長鑿旁有圓鑿型。
⑤ 於骨面中下部位施鑿型。

圖例如下：

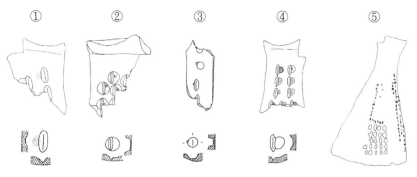

圖 2-4-34：許進雄鑽鑿研究的五種類型

---

519 同上註，頁 5。

須進一步說明的是：

> 在骨上，第一式是最常見而通行於五期的，第二至第五式只通行於某些時期並且
> 比較罕見。故稱前者稱之為正常型而後者為異常型。雖然骨上的長鑿只有少數伴
> 有圓鑿，可能由於甲與骨的骨質和組織不同，甲上的長鑿則大半伴有圓鑿。甲上
> 長鑿之有無伴有圓鑿與時代性並無關聯，不若骨上的只是某些時期的風尚而已，
> 故於甲上的鑿鑽暫時無正常，異常之分。[520]

簡言之，許先生的鑽鑿分析，以不變者為正常型，即第①類；變化者為異常型，即其餘
②、③、④、⑤四類，而卜骨上兼有①、②、③、④、⑤五類變化頗多，卜甲上僅見①、
④兩種類型則較為單純。

（二）時代區分

　　根據上述五種類型的劃分，許進雄先生鑽鑿形態的考察，基本上可分為兩方面：一
是「正常型」鑿形的細部分析；另一是「異常型」使用的綜合觀察。
　　所謂「正常型」，即指單獨的長鑿型，通行各期，其形態之具體特徵，簡要概述如
下：

第一期甲骨：

> 第一期甲同骨上的長鑿形態可以說是相當一致的。其絕大多數的鑿長在一‧五到
> 二公分之間。超過二公分的鑿長以在骨上的為多，這與所有五期的骨上長鑿平均
> 比同期甲上的長些的情形是一致的。此期骨上的以筆直肩，尖針狀突出頭部的為
> 常，偶有微曲肩或平圓頭的；甲上的幾乎只有筆直肩，尖針狀突出頭部一種式樣
> 了。此期都挖刻得很整飭，內壁也很光滑。很可能是用Ｖ形的刻刀反復平推挖摩
> 而成，使得內壁摩擦得平整而光滑。其尖針狀突出的作法很可能是順著平推的刀
> 勢而往上輕輕挑刻的。其頭部的橫切面作 ⟍⟍⟍ 形，指出刀勢進行的方向比較可能
> 與骨面平行而不是垂直的。總而言之，這一期給人一種謹慎，專心挖刻的印象，
> 這是他期所沒有的。[521]

第二期甲骨：

---

520 同上註。
521 同上註，頁 7-8。

此期的鑿圍不若第一期的謹慎和整飭。骨上的，似乎於用 V 形刻刀挖刻長鑿後，再用直刃的刻刀在兩肩挖寬修整，因此長鑿的周圍及兩肩的內壁都不平整，形成許多波浪狀的起伏，有時甚至是非常崎嶇不平的。甲上的比較少見崎嶇不平的情形。因為兩肩較寬，內壁的坡度平緩，常在內壁上現出很多海綿狀的細孔。第一期的內壁坡度甚陡，很少見有此種細孔。平圓或尖圓的頭部都是於長鑿挖好後，再用直刃或弧刃修整成的，並不是和長鑿整體一起完成的。[522]

第三期甲骨：

第三期早期骨上的鑿長以二‧五公分或以上為常，肩部寬肥，作微曲肩平圓頭或彎曲肩尖圓頭兩大類。以後則長度有漸減的趨勢。在骨中央凸起處或較下端的長鑿有短於二公分的，但以超過二‧二公分為絕大多數。……其形態以微曲肩為主，作平圓頭或尖圓頭。有時則因沒有挖刻好而呈近尖形的頭部。有時頭部用直刃平切，是前數期所不見的。比較晚期的時候有些肩較窄，但此期大部分的肩是寬的，都經過加寬的修整手續，所以不可能有第一期式那樣的整飭，但比起第二期及第四期都要平整得多。此期卜甲上的形態，由於使用的期間不長，所以表現的形態比較劃一。長度在二到二‧五公分之間，作寬肥的微曲肩平圓頭或彎曲肩尖圓頭。鑿圍及兩肩的內壁都相當的整飭。[523]

第四期甲骨：

此期形態繁多，有巨型（大於二‧三公分）和大型（二到二‧三公分）的微曲肩平圓頭，中型（一‧五到二公分）的微曲肩平圓頭，直肩三角形頭，還有小型（短於一‧五公分）的彎曲肩尖圓頭，一尖一平圓頭的水滴形等。……早期的挖刻也和第三期一樣，用直刃刻刀修整挖寬肩部，但不若第三期的整飭，有時鑿圍及肩的內壁是非常的參差不齊。中期的就比較整飭，有些是直肩的，如第一期之以 V 形刻刀反復平推刻成而肩部不再加以修整的，但其頭部往往是三角形，與順著刀勢往上挑成尖針狀突出頭部的第一期形態是非常不同的。到了晚期，有些長鑿可能不是用 V 形刻刀鑿成，或長鑿的中線經過直刃的修整，因為有些鑿的橫剖面作弧線型，與平常的水平線型有顯著的不同。同時其兩肩也經修整，故也不甚整飭。[524]

---

[522] 同上註，頁 8-9。

[523] 同上註，頁 10。

[524] 同上註，頁 10-11。

第五期甲骨：

（卜骨）的鑿長絕大多數在一・八到二・二公分之間，很少不在此範圍內的。基本的形態是彎曲肩尖圓頭，有少數是微曲肩尖圓頭。兩肩的寬度都很大，這是經過挖寬的結果，常可見到肩壁的坡道是兩層的。

（卜甲）的形態基本上同於骨上的。彎曲尖圓頭為絕大多數，不過長度則短得多了。骨上很少有短於一・八公分的，而甲上的則不少是近於或短於一・五公分的。第五期常於背甲刻辭，背甲的齒縫間隔較短，這大半是鑿長較短的原因了。[525]

整體觀之，各期正常型長鑿的特徵並不相同，許進雄先生認為：

從第一期晚期到第三期早期長鑿形態的演變，看起來其長度是逐漸增加到二・五公分上下，其形態則由尖針狀突出變為三角形，平圓頭而成尖圓頭；兩肩則由窄而筆直變成寬而微曲、寬而彎曲。這些演變的步驟當有助於斷代分期的分析。[526]

又認為第四期各形態的變化關聯是：

其演變的步驟好像是，二・三公分以上的寬肥平圓頭型是比較早期的，長度在二到二・二公分之間的稍遲些。二公分以下的最常見，是通行全期的。短於一・五公分則是中晚期的東西。形態則由微曲肩到直肩，然後到彎曲肩。頭部則由平圓到尖或尖圓。[527]

另外，對於「王族卜辭」的鑿形，許先生亦有特別觀察：

王族卜辭的長鑿以一・五公分上下的為最多，短於一・五公分是此期的特色。短於一・五公分的例子，在五期中，第四期很有一些，第五期的卜甲上頗普遍。第一及第三期雖也有數例，但都是在骨中凸起處，那裏的鑿長都是很短的。第二期則還未見有短於一・五公分的。除了幾例在卜甲上的顯得頭部有點尖外，其形態以彎曲肩尖圓頭及微曲肩平圓頭為主。這與第五期的情形很相似。此外，骨上長鑿的排列甚為雜亂，與刻辭的行款、書刻的雜亂特徵也是一致的。[528]

---

[525] 同上註，頁 11-12。
[526] 同上註，頁 8。
[527] 同上註，頁 11。
[528] 同上註，頁 11。

綜上，各期甲骨鑽鑿正常型，其形態圖例如下：[529]

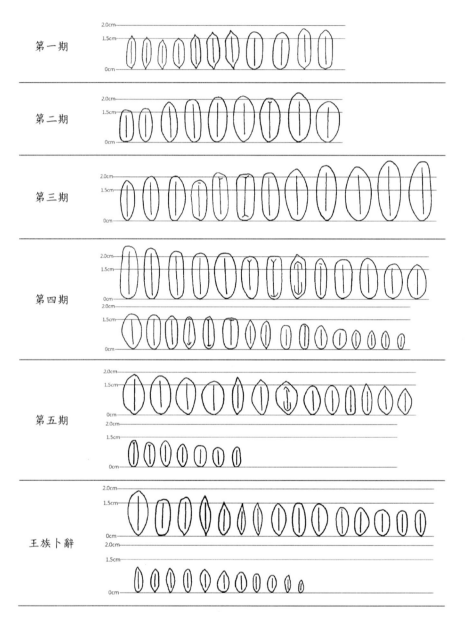

圖 2-4-35：許進雄各期甲骨鑽鑿正常型形態圖例

大致看來，五期單獨的長鑿型長度，約略由普通而長大，再由長大而短小，趨勢明顯，而其中第一、二、三期之長鑿形態相對單純，差異幅度較小；第四、五期的長鑿形態變

---

[529] 以下各期共計列舉 107 個長鑿形態，皆摹錄自《甲骨上鑽鑿形態的研究》鑽鑿示例，頁 28.1-28.40。

得繁多，大小寬窄長短皆不甚一致，頗為雜亂。另外，若以此鑿形發展序列為基準，則王族卜辭確實應介於第四、五期之間為宜。

至於「異常型」，分為四式：第一式「圓鑿包攝長鑿」、第二式「小圓鑽」、第三式「長鑿旁有圓鑿」、第四式「於骨面施鑿」。以上四式使用情形與時代關聯分述於下。

第一式「圓鑿包攝長鑿」，此式是「先鑽個大圓洞，然後在其中挖刻長鑿」，因此外廓為一大圓形，「與他種挖寬長鑿的兩肩，以致其外廓頗像圓形的長鑿是非常不同的」。[530]就此觀之，此式當稱「圓鑽包攝長鑿」較為適當。

在具異常式第一式鑿形的卜骨中，許進雄先生指出：

> 不能夠確實地斷定為第一期的，也大都表現第一期式的書體、文法、字形或貞問事類。沒有一例是有確實證據而可歸屬於他期的。所以看起來可歸納出圓鑿大於並包攝長鑿形態的似乎只限於第一期。[531]

許先生同時認為此式較「長鑿旁有圓鑿型」為早，[532]加上前辭極罕見第一、二期常作的「干支卜某貞」，故「其時代性可能比第一期一般的卜辭要早些，也可能因此而有些書體與第一期的常式有別」。[533]總之，此式「既然可斷定時代的都是第一期的，他期又不似有這種形態的」，[534]則可論定「圓鑿包攝長鑿」為第一期所特有。

第二式「小圓鑽」，此式「是用小鑽頭鑽出的深而小的圓洞」，「直徑以小於一公分為常」，外廓為一小圓形，在拓本上「與圓鑿包攝長鑿的形態是不難分別的」。[535]

在具異常式第二式鑿形的卜骨中，許進雄先生指出：

> 能夠確定或比較可能是第一期才十九例，其可以確定為第四期的也約在此數，其餘則為屬於第四期或王族卜辭的了。就目前所知，第二、第三和第五期的卜骨都不見有這種形態的鑿鑽。[536]

---

[530] 以上俱同許進雄先生：《甲骨上鑽鑿形態的研究》，頁 12。
[531] 同上註，頁 16。
[532] 許進雄先生謂此式「通常其中的長鑿偏刻在圓洞的一邊，比較少在正中間。如果長鑿挖得過偏，就顯得和長鑿旁有圓鑿的型式無甚分別了，因此它可能就是長鑿旁有圓鑿的前身。」(詳許先生《甲骨上鑽鑿形態的研究》，頁 12。)
[533] 許進雄先生：《甲骨上鑽鑿形態的研究》，頁 16。
[534] 同上註，頁 17。
[535] 以上俱同上註，頁 17。
[536] 同上註，頁 26-27。

此式許先生實際列出 101 例，其中屬於中央研究院者 35 例（收於《甲編》），屬於卡內基博物館者 23 例。許先生謂：

> 它們大部分是屬於王族卜辭的。王族卜骨著錄的並不多，而竟有這麼多的小圓鑽作法，幾乎可以算是王族卜骨的一種正常挖刻方法了。如果王族卜辭是第一期的，那麼這兩處收藏都有這麼多的小圓鑽，而不見第一期所專有的圓鑿包攝長鑿型，就顯得有點怪了。再者，《甲編》是科學發掘的東西，窖藏的地點有一定的密切關係，現在有這麼多小圓鑽的例子，卻不見一例是有確實的斷代標準而可歸屬於第一期的，從此可想見這一批慣用小圓鑽的卜骨，即王族卜辭，與第一期卜骨的關係程度了。[537]

總之，「小圓鑽」為王族卜辭時代習用的技法，此形態同見於第一與第四期，而不存於第二、三、五期。

第三式「長鑿旁有圓鑿」，此式「約有兩種形態：一是大而圓，一是較小，不正圓而像指甲形的」，[538] 卜骨上大部分長鑿旁並無圓鑿，「那些被誤認為鑽的圓窪洞，其實是燒灼火力過盛，以致燒毀剝裂骨面而成的」，[539]「圓鑿與剝裂面雖然從甲骨實物上不難分別，但很難從拓本上正確無誤地分別出來」。[540]

在具異常式第三式鑿形的卜骨中，許進雄先生指出：

> 有第一期絕對證據的九十例，佔絕對的大多數。其他由書體等標準而可知為第一期的也有二十幾例。其餘的有第三期二例，第五期二例，第四期或王族卜辭的十一例。在《人文》及皇家安大略博物館所藏中（明義士及懷特），長鑿旁伴有圓鑽的形態在第一期的卜骨中佔著甚大的比例，可算是很常見的形態，但在他期卻是很罕見的。[541]

而此式中圓鑿之形態特點亦非一致，許先生謂：

> 第一期的圓鑿，其外廓大多是大而圓的，就是那些比較小，似指甲形鑿成的窪洞，

---

[537] 同上註，頁 27。
[538] 同上註，頁 27-28。
[539] 同上註，頁 27。
[540] 同上註，頁 28。
[541] 同上註，頁 38。

其底面總是平滑的，而且燒灼痕也通常是不逸出鑿圍的。……在他期，尤其是第四期，當圓窪洞小而又不齊時，其燒灼痕總大過窪洞，其實這些都是剝裂面而不是圓鑿。[542]

又謂：

第一期的圓鑿如果是鑽成的，都是有意作成的而直徑在一、二公分以上。但是第四期和王族卜骨，如果是鑽成的，則直徑大都和一般的小圓鑽一樣。[543]

綜上，「長鑿旁有圓鑿」是第一期有意作成的形態，目前除第二期外，第三、第四、第五期和王族卜辭皆僅有少數例證，而第四期與王族卜辭圓鑿形態與第一期基本有別，亦不宜等同觀之。

第四式「於骨面施鑿」，此式見於卜骨正面的下段中央，與一般鑽鑿挖於骨背面，位置適好相反。此式所處部位背面之兩旁常有海綿狀的粗孔，不利於挖鑿亦不易顯示兆璺，因此寬大骨面中下段的正反面大多沒有鑽鑿，惟部分利用海綿狀粗孔間區域，以其平滑易現兆紋，遂利用其反面施鑿，提供問卜之用。

在具異常式第四式鑿形的卜骨中，許進雄先生指出：

於骨正面施鑿的形態，除一例為第五期外，只見第三期，第四期及王族的卜辭，而其中又以第四期的為最多。[544]

據此現象，許先生認為：

於骨正面施鑿的形態在王族卜骨中佔有相當高的比率，如果它們真與第一期是同時的產物，則一定會對第一期的卜骨攻治法有所影響而發現一些於第一期的。一個制度，一種習慣的興廢都是逐漸而持續進行的。如果王族卜辭確如某些學者所研究，應歸屬於第四期的文武丁。則這種於骨正面施鑿的形態，從第三期發展到第四期而延伸到王族卜辭，正呈現由少而極盛而衰的規律曲線，符合起興衰廢的發展過程。[545]

---

542 同上註。
543 同上註，頁 39。
544 同上註，頁 51。
545 同上註。

綜之，「於骨面施鑿」的情形，若依卜辭比例，第一期合理可見此式至少五十餘例，然事實是目前僅有二版可能是第一期卜骨，[546]因此「以目前的材料可以肯定於骨正面施鑿的不見於第一期而只見於第三期，第四期和王族卜辭」。[547]

　　總合上述，許進雄先生鑽鑿形態分析，其目的明顯就在甲骨斷代，特別是關於王族卜辭時代的考察，因此無論正常型或異常型鑽鑿形態的討論，王族卜辭皆特為一類，與其他五期並列論述，以凸顯其時代的關聯性。就上述異常型相關鑽鑿形態，許先生收錄數量與各期卜骨的關聯，本文統合表列於下：

表 2-4-9：許進雄各期卜骨異常型鑽鑿統計表

	圓鑿包攝長鑿		小圓鑽		長鑿旁有圓鑿		於骨面施鑿	
	數量	比例	數量	比例	數量	比例	數量	比例
第一期	43	100%	19	19%	114	88%	0	0%
第二期	0	0%	0	0%	0	0%	0	0%
第三期	0	0%	0	0%	2	2%	37	29%
第四期	0	0%	31	31%	2	2%	55	43%
王族卜辭	0	0%	51	50%	9	7%	35	27%
第五期	0	0%	0	0%	2	2%	1	1%
總計	43	100%	101	100%	129	100%	128	100%

　　據上表，「王族卜辭」的異常型鑽鑿形態，整體表現與第四期較為一致。從數量比例來看，「王族卜辭」與第一期的情形幾乎呈現相反現象，說明兩者在鑽鑿作法習慣上根本不相同，因此其時代不宜歸於第一期，相對的，屬於第四期的判斷應較接近事實。

二、小屯南地的主張

（一）分類內容

　　受到許進雄先生相關研究的啟發，1973 年小屯南地甲骨發掘之後，發掘暨整理者也注意到甲骨上的鑽鑿問題，進而在該次發掘材料中，「凡是能看出鑽鑿形狀的甲骨都作

---

[546] 即《庫方》1621（＝《合》39491）、《金璋》680。說詳見許進雄先生：《甲骨上鑽鑿形態的研究》，頁 51。
[547] 許進雄先生：《甲骨上鑽鑿形態的研究》，頁 51。

了統計，根據形狀進行類型的劃分，然後將其中鑽鑿較完整而清晰的甲骨作了墨拓」，[548]
此舉無疑將鑽鑿的研究往前推進一步，相當值得肯定。

　　小屯南地發掘者（蕭楠，本節以下皆以此稱）對鑽鑿形態的考察，大致依循許進雄
先生的研究內涵而有所精進，分析重點含括鑽鑿之鑿形樣態、排列方式、骨面施鑿、骨
沿型式等，其具體主張概述如下。

　　鑿形方面，經整理分析，蕭楠將小屯南地甲骨的鑿形樣態分為六型：

　　　Ⅰ型，即弧型鑿；

　　　Ⅱ型，即尖頭直腹鑿；

　　　Ⅲ型，即圓鑽包含長鑿；

　　　Ⅳ型，即長方型鑿；

　　　Ⅴ型，鼓腹鑿；

　　　Ⅵ型，即不規則弧形鑿。

其中Ⅰ型弧型鑿，又分為三式：Ⅰ$_1$式、Ⅰ$_2$式、Ⅰ$_3$式；Ⅳ型長方型鑿，依長度又分為四
式：Ⅳ$_1$式、Ⅳ$_2$式、Ⅳ$_3$式、Ⅳ$_4$式；Ⅴ型鼓腹鑿，依長度又分為三式：Ⅴ$_1$式、Ⅴ$_2$式、Ⅴ$_3$
式；Ⅵ型不規則弧形鑿，依形狀又分為二式：Ⅵ$_1$式、Ⅵ$_2$式，計有6型14式。

　　Ⅰ型部分，Ⅰ$_1$式特徵「平面作◊，腹部呈弧線形，頭、尾有針尖狀突出，縱剖面一
般為弧底，呈◖狀」，[549]有些鑿的頭部針尖狀突出之外，尚有短的芒刺，形狀如「◊」，
鑿長大約在2.2-1.6公分、寬0.8-0.6公分之間。

　　Ⅰ$_2$式，「其平面作◊，腹部呈弧線形，頭、尾兩端尖圓，無針尖狀突出，縱剖面為
弧底或袋形底，作◖狀」，[550]鑿長一般在1.7公分、寬0.7公分左右。

　　Ⅰ$_3$式，「平面作◊，腹部呈弧線形，頭、尾較圓，縱剖面為弧底」，[551]鑿長約1.6
公分、寬0.6公分左右。

　　以上三式，圖例並列於下：[552]

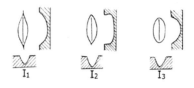

---

[548] 中國社會科學院考古研究所：《小屯南地甲骨》下冊·第三分冊·鑽鑿（北京：中華書局，1983年10月），
頁1489。

[549] 同上註，頁1497。

[550] 同上註，頁1497-1498。

[551] 同上註，頁1498。

[552] 摘錄自《小屯南地甲骨》下冊·第三分冊·鑽鑿，「圖六：小屯南地甲骨鑿之型式」，頁1497。

II 型，「此類鑿作 ◖ 形，腹部近直線，頭、尾呈三角形，鑿之縱剖面一般為弧平底」、「橫剖面是兩條直線相交的銳角」，[553]鑿長在 1.9-1.5 公分、寬 0.7-0.5 公分之間。相關圖例如下：[554]

III 型，「此類鑿作 ◉ 形，鑿在圓鑽的底部中央處，其形狀在拓片上是看不出來的」，[555]但與一般圓鑽仍有不同。[556]此型圓鑽直徑大約 1.1 公分左右，底部中央的鑿長約 1 公分，其腹部為直線或弧形。相關圖例如下：[557]

IV 型，「此類鑿作 ◖ 形，腹部近直線或略帶弧度，頭、尾平圓；也有少數呈規則的長方形，狀如 ▯ 」。[558]根據長度不同，分成四式：

IV$_1$ 式，鑿長在 2.6 公分以上，多數鑿長 2.7-2.6 公分、寬 0.9 公分。

IV$_2$ 式，鑿長 2.5-2.2 公分。

IV$_3$ 式，鑿長 2.1-1.8 公分。

IV$_4$ 式，鑿長在 1.7 公分以下。

以上四式，其特徵是「平面近長方形，頭、尾平圓」；「鑿之縱剖面作 ⌐ 狀，似倒梯形，平底」，[559]圖例並列於下：[560]

---

553 以上俱同中國社會科學院考古研究所：《小屯南地甲骨》下冊‧第三分冊‧鑽鑿，頁 1498。

554 摘錄自《小屯南地甲骨》下冊‧第三分冊‧鑽鑿，「圖六：小屯南地甲骨鑿之型式」，頁 1497。

555 中國社會科學院考古研究所：《小屯南地甲骨》下冊‧第三分冊‧鑽鑿，頁 1498。

556 蕭楠謂此型態「鑿形情況特別，許進雄將它和小圓鑽歸於一類。但我們考慮，此種鑿和一般的圓鑽不同，應分出另一類」（《小屯南地甲骨》下冊‧第三分冊‧鑽鑿，頁 1498），實則許先生於此仍作兩類（參上）討論，蕭楠所言不確。

557 摘錄自《小屯南地甲骨》下冊‧第三分冊‧鑽鑿，「圖六：小屯南地甲骨鑿之型式」，頁 1497。

558 中國社會科學院考古研究所：《小屯南地甲骨》下冊‧第三分冊‧鑽鑿，頁 1499。

559 以上俱同上註，頁 1499。

560 摘錄自《小屯南地甲骨》下冊‧第三分冊‧鑽鑿，「圖六：小屯南地甲骨鑿之型式」，頁 1497。

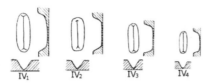

V型，「此類鑿平面作⬯、⬯，腹部呈弧線形，比較肥大，頭、尾尖圓或平圓」。[561]根據長度不同，分成三式：

V₁式，鑿長在 2.3 公分以上。

V₂式，鑿長在 2.2-1.8 公分。

V₃式，鑿長在 1.7 公分以下。此式「外形又肥又短，即鑿長與寬的比例較之其他鑿要小」。[562]

以上三式，其特徵是「從平面觀察，多數可以看到內、外二圈，頭、尾尖圓或平圓」；「縱剖面近似倒梯形」，[563]圖例並列於下：[564]

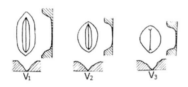

VI型部分，VI₁式特徵是「平面作○或○形，腹部呈不規則弧形，頭、尾尖或尖圓」，「鑿之縱剖面為弧底」，[565]鑿長約在 1.8-1.5 公分、寬 0.9-0.6 公分之間。

VI₂式，其特徵「平面作○形，頭尖，尾平圓，呈水滴狀」，「鑿之縱剖面近平底」，[566]鑿長約 1.9 公分左右、上寬約 0.3-0.2 公分、下寬則約在 0.9-0.8 公分左右。

以上二式，圖例並列於下：[567]

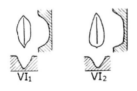

---

[561] 中國社會科學院考古研究所：《小屯南地甲骨》下冊‧第三分冊‧鑽鑿，頁 1499。

[562] 同上註，頁 1500。

[563] 以上俱同上註，頁 1500。

[564] 摘錄自《小屯南地甲骨》下冊‧第三分冊‧鑽鑿，「圖六：小屯南地甲骨鑿之型式」，頁 1497。

[565] 以上俱同中國社會科學院考古研究所：《小屯南地甲骨》下冊‧第三分冊‧鑽鑿，頁 1500。

[566] 以上俱同上註，頁 1501。

[567] 摘錄自《小屯南地甲骨》下冊‧第三分冊‧鑽鑿，「圖六：小屯南地甲骨鑿之型式」，頁 1497。

　　關於鑿之排列形式，是指「卜骨背面上半部鑿的排列形式」，[568]此項特徵的觀察最早由許進雄先生所提出，是區別第三期與第四期卜骨極有參考性的一項標準，而蕭楠的分類分式更加細緻與全面，共計三型六式，其具體內涵如下：

　　Ⅰ型，為「卜骨背面僅有一行長鑿」，[569]通常位於卜骨外緣一側。

　　Ⅱ型，又分為四式：Ⅱ$_1$、Ⅱ$_2$、Ⅱ$_3$、Ⅱ$_4$。

　　　　Ⅱ$_1$式，為「卜骨內緣一行的第一個鑿，與外緣一行的第一個鑿平齊」。

　　　　Ⅱ$_2$式，為「卜骨內緣一行的第一個鑿，與外緣一行的第二個鑿平齊」。

　　　　Ⅱ$_3$式，為「卜骨內緣一行的第一個鑿，與外緣一行的第三個鑿平齊」。

　　　　Ⅱ$_4$式，為「卜骨內緣一行的第一個鑿，與外緣一行的第四個鑿平齊」。

　　Ⅲ型，為「卜骨背面有三行並列的鑿」，[570]至於各行第一鑿對齊位置的不同，則皆統括於此型，暫不細究分別。

　　以上諸式，圖例簡示於下：[571]

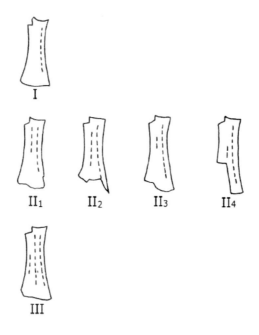

Ⅰ

Ⅱ$_1$　　Ⅱ$_2$　　Ⅱ$_3$　　Ⅱ$_4$

Ⅲ

---

[568] 中國社會科學院考古研究所：《小屯南地甲骨》下冊‧第三分冊‧鑽鑿，頁 1506。

[569] 同上註。

[570] 以上俱同上註，頁 1507。

[571] 錄自《小屯南地甲骨》下冊‧第三分冊‧鑽鑿，「圖七：鑿之排列型式」，頁 1506。

關於骨面施鑿的情形，是許進雄先生所謂「鑽鑿異常型第四式」，蕭楠有較深入的考察，先將其鑿形分為三種：「長方形鑿、弧型鑿、圭型鑿」，其中圭型鑿較為特別，作「◠、◡」狀，其「腹部較直或略呈弧度，一端（頭或尾）較尖，而另一端較平直，既有長方形鑿也有弧形鑿的特點」；[572] 另再就鑿的排列與數量，將之分為四種：「一排、二排、三排、四排」。一排者長鑿數量 1-3 個；二排者長鑿數量 2-5 個；三排者長鑿數量 3-12 個；四排者長鑿數量 10-12 個，[573] 蕭楠指出「骨面施鑿的形態，不同時期也有一些區別」，[574] 間接肯定其可能的斷代功能。

關於骨沿型式，是指「卜骨背面中段，卜骨外緣橫剖面的型態」，[575] 此項特徵最早仍是許進雄先生所提出，用以考察區分第三期與第四期卜骨，蕭楠於此加以沿用，共分為四式，其具體內涵表列如下：[576]

表 2-4-10：骨沿型式特徵說明

型式	特 徵 說 明	圖例
A	骨沿內壁與鑿壁相連接，一般無明顯的界線。	◡
B	骨沿內壁略彎曲，與鑿壁相接有一定的界線。	◡
C	骨沿內壁有明顯的折角，與鑿壁相接亦界線分明，似階梯狀。	◡
D	與 C 近似，但骨沿甚短，或成一道突起的脊棱。	◡

（二）時代區分

一般而言，甲骨上鑽鑿情形是複雜的，「一版甲骨上通常是一種類型的鑿，在同一型中，不同之式常常可以共存」，也有「不同型之鑿共存于一版」[577] 的情形，因此蕭楠針對小屯南地甲骨上鑽鑿形態的考察，以各版所見的主要鑿形為要，各型式與時代的關聯大約如下。[578]

---

572 中國社會科學院考古研究所：《小屯南地甲骨》下冊・第三分冊・鑽鑿，頁 1509。

573 參上註，頁 1509-1510。

574 同上註，頁 1510。

575 同上註，頁 1511。

576 據《小屯南地甲骨》下冊・第三分冊・鑽鑿，頁 1511-1512。

577 以上俱同中國社會科學院考古研究所：《小屯南地甲骨》下冊・第三分冊・鑽鑿，頁 1501。

578 參上註，頁 1503-1504。

Ⅰ型鑿：流行於武丁時期，含自、午二組，而未見於其他期。

Ⅱ型鑿：流行於武丁時期。

Ⅲ型鑿：只見於武丁時期。

Ⅳ型鑿：盛行於康丁、武乙時期，文丁時期甚少。

　　Ⅳ₁式，康丁時期多，武乙時期少，文丁時期及以後已不見此式鑿形。

　　Ⅳ₂式，康丁時期多，但已較Ⅳ₁式少，武乙時期少，但已較Ⅳ₁式多，仍不見於
　　　　文丁時期。

　　Ⅳ₃式，康丁時期比例降低，武乙時期比例提高，文丁時期也有少量存在。

　　Ⅳ₄式，康丁時期少，武乙時期多，文丁時期仍是罕見。

Ⅴ型鑿：流行於康丁時期，或康丁、武乙之際，乙辛時期也有數見。

　　Ⅴ₁式，多見於康丁時期，武乙時期以後未見。

　　Ⅴ₂式，仍多見於康丁時期，乙辛時期少量出現。

　　Ⅴ₃式，康丁時期已少見，而多見於乙辛時期。

Ⅵ型鑿：於武乙時期開始出現，流行於文丁時期，其他期則未見。

再以各時期卜辭觀之，則：

自組卜甲以Ⅰ₂式鑿為主，而午組卜辭Ⅰ₁與Ⅰ₂均佔同等數量；

康丁時期卜骨，絕大多數為Ⅳ型鑿，少量Ⅴ型鑿（Ⅴ₁與Ⅴ₂）；

武乙卜骨，絕大多數也是Ⅳ型鑿，部分為Ⅵ型鑿；[579]

文丁卜骨，主要是Ⅵ型鑿，少量的Ⅳ₃、Ⅳ₄鑿；[580]

帝乙、帝辛時期以Ⅴ₃與為主，少量Ⅴ₂。[581]

綜上所列，各期相關鑿形的演變，大抵上「從康丁到武乙，Ⅳ型鑿的長度是逐漸由長變
短」，而「Ⅴ型鑿的演變規律也與Ⅳ型鑿近似：即鑿之長度逐漸由長變短」。[582]

至於鑿之排列，蕭楠論其變化，謂：

康丁時期，「鑿的排列型式多樣，有Ⅰ、Ⅱ₁-Ⅱ₄、Ⅲ六種。但以Ⅱ₁、Ⅱ₃數量較多」。[583]

武乙時期，鑿列型式「有Ⅰ、Ⅱ₁-Ⅱ₃、Ⅲ五種，無Ⅱ₄」，[584]其中Ⅱ₁最多，Ⅱ₂次之，Ⅱ₃則

---

[579] 以上俱同上註，頁1504。

[580] 同上註，頁1505。

[581] 同上註，頁1506。

[582] 同上註，頁1506。

[583] 同上註，頁1508。

[584] 同上註。

顯著減少。

文丁時期，鑿列型式「有Ⅱ₁、Ⅱ₂、Ⅲ三種，不見Ⅰ、Ⅱ₃、Ⅱ₄，其中以Ⅱ₁較多」。[585]據上所陳，以Ⅱ型各式為準，從康丁到文丁，Ⅱ₁式比例逐漸上升，而Ⅱ₂式比例則逐漸下降，Ⅱ₃式已未見於文丁期，Ⅱ₄式更僅見於康丁期。整體看來，康丁至文丁之長鑿排列型式有其一定的演變脈絡，明顯是受鑿形大小所影響。

至於骨面施鑿的習慣，遍及康、武、文三朝，具有顯著的時代特色。針對鑿形，蕭楠指出：

> 骨面鑿的長度一般要比背面鑿短些。其變化的趨勢與背面鑿大體相似：即從康丁到文丁，鑿之長度由長變短。在型式上，長方形鑿比例逐漸減少，弧形鑿所占比例逐漸增加，文丁時占多數。[586]

大致而言，與一般常見鑽鑿形態的演變過程相同，並無二致。

至於骨沿型式，經蕭楠考察統計，其結果為：

> 康丁時期的骨沿以A式為主，約占93%；少量B式。武乙時期A式減少，占23%；B式增多，占55%；出現了C式、D式。文丁時期不見A式，B式亦少；C式增加，占58%；次為D式，占34%。[587]

顯而易見，骨沿的攻治習慣，自康丁而文丁，由「A→B→C、D」演進，亦呈現著時代的差異。

三、周忠兵的主張

（一）分類內容

周忠兵鑽鑿形態的考察，較之許進雄先生與蕭楠，晚逾卅年，探索方法與標準亦有著根本的差異。周氏首先將鑽鑿形態區分成五類：Ⅰ、小圓鑽；Ⅱ、圓鑽包攝長鑿；Ⅲ、

---

[585] 同上註。
[586] 同上註，頁1511。
[587] 同上註，頁1512。

圓鑿；IV輪開槽長鑿；V、挖製長鑿，[588]首度標舉攻治方法作為鑽鑿分類的特徵。

以上五種形態中，II類又分為II1 小圓鑽包攝長鑿、II2 大圓鑽包攝長鑿兩式；IV類又分為六式：IV1 弧肩尖圓、IV2 不規則弧肩尖圓、IV3 直肩尖圓、IV4 弧肩平圓、IV5 直肩平圓、IV6 直肩三角；V類又分為五式：V1 直肩尖圓、V2 直肩三角、V3 直肩平圓、V4 弧肩尖圓、V5 弧肩平圓。此外，IV1、IV2、V1、V2、V3、V4、V5 等 7 式又分 A、B 兩式，A 表有尖狀突出，B 則無尖狀突出；又依長度分別將IV類區為 a（1.2cm〔含〕以下）、b（1.3-1.5cm）、c（1.6-2.0cm）、d（2.1cm〔含〕以上）四式，而V類則區為 a（1.5cm〔不含〕以下）、b（1.5-2.0cm）、c（2.1-2.5cm）、d（2.6-3.0cm）、e（3.1cm〔含〕以上）五式。

總和上列，計得 5 型 86 式，[589]雖面面俱到，卻不免繁複。以上鑽鑿諸式，撮其要點綜合表列如下，以醒類目。

表 2-4-11：周忠兵鑽鑿形態一覽表

類型	式別	圖樣	說　明
I			小圓鑽，直徑 0.7-1.2cm
II	II1		小圓鑽包攝長鑿，圓鑽直徑 1.1cm 左右
	II2		大圓鑽包攝長鑿，圓鑽直徑 1.5cm 左右
III			圓鑿，1.2cm 左右
IV	IV1A a/b/c/d		弧肩尖圓，有尖狀突出 長 1.2 以下/1.3-1.5/1.6-2/2.1 cm 以上
	IV1B a/b/c/d		弧肩尖圓 長 1.2 以下/1.3-1.5/1.6-2/2.1 cm 以上
	IV2A a/b/c/d		不規則弧肩尖圓，有尖狀突出 長 1.2 以下/1.3-1.5/1.6-2/2.1 cm 以上
	IV2B a/b/c/d		不規則弧肩尖圓 長 1.2 以下/1.3-1.5/1.6-2/2.1 cm 以上
	IV3 a/b/c/d		直肩尖圓 長 1.2 以下/1.3-1.5/1.6-2/2.1 cm 以上
	IV4 a/b/c/d		弧肩平圓 長 1.2 以下/1.3-1.5/1.6-2/2.1 cm 以上
	IV5 a/b/c/d		直肩平圓 長 1.2 以下/1.3-1.5/1.6-2/2.1 cm 以上
	IV6 a/b/c/d		直肩三角 長 1.2 以下/1.3-1.5/1.6-2/2.1 cm 以上

---

[588] 周忠兵：《卡內基博物館所藏甲骨研究》（上海：上海人民出版社，2015 年 8 月），頁 616-617。
[589] I 型 1 式，II 型 2 式，III 型 1 式，IV 型 32 式，V 型 50 式。

類型	式別	圖樣	說　明
V	V1A a/b/c/d/e		直肩尖圓，有尖狀突出 長 1.5 以下/1.5-2/2.1-2.5/2.6-3/3.1 cm 以上
	V1B a/b/c/d/e		直肩尖圓 長 1.5 以下/1.5-2/2.1-2.5/2.6-3/3.1 cm 以上
	V2A a/b/c/d/e		直肩三角，有尖狀突出 長 1.5 以下/1.5-2/2.1-2.5/2.6-3/3.1 cm 以上
	V2B a/b/c/d/e		直肩三角 長 1.5 以下/1.5-2/2.1-2.5/2.6-3/3.1 cm 以上
	V3A a/b/c/d/e		直肩平圓，有尖狀突出 長 1.5 以下/1.5-2/2.1-2.5/2.6-3/3.1 cm 以上
	V3B a/b/c/d/e		直肩平圓 長 1.5 以下/1.5-2/2.1-2.5/2.6-3/3.1 cm 以上
	V4A a/b/c/d/e		弧肩尖圓，有尖狀突出 長 1.5 以下/1.5-2/2.1-2.5/2.6-3/3.1 cm 以上
	V4B a/b/c/d/e		弧肩尖圓 長 1.5 以下/1.5-2/2.1-2.5/2.6-3/3.1 cm 以上
	V5A a/b/c/d/e		弧肩平圓，有尖狀突出 長 1.5 以下/1.5-2/2.1-2.5/2.6-3/3.1 cm 以上
	V5B a/b/c/d/e		弧肩平圓 長 1.5 以下/1.5-2/2.1-2.5/2.6-3/3.1 cm 以上

接著，周忠兵將卜辭字體概分為 20 類，依序分析其上鑽鑿特徵，以觀形態演變情形，是首位結合兩種類型資料的探究者。周氏所採字體分類 20 種，與前及字形分類諸說主張並不一致，其細目如下：

1. 師組大字　　　　　2. 師組小字
3. 甲種子卜辭（婦女）　4. 乙種子卜辭（午組）
5. 丙種子卜辭（子組）　6. 圓體類
7. 花東子卜辭　　　　8. 師賓間組
9. 師歷間組　　　　　10. 賓組一類
11. 歷組一類　　　　　12. 典賓類
13. 歷組二類　　　　　14. 賓組三類
15. 出組　　　　　　16. 歷無
17. 何組　　　　　　18. 無名
19. 無名黃間　　　　　20. 黃組

而相關鑿形具體分述如下：

師組大字的鑽鑿形態有二種：Ⅰ、單獨的小圓鑽；Ⅳ1、弧肩尖圓頭長鑿，有的有尖

狀突出。[590]

師組小字的鑽鑿形態有五種：Ⅰ、單獨的小圓鑽；Ⅳ1、弧肩尖圓頭長鑿；Ⅳ6、直肩三角頭長鑿；[591]Ⅴ1、直肩尖圓頭長鑿，有的有尖狀突出；Ⅴ2、直肩三角頭長鑿。[592]

甲種子卜辭（婦女）的鑽鑿形態有二種：Ⅳ1、弧肩尖圓頭長鑿；Ⅴ1、直肩尖圓頭長鑿。[593]

乙種子卜辭（午組）的鑽鑿形態有三種：Ⅳ1、弧肩尖圓頭長鑿；Ⅳ6、直肩三角頭長鑿；[594]Ⅴ1、直肩尖圓頭長鑿。[595]

丙種子卜辭（子組）的鑽鑿形態只有一種：弧肩尖圓頭長鑿（Ⅳ1？）。[596]

圓體類的鑽鑿形態只有一種：弧肩尖圓頭長鑿（Ⅳ1？）。[597]

花東子卜辭的鑽鑿形態有四種：Ⅳ1、弧肩尖圓頭長鑿，有的有尖狀突出；Ⅳ3、直肩尖圓頭長鑿；Ⅳ4、弧肩平圓頭長鑿；Ⅳ5、直肩平圓頭長鑿。[598]

師賓間組的鑽鑿形態共有七種：Ⅰ、單獨的小圓鑽；Ⅱ1、小圓鑽包攝長鑿；Ⅱ2、大圓鑽包攝長鑿；Ⅲ、單獨的圓鑿；Ⅳ1、弧肩尖圓頭長鑿；Ⅴ1、直肩尖圓頭長鑿；Ⅴ2、直肩三角頭長鑿。[599]

師歷間組的鑽鑿形態有五種：Ⅰ、單獨的小圓鑽；Ⅳ1、弧肩尖圓頭長鑿；Ⅳ2、不規則弧肩尖圓頭長鑿，有的有尖狀突出；Ⅳ5、直肩平圓頭長鑿；Ⅴ3、直肩平圓頭長鑿。[600]

賓組一類的鑽鑿形態有五種：Ⅰ、單獨的小圓鑽；Ⅳ1、弧肩尖圓頭長鑿；Ⅳ4、弧

---

[590] 詳周忠兵：《卡內基博物館所藏甲骨研究》，頁 594。周氏原作三種：Ⅰ、單獨的小圓鑽；Ⅱ1、小圓鑽包攝長鑿；Ⅳ1、弧肩尖圓頭長鑿，有的有尖狀突出（周氏《卡內基博物館所藏甲骨的整理與研究》，長春：吉林大學古籍研究所博士論文，林澐、Katheryn M. Linduff 共同指導，2009 年 6 月，頁 260），其中「小圓鑽包攝長鑿」一類後刪。

[591] 據《卡內基博物館所藏甲骨研究》，「表二」（頁 620）增補。

[592] 詳周忠兵：《卡內基博物館所藏甲骨研究》，頁 596。周氏原作之五種，並無「直肩三角頭長鑿」類，而仍多出「小圓鑽包攝長鑿」類（見周氏《卡內基博物館所藏甲骨的整理與研究》，頁 262）。

[593] 詳上註，頁 597。周氏原作一種，後增「直肩尖圓頭長鑿」一類（見周氏《卡內基博物館所藏甲骨的整理與研究》，頁 263）。

[594] 據《卡內基博物館所藏甲骨研究》「表二」（頁 620）增補。

[595] 詳周忠兵：《卡內基博物館所藏甲骨研究》，頁 597。周氏原作並無「直肩三角頭長鑿」類，且謂「Ⅳ1、弧肩尖圓頭長鑿，有的有尖狀突出；Ⅴ1、直肩尖圓頭長鑿」（見周氏《卡內基博物館所藏甲骨的整理與研究》，頁 263），與前書未盡相同。

[596] 同上註，頁 597。

[597] 同上註，頁 598。

[598] 同上註。

[599] 同上註，頁 599。

[600] 同上註，頁 601。

肩平圓頭長鑿；V1、直肩尖圓頭長鑿，有的有尖狀突出；V4、弧肩尖圓頭長鑿。[601]

歷組一類的鑽鑿形態有四種：I、單獨的小圓鑽；IV1、弧肩尖圓頭長鑿；IV2、不規則弧肩尖圓頭長鑿；V3、直肩平圓頭長鑿。[602]

典賓類的鑽鑿形態有八種：I、單獨的小圓鑽；II1、小圓鑽包攝長鑿；IV1、弧肩尖圓頭長鑿；V1、直肩尖圓頭長鑿，有的有尖狀突出；V2、直肩三角頭長鑿，有的有尖狀突出；V3、直肩平圓頭長鑿，有的有尖狀突出；V4、弧肩尖圓頭長鑿，有的有尖狀突出；V5、弧肩平圓頭長鑿，有的有尖狀突出。[603]

歷組二類的鑽鑿形態有六種：I、單獨的小圓鑽；IV1、弧肩尖圓頭長鑿；V2、直肩三角頭長鑿；V3、直肩平圓頭長鑿； V4、弧肩尖圓頭長鑿；V5、弧肩平圓頭長鑿。[604]

賓組三類的鑽鑿形態有二種：V1、直肩尖圓頭，有的有尖狀突出；V4、弧肩尖圓頭長鑿。[605]

出組的鑽鑿形態有五種：V1、直肩尖圓頭長鑿，有的有尖狀突出；V2、直肩三角頭長鑿；V3、直肩平圓頭長鑿；V4、弧肩尖圓頭長鑿，有的有尖狀突出；V5、弧肩平圓頭長鑿，肩部寬。[606]

歷無的鑽鑿形態有二種：V3、直肩平圓頭長鑿；V4、弧肩尖圓頭長鑿。[607]

何組的鑽鑿形態有四種：V1、直肩尖圓頭長鑿，有的有尖狀突出；V3、直肩平圓頭長鑿；V4、弧肩尖圓頭長鑿；V5、弧肩平圓頭長鑿。[608]

無名的鑽鑿形態有二種：V3、直肩平圓頭長鑿；V4、弧肩尖圓頭長鑿。[609]

無名黃間的鑽鑿形態有三種：V3、直肩平圓頭長鑿；V4、弧肩尖圓頭長鑿；V5、弧肩平圓頭長鑿。[610]

黃組的鑽鑿形態有三種：V3、直肩平圓頭長鑿；V4、弧肩尖圓頭長鑿；V5、弧肩平圓頭長鑿。[611]

---

[601] 同上註，頁 603。

[602] 同上註，頁 604。

[603] 同上註，頁 606。

[604] 同上註，頁 608。

[605] 同上註，頁 609-610。

[606] 同上註，頁 610。

[607] 同上註，頁 611。

[608] 同上註，頁 612。

[609] 同上註，頁 613。

[610] 同上註，頁 615。

[611] 同上註。

以上各類鑽鑿形態，略去長度，計有 15 式，其相互關聯如下表所示。

（●僅表該類具有該式；▲特表該式「有的有尖狀突出」）

表 2-4-12：周忠兵各類卜辭鑽鑿形態一覽表

	I	II1	II2	III	IV1	IV2	IV3	IV4	IV5	IV6	V1	V2	V3	V4	V5
師組大字	●				▲										
師組小字	●				●					●	▲	●			
甲種子卜辭					●						●				
乙種子卜辭					●					●	●				
丙種子卜辭					●										
圓體類					●										
花束子卜辭					▲		●	●	●						
師賓間組	●	●	●	●	●						●	●			
師歷間組	●				●	▲			●				●		
賓組一類	●				●			●			▲			●	
歷組一類	●					●							●		
典賓類	●	●			●						▲	▲	▲	▲	▲
歷組二類	●				●							●	●		●
賓組三類											▲		●		
出組											▲	●	●	▲	●
歷無											●	●			
何組											▲		●	●	●
無名												●	●		
無名黃間												●	●		●
黃組													●	●	●

此外，周忠兵的鑽鑿分析，尚擴及燒灼方式的考察，並將之分為「直接燒灼」與「經攻治後再燒灼」兩大類，其中前者（稱「第一類」）根據燒灼面不同情形，可再區分為三小類：

A 類：「燒灼面與骨面在同一平面，一般沒有剝離面」，「有時在燒灼面或其外圍

有薄的骨面剝離」。[612]

B 類：「燒灼基本無剝落面，但形成凹面，凹面看不出有刮痕」。[613]

C 類：「燒灼處因骨頭剝離形成窪面，窪面底部不平整，多將鑽鑿肩部口沿破壞，在窪面中存燒灼面，或燒灼面看不出」。[614]

後者（稱「第二類」）則可再分為七小類：

A 類：「在長鑿旁使用輪開槽的方法製作一小的長鑿，然後用刀加工，使之與長鑿相連」，「有的長鑿旁的小鑿保持完整，從外觀上看，就是一個小弧形長鑿緊貼著一個大的弧形長鑿」。

B 類：「在長鑿或小圓鑽旁用鑽鑽成半圓或月牙形凹面」。

C 類：「在燒灼的那邊緊貼鑽鑿肩部口沿中上直接挖一較深或淺的形狀不大規則凹面，凹面將鑽鑿鑿壁破壞或略微破壞，凹面的底部並不推刻光滑整齊，口沿也不是很整齊」。

D 類：「一般用刀直接在要燒灼的那處長鑿肩部口沿附近挖超過長鑿長一半的近圓形凹面，底面較光滑，凹面最深處在中部」。

E 類：「在要燒灼的部位直接用刀刮出較均勻的薄薄的一層，無明顯凹面」。

F 類：「可能在燒灼處先刻一道縱向刻痕，刻痕為直線或微曲，然後再由長鑿肩部口沿向刻痕刮削，刮削面的長度為刻痕的長度或略微超過其長度；而寬度即口沿至刻痕的距離」。

本類據其刮削程度，又可分兩小類：

F1 小類，「刮削基本不破壞長鑿肩部口沿，只是將骨面較平整地削去薄薄一層，在骨面上也看不出明顯凹面。燒灼面一般略微逸出刻痕，一般沒有剝離面」。

F2 小類，「刮削使骨面上可看出明顯凹面，凹面的最深處在刻痕處，一般略為破壞長鑿肩部口沿。燒灼面一般不逸出窪面，一般沒有剝離面」。

G 類：「在長鑿旁再挖製一個小長方形鑿」。[615]

---

[612] 以上俱同上註，頁 591。

[613] 同上註，頁 592。

[614] 同上註。

[615] 以上俱同上註，頁 593。

以上所述諸類燒灼形態，簡要圖示如下：[616]

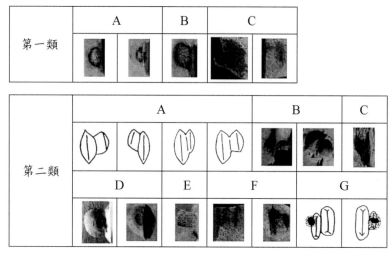

圖 2-4-36：周忠兵鑽鑿燒灼形態

（二）時代區分

關於各類式鑽鑿形態時代的分析，周忠兵基於三點認知：

（1）Ⅰ型圓鑽是起源很早的鑽鑿形態，它在殷墟甲骨上也早已出現。

（2）在早於殷墟商文化的二里崗時期的卜骨上就已經有短肥的弧形長鑿（Ⅳ1型），並且在殷墟甲骨上也常見Ⅳ1型長鑿與Ⅰ型圓鑽同版的例子。

（3）Ⅰ（Ⅱ）、Ⅳ型鑽鑿在出組甲骨上就開始看不到了，可見它們在祖庚初期就不使用了。[617]

遂將Ⅰ、Ⅱ1、Ⅳ1三型並列為武丁早期鑽鑿形態；又因「Ⅳ型長鑿在早期的甲骨上是占絕大多數，而Ⅴ型長鑿所占比例小」，[618]而將其發展脈絡區分為二：「Ⅰ、Ⅱ、Ⅲ、Ⅳ」諸型與「Ⅴ」型，其中「Ⅴ」型則按出土地不同再分成南北二系，各自平行發展。總上所述，周氏對鑽鑿形態演變的具體主張，可歸納並簡要圖示如下：[619]

---

616 相關圖像皆迻錄自《卡內基博物館所藏甲骨研究》，頁 591-593。

617 以上俱同周忠兵：《卡內基博物館所藏甲骨研究》，頁 621。

618 同上註。

619 錄自《卡內基博物館所藏甲骨研究》，頁 621，並繁化字形。

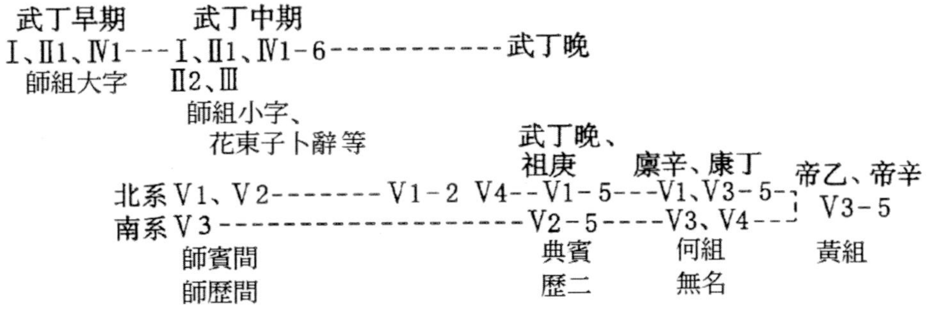

```
武丁早期      武丁中期
Ⅰ、Ⅱ1、Ⅳ1---Ⅰ、Ⅱ1、Ⅳ1-6------------武丁晚
  師組大字      Ⅱ2、Ⅲ
          師組小字、                武丁晚、
          花東子卜辭等            祖庚    廩辛、康丁  帝乙、帝辛
      北系Ⅴ1、Ⅴ2-------Ⅴ1-2 Ⅴ4--Ⅴ1-5---Ⅴ1、Ⅴ3-5-┐  Ⅴ3-5
      南系Ⅴ3------------------Ⅴ2-5----Ⅴ3、Ⅴ4-┘
          師賓間                典賓    何組    黃組
          師歷間                歷二    無名
```

圖 2-4-37：周忠兵鑽鑿形態演變示意圖

上圖所示，周忠兵進一步說明：

> Ⅰ、Ⅱ1、Ⅳ1 這三種鑽鑿形態在殷墟甲骨上出現得最早，屬武丁早期的師組大字甲骨上它們就已經存在，到了武丁中期，除了上面的三種鑽鑿類型，又出現了不少新的鑽鑿型式：Ⅱ2、Ⅳ2-6、Ⅲ、Ⅴ1-3。其中Ⅴ1-3式是用刀直接挖製的，與Ⅳ型長鑿是採用輪開槽方法製作的不一樣。而且Ⅴ1、Ⅴ2只見於師賓間組；Ⅴ3只見於師歷間組，兩者在甲骨上出現的類別有差異Ⅲ型圓鑿也是挖製的，因例子很少，時代很清楚是屬於武丁時期。Ⅱ2型讚鑿因其目前只在師賓間組甲骨上出現，所以其所屬時代也是很清楚地屬於武丁中期。[620]

又謂：

> 從師賓間、師歷間開始，殷墟甲骨開始分兩系發展，北系是師賓間→賓一→典賓→賓三→出組→何組，南系是師歷間→歷一→歷二→歷無→無名→無黃；而黃組是兩系共同的歸宿。……出現較早的是Ⅴ1、Ⅴ2、Ⅴ3型，也就是說在用刀製作長鑿的初期，長鑿是被挖製成較直、肩相對較窄的形狀的。發展到後來，便出現用刀特意拓寬長鑿肩部，使得呈現弧形寬肩的形態。[621]

綜合觀之，周氏主張鑽鑿發展順序：

> 大致上是Ⅰ（Ⅱ）、Ⅳ1-Ⅴ1、Ⅴ2-Ⅴ4、Ⅴ5，即從小圓鑽和輪開槽形成的弧形長鑿共存，發展到只有挖製的長鑿，挖製的長鑿肩部是由直變曲這樣發展的。[622]

---

[620] 周忠兵：《卡內基博物館所藏甲骨研究》，頁 621。

[621] 同上註，頁 621-622。

[622] 同上註，頁 622。

又認為：

> 從Ⅰ（Ⅱ）、Ⅳ→Ⅰ（Ⅱ）、Ⅳ、Ⅴ→Ⅴ的發展，可以很好地說明小圓鑽與輪開槽形成的長鑿在殷墟甲骨上是從有到無發展的，而直接挖製的Ⅴ型長鑿是從無到有發展的，它們符合事物發展的一般規律。[623]

除上，周忠兵的鑽鑿研究，亦論及鑽鑿攻治習慣，但與前人諸說頗有不同，特別是燒灼相關特徵的考察，並以之作為區分甲骨類別的依據，如：

> 賓組甲骨的鑽鑿一般製作得很整飭，鑿口沿一般沒有刮痕，鑿壁也較光滑，而且往往有尖狀突出等。而無名組有骨沿骨面與長鑿內壁在同一平面的骨沿形式，並且其燒灼部位有同一版甲骨上的長鑿相向燒灼的習慣。

> 師賓間組Ⅱ2式鑽鑿圓鑽中很小的燒灼痕；出組甲骨上完整的的燒灼面一般是長1.2cm左右。

> 第二大類中的一些攻治方式就有利於縮小所屬甲骨類別的範圍。……如二C式，在南系甲骨上多見，與北系中二D、二F等式相比，攻治明顯較為粗糙。[624]

凡此，不僅深化甲骨鑽鑿形態的探索內涵，在甲骨時代的推求上，顯能提供更多可供參酌或運用的線索。

統括來看，周忠兵鑽鑿形態時代的分析，皆以所屬字體類別時代為本，相關主張偏向發展趨勢的觀察，多不及各型各式明確的時代性標記，其主要成果可統合為三：[625]

其一，鑿形上，輪開槽所製長鑿由短胖變長條、逐漸加長；而直接挖製的長鑿肩部則由直變曲，晚期已以弧肩為主。

其二，長度上，各類甲骨鑿長都在增加，於何組與無名組時達到極致，並於黃組時由長變短；而同時代的長鑿，長度較為一致。

其三，小圓鑽和輪開槽形成的長鑿，僅在武丁時期施用；Ⅴ1型長鑿只見於北系甲骨；而Ⅱ2、Ⅲ只見於師賓間組甲骨。

---

[623] 同上註。

[624] 以上俱同上註，頁624。

[625] 詳參上註，頁622-623。

四、 其它的主張

　　甲骨上鑽鑿形態的探索，許進雄先生（1973 年）之後，蕭楠（1983 年）之前，尚有于秀卿、賈雙喜、徐自強（1981 年）等人的探試，而蕭楠之後則另有劉淵臨（1984 年）的研究。此外，1986 與 1989 年於小屯村中、1991 年於花園莊東地、2002 與 2004 年於小屯村南等地分別有甲骨問世，發掘整理者材料發表（2003 年花東、2012 年村中南），同時皆有鑽鑿形態專章的說明，顯示鑽鑿形態研究逐漸受到重視。以下即就相關諸說，簡明評述其中要點。

（一） 于秀卿、賈雙喜、徐自強的鑽鑿探試

　　于秀卿、賈雙喜、徐自強等合撰專文，[626]認為甲骨鑿鑽形態「應該是甲骨學研究中一個不可缺少的項目」，[627]遂對各期甲骨鑽鑿形態進行觀察，亦有概略性的特徵說明：

　　第一期鑽鑿，「標準形態是棗核形。即窄肩，兩頭有針狀突出，肩壁直而鑿深，鑿長一般在一・五至二厘米之間，鑿深一般為○・五至○・八厘米」；另有一型為「大圓鑽內包攝長鑿，燒灼痕很小，置於圓鑽內。鑽圍光滑、整飭、攻治甚精美，直徑為一・五厘米」。[628]

　　第二鑽鑿有三種型態：一，「普遍地比第一期寬大淺平，小弧肩、平圓頭，鑿內頭部呈三角形，鑿圍較第一期粗糙」；二，「微曲肩，肩圓頭，鑿長在一・五厘米至二厘米左右，近似第一期的形態，但鑿型粗淺又是區別第一期的標誌」；三，「長鑿旁伴有圓鑿，長鑿成桑葚狀，圓鑿鑿型不很圓」。[629]

　　第三期鑽鑿，依長度可分為中型鑿（2-2.2cm）、長型鑿（2.3-2.5cm）、巨型鑿（3cm以上）等三種類型，其特徵為「多屬肥大弧形方肩、平圓頭、肩壁與骨面齊，一般的鑿長都在二・二至二・五厘米之間。鑿鑽形態寬大淺平，呈橄欖狀」，「鑿旁燒灼痕，普遍大於第一、二期」。[630]

626　即〈甲骨的鑿鑽形態與分期斷代研究〉，收錄於《古文字研究》第 6 輯（1981 年 11 月），頁 345-379。

627　于秀卿、賈雙喜、徐自強：〈甲骨的鑿鑽形態與分期斷代研究〉，頁 346。

628　同上註。

629　同上註，頁 347。

630　以上俱同上註，頁 348。

第四期鑽鑿，「基本上可分為兩類：一類是單一的長鑿，其形態多數係彎弧肩，少數作微曲肩、平圓頭，鑿長一般不超過二厘米；另一類是長鑿、圓鑽同時出現在一塊骨板上，並於骨的正面中下部位施鑿鑽」。[631]

第五期鑽鑿，「卜甲上的鑿型特徵，是長鑿圓鑽緊相連，且排列齊整，其形態是長鑿短、頭部尖圓呈杏核狀，圓鑽寬大，肩壁橫寬，燒灼痕大，長為一‧三厘米，寬為○‧九厘米」；另有「長鑿聯圓鑽，圓鑽又包容長鑿，雙鑿櫛比相連，鑿深達○‧八厘米」。[632]

上述于秀卿等人的鑽鑿考察，特別強調各期鑽鑿形態與卜辭內容時代風格的關聯性，如謂：

> 第一期卜甲卜骨的鑿鑽，大多數攻治認真、精美、細膩、外緣整齊。這與第一期，特別是武丁時期整個甲骨文字的風格有關，與當時的重要史官賓、亘等貞人書刻文字的特點，如書體宏放、壯偉、圓勁、流暢，一絲不苟等都甚為協調。總之，第一期甲骨的書法和鑿鑽特點，反映了武丁時期的文風是比較嚴肅、認真的。[633]

> 三期鑿鑽，攻治粗糙淺漏，這與第三期文風之遜退有密切的聯係。從正面刻辭看，有的字迹也是書法草率，行款紊亂，與鑿鑽作風頗為一致，但到了康丁時期，似乎又復振興，書契文字，也給人以較前緊湊鋒銳之感。[634]

> 從正面刻辭看，第五期卜辭與前幾期也迥然不同。風格新穎、文辭嚴謹、有方正的段，勻直的行，字多細小秀麗，是我國古代非常美的書法鐫刻藝術。[635]

此外，對於其演進脈絡亦多所著墨，如：

> 第二期的鑿鑽形態、樣式較多，反映了它承前（第一期）啟後（第三期）的特點。[636]

> （第三期）這一時期的鑿鑽形態，是承襲並發展了第二期後期寬大淺平的鑿型。

---

[631] 以上俱同上註。

[632] 以上俱同上註，頁349。

[633] 同上註，頁347。

[634] 同上註，頁348。

[635] 同上註，頁349。

[636] 同上註，頁347。

鑿型向寬、長發展的程度，在五期中達到了頂峰。[637]

（第四期）這一時期的鑿鑽形態，是由第三期淺平的鑿型，復趨窄肩短鑿，從鑿
型上看與第一期有些類似，故按傳統說法亦可稱武乙、文丁時期有復古意味。[638]

整體觀之，于氏等人鑽鑿探索工作雖力圖全面，仍難脫草創之粗略，其所見獲者實未超
出許進雄先生之研究範圍，而「鑿鑽形態的發展總的趨勢似乎是由第一期，不超過二
厘米的窄肩、深鑿而發展為二、三期寬大淺平的鑿型，鑿長多數在二二至二五厘米之
間，少數的也有達到三厘米者，不過此種鑿型僅見於第三期，第四期後復趨縮短」的
看法，[639]與許先生所論者更無二致。然于氏等人的努力，在鑽鑿探究之初，不僅是鑽鑿
形態分析的再次具體落實，對許說而言亦是一種驗證與認同，間接肯定鑽鑿形態所具備
的甲骨斷代功能。

（二）劉淵臨的鑽鑿研究

劉淵臨相關鑽鑿的研究，撰有專書展現成果，[640]研究重點主要在甲骨「攻治技術」
的考察，相較於其前諸說對於「鑿形特徵」的偏重，劉氏之說確實別出心裁，提出鑽鑿
研究的不同觀點。

劉淵臨研究的考察基準有三：材料、攻治、鑽鑿，而考察對象區分卜骨與卜甲。卜
骨方面先統整分析考古所得 11 單位[641]的相關特徵，再用以比較安陽所出以及西周卜骨
上的對應情形；卜甲方面則先統整分析考古所得 6 單位[642]的相關特徵，再用以比對小屯
所出以及西周卜甲上的攻治情形。劉氏考察攻治特徵之具體成果可簡表如下：

卜骨部分：[643]

---

637 同上註。

638 同上註，頁 348。

639 同上註，頁 347-348。

640 即《卜用甲骨上攻治技術的痕蹟之研究》，臺北：國立編譯館，1984 年 3 月。

641 分別是「城子崖下層卜骨」、「河北唐山寺大城山卜骨」、「甘肅武威皇娘娘臺卜骨」、「城子崖中層卜骨」、
「二里岡卜骨」、「琉璃閣卜骨」、「澠池鹿寺卜骨」、「褚邱卜骨」、「七里鋪卜骨」、「城子崖上層卜骨」、
「徐州高皇廟卜骨」。

642 分別是「安上村卜甲」、「黑孤堆卜甲」、「二里岡卜甲」、「南關外卜甲」、「小屯南地卜甲」、「高皇廟卜甲」。

643 據《卜用甲骨上攻治技術的痕蹟之研究》「表四：各期卜骨攻治技術痕跡演進過程資料綜合表」（頁 45）
改製。

表 2-4-13：劉淵臨卜骨鑽鑿攻治形態

時代	材料	攻治	鑽鑿
龍山期	牛骨 獸骨（較多）	天然形	單鑽 鑿（無）
殷商早期	牛骨 獸骨（漸減）	天然形骨臼 半月形骨臼	單鑽 鑽鑿並用（鑿短小形）
殷商晚期	牛骨 獸骨（極少）	半月形骨臼 去骨臼角	鑽（三聯鑽） 鑿（長大形）
西周期	牛骨 獸骨（無）	半月形骨臼	鑽（無） 鑿（圓窩形）

卜甲部分：[644]

表 2-4-14：劉淵臨卜甲鑽鑿攻治形態

時代	材料	攻治	鑽鑿
龍山期	龜腹甲	甲橋自然斷折	鑽（無） 鑿（無）
殷商早期	龜腹甲 龜背甲	甲橋自然斷折 甲橋刀削	鑽鑿並用 鑿深淺合用（短小形）
殷商晚期	龜腹甲 龜背甲	甲橋削製 甲橋鋸製	鑽（無） 單鑿（長肥形） 鑿深淺合用（長大形）
西周期	龜腹甲 龜背甲	剷削	鑽（無） 鑿（方形）

總結以上，劉氏提出三項斷代的新標準：

第1. 材料：材料的採用隨時代而不同，龍山期和商代早期除用牛骨外，尚多用其他的獸骨；商代晚期，幾乎全部用牛骨了，極少其他獸骨。西周亦只有牛骨沒有發現獸骨。

第2. 攻治：攻治技術的演進，骨臼的攻治為最大的特徵，龍山期、齊家期和商代早期，絕大多數是天然骨臼未經攻治，武丁以後，多數是半月形骨臼，並去骨臼角。西周時代只有半月形骨臼，與殷商時代及以前均有所不同。

第3. 鑽鑿：龍山期、齊家期多為圓形鑽穴，商代早期鑽鑿並用，是短小形的鑿，

---

[644] 據《卜用甲骨上攻治技術的痕蹟之研究》「各期卜甲上攻治技術的痕跡演進過程資料綜合表」（頁 136）改製。

> 武丁以後多用鑿穴，是長大的鑿。西周時代沒有鑽只有鑿，鑿為圓窩
> 形，亦與殷商時及以前不同。[645]

劉淵臨對其甲骨攻治技術研究之用，曾指出：

> 雖然不是同一版卜甲或同一版卜骨，但如果出於同一人之手，在同樣工具，在
> 同一時間內所製作，其所留下的攻治技術痕跡，無論是刀痕、形態、作法等，
> 一定是非常相似，因此用它來斷定時代，總可以猜過八九不離十，所謂〝雖不
> 中不遠也〞。因此我在這裡要強調攻治技術的標準，在甲骨斷代研究中是極為
> 重要的！[646]

根據對攻治技術演進過程的了解與掌握，劉氏認為後岡卜骨（《乙》9105＝《合》22536）
相關攻治特徵是：「材料非牛骨，是何獸骨尚未確定」、「骨脊是挖削的，沒有打磨過，
呈現眼前的是非常粗糙簡陋的痕跡」、「有鑽有鑿，鑽中帶鑿，鑿形短小」，[647]皆與殷
商早期的情形相合，故其時代歸屬應當在商代早期。另外，劉氏又因「扶」所用卜骨未
去骨臼角，卜甲上攻治技術所留痕跡都是早期現象，遂主張「扶」是小屯早期貞人，凡
此，已為甲骨斷代之運用。

平心而論，劉淵臨持說尚有理致，觀察與分析工作亦極踏實，然其結論卻值得商榷。
首先，方法上，劉氏強調其說與前人之異：

> 他們僅止於鑽與鑿的研究，而所用方法是以文字為根據進而研究鑽鑿的時代，再
> 以鑽鑿的時代來斷定文字的時代，亦就是循環論證。我的研究是以考古學的方法
> 為依據，從而斷定卜用甲骨攻治技術的痕跡的時代，再由攻治技術痕跡的時代去
> 斷定文字的時代。[648]

所謂「攻治技術痕跡」，其考察大致包含「材料、攻治、鑽鑿」三面向，其中「材料」
區別牛骨與其他、腹甲與背甲；「攻治」乃指「骨臼、骨脊、甲橋」的處置方式；「鑽
鑿」則僅辨其鑿鑽之有無與長短而已。整體觀之，上述考察重點在於原料的選取與加工
情形，其間之異同多屬「有、無」之別，並不涉及類型架構之建立，以致相關訊息皆極
粗疏，難以深入細究；而原料的處理方式不同，確實可能受時代風尚或習慣所影響，但

---

[645] 劉淵臨：《卜用甲骨上攻治技術的痕蹟之研究》，頁 55。

[646] 同上註，頁 144。

[647] 以上俱同上註，頁 49。

[648] 同上註，頁 7。

亦可能是原料本身先天特質所造成，如骨臼有圓扁、骨面有寬窄、骨脊有高低、骨質有疏密、龜體有大小等，此類特點或因個體差異，或為品種不同，因而對應的處置方式亦未必完全一致，故其差異實不必具時代區別性。又，過去鑽鑿研究中時代的劃分，各時期的區分並不單以文字作為主要根據，以許進雄先生的研究為例，其鑽鑿時代劃分的標準，乃先以「兆側刻辭」、「貞人」等時代標記明顯之訊息為主，再輔以「文字」擴充材料，此分期標準是建立在既有的甲骨學研究成果之上，與僅依「文字」分類而形成「循環論證」之情事，實有根本的差異。

再者，劉淵臨所強調的發展過程，以卜骨為例，主張「天然形骨臼」早於「半月形骨臼」，「去骨臼角」者則晚於未切除者。根據劉氏提供資料來看，此論大抵可從，然劉氏未注意的是，即使早期骨臼必為天然形，但天然形骨臼卻非必是早期之物，同樣的道理，早期骨臼角皆未切除，但未切除骨臼角者時代卻非皆屬早期。如劉氏所論西周早期卜骨第 1 例（圖二七）[649]與第 4 例（圖二八：4）[650]，其骨臼角皆未截去，形制同於殷商早期，此處若以骨臼角截去與否作為時代判斷依據，則必然誤判。就此觀之，縱使「扶」卜之骨皆未去骨臼角，「扶」也未必是早期貞人。

另外，劉淵臨曾舉例分析安陽早期卜骨文字，[651]意在強調攻治技術的斷代運用，然其上刻辭字體、用語或前辭形式等，多具有明顯的晚期特徵，如未作「𢆶」、[652]辰作「𠂤」、[653]午作「丨」、[654]「受禾」用語[655]以及「干支卜」前辭形式[656]等，與劉氏認定為「安陽早期卜骨」的主張明顯有所扞格，因此即使其攻治技術痕蹟的觀察正確，然逕謂之為早期之物，卻也難以令人完全信服。大致而言，劉氏析論所謂早期卜骨者，其所契刻辭或缺或草，皆似習刻，或為半成品，而其相關攻治痕跡呈現較原始樣態的現象，亦不能排除僅是「尚未完成」或「廢骨待棄」的可能。

針對劉淵臨的鑽鑿研究，朱鳳瀚曾指出：

> 作者研究了二三十年代小屯 1 至 15 次發掘出土的全部卜骨與部分背甲、腹甲（含小屯南地出土品），對攻制技術痕迹（含鑽鑿形態）作了詳細記錄，并附大量圖

---

[649] 圖參劉淵臨：《卜用甲骨上攻治技術的痕蹟之研究》，頁 265。

[650] 圖參上註，頁 266。

[651] 依序是 5.2.66、3.2.135（《甲》2342＝《合》21254）、3.2.824（《甲》2875＝《合》22442）、3.2.137（《甲》2344）、後岡卜骨（《乙》9105＝《合》22536）、3.2.139 等 6 版。

[652] 「未」此形為無名組、歷組（即甲骨第三、四期）卜辭所常用，未見於賓組。

[653] 「辰」此形主要是黃組（即甲骨第五期）卜辭的用法。

[654] 「午」此形大致見於出組（即甲骨第二期）卜辭之後。

[655] 「受禾」與「受年」意同，前者主要是第四期的用語，後者則多見於第一期。

[656] 前辭作「干支卜」者，為第三期以後出現的習慣。

像，其研究成果極為寶貴。惟劉氏對甲骨只記錄貞人（無貞人記稱謂），未分組分類，鑽鑿形態亦未能依考古類型學方法分型式，故概括鑽鑿形態演進特點稍嫌籠統。[657]

總結來看，劉氏所謂「攻治技術痕蹟」的考察，其中雖論及鑽鑿形態，但根本不屬於鑽鑿研究，因此劉氏據以推論相關甲骨時代，實與鑽鑿形態的分析無關，亦非類型學的運用，而其觀察內容頗為粗略，並未樹立科學化的區分標準，以致其所得現象，可視為個別甲骨整治的特點，卻不足以作為明確判斷甲骨時代的依據，自也無法對鑽鑿形態的斷代研究有所增益補充。

（三）花東、村中村南甲骨的鑽鑿說明

1. 《花東》材料

花園莊東地所出甲骨，以卜甲為主，多達 1558 版，[658]發掘暨整理者對其上鑽鑿施作情形的考察，重點有三：鑽鑿形態、甲橋型式、排列型式。

鑽鑿形態方面，其特徵大致是：

> 所有的鑿均為輪開槽，其鑿底呈弧形狀。鑿旁之鑽也都是輪開槽。之後，有的鑽再加工，用刀擴其邊緣，使鑽呈 "ㄕ" 狀；有的則不加工，鑽則呈一小的弧形鑿。卜甲上的灼均左右相對，指向卜甲中縫。[659]

而具體的分類，鑿形有四：尖頭弧形鑿（Ⅰ型鑿）、尖頭長形鑿（Ⅱ型鑿）、圓頭弧形鑿（Ⅲ型鑿）、圓頭長形鑿（Ⅳ型鑿），其中因鑿形差異，Ⅰ型鑿又分為 I_A、I_B、I_C 三亞型；[660]諸型依鑿長可再細分 6 式：1 式為 2.0cm 以上（含 2.0cm）、2 式為 1.8-1.99cm（含 1.8cm）、3 式為 1.6-1.79cm（含 1.6cm）、4 式為 1.4-1.59cm（含 1.4cm）、5 式為 1.2-1.39cm（含 1.2cm）、6 式為 1.19cm 以下。綜合以上，花東卜甲鑿形共計 6 型 32 式，[661]

[657] 朱鳳瀚：〈近百年來的殷墟甲骨文研究〉，《歷史研究》1997 年第 1 期，頁 126。

[658] 其中腹甲 1468 片，背甲 90 片。詳中國社會科學院考古研究所：《殷墟花園莊東地甲骨》（昆明：雲南人民出版社，2003 年 12 月），頁 1760。

[659] 中國社會科學院考古研究所：《殷墟花園莊東地甲骨》，頁 1760。

[660] 「I_A」亞型之頭尾作針尖狀（芒）；「I_B」亞型頭尾稍尖，無芒；「I_C」亞型頭尾為尖狀，無芒，鑿旁有小鑿，兩弧形鑿並聯。

[661] 「6 型」：I_A、I_B、I_C、Ⅱ、Ⅲ、Ⅳ；「32 式」：I_{A1}、I_{A2}、I_{A3}、I_{A4}、I_{A5}、I_{A6}、I_{B1}、I_{B2}、I_{B3}、I_{B4}、I_{B5}、I_{B6}、I_{C1}、I_{C2}、I_{C3}、I_{C4}、I_{C5}、II_1、II_2、II_3、II_4、II_5、II_6、III_2、III_3、III_5、III_6、IV_2、IV_3、IV_4、IV_5。

其中以 I_B 型為其主要常見類型。[662]

甲橋型式方面，據其形態可概分為 A、B、C 三型，其特徵為：

A 型：「甲橋較寬，甲橋骨縫所形成的 "片" 至少為 4 片或 5 片；甲橋肩與腹甲交接處成銳角或鈍角」。[663]

B 型：「甲橋變窄，甲橋肩與腹甲交接處基本成鈍角」。[664]

C 型：「甲橋更窄，甲橋骨縫片只剩中心一小片（第 3 片），且呈小三角；或者全無」。[665]

以上三型，根據甲橋形狀差異，A 型可分 5 式：A_1、A_2、A_3、A_4、A_5；B 型可分 4 式：B_1、B_2、B_3、B_4；C 型可分 5 式：C_1、C_2、C_3、C_4、C_5。相關圖說綜合示要如下：[666]

表 2-4-15：花園莊東地甲骨甲橋形狀及其上鑽鑿形態一覽表

型式	圖例	說明	甲橋鑿型
A_1		甲橋寬，甲橋骨縫片為 5 片； 甲橋肩與腹甲交接處呈銳角； 甲橋肩為斜坡狀，轉角略圓。	III_4
A_2		甲橋較寬，甲橋骨縫片為 5 片，第 1、5 兩片較短； 甲橋肩與腹甲交接處呈銳角； 甲橋肩後端變平。	II_{A4}
A_3		甲橋寬，甲橋骨縫片為 5 片，第 1、5 兩片更短； 甲橋肩與腹甲交接處呈銳角，但角度明顯加大； 甲橋肩近平，轉角較圓。	I_{B5} IV_4
A_4		甲橋寬，甲橋骨縫片為 4 片； 甲橋肩與腹甲交接處呈直角或鈍角； 甲橋肩後端近平。	I_{A5}、I_{A6} I_{B2}、I_{B4}、I_{B6} II_5 III_5、III_6
A_5		甲橋寬，甲橋骨縫片為 4 片； 甲橋肩與腹甲交接處呈鈍角； 甲橋後端下滑，但有明顯轉角。	
B_1		甲橋變窄，甲橋骨縫片為 4 片； 甲橋肩與腹甲交接處開始呈銳角； 甲橋後端急轉下滑，轉角明顯。	I_{A3} I_{B3}
B_2		甲橋變窄，甲橋骨縫片為 3 片； 甲橋肩與腹甲交接處呈鈍角，角度明顯加大； 甲橋肩明顯下滑。	I_{B3} II_4 III_3、III_4 IV_3

---

[662] 中國社會科學院考古研究所：《殷墟花園莊東地甲骨》，頁 1775。

[663] 同上註，頁 1766。

[664] 同上註。

[665] 同上註，頁 1767。

[666] 表內圖例，皆迻錄自《殷墟花園莊東地甲骨》「圖二：A 型甲橋」（頁 1765）、「圖三：B 型甲橋」（頁 1767）、「圖四：C 型甲橋」（頁 1768）。表內說明詳見同書，頁 1766-1769。

型式	圖例	說明	甲橋鑿型
B₃		甲橋窄，甲橋骨縫片為 3 片； 甲橋肩與腹甲交接處呈大鈍角； 甲橋肩後端下滑特甚，轉角明顯。	I_{B4} II₄ IV₅
B₄		甲橋窄，甲橋骨縫片為 2 片； 甲橋肩與腹甲交接處呈大鈍角； 甲橋肩後端下滑特甚，轉角明顯。	
C₁		甲橋很窄，甲橋骨縫片因殘已看不到； 甲橋肩與腹甲交接處呈銳角； 甲橋肩呈斜坡狀，轉角明顯。	
C₂		甲橋很窄，甲橋骨縫片剩中心一點，呈缺口狀； 甲橋肩與腹甲交接處呈銳角； 甲橋肩急轉下滑。	
C₃		甲橋窄，甲橋骨縫片剩中心一小三角； 甲橋肩與腹甲交接處呈銳角； 甲橋肩後端下滑，略有轉角。	I_{A2}、I_{A4} II₃ III₅
C₄		甲橋較 C₃ 窄，甲橋骨縫片剩中心一小三角； 甲橋肩與腹甲交接處呈鈍角； 甲橋肩下滑明顯。	I_{B5}、I_{B6} III₆
C₅		甲橋極窄，甲橋骨縫片消失； 甲橋肩亦基本消失； 甲橋上部與腹甲外緣呈一斜坡狀。	I_{C5}

以上諸式，以 A₄ 式佔比 27.7%最高，C₄ 式佔比 16.88%次之，[667]顯係花東卜甲甲橋的主要形式；而甲橋上所施各式鑽鑿，仍以 I_B 型最多，其中 I_{B4}、I_{B5} 兩式合計約佔全部甲橋的三分之一。[668]

排列型式方面，整理者以「甲首、前甲、後甲、甲尾」序列為基準，觀察鑽鑿行數，所得概分為 9 式：「〇二二一」、「一二二一」、「一二二二」、「一三二二」、「一三三二」、「一三三三」、「二二二二」、「二三三二」、「二三三三」，相關圖示如下：[669]

型式	(一) 0221	(二) 1221	(三) 1222	(四) 1322	(五) 1332
圖例					

---

[667] 詳參中國社會科學院考古研究所：《殷墟花園莊東地甲骨》，「表二：H3 卜甲甲橋型式統計表」，頁 1769。

[668] 同上註，頁 1771。

[669] 表內圖例，皆迻錄自《殷墟花園莊東地甲骨》「圖五：卜甲鑽鑿排列」（頁 1772）、「圖六：卜甲鑽鑿排列」（頁 1773）。

型式	（六） 1333	（七） 2222	（八） 2332	（九） 2333
圖例				

圖 2-4-38：花園莊東地卜甲鑽鑿排列形式一覽表

以上諸式，以「一二二二」〔（三）式〕、「一三三二」〔（五）式〕、「二三三二」〔（八）式〕三式各見 21 例為最，合計佔比 57.6%，[670]已超過半數。

綜合上述，花東整理者對卜甲鑽鑿施作的觀察，增加「甲橋型式」與「排列方式」兩項重點，後者承繼卜骨鑽鑿排列方式之探索，而前者則為獨創首見。總體而言，甲骨鑽鑿研究工作因此有所深化，用心值得肯定，然其觀察結果仍有商榷餘地。

首先，對於甲橋的特殊性，整理者謂：

> 在攻治卜甲的過程中，首先是將甲橋鋸開，並進行加工。甲橋是卜龜厚度最薄的地方，因而在攻治鑽鑿時，甲橋處有時不施鑿；即便施鑿，其鑿往往小而淺。由於這些原因，甲橋變成為卜甲中一個較為特殊的部位，須要單獨提出進行研究，以探索其中奧秘。[671]

又謂：

> 甲橋處於背甲與腹甲相聯處，甲壁較薄，故在攻治鑽鑿時，或不施鑿；或施鑿，但小而淺。由於這個原因，甲橋上的具體情況均與其他部位存在區別。為此，本文特對甲橋上的鑽鑿單獨進行研究，以觀察其變化。[672]

據之可知，甲橋鑽鑿特點有三：可有可無，形小而淺，與其他部位有別。根據整理結果，花東卜甲「甲橋上無鑿者占有相當的比例，約占全部卜甲甲橋的四分之一。甲橋上不施鑿與甲橋大小有一定的關係」，[673]而甲橋大小其實與卜龜品種或大小有密切關係，換言之，鑽鑿之有無所牽涉者是龜的大小，而非與時代風尚有關的技術習慣。所謂鑿形「小而淺」與「有別其他部位」，實則二合一，正因其形小而淺，遂與其他部位鑿形有所差

---

[670] 詳參中國社會科學院考古研究所：《殷墟花園莊東地甲骨》，「表三：H3 卜甲鑽鑿排列統計表」，頁 1774。
[671] 同上註，頁 1765。
[672] 同上註，頁 1769。
[673] 同上註，頁 1771。

別，而甲橋上鑿形小淺之規模，乃取決於甲橋實際厚薄與面積大小，此非攻治技術所能
完全操控，主要差異仍應與卜龜品種大小有關。

　　相同的觀點，亦能套用於卜甲上鑽鑿排列型式的考察，花東整理者曾指出：

> 腹甲上施 2 行鑿之卜甲寬度分別為 7.5 厘米〔（一）式〕、9 厘米〔（二）式〕、
> 8.5 厘米〔（三）式〕、10.5 厘米〔（七）式〕；而施 3 行鑿之卜甲寬度分別為 10.2
> 厘米〔（四）式〕、11 厘米〔（五）、（八）式〕、12.5 厘米〔（九）式〕、13.5
> 厘米〔（六）式〕。這表明，施鑿行數之多少與卜甲寬度有關：施 2 行鑿者多在
> 10 厘米以下；而施 3 行鑿者，多在 10 厘米以上。[674]

而卜甲寬度顯為龜體大小所決定，攻治技術所涉無幾，因此從鑽鑿行數多寡可以得知的
是，該卜龜體形大小，而不是施鑿時代的差異。

　　總之，甲橋型式及其上鑽鑿形態之不同，與鑽鑿行數排列的情形，皆應屬於先天本
然的差異，而非後天人為習慣所造成，因此本項相關各類型式實無明確的時代訊息，難
以據之推展並運用於甲骨斷代工作。

　　再者，花東甲骨為一坑（H3）所出，整理者認為其內「卜甲時代集中，是清一色的
"子"卜辭，故反映出來的鑽鑿形態相對比較單純，人們難以從 H3 卜甲本身整理出鑽
鑿形態發展的脈絡」。[675]然既屬時代相同的卜辭，則類型劃分時即應著重「共同點」，
始可能標記為時代特色，若仍執以「相異處」加以群分，則治絲益棼，不免模糊焦點。
鑽鑿形態在 I、II、III、IV 四型下，先分出 I$_A$、I$_B$、I$_C$ 三亞型，再析出 32 式；甲橋
型式在 A、B、C 三型下又分為 14 式，而鑽鑿排列則細別為 9 式，雖各類各型式之分析
深入詳細，但對時代相同的花東卜甲，其攻治特徵的理解實無太大助益，而所屬時代特
色之考察，勢將更加微渺與紛亂，並不容易有效把握。

　　另外，花園莊東地卜骨甚少，僅 25 版（其中字骨更僅 5 版），整理者謂其上鑽鑿
形態基本相同：

> 卜骨為牛肩胛骨，去其臼角。……卜骨經刮削後，在其反面施鑿灼、無鑽。胛岡
> 上的鑿一般為兩行，平行，灼均對著有臼角的一邊。鑿屬尖頭弧形鑿，短而肥，
> 長 1.2–1.4 厘米，寬 0.7–0.9 厘米。[676]

---

[674] 同上註，頁 1775。

[675] 同上註。

[676] 同上註，頁 1760。

相較於卜甲，花東卜骨上鑽鑿形態的考察較為粗略，亦不夠精確。如據上述，「肩頭弧形鑿」即是 I 型鑿，「長 1.2—1.4 厘米」即為 4 式或 5 式（主要是 4 式），兩者統合，僅能標成 I₄、I₅ 兩式，卻不知其 A、B、C 亞型為何？又，稽考《花東》所錄字骨 5 版，相關釋文所標註鑿形分別是《花東》115（Ⅲ₅式、Ⅲ₆式）、310（Ⅲ₄式）、311（Ⅲ₄式）、312（Ⅲ₄式）、422（I ʙ₃式、Ⅲ₃式），[677]竟無一符合「尖頭弧形鑿，長 1.2—1.4 厘米」者，著實令人詫異，亦顯見花東相關卜骨鑽鑿的探討仍有不足。

2. 《村中南》材料

村中南甲骨材料來源是 1986-2002 年間，於小屯村中、村南所發掘，雖非一時一地，但同質性高，故相關鑽鑿情狀的分析，乃併觀考察，不另作區分。總括而言，村中南甲骨鑽鑿形態的觀察與整理，可分為四項重點：鑿形、鑽形、鑿旁之鑽、骨面施鑿。其中鑿形可分為六型，具體特徵如下：

    I 型，「尖頭弧形鑿。腹部呈弧線形，頭、尾較尖」；[678]

    Ⅱ 型，「圓頭弧形鑿，腹部呈弧線形，頭、尾較圓」；[679]

    Ⅲ 型，「圓鑽中的鑿」；[680]

    Ⅳ 型，「長方形鑿。腹部略帶弧度或近直線，頭、尾平圓，也有少數成規整的長
         方形」；[681]

    Ⅴ 型，「鼓腹鑿。腹部呈弧線形，比較豐肥，頭、尾尖圓或平圓」、「從平面觀
         察，可以看到內、外二圈」；[682]

    Ⅵ 型，「不規則弧形鑿，腹部呈不規則的弧形，頭、尾尖或稍圓」；[683]

其中 I 型根據頭尾形態差異又分為 I A、I B、I C 三亞型，[684]各型各自根據鑿形長短又區分若干式，合計共得 25 式。[685]整理者指出，村中南甲骨之鑿型，I A、I B、I C 型

---

[677] 詳見上註，頁 1605、1688-1689、1724。

[678] 中國社會科學院考古研究所：《殷墟小屯村中村南甲骨》（昆明：雲南人民出版社，2012 年 4 月），頁 751。

[679] 同上註，頁 752。

[680] 同上註，頁 753。

[681] 同上註。

[682] 以上俱同上註。

[683] 同上註，頁 755。

[684] IA 型：頭、尾作針尖狀突出，即有"芒"；IB 型：頭部或尾部一端作針尖狀突出；IC 型：頭、尾均無針尖狀突出。

[685] I 型 A、B、C 三亞型，鑿各分 4 式：IA1、IB1、IC1 式鑿長在 2 厘米（含）以上，IA2、IB2、IC2 式鑿

鑿見於午組、自組和第一期甲骨；Ⅱ型鑿通常與Ⅰ型鑿共存，見於早期甲骨；Ⅲ型鑿見於武丁甲骨，武丁以後，並未消失；Ⅳ型鑿見於無名組與歷組甲骨，其中Ⅳ1、Ⅳ2式只見於無名組卜骨，Ⅳ3、Ⅳ4式則多見於歷組父丁類卜骨；Ⅴ型鑿多見於無名組卜骨；Ⅵ型鑿見於歷組父乙類與父丁類甲骨，並以前者（父乙類）為主。[686]

　　鑽形分有 A、B 二型：A 型為「大圓鑽中含小圓鑽」，B 型則指「單獨的圓鑽」。根據大小圓鑽相對位置，A 型可分為二式：A1 式「小圓鑽置於大圓鑽之中部」，A2 式「小圓鑽置於大圓鑽內之一側」；B 型則依直徑大小亦可分為二式：B1 式直徑在 1 厘米以上（含 1 厘米），B2 式直徑在 0.99 厘米以下。以上諸式，簡要圖示如下：[687]

型式	A1	A2	B1	B2
圖例				

圖 2-4-39：小屯村中村南甲骨圓鑽形態

以上二型圓鑽，整理者指出，A 型鑽前所未見，屬於新發現，而見於午組與第一期卜骨，顯示其時代較早；B 型鑽見於午組、自組、歷組和第一期卜骨中，其中所見午組卜骨為過去未有之例。[688]

　　鑿旁之鑽，依其外形與製法，分為 A、B、C 三型：A 型鑽製法是「先用輪開槽，然後再用刀加工，使鑽內側與鑿相連接。這種鑽外側呈弧線形，底部近外側，有一道溝痕」；B 型鑽製法是「用鑽子鑽成的，形制規整」；C 型鑽製法是「用刀挖成的」，[689]其中鑽徑 1 厘米以上為 C1 式，鑽徑 0.99 厘米以下為 C2 式。以上諸型式，簡要圖示如下：[690]

長在 1.6-1.99 厘米（含 1.6 厘米）、IA3、IB3、IC3 式鑿長 1.2-1.59 厘米（含 1.2 厘米）、IA4、IB4、IC4 式鑿長在 1.19 厘米（含）以下；II型鑿分 3 式：II1 式鑿長在 2 厘米（含）以上、II2 式鑿長在 1.6-1.9 厘米（含 1.6 厘米）、II3 式鑿長在 1.59 厘米以下；III型鑿分 2 式：III1 式鑿長 1-1.2 厘米、III2 式鑿長 1.4-1.55 厘米；IV型鑿分 4 式：IV1 式鑿長在 2.6 厘米以上、IV2 式鑿長 2.2-2.59 厘米、IV3 式鑿長 1.8-2.19 厘米、IV4 式鑿長在 1.79 厘米以下；V型鑿分 2 式：V1 式鑿長在 2.3 厘米以上、V2 式鑿長在 2.29 厘米以下；VI型鑿分 2 式：VI1 式鑿長在 1.9 厘米以上、VI2 式鑿長在 1.89 厘米以下。各型分式長度標準並不一致。

686 詳見中國社會科學院考古研究所：《殷墟小屯村中村南甲骨》，頁 759-760。

687 表內圖例，皆逐錄自《殷墟小屯村中村南甲骨》，「插圖二：小屯村中村南甲骨鑽之型式」，頁 757。

688 詳見中國社會科學院考古研究所：《殷墟小屯村中村南甲骨》，頁 756。

689 以上俱同上註。

690 表內圖例，皆逐錄自《殷墟小屯村中村南甲骨》，「插圖二：小屯村中村南甲骨鑽之型式」，頁 757。

型式	A	B	C1	C2
圖例				

圖 2-4-40：小屯村中村南甲骨鑿旁之鑽形態

鑿型不同，其旁之鑽形式亦有差異，一般而言，Ⅰ、Ⅱ型鑿旁都有鑽，Ⅳ型鑽旁大多無鑽，Ⅵ型鑿大都有鑽，而鑽面較小。[691]

骨面施鑿，依其鑿的排列和數量，可分五種：一列、二列、三列、四列、六列，其中一列者6例最多，二列5例次之，而三列、四列、六列各僅一例。村中南甲骨中，此施鑿習慣見於歷組、𠂤組、午組和第一期卜骨，其中午組之例屬於新的發現。[692]

整體而言，村中南甲骨鑽鑿形態的考察，對比既有的鑽鑿研究內涵，雖無明顯的不同，但確實較為深入，亦可肯定。然其成果後出卻未能轉精，仍有未備之處。

例如，《村中南》鑿形的分類近於《屯南》而有差別，異於《花東》且難對應，極不利甲骨鑽鑿類型學的建立與應用。如《村中南》與《屯南》皆將鑿形分為六型（詳前），其中Ⅲ、Ⅳ、Ⅴ、Ⅵ四型兩書大致相同，但Ⅰ型「尖頭弧形鑿」（《村中南》）與「弧形鑿」（《屯南》）已顯差異，Ⅱ型「圓頭弧形鑿」（《村中南》）與「尖頭直腹鑿」（《屯南》）更是根本的不同；而《花東》分為四型（詳前），除Ⅰ型鑿（尖頭弧形鑿）尚稱接近外，其餘與上述分類亦完全不類。

再以「Ⅰ形鑿」為例，《村中南》、《屯南》、《花東》三者皆針對其形狀特徵又分為三類，而《村中南》與《花東》定為ⅠA、ⅠB、ⅠC三亞型，《屯南》則別為Ⅰ1、Ⅰ2、Ⅰ3三式，其間分類標準已見不同。然即使同為「ⅠA、ⅠB、ⅠC」三亞型，各型特徵仍有差異，如《村中南》ⅠA型「頭尾作針尖狀突出（有芒）」，ⅠB型「頭部或尾部一端作針尖狀突出」，ⅠC型「頭尾均無針尖狀突出」；《花東》ⅠA型「頭尾作針尖狀（有芒）」，ⅠB型「頭尾稍尖，無芒」，ⅠC型「頭尾為尖狀，無芒，鑿旁有小鑿，兩弧形鑿並聯」，兩相對照，除ⅠA型內涵相同外，《村中南》ⅠC型應是《花東》ⅠB型，而《村中南》ⅠB型與《花東》ⅠC型並無法對應，只能以各自特徵視之，據此可知《村中南》與《花東》所謂「尖頭弧形鑿」者，其具體樣態仍有區別。

此外，《屯南》、《花東》、《村中南》鑽鑿諸型，多根據鑿長再進行分式，其中《屯南》各型所區分之諸式，其長短標準不同，頗為雜亂（詳前）；《花東》各型則分

---

[691] 詳見中國社會科學院考古研究所：《殷墟小屯村中村南甲骨》，頁 758。

[692] 詳見上註，頁 759。

成 6 式，並以 0.2cm 為一區段，標準統整一致，為類型系統化最佳示範；鉅料，其後《村中南》各型所分各式，分類標準竟又長短紛陳（詳前），無視《屯南》未備之處，重蹈覆轍令人不解。即使是為因應原始材料之實際狀況所需，《村中南》各式長短不一的分類標準，嚴謹不足，仍屬缺失。

以上諸書相關鑽鑿型式的建立，各自為政，未加統攝，以致型式內涵紛亂，難以令人適從。《屯南》型式初構，本無可厚非，然《村中南》晚於《花東》，卻未能予以精進並確立型式規模，以利後繼研究者參照討論，甚是可惜。

除上所述，《村中南》對於鑽鑿形態的觀察，特別標舉「鑿旁之鑽」一類，而其中之「鑽」製法有三：輪開槽後用刀加工者、鑽子鑽成者、用刀挖成者，三者性質大相逕庭，統稱為「鑽」，名實並不相符，以致現象之觀察雖細微，分類卻極為粗疏，尚待調整改善。另外，《村中南》整理者曾指出此類 A 型鑽「在本書的 I 型、II 型鑿之旁側相當常見，但因輪開槽較淺，而後來用刀加工較甚，鑽底的溝痕已看不到。但從鑽的外形看，仍可判斷其屬於此種製法的」，[693]間接說明「輪開槽」判斷依據是「鑽底溝痕」或「鑽外形」。前者毫無爭議，但後者的弧線形在無溝痕的情形下，如何與刀挖者區別，整理者未置一詞，難明其詳。其實，即使以輪開槽，若又用刀加工過甚，則外形與直接用刀挖成者並不易分別，換言之，所謂用刀挖成的 C 型，亦存有實為 A 型而刀挖過甚的可能性。如此一來，《村中南》甲骨「鑿旁之鑽」的考察，類型之分合，同樣須要調整改善。

第三節　類型斷代檢視

一、基本認知

關於考古類型學的建構，實源自並依附於考古年代的探究與發展，俞偉超指出：

> 考古學中的類型學，最初是為解決年代學問題而產生的。人們從排比錢幣、武器、工具、容器、裝飾品的形態和圖案的變化序列而開始了類型學的研究。直到現在，

類型學方法還主要被用來研究器物的演化過程。其實，這種方法不僅可研究器物的形態演化規律，人們製造的各種建築物（包括墓葬）、交通工具、服裝，乃至雕塑、書畫等等物品，都可以用它來研究其形態變化過程。[694]

蘇秉琦、殷瑋璋亦謂：

> 器物形態學是比較研究時常用的一種方法。它運用的範圍並不局限於對器物形態做比較研究。諸如居址、墓葬或其它遺迹的形制，都可以進行排比研究，從中尋找各種物質文化成分在歷史進程中變化的線索。器物形態學顧名思義，是對不同時代、不同文化或同一文化的不同階段、不同地區的器物就其形態進行排比，探索其變化規律的。無論陶器還是銅、鐵、瓷、石等類器物，都可以採用這一方法進行比較研究。[695]

由於類型學目的性強，在考古文化探索上運用層面極廣，舉凡「人類製造的物品，只要有一定的形體，都可以用類型學方法來探索其形態變化過程（當然也包括上面的裝飾圖案）」[696]，進而可考察其時代先後。

理論上，任何物品被製作成某種特定形態，必有其原因，俞偉超認為：

> 物品所以作成某種形態，主要是由其用途、製作技術、使用者的生活或生產環境、製作和使用者的心理情況或審美觀念這幾種因素所決定的。在歷史上的任何時間、任何地區、任何人們集團中，客觀存在的這幾種因素，總是綜合為一種特定的力量，決定著物品的特定形態。[697]

又謂：

> 在任何一個人們共同體內，已經形成的某一種綜合力量，會成為牢固的傳統，使得各種物品已經形成的形態具有相當的穩定性。如果這些因素基本無變化，已有的形態就會基本穩定不變；如果這些因素（哪怕是其中的一種）有了變化，物品形態一定會相應地發生變化。由於人類社會總的來說是不停頓地前進的，因此，

---

694 俞偉超：〈關於"考古類型學"的問題〉，《考古類型學的理論與實踐》（北京：文物出版社，1989 年 5 月），頁 6。

695 蘇秉琦、殷瑋璋：〈地層學與器物形態學〉，《文物》1982 年第 4 期，頁 5。

696 俞偉超：〈關於"考古類型學"的問題〉，頁 7。

697 同上註，頁 9。

這些因素總是不斷變化的，物品的形態也就不會在很長時間內穩定不變。[698]

蘇秉琦、殷瑋璋則更明確指出：

> （器物）按人們的需要而被製造。每個時代生產什麼器物，當然也受到某種條件
> 的限制，主要是受各時代的技術條件的限制。一般地說，器物的形制、款式，取
> 決於人們的生產、生活的需要，部分地受意識形態的影響。但即使同一用途的器
> 物，形制也可以有一定的差異。[699]

在在說明類型與時代關聯性相當密切。然實務上，器物各種不同的類型，並無法直接連
結不同年代，換言之，類型本身並無斷代功能，其斷代作用仍須藉助其它條件。曹定雲
即曾強調：

> 運用類型學進行考古斷代有一個重要前提：它必須以地層學為依據。例如，人們
> 將甲骨卜辭按字體，稱謂排出 A、B、C、D 四型，此四型中究竟是從 "A" 發展到
> "D"，還是從 "D" 發展到 "A"？我們必須要以已有的地層關係為依據，不能
> 憑空臆斷。而且，在發展 "系列" 確實之後，還必須接受新的地層關係的檢驗，
> 適時地加以修改和完善。在地層學和類型學的關係中，地層學是第一位的，是主
> 導的；類型學是第二位的，是從屬的，類型學依賴於地層學。[700]

俞偉超亦有說明：

> 物品的形態發展，存在著一個漸次而變的順序。但一種東西，如果有 A、B、C 三
> 個漸變的形態，孤立地觀察就可能是依 A、B、C 的順序而變，也可能是依 C、B、
> A 的順序演化。要判定它只能是 A→B→C 而不能是 C→B→A，除了有紀年性的物
> 品為依據外，按目前利用自然科學來斷定物品絕對年代的能力而言，還是要靠層
> 次關係來解決問題。就考古學的發展過程來說，首先引導人們去總結類型學原理
> 的，也是因不同地層中出土物形態有別的啟發。所以，在地層學與類型學的關係
> 中，歸根結蒂，地層學是具有決定性意義的。[701]

顯而易見，類型學的斷代意義是建立在地層學的分析上，換言之，考古地層早晚關係的

---

[698] 同上註。

[699] 蘇秉琦、殷瑋璋：〈地層學與器物形態學〉，頁 5。

[700] 曹定雲：〈殷墟田野發掘與卜辭斷代〉，《考古學集刊》第 15 集（北京：文物出版社，2004 年 2 月），頁 175。

[701] 俞偉超：〈關於"考古類型學"的問題〉，頁 11-12。

釐清與掌握，才是類型學發揮作用的關鍵。

縱使地層訊息密切影響著類型學的運用，然類型的區分卻非僅依地層學即能竟其功。趙東升即認為：

> 以地層學為基礎的類型學的排比，尊重了一個階段上歷史事實的演變，復原了一個階段上遺存的發展歷程，但如果這一階段正好歷經了文化的漸變、突變包括進步、退步以及人們的主觀意識的介入等種種現象，則與整個社會文化發展的規律性不相符合，也不符合類型學真正的內涵。[702]

又謂：

> 按地層編排器物，只是起到一種單位規範的作用，以免把器物搞亂，並不代表上層的東西晚於下層，而是在分型定式的過程中，多方求證，多方考慮，去粗取菁，去偽存真，以達到理想的效果。按地層把器物排列起來就認為完成了對器的類型學研究的作法是不可取的。[703]

對此，俞偉超早有提醒：

> 是否只要發掘時把地層關係搞清楚，就不需要再仔細尋找物品的形態差別而判斷其早晚關係呢？或者說，當地層關係搞準確，出土物所屬層位關係非常清楚以後，物品的形態演化過程就會自然顯現出來而不需要再花很大力氣去作類型學分析呢？完全不是這樣。即使得到了準確的地層關係，如果不對其中的包含物作認真的類型學分析，很可能搞錯其文化性質和相對年代。[704]

比如：

> 在有多層次的堆積的遺址中，晚期地層經常會包括早期遺物，如果不通過形態比較，把同一地層、同一遺跡單位中分屬不同年代、不同文化的遺物區分清楚，籠統視為同一時期的東西，既會誤訂某些遺物的年代或文化性質，連整個地層或遺跡的年代和文化性質都可能判斷錯誤。[705]

又或者，

---

702 趙東升：〈考古類型學的一點思索〉，《文物世界》2002 年第 6 期，頁 18。
703 同上註，頁 18-19。
704 俞偉超：〈關於"考古類型學"的問題〉，頁 11-12。
705 同上註，頁 12。

拿一個考古學文化的分期問題來說，層位關係只能說明堆積時間的早晚之別，一個期別的遺存，可以只有一層，也可能包括好幾個層次，而且一個文化在其發展過程中，總是存在著緩慢的漸變和急驟突變的差異，不依靠類型學，階段性的差別是辨認不出或確定不下來的。[706]

以上情形說明，儘管地層考察結果明確，但類型學的分析工作仍非線性般單純，各種遺存現象紛陳糾雜，以致類型劃分與系統建構，並不易如預期般明確、精準而毫無可疑，因此據以導論立說者，運用上尚須謹慎。

綜上所述，「類型學」的建構與運用，固然是考古學推敲與判斷時代的重要方式，然其系統並非原生既存，必須經過大量資料的比勘與分析而成，因此若有新出資料未能與之相符，則其具體分類內涵即應全面檢視調整，而其標記的相關年代亦將有所變動。簡言之，相較於「地層學」體系建構屬於硬性，上下先後不易混淆，相關時序資訊有其絕對性，而「類型學」序列發展顯然屬於軟性，新材料新事證的出現，輒須有適度的調整，故其斷代功能僅能位居次要，無法據以一錘定音。

二、 分類局限

考古器物分類的意義，蘇秉琦、殷瑋璋指出：

> 人們依據自己的需要而製造的器物，它們的形制雖然存在差異，但是因人們需求的一致性而表現出來的共同性却是主要的方面。對任何一個考古學文化來說，在一個時期內製造的器物，它們的形制相對穩定並具備共同的特點。不同的文化（型）之間，則因創造這些文化的人們的生產方式、生活方式有別，器物在形制方面必然有所不同。[707]

同時又認為：

> 陶器是古代先民日常使用的器物，在遺址中出土的數量最多，變化也比較快，從形制、紋飾以至陶色、陶質等方面，都易於反映不同時代、不同階段或不同地區間的差異，能較突出地反映某一文化的特徵。所以，陶器可以成為我們識別不同

---

[706] 同上註，頁12-13。
[707] 蘇秉琦、殷瑋璋：〈地層學與器物形態學〉，頁5-6。

地區、不同時期及不同類型文化遺存的可靠而有力的科學依據，在掌握了它的形制變化規律之後，就為與它共存的其他遺物的研究提供了方便，在地區的差異、年代的區別上，都起著標兵的作用。[708]

以上所論雖清楚揭示類型學建構的基礎，但言及器物相關之特徵，亦間接顯露類型學運用的問題。

（一）特徵擇取

首先，考古遺存的類型學分析，具體工作是在確定器物的器別之後，進行每一種器別形態差異的比較，俞偉超謂：

> 把形態基本一致的東西定為一個式別（也往往稱型別），個別較特殊的、不宜與其他東西劃為一個式別的，訂為異式（或異型）。各式別的號碼次序，有的是表現一個形態的演化順序，有的則是任意的。這種劃分法，如果進行得很仔細，可以為別人提供一個分析全部器物形態變化序列的條件。[709]

然形態的區別，應以明確的特徵為依據，非靠直觀，而所得各型各式，即當為器物特徵差異的標記。因此，器物類型區分的關鍵，不在器物形態相似程度如何，而在於確立某種器物特徵才是有效的分類標準。

以陶鬲分類為例，鄒衡謂：

> 殷墟的分襠鬲，若按其領部的不同，又可分為矮領、高領、束領和斂領幾種；其中分襠矮領鬲最常見，今命為 A 型。依其腹部的不同，又可分為 2 支型：
> Aa 型　斜腹或腹壁近直，侈緣或翻緣，方唇或唇上折，錐足根。
> Ab 型　腹壁略呈球面外鼓，足向內收，其他特徵同於 Aa 型。
> 再依其外形的方扁、足根和襠部的高矮，以及陶胎的厚薄和繩紋的粗細等，可把這兩個支型分別分為 7 式。[710]

總上，鄒氏將分襠矮領鬲分為 2 型 14 式，而相關特徵則僅以「分襠矮領陶鬲典型標本

---

708 同上註，頁 5。

709 俞偉超：〈關於"考古類型學"的問題〉，頁 5。

710 鄒衡：〈試論殷墟文化分期〉，《北京大學學報》1964 年第 4 期，頁 41。

統計表」[711]例之，陳暢綜合其說另製簡表如下：[712]

型	亚型	特 征			式	特 征						
						全形		足根			档部	繩紋
		腹	緣脣	足		外貌	通高/器寬	外貌	占通高%	制法		
A	Aa	斜腹或腹壁近直	侈緣或翻緣，方脣或脣上折	惟足根	I	長方	1.15	尖錐	16.8	另作后安		中
					II		1.04		15		较高	
					III	方	0.98	肥胖	13			粗
					IV		0.92	粗矮	9		中	
					V	扁方	0.78		11			
					VI	扁	0.72	小尖	0.3	随即捏成	低	
					VII		0.68	无	0		最低	
	Ab	腹壁略成球面外弢		足向内收	I	方	1.03	尖錐	13.5	另作后安	较高	中
					II		0.94	肥胖	11.5		中	
					III		0.83		11			粗
					IV	扁方	0.8	粗矮	10		较低	
					V		0.75		10			
					VI		0.72		0.3	随即捏成	最低	粗
					VII	扁	0.66	小尖				
		其他特征同 Aa										

依鄒氏所述，陶鬲分類的標準至少涉及「緣、脣、領、腹、足、胎壁、繩紋」等特徵，以之作為器物形態的描述，訊息大抵完備，但統括作為分類依據，則有主從不分之失，顯得紊亂。

依鄒衡所分，上述 Aa、Ab 兩型矮領鬲根本之差異，在於「腹部的不同」，但鄒氏在特徵描述中，Ab 型又特別強調「足向內收」為其特徵，以致矮領鬲 Aa、Ab 兩型的區別有「腹」與「足」兩項標準可用，兩項標準將有四種組合，[713]其中「斜腹足內收」、「鼓腹足未內收」二者，將無型可屬，而即便此二者實務中尚未得見，但在分類上仍有所不足。

同樣的問題亦存在各式的分類標準。據前表所列，A 型各式矮領鬲區分之特徵含括「全形、足根、襠部、繩紋」四項，其中「全形」另分「外貌」與「通高/器寬」兩項，「足根」則分「外貌、占通高%、製法」三項，總和觀之，矮領鬲各式區分之特徵依據已見七項之多，而各項特徵又有二至七不等的形制細目，從分類標準來看，頗為繁複，並不利於型式判定。如「全形外貌」有「長方、方、扁方、扁」四種形態，「足根外貌」有「尖錐、肥胖、粗矮、小尖、無」五種形態，暫且不論各形態差異的具體界線為何，單以粗略劃分的「外貌」為準，即有多達廿種組合情形，已非 I 至 VII 七式可輕易統括，

---

711 詳〈試論殷墟文化分期〉，「表一：分襠矮領陶鬲典型標本統計表」，頁 42。

712 迻錄自陳暢：〈試論考古類型學的邏輯與原則〉，《華夏考古》2006 年第 1 期，「表 12：分襠矮領鬲」，頁 92。

713 分別是：斜腹足未內收、斜腹足內收、鼓腹足未內收、鼓腹足內收。

更何況各式尚有其他特徵待論,如此紛雜的特徵組合,雖足以清楚標記個別器物的形態樣貌,但卻無法有效區別其中各式器物的先後年代。因此,欲以類型學提供的材料作為分期的依據,勢須先將器物各項特徵區分出主從,換言之,其分類特徵應有「主要標準」、「次要標準」或「參考標準」之類的輕重差別,據此始能建立有效的分類標準,進行可資斷代的型式區分。

　　眾所周知,「類型學也不是單純依靠形態特徵,這種特徵很難概括或代表一個文化機體的性質、特點和變化,還需要更豐富的資料,採用多重標準進行分期和分類,比如紋飾、材質、製作技術、功能、重量、時代等」。[714] 儘管如此,單就形態特徵而言,目前所見相關器物型式之區分,亦尚未有明確、劃一的分類標準,多數似乎仍著重在器物形態特徵的綜合描述,不分輕重,以致型與型、式與式之間,其差異常無法彰顯,而論者各取所需以辨異同,自是難以聚焦,本文前述以器物形態比較質疑地層年代,相關持說即能反映現行器物分類之不足。

　　甲骨斷代工作中,以字體進行分類分期是目前的主流模式,其立論基礎即是類型學的運用,同樣會面臨特徵擇取的困窘。如黃天樹認為:

> 理想的分類本來應該按甲骨本身字體的特點來分類,使分出的類儘可能恢復其原貌,但是,字體並非一成不變,情況錯綜複雜。對同一種現象,由於各人觀察上有出入,有時會作出不同的分析。因此,所分出的類與實際情況就不一定相合,這是甲骨分類難以掌握之處。……按理說:分類應儘可能先細分成小類,然後把字體等特徵比較相近的小類再逐次歸併為大類。這裏又涉及到把類的範圍大小的界線劃在哪兒比較合理的問題。[715]

顯而易見,分類合理與否,完全取決於特徵擇取是否適當,而擇取適當特徵並不容易,因此分類結果自難面面俱到。針對黃氏分類,崎川隆評說:

> 對特徵性字體來講,幾乎沒有對個別文字字體進行細緻的分析和其特徵點的詳細說明,也沒有對每個特徵性字體的形態特徵作出嚴密定義。……分類中對文字的字形只是列舉了個別的具體的例子,而在具體例子中卻幾乎沒有說明在哪裡有哪種共同特性。也就是說,對個別字的文字形態的觀察、描述不足,同時又沒有進行從大多個別具體的事例中歸納出一般的特性這種類型設定之根本的操作。

---

714 趙東升:〈考古類型學的一點思索〉,頁 18。

715 黃天樹:《殷墟王卜辭的分類與斷代》(1991 年版),頁 11。

因此，作為當然的結果，類型的定義變得極其曖昧，進行嚴密、詳細的定義變得很困難。[716]

崎川氏所論一針見血，然此弊非黃說所獨有，但凡從事字體分類者，對此幾乎皆難倖免，即如崎川氏自身所為，其說亦有未備（參前），由是可知特徵標準擬定之不易，同時亦見分類工作局限之一斑。

（二）區分界隔

器物類型的區分工作，除選定若干器形特徵作為分類標準之外，更重要的是將相關特徵樣態作有效的區隔，如此型式的劃分始有意義，然實務上器物特徵形態的有效區隔並非易事，不同特徵交雜現象時有所見，由之亦可體現類型的分類局限。

以陶鬲分類為例，鄒衡對其特徵形態的觀察與描述大致完備（參前述），但儘管如此，吾人對陶鬲型式之劃分仍難以有效的理解與掌握。如鄒氏以腹部特徵分「分襠矮領鬲」為 Aa、Ab 兩支型，前者腹形「斜腹或腹壁近直」，後者則「腹壁略呈球面外鼓」，然佐以鄒氏例舉圖錄觀之，殷墟文化第二期第 2 組所列出自司一〇兩鬲（下圖之 1、2），分屬 Aa、Ab 型，但其腹壁皆略有外鼓的情狀，差異並不大，界分模糊；而第三期第 5 組的 YIX4 腹壁亦外鼓明顯（下圖之 3），與斜腹直腹型體差距較遠，卻列為 Aa 型，顯示此一器物特徵區別度並不清晰。換言之，以腹形特徵所作的分類，觀其描述似有所區分，據其實形竟不易兩清。李科威曾謂「類型學通過類比操作得到序號框架，這個序號框架又只能通過類比操作進行校準，很難做到切實確認」，[717]可見類型的操作有其限制性，著實難以精準而無所誤差。

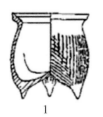  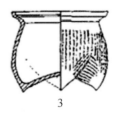

圖 2-4-41：陶鬲三例形制比較圖

---

[716] 崎川隆：《賓組甲骨文分類研究》，頁 5-6。
[717] 李科威：〈考古類型學的原理和問題〉，《東南文化》1994 年第 3 期，頁 4。

此外，鄒衡分襠矮領鬲的分類，全形外貌方面特徵尚有「長方、方、扁方、扁」的區別，僅就用名來看，長方、方、扁方、扁諸形確實有別，但細究其異，卻難明其分際，鄒氏於此實以「通高/器寬」數值作為區分，頗為可參，然可惜的是，其例「長方」數值1.15，「方」數值有1.04、1.03、0.98、0.94、0.92，「扁方」數值有0.83、0.80、0.78、0.75，「扁」數值有0.72、0.68、0.66，雖相關數值不相雜廁，仍缺乏明確的界線，嚴整性不足。足根外貌的分類也有相同的問題，所謂「尖錐、肥胖、粗矮、小尖」等稱已屬主觀認知，不易標準化，雖有「占通高%」之數值為參，但同樣界線不明，分類的效度並無因此提升，何況還存有同樣的百分比值（11.0）竟分屬不同外貌類別（粗矮、肥胖）的情形，在在凸顯器物特徵區隔定型之不易。

上述分類型式的混雜，源於式與式之間並無有效的分隔標準，至於型與型之間的差異雖較為顯明，似應相對容易區別，但其實各型間之關聯或有或無，或疏或密，或簡或雜，無法一概而論，又「正像任何事物都有因果關係那樣，物品被做成某種特定形態，一定有其原因。決定物品形態的原因，有些方面非常抽象，要十分具體地說清楚它是很困難的」，[718]因此有效的釐清仍非易事。

一般而言，基於器物的發展有其連續性，故相關特徵的觀察描述常須兼顧並符合其序列，然這些特徵與器物演進的關連並無絕對性，蘇秉琦、殷瑋璋對此曾加以說明：

> 不能把器物形制的變化理解為如生物進化那樣，存在什麼自身演化發展的必然性或有什麼量變到質變的規律等等。因為兩者是完全不同的事物。生物的生存、發展和變化受自然條件（生態學）的制約，外因通過內因而起作用，表現出由量變到質變的過程。器物則不同，它們按人們的需要而被製造。每個時代生產什麼器物，當然也受到某種條件的限制，主要是受各時代的技術條件的限制。……但即使同一用途的器物，形制也可以有一定的差異。在特定的情況下，只要人們喜愛，外來的或古代的東西也可以被仿造。因此，器物的製造，舊器形的淘汰，新器形的出現等，與一個時期人的和社會的因素直接相關，而與器物本身或自然界的因素未必有直接關係。[719]

據此可知器物特徵產生差異，非必屬線性的改變，然目前針對同器物不同形態的考察，仍多以個別特徵承啟之關聯性為重點，面對各形態間特徵的交錯情狀，僅能以過渡現象

---

[718] 俞偉超：〈關於"考古類型學"的問題〉，頁7。
[719] 蘇秉琦、殷瑋璋：〈地層學與器物形態學〉，頁5。

視之，顯然過於簡化，在未能探究各形態間彼此是「同時共存而互相影響」，或者是「前後相承而逐漸演進」的情形下，相關的觀察則難免偏頗。又，即使過渡現象是客觀的存在，將其提出並具體分析，或可補充兩端不同類別型式的關聯，但同時卻也間接說明該類型的劃分工作實不完備，坐實「類型學從推理性質看，具有很大的盲目性；從結論性質看，具有很大的或然性」[720]的類型學原理缺陷。

類似的窘況，甲骨字形的類型學分析亦無法完全迴避，如崎川隆進行賓組卜辭分類時指出：

> 以往研究所採取的分類框架中，賓組卜辭界線分明地被劃分為師賓間組、賓組一類、典賓類、賓三類這四個類型。但是，如上文所述，賓組甲骨文中字體變化連續性很強，同時字體多樣性也很豐富，很難用明確的界線來進行劃分。因此如果採取這種強行的方法來分類的話，雖然適用於典型資料，但是對具有中間過渡性質的資料進行歸類時，卻會遇到很大困難。……只是對典型例進行了分類，所以關於具有中間過渡性質的資料的歸類問題沒有充分暴露出來。[721]

故其具體分類工作，在一般所見的賓組各類卜辭之外，又增列若干過渡類別，然後又將相關類別卜辭中區分典型、非典型之別（詳前）。總體來看，崎川氏欲將賓組卜辭作有效精確分類的企圖明顯，然因類別界線明確性尚屬不足，儘管崎川氏對於過渡現象與非典型現象已有覺知與掌握，但其分類結果仍難脫治絲益棻之弊。朱鳳瀚曾謂「字體（指字形結構、書體）雖可用來作分類標準，但標準不特別明朗，字體的差異在不少情況下要靠對卜辭文字特徵的熟悉來體會，操作性較差」，[722]同樣認為以字體作為依據，並非有效率的分類工作。

從類型的標準性來看，器物外形特徵的區分遠較字體特徵區分更有意義，前者的改變常「由於製造器物的工藝技術不斷改進，或由於社會的變革，人們的生產、生活方式發生變化，以及地方性差異等原因」，[723]此種變化大多由粗而精，不僅穩定緩慢且不具可逆性，多有規律可尋，而字體書寫習慣或風格的轉變並無類此特性。張世超曾謂「我們是不贊成將甲骨契刻文字的歸分研究完全等同於古器物或其他古代遺存的類型研究的。文字的刻寫是一種複雜的社會活動，有它自己獨特的規律，將其簡單化的認識容易

---

[720] 李科威：〈考古類型學的原理和問題〉，頁 4。
[721] 崎川隆：《賓組甲骨文分類研究》，頁 48。
[722] 朱鳳瀚：〈近百年來的殷墟甲骨文研究〉，頁 122。
[723] 蘇秉琦、殷瑋璋：〈地層學與器物形態學〉，頁 6。

導致錯誤的推論」。[724]換言之，器物形制在一定的時空區間中，所見特徵較為一致，變化有限；而字體處於相同的時空區間，字形結構或不更變，書寫風格則難以劃一，其差異雖不至千變萬化，但若干不同書體共存亦屬基本現象。因此若單以表面形態進行考察，多樣字體之相互關係交雜糾葛，分界難明，皆不易形成有效的分類基準，是字體分類工作極大的局限所在。

（三）年代推定

考古文物的類型區分，其主要目的在於推斷文物年代。同一種器物歷經不同時代而有不同的形態特徵，此等不同的形態特徵，理當有其代表性，據之自能訂出明確的類別型式，而通過各型式特徵關聯的探求，即可推判器物所標記的文化年代。然實際操作上有其局限，俞偉超認為：

> 搞清楚了物品的形態變化順序，自然就能根據這個順序中的位置來確定某一個物品、某一群遺迹或遺物、某一個文化期別的相對年代。但考慮這個問題或是進行某個具體工作時，必須清醒地認識到：類型學的這種研究，就方法論本身最基本的能力來說，主要在於能夠找出物品形態變化的邏輯過程，而不一定是歷史的具體過程。[725]

且單純的器物形態分析並無法確知其發展方向，勢須其他條件輔助始得探究，對此俞氏則強調：

> 各件器物之間，即使是同一器別的，由於古代都是手工製作，總是有差別的；如果差別達到可以別分為不同式別的程度時，往往有若干差別點。應當考慮到有些差別點是偶然發生的，有些差別點則正位於演化的軌道線上，區分式別時就是要找到演化軌道線上那個前後兩階段軌道的連接點。當把若干式別連成一條長鏈時，這個序列的順序，既可能是從長鏈的這一頭到那一頭，也可能是從從那一頭到這一頭。單純從長鏈本身的漸變過程來考慮，先後次序是難以確定的。[726]

說明辨識器物演化發展方向，「還是要靠層次關係來解決問題」，因此「在地層學與類

---

724 張世超：《殷墟甲骨字迹研究──自組卜辭篇》，頁 14。

725 俞偉超：〈關於"考古類型學"的問題〉，頁 9。

726 同上註，頁 9。

型學的關係中，歸根結蒂，地層學是具有決定性意義的」。[727]換言之，器形演變的考察尚須以地層關係為基準，運用類型學分析的材料年代，「它只能提供一個假設的邏輯上的年代秩序，而這並不一定是真實可靠的，需要與地層學的研究配套使用」，[728]始能證實此一年代秩序的可信性。

儘管驗證類型學研究成果必須依賴地層學訊息，但以「類型與地層」相依關係而論，應是先「以地層為標準，把遺存按地層的早晚排成一定序列」，抑或是「在進行類型學的研究時，不附加地層學的因素，而最後再把研究結果與地層相對照」，[729]兩者涉及研究方法不同，其所推斷相關文物的年代亦未必一致，是非得失恐須再深論。目前器物類型分析工作，多以前者方式進行，即先按地層分置，再予分型定式，而「這種按地層編排器物，只是起到一種單位規範的作用，以免把器物搞亂，並不代表上層的東西晚於下層」；[730]另，考古實務上「當兩種文化遺存迭壓時，上層堆積中包含少量下層遺物是常見的。造成這種情形的原因很多：有的是前一代的器物遺留到了後代，或者因後來的居民在那裏活動時擾亂下層堆積而混入；有的是因發掘工作做得不細而混入，或者與層位劃分不當有關」，因此相關地層考察工作首要之務當先將出土材料辨識清楚，「不能把相混的層位劃為單獨的層次，把本來相混的東西說成是既有下層文化因素，又有上層文化因素的"過渡形態"，作為甲乙兩種文化之間有直接發展關係的"地層證據"」。[731]以上所述可說明地層學訊息並非絕對，其作用雖然重要但過分強調亦無必要。

此外，考古地層層次的探索亦非線性單純，「因為有的文化遺址在發掘時地層搞錯了，或者本來就不是原生地層」；[732]又如前及俞偉超所指出的情形：

> 在有多層次堆積的遺址中，晚期地層經常會包括早期遺物，如果不通過形態比較，把同一地層、同一遺迹單位中分屬不同年代、不同文化的遺物區分清楚，籠統視為同一時期的東西，既會誤訂某些遺物的年代或文化性質，連整個地層或遺迹的年代和文化性質都可能判斷錯誤。[733]

或如蘇秉琦、殷瑋璋的提醒：

---

[727] 以上俱同上註，頁 11。
[728] 趙東升：〈考古類型學的一點思索〉，頁 17。
[729] 以上俱同上註，頁 18。
[730] 同上註。
[731] 以上俱同蘇秉琦、殷瑋璋：〈地層學與器物形態學〉，頁 4。
[732] 趙東升：〈考古類型學的一點思索〉，頁 18。
[733] 俞偉超：〈關於"考古類型學"的問題〉，頁 12。

地層學所反映的上下兩個迭壓層次之間有時間早晚，確切地說，僅僅是對這兩個
有迭壓關係的層次而言。假如這兩個迭壓層分屬不同的考古學文化，譬如說，甲、
乙兩個文化（型）各包含早、中、晚三期遺存，揭露的地層關係僅是甲文化（型）
的早期堆積被乙文化（型）的晚期堆積所壓，那麼是否能說甲文化（型）一定比
乙文化（型）早呢？顯然還需作具體分析。[734]

皆在說明地層關係釐清與相關年代先後考定的複雜性，並非「上晚下早」所能完全概括
定論。總之，就考古文化年代的探求而言，地層關係只能說明遺物堆積時間的先後，並
無法確知個別遺物時代的早晚，若相關層位認知不足，甚至有所誤解，其提供類型學分
析之訊息即難以依恃，而據以所定時代亦恐不確，由是可窺知類型學發展受限於地層學
作用之大概。

以器物類型推斷年代，即使地層關係掌握精確，釐清同一層次中器物混雜的共存現
象，可能會是另一項難題。針對器物遺存情狀，俞偉超認為：

大量物品的新、舊形態，總是存在著一定的並存時間，在其並存時間內，某些遺
存中甚至會有交錯出現或前後顛倒的現象。在物品形態變化的總過程中，新、舊
形態的替代是不會顛倒的，但就其中的一段局部時間來說，發掘者得到的可能只
是晚期單位中保留的早期現象或是早期單位中剛剛出現的新現象。所以，忽略了
新、舊形態的並存或交錯出現的可能性，就經常會因這種現象而困惑，甚至會作
出顛倒演化順序的判斷。[735]

從共存器物使用時間的共同性來看，相較於推敲「突然廢棄作坊的堆積」、「墓葬所見
的成組隨葬品」、「突然廢棄房舍內留存的成批器物」、「灰坑廢棄後堆積進去的東西」
等諸多形式的遺存年代，地層所見者將更形複雜，因為「一個地層內的共存物品，其共
同性就可能有較大距離。這不是指晚期地層中混雜早期遺物而言（灰坑中也有這種情形，
不過比例要小得多），而是因為一個地層形成的時間，往往會比較長」，若地層涵蓋年
代久遠，其間所見器物的年代跨度亦會較長，含括的變數較多，相關器型年代的考察工
作恐難免糾雜，何況還須注意，「發掘時得到的共存關係，特別是在遺址中得到的，並
不能準確說明各種物品產生時間的共同性，而是說明了拋棄時間的大致共同性」，[736]且

---

[734] 蘇秉琦、殷瑋璋：〈地層學與器物形態學〉，頁 2-3。

[735] 俞偉超：〈關於“考古類型學”的問題〉，頁 9。

[736] 以上俱同上註，頁 14。

儘管「器物形態與組合有眾多相似點時，並不就一定是同一時代或受同一文化一脈相傳的影響」。[737] 凡此，在在顯示共存器物共同性的辨析並非易事，而其必然對以類型學推定時代的結果產生關鍵影響，不可不慎。

除上所論，類型學斷代作用的有效發揮，尚須留意器物訊息的傳遞環節。李科威曾指出：

> 確定遺存的相對年代，要靠器物特徵之間的相似性傳遞斷代信息；確定遺存的文化屬性，也要靠器物特徵之間的相似性傳遞文化因素信息。傳遞的方法主要是間接方法，很難否認間接方法的某些合理內涵，正是由方法的間接性開拓的 "自由空間" 使得人們類比聯想得以隨意滋生。[738]

說明以器物類型進行斷代的可變性，而其可靠程度取決於傳遞點的多少，「單個或少量文化特徵不能作為整體文化信息的載體，相似的文化因素可以出現在不同的文化中，僅當文化因素質和量的符合度超過某一比率，我們才能依據大數定律作出某種程度的判斷」，[739] 若僅就器物的某些特徵相同即判斷器物時代相同，恐非正確的結論。

類比式的相似性傳遞，是類型學建構斷代功能的基礎，其操作重點除掌握有效的傳遞點之外，傳遞環節銜接的合理性亦不可輕忽。李科威謂：

> 類型學方法經常通過相似性的傳遞達到自己的目的，當傳遞的環節較多時，尤其是異器和器物的異位傳遞時，使相似特徵間的耦合間距擴大。……比如通過鬲足傳來的斷代信息，卻通過鬲沿或鬲襠的特徵被取走，這時傳遞的積累誤差足以使問題走向反面。[740]

類此多部位的傳遞點變換，容易使分析工作走入傳遞迷宮，進而造成傳遞環節的混亂，極不利於類型學功能的發揮。

綜上所述，考古類型學在文物年代推定上的作用，易受到地層關係考察的準確性、同出器物形態的混雜度以及器物特徵傳遞的合理性等因素所影響，而甲骨斷代工作的類型學運用自是不能例外。如根據《小屯南地甲骨》的地層分析，可以確立「無名組卜辭（第一類卜辭）→歷組二類（第二類卜辭）→歷組一類（第三類卜辭）」的先後關

---

[737] 李科威：〈考古類型學的原理和問題〉，頁7。
[738] 同上註，頁5。
[739] 同上註，頁6。
[740] 同上註，頁7。

係，[741]然林澐則認為「蕭楠同志所堅持的地層證據，並非不容置疑」，[742]同時質疑：

> 根據這次發掘的層位現象來判定各類甲骨的年代，只能說某類甲骨出于早期堆
> 積一定是早的，如說某類甲骨不出于早期堆積就一定是晚的，就很不保險。在
> 這次發掘中，連典型賓組卜辭都不出于早期和中期一組堆積，却出于中期二組
> （H47 的《屯南》2113）及晚期（H57 的《屯南》2390）堆積中，如果根據這種
> 現象來論證典型賓組卜辭中的父乙也是指武乙而將其定為文丁卜辭，難道是可
> 信的嗎？[743]

並表示：

> 實際上，我們如果試圖將這一字體連續演變的序列再向兩頭伸展，就可以看出：
> 歷組一類是通過白歷間組而跟地層上已確證為武丁時代的白組相聯系的，無名組
> 則是和公認屬于乙辛時代的黃組卜辭相聯系的。[744]

其主張「歷組一類（第三類卜辭）→歷組二類（第二類卜辭）→無名組卜辭（第一類卜辭）」的演變序列，與《小屯南地甲骨》所論完全相反，足以說明地層關係在甲骨斷代運用上的局限。

再如，針對小屯南地灰坑根據出土遺物來區別時代早晚的結果，林澐曾批評其不足：

> 蕭楠認為，在這次發掘中，以《屯南》648 為代表的那部分無名組晚期卜辭只出
> 于小屯南地晚期地層。而且只注意了它們和黃組卜辭相似的一面，就判定它們「屬
> 于帝乙」。所以斷言小屯南地晚期堆積「已進入帝乙時代」。但是，出有這種卜
> 辭的 H57，在原發掘簡報中是定為「中期」堆積的，在《小屯南地甲骨》前言中
> 才改定為「晚期」。然而由于分類上的疏忽，似乎沒有注意到有個被 H57 所打破
> 的 H85 中，《屯南》2617 也是這種卜辭，在《前言》中仍把 H85 定為中期二組堆
> 積。[745]

又謂：

> 按照這種方法，如果發現 H85 中的《屯南》2617 在字體上也是「屬于帝乙或接近

---

[741] 詳中國科學院考古研究所：《小屯南地甲骨・前言》（北京：中華書局，1980 年 10 月），頁 20-21。

[742] 林澐：〈小屯南地發掘與殷墟甲骨斷代〉，頁 132。

[743] 同上註。

[744] 同上註，頁 133-134。

[745] 同上註，頁 140-141。

帝乙時代的卜辭」，又將如何處理這個灰坑的期別判定問題呢？既然甲骨和陶器都可以作為判定期別的依據，就可以有多種選擇了。比如，可以單根據陶器把 H85 定為中期二組，而因為共存的甲骨中已經有字體屬于武乙〔按：帝乙之訛〕的，得出中期二組堆積的時代下限也已經「進入帝乙時代」；也可以單根據《屯南》2617 應屬晚期而把 H85 定為晚期堆積；甚至可以因為 H85 既然有晚期甲骨而說它出的陶器也應劃歸晚期的陶器。[746]

林氏本意雖仍在地層分析的辯駁，但其所言卻同時說明，出土遺物交雜共存現象對年代判定的干擾，凡此若未加仔細深究，結論恐有錯誤之虞。

此外，林澐對於卜辭字體分類的原則，明白指出：

> 對於不記卜人的卜辭進行分類，除書體之外，主要只能根據特徵性字體的組合關係。由于每一片卜辭上的字數有限，特殊字形和用字習慣的組合關係是根據許多同版關係轉輾聯系而推定的。比如 A、B、C、D 共見一版，A、B、C、E 共見一版，則可認為 A、B、C、D、E 都是共組的特徵字體，如果 A、C、E、F、G 又共見一版，就可能把 F、G 也歸入該組的特徵字體。這樣連續推演下去，勢必有一個把界限劃定在何處的問題。[747]

大致而言，在同版卜辭當屬同時之物的前提下，特殊字形 A、B、C、D 者既同版共見，視為同時自無疑義，以之作為某類組卜辭特徵亦無可議，因此卜辭的字體分類工作，大多依循此一基準進行。然「殷墟甲骨文分類的前提，實際上是對特徵字形設定的問題」，「這些特徵字大都存在著"構形變化"、"設定早晚"、"使用寬窄"以及"是否直接影響分類"等現象」，[748]根據上述林氏所稱，儘管 A、B、C、D 可為一類，A、B、C、E 可為一類，A、C、E、F、G 可為一類，若 B、D 始終未能與 F、G 共版，則此三類的存在，並無法直接系聯 A、B、C、D、E、F、G 為一類，因此 A、B、C、D、E、F、G 的時代亦非必為同時。林氏持說所涉及者，其實就是字體特徵相似性的斷代信息傳遞，當傳遞的環節較多，尤其是在不同版之間傳遞時，相似特徵間的差距將會被擴大，若忽略不計，又無明確有效的框限，輾轉推演極可能誤導相關卜辭時代的推定，自當須要多加審慎。

---

[746] 同上註，頁 141。
[747] 同上註，頁 127。
[748] 以上俱同王建軍：〈賓組甲骨文"分級劃類"問題研究〉，《殷都學刊》2014 年第 3 期，頁 70。

三、 施用問題

（一）字體分類的困境

1. 文字特性

文字是殷商甲骨被發現重視的主要因素，也是甲骨學開展的基礎，因其具有明確的外顯形態，任何甲骨接觸者皆能一眼感知其形體大小、線條曲直、結構繁簡之差異，因此就文字形體特徵進行卜辭區別、分類、運用，是甲骨研究工作遲早必定開展的途徑。

從類型建構的角度看，甲骨刻辭字體的分類，並無法比照陶器型式的分類，簡言之，兩者是特性有別的分類工作。陶器器形多半反映其器用，有所企用始塑成其形，因此出土陶器種類雖不算少，但各類的器物形態卻有相當的一致性，且吾人據以觀察分類的器物各部位，其組成亦大致相同，罕見形制特異之器，若其器用未有改換，則該類器形亦不會有劇烈的變化，如此特性亦提供考古實務上，可根據殘片復原該器物形態的機會。

以甲骨而言，能對應陶器各處形態者，其實是龜甲與牛骨本身的部位樣態，與其上刻辭並無所涉，而卜辭字體的性質應近於陶器上之飾紋，兩者不同處在於前者線條即筆劃，任何組成皆有特定意義，後者線條則無論粗細、長短、直斜，相關組合構成幾乎皆不具實用，純屬制式裝飾或美感呈現。

一般認為，陶器的製作與紋飾的刻畫，多須按照某些工藝規範以及固定步驟執行，甚或運用某些技術始能成形，即使大量製造，個人色彩亦難凸顯，而相關規範或技術對應的時代性較強，意即不同的規範與技術所標記的時代可能是不一致的，因此不同型式的器物或紋飾，其分屬為不同時代產物的可能性較大。然文字的刻寫與上述情形有所不同，為能有效表意，線條（筆劃）的組合必須準確，本不得隨性施作，其嚴謹度當更勝於紋飾的製作，但弔詭的是，文字需要的是「理解」，而非「美觀」，因此在字義被正確理解的前提下，筆劃或長或短、或曲或直、或增或減，乃至形體端整或歪斜、成熟或稚嫩，皆可無視，甚不足道也。值得注意的是，類此字體異形的現象，多數可歸責於書寫者個人習慣，書寫者間雖可能相互影響，但稱不上時代風尚，換言之，不同的字形結構或書體風格，極可能是由不同的書寫者所造成，而不同的書寫者則未必身處不同時代。

再者，文字的書寫遠較陶器製作簡單，變異性自然也高。舉例來說，在工藝課上，學生遵照老師指導，進行裁切、組裝、上釘、拋光，耗時整個學期所完成的板凳，長相幾乎一模一樣；而在習字課上，老師指導示範，學生依樣練習自行摹寫，學成後竟難見

兩人字跡一模一樣。由是可知，文字書寫與陶器製作，本質不同，其存在的目的與作用亦不相侔。

　　又，文字所呈現的書寫風格，雖因人而異，但在書寫者與書寫風格對應的關係上，卻又非是「一對一」的連結。質言之，同一書寫者可以擁有多樣的書寫風格，如書法名家兼長篆、隸、楷、行、草諸種書體；而同一種書寫風格亦能為不同書寫者所擁有，如臨摹有成，擅長顏體者，其書體自與顏真卿相似，擅長瘦金體，則所書當與宋徽宗無別，從分類上看，臨摹與被臨摹者實屬同一類。如此一來，將文字依其特徵進行分類是可行的，但若欲以之探究文字載體的時代，則牽連複雜，並不容易。

　　以上所述，間接說明以「字體分類」進行甲骨斷代，實非妥適之法。李學勤曾謂「同一王世不見得祇有一種卜辭，同一類卜辭也不見得屬於一個王世」，[749]誠哉斯言，雖已指明字體分類斷代的複雜性，但實情恐較李氏所理解的更加糾結。李氏所言「一種卜辭也未必限於一個王世」，指稱的是同一類卜辭的存廢，時代可向上或向下延伸，因而跨入相鄰的王世，然若套用「臨摹」觀點，同一類卜辭既能同屬一王，亦可為分屬相鄰兩王世之物，不單如此，它同時存在來自不相鄰王朝世代的可能。此類時代定位差異所造成的混亂，著實難以克服，因此字體分類斷代相關諸論可以參酌，卻不宜盡信。林澐曾謂：

> 由於字體演變比較快而且呈現一定的階段性，所以從型式學觀點來看無疑是分類的好標準。其他如獨立于卜辭內容之外的鑽鑿形式、甲骨整治形式、記事刻辭形式等等，當然在型式學上也有分類的意義，但都不如字體所能分的類細緻。而且，在多數人只能據拓本來分類的情況下，字體最便于使用。[750]

林氏對字體的分類價值有著高度期許，但其實從類型學觀點來看，字體內外在的變數猶多，明顯不適用於類型學的斷代分析。與之相比，鑽鑿形態、甲骨整治形式兩項純屬工藝技術的發揮，其實更適用於甲骨斷代的類型學分析。惟甲骨整治形式所涉內涵（參前），多數與龜甲、牛骨大小有關，除非不同時代對用於占卜的龜、牛品種有不同的要求，否則甲骨整治形式所能提供的甲骨斷代訊息，亦極有限。排除此項，目前僅剩鑽鑿形態可以運用，儘管多數人只能依據拓片分類，仍有必要持續積極擴大鑽鑿形態資訊的揭露，吸引更多研究者深入考察，以建立完備的鑽鑿類型系統，提供甲骨斷代更有效能的參考依據。

---

[749] 李學勤：〈評陳夢家殷虛卜辭綜述〉，《考古學報》1957 年 3 期，頁 124。

[750] 林澐：〈小屯南地發掘與殷墟甲骨斷代〉，頁 146。

2. 標準難明

目前所存約 16 萬版殷墟甲骨，至今未見全數逐片的字形分類資料，相關資料中數量以楊郁彥針對《甲骨文合集》41956 版及《甲骨文合集補編》13450 版，合計 55406 版進行全面分類為最，[751]另有崎川隆僅針對《甲骨文合集》中 19633 版賓組卜辭逐版分類，[752]其後王建軍又加入《甲骨文合集補編》、《英國所藏甲骨集》、《北京大學珍藏甲骨文字》等書，合計四部甲骨著錄專書，共 29328 版賓組卜辭進行分類。[753]除此之外，雖涉及字形分類研究者不少（參前），但多以舉例架構其分類系統，無法窺見全貌。

分類資料難以完備，幾乎是從事字體分類研究者無法迴避的難題。各類卜辭字體的特徵，當須標準片加以展示，但各類卜辭除列舉的標準片外，其他組成分子為何，基於後續探索研究之需，亦應完整清楚說明，然應作未作，其實並非取決於意願，而是根本上就難以完備。且不論新出甲骨即時加入與否，目前已見的甲骨刻辭，理論上可以全部加以分類，但實際上卻不易完成，如訊息量微小的甲骨，其上字形特徵不足以辨識者，即無法納入有效的類別中；又如同版上的字體風格不一，歸類上無所適從，則難免顧此失彼，也無法納入有效的類別中。類此情狀，即使有心，亦難周全，因此「將全部有字甲骨分類」的企圖，似乎將永遠無法實現。

此外，字體分類真正的困境，仍在卜辭分類標準的不明確，因為沒有明確、客觀、可充分運作的字形分類標準，致使分類上流於師心自用、各行其是，大大阻礙有效的字體分類系統之建立。以上述楊、崎川、王三家的分類成果為例，取《甲骨文合集》前百版（《合》1-100），採「自賓間組」、「賓一」、「典賓（賓二）」、「賓三」四大類進行比較，三家分類完全相同者僅 54 例，[754]占比 54%，雖有過半，但比例偏低；兩兩交叉互比，楊與崎川兩家分類相同者 57 例（57%），崎川與王兩家分類相同者 65 例（65%），而楊與王兩家分類相同者則有 83 例（83%），看似頗有共識，然就卜辭字體分類而言，這樣的比例數字仍令人無法樂觀。黃天樹謂：

---

[751] 詳楊郁彥：《甲骨文合集分組分類總表》（臺北：藝文印書館，2005 年 10 月）、「甲骨文合集補編分組分類總表」（楊氏《甲骨文同形字疏要》，臺北：輔仁大學中國文學系博士論文，季旭昇先生指導，2005 年 7 月，「附錄」，頁 1-199）。據聞，莫伯峰亦有相同材料的分類成果，收錄於其博士論文（《殷墟甲骨卜辭字體分類的整理與研究》，首都師範大學，2011 年）中，然本文未及親見，無法置評。

[752] 詳崎川隆：《賓組甲骨文分類研究》，上海：上海人民出版社，2011 年 12 月。

[753] 詳王建軍：《賓組卜辭研究・分類卷》，北京：科學出版社，2019 年 7 月。

[754] 即《合》1、2、3、4、5、6、7、8、9、10、11、12、13、15、16、17、22、24、25、30、31、33、34、35、37、40、41、44、46、47、48、51、52、53、58、59、60、63、67、68、71、75、80、82、83、84、85、86、88、89、91、94、95、96 等 54 例。

理想的分類本來應該按甲骨本身字體的特點來分類，使分出的類盡可能恢復其原貌。但是，字體並非一成不變，情況錯綜複雜。對同一種客觀現象，由於各人觀察上有出入，有時會作出不同的分析，因此，所分出的類與實際情況就不一定相合，這是甲骨分類難以掌握之處。[755]

黃氏所言至塙，又如林澐將王卜辭分為 14 類，同樣的材料，黃氏共分 23 類，彭裕商分 29 類，王蘊智的分類則有 32 類（詳前）。單就類別數量不一的情形觀之，各家分類標準的設定顯然不同，因此各家各類卜辭的具體內容也不會相同，而類別數量差距愈大，標記著各類內容實況亦將相去愈遠。再就類別名稱觀之，各家所區分的類別中，不同的名稱，可能指稱的對象內容是一樣的；而相同的名稱，其實際內涵卻未必全部相同。劉義峰即曾指出：

> 字體分類和斷代是組類整理的核心內容之一。如蔣玉斌將殷墟子卜辭分為甲種、乙種、丙種等八種。徐明波將黃組卜辭按字體分為兩大類，其中第二類又進一步分為三小類。劉義峰將無名組卜辭分為十一類，確定無名組卜辭的時代分布。崎川隆將賓組卜辭分為四個大類，十四個小類。字體分類盡管取得了很大進步，但分類標準和命名原則仍需統一。[756]

凡此，缺乏一致性的分類架構，字體分類客觀性顯有不足，目前看來，諸說充其量僅備一家之言。

至於類別劃分範圍的鉅細大小，亦無準繩可參，黃天樹認為：

> 按理說，分類應盡可能先細分成小類，然後把字體等特徵比較相近的小類再逐次歸併為大類。這裡又涉及把類的範圍大小的界線劃在哪兒比較合理的問題。我們認為：分類時應盡可能細分成小類，這是完全必要的。但在研究討論時，如果全面鋪開，對殷墟王卜辭的每個小類都要一一進行細致的描述，這實際上是難以做到的。因此，為了方便，應該允許把字體等方面有相近之處的小類進一步歸併為大類。[757]

此言已然將卜辭分類工作的困擾充分表露。分類本在於「別異」，理論上群體中的任何差異，皆可作為分類的基礎，但如何進行有效的分類，關鍵尚在所採用的區分標準。目

---

755 黃天樹：《殷墟王卜辭的分類與斷代》，頁 8。

756 劉義峰：〈甲骨的組類整理〉，「中國社會科學院古代史研究所網站」，發布日期：2015 年 6 月 30 日，原文刊於 http://lishisuo.cass.cn/ddyj/ddyj_xqsyjs/201506/t20150630_2055729.shtml。（搜尋日期 2018 年 10 月 31 日）

757 黃天樹：《殷墟王卜辭的分類與斷代》，頁 8。

前所見各家的卜辭字體分類，雖有著各自對相關字體特徵的認知，但同時缺乏明確清晰的標準體系，卻也是不爭的事實。職是之故，儘管卜辭字體的分類工作風起雲湧，但至今各說仍屬小眾觀點，其中即使已有若干共識，相去大眾服膺且能有效操作的分類系統建立仍遠。

字體分類標準的建立，幾乎繫於字體特徵的考察，對此林澐主張應包括書體風格、字形結構、用字習慣三方面，並指出：

> 過去在分類上有兩種缺點，第一，有的人過分相信書體風格上的印象，而不重視對字形和用字習慣的具體分析。似乎培養甲骨分類的能力，首先在于多看。看的甲骨多了，自然能達到看它象哪一類就是哪一類的地步。把甲骨分類法變成只可意會不可言傳的東西。第二，不少研究者雖注意了字形和用字習慣的分析，但偏執于個別字的寫法，而不是著眼于它們的組合關係。由于不同類的卜辭個別字寫法相同，就把它們互相混淆起來。[758]

清楚說明字體分類之標準，不能單就字形外在特徵立論，而應同時強調用字習慣與組合關係。以上主張，雖言之成理，然所謂「用字習慣」實屬抽象，並不如「字形結構」明確，縱使「用字組合」能量化處理，但畢竟此狀僅屬習慣一環，亦非全面性分析所得，因此依據組合關係所呈現的用字習慣，雖非無效，但流於主觀的選擇，基礎不甚堅實，亦有掛一漏萬之虞，尚待精進。

林澐曾言「怎樣才能確定某類卜辭的特徵性字形和用字習慣的特有組合關係呢？在署卜人名的卜辭中可用有同版關係的卜人名作為歸納這種特有組合關係的依據」，[759]顯係將「卜人」優先作為分類的依據，彭裕商亦認為：

> 卜人分類的尺度較寬，字體分類的尺度較窄。這是因為人名終身不變，而字體即使同一人所寫，相隔若干時日也必有變化。因此，將同一卜人集團的卜辭再進一步劃分為不同亞組，字體往往就起主要作用了。但即使如此，同一卜人集團的卜辭仍然同屬一個大類，在一定的時間範圍內同時還是沒有問題的。因此，單靠卜人集團進行分類，就可對甲骨作斷代研究了，祇是用這種方法劃出的類別要寬一些。如在卜人集團的基礎上，更依據字體作進一步的劃分，則可瞭解同一卜人集團卜辭的相對早晚，得出的結論當然更為精確。[760]

---

[758] 林澐：〈小屯南地發掘與殷墟甲骨斷代〉，頁146。

[759] 同上註，頁147。

[760] 彭裕商：《殷墟甲骨斷代》，頁19。

論點與林氏基本相同。林、黃二人以「卜人」作為大類區分的依據，再以「字體」細別為小類的作法，雖有其成效，但「卜人」性質實屬卜辭內容，「字體」方有外顯形態，以卜人作為分類依據，客觀上並無問題，但將其視為類型學運作則顯有不妥。若同一卜人（或卜人集團），時代差不多相同，以之分類，即意謂時代的區別，因此先「卜人」後「字體」的分類工作，等同先斷代再分類，實與類型學原則相悖；若同名卜人供職年代不相同，則先以「卜人」分類，再以字體斷代的工作恐將會誤入歧途，難以完成斷代任務。

其後，林澐主張有所調整：

> 從歷史經驗來看，在對署卜人名的卜辭進行分類時，卜人及其同版關係，是正確分類的基本依據。但同一卜人集團所卜諸片要進一步分成細類、卜人組之間互相交錯過渡現象的區劃界限、以及不見卜人諸片的歸類，字體（即書體風格，字形特徵和用字習慣三個方面）是起很重要作用的。至于對習慣上不署卜人名的一大批卜辭。堪稱分類第一標準的，只是字體而已。[761]

> 無論是有卜人名的卜辭還是無卜人名的卜辭，科學分類的唯一標準是字體。……把卜人和字體並列為有卜人名卜辭分類的基本依據，顯然是不周密的。[762]

將卜辭分類的主軸拉回「字體」，並說明其運用：

> 根據字體來分類，應該在重視書體一致的前提下，著重于總結每類卜辭在特徵性字形和用字習慣上的特有組合關係，才能使以字體分類的方法成為科學而易于把握的方法。[763]

又謂：

> 對于習慣上不署名的卜辭來說，這種特有組合關係是通過同版關係轉遞式地推定的，……由于轉遞式的推定無限進行下去必然會使各類之間漫無界限，必須以保持書體的一致性作為一種限制。而且，每類甲骨中字的寫法都會有例外現象，因而保持書體的基本一致在分類上是有重要意義的。[764]

就類型學而言，林氏的調整是正確的，但強調轉遞式用字習慣組合的運用，仍有不足之

---

761 林澐：〈小屯南地發掘與殷墟甲骨斷代〉，頁 145-146。
762 林澐：〈無名組卜辭中父丁稱謂研究〉，頁 30-31。
763 林澐：〈小屯南地發掘與殷墟甲骨斷代〉，頁 147。
764 同上註。

處。首先，用字習慣必須在界線明確的範疇內探求，原先林氏設定的類別標準是「卜人」，後改以「書體」為準，「卜人」並不適當已如前述，而「書體」局限更大，尤其風格之認知更易流於主觀，遠不及字形異構之明確客觀。且「書體」之界限若是難明，則其組成內容恐亦不穩定，欲從中梳理出有效的用字習慣，更非容易之事。

再者，儘管實務上能稽得若干用字組合習慣，但所謂「轉遞性推定」，當自何始，又至何終，若無共識，則難以建構明確的類別。林澐即曾謂：

> 我在劃出自賓間組時，是以梯形耳的 🈳 和有 🈳 的卜旬辭為起點的。因為它在開始時較有效地保持書體的一致性。李學勤先生則似乎是先把 🈳、🈳 當作同類寫法而作為起點的，所以他推定的該類範圍就比我的大了。[765]

由是可知，面對相同的材料，若分類所據不同，所框架出的類別也不會相同，其中所涉者並無對錯，但卻極可能因此區分成不同的類別，而此時「例外寫法」之見，若未加深究，焉知其不是轉遞的關鍵。

此外，對於字體分類工作，林澐多次表明：

> 甲骨的斷代首先有賴于精密的分類。……不顧字體的差別，僅依據同一稱謂把甲骨併為一類，就無法正確斷定其時代。而且，字體上同類的卜辭，並非只能存在于某一王或某一代的時限之中，這是因為一定的字體是一定的刻手所為，而刻寫卜辭作為一種專門職務，並不因新王繼位就必然更迭人手。因此，機械地按王世對甲骨進行分期，實際是行不通的。有些研究者把按王世的分期和甲骨分類混為一談，所造成的混亂是亟需澄清的。[766]

> 過去有些研究者未能把分類和確定年代這兩件事情分開，不知道字體只能作為分類的標準，而把字的寫法逕直當作確定年代的標準。比如因為自組干支字的寫法和黃組有一些相近之處，就說自組卜辭應定在殷墟晚期，這種把分類標準和確定年代的標準混為一談的做法，是今後甲骨斷代研究中應該堅決擯棄的。[767]

其說作為提醒，值得吾人注意。從事甲骨斷代者，對於卜辭字體的分類，確實有某種偏向，將之等同於卜辭斷代效果，其關鍵因素其實就在貞人分組。貞人的分組情形，至今看來仍與王世時代息息相關，似乎貞人集團的供職年代與王世更迭有相當程度的關聯，

---

[765] 同上註。

[766] 林澐：〈無名組卜辭中父丁稱謂研究〉，頁 30。

[767] 林澐：〈小屯南地發掘與殷墟甲骨斷代〉，頁 147-148。

依照貞人分組所進行的甲骨斷代，目前所見亦多能發揮其成效，對於字體分類者而言，此不啻為一絕佳的分類基礎框架，因此相關研究者習慣以此入手連結，由貞人分組中細探字體分類，而貞人時代既定，則相應的字體類別自有其時代性的標記，此時分類工作即幾乎具備分期斷代的意義，兩者遂以相混未辨。

關於上述，彭裕商早已指出：

> 現在有許多學者之所以把卜人看成是斷代的有效標準，是由於目前絕大多數的卜人集團已由稱謂系統、考古學依據等斷代標準判明了時代，這纔使得卜人似乎成了可靠的斷代標準。其實這是一種誤解，如果沒有各斷代標準的運用，光靠卜人怎麼能解決時代問題呢？[768]

其說可謂一針見血，然儘管如此，黃天樹進行字體分類，雖也深知：

> 為甲骨分類，只能使用一個標準。就是說分類應僅僅以字體為標準來分類，不要受貞人的干擾；分組應僅僅以貞人為標準來分組，不要受字體的干擾。這樣以字體劃分出來的“類”和以貞人劃分出來的“組”是兩個系統。[769]

但卻「為了使大家容易明了我們所說的某類指的是哪些卜辭，我們往往利用大家所熟悉的組的名稱來為“類”命名」，[770]於是又將貞人分組與字體分類於名稱上緊密連結，其後果即是兩者作用混淆的深化，至今糾雜。其後，劉義峰提出「組類學」概念，試圖將兩者統合運用，正面強化兩者關聯：

> “甲骨組類學”中“組”指的是“卜人組”，“類”指的是“字體類”。甲骨的分類斷代就是以“組類”二元結構為核心，探索殷墟甲骨的演進序列、構建殷墟甲骨的分類斷代體系。這裡所說的“卜人組”已經不再是單純的卜人組合，而是卜人、刻手、甲骨整治者等組成的集團，區分“組”的本質，已由表象的卜人系聯，進入到集團整體特徵的綜合與劃分。[771]

又強調：

---

[768] 彭裕商：《殷墟甲骨斷代》，頁 19。
[769] 黃天樹：《殷墟王卜辭的分類與斷代》，頁 6。
[770] 同上註，頁 7。
[771] 劉義峰：〈甲骨的組類整理〉，「中國社會科學院古代史研究所網站」。

甲骨組類學是甲骨學分類斷代的基本理論，"卜人組"和"字體類"是它的兩個重要概念。"卜人組"同"字體類"一樣，都是分類的主要標準。通過"卜人組"系聯的一個或多個字體類是字體分類的上限，集中體現了"卜人集團"的綜合特徵。對包含多個字體類的"卜人組"進一步細分，下限就是具體到刻手本人，字體組合和書體風格是我們鎖定刻手的方法。卜辭的斷代和分類在某種意義上是同步的。"卜人集團"作為時代指向性強、確定的標準被優先採用。字體作為第二大標準，將在甲骨的進一步分類和斷代中起到關鍵作用。[772]

其實劉說後出轉精，值得期待，但其基本論點與林澐初始所主張者並無二致。王建軍另有「分級劃類」的主張，認為「各類特徵字例，由於它們的性質與作用不同，所以在分類中存在著層級的區別」，[773]應加以分級運用，其分類標準分為三級：第一級「著重強調特徵字的屬性，且具有"變形能力"強、能夠直接通過該標準對卜辭進行歸類等特點」；[774]第二級「通過特徵性字形與習慣用字之間的組合關係而推定的。在署有貞人名的卜辭中，可利用具有同版關係的貞人名，作為歸納這種特有組合關係的依據」；[775]第三級「通過"特徵性字形傳遞聯繫法"」，「選擇一些與之具有關聯性的特徵性字形」，「對於習慣上不署貞人名的卜辭來說，這種特有組合關係是通過該組同版關係傳遞聯繫法而推定的」。[776]王說較之前述諸論，其實並無根本的差異，由於王氏所處置的卜辭以賓組為例，實屬自「貞人」入手，又尚無旁及其他組類，挑取的特徵字形與「貞人」關聯如何，亦不得知，故其所得具體內容，因襲者多，難以煥然一新。以上諸家，雖分類實務上已取得相當豐碩的結果，但依卜人而字體的劃分過程，仍難脫混淆斷代與分類之失，未能符合類型學運作的基本原則，仍是一憾。

實例所見，目前從事字體分類諸家，雖區分的類別與具體內容各自有所差異，但整體而言，概依貞人分組形成體系的結論，卻是極難得的共識。此現象足以說明，針對殷墟卜辭所作的字體分類並非徒然，諸家所為適可證明確實能將卜辭文字作有效的分類，單以字體為準的分類而言，實已貢獻卓著，至於各類字體時代的確定，則須另起爐灶，宏觀審度，非目前諸論成說所能兼及。

林澐曾認為若因「自組干支字的寫法和黃組有一些相近之處，就說自組卜辭應定在

---

[772] 劉義峰：〈甲骨組類學〉，《中國史研究》2011 年第 4 期，頁 25。

[773] 王建軍：《賓組卜辭研究·分類卷》，頁 82。

[774] 同上註。

[775] 同上註，頁 83。

[776] 同上註，頁 84。

殷墟晚期」，是混淆分類與斷代，也是應該堅決摒棄的作法。林氏「摒棄混淆分類與斷代」之論至確，因分類與斷代之性質與目的皆不相同，本不當混為一談，但若字體分類精準明確，則自組與黃組（乃至其他各組），概依各自字體特徵所成組者亦可信從，因此自、黃兩組部分字體相近的現象，顯示兩者之間除相異性外，猶存共同性，前者可據以別為不同兩組，後者則說明兩者有所關聯，而此關聯即或是時代的承繼，據此，再就字體演繹發展規律觀之，「自、黃兩組卜辭時代相近，同屬晚期」的推定著實合理，難有異議。林氏不以自組為晚期卜辭，遂忽視其與黃組關聯性的考察，但推定自組時代所據之地層關係亦非毫無疑義（參前），所謂的鐵證其實並不堅實，其時代歸屬尚有雜音，可以再商榷。

（二）鑽鑿分析的深化

初期甲骨的著錄皆以正面文字為主，反面的鑽鑿僅少數搭文字便車才有現身的機會，雖先後曾引起若干學者注意（見前），但系統性深入的研究仍屬罕見。然相較於卜辭的字體分類，鑽鑿不具個別涵義體認，純粹是形態的呈現，其實更適合類型學的建構，因此，對於鑽鑿形態的整理工作應持續深化，藉此掌握更多相關工藝技術資訊，以期改進研究的方法，得到更堅實的結論，進而充分發揮甲骨斷代的類型學運用。

1. 系統建立

鑽鑿形態的深入考察，應依出土陶器形態劃分模式，標舉其部位特徵，並予以適度分型分式，確實完備類型學架構，而陶器「一器一型式」，鑽鑿分布於甲骨上，數量甚夥，則未必能「一版一型式」，因此鑽鑿形態的探究，勢必還須兼顧相關型式的呈現狀態或組合情形，顯較陶器分類複雜許多。

目前有關鑽鑿的探究，其實相當有限，除了《小屯南地甲骨》、《花園莊東地甲骨》、《殷墟小屯村中村南甲骨》將甲骨視為出土材料進行文物考察，遂有鑽鑿專章之外，至今值得注意的論說，僅有許進雄先生《甲骨上鑽鑿形態的研究》與周忠兵《卡內基博物館所藏甲骨研究·甲骨鑽鑿形態研究》二家（詳前）。此二家一前一後相隔三十餘年，各有得失（參後），對於鑽鑿類型研究而言，皆有不足。

許進雄先生的鑽鑿研究，是對鑽鑿形態最早的系統考察，影響深遠，然正因初始之作，其相關形態的特徵分析，皆以文字描述，並無型式劃分之企圖，隨後于秀卿等人的探試亦是如此，彼時似未意識到類型化的重要性。《小屯南地甲骨》開始，基於考古學

模式，鑽鑿形態的表述已依其特徵區分型式，正式將鑽鑿形態納進考古類型學的考察之列，其後《花園莊東地甲骨》、《殷墟小屯村中村南甲骨》皆比照辦理，雖各書所立型式無法對應類比，但相關鑽鑿形態自此有其型式的歸屬與標記，為日後鑽鑿的深入研究，提供通盤討論的可能基礎。周忠兵在此基礎上，擴大鑽鑿型式的運用，分組探究鑽鑿形態呈現狀況，資料豐贍，承先而有新見，無疑將是鑽鑿形態研究上難以忽視的里程碑。然儘管鑽鑿研究已有相當的發展，但較之已有若干共識的字體分類，鑽鑿型式系統目前尚不完備，主要在於相關型式的擬定與劃分，至今仍缺乏一致性，因此將鑽鑿研究成果適度整合，並制定有效的型式系統，該是當務之急。

有效的鑽鑿形態考察，大抵可分為兩個面向，一是針對利於卜兆呈現所挖之鑽或鑿的個別樣態，一是甲骨上鑽鑿施作的整體樣貌。前者可概稱為「鑿形」，即所謂甲骨背後的凹洞，此類重點在分析個別凹洞的特徵；後者則著重在鑽鑿排列形式的觀察。其餘諸如骨沿處置、甲橋處置，屬於甲骨攻治範圍，其形制或可分類，或具斷代價值，但卻與鑿形無甚關聯，與鑽鑿類型學亦有本質上的不同；另燒灼方式的探究，涉及與其相應鑿形間影響過程的辨析，是鑿形樣態影響燒灼方法，抑是燒灼習慣影響鑿形挖削，兩者性質不同，若是前者，鑿形已先成就，燒灼方法無法左右，探究燒灼方式並無助於鑽鑿形態分類。因此，鑽鑿形態的類型架構，應以個別鑿形與同版鑿列作為主要的分類依據。

鑿形方面，依目前可見的甲骨鑽鑿形態來看，雖外形有所不同，但其基本樣式同質性極高，說明鑽鑿的施作有其穩定的步驟與技法，如同陶器各部位形制須依固定的規範製作始可發揮其器用，鑽鑿形態勢必亦要符合某些條件方能發揮其功能，而為達卜兆順利顯現的目的，這些條件長期以往變化不會太大，因此讓鑽鑿形態具有與陶器相同的特質，可以作為類型學考察的重點。

鑿形的考察重點，可粗分為「單一形態（A）」與「複合形式（B）」兩個面向。「單一形態」部分，可依其組成部位（頭部、肩部、中線、內壁）進行區分，並以「頭部」特徵作為主要類型的區別標準，同時賦予其型式編碼：「頭部」由尖而平，分成「尖針狀突出（Ⅰ）」、「尖形（Ⅱ）」、「三角形頭（Ⅲ）」、「尖圓頭（Ⅳ）」、「圓頭（Ⅴ）」、「平圓頭（Ⅵ）」、「平切（Ⅶ）」七型（圖例參前）；「肩部」由直而曲而圓，分成「筆直肩（a）」、「微曲肩（b）」、「彎曲肩（c）」、「寬肥（d）」、「水滴形（e）」、「圓形（f）」六式（圖例參前），以上兩項搭配，鑽鑿基本形態即能成型，其中「Ⅴ型 f 式」指稱「圓鑽」；[777]「中線」涉及長度，然鑿長適宜間隔不易拿捏，但著眼常見的殷墟甲骨鑽鑿，其長度多集中 1.5 公分-2.5 公分之間，差距大約 1 公

---

[777] 目前所見，未有「圓鑿」單獨呈現者，是以不在「單一形態」考察之列。

分，或可三分之，則得間距約 0.3 公分，因此「中線」由短而長，可分成「1.4 公分〔含〕以下（1）」、「1.5-1.8 公分（2）」、「1.9-2.1 公分（3）」、「2.2-2.5 公分（4）」、「2.6 公分〔含〕以上（5）」五式，以上三者加以組合，可得完整的鑿形分類型式；另「內壁」依其特徵尚能分為「光滑（Smooth）」、「粗糙（Rough）」、「陡直（Precipitous）」、「平緩（Gradual）」、「兩層（Tiers）」五種（圖例參前），此項標準的差異非屬同質，彼此亦無絕對排他性，可多項兼容，足供參考補充，卻無強制定序編碼的必要。總上，「單一形態」各項的考察標準編碼簡表如下：

表 2-4-16：單一形態鑽鑿考察標準編碼表

頭部		肩部		中線		內壁	
I	尖針狀突出	a	筆直肩	1	1.4 公分〔含〕以下	S	光滑
II	尖形	b	微曲肩	2	1.5-1.8 公分	R	粗糙
III	三角形頭	c	彎曲肩	3	1.9-2.1 公分	P	陡直
IV	尖圓頭	d	寬肥	4	2.2-2.5 公分	G	平緩
V	圓頭	e	水滴形	5	2.6 公分〔含〕以上	T	兩層
VI	平圓頭	f	圓形				
VII	平切						

據上所擬，若鑿形為「鑿長 2.5 公分，微曲肩平圓頭，內壁都不平整」，則其型式本文定為「AVIb$_4$R」；若鑿形為「鑿長 1.8 公分，彎曲肩尖圓頭」，其型式則定為「AIVc$_2$」。又如《小屯南地甲骨》「VI$_2$式」，其特徵是「平面作◖形，頭尖，尾平圓，呈水滴狀，鑿長約 1.9 公分左右」，本文將之定為「IIe$_3$」；「IV型」特徵「鑿作◨形，腹部近直線或略帶弧度，頭、尾平圓；也有少數呈規則的長方形，狀如▥」，即分屬本文「AVIa」與「AVIIa」兩式；若以「AVIa」為準，則「IV型」四式中「IV$_1$式，鑿長在 2.6 公分以上」、「IV$_2$式，鑿長 2.5-2.2 公分」，對應本文可將之定為「AVIa$_5$、AVIa$_4$」，而「IV$_3$式，鑿長 2.1-1.8 公分」、「IV$_4$式，鑿長在 1.7 公分以下」，則與本文所擬間距未能對應，無法歸列，其相關諸形當另予以析分後個別分類。依此運作，可將現存各自為政的鑽鑿研究成果，適度轉換後併軌，而後鑽鑿形態的分類，不管來源為何，據型式即皆能得知其形態的基本樣貌。

所謂「複合形式」鑿形，是指稱兩個鑿形的共見或組合情狀，可粗分為「長鑿旁有

圓鑿」、[778]「長鑿旁有圓鑽」、[779]「長鑿旁有長鑿」、[780]「圓鑿包攝長鑿」、[781]「圓鑽包含長鑿」、[782]「圓鑽包含圓鑽」[783]等六種，其中「圓鑿包攝長鑿」型，許進雄先生指出「其外廓是個大而完整的圓圈」，「它們都是用大的鑽頭鑽出來的，鑽痕很明顯，與他種挖寬長鑿的兩肩，以致其外廓頗像圓形的長鑿是非常不同的」，[784]可知此型實同於「圓鑽包含長鑿」型，當可刪除。另，所謂「長鑿旁有長鑿」者，實指《屯》726、1002、2777、4516與《花東》279、287等諸版所見。此等諸版的鑽鑿特徵，周忠兵謂：

> 在長鑿旁使用輪開槽的方法製作一小的長鑿，然後用刀加工，使之與長鑿相連，如《屯南》2777、《屯南》4516等。有的長鑿旁的小鑿保持完整，從外觀上看，就是一個小弧形長鑿緊貼著一個大的弧形長鑿，如《花東》279、《花東》287等。……還有一種在長鑿旁再挖製一個小長方形鑿的，這種例子不多，如《屯南》726、《屯南》1002。[785]

其觀察尚稱細緻，但《小屯南地甲骨》曾以《屯》2777、4516兩版為例，說明「鑿旁之"鑽"」的製作方法：首先，認為鑿旁之鑽「是用實心的小圓棒，在卜骨上旋鑽而成」[786]；接著，

> 用輪開槽，然後再用刀加工，使鑽內側與鑿相連接。如2777（H115:1）左邊第一鑿（圖略），4516（T35④A:145+H91:1+4）右邊第一鑿（圖略），其"鑽"之平面呈"ㄇ"形。此種"鑽"之外側仍保持弧狀，"鑽"底近外側有一道溝痕，這是輪開槽後留下的痕迹。有的因輪開槽較淺，而後又由於用刀加工太甚，這種痕迹已經看不到。根據我們觀察，凡是很規整的弧形鑿，其鑿旁之"鑽"，大多是用此種辦法製成的。[787]

---

[778] 見許進雄先生：《甲骨上鑽鑿形態的研究》，頁27。

[779] 許進雄先生曾指出「長鑿旁的圓洞大多數是挖成的，或因燒灼火力過大而燒毀剝裂成的，只有非常少數是鑽成的。」（見許先生《甲骨上鑽鑿形態的研究》，頁4）以上三種情形，第一種謂之「長鑿旁有圓鑿」，第二種非屬鑽鑿形態，第三種即屬「長鑿旁有圓鑽」。

[780] 參周忠兵：《卡內基博物館所藏甲骨研究》，頁592-593。

[781] 見許進雄先生：《甲骨上鑽鑿形態的研究》，頁12。

[782] 見中國社會科學院考古研究所：《小屯南地甲骨》下冊·第三分冊·鑽鑿，頁1498。

[783] 見中國社會科學院考古研究所：《殷墟小屯村中村南甲骨》，頁756。

[784] 以上俱同許進雄先生：《甲骨上鑽鑿形態的研究》，頁12。

[785] 周忠兵：《卡內基博物館所藏甲骨研究》，頁593。

[786] 中國社會科學院考古研究所：《小屯南地甲骨》下冊·第三分冊·鑽鑿，頁1494。

[787] 同上註。

而此之前，許進雄先生亦謂「偶而可在長鑿的肩上看到小而淺的圓鑽窪洞」，並認為「因為它們有時是在不燒灼一邊的肩上，所以很可能是在未完成的小圓鑽上施刻長鑿的」，[788]此說與《小屯南地甲骨》的觀察並不一致，但兩家所指出長鑿旁圓鑽的情形，理該歸入「長鑿旁有圓鑽」型，而周氏論述應當調整。又，「圓鑽包含圓鑽」者，「是先製作大圓鑽，然後在其底部再製作小圓鑽，故小圓鑽打破了大圓鑽的底部」，[789]其鑿形外觀仍屬圓形，但內壁呈 ◢◣ 狀，此形以《村中南》460 所見為例，「該鑽平面近橢圓形，大鑽的長徑 1.75 厘米，短徑 1.5 厘米，深 0.3 厘米，小圓鑽長徑 1.05 厘米，短徑 0.9 厘米，深 1.2 厘米」，[790]本文將其型式定為「AVIf₂T」，比照「單一形態」處置即可。總上，「複合形式」鑽鑿的型式析合後可概括為四，分別為「長鑿旁有圓鑿（BⅠ）」、「長鑿旁有圓鑽（BⅡ）」、「長鑿旁有長鑿（BⅢ）」、「圓鑽包攝長鑿（BⅣ）」四型（圖例參前）。雖各型中，鑿與鑽的形態或仍存相當差異，但此類之區分，重點在其複合式的整體表徵，因此相關長鑿與圓鑽，若無必要，實不須再細究其形態差異。

鑿列方面，相較於鑿形，樣態明顯單純，但因龜甲與牛胛骨的大小、質地皆差異甚大，鑿列考察自當加以區分。龜甲部分，目前相關鑿列的探索僅見於《花園莊東地甲骨》，該書以龜甲部位上下為次，將首甲、前甲、後甲、尾甲上之鑽鑿編排行列予以計數，並統合為九種組合（見前），相關考察區辨明確，頗具參考價值，惟缺乏中甲部位訊息，[791]應增補於首項，以利劃分更完備的鑿列形態。另外，劉一曼曾據《殷虛文字丙編》所錄龜版的鑽鑿分布，指出小屯卜甲鑽鑿以中縫為準左右對稱，有「兩側各有一豎列」、「兩側各有二豎列」、「兩側各有三豎列」、「兩側各有四豎列」、「兩側各有五豎列」等五種排列形式。[792]較之《花東》所論，此說顯然粗略許多，中縫左右尚有首、前、後、尾四個部分，其上所見鑿列數量亦不齊一，劉氏於此未加區分，似欲化繁為簡，但對類型的架構而言，反是避重就輕，實不足取。一般而言，龜甲上的鑽鑿，形態較為穩定，排列亦較為整齊，而鑿列安排多與甲版大小有關，甲版的大小又多與龜種（如陸龜、海龜之別）密不可分，因此龜甲上鑿列安排情形，雖可分組分類進行類探型學究，但在甲骨斷代工作上，作用卻相當有限，更有甚者，此類著眼於整體的考察，往往因甲版的碎裂而無法竟其功，連帶基本的類型歸屬都難以判斷，致使相關考察工作

---

[788] 以上俱同許進雄先生：《甲骨上鑽鑿形態的研究》，頁 28。

[789] 中國社會科學院考古研究所：《殷墟小屯村中村南甲骨》，頁 756。

[790] 同上註。

[791] 趙鵬認為甲橋部分亦當納入（見趙氏〈殷墟甲骨鑽鑿研究述評〉，《甲骨文與殷商史》新 9 輯〔2019.11〕，頁 435），但非所有甲版皆存甲橋，存甲橋者亦非皆有鑽鑿，且甲橋存廢與用龜大小幾可等同，故甲版鑿列考察中，甲橋部分的訊息可參，但不宜將之列入形式劃分。

[792] 詳劉一曼：〈論殷墟甲骨整治與占卜的幾個問題〉，《古文字與古代史》第 4 輯（2015 年 2 月），頁 199。

根本無從運行與發揮。

牛骨部分，許進雄先生考察鑽鑿形態，注意到卜骨背面的長鑿配置狀況不同，遂根據卜骨缺角處的長鑿是否遠離頂端骨臼的情形，將長鑿在卜骨上的排列方式概分為三：「一一型」、「一二型」、「一三型」，表示近骨臼一端的排列，切角處的第一個長鑿，分別與骨沿處的第一個（凡）、第二個（凡）、第三或第四個（凡）長鑿齊列；其後《小屯南地甲骨》循此原則，將卜骨鑽鑿排列方式區分為「僅一行長鑿（Ⅰ）」、「兩行並列長鑿（Ⅱ）」、「三行並列長鑿（Ⅲ）」三型，其中Ⅱ型又區分為「內行第一鑿與外行第一鑿平齊（Ⅱ₁）」、「內行第一鑿與外行第二鑿平齊（Ⅱ₂）」、「內行第一鑿與外行第三鑿平齊（Ⅱ₃）」、「內行第一鑿與外行第四鑿平齊（Ⅱ₄）」四式（圖例參前），卜骨鑿列型式已然就緒，大抵可從。

此外，卜骨尚見於正面施鑿者，許進雄先生謂之「骨面施鑿」，但未別分行列；[793]《小屯南地甲骨》則區分為「一排、二排、三排、四排」四種；[794]《殷墟小屯村中村南甲骨》更析分為「一列、二列、三列、四列、五列、六列」六種。[795]諸家對骨面施鑿現象的考察，由簡而繁，就類型而言，方向堪稱正確，然「骨面施鑿」實屬特殊，並非所有卜骨皆有此現象，甚或僅見於少數卜骨，此或為一時風尚，自與時代關聯性強，因此觀察應著重其鑿形、數量與施鑿位置的特殊性，至於鑿列形式儘管具有斷代意義，但其實影響甚微，可以忽略。

綜上所陳，鑽鑿形態研究雖粗具規模，然與充分運用的目標尚有距離，本文酌採既有成果，試擬分類依據，建構分類系統，雖未必完全符合考古類型學的執行標準，但足以將相關鑽鑿形態有效分類，提供深化探索的基礎。本文所採分類標準與型式制定，並非定於一尊而不可撼動，為利於實務運作，相關分類的具體內容仍須據實而有所因應調整，吾人不但要藉此強化鑽鑿研究的運用，更重要的是，落實完備鑽鑿形態系統的建立。

2. 各說平議

甲骨背面的鑽鑿，雖在甲骨發現之初，早已為人所注意，但實際進行全面考察，遲逾至少一甲子。甲骨鑽鑿形態自許進雄先生開啟研究以來，後繼探索並未形成風起雲湧之勢，主要是受限於研究材料，儘管甲骨發現數量已達十多萬版，但鑽鑿材料仍是寥寥

---

[793] 許進雄先生：《甲骨上鑽鑿形態的研究》，頁41。

[794] 中國社會科學院考古研究所：《小屯南地甲骨》下冊·第三分冊·鑽鑿，頁1509-1510。

[795] 中國社會科學院考古研究所：《殷墟小屯村中村南甲骨》，頁758-759。

可數，未能目驗實物者，有志者亦難以為繼。困窘之際，所幸新材料的出土與有識之士的堅持，甲骨鑽鑿研究始有如今局面。目前看來，主要的鑽鑿研究成果，《小屯南地甲骨》、《花園莊東地甲骨》、《殷墟小屯村中村南甲骨》的鑽鑿考察，實屬考古發掘整理的一環，另外非屬考古整理者，除許進雄先生撰述的相關專文專著外，[796]尚可一提者，猶有于秀卿、賈雙喜、徐自強等人合撰的專文、[797]以及劉淵臨、[798]周忠兵的專書專章所論，[799]相關內容主張已見前述，此不重贅。

　　整體而言，上及諸家對鑽鑿形態的觀察與分析，雖有深厚淺薄之別，但其實核心主張大同小異，差別有限，其中于秀卿等之文所考察的甲骨材料，雖不同於許進雄先生，但其結論卻幾乎與之無別，可視為許說的有效驗證；劉淵臨的鑽鑿考察重點在於攻治技術，論述有所偏頗，且其說未曾涉及分類型式，與其他諸論實有本質上的差異；而《小屯南地甲骨》、《花園莊東地甲骨》、《殷墟小屯村中村南甲骨》三家鑽鑿的考古學觀察，雖制定若干型式類別，凸顯科學化整理效能，然三者標準未能一致，各自為政，徒令鑽鑿研究工作原地踏步。以上各家要點說明，多已前述，此處將僅針對其他前所未及的相關諸論，簡要平議辨正如下。

（1）關於許進雄的分類

　　對於許進雄先生鑽鑿的初始探索，沈之瑜曾將之與于秀卿等人的研究分期對比，並認為：

> 兩文所述各有異同，但在研究方法上都是先依據甲骨卜辭的貞人、稱謂、字體、貞人術語分期，期別確定後，再研究各期鑽鑿形態的，如果不是在分期基礎上看鑽鑿形態，可以說各期鑿形長短等形制都帶有許多偶然性，很難單獨成為一種較明晰的斷代標準，除了第一期大圓鑽內包攝長鑿這一形態，尚能使人一目

796 可參〈鑽鑿對卜辭斷代的重要性〉，《中國文字》第 37 冊（1970 年 9 月）、《卜骨上的鑿鑽形態》，臺北：藝文印書館（1973 年 8 月）、〈從長鑿的配置試分第三與第四期的卜骨〉，《中國文字》第 48 冊（1973 年 6 月）、〈甲骨的長鑿形態示例〉，《董作賓先生逝世十四週年紀念刊》，臺北：藝文印書館（1978 年 3 月）、〈鑿鑽研究述略〉，《屈萬里先生七秩榮慶論文集》，臺北：聯經出版事業公司（1978 年 10 月）、《甲骨上鑽鑿形態的研究》，臺北：藝文印書館（1979 年 3 月）、〈讀小屯南地的鑽鑿形態〉，《中國語文研究》第 8 期（1986 年 8 月）等論著。

797 于秀卿、賈雙喜、徐自強：〈甲骨的鑿鑽形態與分期斷代研究〉，《古文字研究》第 6 輯（1981 年 11 月），頁 345-379。

798 劉淵臨：《卜用甲骨上攻治技術的痕蹟之研究》，臺北：國立編譯館，1984 年 3 月。

799 周忠兵：《卡內基博物館所藏甲骨研究》，上海：上海人民出版社，2015 年 8 月。

了然之外，其他形態都不能像字體那樣凝結著明顯的時代特徵。從目前來說所謂整治斷代，實際上還難以成為一項獨立的斷代標準，只能說對斷代起了一些幫助的作用。[800]

沈氏之言，大抵亦是多數研究者對鑽鑿的第一印象，實無可厚非。然沈氏以為除「大圓鑽內包攝長鑿」外，其他形態皆無明顯的時代特徵，是固著於外在形態的全形差異，漠視單一長鑿形態的不同，而前者屬於特殊型式，即使具有強烈的時代訊息，亦無法廣泛運用，唯有後者才是甲骨鑽鑿形態類型建立的基礎，細究其間差異並據以區分類別，正是鑽鑿分類的主要工作。

其實，沈之瑜的質疑並不在形態型式區分的成效，而是鑽鑿所能發揮的斷代功用，因此面對「鑿形長短等形制特徵在不同時代階段的呈現，不僅沒有明確的一致性，反倒各時期鑿形互有交雜」的情形，沈氏並不看好其斷代作用。然甲骨上的鑽鑿向來即是複數多量的存在，在考察鑽鑿形態的時代特徵時，與其困惑於個別鑿形重見於不同時代甲骨上的現實，不如著眼於同版並見各式鑽鑿組合特徵的呈現，包括形狀大小、數量多寡、位置分布等因素相互關聯的釐清，進而區分本末性質，確立鑿形主從關係，再據以做為該版鑽鑿的主要形態，而此形態特徵所展現的時代性，始能作為斷代的依據。

當然，單一鑿形的存在，實不足以作為有效的斷代依據，因此「鑽鑿」不屬斷代第一標準，其作用的發揮尚須參考其他斷代標準，或作為其他斷代標準運用時的參考。此與董作賓所揭示的斷代十項標準之運用模式完全相同，目前看來，十項斷代標準中，除「貞人」外，其餘標準皆須有所參考或作為參考始能發揮功效，而「貞人」時代的絕對性，其實才是偶然，雖目前實務操作尚無大礙，但若深入探究，其「第一標準」的光環未必能夠始終明亮。

另外，對於許進雄先生鑽鑿排列形式的運用，周忠兵頗有質疑：

> 許氏認為他所分的一三型鑽鑿排列形式（兵按：即《屯南鑽鑿》所分的 II 3 式，指的是卜骨內緣一行的第一個長鑿與外緣一行的第三個長鑿平齊）是不見於第一期而見於三、四期的，所以當某一甲骨上出現這種長鑿排列形式時，它就應該屬於三、四期。……我們認為這種推理並不合理。[801]

其理由有二：

---

800 沈之瑜：《甲骨文講疏》（上海：上海書店出版社，2002 年 10 月），頁 226-227。
801 周忠兵：《卡內基博物館所藏甲骨研究》，頁 623。

首先，因材料的關係，我們不能說所謂第一期一定沒有一三型，因為要判斷長鑿排列形式，主要是根據卜骨反面上半部分特別是靠近骨臼部分的長鑿，但現在公布的甲骨材料中能完整保存骨臼部分的甲骨並不是很多，而且又因反面較少刻寫文字，骨版反面的拓片就發表不多。這樣就造成可據研究的材料並不是很充分，在這種情形下，說一三型不見於所謂第一期就不是很可靠。[802]

其次，一三型即便在所謂的三、四期，按分類來看即主要指歷組和無名組中，一直也不是占主導地位的長鑿排列形式。我們據《屯南鑽鑿》的相關資料統計如下：一三型在歷一類、歷二A至B類是沒有或非常少見，至歷二C類（占16%）和無名組（占32.9%）才稍微多些，在歷組和無名組甲骨上占主導地位的長鑿排列形式是一一型，即卜骨內緣一行的第一個長鑿與外緣一行的第一個長鑿平齊的形式。所以一三型並非具有很強的典型性，以它作為一種區別不同甲骨類別的標準可能不太妥當。在歷組、無名組甲骨上占多數的一一型在其他類別的甲骨上也很常見，所以以不同的長鑿排列形式作為區分不同甲骨類別的標準可能不是很科學。[803]

周氏所論，雖有理致，卻未必真確。關於甲骨材料闕殘是不可改變的事實，但任何甲骨學的研究並不會因此而卻步，簡言之，面對甲骨材料本身的缺陷，研究者自有其取捨及運用之道，不致讓資料的完備性成為該學說論述的主要致命傷。職是之故，根據許先生的考察，鑿列Ⅱ3式未見於第一期，乃屬客觀描述，並無刻意取捨或隱瞞材料情事，自可視為斷代標準加以運用或參考，日後若有反駁證據出現，屆時再據以調整論說，甚或揚棄皆可，而昧於現況，又以資料不全遽稱其說不可靠，實是強人所難。且採Ⅱ3式鑿列的鑽鑿，所見鑿形大都又長又寬，燒灼面積亦很大，此於第一期近乎未見，故第一期並無Ⅱ3式鑿列的施作機會；又，若第一期已有Ⅱ3式鑿列，或因許先生所用材料過少而無絲毫訊息，但後續周氏的全盤檢覈則不該一無所獲，就此觀之，第一期實際上未採行Ⅱ3式鑿列的可能性極高。綜上，「Ⅱ3式未見於第一期」之說，不僅不是「不是很可靠」，且恐即是真相。

至於周忠兵認為「Ⅱ3式鑿列在歷組與無名組中並非典型，不宜以之區分甲骨類別」，持說更是似是而非。許進雄先生的鑿列考察，注意到「只有在第三期與第四期時才有一三型的排列，其他期都作一一型排列」，[804]意謂Ⅱ3式僅出現在第三、四期，因

---

[802] 同上註。

[803] 同上註。

[804] 許進雄先生：《甲骨上鑽鑿形態的研究》，頁79。

此主張依Ⅱ3式鑿列可判斷該卜骨屬於第三或四期之物，此乃斷代標準的運用，與形式分類無關，亦無悖於Ⅱ1式鑿列常態存在的事實。換言之，Ⅱ1式鑿列為各期卜骨所常見，而Ⅱ3式僅出現在第三、四期，故以Ⅱ3式為據，自能區別出部分的第三、四期卜骨，依Ⅱ1式則完全不能，表示Ⅱ3式的斷代效能大於Ⅱ1式，與型式的「典型性」強弱絲毫無涉。或許「以不同的長鑿排列形式作為區分不同甲骨類別的標準，可能不是很科學」，但「以Ⅱ3式鑿列作為判斷第三、四期卜骨的標準」，不僅邏輯合理，且明確有效，周說於此明顯失察。

此外，周忠兵評述許進雄先生的鑽鑿研究，指出其所論不足之處有四，撮其要義，分列於下：

其一，許先生鑽鑿分類標準存在問題；

其二，許先生「長鑿旁有圓鑿」不見於第二期之說有誤；

其三，許先生「二告、小告」[805]等兆側刻辭只見於第一期之說有誤；

其四，許先生認為貞人自存在於第一期和第四期，證據不足。

持平而論，周說所論許先生之不足，僅一、二項涉及鑽鑿形態，三、四兩項與鑽鑿形態無關，充其量可視為鑽鑿分類的取捨標準，而實際上已涉及鑽鑿的斷代運用，其說雖立論有據，言而有理，然仍存可商之處。

關於第一項，周忠兵認為許進雄先生所分的五類鑽鑿形態：「單獨的長鑿」、「圓鑿包攝長鑿」、「小圓鑽」、「長鑿旁有圓鑿」、「於骨面施鑿」，其中「前四種是據鑽鑿形態劃分的，而第五種是據挖刻位置劃分的」，[806]兩者根本不在同一標準上，此言甚是。就形態分類而言，骨面施鑿並不具備形態特徵，確實不宜將之逕與其他四類鑿型並列，其性質近於鑿列或骨沿的考察，相關型式區分可就施鑿情形，依鑿列數分為七型（即0-6列，共7種），如此統括各期鑿列安排情形，始能供作類型學分析的參考，屆時斷代運用自能更為精準有效。其實，許先生將單一長鑿視為「正常型」，已顯示其意欲以此作為分類的主軸，另外四類則定為「異常型」，說明類此型式並非常態，大都出現於特定時段，其任務就是用作辨別時代的輔助。因此評析許先生鑽鑿分類的成就，應該回歸長鑿鑿形（正常型）之區分是否合理的討論，而不是在「異常型」出現時機混淆中打轉。嚴格來說，許先生所提「圓鑿包攝長鑿」與「長鑿旁有圓鑿」兩異常型，本質上亦與「單獨的長鑿」不同，若欲分類，則當以「單式」、「複式」為區分基準（參前），再分別考察其中形態特點，相混一處，並不易彰顯相關的鑽鑿特徵。

---

805 許進雄先生釋作「上吉、小吉」，本文除引文如實呈現外，一律隸作「上告、小告」。

806 周忠兵：《卡內基博物館所藏甲骨研究》，頁588。

關於第二項，許進雄先生考察「長鑿旁有圓鑽」，稽得有效材料 129 例，其中「有第一期絕對證據的有九十例，佔絕對的大多數。其他由書體等標準而可知為第一期的也有二十幾例。其餘的有第三期二例，第五期二例，第四期或王族卜辭的十一例」，[807]確實未及第二期之例，然須要注意的是，第三、五期皆僅二例，數量或比例皆極少，在此情形下，第二期之「無例」，應謂其少見或罕見，若堅持「未見」，則僅能強調此為目前已知的情形，類此狀況穩定性不足，隨時都有可能被改變，而周忠兵所舉《卡》277（＝《合》29935）、285（＝《合》24988）若屬實，則就是改變現狀之例。然周氏以為《卡》277、285 當屬第二期甲骨，但《甲骨文合集》卻將其中《卡》277 歸入第三期，意謂甲骨時代歸屬尚有疑義；復覈《卡》277、285 鑿形（圖參下），兩者完整鑿形頭部特徵皆為尖針狀突出，內壁亦相對光滑，與第二期鑿形特徵完全不類，單論鑿形，此二版皆可入於第一期晚。因此，周氏二例仍有可疑，尚須釐清，無法盡信，而第二期是否未有「長鑿旁有圓鑽」型，可以再觀察。

《卡》277　　　　　　　　《卡》285

關於第三項，周忠兵以《合》20185、26630、31316、33020 等四版為例，說明兆側刻辭「二告、小告」，並非只見於第一期。周氏所言大致無誤，其例依序分屬自組、出組、何組、歷組，涵括時代跨度頗大，值得注意的是，諸例雖客觀存在，但數量有限，而許進雄先生早已指出「上吉絕大多數出現於第一期貞人的卜辭，偶而才見於他期的貞人的卜辭」，[808]亦舉《續存》上 1603（＝《合》25035）、上 1670（＝《合》26639）、《珠》393（＝《合》23717）、《甲》2742（＝《合》31316）、《錄》78（＝《合》31350）[809]以及《京》2998（＝《合》20715）、3026（＝《合》20185）、《甲》3047+3048+3304（＝《合》21290）、《人》3220（＝《合》20611）[810]等九例以為證明。針對其中《甲》2742，由何主貞，許先生有所說明：

　　此版的上吉作忐，這是第一期較晚期的寫法，非第一期貞人卜問而有上吉刻辭的

---

[807] 許進雄先生：《甲骨上鑽鑿形態的研究》，頁 38。

[808] 同上註，頁 64。

[809] 以上諸例同見上註，頁 64-65。

[810] 以上諸例同見上註，頁 72。

大都如此寫法。此版有兩個長鑿比較清楚；一個長約二公分，作微曲肩平圓頭。這是第一期晚期開始而盛行於第二期的形態。另一個長鑿雖殘缺，但頭部顯然作尖針狀突出。第二期卜骨可以說是沒有作尖針狀突出頭部的。此外這兩個長鑿又都刻得相當整飭，這也是第一期的形態。故此版應是第一期晚期的。[811]

另對皆由自主貞的《甲》3047+3048+3304 與《人》3220，許先生亦有辨析：

> 此甲〔按：《甲》3047+3048+3304〕共有十九個長鑿，其較完整的有：①左一行第二個，長一・八公分，頭部有尖針狀突出。②左一行第三個，長一・八公分，窄直肩尖針狀突出頭部。③左二行第二個，長一・七公分，直肩三角頭。④左二行第三個，長一・六公分，窄直肩尖針狀突出頭部。⑤左二行第四個，長一・五公分，窄直肩尖針狀突出頭部。⑥左二行第五個，長一・六公分，窄直肩尖針狀突出頭部。⑦右二行第二個，長一・七公分，肩稍呈寬肥，尖針狀突出頭部。⑧右二行第三個，長一・六公分，窄直肩尖針狀突出頭部。⑨右二行第四及第五個，都是窄直肩尖針狀突出頭部。以上的長鑿都在一・五到一・八公分之間，作窄直肩尖針狀突出頭部，都是第一期典型的形態。[812]

> 此骨〔按：《人》3220〕共有七個長鑿，自上而下，第一及第二個是圓鑿包攝長鑿型，第三、第四及第五個是長鑿旁伴有圓鑿型，第六及第七個是圓鑿包攝長鑿型。七個都是屬於第一期的特殊形態。而且其挖刻整飭，長鑿的肩窄而筆直，也都是只見於第一期的特徵，無可疑是第一期的。[813]

據此觀察結果，許先生進而推斷《錄》78（由何主貞）、《京》2998、3026（由自主貞）皆應屬於第一期。以上的說明，除未能含括的《合》33020 外，幾能釐清周氏諸例所疑，而《合》33020 字體雖屬標準歷組，但序數「四」罕見於此組，其非屬常態之作，是否另有內情，不免令人生疑。統括來看，儘管許、周所及諸版「上吉」刻辭卜辭內容看似與第一期不相干，但其鑽鑿形態特徵卻與第一期關連密切，此等甲骨時代可能皆屬於第一期，換言之，周氏所疑之「二告、小告僅見於第一期」者，許說未必有誤。

　　關於第四項，許進雄先生認為：

---

[811] 同上註，頁 65。

[812] 同上註，頁 72-73。

[813] 同上註，頁 72。

貞人自與王族貞人扶、勺等同過版，當是同時代的人。王族卜辭的鑽鑿形態和第四期晚期的一模一樣，所以貞人自應該是屬於第四期文武丁時代的。但是貞人自的卜辭曾出現上吉的兆側刻辭，上吉雖曾見於第二期及第三期貞人的刻辭，如已討論過的，那是由於這些貞人都是自第一期晚期起就供職為貞人，而不是上吉的刻辭也使用於他期。所以貞人應也不例外地曾供職於第一期。[814]

周忠兵對「貞人自的卜辭曾出現上吉的兆側刻辭」之例（《甲》3047+3048+3304 與《人》3220，即《合》21290、20611）則有不同的主張：

其實從字體分類看這兩版甲骨屬師組小字類，這種字體的卜辭被許氏看成王族卜辭的一類而歸為第四期，僅僅將這兩版相同字體的甲骨看成第一期，顯然與這類字體的絕大部分甲骨的歸屬相矛盾。……鑽鑿方面因為他認為圓鑽包攝長鑿的形態只見於師賓間組，窄直肩尖狀突出的形態只見於典賓類。這兩類甲骨卜辭許氏認為都屬於第一期，因而當發現《合集》20611 與 21290 這兩版甲骨上的鑽鑿有這兩種形態時就將它們判定為第一期。[815]

又謂：

將字體相同的幾版甲骨只因其鑽鑿形態與這類甲骨上常見的鑽鑿形態相異，而將它們歸屬於別的時期，這種判斷忽略了相同字體的甲骨在時代上的內在統一性。所以首先我們不能說圓鑽包攝長鑿、窄直肩長鑿只分別見於師賓間和典賓類甲骨上；另外也不應該當發現同一字體的甲骨上有幾例鑽鑿不同於這類甲骨的常見鑽鑿形態而將它們另外劃歸為別的時期。相反若以這兩版有圓鑿包攝長鑿和窄直肩尖狀突出的師組小字類甲骨為中介，可將其他的師組小字類甲骨判斷為可能也是第一期的，這些不同的鑽鑿形態是可以共存的。[816]

周氏所言，並不信實，猶待辨正。首先，許先生著眼鑽鑿斷代，基於自卜辭的鑽鑿呈現兩類迥異的形態，分別與第一期與第四期的鑽鑿常見型式相符，且合於第一期鑽鑿形態者，其上有「二告」兆側刻辭，因此認定自卜辭有部分時代屬於第一期，此乃客觀存在的事實，難以忽視，至於具體執行區分第一、四期自卜辭的工作，則不免摻入主觀的認定，自當謹慎，對此許先生亦有所提醒：

---

814 同上註。

815 周忠兵：《卡內基博物館所藏甲骨研究》，頁 589。

816 同上註。

既然這兩版有上吉刻辭的都有第一期典型的形態，則其他兩版有上吉刻辭的自卜
貞的卜辭也應該都是第一期的了。我們自然可想像，第一期貞人自的卜辭，並不
是都有上吉的刻辭以資識別的，那麼如何把這些卜辭與王族卜辭的分別出來，以
免混亂第一期與的四期的認識，也就成了一種重要的工作。[817]

而運用書體來區辨相關自卜辭也不容樂觀，許先生曾將第一期「上吉」自卜辭書體風格
區分為二，「一是《人文》三二二〇與《京津》三〇二六，其刻辭的筆劃規順，字體中
等，很有第一期的味道。一是《甲編》的及《京津》二九九八，其刻辭的筆劃細，字體
小，與通常所見的第一期書體似乎有點不同的感覺」，[818]但這兩種都在王族卜辭可以見
到，如屬王族卜辭的《甲》3045（＝《合》19890）。許先生針對該版相關特徵尚有說明：

> 甲上完整的長鑿有兩個，左邊的長一·五公分，肩稍寬而有彎弧，頭部是尖圓的。
> 右邊的長一·七公分，也是寬的彎曲肩尖圓頭。都是王族卜辭及第五期卜甲常見
> 的形態，與第一期的窄直肩尖針狀突出頭部是非常不同的。就是其他殘缺的長鑿
> 也都看不出有一點第一期的樣態。但是此版的第一例與第一期自卜問的第一種書
> 體是相似的，而第二例及第三例則與第二種書體幾乎一模一樣。所以想從書體來
> 分辨自卜問卜辭的時代是有些困難的。[819]

據之可知，許先生針對自卜辭的區分，主要是參考鑽鑿形態，雖不以字體為要，卻也非
完全漠視其存在。周氏以為「一種鑽鑿形態往往對應多個甲骨類別，如小圓鑽可出現在
師組、師歷間組、師賓間組等類別的甲骨上」，因此「說某種鑽鑿只見於某類甲骨上是
危險的」，[820]其言不假，但周氏未注意的是，所謂的「甲骨類別」，是周氏採行的「分
類」，與許先生所用的「分期」，本質上根本不同，無法類比，周氏混淆兩者，難免誤
判。仍以小圓鑽為例，許先生考察的結果，「就目前所知，第二、第三和第五期的卜骨
都不見有這種形態的鑿鑽」，而其施用以王族卜辭為多，「幾乎可以算是王族卜骨的一
種正常挖刻方法了」，[821]對應字體分類，適與周氏所謂「師組、師歷間組、師賓間組」
者相符，許先生若以「小圓鑽」推斷某骨屬於王族卜辭，實與該骨字體屬於「師組、師
歷間組、師賓間組」的觀察並無扞格。且置王族卜辭時代爭議不論，純就卜辭斷代而言，
若「師組、師歷間組、師賓間組」各組的時代是連續的一個區塊，則此時段正是「小圓

---

[817] 許進雄先生：《甲骨上鑽鑿形態的研究》，頁 73。

[818] 同上註。

[819] 同上註。

[820] 以上俱同周忠兵：《卡內基博物館所藏甲骨研究》，頁 589。

[821] 以上俱同許進雄先生：《甲骨上鑽鑿形態的研究》，頁 27。

鑽」的施用時代，以此標記作為時代連結，進行時代推斷，亦合乎情理，何險之有。

其實，許進雄先生的鑽鑿運用，能類比者並非「字體」，而是「貞人」。不管各類字體的區分如何嚴謹有效，其自身仍不具備斷代功能，先分類再斷代，斷代是另一項區分時代的工作，與字體劃分類別並不直接相關。且同類字體的時代未必相同，周忠兵所謂「相同字體的甲骨在時代上的內在統一性」者，實為研究者一廂情願的成規，亦未必經得起嚴正的檢視。前文所及，仿製與臨摹皆可能造成異代物件形制相同的情況，尤其文字成形速度快，門檻低，臨寫或契刻而達幾可亂真者，實非難事，因此相同字體的類別中，所有組成分子都應再細究，如以用字習慣、語法文例、鑽鑿形態等多方覈驗其內在的一致性，不宜逕視「同類同時」為理所當然。至於貞人分組，目前看來，幾乎等於時代的區分，標舉貞人無異就是確立時代，儘管應有部分的貞人供職年代不限於單一時期，但斷代實務上，貞人組別基本上就等同於甲骨分期，如賓、出、何、歷、黃五組即可分別標記甲骨第一、二、三、四、五期。再以上述「小圓鑽」為例，許先生以「小圓鑽」推斷某骨版屬於王族卜辭的作法，實與以「貞人賓」判斷某骨版屬於第一期卜辭的作為近似，而此類標準的運用，根本無法進一步細究其字體類組的歸屬，如無法以「小圓鑽」推斷卜辭當屬「師組、師歷間組、師賓間組」之何組，同樣的，欲以「貞人賓」之有無，判斷卜辭當屬「賓一類、典賓類、賓三類」之何類，也是辦不到的。目前甲骨各期鑽鑿的形態特徵雖不似貞人般截然絕對，但在區分甲骨時代的運用上，其實仍有極大的發揮空間，值得吾人積極以對。

（2）關於小屯南地的分類

1973 年小屯南地甲骨的發掘與整理，是甲骨鑽鑿形態全面發展的契機，《小屯南地甲骨》將各種長鑿形態予以定型分式，較之許進雄先生初始的鑽鑿探究更具科學性與系統化，相當值得肯定，但其整體鑽鑿形態的觀察卻不如許說周密，部分鑿形的分類仍有不足，如：

> 從所分的類型，可以看出有些兼顧外型及長度，如四型的四個分式就是因長度而分。有些則只側重外形，不計長度，如一型二式，短的才一、二公分（編號4513+4518），長的達到二、八公分（編號2689）。整理者在釋文或鑽鑿的分冊，都沒有提供每一版甲骨有多少個長鑿，各鑿屬那一型，長度有多少等資料。對於某些需要這些資料的研究，帶來相當的不便。[822]

---

[822] 許進雄先生：〈讀小屯南地甲骨的鑽鑿形態〉，《中國語文研究》第 8 期（1986 年 8 月），頁 54。

此類疏略，猶能精進，且調整的難度不大，而《小屯南地甲骨》鑽鑿研究的真正問題，實於相關型式觀察釐定之失準。許先生曾指出：

> 整理者統計小屯南地甲骨各期的鑿型（頁1502），其屬於第一期武丁的鑿型，截然與屬於康丁到帝辛各期的形態有別。從統計表看，這兩組的形態好像截然有別，很容易區別的樣子。……但是筆者不能不聲明，它們的分別並不是那麼顯明而容易得到的。[823]

更進一步質疑：

> 從小屯南地提供的鑿型摹本，筆者有種感覺，在給予各個長鑿形態的分類時，整理者有傾向把同樣長度和類似形態的鑿，在甲上的就給予一型或二型，在骨上的就給予四型四式或六型的分類，以致可能是同型式的鑿形就變成截然有別。整理者也了解到會給人予這種感覺，故說其外形雖然有些相似，但仔細觀察實物，其間差別還是很明顯的（頁1518）。[824]

對此，彭裕商同樣也有所疑惑：

> VI型鑿主要見於所謂"文丁卜辭"，而"文丁卜辭"又包括兩類，其一是"𠂤歷間組"卜辭。這一類卜辭的鑽鑿形態，《鑽鑿》所錄祇有五例，就這五例而言，I_1式鑿一例，《屯南》2250卜甲；VI_1式鑿兩例，《屯南》940、2173；祇有小圓鑽的殘片一例，《屯南》2628；IV_1式鑿一例，《屯南》4573。……這五例中，有I_1式鑿的《屯南》2250是卜甲，其他為卜骨。《鑽鑿》指出"I型鑿主要在卜甲上"，這就使我們想到，是不是由於甲和骨質料不同而致使鑿型有些差異呢？如果其它幾片也都是卜甲，是否也應為I型鑿呢？[825]

顯然小屯南地相關鑿型的劃分，或有偏頗之虞，須加以釐清，因此儘管鑽鑿材料已進行科學化分析，其結論尚難令人完全信從。

除上，針對小屯南地甲骨鑿形演變，彭裕商尚有三項困惑：其一，

> 比如VI型鑿，從武乙時開始，到文丁時發展到高峰，但突然到帝乙帝辛時就完全

---

[823] 同上註。
[824] 同上註，頁54-55。
[825] 彭裕商：《殷墟甲骨斷代》，頁253-254。

不見踪影，而帝乙帝辛時的Ｖ型鑿也絕不見於文丁及武乙之時，反倒越級與康丁Ｖ型鑿銜接；Ⅳ型鑿與早期的ⅠⅡ型鑿之間也毫無聯係可談，都是刀切斧斷式的突變。[826]

其二，

> Ⅰ、Ⅱ型與Ⅳ型之間，好象還隔了祖庚、祖甲二世，但相當於這期間的出組卜辭鑽鑿還是與𠂤組賓組差不多，如《屯南》2384"卜王"辭為I$_2$式，可見Ⅰ、Ⅱ型與Ⅳ型之間有脫節的現象，而這種現象不能用相隔一段時期的說法來解釋。[827]

其三，

> 各型鑿的形製中，與Ⅰ型鑿最接近的是Ⅵ型鑿，而不是Ⅳ型鑿。大家知道，任何玫古器物形製的演變都是逐漸進行的，時代相近的兩種型式之間必有聯係可談，其發展變化是一脈相承而循序漸進的，沒有突如其來的變化。[828]

綜上觀之，彭氏質疑小屯南地甲骨鑽鑿，重點在於其中型式的發展序列並不合理，其主要意見可簡化為「Ⅰ型近於Ⅵ型，而遠於Ⅳ型」、「Ⅰ、Ⅱ型與Ⅳ型脫節」、「Ⅴ型→Ⅵ型→Ⅴ型發展反覆」三點，單就鑿型時序而言，《小屯南地甲骨》所論實有不足，而彭氏之言確然有據，值得細究。然彭氏雖對鑿形劃歸有所質疑，但並未就鑿型劃分之正確性加以深究，而是著重於各鑿型間承繼關係的調整，其具體主張如下：

> 最早的Ⅵ$_1$式鑿產生於"𠂤歷間組"，⋯⋯最近於Ⅰ型鑿。其與Ⅰ型鑿共存於"𠂤歷間組"的例子，更表明了二者是有銜接關係的。在歷組一類中，此式鑿盛行，但已有了些小變化已見前述，並產生了Ⅵ$_2$式鑿。往後，本型鑿逐漸減少，歷組二類以後就絕蹟了。代之而起的是Ⅳ型鑿。這種鑿流行的時間較長，其中Ⅳ$_3$、Ⅳ$_4$式鑿起源於歷組一類，盛行於歷組二類和無名組，往後即迅速減少，最後被Ⅴ型鑿所代替。Ⅳ$_1$、Ⅳ$_2$式鑿流行的時間相對短些，產生於歷組二類，盛行於無名組，以後就消失了。Ⅴ型是最晚的鑿型，產生於歷組二類以後，延續至無名組晚期二類，其演變情況是：V$_1$V$_2$ → V$_1$V$_2$V$_3$ → V$_2$V$_3$，很明顯，具有Ⅴ型 1-3 式的無名組是這裡的中間階段。[829]

---

826 同上註，頁 251。

827 同上註。

828 同上註。

829 同上註，頁 259。

簡言之，《小屯南地甲骨》所定鑿型，原擬為「Ⅰ→Ⅵ」型演變，而彭氏認為諸型當作「Ⅰ→Ⅵ→Ⅳ→Ⅴ」演進，調整幅度不可謂不大，基本上是全盤否定《小屯南地甲骨》的考察。

持平而論，彭裕商所論，亦成理致，然其用心並不在於匡正並強化鑽鑿的運用，而是藉此捍衛其歷組卜辭歸屬早期的主張，並以之作為佐證。因此彭說實乃以其字體分類的時代先後糾整相關鑿型的排序，對於鑿形本身擬製的偏失並無任何檢討，而《小屯南地甲骨》的鑽鑿體系，亦未能就此獲得改善精進的機會。其實，《小屯南地甲骨》鑽鑿的問題，主要是鑿型的觀察與制定有所混淆，不夠精實俐落，如許進雄先生指出：

> 把小屯南地所謂的武丁鑿型和典型的武丁鑿形做一番比較。可以看出其相同點是，大多數的鑿長介於一‧五到二公分之間。但是前者的一羣脫出這個範圍的較多，尤其是有很多短於一‧五公分的。其差異是，典型武丁期的鑿長相當一致，同版的長度較接近。但是前者的一組，其鑿長有達二‧八公分的（編號2689），而短的才一‧二公分（編號4513+4518），而且同一版中的鑿長也常相差懸殊。但其最大的不同是鑿形。前者以弧肩為主，典型武丁期則以窄直肩為主。就是鑿內的結構也很不同。鑿的底部，小屯南地的有很多弧形底，整理者以為是用轉輪開槽的。但是典型武丁期的則作平面，其橫切面作似2的平底形，其作法完全不同。[830]

說明《小屯南地甲骨》所定的Ⅰ、Ⅱ型鑿，除長度近似外，與典型武丁期長鑿形態並不相同，尤其弧形底與平底形的差異，涉及施鑿工具的不同，反映的更可能是時代不同的事實，因此「如果要從鑽鑿形態的觀點去證明兩者的形態一致，時代性相同，恐怕有點不適宜」。[831]《小屯南地甲骨》的鑽鑿分類，先將自組卜辭鑿形定為Ⅰ、Ⅱ型，並逕自等同於典型武丁期的鑿型，於是「自組時代屬於武丁時期」之說即能再次獲得證實。然若兩者鑿形確實不同，則自組卜辭與武丁卜辭未必有所關聯，連帶其時代屬於早期的主張，恐須再審酌，不可盡信。

此外，許進雄先生又彙集若干相關鑿型，製成七圖進行比較，[832]各圖內容來源及鑿形特徵分列如下：

---

830 許進雄先生：〈讀小屯南地甲骨的鑽鑿形態〉，頁55。

831 同上註。

832 具體圖例參見〈讀小屯南地甲骨的鑽鑿形態〉，頁62-71，「圖二」至「圖八」。因篇帙略繁，此處不另俱引。

一，「小屯南地第一期甲骨」（圖二），鑿長部分，「在一二六個完整長鑿中，確
　　實長過二公分的有十二例，短於一‧五公分的有二十三例，其他都介於一‧
　　五到二公分之間」；鑿形部分，「除 2660、3586 兩例是屬於二型的直肩尖
　　頭尾外，其餘都是弧肩，且絕大多數作尖頭尾或尖圓頭尾，只有幾例作平圓
　　頭尾」。

二，「典型第一期卜甲」[833]（圖三），鑿長部分，「在六十九例中，長度明顯超過
　　二公分的有六例，一例是一‧五公分，其餘都介於一‧五到二公分之間」；
　　鑿形部分，「除了幾例可能歸類於微曲或弧肩外，絕大多數作直肩且有尖針
　　狀突出頭尾」。

三，「典型第一期卜骨」（圖四），鑿長部分，「在八十例中，長度明顯超過二公
　　分的有五例，只有一例短於一‧五公分，其餘都介於一‧五到二公分之間」；
　　鑿形部分，「作尖針狀突出頭尾的雖沒有卜甲上的多，基本形態還是窄直肩
　　尖針狀突出頭尾，很難找出弧形肩的例子」。

四，「第五期卜甲」（圖五），鑿長部分，「長度很少超過二公分，以近於一‧五
　　公分的為最多，短的才一‧二公分」；鑿形部分，「絕大多數是弧肩尖圓頭
　　尾，少數作微曲肩平圓頭尾」。

五，「第五期卜骨」（圖六），鑿長部分，「長度大都近於二公分，偶而有一‧五
　　公分的」，「較同期甲上的長」；鑿形部分，「基本上同於甲，以弧肩尖圓
　　頭尾為多，少數屬於微曲肩平圓頭尾型」。

六，「小屯南地文丁期卜骨鑿形」（圖七），鑿長部分，「很少超過二公分長度的，
　　但是短於一‧五公分或近似的佔有一半，同一版中的鑿長也相差懸殊」，「較
　　同期甲上的長」；鑿形部分，「雖比較不規整，但基本的形狀還是弧肩，頭
　　尾則為尖或尖圓」。

七，「王族卜辭卜骨」（圖八），鑿長部分，「同版中的長度相差甚大，有很多短
　　於一‧五公分的，甚至有的只有一公分」；鑿形部分，「以弧肩尖頭尾或尖
　　圓頭尾為主」。[834]

許先生曾以上列諸圖，分成「圖二」、「圖三與圖四」、「圖五與圖六」、「圖七」四
組加以試驗：「向不懂甲骨的人請教，請其依長鑿形狀，直覺指出『圖二』與其他各組，

---

[833] 指該版上契有「上告、小告」一類兆側刻辭，或署有第一期貞人名者。
[834] 以上說明俱見許進雄先生：〈讀小屯南地甲骨的鑽鑿形態〉，頁 55-56。

何者最接近」，其結果揭曉竟是「都指出圖二最接近於圖七，即文丁時代的一組」，[835]
換言之，實驗證明，就外形而言，小屯南地所見第一期甲骨的鑿形與文丁期卜骨鑿形最
為接近。若以《小屯南地甲骨》鑽鑿論述為基準，則自組卜辭時代當屬於文丁時期。

　　另，許進雄先生還注意到：

> 比較第五期與小屯南地的第一期鑿形，可以看出有些現象是相似的。兩者都有很
> 多短於一·五公分的長度，尤其是甲上的情形。鑿形也相似，兩者都是以弧肩為
> 主。尤其是小屯南地的有不少短於一·五公分，作弧肩尖圓頭尾，與第五期卜甲
> 上的主要鑿形一模一樣，很難分別。我們不能期望這兩組的鑿形完全一致，但如
> 此相似是值得注意的現象。[836]

再次說明小屯南地第一期鑿形（即Ⅰ、Ⅱ型鑿），迥異於早期特徵，卻近於晚期現象，
總括來看，Ⅰ、Ⅱ型鑿的時序不應居首，反倒置後為宜。

　　依「先分類再斷代」原則，單以類型區分而言，《小屯南地甲骨》Ⅰ、Ⅱ、Ⅳ、Ⅴ、
Ⅵ諸型的劃分尚稱合理，而考古器物形製演變向來都是一脈相承而循序漸進的，因此上
述諸型鑿的序列應為「Ⅳ→Ⅵ→Ⅱ、Ⅰ→Ⅴ」，演變規律大致是，頭部由平圓而漸尖，
肩部由直而弧而寬肥，長度由長而短。再以時代分期而論，Ⅳ型鑿為康丁期主要鑿型，
而Ⅴ型鑿則為帝乙帝辛期主要鑿型，兩型之間，則應屬武乙文丁期，因此Ⅰ、Ⅱ、Ⅵ諸
型施用的主要時代，當是武乙文丁期。據此，所謂歷組與自組卜辭時代皆當屬於甲骨第
四期，亦符合吾人對此等相關卜辭時代的考察。

　　若將Ⅰ、Ⅱ、Ⅵ諸型依實際形態特徵重新定序，彭裕商的諸多疑惑亦能得到解釋。
至於Ⅴ型鑿亦見於康丁期，彭氏認為其演變是刀切斧斷式的突變，然細究Ⅴ型鑿的呈
現狀況，康丁期所見 22 例，在總數 338 例中，僅約佔 6.51%，比例極低，且其中屬Ⅴ
₁、Ⅴ₂式者即高達 21 例，長度明顯偏長，不僅與康丁期鑿長的特徵一致，甚至與該期主
要鑿式Ⅳ₂、Ⅳ₃之鑿長相同，而Ⅴ₃式獨見 1 例，或為特例；相對而言，乙辛時期Ⅴ₃式佔
83.33%，比例相當高，Ⅴ₂式亦只 1 例，而Ⅴ₁式則完全未見，顯示該期鑿長偏短。整體
看來，雖康丁與乙辛時期皆有Ⅴ型鑿，但兩者鑿長並不相類，康丁期Ⅴ型鑿長，而乙辛
期Ⅴ型鑿短，如以型式劃分，Ⅴ₁、Ⅴ₂式多屬康丁期，Ⅴ₃式則為乙辛期常有，其間差異
實不可謂不顯，且從外形觀之，Ⅴ₁、Ⅴ₂ 與Ⅴ₃式亦存差別（參前），或可再究分。因此，
任意混同此三式，並以之作為依據的時代考察，恐有未備，尚須審慎以對。

---

[835] 同上註，頁 56。

[836] 同上註。

（3）關於周忠兵的分類

周忠兵的鑽鑿研究，承繼既有的成果加以彙總，後出轉精，將甲骨鑽鑿形態區分為5型86式（詳前），大抵已能涵括目前所見之形態，就分類定型而言，確實較過去的相關研究詳密周全。然周氏所分的五型鑽鑿，其實各型性質並不一致，如圓鑽、長鑿、圓鑽包攝長鑿等，乃分之以形狀；圓鑽、圓鑿、輪開槽長鑿、挖刻長鑿等，則辨之以工法，將兩者併而論之並不合適，亦無法自型式編序上窺知其演變先後。且論及工法，未能目驗者終究難以判斷掌握，類此系統實不易廣為運用，因此周氏此舉雖有深化鑽鑿研究之功，但卻混亂鑽鑿類型架構，治絲益棼，恐得不償失。又，周氏所分鑽鑿式別，有「弧肩」與「不規則弧肩」之別，然所謂「不規則」並無明確的界定範圍，[837]作為特徵說明猶可，但作為型式區分的依據，恐流於師心自用，徒增困擾，實非明舉。另外，周氏鑽鑿類型之長度區分，標準不一，如IV型鑿中的「a 指 1.2cm（含）以下、b 指 1.3-1.5cm、c 指 1.6-2cm、d 指 2.1cm（含）以上」，與V型鑿的「a 指 1.5cm（不含）以下、b 指 1.5-2cm、c 指 2.1-2.5cm、d 指 2.6-3cm、e 指 3.1cm（含）以上」的情形非常不一樣，兩鑿型長度除各分為四式與五式的不同外，其長短兩端之基準（1.2cm/2.1cm、1.5cm/3.1cm）也各自為政，而兩鑿型各式長度間隔標準亦不相同，有 0.2cm（IVb）、0.4cm（IVc、Vc、Vd）、0.5cm（Vb）的差異，缺乏一致的標準，相關分類難免撩亂，甚是不妥。凡此不足，皆應調整修正，始有作為日後鑽鑿形態研究標準參照之可能。

除上所述，周忠兵建構鑽鑿類型系統的途徑，亦與前諸說大不相同。周氏先採字體分類模式區分卜辭，計得 20 種類別，接著分析各類別甲骨上的鑽鑿形態後，再予以歸納。就此可知，周氏的鑽鑿體系乃築基於既有甲骨已見的鑿形之上，理論上能以總觀視角全面統攝各種鑽鑿形態，而在明確的範圍內進行歸納分類，必然具體有效，因此針對現有材料的分析，其說實用性強。然相對而言，若有新材料新形態出現，則未必能完全適用，故其鑽鑿體系彈性小局限大，擴充性不高。另，更須要注意的是，雖甲骨學上的字體分類工作已有相當成績，但並不表示甲骨皆已片片入其類，版版有所歸，實際上目前以例舉闡明特色的各類卜辭，其所納含之具體內容並非完全底定，因此據以考察的鑽鑿形態亦只能是例舉，不是全貌。尤其周氏所採卜辭字體分類為 20 類，與前述諸家字

---

[837] 周忠兵將弧形長鑿肩部被刮削，顯得不是很規整者，稱為「不規則弧肩」，同時以《卡》30、44、61、62（分別=《合》20954+21032、32813、20584=33125、34991）四版為例進行說明，然其中《卡》30、61肩部被挖成半圓形，此類不規則多數直接挖製，少數可能是鑽的；而《卡》44、62 則是肩部被刮削，並無特殊形狀。（詳周氏《卡內基博物館所藏甲骨研究》，頁 601）兩者致之之因，恐不相同，前者似有意為之，將之視為特殊形態並無不妥，而後者或涉及刮削幅度，如何判定不規則，尚缺乏有效標準。兩者混同於一類，無法清楚界定「不規則弧肩」所屬樣態。

體分類主張皆不相同，意謂其相關各類的具體內容亦當不會一樣，而周氏對此並無任何界說，僅標舉類目而立論，儘管其論詳實周密，但取材受限，來源可商，結論則未必真確有效，此為周氏論鑽鑿的困境。周氏所論足以為甲骨鑽鑿研究另闢探索蹊徑，然此去荊棘遍佈不在話下，是否斷崖橫前則未可知，所宜深慎。

其實，周忠兵對於鑽鑿形態的探究，最大的特色不在其對鑽鑿形態類型的架構，而是以字體類別時代為據進行形態演變的考察。然類此的考察，實際上是忽略相關鑿型的發展規律，概依字體類別時代為序，反客為主，削弱鑽鑿形態可能的斷代功能。就此觀之，周氏關於鑽鑿的探索，並無意發揮其甲骨斷代價值，而是作為其字體組類時代主張的支柱。

大致說來，「字體」與「鑽鑿」皆為類型學處理的對象，同時都將面對「分類並非斷代」的局限。本文認為，從類型學的斷代運用來看，「鑽鑿」較「字體」可靠，主因在於兩者基本性質不同，前者之成形涉及施作方式、用料習慣、挖削技巧，此等因素在相同的施鑿目的（兆裂）下，鑽鑿形態穩定，不易更變，若形態不同大致就是不同時代的產物，顯具較強的時代性；後者之成形則與契刻者的主觀認知息息相關，儘管相關用具、技術或能影響契刻形態，但關鍵還是操作者，尤其字體本身尚具字義，對字義的理解掌握亦可能左右字形的呈現，因此在相同的契刻目的（記錄）下，字體表義即可，轉換容易，時代性相對薄弱，同一時代可以有多類字體，同類字體亦能出現在不同時代。總之，「鑽鑿」純屬工藝技術的展示，而「字體」恐有更多的個人意志在其中，因此以「鑽鑿」推斷「字體」時代猶有可為，以「字體」論定「鑽鑿」時代則恐難如願。

周忠兵按「字體組類」進行鑽鑿形態分析，因此「單一類卜辭中具多種鑽鑿型式」，或「單一鑿式並見於多類卜辭」的情形幾乎成為常態。據統計，周氏所採 20 類卜辭中，單一類卜辭只具一種鑿式者僅 2 類，[838]其餘 18 類皆至少具二種鑿式，其中具五種鑿式以上者有 7 類，[839]最多具有八種鑿式；[840]而在 15 種主要型式中，[841]亦僅 3 種鑿式只見於單一類卜辭，[842]其餘 12 種鑿式至少出現於兩類以上卜辭中，其中並見於五類卜辭以

---

[838] 即「丙種子卜辭」（僅 IV1）、「圓體類」（僅 IV1）2 類。

[839] 即「師組小字」（I、IV1、IV6、V1、V2）、「師賓間組」（I、II1、II2、III、IV1、V1、V2）、「師歷間組」（I、IV1、IV2、IV5、V3）、「賓組一類」（I、IV1、IV4、V1、V4）、「典賓類」（I、II1、II2、V1、V2、V3、V4、V5）、「歷組二類」（I、IV1、V2、V3、V4、V5）、「出組」（V1、V2、V3、V4、V5）等 7 類。

[840] 即「典賓類」（I、II1、II2、V1、V2、V3、V4、V5）。

[841] 即 I 型 1 式，II 型 2 式（II1、II2），III 型 1 式，IV 型 6 式（IV1、IV2、IV3、IV4、IV5、IV6），V 型 5 式（V1、V2、V3、V4、V5），共 15 種。

[842] 即 II2 式（師賓間組）、III 型（師賓間組）、IV3 式（花東子卜辭）等 3 種。

上者有 7 種，[843]最多者為並見於十三類卜辭。[844]若從時代的角度來看，周氏的分析顯示武丁早期的鑿型有Ⅰ、Ⅱ、Ⅳ等三型，武丁中期則Ⅰ、Ⅱ、Ⅲ、Ⅳ、Ⅴ等五型皆有，武丁晚期以後，各期則僅存Ⅴ型，且其各式亦混雜出現，難究其間承繼關聯，如同散沙，無法成事。

　　整體而言，周忠兵的鑽鑿分析，雖較為細緻，但見樹不見林，讓鑽鑿施作似成隨機之舉，坐實「工人高興怎麼挖就怎麼挖」[845]之譏，顯然偏離了探索的正軌，不但未能凸顯每一時段的甲骨鑽鑿特徵，更嚴重的是，將鑽鑿訊息化整為零，連帶塗銷其斷代功能。簡言之，周氏的鑽鑿研究，較諸前說，揭露出鑽鑿本身更多的訊息，深化吾人對於鑽鑿形態的認知了解，貢獻明顯，但同時卻弱化鑽鑿形態的作用，尤其是用作甲骨時代考察參考的重要功能，殊為可惜。

---

[843] 即Ⅰ型（師組大字、師組小字、師賓間組、師歷間組、賓組一類、歷組一類、典賓類、歷組二類）、Ⅳ1式（師組大字、師組小字、甲種子卜辭、乙種子卜辭、丙種子卜辭、圓體類、花東子卜辭、師賓間組、師歷間組、賓組一類、歷組一類、歷組二類）、Ⅴ1式（師組小字、甲種子卜辭、乙種子卜辭、師賓間組、賓組一類、典賓類、賓組三類、出組、何組）、Ⅴ2式（師組小字、師賓間組、典賓類、歷組二類、出組）、Ⅴ3式（師歷間組、歷組一類、典賓類、歷組二類、出組、歷無、何組、無名、無名黃間、黃組）、Ⅴ4式（賓組一類、典賓類、歷組二類、賓組三類、出組、歷無、何組、無名、無名黃間、黃組）、Ⅴ5式（典賓類、歷組二類、出組、何組、無名黃間、黃組）等 7 種。

[844] 即Ⅳ1式。

[845] 李孝定先生 1996 年課堂語。

第參篇

斷代工作

　　甲骨卜辭斷代工作的進行，主要目的就是判別甲骨的時代，就史料的性質觀之，此乃甲骨學研究工作開展的基礎，將甲骨盡可能復歸於原本的使用時期，則其上內容記錄對商代文化的考察始能發揮最大的助益。職是之故，甲骨時代的分辨自是愈細緻愈好，縱使實務區分尚有不同的障礙限制，但甲骨斷代工作仍必須由此精進。

　　董作賓的斷代主張，以五期為基礎，廣及八世十二王，[1]而盤庚之後個別王朝的卜辭細分，並無具體實論，但已指出若干區別途徑。董氏謂：

> 第一期，自武丁以上，本屬不易區分，今就月食，推得小辛小乙時之卜辭。第二期，祖庚時代，由貞人言，屬於第二期，由曆法、字形、祀典言，則當列入第一期，而祖庚與祖甲兩王之卜辭，多已劃然可分。第三期卜辭較少，仍難區別廩辛康丁之異。第四期武乙文武丁兩世，舊列皆武乙時卜辭，而誤以文武丁卜辭入第一期，今由十三次發掘之坑位，得其確證，知文武丁世，亦自有其斷定時代之標準在也。第五期帝乙帝辛兩世，在本譜中固已由祀典、年曆，釐然可辨，不似舊日之混為一談矣。[2]

今日所見，董說尚顯不足，亦有瑕誤，卻仍是甲骨斷代深化探索，無法漠視的指標，循之可臻彼岸。總體而言，董作賓將甲骨區分為五期的斷代方向是可行的，甲骨時代先後據之已然略可究明，而更細部的斷代工作亦應循此架構，深化考察或解決爭端。

　　本篇以下將針對相關斷代探究主題，擇要分述其探索內涵，具體彰顯目前斷代研究成果。

第一章
武丁以前卜辭的存佚

---

[1] 盤庚、小辛、小乙（以上一世）、武丁（二世）、祖庚、祖甲（以上三世）、廩辛、康丁（以上四世）、武乙（五世）、文丁（六世）、帝乙（七世）、帝辛（八世）。

[2] 董作賓：《殷曆譜》（臺北：中央研究院歷史語言研究所，1945 年 4 月），上編卷一，頁 2。

第一節　探求概況

　　根據出土資訊，目前所見甲骨絕大多數皆來自殷墟，此意謂大多數甲骨的時代當在盤庚以後。董作賓斷代五期中，將第一期即劃為「武丁及其以前（盤庚，小辛，小乙）」時期，[3] 然實務所得，武丁卜辭明確肯定，而盤庚、小辛、小乙三朝的卜辭（即本文所謂武丁以前卜辭）卻難明所以，且意見分歧。

　　早在董作賓斷代分期之前，王國維曾針對《後》上 5.1（＝《合》1474）殘辭，謂：

> 此片雖殘闕，然於大甲大庚之間，不數沃丁，中丁（中字直筆尚存）祖乙之間不數外壬、河亶甲，而一世之中僅舉一帝，蓋亦與前所舉者同例。又其上下所闕，得以意補之如左（圖見右）。由此觀之，則此片當為盤庚小辛小乙三帝時之物。[4]

且不論王氏所補正確與否，其推斷該版為盤庚小辛小乙之物的根據，至今看來，實大有可商，並不真確。

　　此後，關於武丁以前卜辭的探考零星得見，如董作賓編排曆譜發現，《甲》1289（＝《合》11485）之「八月月食」，「僅小辛十年有之。不惟祖甲以上，僅此一年有之，即編檢〈交食表〉，殷代二百七十五年間，亦僅此一年有之也」，[5] 因此《甲》1289 時代只能在武丁之前，屬小辛時期；又謂《乙》3317（＝《合》11484）「甲午月食」之發生，「惟有小乙八年二月之一項，最為合適」，[6] 說明《乙》3317 時代亦當在武丁之前，屬小乙時期。

　　胡厚宣編著《甲骨六錄》，曾認為其中「中央大學所藏」第 1-16 片、[7]「清暉山館所藏」第 1-4 片、[8]「束天民氏所藏」第 1 片、[9]「曾和窨氏所藏」第 1 片等可能皆為武丁

[3] 董作賓：〈甲骨文斷代研究例〉，《蔡元培先生六十五歲慶祝論文集》（上冊）（中央研究院歷史語言研究所集刊外編第一種，1933 年 1 月），頁 324。

[4] 王國維：〈殷卜辭中所見先公先王續考〉，《觀堂集林》（臺北：世界書局，1991 年 9 月）卷九，頁 445-446。

[5] 董作賓：《殷曆譜》，下編卷三，頁 23。

[6] 同上註，頁 25。

[7] 其中 1-12 片依序即《合》2042、21752、22302、21957、21166、18780、21798、20777、19979、20780、20161、21393；14-15 片則為《合》20602、22432。

[8] 即《合》22424、21535、20425、21046。

[9] 即《合》22109。

以前之物；[10]纂輯《戰後京津新獲甲骨集》，則指出：

> 自編號一至三一六〇為一期，即盤庚、小辛、小乙、武丁四王之物。其中一至二
> 九〇七，當屬於武丁時。二九〇八至三〇六八，筆畫纖細；三〇六九至三一一四，
> 筆畫扁寬；三一一五至三一六〇，筆畫挺勁，疑皆當屬於武丁以前，或為盤庚、
> 小辛、小乙之物。[11]

後又謂「董作賓所定的『文武丁卜辭』（即陳夢家所稱之為『𠂤組卜辭』、『午組卜辭』
和『子組卜辭』），當屬武丁以前即盤庚、小辛、小乙時之物」。[12]胡氏對於武丁以前
甲骨的探求著力甚深，指稱實例亦多，[13]但具體來看，是將𠂤、子、午卜辭時代置前，
劃歸盤庚、小辛、小乙時期。

李學勤考察𢀛卜辭，主張該類卜辭早於𠂤組卜辭，認為「卜人𢀛的卜辭在殷墟甲骨
中時代是最早的」，[14]並謂「如果推測𢀛卜辭有一部分屬於武丁以前，似乎不是不可能
的」，[15]而《乙》9071（=《合》19761）有「兄戊」，若與𠂤組卜辭之「父戊」對應，即
可能為武丁以前卜辭。此外，嚴一萍因見《鄴初下》38.4（=《合》2920）[16]上有「丁」
與「兄庚」之稱，遂認為「這一片是小辛小乙時的卜辭，稱祖丁為丁，稱盤庚為兄庚，
在親屬稱謂上，完全符合，而卜辭的風格是武丁的早期，鑽鑿是非常飽滿的形態」，並
謂「也許可以從這個線索慢慢的辨認出小辛小乙這上一代的卜辭。」[17]

根據考古地層關係，小屯南地發掘者認為，出於早期灰坑 H115 的《屯》2777，「其
上有"奉生"二字，筆畫纖細，毫無疑問，這片卜甲的時代比"𠂤組卜甲"要早」，[18]因此

---

[10] 分別詳胡厚宣：《甲骨六錄》（成都：齊魯大學國學研究所，1945 年 7 月），「中央大學所藏甲骨文字」頁
25-26、「清暉山館所藏甲骨文字」頁 19、「束天民氏所藏甲骨文字」頁 15、「曾和窘氏所藏甲骨文字」頁
5。

[11] 胡厚宣：《戰後京津新獲甲骨集·序要》（上海：群聯出版社，1954 年 3 月），頁 1。

[12] 胡厚宣：《甲骨續存·序》（上海：群聯出版社，1955 年 12 月），頁 1。

[13] 胡厚宣另謂有武丁以前，即盤庚、小辛、小乙時期的人祭卜辭 41 片，但未明所據，依其例舉 4 版：《前》
1.35.5（=《合》22227）、8.12.6（=《合》22231）、4.8.2（=《合》22136）、《後》上 21.10（=《合》22229）
觀之，仍為𠂤、子、午卜辭之屬。詳見胡氏〈中國奴隸社會的人殉和人祭（下篇）〉，《文物》1974 年第 8
期，頁 57。

[14] 江鴻：〈盤龍城與商朝的南土〉，《文物》1976 年第 2 期，頁 45。

[15] 李學勤：〈小屯丙組基址與𢀛卜辭〉，《甲骨探史錄》（北京：生活·讀書·新知三聯書店，1982 年 9 月），
頁 76。

[16] 此版重見《京津》720、《掇二》137。

[17] 嚴一萍：《甲骨斷代問題》（臺北：藝文印書館，1991 年 1 月），〈再序〉，頁 13。

[18] 中國社會科學院考古研究所：《殷墟的發現與研究》（北京：科學出版社，1994 年 9 月），頁 172。

判斷《屯》2777「可能是武丁以前的卜辭」；[19]另外也注意到出於殷墟 YM331 的《乙》9099（=《合》22458），其時代亦可能在武丁期以前。[20]相關材料探究，曹定雲有所補充：

> 殷墟田野發掘啟示，武丁以前的地層中確已出現過卜辭，其證據有三：①1973 年小屯南地的發掘中，在 T53（4A）之下的 H115 出土過一片卜甲（《屯》2777）其上有 "秦生" 二字。T53（4A）與 H115 之間尚隔有 H111、H112 兩個灰坑，T53（4A）屬小屯南地早期 1 段，其時代應早於武丁。過去我們出於慎重，只說可能是武丁以前的卜辭。如今根據地層及我們對小屯南地的分期，可以推定是武丁以前的卜辭；②1971 年安陽後岡殷墓 M48 內發現一片有字刻骨，其上有二字，其風格與白組大字非常相似。M48 經筆者考證屬殷代早期王陵，早於武丁，故該片有字刻骨當屬武丁以前；③前中央研究院第十五次發掘中，YM331 出土一片有字卜骨（《乙》9099），YM331 所出青銅禮器與安陽三家庄 M3 所出青銅禮器近似，三家庄 M3 早於大司空村一期之灰坑 H1，故《乙》9099 亦應是武丁以前之卜辭。[21]

此外，曹氏又根據花東卜辭中「王」、「丁」二稱並存現象，判斷「既然 "丁" 是武丁，那這個 "王" 只能是小乙。因此，H3 卜辭的主體是武丁及位以前的卜辭，亦即小乙時代的卜辭；卜辭時代下限最遲在武丁早期」，[22]認為「終於在花東 H3 中找到了武丁以前的卜辭」，[23]是將花東卜辭多視為武丁以前之物。

　　同樣根據考古材料，彭裕商指出：

> YM331 填土中出有字骨一片，《乙》9099；YM362 填土中出有字甲一片，《乙》9023～9024（=《合》22427 正、反）、字骨一片《乙》9100（=《合》21478）。據石璋如先生說，YM331 是打破西邊的 YM362 的外圍線而埋入的，從排列形式來看，兩墓東西並列，應大致同時。……年代大致在武丁早期。按一般情況來說，填土中的物品可能早於墓葬。這樣，從玫古學的角度來看，這三片甲骨刻辭就有可能早於武丁。[24]

---

[19] 中國社會科學院考古研究所安陽工作隊：〈1973 年小屯南地發掘報告〉，《考古學集刊》第 9 集（1995 年 12 月），頁 125。

[20] 劉一曼、郭振祿、溫明榮：〈考古發掘與卜辭斷代〉，《考古》1986 年第 6 期，頁 554。

[21] 曹定雲：〈田野發掘是卜辭斷代的基礎〉，《殷都學刊》1999 年第 1 期，頁 43。

[22] 劉一曼、曹定雲：〈1991 年殷墟花園莊東地甲骨的發現與整理〉，《花園莊東地甲骨論叢》（臺北：聖環圖書公司，2006 年 7 月），頁 17。

[23] 曹定雲：〈殷墟花東 H3 卜辭中的 "王" 是小乙─從卜辭中的人名 "丁" 談起〉，《殷都學刊》2007 年第 1 期，頁 24。

[24] 彭裕商：《殷墟甲骨斷代》（北京：中國社會科學出版社，1994 年 5 月），頁 303。

又因《乙》9105（=《合》22536）出於後岡「一個上圓而下長方形的灰坑，該坑打破了"黑陶時期"的"白灰面"」，而「坑中出有刻文白陶片」，可能是屬於武丁以前的遺存，且此版卜骨字體「很接近鄭州二里岡發現的刻字肋骨」，[25]故亦很可能是武丁以前的遺物。

　　除上所及，裴明相曾針對 1953 年鄭州二里崗商代遺址所發掘二塊字骨，[26]提出時代異議：

> 上述字骨屬於何時？應從其出土層位和附近的環境以及字骨所用料、字形一起考慮：（一）第一塊字骨出自二里崗黃河水利委員會工地鏟土機翻動灰層內，灰土內夾雜有二里崗期和漢、唐以後的遺物，但絕無鄭州商代人民公園期及安陽殷墟晚期遺存。同時在鏟土機削平後的地面上遺留有商代二里崗期的灰坑和灰層。第二塊字骨出土在探溝 T30 的灰層內，而灰層又被宋代墓所擾動。（二）兩塊字骨所用的骨料皆為牛骨，一是未經整治的肋骨殘段，它的兩端還存有斷折的殘茬；另一是肱骨上關節面鋸下來的骨片，鋸齒的印痕歷歷可見。這種骨料的形制，與殷墟小屯字骨都經精心整治的牛肩胛和龜腹甲相比，顯然帶有較多的原始性。（三）骨文的刻道纖細，而小屯的文字刻畫剛勁、行款整齊、勻稱。尤其是鄭州第一塊字骨的第四、五的"乙丑"兩字偏列在上下文行的右側，反映出書刻者拙劣的技藝。[27]

據之，裴氏主張鄭州字骨的時代，屬於鄭州商代二里崗期，「是目前甲骨文中最早的文字。它的形式基本上為晚商甲骨文所沿用」，[28]間接說明該二字骨屬於武丁以前之物。

　　另外，劉一曼曾專文探索武丁以前甲骨文，認為可能早於武丁的甲骨卜辭計有七片，[29]分別是：《屯》2777、《乙》9099、《乙》9023/9024、《乙》9100、《乙》484（=《合》22722）、《合》21691、《合》22197，其中《乙》484、《合》21691、《合》22197

---

[25] 以上俱同上註，頁 304。

[26] 最早圖版，見於陳夢家：〈解放後甲骨的新資料和整理研究〉，《文物參考資料》1954 年第 5 期，「圖四、圖五」，頁 10。

[27] 裴明相：〈略談鄭州商代前期的骨刻文字〉，《全國商史學術討論會論文集》（《殷都學刊》增刊，1985 年 2 月），頁 252-253。

[28] 同上註，頁 253。

[29] 原文列有 8 片，但其中「洹北商城骨匕」並非卜辭，此處不論。詳見劉一曼：〈關於武丁以前甲骨文的探索〉，《光明日報》2019 年 11 月 4 日 14 版。該文略修整後刊載於《甲骨文與殷商史》新 10 輯（2020 年 12 月），頁 1-12。

三版為新見之例。劉氏說明：

> 《乙》484，屬於子組卜辭（圖略），出於 YH90，該坑位於 C119 探方的東部，是
> 乙十二基址的旁窖。據石璋如說，YH90 實際上是「填平 H138 夯土之一部」（即
> H90 是 H138 的一部份），H138 與周圍遺迹的關係是：
>
>   乙十二基址→M148→K15（水溝）→H88→H138（圖略）
>   ↘ M49
>
> 在這一組發掘單位中，H138 是最早的遺迹。關於乙組基址下水溝的年代，學術界
> 多認為約屬武丁早期，陳志達則認為「水溝的年代約當武丁以前至武丁早期」。
> H138（即 H90）被水溝打破，故可以推測該坑的時代很可能早於武丁，若此，《乙》
> 484 便很可能是早於武丁的卜辭。[30]

而《合》21691、22197 二版，前者屬子組卜辭，後者則是非王無名組卜辭（婦女類卜辭），
其上皆有「父丁」稱謂。劉氏認為：

> 子組卜辭的幾個父輩稱謂與王卜辭相同，表明子組的占卜主體與王的血緣關係很
> 密切，「有可能是商王的親弟兄，至少也應該是從父弟兄」。那麼該組所見的父
> 丁，可以理解為一位已去世的商王。再者，在小屯北地曾發現少量子組卜辭出土
> 於較殷墟文化一期晚段稍早的灰坑中，所以，筆者推測《合集》21691 的「父丁」，
> 很可能指陽甲、盤庚、小辛、小乙之父祖丁。[31]

又謂：

> 非王無名組卜辭與子組卜辭關係較密切，兩組曾共存於一坑（H371），共存於一
> 版（《乙》8818〔=《合補》6829〕），有不少相同的稱謂（如母庚、父丁、妣庚、
> 妣己、妣丁、仲母、子丁等），在一些常用字的寫法和文例方面也有不少相似之
> 處。所以有學者認為此組卜辭時代與子組相接近。……少數子組卜辭的上限可能
> 早於武丁，那麼非王無名組上的「父丁」很可能與子組的「父丁」一樣都是指小
> 乙父祖丁。[32]

---

[30] 劉一曼：〈關於武丁以前甲骨文的探索〉，頁 3-5。
[31] 同上註，頁 6。
[32] 同上註，頁 7。

上述看法不僅指出武丁以前卜辭存在的可能性，同時亦將非王卜辭時代前提至武丁以前，成為殷墟最早的一類卜辭。

概觀以上，諸家以為可能屬於武丁以前之卜辭，訊息雜陳，不可謂少，但具體可查驗者，實極有限。除自、子、午組卜辭（含犾卜辭）與《花東》H3 坑等整批卜辭，暫不一一稽考確認外，特別標舉為例證者，大致如下：

《甲》1289（1 版）	《合》22197（1 版）
《乙》484（1 版）	《六中》1-16（16 版）
《乙》3317（1 版）	《六清》1-4（4 版）
《乙》9023 / 9024（1 版正反）	《六束》1（1 版）
《乙》9071（1 版）	《六曾》1（1 版）
《乙》9099（1 版）	《京津》2908-3160（253 版）
《乙》9100（1 版）	《鄴初下》38.4（1 版）
《乙》9105（1 版）	安陽後岡 M48 一片字骨（1 版）
《屯》2777（1 版）	鄭州二里崗商代遺址二塊字骨（2 版）
《合》21691（1 版）	

以上計得 290 版，[33]各版入列原因互異，亦未能完全令人無疑，為探求武丁以前卜辭之斷代工作，增添不少變數。

第二節　材料疑義

上述可能的武丁以前卜辭中，所謂自、子、午組卜辭，董作賓以為皆是文武丁卜辭，其時代主張顯然與胡厚宣不同；《花東》H3 坑卜辭時代，除武丁早期與晚期各自不同主張外，亦有甲骨「晚期」的異見（詳後），皆說明「在花東 H3 中找到了武丁以前的卜辭」之說，猶有可商，並非確論；而李學勤分析犾卜辭，雖指出：

> 因為 H127 那坑殷墟最豐富的甲骨，只包括賓組卜辭、子卜辭和兄卜辭（舊稱"午組"），僅有個別殘片可能屬於自組。至於我們這裡討論的字迹寬扁的犾卜辭，

---

[33] 胡厚宣所舉諸例，絕大多數仍屬自、子、午卜辭，但因可個別覈驗，遂特出並列於此。

在 H127 坑中全無踪跡，這決不是偶然的。一種合理的解釋是，在 H127 的時期，
狀卜辭已經不復出現了，狀卜辭在年代上要早於 H127 各卜辭。[34]

但同樣的考古學分析，石璋如卻如此判斷：

> 若以甲骨之分期為基址之分期，則在第一、二、三等期基址之下尚未找到『扶片』
> 的存在，而在乙組第四期所廢除的大壕溝如 YH036 中得到若干，在村南所謂武乙
> 時代所建立的小型基址之前灰土中（村南發掘者的斷代）得到若干，又在丙組五
> 期基址之下的穴窖中得到若干，照這樣所局限的範圍及情形，再冷靜的分析和思
> 考一下，『扶片』分布的雖廣，但是只徘徊於這一層位中，扶的年齡縱然很大，
> 其任職的時代，以甲骨文第四期的可能性為最大。其事跡的發展，亦以由甲組，
> 而乙組，而村南，最後為丙組的程序為最合適。[35]

兩者主張根本完全相反，狀卜辭時代早於武丁的可能亦無法證實。

此外，個別標舉之武丁以前卜辭，其時代認知亦無共識。如，董作賓以月食時刻作
為基準，將《甲》1289 與《乙》3317 時代分別定為小辛、小乙時期；以及胡厚宣《甲骨
六錄》所舉諸版，甚至《京津》數版，陳夢家皆以為不可靠：

> 安陽是殷庚所遷之都，所以武丁以前的殷庚、小辛、小乙三王的卜辭的存在，應
> 是極可能的。但是王國維、董作賓所指出的武丁以前的卜辭都不能成立。胡厚宣
> 在《甲骨六錄》中指出〈清暉〉1、〈束〉1、〈曾〉1 等片為武丁以前物；在《京
> 津》序要中說"其中……2908-3068 筆劃纖細，3069-3114 筆劃扁寬，3115-3160
> 筆劃挺勁，疑皆當屬於武丁以前，或為盤庚、小辛、小乙之物。其筆劃挺勁者或
> 以為當屬於武乙、文丁時。凡此均未敢必，尚待究明，姑附於武丁之後"。這裏
> 他也是只根據了筆劃，這和王氏的誤補殘辭和董氏的由月食而推定武丁以前卜辭，
> 都是沒有充分的證據的。[36]

陳氏所言甚是，商代曆法其實未臻嚴謹，[37]月食紀錄雖可參，卻不宜據以定錨，而字形

---

[34] 李學勤：〈小屯丙組基址與狀卜辭〉，頁 72。

[35] 石璋如：〈『扶片』的考古學分析〉，《中央研究院歷史語言研究所集刊》第 56 本第 3 分（1985 年 9 月），
頁 483-484。

[36] 陳夢家：《殷虛卜辭綜述》，北京：中華書局，1988 年 1 月，頁 139。

[37] 根據許進雄先生針對卜辭紀錄實際排譜所見，晚商的曆法有「連小月」的現象（詳許先生〈五種祭祀卜

書寫固然有其特點，但觀察描述，亦難脫心證。總之，董、胡持說皆過於主觀，恐有偏失之虞。

　　另《乙》9071 因有「兄戊」之稱，為李學勤所注意，並推測其與自組「父戊」有關，而自組時代為武丁卜辭，故其上一世必然是盤庚、小辛、小乙時期；嚴一萍則聯繫「丁、兄庚」二稱立說，以為當是小辛、小乙時期所卜問。此二者皆屬運用「稱謂」斷代之例，與董作賓認為「如稱兄甲（陽甲），母己（祖丁配妣己），可定為盤庚至小乙時卜辭」[38]之說異曲同工，然除符合此類稱謂條件者甚少之外，更關鍵的是，相關「稱謂」指稱內容根本難以確認。如李氏所謂「兄戊、父戊」者，是否同為一人，即無法肯定，遑論自組卜辭是否真屬武丁時期所占問；而嚴一萍所連結的「丁、兄庚」，該版字體屬典型賓三類，[39]時代已晚，若將之釋為祖甲時的「武丁、祖庚」，[40]亦非全然不可能。

　　類此以「稱謂」推斷者，劉一曼所舉二例（《合》21691、22197）之「父丁」亦屬之，其根據是該類卜辭出自早於武丁期地層，故卜辭「父丁」或指稱小乙父祖丁，然且不論相關地層的認知是否正確，子組與非王無名組卜辭中，除「父丁」外，前者尚見「父甲」（《合》21538 甲、21543）、「父庚」（《合》21538 乙）、「父辛」（《合》21542），後者亦有「父乙」（《合》22200）、「父辛」（《合》22195），[41]諸稱若比照「父丁」的理解，則「父甲」可能指「羌甲」；「父乙」可能是祖辛父「祖乙」；「父庚」可能是「南庚」；「父辛」可能是祖丁父「祖辛」，其時代上限可推至武丁曾祖，當謂之祖辛卜辭，更有甚者，子組另見「盤庚」（《合》21538 甲）、「小辛」（《合》21538 乙）、「小乙」（《合》21624）、「小王」（《合》21548）之稱，其時代下限或已至祖庚，如此子組卜辭時代上下跨度恐達一百三、四十年之久（祖辛至武丁），此事情理難容，不易成真，連帶「父丁乃稱小乙父祖丁」之說，亦恐非實情。總上，以「稱謂」探求武丁以前卜辭者，看似可能，但實際上相關特徵並不明確，也

辭的新綴合─連小月現象〉，《中國文字》新 10 期〔1985.09〕），又見小月少於 29 日、大月多於 31 日之情事（詳許先生〈第五期五種祭祀祀譜的復原─兼談晚商曆法〉，《大陸雜誌》第 73 卷第 3 期〔1986.09〕），凡此顯現商代曆法精確與嚴謹確實有所不足。

38　董作賓：〈甲骨文斷代研究例〉，頁 325。

39　據崎川隆：《賓組甲骨文分類研究》（上海：上海人民出版社，2011 年 12 月），頁 284。

40　裘錫圭（〈論「歷組卜辭」的時代〉，《古文字研究》第 6 輯〔1981.11〕，頁 308）與金祥恆（〈談一片斷代值得商榷的甲骨卜辭〉，《金祥恆先生全集》第 1 冊，臺北：藝文印書館〔1990.12〕，頁 347）皆主張此版為祖甲卜辭。

41　依楊郁彥所分「婦女類卜辭」檢索，詳楊氏《甲骨文合集分組分類總表》（臺北：藝文印書館，2005 年 10 月），頁 261-298。

無法符合稱謂體系，更不免令人置疑。

　　除上，尚有出於 YH90 的《乙》484；出於 YM331 的《乙》9099；出於 YM362 的
《乙》9023/9024、9100；出於後岡 210 窖的《乙》9105；出於小屯南地 H115 的《屯》
2777；以及後岡 M48 字骨、二里崗字骨等共計 8 版甲骨，其被疑為武丁以前卜辭者，
乃據考古地層分期時代而來，而考古地層時期的判別，相關結論並不一致。

　　首先，YH90「最初認為它是一個夯土坑」，「後來查出它是 YH138 穴南部的一小
部」，[42] 且它「不是一個長方窖而是 M49 及 M148 的兩壁造成的，兩個墓葬到底則 H90
的兩壁也不清了」，[43] 換言之，YH90 並非一個穴窖（參下圖），[44] 因此出於 YH90 的卜
甲，其實就是出於 YH138 填土中，然廢土的時代並不易確定，目前僅能知其當早於
YM49、YM148 兩墓。

　　據石璋如的考察，YM49、YM148 與北組墓葬其它 47 墓，皆為乙七基址的一部分，
「從排列上看乃是一個系列」，「從層次上看却有先後之分」，「很可能的是一個時代
的一個有計畫的組織」。[45] 關於乙七基址的時代，鄒衡曾指出該基址「打破水溝，下壓
第三期第 4 組的窖穴（YH059），其上又被第四期窖穴（YH051、073、084）所打破，故
其年代可能相當於窖穴第三期偏晚」；[46] 朱鳳瀚則認為「不早於武丁中期，而其基中葬
坑所出銅戈、刀為武丁晚期至祖甲時期器，則乙七基址的修建時期當定在武丁晚期至祖
甲時期這一時段內」。[47] 兩說頗有差距，但若以乙七基址的基下窖 7:H23 為準，乙七基
址時代恐更晚，不能早於帝乙帝辛時期（說詳前），且石氏推斷該墓葬群是屬於乙七基
址的「落成墓」，[48] 其時代上恐須再晚些。就此觀之，YH90（YH138）填土時代應當較
晚，早於武丁期的可能性著實不高，即使依朱說，YH90 時代或處武丁中期之際，亦無
非早於武丁時期不可的必要。

---

[42] 以上俱見石璋如：《小屯・遺址的發現與發掘・丁編》甲骨坑層之二（十三次至十五次出土甲骨）上（臺
　　北：中央研究院歷史語言研究所，1992 年 9 月），頁 64。

[43] 石璋如：《小屯・遺址的發現與發掘・丙編》殷虛墓葬之一（北組墓葬（上））（臺北：中央研究院歷史語
　　言研究所，1970 年），頁 316。

[44] 摘錄整編自上書，「插圖九十五：H138 與 M49 及 M148 的層位關係」，頁 315。

[45] 以上俱見上書，頁 411。

[46] 鄒衡：〈試論殷墟文化分期（續完）〉，《北京大學學報》1964 年第 5 期，頁 75。

[47] 朱鳳瀚：〈論小屯東北地諸建築基址的始建年代及其與基址範圍內出土甲骨的關係〉，《古代文明》第 3 卷
　　（2004 年 12 月），頁 180。

[48] 詳石璋如：《小屯・遺址的發現與發掘・乙編》殷虛建築遺存（臺北：中央研究院歷史語言研究所，1959
　　年），頁 288。

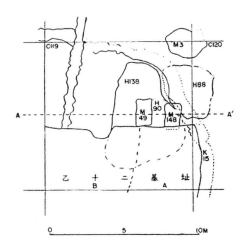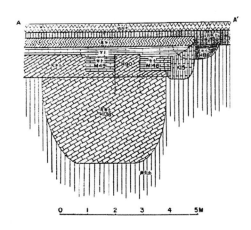

圖 3-1-1：H90 相關坑層示意圖

　　劉一曼認為 K15 打破 YH138，而 K15 時代屬於武丁早期，因此 YH138 時代當為更早，遂有早於武丁的可能。相關具體層位關係，石璋如指出：

> 這裏地下最早的現象為 H138，地面下 1.98 公尺，以上為夯土，以下為灰夯土或灰土。其次為 H88，未經破壞的最高上口為地面下 0.83 公尺，以上為黃灰土，以下為灰土。再其次為 K15 是在 H138，H88 填平以後再來建造的。再其次為 M49 及 M148 是挖破了以上三種現象而建造的，最後為乙十二基址，挖破了 M148 的東南隅。[49]

與劉氏看法大致相同，而此處 K15 明顯是時代推斷的關鍵。根據上列圖繪，石說值得思考處有二：其一，YH88 的層位在該區域離地面最近，而 K15 打破 YH88，則 K15 時代的推斷不宜過早；其二，K15 與 YH138 關係曖昧，YH138 東側緊鄰 YH88，K15 明顯穿過 YH88，而石氏以為 K15 同時打破 YH138。單就石氏所繪的三圖（圖 3-1-2）並而觀之，[50] K15 與 YH138 似無太多關聯，但以上列二圖（圖 3-1-1）所示，則兩者於 M148 下似有些微交疊，前後二說所見 K15 與 YH138 相對位置雖大致相同，其實並不一致。

---

[49] 石璋如：《小屯・遺址的發現與發掘・丙編》殷虛墓葬之一（北組墓葬（上）），頁 320。

[50] 三圖中，圖 A 摘錄整編自《小屯・遺址的發現與發掘・丁編》甲骨坑層之二（十三次至十五次出土甲骨）上，「插圖二十：YH090 與其它現象的關係及字甲出土層位」，頁 65。此圖對於 K15 與 YH138 的相關位置有所誤繪，比對圖 B、圖 C，可知圖 A 中 K15 東邊線於 YM148 處與西邊線混淆合一，致使須另繪一短弧作為西邊線（★號處），始明渠道樣貌，而此弧線已入 YH138 範圍中。圖 B 摘錄整編自《小屯・遺址的發現與發掘・乙編》殷虛建築遺存，「插圖四十四：乙十二基址平面及斷面」，頁 124。圖 C 摘錄整編自《小屯・遺址的發現與發掘・乙編》殷虛建築遺存，「插圖九十七：溝十五的平面及斷面」，頁 241。

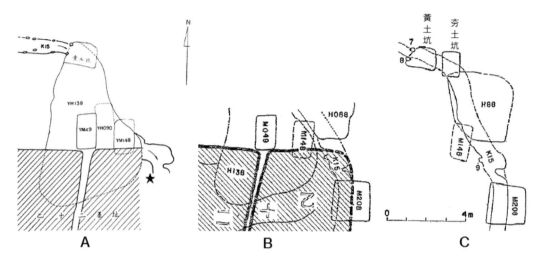

圖 3-1-2：K15 相關坑層示意圖

　　持平而論，前列二圖提供該區域的平面及斷面對應資料，較後列三圖具體詳細，亦當較可信從，而其中 K15 似順沿 YH138 邊緣東側北上，可能 K15 該段乃依傍 YH138 而建，然 K15 既沿 YH138 邊緣修築，即無交疊的必要，且若 YH138 早已夯實，K15 的修築可依此為界，亦不須將之打破；又，YH138 的上層夯土東界止於 K15，其末端是 K15 打破夯土層，抑或是上層夯土填至 K15 而收，實也難以確知，前者表示 K15 確實晚於 YH138 的夯土，而後者意謂著 YH138 填土夯實時機已經晚於 K15 的存在，影響所及，即不能以 K15 作為時段限制的基準。總而言之，K15 與 YH138 的層位並不一定有關聯，兩者極可能是平行存在，各自發展，雖靠近卻無明顯的疊壓關係。因此 YH138 的填土時機或早或晚，皆無須與 K15 產生關聯，而《乙》484 欲據以推斷其時代早於武丁，恐亦不容過於樂觀。

　　另外，關於 YM331 與 YM362，兩墓不但「相並列，而且同在一個大方框的範圍之內，不過 YM362 埋入較 YM331 為早」[51]，彭裕商認為兩墓時代應該相當，[52]而 YM331「出土了成組的青銅器，其中銅鼎、觚、爵、罍的形制與小屯 M388 及三家庄 M3 所出的近似。據三家庄發掘的地層關係，M3 早於大司空村一期的灰坑 H1，是早於武丁時代的墓葬」，[53]因此，YM331 與 YM362 皆為早於武丁的墓葬，連帶可以證明出於其間的甲骨，時代亦在武丁以前。

[51] 石璋如：《小屯‧遺址的發現與發掘‧丁編》甲骨坑層之二（十三次至十五次出土甲骨）上，頁 241。

[52] 彭裕商：《殷墟甲骨斷代》，頁 303。

[53] 劉一曼：〈考古學與甲骨文研究——紀念甲骨文發現一百周年〉，《考古》1999 年第 10 期，頁 5。

針對上述二墓，石璋如曾指出：

> 若以 YM331 及 YM362 二墓為中心，以觀察其周圍的環境，有若干穴窖群環繞著，由其接近墓葬的諸穴窖，其中均實以夯土的情形來觀察，那些穴窖的時代似比墓葬略早，也就是說為埋葬而填平周圍的穴窖並實以夯土，以鞏固墓葬周圍的環境。[54]

並分析周圍穴窖出土甲骨情形，「從 13 個單位中所出的 64 片甲骨，其中只有一片屬第一期，63 片為第四期。可見這個地帶，當為第四期平復的。」[55]因而對於李學勤提出「YM362 出土的《乙》9100，字體和卜辭周邊的界線，都近似於𠂤卜辭」，[56]「YM331 的《乙》9099 字比較纖細，但仍近於𠂤組卜辭。因此，𠂤卜辭的年代與這些墓葬的時期有一定的聯繫」[57]的觀察，石氏即逕自斷定，謂李氏之言「說的不錯，他們都是第四期」，[58]所見與彭氏主張顯然不同，甚至完全相悖，令人疑惑。

若僅就上述兩說相較，亦見高下。彭裕商將 YM331 推為早期墓葬者，乃因同出青銅器形制近似早期器型，且不說晚期墓葬出早期青銅器並不罕見，亦不論此處用以比對之器型是否真屬早期，所謂「近似」的用語，實不精確，易為心證所左右，且見樹不見林，已然影響其具體時代的推演；而石璋如之考察，以林觀樹，著眼於全局，自有較全面的詮釋。

又，根據銅器形制特徵，楊錫璋將小屯 M331 與三家庄 M3 兩墓同置於殷墟青銅容器第一期，但其年代之確定仍須藉助陶器的分期，楊氏謂：

> （第）一期的五個墓除三家庄 M3 外都無共存的陶器。M3 有一個陶盆，其形制與二里崗上層的大口淺腹盆相似。根據三家庄發掘的地層證據，這一時期的墓葬被包含大司空村一期陶器的灰坑打破，而墓葬中的隨葬陶器在器形上又早於大司空村一期。因此，可把殷墟銅器第一期定為早於武丁的時期。[59]

顯而易見，做為第一期年代的推斷依據，僅是一大口淺腹盆，此盆形制雖近於二里崗期上層，但二里崗上層時代未必完全早於武丁時期（參後），影響所及，三家庄 M3 隨葬

---

54 石璋如：《小屯‧遺址的發現與發掘‧丁編》甲骨坑層之二（十三次至十五次出土甲骨）上，頁 243-244。

55 同上註，頁 245。

56 李學勤：〈小屯丙組基址與𠂤卜辭〉，頁 74。

57 同上註，頁 75。

58 石璋如：《小屯‧遺址的發現與發掘‧丁編》甲骨坑層之二（十三次至十五次出土甲骨）上，頁 245。

59 楊錫璋：〈殷墟青銅容器的分期〉，《中原文物》1983 年 3 期，頁 54-55。

陶器年代亦未必早於大司空村一期，而 YM331 也非早期墓葬（詳後），其時代根本無法早於武丁時期。另一方面，石璋如所謂相關 13 單位者，[60]位置分布明確，坑層資料清楚，而所出甲骨，除一版外，[61]餘 63 版皆為第四期，其中雖多為𠂤、子、午卜辭，時代或可商議，但仍有 2 版屬於歷組，[62]則為石說將相關甲骨時代定為第四期提供信證。綜合以上，YM331、YM362 二墓所出甲骨非必是武丁以前之物。

其實，石璋如對 M331 時代的考察頗為全面，曾自地層、器形、紋飾、質地、文字等方面進行說明，其結語謂：

> 就一切迹象來觀察，本墓的時代不能太早，它打破了 M362 外圍夯土的東邊，應較 M362 為晚，內部出有第四期的甲骨文字，最早也僅能與第四期甲骨同時或較晚。卣的鑄造有高出器面盤轉的羊角，有以器連梁，梁連蓋，梁蓋之間用活動的小動物來溝通，曲折複雜的一套鼻穿，表示著非有細密的思考和高度的技術，不可臻致，故很可能為相當甲骨文第四期或第五期的墓葬。[63]

又言：

> 我很希望這些墓葬屬於安陽前期，與鄭州二里岡所謂殷中期的墓葬相接，但是擺在眼前的地層，器物，文字等三種事實的證明，也不能不承認為安陽後期了。文字的斷代方面是有爭執的，有的認為是第一期，有的認為是第四期，即令文字有早期的可能，也無害於墓葬的晚期。[64]

顯係將 M331 斷定為晚期墓葬，因此，其中所見甲骨之時代，自也無歸屬早期之必要。

至於後岡 210 窖中的《乙》9105 為武丁以前卜辭，乃彭裕商據上圓下長方之窖形特徵、同出之刻文白陶片以及字體所推斷，然其論所據諸項，劉一曼看法卻有不同。劉氏認為：

---

[60] 即 YM331、YM362、YH279、YH288、YH258、YH253、YH309、YH338、YH354、YH367、YH265、YH409、YH448。

[61] 即《乙》8935（=《合》13515），出於 YH265，同坑另見一版《乙》8936（=《合》22195），屬　、子、午卜辭。

[62] 分別是出於 YH258 的《乙》9064（=《合》34784）與出於 YH354 的《乙》9089（=《合》32945）。

[63] 石璋如：《小屯‧遺址的發現與發掘‧丙編》殷虛墓葬之五（丙區墓葬‧上）（臺北：中央研究院歷史語言研究所，1980 年 12 月），頁 160。

[64] 同上註，〈序〉，頁 5。

在殷墟發掘中所見的各期灰坑中，有少數坑上部與下部的形狀不大一致，如上為橢圓形而下為長方形，或上近圓形而下為橢圓形，上不規則而下為長方形等。僅憑坑之形狀斷代，難於為據。而刻文白陶在殷墟第一期盛行，到第二期仍有一定數量，甚至到第四期仍未絕迹。這片卜骨上的字體較稚樸，似有較早的特點，但早到何時則難以確定。[65]

又謂：

> 從 50 年代以來，中國社會科學院考古研究所安陽隊對後岡曾進行過幾次發掘，尚未發現早於大司空村一期的商代遺址與墓葬，屬大司空村一期的遺址亦很少。因此，說《乙》9105 之時代早於武丁，尚無確證。[66]

對於彭說頗有質疑，並不信從。針對《乙》9105，李學勤更具體指出：

> 這片肺骨中部有三個兆，分別標以"一、二、三"等兆辭。在兆的旁邊刻有卜辭："丙辰，受禾？"。這一片占卜程序完全，是卜辭而不是習刻。就"丙辰"字形看，它的時代必須在文武丁或其以後，但只記干支而不記"卜貞"的前辭形式，以及用"受禾"而不用"受年"，都只合於文武丁時代。因此這塊肺骨應屬文武丁時。[67]

完全否定為武丁以前之物的可能。

小屯南地的《屯》2777 出自 H115，根據發掘者的說明：

> H115 的上面有一組打破關係：T53④A→H111→H112→H115。H115 出土的陶片少而碎，難以分期。但疊壓在它上面的 H112 出土的陶片屬小屯南地早期一段，也就是說 H115 的時代下限當不晚於小屯南地早期一段。[68]

據此，《屯》2777 就可能是武丁以前的卜辭。然彭裕商提出疑義，指出：

> 由於 H115 沒有出可供判斷時代的陶器或陶片，故其時代的推測祇能依據地層，

---

65 劉一曼：〈考古學與甲骨文研究——紀念甲骨文發現一百周年〉，頁 5。
66 同上註。
67 李學勤：〈談安陽小屯以外出土的有字甲骨〉，《文物參考資料》1956 年第 11 期，頁 16。
68 劉一曼：〈考古學與甲骨文研究——紀念甲骨文發現一百周年〉，頁 5。

從上可見，該坑至少不晚於 T53（4A），有可能早於 T53（4A）。這裡的關鍵是 T53（4A）的年代。如果將其定在武丁早期，那麼 H115 當然就很可能在武丁以前。但……T53（4A）祇能相當於本書第三組，絕對年代大致在武丁中期，至多能到武丁中期偏早，該層所出卜甲也是大致屬武丁中期的自組小字。並且從卜辭的相互聯係來看，前面已談到出自該層的《屯南》4514 和 4516 都與"自歷間組"同卜，如果將該層定在武丁早期，那是不是"自歷間組"乃至歷組一類的上限也都到了武丁早期呢？所以我們認為把 T53（4A）的年代定在武丁中期或早期偏早是合適的。這樣，就大大減少了 H115 早到武丁以前的可能性。[69]

彭氏又以字體為準，認為《屯》2777 該版：

筆劃纖細，與大字扶卜辭和上述幾片可能早於武丁的卜辭顯然不同，後者筆劃都較粗，鄭州二里岡出的刻字肋骨和圓骨片筆劃也較粗。從這些情況來看，我們認為《屯南》2777 早到武丁以前的可能性不大。[70]

總體觀之，彭氏所論實以字體關聯為據，然其所構建字體時代系統並非不可撼動，而以此非彼，恐難坐實。關於《屯》2777 的年代，確實不應在武丁之前，但無關字體關聯性，而是地層年代。H115 所出陶片並不足以判別時代，但該坑另見無字卜骨有 ¹⁴C 測年，其數據是 2977±42（BP），[71]此結果「實近於武乙期卜辭《屯》2281 之 2961±34（BP），與『早于武丁』之小屯東北地 T1H1：164 無字卜骨 ¹⁴C 年代 3105±34（BP）差距頗大」，[72]由之可知，H115 的時代不會太早，甚至有晚至廩康之際的可能，而出於 H115 的《屯》2777 應非武丁以前的卜辭。

後岡 M48 大墓，位於後岡中南部大車路西邊，建有兩個墓道，雖曹定雲考證其時代早於武丁，為商王小辛之墓，[73]但據發掘報告說明：

這批墓葬的年代，由於出土器物很少，在比較上受到相當的局限。根據以前對殷墟器物分期研究的認識，Ⅱ式鬲、Ⅰ式簋相當於大司空村Ⅰ期，年代上比較早一

---

[69] 彭裕商：《殷墟甲骨斷代》，頁 305。

[70] 同上註。

[71] 夏商周斷代工程專家組編著：《夏商周斷代工程 1996－2000 年階段成果報告：簡本》（北京：世界圖書出版公司，2000 年 10 月），「表十三：甲骨系列樣品分期及 AMS 測年數據」，頁 54。

[72] 吳俊德：《殷墟第四期祭祀卜辭研究》（臺北：國立臺灣大學文學院，2005 年 10 月），頁 42。

[73] 曹定雲：〈殷代初期王陵試探〉，《文物資料叢刊 10》（1987 年 3 月），頁 86。

些。Ⅲ式、Ⅳ式鬲、Ⅱ式簋，以及盤、爵等都是殷代晚期的器形。由此可以判定 M16、M29、M37、M50 等幾座墓，年代較晚，屬於殷代晚期。後岡西邊的那一片墓，多出Ⅱ式鬲，沒有發現晚期的器物，年代略早，基本上是屬於同一個時期的。[74]

所推論墓葬之時代與曹說有所落差，因此該墓所出字骨時代猶有商榷空間，亦無非早於武丁不可的實證。

　　二里崗的兩片字骨，分別是在被翻動的地面發現的牛肋骨，其上有習刻卜辭 10 字「又屯土羊乙貞从受十月」，[75]以及在 CIT30 探溝東端發現的牛肱骨殘片，其上僅存一字，似為「屮」字。最初，陳夢家認為「肋骨所刻的字，和小屯的殷代晚期的卜辭相似，可能也屬於這個時期」；[76]李學勤將此骨刻辭隸為三段，作「又土羊／乙丑貞，从受……／七月」，並謂：

> 此辭作＂又土羊＂而不作「屮土羊」，屬於祖甲以後。＂乙丑貞＂這種前辭和方耳的＂貞＂字，在小屯均只見於武乙、文武丁兩期，記月作＂七月＂而不作＂在七月＂，也合於這個時期。因此，它屬於武乙或文武丁時是可能的。[77]

意見基本同於陳說，而對於肱骨殘片，則認為「它並不是卜辭或卜辭的習刻，而是一件骨器的殘部。＂屮＂字在小屯只見於武丁和武乙、文武丁兩個時代，所以它也可能屬於武乙或文丁時」，[78]亦將之視為晚期刻辭。其後裴明相強調其出土地層屬於鄭州商代二里崗期（見前），李氏從之而改易前說，謂「字骨應該屬於早於殷墟的商代二里崗期」。[79]

　　根據發掘報告，鄭州二里崗商代文化堆積可分兩層：二里崗上層、二里崗下層，[80]肋骨刻辭在「被推土機翻動的土層內揀到」，「被翻動的土層深約半公尺左右」；[81]肱骨殘片則是在「工地開挖的探溝 T30 東端深 50 公分」[82]處被發現，而二里崗上層文化層

---

74 中國科學院考古研究所安陽發掘隊：〈1971 年安陽後岡發掘簡報〉，《考古》1972 年第 3 期，頁 21。

75 相關刻辭討論甚多，歧見不少。此據河南省文化局文物工作隊：《鄭州二里崗》（北京：科學出版社，1959 年 8 月），頁 28 所載。

76 陳夢家：〈解放後甲骨的新資料和整理研究〉，頁 6。

77 李學勤：〈談安陽小屯以外出土的有字甲骨〉，頁 17。

78 同上註。

79 李學勤：〈鄭州二里崗字骨的研究〉，《中國社會科學院歷史研究所學刊》第 1 集（2001 年 10 月），頁 3。

80 詳河南省文化局文物工作隊：《鄭州二里崗》，頁 8-9。

81 以上俱見裴明相：〈略談鄭州商代前期的骨刻文字〉，頁 251。

82 同上註，頁 252。

深度約在 0.9 至 2.1 公尺上下，厚度約 0.7 至 1.72 公尺左右（以 T51 為例），[83]據此可知該二字骨極為可能出於二里崗上層文化層。關於二里崗商代文化層的時代，發掘者分析：

> 在鄭州人民公園的發掘中，發現了商代文化的三層重疊的堆積：中層同於二里崗期上層，下層同於二里崗期下層，上層確是晚於二里崗期的上、下兩層的。[84]
>
> 而人民公園的上層出土物，主要是厚胎矮足鬲、敞口斜壁簋、陶瓿、短柄豆和頂部刻有雞頭形的骨簪，以及鑽鑿的龜卜骨，這些遺物在二里崗期上、下兩層中根本沒有的。……人民公園上層的出土物和安陽小屯殷墟常見的卜骨、骨簪、陶器等是有些接近的，所以鄭州二里崗期的商代遺址可能比安陽小屯殷墟稍早。[85]

據之，二里崗的二片字骨時代確實可能早於武丁，然其刻辭字體風格特徵並不相容，李學勤曾指出：

> 肱骨上的“㞢”字，屢見於殷墟較早的𠂤組、賓組等卜辭。肋骨的文字，在結構上、風格上，接近𠂤組卜辭的一種，而“乙丑貞”的前辭形式，又類於歷組卜辭。……“貞”字儘管方耳，類似𠂤組、歷組，可是耳的上部並不閉合，這是殷墟卜辭中從來未見過的。[86]

此版刻辭整體風格明顯近於殷墟晚期，尤其李氏認為「“十月”的“十”字中央有小橫筆，不同於殷墟“七”字的長橫筆，而同於後世的“十”」，[87]更屬西周金文的現象，故其時代認知理當偏於晚期，與考古早期地層訊息互有矛盾，尚須釐清。

其實，二里崗地層的斷代並非無可置疑，可議處至少有二：其一，將二里崗上、下兩層文化層時代分別對應人民公園中、下層文化層，再以人民公園上層遺物近於安陽小屯為據，斷定二里崗上層早於殷墟。以上作為，雖合於邏輯規範，但人民公園上、中、下三層時代的關聯度並不清楚，上層時代固然可晚，下層時代相對較早，而中層介於其間，若時代上較為接近上層，則對應的二里崗上層時代最晚亦有延至殷墟文化時期的可能。依現已公開的材料來看，人民公園中層所出文化遺物，其具體內容亦不清楚，有否

---

83 河南省文化局文物工作隊：《鄭州二里岡》，頁 8。

84 同上註，頁 38。

85 同上註，頁 43。

86 李學勤：〈鄭州二里崗字骨的研究〉，頁 4。

87 同上註，頁 4。

存有晚期特徵器物亦不得而知，然屬二里崗上層的 C1H1 所出陶鬲（圖下左），[88]足根粗矮，襠部中低，繩紋較粗，形制與 YNH1:41 幾乎一致（圖下右），[89]晚期特徵明顯；

（C1H1）　　　　　　　　　　YNH1:41

而後者鄒衡將之定為 Aa 型Ⅳ式，歸屬殷墟文化第三期（第四組），[90]時代約在廩辛、康丁時期。[91]就此觀之，二里崗期上層時代未必完全早於武丁時期，連帶出於其間二字骨的時代亦不宜寬視。其二，二里崗遺址發掘中，得一彩陶片（T14:22），發掘者指出「系器物的口沿部分，泥質灰陶，磨光，表面繪有紅彩兩道，應屬於仰韶期遺物」，[92]但在二里崗附近「未見仰韶文化的獨立層次，只能作偶而混入商代文化層中去解釋」。[93]如此處置未嘗不可，但同時也透露二里崗遺址的地層分析尚有未備，不能完全排除有部分個別現象被忽略或未被釐清的可能。因此，二里崗相關地層分析之主張，可以參考，卻不宜視為定論，而其間所見字骨時代的考察自須更加審慎。

綜上所述，所謂武丁以前卜辭各有疑存，皆未獲得共識，其中或有時代確屬早於武丁時期者，但目前尚缺乏明確佐證，仍有待繼續探究加以驗實。

第三節　判別標準

關於武丁以前卜辭的存佚，李學勤曾謂：

> 有字甲骨主要出土於河南安陽小屯。小屯甲骨的時代，現在可以判定的，上起武

---

88 錄自河南省文化局文物工作隊第一隊：〈鄭州商代遺址的發掘〉，《考古學報》1957 年第 1 期，頁 61，圖五‧5。

89 鄒衡：〈試論殷墟文化分期〉，《北京大學學報》1964 年第 4 期，文末附圖，圖一：遺址分期圖表。

90 同上註。

91 鄒衡：〈試論殷墟文化分期（續完）〉，《北京大學學報》1964 年第 5 期，頁 85。

92 河南省文化局文物工作隊：《鄭州二里岡》，頁 42。

93 同上註，頁 8。

丁，下至帝辛（紂）中葉。盤庚、小辛、小乙三王據記載雖然已經都於殷虛，但他們的卜辭尚未發現。我們看武丁卜辭在各方面均已達到非常成熟的階段，他以前的卜辭應該是存在的。[94]

而劉一曼根據早於武丁的遺址或墓葬中所出遺物，其上之文字現象，如 M331 所出玉魚上有「大示它」三字、M388 所出二件白陶豆圈足內，各有一「戈」字；87H1 陶盤（87H1:12）口沿有一「五」字；同坑將軍盔（87H1:16）片上有「曰口𠂤㞢征雨」[95]六字；洹北商城刻辭骨匕（T11③:7）上有「戈亞」二字等各類材料（圖例詳下），更表明「從內容、字體與行款看，這都與早期的甲骨卜辭相似，這些迹象表明，當時的文字並不罕見。由此可以推測，這一階段的甲骨文也不會太少」，[96]對於武丁以前卜辭的探求，兩人皆抱持樂觀的期待。

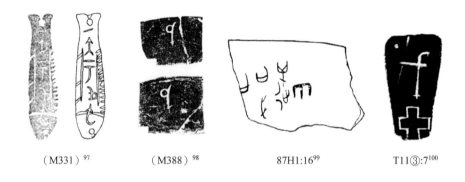

（M331）[97]　　　（M388）[98]　　　87H1:16[99]　　　T11③:7[100]

持平而論，上述李、劉的看法是對的，以目前已知的武丁卜辭內涵成熟度來看，武丁以前卜辭廣泛存在的可能性極高，然何以目前所見情形卻非如此，其原因或有三點思考：一、上世紀中葉以後，「安陽的發掘工作主要是在殷墟外圍進行，以往出土甲骨文較多的小屯村中、村東北以及侯家莊南地，則基本上未做工作」，說明「殷墟的甲骨文

94　李學勤：〈談安陽小屯以外出土的有字甲骨〉，頁 17。

95　發掘報告謂「口沿內殘存朱書文字，共六字，分四行書寫，左邊殘存一"曰"字，似與其他五字無關」（見中國社會科學院考古研究所安陽工作隊〈1987 年安陽小屯村東北地的發掘〉，《考古》1989 年第 10 期，頁 900），僅隸一字，餘五字未釋。

96　劉一曼：〈考古學與甲骨文研究——紀念甲骨文發現一百周年〉，頁 5。

97　錄自陳志達：〈商代的玉石文字〉，《華夏考古》1991 年第 2 期，頁 68，圖三。

98　錄自李濟：《殷墟陶器研究》（上海：上海人民出版社，2007 年 3 月）頁 272，圖 69 之〔40〕、〔41〕。

99　錄自中國社會科學院考古研究所安陽工作隊：〈1987 年安陽小屯村東北地的發掘〉，頁 900，圖六。

100　中國社會科學院考古研究所安陽工作隊：〈1998 年～1999 年安陽洹北商城花園莊東地發掘報告〉，《考古學集刊》第 15 集（2004 年 2 月），頁 339。

遠還沒有挖完」，[101]武丁以前的甲骨文還沒有完全揭示出來；二、「武丁以前卜辭和武丁卜辭混雜在一起了，如今要將它們分辨出來，有著極大的難度」，[102]以致產生武丁以前卜辭不存的假象；三、在鄭州商代兩期遺址中出有為數不少的卜骨，[103]有文字者僅二片。若該兩期文化確實早於殷墟文化，則相關無字卜骨時代自是早於武丁，屬於武丁以前卜骨，就此觀之，武丁以前之占卜活動或尚無將卜辭契刻於甲骨的習慣，有卜骨無卜辭，因而武丁以前卜辭罕見甚或不見。

以上所述可能性中，所謂「甲骨遠未挖完」，雖持說有理，但缺乏實證或可信的推估樣本，「挖遍甲骨」只能是一種期待，不易落實。又，除非武丁以前卜辭完全集中棄置於某特定範圍較小的區域，而尚未為人所知，否則以殷墟目前已掘情形觀之，該類卜辭訊息不當如此微渺。

至於武丁與武丁以前卜辭可能相混而難分的情形，董作賓早有所感：

> 分甲骨文字為五期，而以武丁及其以前為第一期，此期包括盤庚遷殷，及小辛、小乙、武丁，二世四王，為時百餘年。雖甲骨文字之屬於此期者，數量甚多，然所據之「十個標準」，初不能再別其孰為武丁以前卜辭也。[104]

後藉由「八月月食」紀錄推斷其屬小辛卜辭（詳前），不僅認為是「斷代方法之一新標準」，[105]更據此指出：

> 據此殘版，可以推知者四事：
> 一、小辛時卜辭文例文法，與武丁時同。
> 二、小辛時記月不稱「在」，與武丁時同。合文亦同。
> 三、此版十月癸卯卜旬辭，不記貞人。
> 四、文字之書法形式畧同。
> 因此在〈斷代例〉十標準中，頗難區別。非藉天象為標準，不能遽為判定也。[106]

依董氏言，武丁以前卜辭確已存於現有卜辭中，所乏者是判別區分的標準。董氏以天象

---

[101] 以上俱見楊寶成：〈試論殷墟文化的年代分期〉，《考古》2000 年第 4 期，頁 76。

[102] 曹定雲：〈田野發掘是卜辭斷代的基礎〉，《殷都學刊》1999 年第 1 期，頁 43。

[103] 就發掘統計的 23 個灰坑為準，二里崗期下層有 8 個灰坑，共出 14 片卜骨；二里崗期上層有 10 個灰坑，共出 17 片卜骨；公園期有 5 個灰坑，共出 32 片卜骨。總計得 63 版，其上皆有灼痕，但全無刻辭。

[104] 董作賓：《殷曆譜》，下編卷三，頁 23。

[105] 同上註。

[106] 同上註。

為準，自認稽得兩版武丁以前卜辭（參前），然且不管可靠性如何，月食終非常見現象，相關紀錄亦少，難以據此聯繫更多卜辭進而形成體系，因此武丁以前卜辭的探求至今仍難以明朗。

其實，關於「武丁與武丁以前卜辭相雜難分」的說法，雖頗可能，卻恐非實情，根本原因在於「稱謂」的缺乏。概括來看，甲骨五期之所以能有效區分，除卜辭個別特徵有所彰顯之外，還須「稱謂」加以定錨，始能論其時代先後。據此，武丁以前卜辭的存在，勢必建立在「父丁、父庚」（祖丁、南庚）以及「兄甲、兄庚、兄辛」（陽甲、盤庚、小辛）等諸稱的同時或規律性搭配出現，然以目前卜辭所見，即如自、子、午組稱謂之特殊，亦完全不具如此條件。質言之，現存的第一期甲骨中，屬盤庚、小辛、小乙時期者恐不存在，亦即武丁以前卜辭目前尚未得見。

既然無法自卜辭內容有效區分出武丁以前卜辭，則甲骨出土訊息就會是相對重要的判斷依據。劉一曼謂：

> 尋找武丁以前的甲骨文必須從考古學的地層、坑位入手，要注意那些既出刻辭甲骨，地層關係又較早的發掘單位。[107]

誠哉斯言，但實務上亦有其局限，難以充分運用，如劉氏以為早於武丁的文字：「大示它」（M331）、「戌」（M388），皆因其所出墓葬時代被斷定為早於武丁，然「大示它」之「它」，作「𧈧」形，應隸為「蚩」，值得注意的是其中「虫」形作「𠂤」，較「𠃊」形明顯簡化，而殷墟卜辭中後者多見於早期，前者則常見於晚期，[108]因此「大示它」的時代不宜過早，其所出的 M331 墓葬時代亦應不會太早又得一證。無獨有偶，陶文「戌」的時代也有相同的情形。雖劉氏詳加說明：

> 細審此字，與自組卜辭《屯南》643"戌亡至禍"的戌字形體很相似。自組卜辭的時代，學術界大多數人認為早於賓組卜辭，屬武丁前期。又，M388 中出的鼎、斝、觚、爵、尊、壺、瓿等成組的青銅器，其形制比屬於殷墟第一期的 59M1 所出的同類器要早，該墓是早於武丁時代的墓葬。如是，M388 兩個白陶豆上的戌字，也應是早於武丁的文字。[109]

---

107 劉一曼：〈考古學與甲骨文研究——紀念甲骨文發現一百周年〉，頁 5。

108 參李宗焜：《甲骨文字編》（北京：中華書局，2012 年 3 月），頁 668-673。

109 劉一曼：〈殷墟陶文研究〉，《慶祝蘇秉琦考古五十五年論文集》（北京：文物出版社，1989 年 8 月），頁 360。

然李孝定先生指出：

> 卜辭戊為方國名，早期者作 ꝗ，其柲直，上下作二橫畫，可與柲端直交，而直畫
> 上下均不外露，第五期戊字作 ꝗ，其柲作曲畫，曲畫下端有一斜畫，曲畫下端則
> 透出斜畫之外，此其別也，匋文作 ꝗ，與第五期作 ꝗ 者近似，當為晚期之物。[110]

驗之殷墟卜辭，李先生所言不虛，可證 M388 墓葬所出陶文「戊」確實具有晚期特徵，
而 M388 時代可能亦偏晚（參後），不應在武丁以前。

以上所見「地層」與「字體」時代的扞格，必然影響相關甲骨時代的判定，儘管劉
一曼認為「對早期卜辭的斷代，字體不是最重要的標準」，[111]仍不能對文字形體之系統
性演變的現象視而不見。其實，字形演變節奏較之器物形制變化顯然為快，且脈絡皆
有跡可循，因此早晚時代性亦較明確，而地層年代的推斷，往往尚須藉助同出遺物類
型的分析，其時代性不僅較為籠統，各類型的早晚序列亦無絕對不可逆的關聯，相較
之下，「字體」的重要性似乎當較「地層」略勝一籌。職是之故，所謂早期地層中所
出的早期卜辭，恐不可盡信，而武丁以前卜辭的考辨，仍應以甲骨內容為要，地層只
作輔助的參考。

綜上所述，所謂武丁以前卜辭的探索，至今仍未能有具體的進展。若盤庚遷殷屬
實，則殷墟或多或少必當存有盤庚、小辛、小乙三朝甲骨，如今安陽所見卜辭幾無相
關訊息，固然有「尚未能有效自武丁卜辭析出」的可能性，但更可能的是，盤庚至小
乙三朝甲骨卜用之後，並無須將卜辭契於上，如此「無刻辭」之特點，以致吾人難以
有效辨識。

根據史語所安陽殷墟前後 15 次發掘的紀錄，所得甲骨總數約 42579 版，其中字甲
22722 版、字骨 2080 版、卜甲 13842 版、卜骨 3935 版。[112]有字甲骨合計 24802 版，其時
代可通過卜辭內容特徵考察，析分為五期，而另見之 17777 版無字甲骨，並無此途徑，
猶待其他有效標準（如鑽鑿）加以辨析時代，則其中或存有武丁以前甲骨。又如洹北商

---

[110] 李孝定先生：〈陶文考釋〉40-41，詳見李濟：《小屯‧殷虛器物‧甲編》陶器：上輯（臺北：中央研究院
歷史語言研究所，1956 年），頁 139。

[111] 劉一曼：〈考古學與甲骨文研究──紀念甲骨文發現一百周年〉，頁 5。

[112] 依石璋如：《小屯‧遺址的發現與發掘‧丁編》甲骨坑層之一（一次至九次出土甲骨）（臺北：中央研究
院歷史語言研究所，1985 年 4 月）、甲骨坑層之二（十三次至十五次出土甲骨）（臺北：中央研究院歷史
語言研究所，1992 年 9 月）所載相關數據逐一據實統計而得。

城花園莊東地發掘所得甲骨 150 版（卜骨 107 片、卜甲 43 片），[113]有鑽、鑿、灼的痕跡，但皆不存文字，該遺址年代「晚期應相當於盤庚、小辛、小乙階段」，[114]說明該批甲骨時代應屬武丁以前，而其上未見刻辭的情形，亦可作為殷墟武丁以前甲骨不刻卜辭的參照佐證。

總而言之，上述所揭所謂武丁以前之文字，其時代論說皆有可商，未必真確，然從文字發展的角度看，武丁以前不僅已有文字的書寫使用，且應有大量、成熟的文字通行始合情理，儘管目前礙於相關文字材料的短絀，難窺一斑，但武丁以前文字的存在仍應是毋庸置疑的事實。

至於甲骨所契刻之卜辭，本文認為，武丁以前之盤庚、小辛、小乙三朝甲骨占卜，其問卜完整過程極可能與武丁期及其後有所不同，關鍵處在於未將卜辭內容契刻於甲骨之上，因此根本不存在武丁以前的甲骨卜辭；[115]將卜問內容普遍性契刻於甲骨的習慣，或始於武丁勵精圖治而進行的若干規章制度改革，據此，吾人至今所見最早的甲骨卜辭恐即是武丁卜辭，而殷墟一帶或能見到武丁以前甲骨，卻見不到武丁以前卜辭，簡言之，即使存見武丁以前之卜甲卜骨，其上亦無相關卜辭可供稽考。

---

[113] 中國社會科學院考古研究所安陽工作隊：〈1998 年～1999 年安陽洹北商城花園莊東地發掘報告〉，頁 333-335。

[114] 同上註，頁 356。

[115] 王寧曾云「真正將文字廣泛使用並用來在占卜後的甲骨上刻署卜辭的當是肇始于武丁」（見王氏〈倉頡、沮誦神話與殷墟文字的起源——兼說武丁之前的卜辭問題〉，《江漢論壇》2001 年第 8 期，頁 106-107。該文按圖索驥，遍尋未果，《江漢論壇》並無收錄紀錄，疑作者自誤。此引文據網路資料：http://www.tianfulife.com/history/antiquity/qiyuan/2008/0118/28502.html，搜尋日期：2016 年 6 月 4 日），與本文主張相近，然王說以為「倉頡即商旬即盤庚，沮誦即祖頌即小辛，可知倉頡、沮誦創制文字書契之說確系商人之古傳，乃實有其事，並非後人所妄造。由此也可以推斷，商人的文字實肇始自盤庚與小辛兄弟時期，在此之前無有也」（同前文）；又謂「因為文字既肇始於盤庚、小辛，而據《太平御覽》卷八十三引《史記》（非司馬遷書），盤庚在位 18 年，小辛在位 21 年，小乙在位 20 年，三王在位的年數共為 59 年，這段時間正是殷墟文字由產生到成熟定型的過渡階段，這時文字並沒有被廣泛應用，更沒有用來刻署甲骨卜辭」（同前文），其論偏離實情甚鉅，近乎無稽，不可信從。

第二章

武丁卜辭時代再析分

　　關於商王在位年限，向來紀錄紛紜，令人無所適從。董作賓曾比對《太平御覽》、《皇極經世》、《通鑑外紀》、《今本竹書紀年》中相關記載，[1]僅太戊（在位 75 年）、盤庚（在位 28 年）、武丁（在位 59 年）三王在位年數紀錄一致，絲毫無差，難有疑義。此外，《尚書‧無逸》亦言及「高宗之享國，五十有九年」，[2]因此武丁在位 59 年之說，只能信從。

　　相較於盤庚遷殷後的諸商王，武丁無疑的是在位最久的一位，其在位年數長，亦反映在甲骨卜辭上。以《甲骨文合集》所收錄之 39476 版拓本來看，其中武丁期（第一期）計有 19753 版，[3]佔 50.03%，已逾半數，幾乎成為各項甲骨探究專題的主體材料。然歷時長，材料多，內容雜，混為一談並不利於第一期甲骨的探索與理解，對於武丁時期的相關史實及文化的考察亦有一定的負面影響。職是之故，將武丁卜辭根據時代早晚再進行區分，即屬無可迴避的斷代工作。

第一節　武丁分期

　　武丁在位時間長，陳夢家曾指出「此說若可信，則五十九年之久，其間字體文例制度的有所變異，乃是必然的事」，[4]並以此強化賓、𠂤、子、午四組卜辭同屬武丁的合理性。陳氏分析上述四組卜辭的基本差異，認為：

> 雖都是武丁時代的，然而也有早晚之不同，𠂤、子兩組大約較晚。除了有早晚葉之分外，賓組似乎是王室正統的卜辭；𠂤組卜人也常和時王並卜，所以也是王室的，而其內容稍異。午組所祭的人物很特別，子組所記的內容也與它組不

---

[1] 董作賓：《殷曆譜》（臺北：中央研究院歷史語言研究所，1945 年 4 月），上編卷四，頁 9。

[2] 見孔穎達：《尚書正義》，《十三經注疏》（北京：北京大學出版社，2000 年 12 月），頁 509。

[3] 未計入第七冊「第一期附」所收 2783 版。

[4] 陳夢家：《殷虛卜辭綜述》（北京：中華書局，1988 年 1 月），頁 167。

同。子組卜人嬬和巡（或與婦巡是一人）很像是婦人，該組的字體也是纖細的。第十五次發掘出土的（《乙》8691-9052）字體近子、自、午組的，內容多述婦人之事，可能是嬪妃所作。這些卜人不一定皆是卜官，時王自卜，大卜以外很可能有王室貴官之參與卜事。……因此，四組卜辭字體間的差異，同一稱謂的先後形式，或由於時有早晚，或由於卜者身分之不同，我們似不可執實組卜辭為武丁惟一的卜辭。5

陳說尚有理致，但仍可深究，尤其將自、子、午組卜辭時代歸於武丁時期，雖與董作賓主張不同，而影響卻極其深遠。

王宇信鑒於「對武丁期大量征伐卜辭還沒有整理出一個令人較為可信的先後順序」，6因此嘗試將武丁時期戰爭卜辭分成早晚二期，其標準為：

在武丁期的對外戰爭中，有一個惹人注意的人物就是武丁之妻婦好。她或為王前驅，征集兵員於龐地；或統帥大軍，馳騁於沙場，在一次戰鬥中曾統領一萬三千人的隊伍；武丁時代的不少名將，諸如侯告、沚馘等人都曾在她的麾下。就是這個伐夷、征羌、攻土、却巴的咤叱風雲的婦好，死於武丁晚葉的前期……。因此，我們可據此確立一個武丁期戰爭卜辭早、晚葉的標準。即：凡有婦好參加的一些征戰，時間就會較早，當為武丁前葉；而與婦好死去以後有關的戰爭，時間就必然相對的較前者要晚，應為武丁晚葉。7

實際考察結果，在武丁前葉活動的將領有婦好、沚馘、望乘、侯告、戈、冒侯虎、雀、喜等人；8而參與武丁晚葉戰事者，則有䎸、自般、㪉、戈、弓、子畫、㞢、沚馘、望乘、冒侯、夨、婦姘等人，9「其中有一些人物在武丁前葉的戰場上就已出現」，「當為武丁前葉稍晚和晚葉稍早之際的人物」。10總括來看，王氏相關卜辭的考察確實詳贍，但時段區分則明顯粗略，以致諸如國家發展與疆域擴大等重要問題的探索，仍會受到局限。

相同的企圖，林小安的考察較為細緻，體系亦較為完備。林氏認為：

運用考察貞人同版的方法成功地解決了殷墟卜辭的王世間分期問題，但是忽略了

---

5 陳夢家：《殷虛卜辭綜述》，頁 166-167。

6 王宇信：〈武丁期戰爭卜辭分期的嘗試〉，《甲骨文與殷商史》第 3 輯（1991 年 8 月），頁 144。此文末自述定稿於 1982 年 9 月。

7 同上註，頁 145。

8 詳上註，頁 158。

9 詳上註，頁 164。

10 以上俱同上註，頁 164。

比貞人多得多的各臣屬、親屬和方國首領的同版現象，使得殷墟卜辭的分期至今仍停留在王世之間，而沒有深入到王室之內。武丁卜辭中包含的大量豐富的王室親屬、臣屬、方國首領的同版現象，使我們完全有可能在武丁卜辭裡進行王室內的分期。[11]

其具體作法是：

> 反映在卜辭中，同代人之間應有較多的同版、同事項現象；接代人之間有少數同版、同事項，多數不同版、不同事項的現象；隔代人之間應毫無同版、同事項現象。根據這一原理，我們可以把武丁卜辭中同版、同事項多的劃歸同一代人。這樣可以劃分出若干組同代人。各組同代人之間有少數同版、同事項現象的，可視為接代人連屬在相接的兩個時期；沒有同版、同事項現象的則必是隔代人。[12]

而根據同版、同事項的多少、有無，掌握所分出之同代、接代、隔代人物，即能將武丁時期諸臣屬分組分期系聯起來，再依與祖庚、祖甲「出組」卜辭有無同版的情形，進行相關卜辭時代早晚的判斷。藉由此法，林氏稽得相關人物，將之分為三組：

> 武丁早期臣屬為雀、子𡂢、𠂤、㝬等（稱其為雀組臣屬）；
> 武丁中期臣屬為婦好、師般、𤉣、戉、望乘、沚馘等（稱其為婦好組臣屬）；
> 武丁晚期臣屬為𢆶、羍、犬征、子𢀛、㪤、岳、叔、𠂤、允、韋、簇、𠶷等（稱其為𢆶組臣屬）；[13]

並以之運用於征伐事件的考察，進而推定武丁時期諸多戰事的時間早晚。大致而言，林氏考得人物與王宇信所見略多，而將武丁期分為「早、中、晚」三段，亦較王氏僅分「早、晚」更加精細。

其後，范毓周亦有類似的探索，但方法上有所不同。首先將武丁卜辭材料充分擴大：

> 根據近年甲骨學者的研究，武丁時代的卜辭類群又不僅限於賓組卜辭一種，在賓組卜辭之外，至少還應包括𠂤組卜辭、歷𠂤間組卜辭、午組（亦稱「兌組」）卜辭、子組及其附屬卜辭和歷組卜辭（父乙類）五種。[14]

---

[11] 林小安：〈殷武丁臣屬征伐與行祭考〉，《甲骨文與殷商史》第2輯（1986年6月），頁224。
[12] 同上註，頁225。
[13] 同上註，頁225-226。
[14] 范毓周：〈殷代武丁時期的戰爭〉，《甲骨文與殷商史》第3輯（1991年8月），頁178-179。

接著指出以上六種卜辭，其相互關係及發展序列，如下所示：[15]

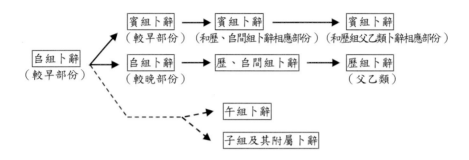

圖 3-2-1：范毓周早期卜辭的相互關係及發展序列

最後再推斷卜辭的時代：

> 考慮到「雀」在武丁卜辭的較早類群，諸如𠂤組、歷、𠂤間組、午組、子組等卜辭類群中都是一個經常出現的重要人物，而且在賓組中具有較早特徵的卜辭中也是活動頻繁、地位顯赫的人物，而在較晚的賓組卜辭以及與之相應的歷組卜辭（父乙類）中又基本上未見他的活動，我們可以擬定，歷組卜辭（父乙類）和與之相應的 YH127 坑中較晚賓組卜辭以及 YH127 坑以外與歷組卜辭（父乙類）相聯繫的賓組卜辭為武丁晚期卜辭。[16]

> 考慮到前述𠂤組卜辭較晚部份與歷、𠂤間組卜辭較早部份很難區分，賓組卜辭如單純從字體和貞卜形式上也難找出一個判然分明的界限，我們不妨首先把 YH127 坑中有雀這一人物活動的這部份卜辭擬定為武丁中期卜辭。這部份卜辭不僅就其字體和貞卜內容上講具有明顯的由早期向晚期過渡的中間特徵，而且它與典型的歷、𠂤間組卜辭有著明顯的對應關係。當然，……YH127 坑以外凡與這部份卜辭發生系聯的賓組卜辭都應放到武丁中期中來。此外，午組、子組及其附屬卜辭也應放到武丁中期中來。[17]

> 𠂤組卜辭和 YH127 坑以外具有較早特徵的賓組卜辭 以及與之相應的具有較早特徵的歷、𠂤間組卜辭便無疑應當列為武丁的早期卜辭。[18]

---

[15] 改編自〈殷代武丁時期的戰爭〉，頁 182。

[16] 范毓周：〈殷代武丁時期的戰爭〉，頁 184。

[17] 同上註，頁 184-185。

[18] 同上註，頁 185。

據上，范氏主張可簡示如下：

表 3-2-1：范毓周各類武丁卜辭時代分隔表

武丁早期	武丁中期	武丁晚期
◆ 白組卜辭 ◆ 賓組卜辭（較早部份）	◆ 賓組卜辭 　（和歷、自間組卜辭相應部份） ◆ 歷、自間組卜辭 ◆ 午組卜辭 ◆ 子組及其附屬卜辭	◆ 賓組卜辭 　（和歷組父乙類卜辭相應部份） ◆ 歷組卜辭（父乙類）

　　總括來看，上述諸家對於武丁卜辭的分期，皆強調運用人物活動作為區別標準，而時代早晚之推斷具有人與事的根據，確實較能整合相關訊息以窺知實情。林小安即認為「殷墟卜辭中出現的大量人名和歷史事件（尤其是對方國的戰爭）應是我們據以分期的絕好史料」，[19] 又謂：

> 武丁在位的五十九年中，他的親屬、大臣和方國諸侯不會個個都與他同始終的。這一現象在卜辭中的反映必然是不同時期的王室親屬、大臣、諸侯出現在不同時期的卜辭中，不同時期對方國的戰爭亦然。根據同版必同時、不同時必不同版的一般原理，把武丁卜辭中的人和事按同版和不同版的關係進行排列，就能發現武丁卜辭中的人和事（尤其是與方國之間的戰爭）是分屬不同時期的。。[20]

林氏所言入情入理，亦躬身實踐分析工作，然此舉方向雖大致可從，但相關具體論說仍有其局限。

　　首先，上述王、林、范三家武丁卜辭分期的考察工作，皆與武丁時期的征伐事件做連結，雖看似有志一同，然其探索方式卻有根本上的不同。王宇信的嘗試是「由事而人」，林小安的分析則為「由人而事」，而范毓周的分期以卜辭組類為準，實屬類型學的運用。[21] 三說之分期各有所據，但因運用之標準有所差異，各自的主張遂有不同，連帶相關卜辭中人與事時代的勘定也紛見異說，如「婦好」其人活動時期，王以為早

---

19 林小安：〈武丁晚期卜辭考證〉，《中原文物》1990 年第 3 期，頁 46-47。

20 同上註，頁 47。

21 相同的探索，尚有林澐、方述鑫、黃天樹、彭裕商等從「字體」分類立說並予斷代，其中包含推定武丁時期相關卜辭的時代先後，前已詳述，此不贅引。

期，[22]林置於中期，[23]范則歸在中、晚期，[24]相去不可謂不大；再如「沚䓒、望乘」二人，王謂「由於沚䓒、望乘不見於直接率兵攻伐舌方及其它晚葉戰爭中，故此二人仍可做前葉人物處理」，[25]而林歸之於中期「婦好組臣屬」，[26]范則將之視為武丁晚期參與戰爭的主要將領。[27]凡此，殊途未能同歸的考察結果，[28]雖體現各種探索的可能性，但對於武丁卜辭時代的再析分，助益卻是相當有限。

再者，以上的分期皆與戰爭活動有關，而戰事的規模或可自卜辭所涉者窺知一二，但與時間相關的訊息，如進程之快慢、歷時之長短、同一敵國開戰之次數、同時並存戰線之多寡等，皆是卜辭所難以明確稽考者，因此考察某時期內戰爭事件之有無是可行的，但據以做為區分該時期更細時段的標準，恐怕無法樂觀。曹定雲曾謂「殷王朝與方國之間的"戰爭"並不是一時之事，而是長期的斷斷續續、反反復復的過程。這種關係歷史上常見，並非殷代獨有」，[29]若對同一敵國存有多次宣戰的可能，[30]則打打停停所耗時程必長，即使仍在同一王世之內，亦恐不宜單以一場戰役視之，而所涉及之人物是否同時，自不免可商。

以「舌方」為例，卜辭所見參與征伐者除商王之外，至少還有沚䓒、𡊮、𢀛、自般、我史、羽、甫、我、奚、子畫等人，[31]最寬泛的認知是上述諸位參與同一場征伐舌方之役，而另一極端的認知則是各自為戰，互不相涉，僅時序上有所先後。兩者相較，前者單一，時代標記性強，具斷代價值；後者反覆出征當可說明舌方之難纏，卻因無法考知

---

[22] 王宇信：〈武丁期戰爭卜辭分期的嘗試〉，頁 148。

[23] 林小安：〈殷武丁臣屬征伐與行祭考〉，頁 225。

[24] 范毓周：〈殷代武丁時期的戰爭〉，頁 202、210。

[25] 王宇信：〈武丁期戰爭卜辭分期的嘗試〉，頁 164。

[26] 林小安：〈殷武丁臣屬征伐與行祭考〉，頁 225。

[27] 范毓周：〈殷代武丁時期的戰爭〉，頁 210。

[28] 三家時代主張的差異，可參羅琨：《商代戰爭與軍制》（《商代史》卷九，北京：中國社會科學出版社，2010年 11 月），頁 118-120。

[29] 曹定雲：〈論"殷墟花園莊東地甲骨"是小乙時代卜辭（下）——從商代的"日名"說起〉，《甲骨文與殷商史》新 9 輯（2019 年 10 月），頁 107。

[30] 孫亞冰、林歡考察商王室與方國的關係，認為「與商王朝時敵時友的方國幾乎占總數的 1/3」（孫、林氏《商代地理與方國》，《商代史》卷十，北京：中國社會科學出版社〔2010.10〕，頁 258），反映在征伐事件上，則商王室對同一方國反覆宣戰的機會恐不甚小。徐明波亦曾指出「黃組一類卜辭《合集》36489、36493、36495、36630、37518 等征人方卜辭不能排入日譜中，說明文丁、帝乙時征人方不止一次。晚商金文也證明了商代末年發生過多次征伐人方的戰爭。」（詳徐氏《殷墟黃組卜辭斷代研究》，成都：四川大學歷史文化學院博士論文，彭裕商先生指導〔2007.04〕，頁 94）商王室對同一方國反覆宣戰之可能性，據此亦能窺得一斑。

[31] 詳羅琨：《商代戰爭與軍制》，頁 244。

諸役發生先後及間隔長短，連帶參戰人物的主要活動時段亦不能掌握，訊息隱微，幾無斷代作用。其實，前述兩極情形發生的機會甚小，最可能的情形是每次征伐皆有其中部分人物參與，換言之，武丁時期征伐舌方，應非僅有一戰。羅琨以為「由於歷時相當長，卜辭很多，驗辭少，尤其是戰爭的過程、結果都不見驗辭，難以窺見這場戰爭的全貌，建立時間框架難免帶有較多的主觀成分」，[32]因此牽涉其間人物的時代推斷恐難脫一廂情願，據以區分武丁時代先後的結論則難昭公信。

另外，受命出征者與征伐對象的關聯性亦不易釐清，若相關將領各有其封地或駐守之地，則外患來襲必就近徵調兵力或進行防禦對抗，如此觀之，參與戰事的雙方難脫地緣關係，而「某人參與某戰」可能取決於空間因素，而非時間，換言之，若參與征伐者非為特定戰役所遴派的主帥，則涉及其中的人與事可能只有地緣關聯性，將之運用於時代分段顯然不宜。就目前卜辭所見，武丁時期征伐對象眾多，涉及人物亦不少，[33]而整體看來，多數將領並非無役不與，縱有聯合作戰情事，但團體成員組合卻罕見相同者，又交戰組合相對固定，並不混雜，顯示武丁時期戰爭的兵力召集，主要以考量地緣關係之可能性頗大，而非指派當朝特定將領的大軍四方征伐。

綜上，卜辭中的戰爭事件雖值得探究，但欲藉以區分武丁時期的先後時段，材料顯有不足，相關研究恐尚不成熟。戰爭卜辭的價值在於其內容記載的訊息，是極珍貴的上古史料，但儘管其上或見月份的契刻，卜辭本身仍不具時代的標記，簡言之，吾人無法自卜辭記錄的戰爭事件中，逕知其時代的絕對先後。既然卜辭內含資訊無助於完成斷代，而探求武丁卜辭的分期，勢必要參酌其他如字體、鑽鑿等外顯條件，始能進行有效的時代區分。

第二節　賓組分段

武丁卜辭早晚分段的嘗試已如上述，林、王、范諸家的考察對象，除賓組之外，皆含括𠂤、子、午組卜辭。然𠂤、子、午組卜辭具體時代猶有疑義，即使暫置不論，賓組卜辭作為武丁時期的主要卜辭，其數量之鉅，內涵包覆之廣，仍值得進一步析分時段。

---

[32] 同上註，頁 247。

[33] 詳張宇衛：《甲骨卜辭戰爭刻辭研究──以賓組、出組、歷組為例》（臺北：臺灣大學中國文學系博士論文，徐富昌先生指導，2013 年 1 月），頁 253-256。

關於賓組卜辭時段的再區分，范毓周曾指出：

> 賓組卜辭無論是字體或貞卜形式，雖在早晚上有一定差異，但總的來講，其統一
> 性是非常明顯的，單純著眼於字體或貞卜形式來劃分賓組卜辭的不同階段也是困
> 難的。[34]

大抵而言，賓組卜辭區分時段的工作，其實就等同進行武丁時期的卜辭分期，但相較於
前述的探究尚涉及𠂤、子、午、歷組等各類卜辭差異，單一賓組儘管卜辭數量多，其內
涵特徵卻相當一致，欲再加以區分時段確實不容易。

劉學順曾以「貞人同版共卜」分析賓組內卜辭的早晚，其論從董作賓「因貞人以定
時代」說[35]而細究之，基本認知是：

> 同版共卜的貞人必然同時。我們的"同時"概念與董作賓等先生不同。董氏以為，
> 同版貞人"最老和最少的，相差也不能過五十年。因此，可由貞人定時代"。顯
> 然，董先生心目中的"同時"指同時代——至少同一商王統治時期。我們的"同
> 時"則短得多。因為，尚未有一版甲骨的時間跨越兩個整年以上的先例，所以，
> 我們認為，同版共卜的貞人，他們定然在一、二年內同時。[36]

據此進而推想，「同版現象多或較多的貞人，他們共同供職王室的時間必定長和較長。
由此可以確立不同時期的貞人團」；「同版現象很少、甚至沒有同版關係的貞人應屬時
期早晚不同的貞人團」。[37]劉氏統計賓組貞人共 47 名，[38]其中貞人殼、爭、賓（稱爭貞
人團）曾與祖庚祖甲貞人大、喜、出有同版關係，因此判斷「由貞人殼、爭、賓組成的
貞人團的時間於賓組最晚」；另有 16 名貞人（史、品、韋、允、共、掃、箙、孚、吾、
矣、俘、寧、卯、离、逆、耴，稱品貞人團）與爭同版數量甚少或沒有，而彼此卻有蜘
蛛網般的同版關係，故「其時間要早於爭、殼、賓、丙等構成的貞人團」；而亙、古、
永、內（稱亙貞人團）既與爭貞人團有同版關係，又和品貞人團有共卜現象，顯見「這
些貞人供職的時間和品、爭倆貞人團都不完全一致」，「其下限要在品、爭貞人團交界

---

[34] 范毓周：〈殷代武丁時期的戰爭〉，頁 183。

[35] 董作賓：〈大龜四版考釋〉，《安陽發掘報告》第 3 期（1931 年 6 月），頁 439。

[36] 劉學順：〈賓組卜辭的分期〉，《鄭州大學學報》（哲學社會科學版）1992 年第 1 期，頁 55。

[37] 以上俱同上註。

[38] 同上註，頁 56。

之後，爭貞人團伊始的一段時間」，「其上限很可能始於賓組卜辭的最早期」。[39]

劉學順以貞人共版關係區別賓組分段的工作，其最終結論是：

> 凡與品貞人團貞人共卜的卜辭，其時代可定為賓組早期。凡與亘、爭兩貞人團共
> 卜的甲骨，其時代屬賓組中期。凡只與爭貞人團共卜者，則可定為賓組晚期。……
> 儘管劃分出的賓組早、中、晚期的絕對年代難以確定，各期的絕對年代長度極可
> 能有差距，但三期的早晚順序應是不成問題的。[40]

此外，劉氏亦指出考察貞人同版的方法，必須和「以賓組人物劃分賓組卜辭早晚」的方法結合起來，始能完備賓組卜辭早中晚期的區分，兩者相輔相成，且當「**以考察貞人同版所作的分期為準，而不是相反，也不能相反**」，[41]換言之，賓組分段的關鍵在於貞人供職時段的考察，其餘的條件只是輔助參考。

劉學順的分析雖有理致，但前提是貞人同版數量多寡必須有效反映貞人供職時段的先後，然貞人同版或異版卜問，所涉及的並非以時代為限，換言之，同版貞問者可視為同時人，但見於不同版者，卻不一定是異代人，而貞人同版或異版的原因，除時代的可能差異外，貞卜事項是否有別，劉氏亦無相關論說，其立論基礎並不堅實。再者，貞人之署名，所表稱者應非單獨個人，極可能是所屬氏族集團（說詳前），相同之名僅能說明來自相同一氏族，並不宜逕自認定指稱特定一人，因此劉氏引爭貞人集團曾與大、喜、出同版之例，其中大、喜、出來自大族、喜族、出族應無疑義，而刻辭所見是大、喜、出等進貢甲骨的紀錄，彼時大、喜、出等恐非貞人，其所處時代亦未必近於武丁晚期，又據以推斷與之同版出現的爭貞人團時代偏晚，更是難以信實。

除上所述，目前所見進行賓組分期者，多以「字體」為據，是運用類型學的斷代方法，成果顯著。如黃天樹從事甲骨卜辭的字形分類，初將賓組卜辭分為三類：「典賓類」、「賓組𠂤類」、「賓組一類」，又在賓出類卜辭中，別出「賓組賓出類」一類，此類又稱「賓組三類」，統括來看，黃氏賓組之分一共有四，即典賓類、賓組𠂤類、賓組一類、賓組三類。黃氏賓組各類卜辭劃分之具體主張，已詳見前述，此處僅列特徵字形舉要，以備識別：

---

[39] 以上俱同上註，頁 58。

[40] 同上註，頁 59。

[41] 同上註

表 3-2-2：黃天樹賓組各類特徵字例

類別	特徵字形
典賓類	（特徵字形圖）
賓組𡥜類	（特徵字形圖）
賓組一類	（特徵字形圖）
賓組三類	（特徵字形圖）

　　至於各類卜辭時代的先後關係，首先，黃天樹認為賓組𡥜類時代大致與賓組一類相當，[42]遂以賓組一類為主概括賓組𡥜類的討論，而其餘三類卜辭的考察則著重在四個面向。其一，從胛骨的整治來看，「賓組一類卜骨從拓本觀察，除了有切去臼角的之外」，「又有不切臼角的」，而「典賓類和賓組三類卜骨一律切去臼角，同時胛骨的修治也比較精細」，基於「胛骨的修治比較粗糙，不鋸去臼角，是時代比較早的一種特徵」的認知，因此「賓組一類的時代應早於典賓類和賓組三類」；[43]其二，從鑽鑿形態來看，黃氏以「小圓鑽主要見於時代較早的武丁卜辭」為前提，[44]發現「賓組一類也有小圓鑽形式」，而「一般典賓類和賓組三類中罕見小圓鑽」，加上部分賓組三類「長鑿的肩甚寬，是較近第二期之作」，[45]因此可斷賓組一類卜辭時代為早，賓組三類則最晚；其三，黃氏注意到同版有不同字體共存的現象，具體指出「賓組一類和典賓類卜辭有同版之例」，而典賓類卜辭「有時與賓組三類卜辭也有同版的現象」，但「目前尚未發現賓組一類和賓組三類卜辭有同版的例子」；其四，黃氏考其占卜事項，得知「目前，尚未見到賓組一類和賓組三類有所卜事項相同的例子」，而「賓組一類和典賓類在占卜事項上是有一定的聯繫的」。[46]據之可探知該三類卜辭的相承遞嬗之跡。總上，黃氏認為：

　　賓組一類是賓組中時代最早的，大約是武丁中、晚期之物。典賓類次之，主要是

---

[42] 黃天樹：《殷墟王卜辭的分類與斷代》（北京：科學出版社，2007 年 10 月），頁 50。

[43] 以上俱見黃天樹：《殷墟王卜辭的分類與斷代》，頁 101。

[44] 黃天樹謂「許進雄先生在《鑽鑿》（第 17～27 頁）一書中所說的異常型第二式中的小圓鑽形式，從字體看主要見於出、歷間類、賓間類、歷組一類等卜辭中，我們認為上述卜辭都是時代較早的武丁卜辭。」（見黃氏《殷墟王卜辭的分類與斷代》，頁 101。）

[45] 以上俱見黃天樹：《殷墟王卜辭的分類與斷代》，頁 101。

[46] 以上俱同上註。

武丁晚期之物，其下限有小部分應延伸到祖庚時期。賓組三類時代最晚，主要是
祖庚之物，其上限有小部分上及武丁晚期，其下限有可能延伸至祖甲之初。可以
這樣認為，賓組卜辭是沿著"賓組一類→典賓類→賓組三類"這樣的途徑而逐漸
演變的，三者的接續關係是賓組一類尾部與典賓類首部相疊，典賓類尾部與賓組
三類首部相疊。[47]

　　與黃同時，彭裕商進行卜辭字體分類，將賓組分為四類：[48]「自賓間組、[49]賓組一 A
類、賓組一 B 類、賓組二類」。彭氏賓組卜辭分類之具體主張，前已詳述，此處列其特
徵字形舉要，以備識別：

表 3-2-3：彭裕商賓組各類特徵字例

類別	特 徵 字 形 舉 例
自賓間組	
賓組一A類	
賓組一B類	
賓組二類	

　　上述各類卜辭時代的判別，彭裕商先就殷墟第四次發掘的 E16 中，出有自賓間組卜
辭與早期「陶器淺腹盆 4D、器蓋 927K、948J、948K、948M 和銎式銅戈、銅矛等」，以
及自賓間組重要人物「弜」、「雀」，前者「也是自組小字二類常見的人物」，後者「在
賓組一 A 類中仍很常見，一 B 類以後始不多見」，[50]且「賓組二類乃至賓組一 B 類時常提

---

[47] 同上註，頁 104。

[48] 彭裕商根據字體，原本主張將賓組卜辭分成三大類四小類：賓組①類、賓組②A 類、賓組②B 類、賓組
③類，其中賓組①類與自組卜辭相接近，或可稱賓組卜辭的"自賓間類型"；賓組②類是賓組卜辭的主要
部分，數量最多，最具賓組特色，又可稱為典型賓組卜辭；賓組③類與出組卜辭接近（詳彭氏〈賓組卜
辭的時代分析〉，《徐中舒先生九十壽辰紀念文集》，成都：巴蜀書社〔1990.06〕，頁 87-113），而後類別名
稱有所調整。

[49] 以分類架構而言，「自賓間組」應與「賓組」同層級，互不隸屬，然彭氏研究實將前者納附於後者內討論，
本文於此沿用彭說，不另作區別。

[50] 以上俱見彭裕商：《殷墟甲骨斷代》，頁 152。

到的重要人物如卓、夫、子弓、望乘、沚戲、犬征、立、自般、射矣等均不見本類」，[51]
進而斷定自賓間組時代「不會晚於武丁中期」，上限則「可到武丁中期偏早」；[52]再以
YH127、YH076、橫十三·五庚、YH006、YH126 等五個考古單位之地層關係以及同出器
物訊息，進行賓組一類卜辭分析，並認為「以上五個單位，其時代都可能在本書第三組
（按：即殷墟文化第二期），絕對年代相當於武丁中期」，[53]遂主張賓組一類時代「大
致屬於武丁中期，下限可延及武丁晚期」；[54]另以 E16、YH265、YH038 三個考古單位之
地層深度、疊壓關係及同出器物等訊息分析賓組二類卜辭，認為「以上三個單位，E16
和 YH265 時代接近，下限大致到武丁晚期，YH038 壓在乙五基址下，可知其時代至少不
晚於祖甲」，[55]因此判定賓組二類時代「大致在武丁晚期，下限可到祖庚之世」。[56]整體
觀之，賓組各類卜辭時代順序是「自賓間組→賓組一 A 類→賓組一 B 類→賓組二類」。[57]

此外，王蘊智亦有殷墟卜辭字體分類的成果，其中將賓組類概分為「賓一、賓二、
賓三」三亞類。[58]王氏賓組卜辭分類之具體主張，前已詳述，此處列其特徵字形舉要，
以備識別：

表 3-2- 4：王蘊智賓組各類特徵字例

類別	特 徵 字 形 舉 例
賓組一類	
賓組二類	
賓組三類	

---

[51] 同上註，頁 152-153。

[52] 以上俱同上註，頁 153。

[53] 同上註，頁 157。

[54] 同上註，頁 160。

[55] 同上註，頁 158。

[56] 同上註，頁 160-161。

[57] 同上註，頁 161。

[58] 王蘊智所分組類，亦見「自賓間類」，為此類歸為「自組類」之亞類。

　　對於賓組各亞類時代，王蘊智考察其中人物活動，認為「賓一類的人物多與自賓間類相同」，「賓二類中也見有一些與自賓間類、自小類、賓一類相同的人物，另有些人物則只與賓三類相同」，而「一部分賓三類卜辭與後來的出組一類、何組一類相銜接」[59]，因此主張賓組各亞類卜辭時代，順序是「賓組一類→賓組二類→賓組三類」。

　　同樣的探索工作，還有崎川隆的分類，其分類標準，除以「字體」為據之外，亦兼及「特徵性字體組合關係」與「字排方式及版面布局特徵」兩種現象關聯的提出，其各類形態形式具體劃分之內容已見前述，此處不贅。

　　崎川隆將賓組卜辭區分為四大類：「師賓間大類、賓一大類、典賓大類、賓三大類」，另有小分類多達 14 類：「典型師賓間類、非典型師賓間類 A、非典型師賓間類 B、非典型師賓間類 C、非典型師賓間類 D、非典型師賓間類 E、過渡①類、典型賓一類、過渡②類、典型典賓類、過渡③類、典型賓三類、非典型賓三類 A、非典型賓三類 B」，各類卜辭之特徵字形，崎川氏製有圖表（已見表 2-4-7）供參，再次迻錄如下：[60]

（＊"隹"字頭下部分為偏旁）

---

[59] 以上俱見王蘊智：《殷商甲骨文研究》（北京：科學出版社，2010 年 3 月），頁 165。

[60] 錄自崎川隆：《賓組甲骨文分類研究》，「表 40：各類型特徵字體比較總表」，頁 188，並繁化字形。

而賓組各類卜辭演進，崎川氏主張時代先後如下（同圖 2-4-28）：

以上四家，對於各類賓組卜辭發展序列的主張，頗為一致，大約都是「賓一類→典賓類→賓三類」的演變過程，[61]而黃、彭、王對該三類卜辭時代的推斷則略有不同，黃氏以為主要是「武丁中至武丁晚、武丁晚至祖庚、祖庚至祖甲」，彭氏的主張則大約是「武丁中、武丁晚、武丁晚至祖庚」，王氏則認為是「武丁中、武丁中晚、武丁晚」，但三人皆認為「𠂤組」為武丁早期卜辭，是賓組的前身，可知三家判斷賓組的起始時代大致相同，而結束時代則黃說（祖甲時）較晚。另外，相較黃、彭、王對於賓組各類時代有所判斷，崎川隆並無具體的賓組相關時代主張，[62]儘管其分類結果能夠說明賓組各類卜辭演進的可能性，但並無法將賓組卜辭明確分段。

總上觀之，賓組卜辭的組成本是以貞人為核心，輔以人物、事類、文字、書體的特徵擴展而來，因此欲將賓組再分段，只能在上述條件同中求異，從貞人、征伐事件入手，或從字體分類著眼，其實皆有所本，無可厚非，但結論未能殊途同歸，則表示分段工作猶有精進空間。其實，在同一時期中，除非該時間區段延續極長，否則大部分卜辭早晚特徵差異不會太明顯，而儘管武丁在位長達 59 年，然以賓組卜辭的內涵觀之，其含括的時段恐非全期，前述黃、彭、王諸家皆以武丁中期作為賓組始點，應是較符合實情的推斷。

賓組卜辭分段標準的運用，應有主從之別。上述黃、彭、王、崎川諸氏皆從字體特徵將賓組卜辭加以分類，且結論相去不遠，顯示賓組卜辭的字體確有差異存在，亦說明賓組卜辭可以再分割。基於相同字體可能屬於同時的契刻，以此標準劃分的類別，雖無

---

[61] 彭裕商之主張為「賓一 A→賓一 B→賓二」、王蘊智的主張則是「賓一→賓二→賓三」，雖類別名稱有所差別，然其本質內涵完全相同。

[62] 崎川隆對各類卜辭的時代認知是：「典型師賓間類、過渡①類」屬於早期，「典型賓一類、過渡②類」屬於中期，「典型典賓類、過渡③類、典型賓三類」屬於晚期（參崎川氏《賓組甲骨文分類研究》，頁 195），但未明所據。

時序表徵，但可作為賓組分段的基礎，而各類別的時代先後則應另依其卜辭內容加以分析，始得有效分段結果。

目前根據字體分類，賓組卜辭可概分為「自賓間、賓一、典賓、賓三」等四類，較無疑議，雖各類卜辭所處時段的劃分仍不一致，但各類時代先後關聯「自賓間類→賓一類→典賓類→賓三類」的主張卻是難得的共識。依崎川隆之見，上述四類卜辭可分為早（自賓間類）、中（賓一類）、晚（典賓類、賓三類）三段，而其實黃天樹、彭裕商、王蘊智等人的看法與之亦相去不遠，簡言之，依字體所分賓組各類卜辭，其時代區隔大致是「自賓間類」屬賓組早段卜辭，「賓一類」則是屬賓組中段卜辭，而「典賓類」與「賓三類」即為賓組晚段卜辭。

上述賓組所屬四類卜辭，其時代先後相承的依據，儘管各家多有論證（詳前），其實仍有未備。諸家曾以甲骨整治、鑽鑿形態、字體共存、地層關係、同出器物等多重訊息，推斷賓組各類卜辭的相對年代，此舉勢所必然，不可謂非，但疏於卜辭所載內容的分析考察，實令人遺憾。舉例來說，賓組「小王」之稱，本文自《甲骨文合集》1-6 冊（第一期）共稽得 7 例，據崎川隆的分類，分別是：

師賓間類：《合》5030、5031、5032
典型賓一類：《合》5029
過渡②類：《合》5435[63]
典型賓三類：《合》5570
待考：《合》5033[64]

卜辭「小王」指稱武丁子祖己，[65] 又見於第二（《合》23808）、三期（《合》28278），或因未能即位而先逝之故，遂稱「小王」，又武丁以後，太子殂逝者僅此一人，「小王」亦成專名。若祖己能獲「小王」美稱，則年紀不宜過小，且不當於武丁早期即已亡故。觀賓組卜辭「小王」之稱，目前所見尚無出於「典型典賓類」者，極可能祖己此時尚存，不是致祭對象，故未見於卜辭紀錄；而「典型賓三類」僅得 1 例，標記著祖己殂世未久，

---

[63] 楊郁彥將之歸於「賓一類」，見楊氏《甲骨文合集分組分類總表》（臺北：藝文印書館，2005 年 10 月），頁 72。

[64] 楊郁彥將之歸於「自小字類」，見楊氏《甲骨文合集分組分類總表》，頁 72。

[65] 饒宗頤以為卜辭「小王與中子對言，俱為通號」（詳饒氏《殷代貞卜人物通考》，香港：香港大學出版社〔1959.11〕，頁 690）；丁驌亦認為「小王」「或指太子之未為王者」，「未必便是祖己，或為當世之小王亦未可必」（詳丁氏〈由小后辛說起〉，《中國文字》新 2 期〔1980.9〕，頁 103）；金祥恆則舉例（《合》39809）予以反駁，並證明「小王必為父己，非通號也」（詳金氏〈甲骨卜辭中之小王解〉，《金祥恆先生全集》，臺北：藝文印書館〔1990.12〕，頁 202）。金說符合理據，本文從之。

由是可推祖己應當亡於武丁期晚段，甚或死期僅略早於武丁，因此「小王」若於「自賓間類」與「典型賓一類」中受祭，則「自賓間類」與「典型賓一類」兩類卜辭之時代必不能早於武丁晚期。

除上述外，賓組各類卜辭中，尚有其他稱謂現象類於「小王」者，如「大乙」、「夆甲」、「小乙」等稱號，其時代皆不應早於武丁晚期，但諸稱卻能見於「自賓間類」或「賓一類」之中（詳後），在在說明「自賓間」及「賓一」兩類卜辭並非賓組中較早的卜辭，相反的，其時代較晚，恐須置於「賓三類」之後，而「賓三類」時代下限已入第二期，因此「自賓間」、「賓一」兩類卜辭極可能不屬於武丁時期。

「自賓間類」與「賓一類」卜辭既不屬於武丁時期，則當自賓組行列中剔除，另作他究，如此賓組僅存「典賓類」與「賓三類」兩類卜辭，前者可概稱賓組前段卜辭，後者則是賓組後段卜辭，兩者時代分屬武丁中、晚期。至於武丁早期卜辭，恐與前述武丁以前（盤庚、小辛、小乙）卜辭情形相同，僅作卜問（有卜甲、卜骨）而無刻辭（無卜辭），因此也可視為不存在。因此，本文認為殷墟甲骨卜辭常態性契刻的習慣，應自武丁中葉以後開始，以目前卜辭分類結果來看，「典賓類」才是殷墟最早的卜辭。

概括來看，儘管商人利用甲骨進行占卜的作為行之久矣，早已成為習慣，但將貞問內容契刻於上以資備忘之舉，恐為後來所增益，應是武丁在位勵精圖治的產物。此舉相關規範約在武丁中期正式上路，初始者戰戰兢兢，行止端整不紊，故其刻辭相對「壯偉宏放，極有精神」，形塑出「典賓類」的大器風格，其後「張而後弛」而每況愈下，或因循苟且，或化繁趨易，或力圖振作，或另闢蹊徑，遂成甲骨刻辭日後諸多風貌。

第三章

祖庚祖甲卜辭的分辨

在董作賓甲骨斷代的五期架構中，祖庚、祖甲兩朝同屬第二期，此為同一世代兄終弟及的兩位君王，兩王在位共 40 年，雖短於武丁一朝（59 年），但卻幾近第三期歷時（14 年）的三倍，[1] 的確可再加以析分。

祖庚與祖甲卜辭分屬不同時段，邏輯上本不會有所混淆，然實務上「第二期的祖庚、祖甲因為是兄弟，稱謂都一樣。又祖庚在位的年數不長。其貞人的集團也差不多，故很難分別某卜辭是屬於某王的」，[2] 且從書體觀之，第二期的風格相當一致，雖與第一期明顯不同，但欲據以再區分出庚、甲卜辭，著實不容易。所幸第二期涵括兩個王朝，相關典章制度的施用未必完全相同，若能有效細繹其間差異，即能為區別祖庚、祖甲卜辭的斷代工作，提供可用的判斷標準。

第一節　分辨工作

針對第二期祖庚、祖甲卜辭的不同，董作賓最早指出「第二期，祖庚時代，由貞人言，屬於第二期，由曆法、字形、祀典言，則當列入第一期，而祖庚與祖甲兩王之卜辭，多已劃然可分」；[3] 而後主張殷代禮制有新舊派之別，「祖庚嗣立，一遵武丁時舊制，不敢稍有更易」，屬於舊派，「祖甲新立，遂毅然實行其革新禮制之計畫」，[4] 是為新派。

祖庚與祖甲分屬舊新兩派，卜辭內容特色差異頗為明顯，董作賓曾例舉「祀典、曆法、文字、卜事」等四事論說比較，其說大要表列如下：[5]

---

[1] 以上咸據董作賓：《殷曆譜》（臺北：中央研究院歷史語言研究所，1945 年 4 月），上編卷一，頁 2。

[2] 許進雄先生：《殷卜辭中五種祭祀的研究》，（臺北：國立臺灣大學文學院，1968 年 6 月），頁 8。

[3] 董作賓：《殷曆譜》，上編卷一，頁 2。

[4] 同上註。

[5] 整編自《殷曆譜》，上編卷一，頁 3-4。

表 3-3-1：董作賓新舊派卜辭內容比較表

	舊派	新派
祀典	所祀者有上甲以前之先世，如高祖夔、王亥、王恒、季等；上甲以下，則祀大宗不祀小宗；大宗之配，不及五世以上之先妣，祖妣而外，有黃尹、咸戊、河、岳、土；此皆習見者。	所祀者，自上甲始，大宗小宗，依其世次日干，排入祀典，一一致祭；自示壬之配妣庚始，凡大宗之配，亦各依其世次日干，排入祀典，一一致祭；秩序井然，有條不紊。
	祀典有彡、壹、叒、屮、竷、勺、福、歲、御、叵、曾、帝、焌、告、求、祝等。	祀典以「彡、翌、祭、壹、叒」五種為其主幹，由彡至，以次舉行，徧及祖妣，周而復始。此外尚有又、叔、勺、夕福、濩、异、歲、彡龠、彡夕、槱、燊等祭。
	卜祀之辭，散列雜厠於他種卜辭之間，且不記月名者較多，故不易推求其相互之關係，及組織之系統。	以五種祀典為一大組，皆同時用酒致祭，樂、舞、酒、肉、黍稷具備，其組織可謂完密周到。
曆法	一歲中之月名，由一月至十二月，以數字為序，此一至十二，視為一囫圇之組織，不容增減，是為一年。	改「一月」之名為「正月」
	有閏，則於十二月之後，別加一月名，曰十三月。	打破一至十二月之囫圇組織，插置閏月於當閏之時，自無「十三月」之名。
	其紀日，以干支紀日為一獨立之系統，不受年月之拘束，即自一起算之日始，以數字記之，滿十日稱「旬」，滿十旬稱「百日」。	其紀日，則繫干支於每一太陰月，而不用獨立之系統記其日數。月名上加一「在」字，正所以確指此干支日名「在某月」也。
文字	時王所用之專字，王，作𡉚，或𡉚。	一律改寫為王。
	以「屮」為「有」。	凡祭名之「屮」，一律改為「又」。
	以米為祭名，象焚木之形。	改作「叔」，（叔），从又持木，焚於示前，竷祭之義益顯。
卜事	書契文字多自由放縱； 行款文例多不守繩墨； 甲骨材料之使用，隨手拈來即可貞卜，故在一版之中，卜辭每錯雜交插、了無程序。	書契文字多規矩謹飭； 行款文例皆嚴密整備； 甲骨材料之使用，於各類卜辭別為專版，用龜、用骨、用腹甲、用背甲均有定制。
	貞卜之事類，極為繁夥，約而言之，則有廿種，[6]其附記及追記事項，如關於氣象之記錄、天災人禍之徵驗，貢納甲骨之特別登記，種類亦多。	貞卜事項似已有嚴格之規定及限制。如卜事（1）至（8），多屬例行事項，一仍舊貫，但使其「紀律化」。（9）類以下，則多以廢而不用。

---

[6] 依序是：（1）卜祭祀、（2）卜征伐、（3）卜田狩、（4）卜游、（5）卜𦈢、（6）卜行止、（7）卜旬、（8）卜夕、（9）卜告、（10）卜匃、（11）卜求年、（12）卜受年、（13）卜日食月食、（14）卜有子、（15）卜娩、（16）卜夢、（17）卜疾、（18）卜死、（19）卜求雨、（20）卜求啟。

除上所列,董氏後又另有補充:

> 舊派紀時法,白晝稱「日」,全夜稱「夕」,一日又分為七段,有明、大采、大
> 食、中日、昃、小食、小采等專名。新派仍有日、夕、中日等名,不用「大食」
> 「小食」,以朝代「大采」,暮代「小采」,朝前為旦,旦前為妹(昧),暮後
> 為昏。[7]

> 舊派以田字為農田之專用字,而畋獵字則只用狩字,本字作「獸」,即今禽獸之
> 獸。新派又專用「田」為畋獵字,不用獸字。[8]

　　整體觀之,董作賓新舊派禮制的考察,重點本不在甲骨斷代,但因第二期卜辭外貌
風格近似,內容卻包括新舊不同禮制的兩朝君王,於是上述關於新舊派的差異,理論上
皆能成為祖庚、祖甲卜辭加以區分的根據,然實務上真正能派上用場的卻不多,所謂有
效的判斷標準,勢須回歸斷代十項標準的考量。董氏斷代十項標準中,能用於分辨析出
祖甲卜辭者,主要是「稱謂」(大乙、兄庚)與「字形」(王作玉、出作彳、寮作𡩟),
「事類」(年中置閏、五種祭祀)猶可參考;至於「貞人」,董氏原謂「祖甲時的貞人
較為明白,祖庚時的貞人,往往與第一期相混」,[9]後又認為「祖庚祖甲兩王的卜辭,『貞
人』固多相同」,[10]似乎無法據以下手,其餘的因同屬第二期,亦多無用武之地。

　　關於祖庚祖甲卜辭的區分,陳夢家認為:

> 祖庚、祖甲雖同屬一世,但是兩個王朝,他們的卜辭應該加以劃分的,事實上也
> 有劃分的可能。但是認真的區別起來亦是有困難的。祖庚因襲了武丁的制度,字
> 體也近,若不靠卜人,是不易分別的。許多卜人兼事祖庚、祖甲兩朝,除了"兄
> 庚"和"周祭"外是很難分的。[11]

陳氏顯然以卜人(即貞人)為主、稱謂(兄庚)、事類(周祭)為輔,與前述董說有所
不同。陳氏實際整理第二期貞人,「這兩朝卜人,大部分可因見於同版而系聯成一組,
小部分不系聯的卜人可因與此組"異卜同辭"而定為同時的;又有一些卜人單靠他們卜
辭中的稱謂、制度、字體而定的」,[12]計得22人,統稱為出組,其中見於同版系聯者13

7 董作賓:《甲骨學六十年》(臺北:藝文印書館,1965年6月),頁114。
8 同上註,頁115。
9 同上註,頁81。
10 同上註,頁103。
11 陳夢家:《殷虛卜辭綜述》(北京:中華書局,1988年1月),頁186。
12 同上註。

人:「出、兄、逐、中、㞢、㞢、喜、矣、大、尹、行、旅、凸」;「異卜同辭」者可加上「即、洋」2人;根據稱謂、制度、字體,可再補上「犬、涿」2人;另單就字形列入者有5人:「坕、寅、夰、先、凷」(詳說前見)。

上列出組貞人22名中,坕、寅、夰、先、凷等5人,「所卜者多為旬、夕、田等事,沒有稱謂也不與出組系聯」,[13]陳夢家概依字形將其卜辭時代定為祖甲時期。除此之外,其餘貞人由其聯繫的親疏可分為三群:[14]

一、兄羣　　兄　出　逐
二、大羣　　中　㞢　㞢　喜　矣　大　　(大與出聯系)
三、尹羣　　尹　行　旅　凸　　　　　(尹與出、凸與㞢聯系)
　　附屬　　即　洋　涿　犬

陳氏先指出武丁卜辭所見人物(子㞢、子𧈥)、事蹟(卓離邛方、吳載王事)皆曾見於兄、出二人所卜內容,遂認為「兄羣中的兄、出必須是祖庚時代的,並且可能上及武丁晚期」,「他們的卜辭中沒有"兄庚"也沒有"周祭"制度」;[15]再就兄庚、周祭以及歲祭的有無,進行出組貞人全面性的檢索考察,其結果如下:[16]

有兄庚者　　　　矣 大 尹 行 旅 即 犬
有周祭者　　　　矣　　尹 行 旅 即 犬 涿 洋
有歲祭者　　逐 喜　大 尹 行 旅 即　　涿 洋
無兄庚、周祭、歲祭者　　　　　　　兄 出 中 㞢 㞢 凸

陳氏說明:

> 由於凡有兄庚的(如尹、行、旅、即、犬)一定有周祭,沒有兄庚的(如兄、出、中等)一定沒有周祭,可證周祭制度成立於祖甲(即祖庚已亡之後)時代。由於大有兄庚而無周祭,似乎周祭制度之產生當在祖甲即位以後若干年。有周祭者並有歲祭,歲祭雖產生較早,然在周祭制度已經成立以後,仍然通行。[17]

---

13 同上註,頁190。
14 同上註。
15 以上俱同上註。
16 同上註,頁192。
17 同上註。

據此，陳氏認為「兄羣的兄出當屬於祖庚時代」，「尹羣及其附屬者當屬於祖甲時代」，而大羣分早晚期，早期「當屬於祖庚時代，並上及武丁晚期」，晚期則「當屬於祖庚晚期與祖甲早期」。[18]三羣貞人與時代關聯，如下所示：[19]

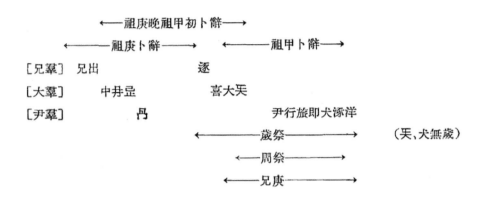

同樣進行貞人分群，貝塚茂樹的考察結果是：[20]

第一分團　　大、出、兄、逐。

附　　屬　　中。

混合分團　　矣、喜。

第二分團　　尹、冎、旅、行、即。

其中「第一分團は陳氏が先王稱謂等を考えて構成した兄群大群と大體において一致し、第二分團は陳氏の尹群に照應するが」，[21]換言之，貝塚氏所謂第一分團及附屬者時代當在祖庚期，而第二分團者則屬祖甲期；此外，李學勤針對第二期貞人亦有區辨，認為祖庚卜辭中有「出、兄、大、逐、中」五位貞人；[22]裘錫圭則舉出「出、兄、大、中、矣」等，以為是出組早期貞人，即祖庚時貞人。[23]

---

18 以上俱同上註。

19 錄自《殷虛卜辭綜述》，頁 192。

20 貝塚茂樹：《京都大學人文科學研究所藏甲骨文字》（京都：京都大學人文科學研究所，1960 年 3 月），頁 59-60。

21 同上註，頁 60。（中譯：第一分團與陳夢家考量先王稱號而構建的兄群大群大體一致，第二分團則能對應於陳夢家的尹群。）

22 李學勤：《殷代地理簡論》（北京：科學出版社，1959 年 1 月），頁 66。

23 詳裘錫圭：〈論「歷組卜辭」的時代〉，「附錄一：一、二期的界線應該劃在哪裡」，《古文字研究》第 6 輯（1981 年 11 月），頁 305-306。

　　同樣是考察貞人任職時代，謝齊（濟，後逕以「謝濟」稱之）則以為「貞人兄卜辭沒有祖甲卜辭的特點，如沒有戴帽的王字，記月前不書『在』字」，為祖庚時貞人；「貞人出、大有些共同性」，「都是跨庚甲的」，[24]其中「貞人大有許多祖甲時的祭祀卜辭，還有祖甲偏晚的字形」，可見「貞人大在祖甲時應延續時間很長，一直到祖甲晚期」；[25]貞人「中的活動主要是在祖甲時」；[26]貞人逐「多片祭祀卜辭難說只是祖甲早期」，「應是跨兩代的」；[27]「貞人夬的卜辭很多，但祖甲時期的卜辭比祖庚時期的卜辭多許多，活動主要是在祖甲時期，還有少數卜辭有偏晚的情形」，其供職「應是延續了整個祖甲時期的」；[28]貞人喜的「字體文例事類都沒有祖庚卜辭」，「應均為祖甲卜辭」；貞人冎亦「應均為祖甲卜辭」；[29]「貞人口在二三期都有，二期口貞卜辭」王均作王形，「可知為祖甲卜辭」；[30]貞人厼（夊）「與貞人口同版」，「此貞人的字體秀麗，王作王，艱作𩖊，都是祖甲卜辭的特點」；[31]貞人先的卜辭「貞作月，雨作𩂢」，「旬作甘，亡作𠂤」，據之「可定為祖甲時期」；[32]貞人行、即、旅、尹的「卜辭多，多數的周祭卜辭為這幾位貞人，都有兄庚稱謂」，「是祖甲時的主要貞人」；[33]貞人犬、涿（涿）、潒（洋）「是祖甲時貞人」；[34]貞人䢼、寅、夰、𡆜的卜辭「不但是字體，有些事類也可定為祖甲時，這是祖甲貞人」；[35]貞人昆、亞、射的字體多見於祖甲卜辭，「這三貞人可定祖甲時」。[36]

　　除貞人之外，謝濟區分祖庚與祖甲卜辭的時代界線，尚從稱謂、字體、文例、事類等方面進行區分。稱謂方面，謝氏認為可運用「兄己」、「兄庚」兩個兄輩稱謂，其中「兄己」雖祖庚祖甲皆可稱，但「從現有的第二期卜辭上所發現的兄己稱謂，均為祖甲貞人，祖庚卜辭沒有發現」，因此「兄己的稱謂也可以是區別庚甲卜辭的稱謂」。[37]

---

[24] 以上俱見謝齊：〈祖庚祖甲卜辭與歷組卜辭的分期〉，《甲骨文與殷商史》第 2 輯（1986 年 6 月），頁 139。
[25] 以上俱同上註，頁 141。
[26] 同上註，頁 142。
[27] 以上俱同上註，頁 143。
[28] 同上註，頁 144。
[29] 以上俱同上註，頁 145。
[30] 同上註，頁 147。
[31] 以上俱同上註，頁 148。
[32] 同上註。
[33] 同上註。
[34] 同上註，頁 149。
[35] 同上註。
[36] 同上註，頁 150。
[37] 以上俱同上註，頁 118。

　　字體方面又分「字體風格」、「字形結構」、「用字習慣」三部分，謝濟指出「字體風格」的分別如「在祖庚卜辭上還可以見到部份像𠂤組那種作風的雄偉大字，祖甲卜辭就沒有了」，又「卜辭的款式上常作貫通全片的刻寫，這在祖庚卜辭也部份見到」，而祖甲卜辭「如一片有多條卜辭，各辭都分段刻寫，沒有貫通全片的款式」。[38]「字形結構」的差異，謝氏舉 19 例明之，其中 18 例字形差異，大致對比如下：

表 3-3-2：庚甲卜辭字形差異表

字例	祖庚時	祖甲時	說明
王			
上甲			
羌			
酉			
壱			
來			
艱			
雨			
其			
庚			
辛			
貞			
旬			
亡			
尤			祖甲字形與廩辛卜辭相接近
丑			
祖			
宰			

　　另外 1 例指出「唐與大乙」的差別，前者祖庚所稱，後者則為祖甲所增。但此例應屬稱謂用法之不同，根本與字形結構之變化無關，可改隸於「稱謂」一項。「用字習慣」的不同則有 2 例，其一是「㞢與又」，「𠂤組祖庚用㞢，祖甲以後用又，絕大多數情況下是這樣的」；[39]其二是「弜、勿、㞢、弗、不」等否定詞，「不字是五期都使用的，

---

[38] 以上俱同上註，頁 119。
[39] 同上註，頁 130。

只是字體的筆畫結構稍有不同。㱿組祖庚又用㇇、㞢、丼，無㇇，祖甲時又用㇇、㞢、丼，無㇇，㇇在祖甲以後各期使用尤多」。[40]

文例方面，「第二期祖庚卜辭，保留㱿組的文例較多，如兆辭的『二告』，刻在反面的記事刻辭。祖甲時起了變化，記事刻辭沒有了」，「但出現了中晚期多見的『茲用』用辭數例」；此外，「干支卜王」、「在幾月」、「今夕酒言王」、「在xx卜」等是祖甲卜辭常見的用語，「是能夠區分祖庚祖甲卜辭的」。[41]

事類方面，以祭祀為例，「祖甲時有周祭，有與周祭相伴舉行的多種祭祀，還有不與周祭相伴，單獨舉行的多種祭祀」，如「王賓歲」、「王賓叔」、「王賓福」、「王賓戠」、「王賓龠」、「王賓祊」、「王賓舁」、「王賓奉」、「王賓日」、「王賓夕」等，「都可以作為區分庚甲卜辭的標準」；[42]以田獵為例，「武丁㱿組的田獵卜辭多說『狩』，還有說『陷』、『焚』等，說『田』極少。祖庚卜辭繼承武丁時說『狩』。祖甲田獵卜辭形式與㱿組祖庚不同，為『王其田亡災』、『王往田亡災』、『王其步亡災』等。像『王其田亡災』更是後來的普遍形式」。[43]

謝濟的考察頗為全面，其揭示的判別依據亦大致可從，已能有效析分庚甲卜辭。以上的庚甲分期工作，多以貞人為主軸，而黃天樹、李學勤、彭裕商等則另闢蹊徑，自字形分類進行區別，且皆將第二期卜辭概分成「出組一類」、「出組二類」兩大類。其中黃氏所分「出組賓出類（出組一類）」、「出組二類」，前者時代為祖庚初至祖甲初，後者為祖甲卜辭（說詳前），其各類卜辭特徵字形例舉較少，簡列如下：

表 3-3-3：黃天樹出組各類特徵字例

類別	特 徵 字 形 舉 例
出組賓出類 （出組一類）	圡、㞢、會、㝵、㝵、瓜
出組二類	王、㇇

李、彭二氏則將「出組二類」再細分為「出組二A類」、「出組二B類」，諸類時代推斷，「出組一類」主要為祖庚卜辭，而「出組二A類」、「出組二B類」分屬祖甲前、後期卜辭（說詳前），與黃說實無二致，其各類卜辭特徵字形舉要備參如下：

---

[40] 同上註，頁 131。

[41] 以上俱同上註，頁 132。

[42] 以上俱同上註，頁 135。

[43] 同上註，頁 138。

表 3-3-4：李學勤、彭裕商出組各類特徵字例

類別	特 徵 字 形 舉 例
出組一類	
出組二A類	
出組二B類	

此外，另有黃慧中運用統計學方法區分祖庚與祖甲卜辭，其具體作法是先以「兄庚」稱謂為絕對標準，經由「卡方檢定」（chi-square test）中的「獨立性檢定」（test of independence）找出與其關係密切的變項，建立「準祖甲集團」，並以之作為判別祖甲卜辭的可能依據；再以「k 平均數法」（k-means method）分析第二期卜辭樣本，並依彼此於空間座標點相對距離之長短，區分為兩個或兩個以上集群；終以所得分群進行獨立性檢定，並與「準祖甲集團」比對，呈正相關者為祖甲卜辭，反之則為祖庚卜辭。[44]

黃慧中針對第二期卜辭的統計學考察，共採用甲骨樣本 357 版，有效卜辭 682 例，[45]分析變項 58 種，概分為貞人（12 種）、稱謂（8 種）、事類（4 種）、文法（3 種）、字形（10 種）、熟語（19 種）、行款（2 種）七類，[46]以「k 平均數法」分得第二期卜辭三群，第一群大致對應祖庚卜辭，第二、三群則為祖甲卜辭，各群特徵表列如下：[47]

表 3-3-5：黃慧中庚甲各群卜辭特徵事項表

分群	卜 辭 特 徵
第一群	王（以上貞人類） 父丁、母辛（以上稱謂類） 卜問隔日、卜旬、五種祭祀（以上事類類） 附記下旬祭祀（以上文法類） 羌、又（以上字形類） 亡田、亡巷、在某月、正月（以上熟語類）

---

44 詳黃慧中：《從統計學觀點探討祖庚、祖甲卜辭的時代》（臺北：臺灣大學中國文學研究所碩士論文，許進雄、雷立芬先生指導，2004 年 6 月），頁 50-54。

45 同上註，頁 50。

46 詳上註，頁 176-178。

47 據黃慧中：《從統計學觀點探討祖庚、祖甲卜辭的時代》，「表 4-2 研究結果及其應用」，頁 114。

分群	卜　辭　特　徵
第二群	疑、兄、出、喜（以上貞人類） 母癸（以上稱謂類） 卜問時段（以上事類類） 省去前辭（以上文法類） 牢、⊕、⊥（以上字形類） 某月、一月、毋、勿、弜、不、叀（以上熟語類）
第三群	尹、行、涿、呂（以上貞人類） 大乙（以上稱謂類） 逐、宰、不（以上字形類） 王賓、亡尤、眔、爽、在地名、在地名卜（以上熟語類）
跨第一、二群	大（以上貞人類） 屮（以上字形類） 隹（以上熟語類）
跨第二、三群	旅、即（以上貞人類） 兄庚（以上稱謂類） 省去貞人（以上文法類） 上下行（以上行款類）
跨第一、三群	兄己（以上稱謂類） ⊕（以上字形類） 下上行（以上行款類）

據實而言，黃氏工作的取樣與分析皆符合科學方法，其結論本當受到重視，但黃氏第二期甲骨分群結果，「關於第一群既大致對應祖庚時期，又具有新派色彩的現象」，「至於第二群與第三群，則雖然都隸屬祖甲時期，但前者帶有董作賓所謂的舊派特徵，後者則帶有新派色彩」，[48]與董作賓新派始於祖甲之說並不相符，較前述李、彭將新舊派交替定於祖甲前後期之際亦有所差異。簡言之，關於新舊分派的時代分析，黃氏的考察並無法提供更明確的分段佐證，反倒因「兩種可能的解釋」，[49]使相關探索結果之論定增添不少變數。

---

[48] 以上俱見黃慧中：《從統計學觀點探討祖庚、祖甲卜辭的時代》，頁 91。

[49] 針對第一群卜辭「既對應祖庚時期又有新派色彩」的現象，黃慧中提出兩種可能的解釋：「其一，被歸入第一群的卜辭的確隸屬祖庚時期，但祖庚時新派做法已然開始醞釀；其二，被歸入第一群的卜辭有部份實屬祖甲時期，且遵循新派做法，但因為某些無法確指的原因，使它們在分群時也和祖庚卜辭一同歸入第一群。」（詳黃氏《從統計學觀點探討祖庚、祖甲卜辭的時代》，頁 91。）

第二節　分辨基準

分辨祖庚與祖甲卜辭，最有效的標準無疑是「兄庚」稱謂，但實務運用上有其局限，溫明榮等（即溫明榮、郭振祿、劉一曼三人省稱，下同。）曾指出：

> 第一，有兄庚的卜辭數量很少，要用少數有兄庚稱謂的卜辭概括全部庚甲卜辭是不可能的，而且這少數有兄庚稱謂的卜辭也起不到標準片的作用；第二，某貞人的卜辭有兄庚稱謂，只能表明這個貞人曾供職于祖甲時代，但不能說明他一定沒有供職于祖庚時代。[50]

此說至塙，即使以「兄庚」為準，庚甲卜辭的截然劃分仍屬不易。此外，對於董作賓以「周祭」作為實際區分庚甲卜辭的重要標誌，溫明榮等亦有質疑：

> 周祭制度是否一定出現于祖甲時代呢？對這一問題顯然有著不同的看法。島邦男在《殷墟卜辭研究》一書中認為，祖庚時代已經有了系統的五種祭祀（即周祭）制度。許進雄在《殷卜辭中五種祭祀的研究》一書中也認為祖庚時五種祭祀已漸成體系的趨勢是不能否認的，他並指出五種祭祀的合祭在辛日舉行的可能是祖庚的。[51]

又謂：

> 于辛日舉行的五種祭祀可能要早于廟號天干與祭日一致的周祭形式。如果這種推測不誤，我們可以說在貞人尹、洋、㳇、即的周祭卜辭中存在著兩種形形〔按：式之誤〕：一種不完全合于嚴密的周祭制度，一種合于嚴密的周祭制度，前者要早于後者。再考慮到㳇、洋的卜辭未見兄庚稱謂，故周祭制度在祖庚時已經出現的可能性是不能排除的，即使是嚴密的周祭制度，也不能完全排除祖庚時已經出現的可能性。[52]

---

[50] 溫明榮、郭振祿、劉一曼：〈試論卜辭分期中的幾個問題〉，《中國考古學研究——夏鼐先生考古五十年紀念論文集》（北京：文物出版社，1986 年 8 月），頁 164-165。

[51] 同上註，頁 163-164。

[52] 同上註，頁 164。

誠哉斯言，吾人初辨祖庚、祖甲卜辭的兩大法寶，即「兄庚」與「周祭」，實並非無往而不利，故饒宗頤亦認為「祖庚與祖甲之卜辭，絕無嚴格標準可以劃分」。[53]

儘管庚甲卜辭「在字體、文例、貞人、稱謂等方面都大體相似」，亦不乏「在卜辭分期研究中，還是將二者合在一起為好」[54]的主張，[55]然吾人認為第二期庚甲卜辭的辨別仍具有意義，而前述各家區別祖庚與祖甲卜辭的方向大致正確，其成果具體可稽，已然成為祖庚與祖甲卜辭區分的主要依據，相當值得參考。總結前列各說所及分辨標準，除稱謂（兄庚）外，依可行性另分「貞人」、「字體」、「用辭」三項說明如下。

一、貞人

陳夢家以貞人為基礎，區辨祖庚與祖甲卜辭，方向正確，其說不僅可參，且影響深遠。陳氏所提三項分期參照標準，依其意，相關時代標記順序為「歲祭─兄庚─周祭」，因此第二期卜辭中，未見此三項訊息者時代最早，僅見歲祭者次之，僅見兄庚者又次之，已見周祭者時代較晚。據此原則，可推斷出貞人的時代序列如下表所示：

表 3-3-6：第二期貞人王朝歸屬

無歲祭、兄庚、周祭者	僅見歲祭者	僅見兄庚者	已見周祭者
祖庚卜辭		祖甲卜辭	
兄、出、中 㱿、昷、凸	逐、喜	大	夨、尹、行、旅 即、犬、涿、洋

大致而言，「無歲祭、兄庚、周祭」者為祖庚卜辭，見「兄庚」與「周祭」者是為祖甲卜辭；僅「歲祭」者或為祖庚晚期卜辭，而僅「兄庚」者則當屬祖甲早期卜辭。

陳夢家之說，島邦男並不以為然：

> 陳氏分別第二期為祖庚、祖甲兩王朝，因亦將貞人分作兩期。對這分類，在他認

---

[53] 饒宗頤：《殷代貞卜人物通考》（香港：香港大學出版社，1959 年 11 月），頁 1204。

[54] 以上俱見溫明榮、郭振祿、劉一曼：〈試論卜辭分期中的幾個問題〉，頁 165。

[55] 裘錫圭亦謂「既然祖甲初期的甲骨與祖庚以及武丁晚期的甲骨不好分，為什麼不能合為一期呢？」（詳裘氏〈論「歷組卜辭」的時代〉，頁 310）其意類此。

為是，得稱兄庚的屬祖甲時，又周祭是祖甲創行的，而歲祭則在周祭制度成立後才通行，以此三者之有無作為他分類的基準。可是兄庚的稱謂還是有在其他時期發現的可能，而周祭與歲祭……，則在第一期已成立通行。所以此三者不足以為基準，陳氏這種區分方法實不可遽從。[56]

島氏反對陳說，所言甚是，然謂歲祭於周祭成立後才通行，似有曲解陳說。陳氏以為「有周祭者並有歲祭，歲祭雖產生較早，然在周祭制度已經成立以後，仍然通行」，[57]實將「歲祭」視為早期事類，因此僅見歲祭的貞人：逐與喜，陳氏將其供職時段置於祖庚與祖甲之間，而非歸於周祭施行後的祖甲時期。

儘管島邦男的批評有所瑕誤，但陳夢家賴以區分庚甲卜辭的三項標準，確實不完全可靠，其中以「歲祭」作為基準難免爭議。歲祭施用於第一期已極普遍，常作「业歲」、「业升歲」，[58]因此第二期稽見歲祭相關紀錄，實無特殊之處，自不宜用作某些卜辭斷代分期的依據。陳氏於庚甲卜辭分段討論中，特別標舉歲祭，且與周祭並提，應是著眼於「王賓歲」辭例，該用語幾乎為第二、五期甲骨所特見，然除周祭的五種祀典外，第二期所見「王賓」卜辭並非歲祭所獨佔，如「王賓哉」、[59]「王賓福」、[60]「王賓叔」[61]等祀典亦極常見，陳氏僅以「歲祭」為準而忽略其他，顧此失彼，顯然無法圓說。

另外，謝濟分析第二期貞人計25名，[62]較陳夢家多出4人（彳、先、亞、射）；少去1人（冄），其時代區分主張為：

> 貞人兄為祖庚時，貞人出、大是跨兩代的，兩代都有許多活動，中、逐、矣也是跨兩代的，他們在祖庚時的活動少，主要活動在祖甲時，而第二期的大部份貞人為祖甲時貞人。[63]

而具體貞人供職時段（詳前），則可簡表圖示如下：

---

56 島邦男：《殷墟卜辭研究》中譯本，溫天河、李壽林譯（臺北：鼎文書局，1975年12月），頁15。

57 陳夢家：《殷虛卜辭綜述》，頁192。

58 參《殷墟甲骨刻辭類纂》（北京：中華書局，1989年1月），頁921、926。

59 參上註，頁999-901。

60 參上註，頁415-416。

61 參上註，頁410。

62 謝齊：〈祖庚祖甲卜辭與歷組卜辭的分期〉，頁138-150。

63 同上註，頁151。

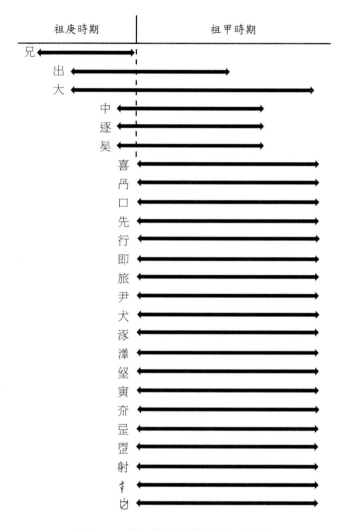

圖 3-3-1：第二期貞人供職時段示意圖

　　謝濟所列祖庚時貞人，與前述貝塚茂樹（大、出、兄、逐、中）、李學勤（出、兄、大、逐、中）、裘錫圭（出、兄、大、中、旻）主張大抵相同，但與陳夢家（出、兄、中、𢀛、𢀜、舀、逐、喜）相較則頗有出入，其中「喜、舀、𢀜」三人供職時段的判斷完全相反，差異最為明顯；而黃慧中以「出、兄、疑、喜、尹、行、涿、舀」為祖甲時貞人，其中「兄」的時代考察與謝氏所斷亦不相符，由之可窺見以貞人區分庚甲卜辭的局限。儘管如此，謝氏之說持論有據，並綜合衡量相關卜辭之字體、文例、事類等特徵，考察較為全面，其結論當可信從。質言之，吾人欲以貞人區別祖庚與祖甲卜辭，謝氏所論第二期貞人供職時段可作為主要分辨基準，即「兄」供職於祖庚時期，「出、大、中、逐、旻」橫跨兩朝，而於祖甲時期多有活動，其餘者則可概括認定為祖甲期貞人。

二、字體

　　董作賓以殷禮新舊派之別區分祖庚與祖甲卜辭，並從祀典、曆法、文字、卜事等方面考察兩者的差異（說詳前），其中文字部分，舉「王、侑、尞」三字為例，謂：

> 在舊派，時王所用之專字，王，作**大**，或**大**，此字吾友徐中舒先生識其初誼，乃象王者正向端坐之形。舊派自祖庚以上，凡王字皆如此作也。文武丁復古，亦用之。祖甲新立，即一律改寫為**王**，廩辛、康丁、武乙、帝乙、帝辛，凡新派，皆于其上著一橫筆，雖間有虛實肥瘦之小異，（如**王王王**）而其上必著一橫畫則同。此雖僅一筆一畫之微，其意義則極為雋永而耐人尋味。蓋祖甲必知此字之為象形，且所取象吾為王之自身，若端坐而科頭露頂，殊失王者之尊嚴，此意當已蓄之甚久，故即位之初，即首先改定此字而加一橫於其端，以象王者之冠冕堂皇也。即此一字之異，已可作區分新舊兩派之惟一標準。……舊派以「㞢」為「有」，其義至今猶不能知，知其然而不知其所以然。新派自祖甲始，凡祭名之「㞢」，一律改為「又」矣。舊派以**米**為祭名，原象焚木之形，文武丁時亦作**米**或**桼**，卜祀多用之，新派自祖甲改作叔，（**叔**），從又持木，焚於示前，燎祭之義乃益顯。又以叔祭附入五種祀典，不復單獨舉行也。[64]

上述所及三字，董氏所論未必正確，如王字上橫畫取象冠冕，抑或認為叔、燎同為一祭，其實皆有可商之處，但就區分庚甲卜辭而言，確實有所助益。換言之，在祖庚與祖甲的卜辭中，「**大**、**㞢**、**米**、**王**、**又**、**叔**」等字形的使用時機，前三形見於祖庚卜辭，而後三形則見於祖甲卜辭，存有顯著的差異，董氏以為「*已足見新舊兩派文字不同之一般*」，[65]據之亦可有效分辨祖庚與祖甲卜辭。

　　除上，謝濟另列舉「羌、酉、卷、來、艱、雨、其、庚、辛、貞、旬、亡、尤、丑、祖、宰」等字的若干形體為例，說明其於庚甲卜辭中呈現的書寫差異（詳前），並試圖以之作為區分兩者的依據。然上述諸字的相關字形，於庚甲二期中寫法雖有不同，卻無明顯的時代分別性，亦即相關字形的使用時機，多存有向上或向下延伸的可能，其時代劃分界線不顯，並不易據以遽斷庚甲卜辭之歸屬，僅能提供分期斷代的參考。同樣的局限亦出現於黃天樹、彭裕商等所提出的出組字體分類主張，如「出組一類」（祖庚卜辭）可見之「**會**、**㝱**、**牙**、**㝱**」諸形，亦同見於「出組二類」（祖甲卜辭），若謂此等字體為

---

64 董作賓：《殷曆譜》，上編卷一，頁3-4。

65 同上註，頁4。

庚甲卜辭的特徵字形猶可，但卻完全無法藉以釐清祖庚與祖甲卜辭的不同。

持平而論，字形的改變若非政治外力介入，必然是漸進的，新舊字形必然會有共存的時段，即便其遞嬗之跡脈絡清楚，相關字形的時代歸屬判斷亦難壁壘分明，而自字形演變觀之，某些字形出現於特定時期，僅能說明該時期某字可作此形，並無法直接斷定某字形必定屬於該期，因此單以某字形進行卜辭斷代實較輕率，尚須多方考量並參酌其他條件。

以「王」字為例，第二期甲骨「大、玉」兩形並見是客觀事實，鑒於第一期王皆作「大」，第三期皆作「玉」，則第二期王字二形的演變過程乃由「大」至「玉」應屬無疑，然「大→玉」的分界殊難遽斷，絕非平分時段為二即可區別，而第二期先後適有祖庚祖甲二代，逕自以此劃分歸屬（大屬祖庚，玉屬祖甲）亦近乎想當然耳，皆不足取，有效的區分勢必要兼及其他輔助條件的考察。

祖庚祖甲卜辭最絕對的分別在於「兄庚」稱謂，經逐一稽核相關卜辭，目前所見第二期「兄庚」卜辭，其上「王」者，皆作「玉」形，而祖庚貞人「兄」卜辭中之「王」，則皆為「大」形，兩者並無相混情事，[66]應可說明第二期「玉」形為祖甲時期所專用；至於「大」形亦未見於「兄、出、大、中、逐、戾」等以外的貞人所卜之辭中，[67]顯然「大」形只用於祖庚時期。就此觀之，第二期甲骨「大、玉」兩形演變的分界確實在「庚亡甲立」之際，此與前述雖有殊途同歸之實，卻非想當然耳者所可比擬，而「大、玉」兩形所標記的時代竟如此涇渭不混，界線明確，沒有漸進遞嬗過程，實不似自然演變，極可能是因政治外力的影響，如此看來，董作賓以為祖甲蓄謀改定「王」字寫法，以正王者尊嚴之說，尚可一參。

依「王」字特徵加以聯繫，「卄」形貞[68]只會與「玉」形同見，不見與「大」同版，且貞人兄所卜之辭並無此貞形，就時代而言，「卄」應僅屬祖甲時期。再據此予以延伸，謝濟所舉「亩、亩、兔、兔、甘、帚」等較特殊字形，多與「玉、卄」同見，且作風近於第三期，晚期意味濃，歸於祖甲期大約可信；而岜（ξ、ξ）、來（水、來）、艱（岙、艱）諸形，其使用時機確實有所不同，「ξ、來、艱」常伴隨「玉、卄」，「ξ、水、

---

[66] 「兄庚」卜辭乃據黃慧中的統計資料稽實，共計 58 版，《合補》7041 不在其中（見黃氏《從統計學觀點探討祖庚、祖甲卜辭的時代》，頁 42）；貞人「兄」卜辭則依《殷墟甲骨刻辭類纂》所錄相關卜辭檢核（頁 1493）。

[67] 參《殷墟甲骨刻辭類纂》所錄相關貞人卜辭，頁 1494-1499。

[68] 此貞形在五期甲骨中獨樹一幟，其特徵在於兩豎之間的線條極為緊靠，甚至已擠在一起，鼎耳部分幾看不出形象，有時近似「一粗橫線與兩斜線交叉」或「僅二橫線」的組合樣態。字例可參《合》22542、22583、22598、22779、22781、22858、23490、23506、23685、23727、24992 等。

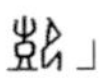

「𣥂」則幾不與之同見，時代的推斷上，前者諸形概屬祖甲時期，後者應當為祖庚之物。然「玉、𠄐」偶見一版（《合》24132），「來、𣥂」兩形可以組合（《合》24146），「米、𤲖」亦能並見（《合》22577），類此情形為數甚少，但透露此等字形的時代有橫跨庚甲之可能，單就字形言之，儘管實務上其盛行的主要時段區別明顯，但用於斷代仍有所局限，不宜逕自據以論定時代。其餘相關字形，如�、寸、𠃊、又、多等，特徵不夠明確，代表性並不充足，作為論證祖甲卜辭之參猶可，其效能尚不能使之成為主要依據。

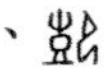

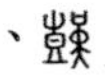

綜上，欲以字形分辨相鄰兩朝的甲骨卜辭，本非易事，而祖庚祖甲卜辭的相似度高，黏著性強，區分更是困難，所幸祖甲即位後制度或有變革，部分異於祖庚的作為，反映在卜辭上，造成若干字形的書寫出現些微差異，吾人若能把握並循此線索順藤摸瓜，應可查知祖甲卜辭之梗概，進而有效將之與祖庚卜辭區分開來。嚴格說來，目前的探索聚焦在祖甲時期的特殊字形，如玉、𠦪、畜、面、𦎧、𠊨、曰、𠂢、𠄐、來、𤲖等，只能算是先導工作，僅能得知部分的祖甲卜辭，至於其他祖甲卜辭，甚或祖庚卜辭具體內涵的釐清，尚有待對其他相關字形的使用情形，進行全面考察與深入分析。

三、用辭

祖庚祖甲卜辭相似度高，已見前述，欲予分辨除根據貞人或字形之外，卜辭內容用辭的特徵或差異，亦能提供若干判斷線索。

謝濟曾指出第二期甲骨「𢎨、𢏗、史、弗、𠀠」等否定詞用字中，「𢎨」用於祖庚，「𢏗」用於祖甲，明顯有別，可供分別庚甲卜辭之運用。黃慧中的統計學考察中，涉及用辭的「熟語」者計有 19 項，其中較具有斷代意義的變項有「亡𡆥、𢏗、叀、王賓、亡尤、眔、𠦬」等七項。[69]按黃氏推斷的時代，「亡𡆥」屬於祖庚時期，其餘皆在祖甲時期，換言之，以「亡𡆥」可斷祖庚卜辭，據「𢏗、叀、王賓、亡尤、眔、𠦬」諸辭則能定祖甲卜辭。

以「亡𡆥」而言，黃慧中認為「*此變項集中於第一群出現，故或可視為祖庚時期之特徵*」，「*其與『卜問隔日』及『五種祭祀』的正向關係最為明顯*」，[70]然考其相關卜辭，涉及貞人至少有尹（《合》22647）、即（《合》22647）、旅（《合》22865）、行（《合》22767）、澅（《合》22796）等，皆屬祖甲時期；另「亡𡆥」卜辭所見「王」

---

69 見黃慧中：《從統計學觀點探討祖庚、祖甲卜辭的時代》，「表 4-2 研究結果及其運用」，頁 114。
70 以上俱同上註，頁 102。

皆是「玉」形，又多見「𐤊」形貞，[71]亦屬祖甲卜辭特徵，反倒與祖庚卜辭特徵關係微渺，實應歸於祖甲時期。

至於「弜」，謝濟將之與「勿」對比，黃慧中則與「毋」連帶考察，兩者皆以「弜」為祖甲用辭，而「勿」例雖不多，但與「大」形同見（《合》23792），可歸於祖庚，「毋」分布於黃氏所分之第一、二群，其時代並及庚甲，斷代價值不顯，實可略去。變項「叀」之分布，黃氏謂「多集中於第二群，出現於第一群的僅一例；故其應為祖甲時期之卜辭特徵」，[72]證之相關卜辭，此說大致無誤，但「叀」之用亦見於「出」祭卜辭（《合》22740、22741、22742），其時代恐非必在祖甲時期。

變項「眔」全然不見於黃慧中所分之第一群，黃氏指出「在卡方檢定階段，『眔』所表現出與『兄庚』稱謂的高度關聯，就已使它成為『準祖甲集團』的一份子」，[73]認為「眔」可作為有效判斷祖甲卜辭的主要依據；變項「奭」，卜辭中或作「𡚸、𡚸、𡚸、𡚸」諸形，而第二期的「奭」作「𡚸」形，為周祭卜辭用以指稱先祖配妣的專用詞，觀同卜之「王」皆作「玉」形，其時代歸屬祖甲應無疑議。

在黃慧中的考察中，變項「王賓」幾乎只出現在第三群，[74]「可見『王賓』一詞對分辨祖庚、祖甲卜辭，大有幫助；換言之，凡卜辭中出現『王賓』字樣者，其隸屬祖甲時期的可能性極高。」[75]「王賓」卜辭以第二期最為常見，其「王賓」皆為「玉宀」形，與第一期作「大宀」（《合》15167）有著根本的差異，後者字形偏早，下限可至祖庚，前者則晚，延用續至廩辛，兩者概以祖甲為分界，不相雜廁，黃氏之說，洵可信從。變項「亡尤」，「與『王賓』一樣，是極端偏向第三群的變項」，[76]兩者常伴隨彼此出現，有著極高度的正向關聯，「是故，『亡尤』亦為祖甲時期相當重要的特徵，對區辨庚、甲卜辭大有幫助。」[77]

除上，另有「卜王」可參。卜王卜辭每卜僅「干支卜王」四字刻辭，為第二期卜辭所獨見，蔡依靜謂「目前我們見到確定的卜王卜辭，都是屬於出組二類。出組二類卜辭有『兄庚』的稱謂，這是祖甲對其亡兄祖庚的稱呼，所以這些卜辭應屬於祖甲時代」，[78]此

[71] 參《合》22779、22781、22858、22865 等版。

[72] 黃慧中：《從統計學觀點探討祖庚、祖甲卜辭的時代》，頁 102。

[73] 同上註。

[74] 在 236 條「王賓」卜辭樣本中，有 235 條出現在第三群。詳參黃慧中：《從統計學觀點探討祖庚、祖甲卜辭的時代》，頁 101。

[75] 黃慧中：《從統計學觀點探討祖庚、祖甲卜辭的時代》，頁 101。

[76] 同上註。

[77] 同上註，頁 101-102。

[78] 蔡依靜：《出組卜王卜辭的整理與研究》（臺北：政治大學中國文學系碩士論文，蔡哲茂先生指導，2012 年 6 月），頁 56。

說甚是，輔以其上之「王」皆為「五」形，[79]「卜王」確實可視為祖甲卜辭之特徵，據此區分庚甲卜辭自有其可信度。

　　綜上所述，吾人探究第二期卜辭用辭，明確用以斷定為祖庚卜辭者甚少（僅「勿」一項），多以辨得祖甲卜辭為主，如弜、罘、㸣、王賓、亡尤、卜王等項屬之。整體看來，祖甲時期卜辭用辭的特徵較易掌握，而祖庚時期用辭承自第一期，雖與祖甲特徵用辭頗有差異，卻不易一一表徵。其癥結在於，祖庚時期的作風習慣可以延用至祖甲時期，或留有孑遺，但祖甲時期的新興作風，無論如何是不可能在祖庚時期出現的，依此原則，目前相關卜辭用辭特徵的探索，僅利於區辨出祖甲卜辭，卻難以斷定為祖庚卜辭。因此祖庚卜辭的有效確認，應是下一步深入考察的目標。

　　總結以上，祖庚、祖甲時代緊密連續，相關生活習慣與典章制度相去本就不遠，反映在甲骨卜辭上，則內涵形式相似度亦高，難以強分，因此從甲骨　斷代的目的來看，祖庚祖甲卜辭的區分始終是一大難題。儘管如此，分辨庚甲卜辭的工作至今並非一無所獲。本文以為，區別庚甲卜辭大致可由貞人、字形、用辭三方面入手，從中先行確立若干判別基準，以利標記祖甲卜辭特徵，再系聯並擴散諸項特徵的作用，進而架構祖甲卜辭梗概，一旦祖甲卜辭可以全盤掌握，則祖庚卜辭自能清楚呈現。

---

[79] 蔡依靜疑《合補》1676、《上博》21569.6、《輯佚》附錄 14、《甲》269 等 4 版卜王卜辭，其上之「王」並無上面的橫畫，但因辭殘，不能排除是卜辭前辭的殘存。詳參蔡依靜：《出組卜王卜辭的整理與研究》，頁 59。

第四章

廩辛康丁卜辭的區別

　　董作賓五期甲骨斷代，第三期包含廩辛、康丁，一世二王，情形略同於第二期，因此欲區分廩辛康丁卜辭，其可能遭遇的障礙，與分辨祖庚祖甲卜辭幾無二致。然嚴格說來，廩康卜辭內涵的具體情形，與庚甲卜辭仍大不相同，舉凡貞人團體、字體風格、文例用辭等卜辭特徵，在廩辛與康丁卜辭中的呈現，其實頗有差距，黏著度不高，糾葛亦不深，區分工作較之庚甲自是單純許多。

第一節　區別工作

一、廩辛存否

　　《史記‧殷本紀》列「廩辛」為大乙開國以來第 26 位商王（計入大丁），為祖甲之子，康丁之兄，[1]然根據目前所見甲骨，未見其稱號，周祭卜辭中亦無其地位，令人困惑。假若廩辛不存，則所謂第三期甲骨全屬康丁時期，無須分辨，因此區別廩康卜辭的前提，即是廩辛一朝必須存在。

　　董作賓、郭沫若皆曾就卜辭「兄辛」稱謂立說，以為「兄辛」即是廩辛；[2]而針對甲骨卜辭中始終未見「廩辛」或「馮辛」相關稱號，[3]丁山曾揣度「可能因他違反父子直接繼承法，在禘祫大典裏硬將他的廟主撤去」，[4]裘錫圭亦認為「從廩辛被排擠出周祭這件事來看，康丁的後人顯然是不承認他的合法地位的。這說明康丁的繼位一定有比較特殊

---

[1]　瀧川資言：《史記會注考證》（北京：文學古籍刊行社，1955 年 7 月），頁 208-218。

[2]　董作賓說見〈甲骨文斷代研究例〉，頁 323；郭沫若說則詳《殷契粹編》考釋（臺北：大通書局，1971 年 2 月），頁 450。

[3]　「廩辛」為《史記》所稱（參瀧川資言：《史記會注考證》，頁 218）；「馮辛」則見《竹書紀年》（參林春溥：《竹書紀年補證》，《竹書紀年八種》，臺北：世界書局〔1989.04〕，頁 65）。

[4]　丁山：《商周史料考證》（北京：中華書局，1988 年 3 月），頁 147。

的情況。」[5]以上諸家基本信從文獻所載,認為廩辛確實曾經存在。

另一方面,島邦男指出:

> 各期都有兄的稱謂,可是這些稱兄的並不盡列於王位,其列於王位者,即列入祀序。例如祖甲之兄己、兄庚就是如此。所以不列於祀序的康丁之兄辛一定沒有即王位。謂廩辛曾即王位的說法是《史記》的錯誤。[6]

對於董郭二家「兄辛」的說解,顯不以為然。鄭慧生亦強調:

> 考慮到殷人祭祖是一種嚴格的周祭制度,武乙、文丁無論如何也不應忘了自己的伯父、叔祖,所以,在這個問題上,我們還是應該:與其信上距殷人已約千年的司馬遷,不如信殷人自己。[7]

看法近於島氏,質疑廩辛曾為商王。此外,對於廩辛存否的考量,許進雄先生認為:

> 仲壬、沃丁、廩辛據曾立太子或及位的都有被祭的資格,則此三人也應被祭的,可是從祭祀時所依據的祀譜,除了廩辛是可以依祭祀的規則排進去外,仲壬和沃丁都是安插不上去的。因此知他們不被祭祀可能並不是卜祀辭的遺漏,而是實際上不受享祭的。可是從諸史籍來看,除了仲壬可能參與放逐大甲外,(但是外丙仍被祭)沃丁和廩辛並沒有什麼惡德,以至被摒於祭祀行列之外,那麼除了說是《史記》誤記外,實在找不出其他更好的原因了。[8]

同樣否定廩辛的存在,其後許先生於探究「三年之喪」時,提出「廩辛非王」的說明以釋其說:

> 第三期的卜辭明顯有兩類:一是附有貞人名字的,刻辭的書體不同,長鑿的形態也全然不同,數量也少得非常多,經常使用龜甲占卜;另一類大量的卜辭,是沒有貞人名字的,書體也小而剛勁有力,都使用卜骨。以前也不曉得其原因,現在大概可以猜測到,廩辛是康丁守喪時期的攝政大臣,所以有他卜問的攝政內容,

---

5 裘錫圭:〈關於商代的宗族組織與貴族和平民兩個階級的初步研究〉,《古代文史研究新探》(南京:江蘇古籍出版社,2001 年 1 月),頁 297。

6 島邦男:《殷墟卜辭研究》中譯本(溫天河、李壽林譯,臺北:鼎文書局,1975 年 12 月),頁 71。

7 鄭慧生:《甲骨卜辭研究》(開封:河南大學出版社,1998 年 4 月),頁 178。

8 許進雄先生:《殷卜辭中五種祭祀的研究》(臺北:國立臺灣大學文學院,1968 年 6 月),頁 26。

但因為不是真正的王，所以沒有列入祭祀祖先的名單內。《史記》不察，把廩辛也列入商王的名單。[9]

許說新意，獨樹一幟，兼顧卜辭、周祭實狀與《史記》所載，亦合情理，值得進一步推敲思索。

針對廩辛的存否，吳俊德原先主張：

> 透過以上對第三、四期甲骨中「兄辛」、「父辛」材料的考察，大致可以確定「兄辛」多屬於第三期，而「父辛」則不能確定必為第四期早期，這種情形顯示「廩辛」一朝的存在確實很可疑，而周祭系統中沒有廩辛，可能只是呈現實際情形而已。[10]

偏向否決其人，而後通過全面比較現存甲骨中的稱謂現象，發現「兄辛」、「父辛」二稱有其特殊性：

> 「兄辛」、「父辛」二稱時代性極強，依其相關字體特點分類，前者集中於第三期，後者則分布在第一、四期，殊無例外，不似「兄戊」、「父戊」等稱分散諸期，時代歸屬範圍較廣泛，不易有效連繫所稱之具體對象。此一現象顯示「兄辛」、「父辛」相關卜辭特質條件應較一致，即使斷代工作亦不能將之析離而分列不同的時代，而此一觀察若屬實，則「兄辛」、「父辛」的關聯與存在就不能等閒視之，除去第一期「父辛」不論，該二稱內涵極可能指稱一位明確的商代先王。[11]

吳氏看法因而有所轉變。根據針對甲骨各期「父某」、「兄某」卜辭的統計結果與佔比分析，吳氏認為：

> 可確定的是，第四期對於旁系的「父辛」較之其他諸期旁系父王，並無明顯的「不被重視」。[12]

> 整體觀之，第二期「兄己」、「兄庚」比例超高，遠非其他諸兄可及，應與二人

9 許進雄先生：《文字學家的甲骨學研究室》（新北：臺灣商務印書館，2020年2月），頁119。
10 吳俊德：《殷墟第三、四期甲骨斷代研究》（臺北：藝文印書館，1999年1月），頁243。
11 吳俊德：〈殷卜辭商王廩辛存在的考察〉，《北市大語文學報》第11期（2013年12月），頁7。
12 相關數據詳上註，頁8。

的「特殊身分」有關，而曾即王位的「兄庚」較僅為太子的「兄己」顯然更受重視。以此標準衡量第三期之「兄辛」，則「兄辛」亦極可能曾為君王，而此人為廩辛的可能性相當高。……第三期「兄辛」之受重視程度，實不下於第二期的「兄己」（祖己）、「兄庚」（祖庚）二王，故此「兄辛」所指稱之人，即使非商代重要先王，亦無法輕易忽略，而廩辛正可符合這樣的條件。[13]

顯然認為廩辛應當存在。至於廩辛缺席周祭，吳氏設想：

> 祖甲之前，商王繼承方式「兄終弟及」與「父死子繼」交替並行，因此祖甲時先王根本不分直系旁系，一律列入周祭致祭，而自祖甲以降，幾乎是父子直系相承，旁系僅有廩辛一人，其地位在商末直系一脈的先王中益形低落。又帝乙期運行的周祭，可能已發現 36-37 旬的祀周約同於一年，有助於曆法施行，因此周祭祀統調整時必然優先篩除可能造成週期紊亂的受祭者，而首當其衝的廩辛可能因此離場。[14]

亦可備一說，提供學界參考。

綜合上述，本文以為廩辛之存否，仍須回歸甲骨內容的具體探析。通過全盤檢索關於廩辛可能的訊息，本文發現即便「廩辛」稱號未明，但應該注意的是，卜辭中「兄辛、父辛」二稱所呈現的情狀，已然透露該人物的重要性，而廩辛似乎就是對應的不二人選，因此儘管周祭系統中始終未見廩辛，但廩辛一王應該是存在的。廩辛存在，則第三期甲骨即含有廩辛與康丁二朝卜辭，就甲骨斷代的理想而言，應該著手加以區分。

二、 區分廩康

董作賓將廩辛、康丁同歸於甲骨斷代第三期，並未說明原由，應是以廩康為兄弟之故，將此世代劃出一期，而〈甲骨文斷代研究例〉中，論及第三期者多以廩康合稱，不加區分。

陳夢家的斷代看法，與董作賓未盡相同，主張「五個時期的卜辭，由字體文例及制度可大別為早中晚三類：早期是武丁、祖庚、祖甲和廩辛，中期是康丁、武乙和文丁，晚期是帝乙和帝辛。」其中又因「中期的康、武、文自成一系」，於是「所謂第三期正

---

[13] 同上註，頁 10。
[14] 同上註，頁 16。

為早中兩期所平分，"三上"廩辛屬於早期，"三下"康丁屬於中期。」[15]此為最早將廩辛與康丁卜辭區分的說法，不僅如此，陳氏為此具體提出六項區分標準：字體、卜人、龜骨、前辭形式、稱謂、周祭與記月，簡述如下：

一、字體方面，「廩辛沿襲祖甲謹嚴的作風（晚期亦然），但刻劃粗而不平勻，每一筆勢首尾尖而中部粗；康丁和武、文比之早晚兩期較為散逸，康丁卜辭刻劃纖細而勻」，「武乙初期亦同」，其後逐漸「發展而為剛勁的直筆與銳利的轉折，字也刻得大起來。」[16]

二、卜人方面，「廩辛和其它早期卜辭都有卜人，康、武、文沒有卜人（除武乙卜旬之辭有卜人厤數見），晚期也有一些卜人」。[17]

三、龜骨方面，「早晚期占卜龜甲（腹甲與背甲）與牛胛骨並用，康、武、文多用牛骨，罕用龜甲。」[18]

四、前辭形式方面，「廩辛及其它早期卜辭以作"甲子卜某貞""甲子卜某"為常例，康丁卜辭常作"甲子卜"，武乙卜辭作"甲子卜"，"甲子貞"，到晚期又恢復早期形式」，其實「康丁卜辭往往省去"甲子卜"這前辭；亦有作"甲子卜貞"的」。此外，「廩辛、康丁附刻占辭"吉""大吉"於卜辭之旁，康丁尤為普遍。」[19]

五、稱謂方面，「廩康卜辭都可以有父甲、父庚（稱其父祖甲、祖庚）的稱謂，但是屬於粗筆常有卜人的廩辛卜辭絕沒有兄辛（即康丁所以稱廩辛者）的稱謂，只有屬於細筆的康丁卜辭纔有"兄辛"的稱謂。」[20]

六、周祭與記月方面，「康、武、文卜辭沒有記月名的；也極少有周祭；在此以前以後則皆有之。」[21]

綜上所述，陳夢家對於廩康卜辭異同之觀察，頗有掌握，已為廩康卜辭之區分工作揭示明確方向。概括而言，廩辛康丁卜辭在字體分類的組別上，分屬何組與無名組[22]，

---

[15] 以上俱見陳夢家：《殷虛卜辭綜述》（北京：中華書局，1988年1月），頁142。

[16] 同上註。

[17] 同上註。

[18] 同上註。

[19] 同上註。

[20] 同上註。

[21] 同上註。

[22] 林澐主張「整個無名組存在的年代，歷組〔按：祖之訛〕甲、廩辛、康丁、武乙、文丁五王」（詳林氏〈小屯南地發掘與殷墟甲骨斷代〉，《古文字研究》第9輯〔1984.01〕，頁40）；謝濟則認為「康丁卜辭應是無名組，這就如同賓組為武丁卜辭，出組為祖庚祖甲卜辭一樣。它的前面有廩辛何組卜辭，它的後面有武乙文丁歷組卜辭」（詳謝氏〈甲骨斷代研究與康丁文丁卜辭〉，《甲骨文與殷商史》第3輯〔1991.08〕，頁106），前說內涵並不明確，後說則為一般認知，本文從之。

因組名連帶可知廩辛卜辭前辭署有貞人名，[23]與第一、二期的習慣相同，而康丁卜辭將貞人名略去不存，作法近乎第四期。又因貞人名的有無，廩康卜辭的前辭形式自是不同，廩辛卜辭有貞人名作「干支卜某貞」，康丁卜辭無貞人名僅作「干支卜」，相關差異極為明確。以上三項同以「貞人」為關聯，說明廩康卜辭最顯著的差異即在於「貞人之有無」，換言之，掌握貞人的具體呈現模式，即能分別廩辛與康丁卜辭之梗要，因此，理論上廩辛康丁卜辭當較祖庚祖甲卜辭更易於區分。

關於廩康卜辭的區分，儘管已有若干共識，然兩朝卜辭劃分的界線並非沒有異議。裘錫圭曾表示：

> 李學勤同志還指出，在村北所出的龜、骨並用的往往記卜人的第三期卜辭和主要出於村中的只用骨的不記卜人的第三期卜辭裡，有一些二者同卜一事的例子。由此可知這兩種在文例、字體等方面都有相當明顯的不同的卜辭，至少有一部分是完全同時的。陳夢家把前者完全劃歸廩辛，後者完全劃歸康丁（《綜述》142-144頁），顯然是有問題的。[24]

裘氏之言，一語中的，若單以字體、文例之異同而將廩康卜辭截然分割，完全忽略可能的遞嬗過程，分析上確實存有盲點，然裘氏所謂「二者同卜一事」者，卻甚可議，難以信從。

依裘錫圭所示，李學勤所指出「二者同卜一事」之例大概有六：一，《甲》1707（=《合》26881）、《鄴三下》38.2（=《合》26879）；二，《京》4034（=《合》26925）、《甲》1130（=《合》28227）、《掇一》397+《寧》1.442（=《合》28086）；[25]三，《甲》1712、1269（=《合》27011、28088）、《京》4141、4254（=《合》33008、27999）、《南明》669（=《合》28092）、《甲》2489（=《合》27627）；[26]四，《京》4400（=《合》26882）、《甲》1707（=《合》26881）、《南輔》94（=《合》26879）、《寧》1.508（=《合》28035）；五，《京》4383（=《合》27980）、《後》下13.5（=《合》27979）；六，《甲》1353（=《合》26894）、《綴》180（=《合》26898）；[27]另裘氏自補一例：《甲》1267（=《合》27879）、《明後》2322（=《合》27878），[28]共計7例。

---

[23] 依陳夢家說，何組貞人包括何、宁、夒、彭、壹、逆、口、䆥、狄、㣈、即、叙、亐、教、弔、㰯、大、暊等，共計18人（詳陳氏《殷虛卜辭綜述》，頁205）。

[24] 裘錫圭：〈論「歷組卜辭」的時代〉，《古文字研究》第6輯（1981年11月），頁266-267。

[25] 以上見李學勤：〈評陳夢家殷虛卜辭綜述〉，《考古學報》1957年3期，頁125。

[26] 見李學勤：《殷代地理簡論》（北京：科學出版社，1959年1月），頁73。

[27] 以上見上註，頁77-79。

[28] 見裘錫圭：〈論「歷組卜辭」的時代〉，註8，頁317-318。

　　以上諸例，一、二兩例李學勤謂其同為伐羌方、微方之同文者，[29]然第一例涉及「雉王眾」之事，[30]主角雖同是戍逐，但並不表示戍逐只能雉此一次王眾，換言之，「雉王眾」既非特殊的單一性任務，則執行者所處時代就非必是同時；第二例所及三條卜辭，內容不同，卜日亦皆不同，只因同見「二方白」，便謂之「一事」，過於草率，未可盡信。至於第三例數版，李氏認為是關於征伐危方戰役的記載，「**此次出征是廩辛時的事情**」，康丁[31]「**征伐了危方及其與國，取得了勝利**」，最終「**可以確實證明康丁時危已經平定了**」。[32]此戰役或為一事，但起訖若已歷經兩朝，相關卜問分屬不同朝代，則無特殊之處。第四例實同第一例，僅將戍逐擴充至五族（屰、辪、呂、逐、何）而已，如此更加無法以執行者為時代設限。第五例李氏以之推知與羌方交戰的地點，[33]然該兩版一甲一骨似同文，而兩者字體亦近，疑為同時之物，李氏將之分列三期 1 類卜辭（〔三 1〕）、三期 2 類卜辭（〔三 2〕），或有失察。第六例亦是一甲一骨，其中之甲（《甲》1353）辭殘過甚，並不易與骨上刻辭相提並論，是否為「一事」之問，尚可再議。末例為裘錫圭所增，該兩版一甲一骨，辭句相同，所問者為「某人（小臣杏）處理某事（克又戈）」是否可讓君王滿意，若某事本為某人執掌業務之一，則類此卜問絕非僅見，因此卜問不須指向同一事件，卜辭時代自無一致的必要。

　　綜上，雖裘錫圭所言甚是，但以「同卜一事」為佐證，實屬徒勞。關於廩康卜辭是否存在同卜一事，溫明榮等認為：

> 對卜辭中的"同卜一事"應持慎重態度，因為這些卜辭到底是"同卜一事"，還是僅僅事類相近或相同，是不容易分辨的。退一步講，即使兩類卜辭中確實存在"同卜一事"的現象，那也只能說，這兩類卜辭可能有過一段共存的時間，這與賓組卜辭和出組卜辭可能有過一段共存時間一樣的。這種現象的存在並不能改變這兩類卜辭一類時間較早，另一類較晚這樣一個基本事實。[34]

---

[29] 李學勤：〈評陳夢家殷虛卜辭綜述〉，頁 124。

[30] 李學勤從省吾說，認為「"雉"義為夷傷」，「雉王眾」即「夷傷王眾」（詳李氏《殷代地理簡論》，頁 73），而陳夢家以為「雉可能是部別、編理人眾」（見陳氏《殷虛卜辭綜述》，頁 609），與之相異，王貴民則綜理相關卜辭後，主張「從"雉眾"卜辭的辭例和語法來分析，也足以說明陳師之義為是而夷傷之義為非」（詳王氏〈申論契文"雉眾"為陳師說〉，《文物研究》1986 年第 1 期，頁 54），王論信實，本文從之。

[31] 李學勤以《京》4254 說明「廩辛征伐了危方及其與國，取得了勝利」，然該版李氏歸於三期 2 類卜辭（〔三 2〕），當為康丁之物。

[32] 以上俱見李學勤：《殷代地理簡論》，頁 73。

[33] 同上註，頁 78。

[34] 溫明榮、郭振祿、劉一曼：〈試論卜辭分期中的幾個問題〉，《中國考古學研究——夏鼐先生考古五十年紀念論文集》（北京：文物出版社，1986 年 8 月），頁 166。

整體而言，儘管「同卜一事」未必為真，但對於廩康卜辭區分的界線仍須多加斟酌，溫氏等指出：

> 在一般認為的三期卜辭中，存在文例、字體、內容都有明顯不同的兩類。這一點是具有不同看法的雙方都承認的。問題在於，這種不同是時代的差異造成的，還是其他原因造成的，則是需要探討的。我們認為是前者，而不是後者。[35]

即主張因時代不同，遂造成第三期卜辭中兩種類型的差異，其具體理由：

> 第一，從稱謂上看，兩類卜辭中，一類有兄辛，一類沒有兄辛。兄辛是康丁對廩辛的稱呼，有兄辛稱謂的，顯然是康丁卜辭，其時代當然要晚於沒有兄辛的。如果兩類卜辭都有兄辛稱謂，則其時代應當相同，但迄今為止，只在一類卜辭中發現兄辛稱謂，另一類則沒有，這就清楚地表明，兩類卜辭的時代是不同的。第二，從字體、文例看，一類卜辭（廩辛）與早期的賓組、出組卜辭基本相同，另一類（康丁）與武乙、文丁、乙辛卜辭接近。第三，從祭祀制度看，一類有周祭制度（廩辛），另一類（康丁）沒有。前者顯然與祖甲卜辭是一脈相承的。如果二類卜辭的時代相同，在祭祀制度方面不應出現如此重大的差別。[36]

上述差異，最關鍵的當屬「兄辛」稱謂之有無。本文認為，與第二期祖庚祖甲區分的絕對標準是「兄庚」一樣，第三期廩辛康丁卜辭區分的絕對標準是「兄辛」，以兄辛為準，所系聯而得的字體、文例特點，即屬康丁卜辭的特徵，相對地，完全不具康丁卜辭特點者，可能就是廩辛卜辭。實務上，以此標準並加以擴充延伸，適能歸納出兩類風格迥異的卜辭，亦恰可與廩辛康丁兩朝匹配，就此觀之，溫氏等人所論為實，可以信從。

第三期甲骨中兩類卜辭，其時代若分別為廩辛與康丁時期，則廩康卜辭之區分便非難事，原因在於此二類卜辭有著根本的不同，形式上予以分判相對來說是較容易的，混淆性是較低的。因此，區別廩辛與康丁卜辭的意義，除讓相關甲骨回歸其所屬時代，以利甲骨研究的開展之外，對於廩康之間卜辭何以如此界限分明，目前的考察結果「還沒有人說及廩辛卜辭有『下延』，康丁卜辭有『上及』的情況」，[37]其成因著實耐人尋味。

---

35 同上註。
36 同上註。
37 謝濟：〈甲骨斷代研究與康丁文丁卜辭〉，頁106。

第二節　區別基準

　　上述陳夢家六項對於廩辛與康丁卜辭的分別，大致可從，其中可將貞人作為分判樞紐，第三期卜辭中，前辭署有貞人名者，至今未見兄辛稱謂，歸為廩辛卜辭；前辭省略貞人名者，數見兄辛稱謂，[38]可視為康丁卜辭，因此貞人之有無署名，可作為廩康卜辭區分的基礎條件。此外，卜辭中可辨知貞人名者實屬少數，尚有為數眾多未見貞人名的第三期卜辭，其區分基準概分三項，分述於下。

一、字體

　　在以字體為準的卜辭分類中，廩辛與康丁兩朝卜辭即已分屬不同類組，廩辛卜辭署有貞人名，其貞人類屬何組，康丁卜辭無署貞人名，其類為無名組。

　　關於何組與無名組的字形特徵，黃天樹分成三類舉例表述，具體內容已見前述，其相關特徵字形舉要如下：

表 3-4-1：黃天樹何組各類及無名組特徵字例

類別	特 徵 字 形 舉 例
何組一類	＜字形＞
何組二類	＜字形＞
無名類	＜字形＞

而彭裕商則細分成九類，具體內容已見前述，其相關特徵字形舉要如下：

表 3-4-2：彭裕商何組各類暨無名組各類特徵字例

類別	特 徵 字 形 舉 例
何組一類	＜字形＞

---

[38] 參《合》27626、《屯》657、2996 等版。

類別	特徵字形舉例
何組二類	（甲骨文字形舉例）
何組三A類	（甲骨文字形舉例）
何組三B類	（甲骨文字形舉例）
無名組一A類	（甲骨文字形舉例）
無名組一B類	（甲骨文字形舉例）
無名組一C類	（甲骨文字形舉例）
無名組二類	（甲骨文字形舉例）
無名組三類	（甲骨文字形舉例）

就類組時代來看，現有何組與無名組的分類，其實並不以廩辛與康丁卜辭為框架，各項分類務求細緻，但各類卜辭的時代區間卻多所重疊，實無助於斷代運用。如黃天樹將何組卜辭再析為一、二兩類，並謂「何組一類」時代上限為祖甲晚年，下限則在武乙之初；「何組二類」時代上限為廩康之世，下限則與「無名組」相同；而「無名組」時代上限在康丁之世，下限則已晚到文丁之世（說詳前）。彭裕商的類組時代推斷與黃說並不一致，以為「何組一類」時代上限早到武丁晚期，下限則是祖甲前期；「何組二類」時代上限祖甲晚末，下限則約廩辛時代；「何組三A類」時代上限到廩辛，下限延及武乙早年；「何組三B類」時代上限為廩辛後期，下限當在武乙中期以前；「無名組一類」又分為A、B、C三類，「A類」時代約在康丁前期，「B、C類」時代均在康丁至武乙之間，而B類時代下限比C類為早；「無名組二類」時代上限未及廩辛，下限不晚於武乙中期；「無名組三類」時代上限不早於武乙，下限不超過武乙晚期（說詳前）。以上

所述，足見各家的分類工作，在字形分類上雖有所得，但於甲骨斷代上卻大有所失，不僅無法有效分辨五期斷代歸屬，遑論據以區別廩辛與康丁卜辭。

再就字形特徵而言，上述黃、彭二家皆有詳實之例以論其說，用心篤實，可以肯定，然其所分各類組特徵字例之呈現，並非徵引各類組同一字的形體特點，似隨興框定某些字的特殊寫法，並將之羅列於某類組的特徵字形之中，在多數的情形下，吾人據此雖可知某類某字作某形，卻難曉某字於他類中究作何形，缺乏對照環節，除相關字形特徵無法有效凸顯之外，亦喪失以其文字遞嬗之跡，推求各類卜辭時代先後的契機。另外，細究各類特徵字形，重點似在有無，而非主從，換言之，某些字形在某類中出現固然無疑，但其現象乃常見、偶見甚或獨見卻難聞問，而前述羅列的各類特徵字形，其代表性如何，將直接影響字形分類的可信度，同時亦會干擾斷代工作的進行，不可不慎。

總上所述，本文以「貞人署名」之有無，將廩辛卜辭與何組、康丁卜辭與無名組等同視之，然目前相關字體分類論述與成果並不支持如是主張，而各類所列諸多特徵字形，差異模糊，亦不足以提供區別廩康卜辭之用。職是之故，欲求廩康卜辭字形之異，只能另闢蹊徑。

董作賓曾謂第三期廩康之世，文風凋敝，卜辭屢見極幼稚、柔弱、纖細、錯亂、訛誤的文字，[39]然整體觀之，實有以偏概全之虞。董氏所謂「柔弱纖細」云云者當屬廩辛卜辭，而康丁卜辭部分契刻字體雖小，但皆剛勁有力，與之並不相類，謝濟亦曾指出：

> 廩辛卜辭多數為大連坑出土，……有何、彭、狄、卯、員等十多位能系聯的貞人。這種卜辭自成一系。拿字體來說，雖有些不同的書體，但正如董作賓所說，字體表現萎靡，與康丁卜辭字體明顯不同。[40]

因此就外觀表象而言，區分廩辛卜辭與康丁卜辭相對容易。循此原則，檢視諸家分類之內容，大致可得若干字形，有較強的時代區別性，表列於下：

表 3-4-3：廩康卜辭字形差異表

字例	廩辛時期	康丁時期
庚	甬、甬	甬、甬
子	屮	屮、屮
午	𝌆	𝌆

---

39 參董作賓：〈甲骨文斷代研究例〉，頁 422。

40 謝濟：〈甲骨斷代研究與康丁文丁卜辭〉，頁 106。

字例	廩辛時期	康丁時期
酉	〔字形〕	〔字形〕
叀	〔字形〕	〔字形〕
災	〔字形〕	〔字形〕
吉	〔字形〕	〔字形〕
歲	〔字形〕	〔字形〕

上表諸字形，「庚、子、午」三字形體皆可分為兩類，「〔字〕、〔字〕」與「〔字〕、〔字〕」、「〔字〕」與「〔字〕、〔字〕」、「〔字〕」與「〔字〕」，此類干支字形皆摘取自卜辭前辭，各項前者見於「干支卜某貞」形式，署有貞人名，後者則見諸「干支卜」形式，沒有貞人署名。此二類時代當分別歸入廩辛與康丁時期，遂可作為判斷廩康卜辭的基礎依據。「酉」字（含酓字偏旁所從）形體亦可概分為「〔字〕、〔字〕、〔字〕」與「〔字〕」兩大類，康丁卜辭皆作後者，而廩辛卜辭則多為前者，差異明顯，惟廩辛卜辭偶見後者字形（如《合》27107），故僅能以「〔字〕、〔字〕、〔字〕」形斷為廩辛卜辭，不能以「〔字〕」定康丁卜辭；同樣的情形尚有「叀」，「叀」字形體廩辛卜辭皆作「〔字〕、〔字〕」，康丁卜辭絕大多作「〔字〕、〔字〕」，關鍵差別在於字形下半部的形狀，廩辛卜辭呈環形，康丁卜辭則呈三角形，特徵極為明顯，但因兄辛卜辭同版雜見「叀」字下半非三角狀者（《合》27622），是以僅能就「〔字〕、〔字〕」斷為康丁卜辭，不能以「〔字〕」定廩辛卜辭。第三期卜辭之「災」字，形體多樣，廩辛卜辭多數作「〔字〕、〔字〕」，少部分作「〔字〕、〔字〕、〔字〕」，[41]康丁卜辭主要作「〔字〕」，少數為「〔字〕」，[42]是以僅能就「〔字〕、〔字〕、〔字〕」形斷為廩辛卜辭，不能以「〔字〕、〔字〕」定康丁卜辭。「吉」字形體，第三期主要有「〔字〕、〔字〕、〔字〕、〔字〕」四形，前兩形與貞人同出，時代較早，後兩形未見貞人，形體簡化，應分屬廩辛與康丁時期的個別寫法。「歲」字形體可分為「〔字〕」與「〔字〕」二類，前者多與貞人同見，屬廩辛卜辭，後者則不見貞人，應為康丁卜辭。大致而言，「〔字〕」與「〔字〕」之用壁壘分明，應是廩康卜辭區分的有效依據，然卜辭獨見「〔字〕」、「〔字〕」同版（《合》27057），情狀違異，一時難以遽斷。[43]

　　綜上所述，就上表諸字形的對應情形，可用以判斷為廩辛卜辭者有「〔字〕、〔字〕、〔字〕、

---

[41] 《合》28449、28451、28655「災」作「〔字〕」形、《合》28360、28459、28475、28781「災」作「〔字〕」形，《合》28449、28451、28466「災」作「〔字〕」形，以上諸版皆屬廩辛卜辭。

[42] 《合》29004、31243、31244、《屯》2301「災」作「〔字〕」形，以上諸版屬康丁卜辭。

[43] 《合》27162 前辭作「干支卜貞」，屬廩辛卜辭，其上「歲」卻疑作「〔字〕」形；《合》27274 前辭為「干支卜」形式，屬康丁卜辭，其上「歲」卻疑作「〔字〕」形；《合》27453「吉」為「〔字〕」形，屬康丁卜辭，其上「歲」卻疑作「〔字〕」形。以上卜辭相關字形猶有可議處，故本文於茲暫置不論。

⾠、⾖、⾩、⾖、⾪、⾫、⾬、⾭、⾮、⾯」等 7 字 13 形；用以判斷康丁卜辭者則有「⾰、⾱、⾲、⾳、⾴、⾵、⾶、⾷、⾸、⾹」等 6 字 10 形。以上所論僅屬開端，以字形全面劃分廩康卜辭的斷代工作仍須繼續，充分運用既有的成果，逐步擴及具區辨價值而尚未彰顯的其他字形，以圖更有效率的區別廩辛與康丁卜辭。

二、 文例

廩辛卜辭與其前之武丁卜辭（第一期）、祖庚卜辭、祖甲卜辭（第二期）一脈相承，形式相近，而康丁雖繼廩辛之後，但康丁卜辭卻與其後的武乙卜辭、文丁卜辭（第四期）關係密切，甚至難於區分。就此觀之，廩辛卜辭與康丁卜辭內容實有著根本的差異，宜先充分掌握再加以運用，以利相關卜辭之區別。

（一） 前辭形式

「干支卜某貞」是殷墟卜辭最完整的前辭形式，其他或有省略者，作「干支卜」、「干支貞」、「干支卜貞」、「干支卜某」、「貞」等形式，不一而足，[44] 其中第一、二期卜辭前辭常作「干支卜某貞」，省略時則作「貞」，完全略去前辭者極為少見，而廩辛卜辭前辭形式亦以「干支卜某貞」為主，省略時多作「貞」，少數完全省略，作風與第一、二期相似，但另有部分作「干支卜貞」者，卻是第一、二期卜辭所未見。至於康丁卜辭，「干支卜」幾乎是唯一的前辭形式，省略時則刪去前辭，完全不存，相當俐落。

第三期廩康卜辭常見系列卜問，或在多種選項中擇一執行的卜問，其卜辭形式相同處皆於首卜備有相對完整的前辭，且第二卜之後即有所省略；差別則在廩辛卜辭多存「貞」字，如下版（《合》27459）②至⑧卜所示，其中③卜前辭作「干支卜貞」，僅省去貞人名：

① 王戌卜，狄貞：王父甲□其豐，王受又又？　一（序數）　大吉
② 貞：勿豐？

---

44 《花園莊東地甲骨》尚見「干支」（如《花東》4、13、17、21、29）、「干卜」（如《花東》1、3、16、25、28、32、36、38）、「干卜貞」（如《花東》3）、「某貞」（如《花東》2、22、33、57）等之前辭形式。詳參中國社會科學院考古研究所：《殷墟花園莊東地甲骨》（昆明：雲南人民出版社，2003 年 12 月），第六分冊「殷墟花園莊東地甲骨釋文」，頁 1555-1759。

③ 壬戌卜，貞：叀卣用？　吉

④ 貞：弜卣用？

⑤ 貞：五叀隹？

⑥ 貞：弜美？　二（序數）

⑦ 貞：叀庸用？　三（序數）　大吉

⑧ 貞：勿庸？

而康丁卜辭則完全省略，如下版（《合》27454）②至⑦卜所示，沒有任何前辭訊息：

① 癸酉卜：祝母己，叀犰？

② 叀小宰？　吉

③ 叀今夕酘？　大吉　茲用

④ 于翌日甲酘？

⑤ 其至日戊酘？

⑥ 祝其至父甲？　吉

⑦ 弜？

依此作風習慣，若有第三期甲骨殘版，而其上卜辭可確定為省略前辭者，則該版極為可能屬於康丁時期之物。

總上，就形式而言，廩辛與康丁卜辭之前辭相去甚遠，除少數未著前辭者，又無其他特徵足以辨識，或有相混可能之外，其餘卜辭則判若鴻溝，清清楚楚，極易於辨識。因此觀其前辭即可粗辨廩康卜辭，更有甚者，即使辭殘僅見「貞」字，[45]幾乎可據以推斷其當為廩辛卜辭。

（二）習慣用語

考察第三期卜辭用語，細究其中時代歸屬或傾向，以利提供區別廩辛與康丁卜辭之運用或參考，簡析如下。

卜辭「亡災」一辭極為常見，相較而言，「又災」並不習見。然第三期卜辭中數見「又災」（𡆥𡿧），其中「災」皆作「𡿧」形，與「𡿧」形似卻不同，頗為特殊。目前所見第三期「又災」卜辭，皆省略前辭，且「叀」字作「𢆶、𢆶」形（參《合》26888、

---

45 《合》28252 上半部之卜，前辭省略，為典型康丁卜辭；下半部之卜則有前辭「貞」，屬廩辛卜辭特徵。兩者時代之判定有所扞格，其因尚待深究。

27975），此語當屬康丁卜辭所習用。[46]另有偶見「亡災」作「🜨🜨」者（《合》26886、26888、26898），時代亦屬康丁時期，顯然卜問有無災難時，災作「🜨」形是康丁期一時之風尚。

「亡尤」大多與「王賓」同辭並見，[47]其前辭大多完整，有貞人署名，「亡尤」應屬廩辛卜辭；另「王賓」卜辭與周祭有所關連，顯襲自第二期祖甲卜辭，時代當在第三期偏早，屬廩辛卜辭，然「王賓」之用，並不以此為限，尚見與康丁卜辭特徵同卜者，[48]其時代已下延至康丁時期，因此無法據以有效分辨廩康卜辭。

「王受又」或作「王受又又」，釋為「王受祐」或「王受有祐」，是甲骨第一、三、五期常見用語，多繫於辭末，第一期不著「王」字，僅作「受又」（🜨🜨）、「受又又」（🜨🜨🜨），值得注意的是兩詞「又」形的寫法，絕不相混；第三期「王受又」（🜨🜨🜨）、「王受又又」（🜨🜨🜨）與第五期「王受又」（🜨🜨🜨）、「王受又又」（🜨🜨🜨）形式相同，僅「王」字形微異，其中「又又」皆使用重文符號表示。觀第三期「王受又」，多見於康丁卜辭，少見於廩辛卜辭；[49]而「王受又又」雖多為康丁所用，但屬於廩辛時期者亦不少，[50]特別的是除作「🜨🜨🜨」形外，廩辛卜辭偶見「🜨🜨🜨🜨」（《合》28011），是較為原始的形式，換言之，「受又又」一辭初作「🜨🜨🜨」，後易為「🜨🜨🜨」，再省成「🜨🜨」，演變軌跡明確，惟「🜨🜨」之用跨越兩朝，難以成為分辨廩康卜辭的依據。

「弜田」屬田獵卜辭，為「其田」之反卜。廩辛田獵卜辭形式同於祖甲卜辭，「干支卜，某貞：王其田，亡災？」為其基本型態，此為正貞，未見反貞，結果或以單一卜問之吉凶，決定田獵行動的舉行；而康丁時期之田獵卜辭，則見正反皆問卜的情形，結果似以正反各卜提示的狀況，擇優選從，因此「弜田」卜辭集中在康丁時期，少數為廩辛卜辭，[51]是康丁時期的時代風尚，可參以區分廩康卜辭。

---

[46] 《合》26894、27983、28039 諸版辭殘，應屬廩辛卜辭，其上疑見「🜨🜨」。

[47] 《合》26899、31615、31617、31618 等，不與「王賓」同辭，觀其前辭，仍屬於廩辛卜辭。

[48] 參《合》27518、27520、27561、27589、27591、30467、30533、30534、30535、30536、30552、30560、30561、30738 等版。

[49] 本文稽得僅《合》26955、27690、30619、30850、30987 等 5 版。另，《合》31082、27463「又」左下似有重文符，《合》27436、29541、29683、29773 前辭已殘，皆有待確認，無法遽斷，附此不論。

[50] 例如《合》26927、26954、27005、27032、27079、27104、27136、27181、27215、27303、27342、27344、27365、27383、27423、27538、27563、27642、28140、30917、30822、30885、31108、31110、31205、31206、31208、31210、31215 等版。

[51] 例如《合》29323、29360。另《合》28701、28702、28718、28781、28834、29381 亦屬「弜田」卜辭，諸版風格頗為一致，字體偏向廩辛時期。

「又正」多置於句末，表達「正確合適」之意，[52]於第三期所見者，絕大部分具康丁卜辭前辭或字形特徵，當為康丁卜辭，然具廩辛卜辭前辭特徵者亦不少，[53]是以「又正」一語無法有效分辨廩康卜辭。

「永王」或作「王永」，意謂「福祐君王」，[54]大多居於卜辭句尾，其「永」字形作「𣲖、𣲖、𣲖、𣲖、𣲖」等，[55]相當多樣。第三期數見「永王」卜辭，考其前辭形式，署貞人名或作「貞」者僅一見（《合》27827），[56]餘則為「干支卜」或完全省略，前者屬廩辛卜辭無疑，後者應為康丁卜辭。就此觀之，「永王」一辭當風行於康丁時期，惟其至遲已在廩辛期發端，遂不宜據之考辨廩康卜辭。

「求年」、「受年」為卜辭常見習語，為「祈求年作豐收」之用語，在第三期中絕大多數為康丁卜辭，廩辛罕見，[57]差可以之區分廩康卜辭。

「其每」、「弗每」多用於田獵之卜，問其「天候陰晦」與否，[58]「湄日」亦用於田獵卜辭，強調「整日」[59]過程是否順利。以上諸詞雖於康丁卜辭中頗為常見，但廩辛卜辭亦不少見，[60]較無分辨廩康卜辭的作用。

「馭釐」於卜辭中並不常見，幾乎僅見於第三期，其意為「延長福祉」。[61]因「馭釐」多見二字成一卜者，明顯省略前辭，屬康丁卜辭，而儘管「馭釐」多為康丁時所卜問，但廩辛時亦偶有所見，[62]以之區辨廩康卜辭仍受局限。

---

[52] 許進雄先生謂「正：象征伐都邑之意，此用為正確、合適之義，辭或作又正，其意與亡它、王受又等一樣，都是祈求正確信息的占卜術語，此種術語常被省略。」（見許先生《明義士收藏甲骨釋文篇》，多倫多：加拿大皇家安大略博物館〔1977〕，B1686 號釋文，頁 123。）

[53] 例如《合》27108、27162、27194、27333、29534、29773、30269、30813、30814、30818、31085、32642 等版。

[54] 劉桓謂「"永"本用為歌詠義，衍生吉慶義，又引申為福祐之義，卜辭有"永王"之卜，當與"又（祐）王"義近」（見劉氏〈卜辭雜釋五則〉，《殷都學刊》1996 年 1 期，頁 10），在諸多釋義（參後）中，此說較為可信，本文從之。

[55] 以上諸形是否當釋為「永」，實有可商，本文於此暫不加細辨。

[56] 另有二版可參，其一，《合》29264 書風應屬廩辛卜辭；其二，《合》28382 上有「𣲖」字，惟辭殘甚，不知確指。

[57] 僅《合》28262（求年）、28275（求年）、28215（求禾）、28228（求禾），屬廩辛時期。

[58] 「每」字於田獵卜辭，本當釋為「晦暗」為宜，再據此引申為「災悔」。

[59] 楊樹達謂「湄日者，湄當讀為彌，彌日謂終日也」（見楊氏《積微居甲文說・卜辭瑣記》，北京：中國科學院〔1954.05〕，頁 69），文通理順，可以信從。

[60] 「其每」見於《合》27737、27956、28701、28702、28822、31258 者；「弗每」見於《合》27244、27739、31271 者；「湄日」見於《合》27785、28382、28491、28492、28493、28511、28516、28517、28531、28569、28613、28728、28898、29093、29172、29222、29263、29395 者，皆屬廩辛卜辭。

[61] 董作賓謂「馭釐」假作「延釐」，為「進福、受祐」之意（詳董氏〈釋"馭釐"〉，《安陽發掘報告》第 4 期〔1933.06〕，頁 700）。

[62] 例如《合》26899、27385、27678、28001、29683、31860、31864、31866、31871 等版。

　　總括來看，上述所及若干第三期之習語，針對相關之前辭、用字、書風等卜辭特徵加以考察，結果顯示幾乎所有習語，皆為廩康兩朝所有，並無絕對的斷代價值，然根據實際考察所得，相關卜辭在廩康卜辭中數量之多寡，透露其風行之時代，若能掌握其間差異，仍能發揮一定程度的斷代功能。

　　以下圖示即為上揭習語於第三期風行的時段：

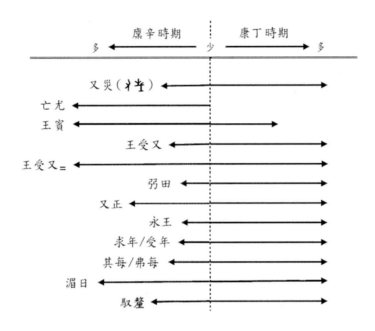

圖 3-4-1：第三期習語使用差異示意圖

　　據上，「又災（𡊄）」、「亡尤」、「王受又」、「弜田」、「永王」、「求年／受年」、「其每／弗每」、「馭釐」等諸詞，除「亡尤」僅見於廩辛卜辭外，餘皆用於廩辛兩朝，但盛行於康丁時期，其時代性相對較強，可用於判別康丁卜辭時的參考；至於「王賓」、「王受又＝」、「又正」、「湄日」，雖亦多見於康丁卜辭，為廩辛卜辭之中為數仍不少，並無法於區別廩康卜辭時有效加以運用。

三、其他

（一）記事刻辭

　　儘管廩辛與康丁卜辭外在形式有所差距，然其卜辭內涵相近甚或相同之處亦不少，

因此實務上的區別工作，並非如預期般水到渠成，仍須多方探究。

　　除上針對字形與相關文例的說明外，謝濟考察小屯南地甲骨上「記事刻辭」的契刻情形，指出「從記事刻辭數量看，康丁時為多」，又謂「這種記事刻辭僅見於康丁、武乙、文丁時期」，[63]已然注意到記事刻辭與康丁卜辭的關係密切。其實，謝氏考察的初始目的，在於反駁林澐將記事刻辭作為其字體分類發展序列的佐證，林氏以為：

> 倒刻的「干支𠭯……」這種記事刻辭盛行于歷組一類字體向歷組二類過渡之際，……許多歷組一類卜骨上則肯定沒有這種刻辭（如《屯南》2351～2352、2601），自歷間組和自組也沒有。在歷組二類卜骨上，辭中之𠭯改為𠭴，由倒刻變成正刻，很常見。無名組卜骨上，這種刻辭省畧為只記干支，或倒或正。有正刻干支者，書體風格更接近于歷組卜辭（如《屯南》2718～2719 最明顯）；無名組晚期卜骨則只見倒刻的（《屯南》660、2301、2306、2263）。黃組卜骨就沒有了。[64]

對此主張，謝氏積極澄清記事刻辭在「康丁時正刻多於倒刻，武乙時正刻大大超越倒刻，文丁時倒刻多於正刻，並無規律」的現象，並認為康丁時期記事刻辭為多的事實，可證「盛行於歷組一類向二類過渡之際」說法的錯誤。謝氏不僅一再申明記事刻辭是「康丁、武乙、文丁卜辭的共同特徵」，據之亦可證「武乙、文丁卜辭與康丁卜辭是緊相銜接的」，[65]並特別強調：

> 除武乙、文丁卜辭外，這種記事刻辭，不管是正刻或倒刻，還是刻在大骨的正面或反面，其為康丁卜辭無疑。我們所知，康丁以前的廩辛、祖甲時期，無一片是有這種記事刻辭的。[66]

謝氏之論，引證詳實，當可信從，而此類記事刻辭既是康丁所有，而廩辛缺無，就此而言，第三期卜辭的再區分，以記事刻辭作為依據，亦是可行之途徑。

（二）鑽鑿形態

　　許進雄先生考察甲骨各期的鑽鑿形態，將第三期甲骨的考察對象，依不同條件分為

---

63 以上俱見謝濟：〈甲骨斷代研究與康丁文丁卜辭〉，頁 113。

64 林澐：〈小屯南地發掘與殷墟甲骨斷代〉，《古文字研究》第 9 輯（1984 年 1 月），頁 138。

65 以上俱見謝濟：〈甲骨斷代研究與康丁文丁卜辭〉，頁 113。

66 謝濟：〈甲骨斷代研究與康丁文丁卜辭〉，頁 113。

五項，[67]其中有貞人署名的「卜骨而有貞人署名的長鑿」與「卜甲署有貞人名的長鑿」兩項，依前述基準，屬廩辛卜辭；而「有大吉、吉、弘吉等兆側刻辭的卜骨」則概括為康丁卜辭。

以上三類的鑽鑿形態，「卜骨而有貞人署名的長鑿」部分的特徵為：

> 長度大都在二・五公分以上，有竟達三・五公分者，短於二公分的則不見。兩肩多多少少有些彎度，頭部以作尖圓的多，個別有作平圓的。巨大是其最大特徵。[68]

而「卜甲署有貞人名的長鑿」部分的特徵是：

> 鑿長也照樣的比諸骨上的稍為短些，約在二到二・五公分之間，但以近於二・五公分的居多。很明顯的這是受齒縫空間的限制。兩肩的弧度比骨上的稍直，寬度則差不多。頭部以尖圓的居多，平圓的較少，偶而也有尖狀的。[69]

至於「有大吉、吉、弘吉等兆側刻辭的卜骨」，其特徵則為：

> 鑿長以長於二・二公分的為多，近於二・五公分的為常。最常見的形態是微曲肩而作平圓頭或尖圓頭。一些巨大的彎曲肩長鑿大概是比較早期的。至於短於二公分的，除一部分受挖刻地點的限制外，大半是屬於較晚期的。再不鋸角的內沿一邊的長鑿，通常作微曲肩平圓頭，也許因不易挖刻，在此內沿或中間凸起部位的長鑿，頭部常遭破壞而呈近尖形或尖圓形，偶而也有刀勢逸出而成的細長刻痕。[70]

許先生觀察入微，說明詳盡，整體觀之，前二類（即廩辛卜辭）鑿長較長、兩肩相對較彎、尖圓頭為主；末一類（即康丁卜辭）則鑿長略短，微曲肩，平圓頭。兩者相較，確實有所差異，可用以區分廩康卜辭之參考。

此外，于秀卿、賈雙喜、徐自強等亦針對甲骨的鑽鑿形態進行探究，其觀察結果為：

---

[67] 即「第三期卜骨而有貞人署名的長鑿」、「第三期卜甲署有貞人名的長鑿」、「有大吉、吉、弘吉等兆側刻辭的第三期卜骨」、「有第三期書體的卜骨」以及「有第三期書體的卜甲」。（詳許進雄先生：《甲骨上鑽鑿形態的研究》，臺北：藝文印書館〔1979.03〕，頁 9-10。）

[68] 許進雄先生：《甲骨上鑽鑿形態的研究》，頁 9。

[69] 同上註，頁 9。

[70] 同上註，頁 10。

第三期的鑿型，一般可分三種類型：二厘米至二・二厘米者，為常見的中型鑿鑽；二・三至二・五厘米長的鑿型，在這期的中、後期居多；第三種為極少見的三厘米以上的巨型鑿。第三期的鑿鑽形態，多屬肥大弧形方肩、平圓頭、肩壁與骨面齊，一般的鑿長都在二・二至二・五厘米之間。鑿鑽形態寬大淺平，呈橄欖狀，突破了第一期與第二期前期的特點。鑿旁燒灼痕，普遍大於第一、二期，其灼痕在一・一厘米至在一・三厘米者，在第三期裡屢見不鮮。[71]

依照于氏等人的鑿長分析，第一、二種鑿長多見於第三期中、後期，相對而言，第三種鑿長乃屬於第三期早期；若以對應之時代來看，前者為康丁甲骨所見，而後者則是廩辛甲骨所有。就長鑿長度變化而言，上述廩辛至康丁的長鑿實有由長變短的趨勢，與許進雄先生的考察所得大致相同，雖于氏等人之論說，對於兩肩與頭部形態的細部分析付之闕如，顯有未備，但已足以說明鑽鑿形態確實有其時代性，可作為甲骨斷代的輔助。

　　總上所述，廩辛與康丁卜辭的區別，似較第二期庚甲卜辭分辨為易，主要是以貞人為基準，即可大抵劃出兩朝分隔線界，有助於廩康卜辭的區分，正所謂得天獨厚者也。吾人在此良基之上，再就時代風格差異明顯的若干字形、用語，加以實地分析考辨，自能逐步掌握並建構廩康卜辭異同之大要，以使劃分廩康卜辭之斷代工作能克竟全功。

---

[71] 于秀卿、賈雙喜、徐自強：〈甲骨的鑿鑽形態與分期斷代研究〉，《古文字研究》第 6 輯（1981 年 11 月），頁 348。

第五章

武乙文丁卜辭的區分

　　董作賓甲骨五期斷代，將武乙、文丁二世二王劃歸為一期，與前三期以「一世」為限的基準不同，顯示武乙、文丁卜辭的區分並非易事。

　　陳夢家主張甲骨斷代可以細分為九期，即自武丁至帝辛，一王一期，但也承認「在實際分辨時，常有困難。」[1]陳氏以貞人為準所進行的斷代工作，體系完整，成效頗佳，然對於未署貞人名的卜辭，則仍有所不殆，蕭楠評論陳氏斷代成就，謂其「將廩辛卜辭與康丁卜辭、康丁卜辭與武乙卜辭進行了區分。這在卜辭分期的研究中應當認為是前進了一步，但他仍不能將武乙卜辭與文丁卜辭很好地區分開來」，[2]間接說明武文卜辭區分的難度。

　　大致而言，武乙文丁卜辭的根本差異，在於二王分屬兩世，故其稱謂系統自是不同，其中最明顯的是「父丁」、「父乙」二稱，換言之，「父丁」為武乙稱其父康丁，只能出現在武乙卜辭，不會見於文丁卜辭；而「父乙」為文丁稱其父武乙，只會出現在文丁卜辭，並不會見於武乙卜辭，因此區分武文卜辭，從稱謂入手是必要且有效的途徑。

　　1976 年婦好墓發掘之後，李學勤將過去所謂的武文卜辭，概括稱為歷組卜辭，並將時代提前至武丁至祖庚之間，於是其中「父丁」、「父乙」指稱，換成「祖庚稱其父武丁」與「武丁稱其父小乙」，進而引發歷組卜辭時代的討論。假如歷組卜辭確屬早期，本文所謂武文卜辭的區分，勢必要另覓柴火且另起爐灶，而若歷組卜辭時代為晚期，則武乙文丁卜辭的區分，始有繼續探究的意義。綜觀相關歷組時代的論辨（詳後），本文以為歷組卜辭時代應以晚期為是。

　　儘管分別武乙文丁卜辭本有其困躓之處，然隨著科學發掘材料的增加，並藉由歷組卜辭時代爭議釐清的擴大討論，吾人對於武乙文丁卜辭的特徵，已有更全面、更精準的認識，據此區分武文兩朝卜辭的工作自能水到渠成。

---

[1] 陳夢家：《殷虛卜辭綜述》（北京：中華書局，1988 年 1 月），頁 138。

[2] 蕭楠：〈論武乙、文丁卜辭〉，《古文字研究》第 3 輯（1980 年 11 月），頁 43。

第一節　區分工作

　　1973 年小屯南地甲骨的挖掘，武乙文丁卜辭大量出土，引起多方注意並展開討論，始得探究武文卜辭區分的契機。因小屯南地發掘地層關係清楚，出土甲骨相對的時代關係亦極清楚，蕭楠即認為「這次發掘得的地層關係使我們第一次有可能將武乙卜辭與文丁卜辭初步區分開來」，[3]並具體進行武乙、文丁卜辭的區別工作，成果值得肯定。

　　根據蕭楠的考察，小屯南地地層分早、中、晚三期，其中「中期地層」又分成「中期一組」與「中期二組」，前者時代較早，後者時代較晚，其間所出卜辭則可分為三類。第一類卜辭，「共同特點是筆劃纖細，字體秀麗而工整。主要稱謂有父甲、父庚、父己、兄辛」；[4]第二類卜辭，「一般說來字體較大、筆劃較粗、筆風剛勁有力。主要稱謂有父丁」；[5]第三類卜辭，「與第二類相比，字體較小，筆鋒圓潤而柔軟。主要稱謂有父乙」。[6]以上三類卜辭對應的年代為：

> 第一類，其主要稱謂有父甲、父庚、父己、兄辛。這與文獻記載康丁之諸父祖庚、祖甲、孝己及其兄廩辛是一致的。因此，這類卜辭當屬康丁卜辭。第二類，有父丁稱謂，偶爾也看到有父辛稱謂。字體風格與第一類又有區別，結合地層關係，此類卜辭當屬武乙卜辭無疑。其父輩稱謂也正與文獻記載武乙諸父有康丁、廩辛相符。第三類，根據地層關係晚於第一類、第二類，即晚於康丁卜辭與武乙卜辭。從卜辭內容看，有父乙稱謂，與文丁父武乙之稱相符合。因此，當為文丁卜辭。[7]

　　據上，小屯南地中期地層所出甲骨卜辭，顯然包含康丁、武乙、文丁三個王世，與本節主題相關者，則是其間所出第二與第三類卜辭，分別標記武乙與文丁卜辭。因此，以上述第二、三類卜辭為基準，妥適區隔相關卜辭，其實際作用就是武乙文丁卜辭的區分。

　　就考察所見，蕭楠分項說明武文卜辭特點，其中武乙卜辭特點有六：其一，貞人：「武乙卜辭只有一個貞人，名歷。出現次數很少」，「可以說武乙卜辭基本上是不附貞

---

[3] 同上註，頁 44。
[4] 同上註，頁 46。
[5] 同上註。
[6] 同上註。
[7] 同上註，頁 47。

人的」，「與康丁卜辭相同，而與廩辛以前大量附有貞人的卜辭是不同的」。[8]其二，前辭形式：「武乙卜辭前辭形式與康丁卜辭有共通之處，即比較簡單。沒有早期卜辭（廩辛以前，尤其是武丁卜辭）那樣複雜。主要形式是『干支貞』，也有少量『干支卜』、『干支卜貞』。附有貞人歷的，其形式作『干支歷貞』或『干支貞，歷』」。[9]其三，兆辭：「常見『茲用』、『不用』」。[10]其四，字體：「總的看來，武乙卜辭字體較大，筆風剛勁有力」，「在字體結構上與康丁卜辭相似之處較多，與早期卜辭區別較大」。[11]其五，稱謂：「武乙卜辭中最常見的父輩稱謂是父丁，也偶而發現父辛的稱謂」，「分別是指武乙之諸父廩辛、康丁」。[12]其六，常見方國：「召方。字作 𠬝」。[13]

至於文丁卜辭特點則有五項：[14]其一，貞人：「與武乙卜辭一樣，文丁卜辭也只有一個貞人歷，所見更少」，「因武、文卜辭時代相鄰，故在兩種卜辭中所見到的歷，可能是同一個人」。[15]其二，前辭形式：「特點同於武乙卜辭。基本形式是『干支卜』、『干支貞』，兩者並重」。[16]其三，兆辭：數見「『茲用』、『不用』」。[17]其四，字體：與武丁卜辭相較，其「字體較小，筆風圓潤而柔軟」；[18]又部分卜辭「貞字皆寫作 𠨗，是一個明顯的特點」。[19]其五，稱謂：「其父輩稱謂只有父乙一個，所見甚少」。[20]

綜上，蕭楠對於武乙文丁卜辭的考察與辨析，著實不遺餘力，先後四論武乙、文丁卜辭，[21]闡幽抉微，令人欽服。惟諸文所論，旨在論證歷組卜辭當屬晚期，即武乙與文丁時期之物。對於武乙與文丁卜辭的差異，因非其論述強調之重點，著墨並不多，然儘管如此，諸文所揭示的武文卜辭相關特徵，仍值得歸納並加以斷代運用。

---

[8] 以上俱同上註，頁 47-48。

[9] 以上俱同上註，頁 48。

[10] 同上註。

[11] 以上俱見上註。

[12] 同上註，頁 49。

[13] 同上註。

[14] 原文本列有第六項，惟其標題「見於文丁卜辭和武乙卜辭的相同人名」，與前五項完全不類，實非特點項目之謂。

[15] 以上俱見蕭楠：〈論武乙、文丁卜辭〉，頁 49-50。

[16] 同上註，頁 50。

[17] 同上註。

[18] 同上註，頁 46。

[19] 同上註，頁 50。

[20] 同上註。

[21] 此四文撰述時間跨度將近四十年，分別是蕭楠：〈論武乙、文丁卜辭〉，《古文字研究》第 3 輯（1980 年 11 月）〕、蕭楠：〈再論武乙、文丁卜辭〉，《古文字研究》第 9 輯（1984 年 1 月）、劉一曼、曹定雲：〈三論武乙、文丁卜辭〉，《考古學報》2011 年第 4 期、曹定雲、劉一曼：〈四論武乙、文丁卜辭——無名組與歷組卜辭早晚關係〉，《考古學報》2019 年第 2 期。

第二節　區分基準

　　蕭楠考辨武乙文丁卜辭，以貞人、前辭形式、兆辭、字體、稱謂、常見方國諸項特點區分兩者，然總括來看，武文卜辭之「貞人」與「兆辭」幾乎相同，「前辭形式」雖有差別但相去亦不遠，而「常見方國」僅及武乙時期，皆不足以有效區分武文兩朝卜辭，惟「稱謂」、「字體」書風尚可一探。

一、稱謂

　　武乙與文丁為父子關係，分屬不同世代，有別於祖庚祖甲以及廩辛康丁同一世代的稱謂幾乎無別，武乙文丁兩朝的稱謂存有根本性的差異。

　　就武文卜辭中顯示的稱謂來看，武乙卜辭中最重要的稱謂是「父丁」，乃武乙稱康丁，父輩另有「父辛」，稱康丁之兄廩辛；母稱則有「母辛」，指康丁之配妣辛。此外，《屯》2281 有「中宗祖丁」之稱，蕭楠認為：

> 過去發現的卜辭中，凡稱中宗者，都是中宗祖乙，中宗祖丁尚屬首次發現。祖乙、祖丁都可稱中宗，可見商代對哪一個先王稱中宗，並不十分固定。……此片從字體看，近於康丁；從稱謂看，中宗祖丁可能指武丁，祖甲可能指武丁子、祖庚弟祖甲，父辛可能是廩辛，故可能為武乙卜辭。[22]

《屯》2281 為武丁卜辭應無可疑，但「中宗祖丁」的釋讀猶有異議，如姚孝遂、肖丁即以為「『中宗』單稱，卜辭多見。『中宗祖丁』有可能分讀為『中宗』、『祖丁』」，[23]傾向「中宗」即祖乙，非指祖丁；楊升南謂「在卜辭中 "中宗" 可與祖乙連稱而指祖乙，也可以單稱 "中宗" 而受祭」，而「在卜辭中以祖乙打頭祭祀一群先王的辭例常見，可是祖丁從未見在合祭一群先王時有打頭的例子」，[24]其看法亦是「中宗」是祖乙，非祖丁。據之，「中宗祖丁」當作「中宗、祖丁」，若「中宗、祖丁」分讀成立，則其中祖

---

[22] 蕭楠：〈論武乙、文丁卜辭〉，頁 49。

[23] 姚孝遂、肖丁：《小屯南地甲骨考釋》（北京：中華書局，1985 年 8 月），頁 50。

[24] 以上俱見楊升南：〈從殷墟卜辭中的"示"、"宗"說到商代的宗法制度〉，《中國史研究》1985 年第 3 期，頁 10。

丁非必是指稱武丁，尚有指稱小乙之父祖丁的可能。總而言之，儘管「中宗祖丁」出現於武乙卜辭，但作為判別武文卜辭時代的依據，其條件尚未成熟。

文丁卜辭父輩稱謂中目前能肯定的只有「父乙」，[25]為文丁稱武乙，母稱則有「母庚」，即武乙之配妣庚。此外，與「父乙」同辭者尚見「兄丁」（《合》32730、32731、32732），其人當與文丁同輩，其稱所出自不會是武乙卜辭。

綜上，在第四期卜辭中，以稱謂區分武乙文丁卜辭，可靠者有「父丁」、「父辛」、「母辛」、「父乙」、「母庚」、「兄丁」等，其中具「父丁」、「父辛」、「母辛」諸稱者為武乙卜辭，具「父乙」、「母庚」、「兄丁」者為文丁卜辭。

二、字體

陳夢家曾指出「武乙、文丁兩世的卜辭，很少有記卜人的。我們祇找到一個卜人歷，他的字體似當屬於武乙」，[26]而謝濟則注意到「貞人歷有兩種字體，是跨武乙、文丁二王的貞人，根據字體現在能把有貞人歷的卜辭區分出武乙、文丁時來」，[27]兩說顯示武乙文丁兩朝卜辭的字體風格，應當有所不同。實務所見，包含武文兩朝的所謂歷組卜辭，運用稱謂定錨並加以延伸擴充，確可依時代將書體風格分為兩大類。武乙時期，大致上卜辭字體較大，筆風有力，細究尚可分為三種類型：

第一種，其上「字體秀麗，與康丁卜辭字體風格一致。若不依靠父丁、父辛稱謂，就很難與康丁卜辭區分。此種時間可能較早，與康丁卜辭相銜接。」[28]例如《屯》647、2281等。

第二種，其上「字體粗大，剛勁有力。此種類型是武乙卜辭的主流，數量最多。」[29]例如《屯》1116、4331等。

第三種，其「字體也較秀麗，但與康丁字體不同，風格比較柔和。某些字，如叀寫作囝，接近文丁字體；另一些字，如祖常寫作且，獨具一格。此種字體時間可能較晚，與文丁卜辭比較接近。」[30]例如《屯》503、611等。

---

25 或以為《合》27435「父庚」、《合》27464「父甲」屬文丁卜辭，非是。蕭楠辨之甚明（詳蕭楠〈再論武乙、文丁卜辭〉，頁157），其說可從。

26 陳夢家：《殷虛卜辭綜述》，頁202。

27 謝濟：〈甲骨斷代研究與康丁文丁卜辭〉，《甲骨文與殷商史》第3輯（1991年8月），頁123-124。

28 蕭楠：〈論武乙、文丁卜辭〉，頁48。

29 同上註。

30 同上註。

對比而言，文丁時期卜辭字體則較複雜，可再細分成四種類型：

第一種，「其上有廿示，郭沫若認為是上甲廿示。」[31]例如《粹》221（=《合》34122）等。

第二種，「其上有上甲廿示，當為自上甲至武乙廿個直系先王。這類文丁卜辭的貞字皆寫作圖，是一個明顯的特點。」[32]例如《佚》884（=《合》34120）等。

第三種，其上「字體剛勁有力，近似武乙卜辭字體風格。」[33]例如《粹》375（=《合》32723）等。

第四種，其上「字體較小，筆風圓潤而柔軟。主要稱謂有父乙等。」[34]例如《屯》751、2100、2126、2601等。

綜觀以上書風之敘述，大抵可知武乙卜辭較文丁卜辭為大，為剛；文丁卜辭則較武乙卜辭為小，為柔，風格確實有所差異。

另在字形結構上，武乙、文丁兩朝用字亦各有特點，蕭楠曾舉各期若干常用字為例，說明其形體特點，如武乙卜辭「祖常寫作圖」，「庚寫作圖、圖、圖，子寫作圖，辰寫作圖，巳寫作圖、圖，午寫作圖，未寫作圖，酉寫作圖、圖，『有無』之『有』與『侑祭』之『侑』都寫作圖，羌寫作圖、圖，伐寫作圖，叀寫作圖、圖，災寫作圖，王寫作圖，以寫作圖、圖」；[35]而文丁卜辭「庚，多數作圖、少數作圖，子作圖，辰作圖，巳作圖、圖，午作圖，未作圖、少數作圖，酉作圖、圖，戌作圖，有、侑作圖，羌作圖、圖，伐作圖，叀作圖、圖，災作圖，啟作圖、圖，用作圖，弱作圖，囚作圖，允作圖」[36]，材料相對簡略，其實並無法凸顯武文兩朝用字的差異。方述鑫則根據字體將武文卜辭分為九類，具體內容已見前述，其中武乙卜辭三類，其特徵字形舉要如下：

表 3-5-1：方述鑫武乙卜辭特徵字例

類別	特 徵 字 形 舉 例
第一類	圖圖圖圖圖
第二類	圖圖圖圖圖圖圖圖圖圖圖圖圖圖圖圖
第三類	圖圖圖圖圖圖圖圖

---

[31] 同上註，頁50。

[32] 同上註。

[33] 同上註。

[34] 同上註，頁46。

[35] 以上俱見上註，頁48。

[36] 詳見上註，頁50。

文丁卜辭則有六類，特徵字形舉要如下：

表 3-5-2：方述鑫文丁卜辭特徵字例

類別	特 徵 字 形 舉 例
第一類	〔特徵字形〕
第二類	〔特徵字形〕
第三類	〔特徵字形〕
第四類	〔特徵字形〕
第五類	〔特徵字形〕
第六類	〔特徵字形〕

雖較蕭楠所舉之例更加充分細緻，但過於繁複，且各類間承繼關係亦不明確，對於武文卜辭的區分，助益仍屬有限。

此外，林澐將歷組卜辭的主要部分，根據字形特徵概分為「歷組一類」、「歷組二類」，具體內容已見前述，其特徵字形舉要如下：

表 3-5-3：林澐歷組各類特徵字例

類別	特 徵 字 形 舉 例
歷組一類	〔特徵字形〕
歷組二類	〔特徵字形〕

同樣範圍的分類工作，黃天樹則分成「歷一類」、「歷二類」、「歷草體類」三類，具體內容已見前述，其特徵字形舉要如下：

表 3-5-4：黃天樹歷組各類特徵字例

類別	特 徵 字 形 舉 例
歷一類[37]	〔特徵字形〕
歷二類	〔特徵字形〕
歷草體類	〔特徵字形〕

---

[37] 黃天樹於「歷一類」並無具體字例可稽，悉從林澐之說，故此處所引字例即同於林澐「歷組一類」。

另彭裕商分成「歷組一 A 類」、「歷組一 B 類」、「歷組二 A 類」、「歷組二 B 類」、「歷組二 C 類」五類，具體內容已見前述，其特徵字形舉要如下：

表 3-5-5：彭裕商歷組各類特徵字例

類別	特　徵　字　形　舉　例	
歷組一A類		
歷組一B類		
歷組二A類		
歷組二B類	甲	
	乙	
	丙	
歷組二C類		

以上諸家咸將歷組卜辭時代置於早期，故其所分歷組各類，意義上並不等於武乙或文丁卜辭，然大抵而論，歷組一類主要屬歷組父乙類，可對應的是文丁卜辭，而歷組二類主要是歷組父丁類，可對應的則是武乙卜辭，就此觀之，諸家分類實質上亦為武文卜辭的區分提供大量的訊息。

　　綜觀以上所及字形特徵，明顯看出互相交雜的情形，「即某些武乙卜辭中會出現具有文丁特點的字，一些文丁卜辭字體具有武乙字體的特點。這是由於二者時代相鄰所形成的」，[38]因此欲以字體區分武文卜辭，似乎亦不容樂觀。然儘管武文卜辭字形頗為相近，但同中求異，猶能看出武乙之酉（）、囧（）、羌（）與文丁之酉（）、囧（）、羌（）形體的不同，以及武乙時某些庚（）、弜（）、

---

38 蕭楠：〈論武乙、文丁卜辭〉，頁50。

自（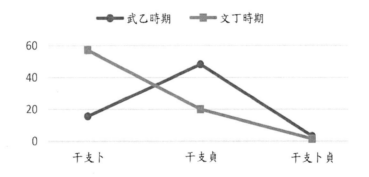）、歲（ ）；文丁時某些庚（ ）、叀（ ）、未（ 、 ）、己（ ）的寫法亦有各自的特色，皆未見於另一朝卜辭中，凡此種種，足可視之為該時期的特殊字形，據以區分武乙與文丁卜辭應能得其大要。

三、其他

（一）前辭形式

有別於第一、二期的前辭作「干支卜某貞」形式，第四期的前辭除「省略」者外，常見的有「干支卜」、「干支貞」、「干支卜貞」。經考察統計，在第四期具有父丁稱謂的卜辭中，前辭可考者，「干支卜」、「干支貞」、「干支卜貞」比例為「15.61：48.25：3.18」；而第四期具有父乙稱謂的卜辭中，前辭可考者，「干支卜」、「干支貞」、「干支卜貞」比例則為「57.14：20.00：1.43」，[39]兩朝卜辭前辭形式消長如下圖所示：

圖 3-5-1：武文卜辭主要前辭形式佔比統計圖

顯見武文卜辭前辭之用，習慣有所不同，武乙時期多用「干支貞」，而文丁時期多用「干支卜」。

總體觀之，武文兩朝卜辭習用之前辭雖有差異，但各式前辭混用的情形亦不罕見，因此，前辭形式在武乙與文丁卜辭的區分上，僅能提供斷代輔助的參考，並不具一錘定音的絕對效用。

---

[39] 詳參吳俊德：《殷墟第三、四期甲骨斷代研究》（臺北：藝文印書館，1999 年 1 月），頁 67。

（二）鑽鑿形態

許進雄先生觀察有第四期書體的卜骨，曾指出「此期鑿長的差距在五期中是最大的，長的超過二‧五公分，短的才一‧一公分而已」，[40]但未能清楚區分武文兩朝特點，衡諸「有稱謂可確定為武乙時代的卜骨，百分之九‧七是長於二‧三公分的，百分之二五‧八在二到二‧三公分之間，百分之六一‧三在一‧五到二公分之間」[41]的情形，文丁時期的鑿長應當普遍短小。

《小屯南地甲骨》則謂「武乙卜骨，絕大多數也是Ⅳ型鑿」，「鑿長在 2.2 厘米以下的占絕大多數」；而「文丁卜骨主要是Ⅵ型鑿」，「鑿之長度均在 2.2 厘米以下」，[42]兩者鑿長特徵相似，難以區分。惟Ⅳ型鑿形態為長方型鑿，其「腹部近直線或略帶弧度，頭、尾平圓；也有少數呈規則的長方形」；[43]Ⅵ型鑿形態則為不規則弧形鑿，其「腹部呈不規則弧形，頭、尾尖或尖圓」，或「頭尖，尾平圓，呈水滴狀。」[44] 另外，Ⅵ型鑿從外觀來看，尚有「鑿之邊緣不大整齊，常見有刀刮削過的痕跡」、「鑿之上下左右往往不對稱」、「鑿之縱剖面為平底或弧底」等明顯特點。[45]簡言之，武乙時期鑿形近似長方形，兩端平圓，而文丁時期鑿形則是兩側弧狀，兩端尖圓或頭尖尾圓，兩者外形風貌相當不同。因此，儘管鑿長差異不夠顯著，但據鑿形外觀特徵進行武乙與文丁卜辭的區分，應能獲取相當程度的效果。

綜上所述，武乙、文丁兩朝時代相鄰連續，因而卜辭形式或內容有所相通相混實難避免。武文卜辭有效區分的途徑，除稱謂標準較為絕對之外，餘如貞人、兆辭幾無分別，實不具任何斷代意義。另，武文卜辭書體大小、風格剛柔之差異較大，可用為區分兩朝卜辭的主要依據，惟失之主觀，難以形成精確標準，運用必須謹慎；而若干常用字字形則頗見異構，亦是較能區分武文卜辭的線索，當可據此加以延伸並擴大區別。此外，前辭形式「干支貞」、「干支卜」兩類型比例的消長現象，以及鑽鑿「Ⅳ型」與「Ⅵ型」兩者鑿形的差異，皆可於區分武文卜辭時提供判別參考。

---

[40] 許進雄先生：《甲骨上鑽鑿形態的研究》（臺北：藝文印書館，1979 年 3 月），頁 10。

[41] 同上註。

[42] 以上俱見中國社會科學院考古研究所：《小屯南地甲骨》下冊‧第三分冊‧鑽鑿（北京：中華書局，1983年 10 月），頁 1504-1505。

[43] 同上註，頁 1499。

[44] 以上俱同上註，頁 1500-1501。

[45] 以上俱同上註，頁 1501。

第六章

帝乙帝辛卜辭的判別

　　帝乙與帝辛父子在位期間，董作賓將之定為第五期，與第四期的武乙、文丁相同，皆是一期之中包含兩世兩王。因此帝乙帝辛卜辭的區分，所面臨的將會是與區分武乙文丁卜辭相同的困境。

　　武乙與文丁卜辭內涵雖相近，但在書風及若干字形上仍有所差異，足以作為區分兩朝卜辭的主要參考依據，而帝乙帝辛卜辭不僅內涵近乎一致，連書體字形亦幾無分別，董作賓曾謂：

> 五期卜辭，為帝乙帝辛兩世之物，此甲骨學者所公認，惟如何區分帝乙帝辛之卜辭，則殊為難題。昔郭沫若氏以正人方各辭，繫於帝乙，謂殷墟無帝辛時物，即困難於判別之故也。[1]

凸顯判別帝乙帝辛卜辭，確實存在困難的事實。

　　理論上，帝乙帝辛卜辭最大的區別仍是父輩稱謂，帝乙稱其父（文丁）為「父丁」，帝辛稱其父（帝乙）為「父乙」，依此決斷，帝乙帝辛卜辭自是無可混淆，然該二稱於第五期卜辭中極為少見，[2]實難據以擴充、發揮，且帝乙帝辛兩朝卜辭字體近同，亦無法就此途徑進行分割，因此，第五期乙辛卜辭的判別，無法以父輩稱謂為準，勢要考量其他特殊稱謂及其相關聯的現象，另闢蹊徑，從不同管道著手，或能得其梗概之一二。

第一節　判別工作

　　董作賓雖體認到帝乙帝辛卜辭判別之不易，但對於區別乙辛卜辭仍信心滿滿。董氏認為「據五期祀典中統，系排比之鐵證，並其他標準，可以明白劃分帝乙帝辛兩世之卜

---

[1] 董作賓：《殷曆譜》（臺北：中央研究院歷史語言研究所，1945 年 4 月），下編卷二，頁 18。

[2] 第五期所見先王稱謂，「父丁」僅 3 例（《合》36129、36132、37853），而未見「父乙」例。詳吳俊德：《殷卜辭先王稱謂綜論》（臺北：里仁書局，2010 年 3 月），頁 105-106。

辭」，並具體指出劃分標準「可舉三項言之：一為祀典，二為史籍，三為稱謂」。[3]

以祀典為標準，董作賓謂：

> 以第五期卜五種祭祀之辭，而記有年祀，月，日者，排比之，則有在一祀之中，其祀統不能相容之情形發見，其不相容者，又恰巧可分為兩組，兩組之中，其祀統又各自相聯貫而成一有規律之組織也。則此兩組者，必為兩王之物，無足疑矣。若就此兩組祀譜，更能證以其他標準，定其孰為帝乙，孰為帝辛，則亦無足疑也。[4]

以史籍為標準，董氏在兩組祀典系統基礎上，認為：

> 五期祀典中甲乙兩組，必為二王之物，已無疑義。今如決其一組為帝辛，則他組必為帝乙。試以「正人方」證之，正人方，帝辛時之一大事也。《春秋·昭公四年·左氏傳》，稱「商紂為黎之蒐東夷叛之」。又十一年《傳》稱「紂克東夷而殞其身」。人方，即是夷方，亦即東夷。此正人方之一組卜辭中，有祀典之辭兩見，皆與乙組之十祀祀統密合，此史籍之足供參證者也。知乙組之屬於帝辛，亦可知甲組之屬於帝乙矣。[5]

承上，董氏進一步指出「更據卜辭中之稱謂，亦可證甲組之屬於帝乙」，[6]是所謂以稱謂為標準。董氏以《珠》391（＝《合》37853）「丁未卜貞：父丁日，其牢？在十月又一。茲用。隹王九祀。」[7]為例，指出該辭：

> 在五期中，可以確定為帝乙時物，因此「日」祭之父丁，即帝乙之父文武丁也。今據此版，可知在帝乙之九祀十一月，必有丁未之日。試考由甲乙兩組之祀典，對證年祀月日而逐一密合之曆譜，……則此九祀十一月丁未，惟甲組有之，是甲組為帝乙時祀典之明證也。[8]

綜觀以上，董作賓判別乙辛卜辭的主要依據是周祭系統，將周祭系統的日程將以編排，即能獲知一系列完整的周祭祀譜，而其間若有日程無法相容的周祭材料，則當屬另

---

[3] 以上俱見董作賓：《殷曆譜》，下編卷二，頁18。
[4] 同上註。
[5] 同上註
[6] 同上註。
[7] 本董作賓所隸寫，未加改易。見上註。
[8] 董作賓：《殷曆譜》，下編卷二，頁18。

一系統的祀譜，此兩個祀譜系統標記著不同朝代，就乙辛卜辭而言，應該就是分屬帝乙與帝辛兩朝的周祭祀譜。

運用周祭材料之外，陳夢家則以稱謂的同版關係來判別乙辛卜辭。[9]陳氏指出：

> 母癸是文丁之配，帝乙時稱"母癸"，帝辛時稱"匕癸"，而武與武乙並有"母癸"，則"武"與"武乙"是帝乙時的稱謂。但"武"又與"匕癸"同片，則"武"又是帝辛時的稱謂。文武帝是帝乙，凡稱"文武帝"的卜辭是帝辛卜辭；"武乙"之稱與"文武帝"並見，則"武乙"也是帝辛時的稱謂。如此"武"與"武乙"乃乙辛兩朝所通用。"武且乙"與"文武丁""康且丁"同片，都不能判定其屬於帝乙時或帝辛時。但"文武丁"的稱謂應屬帝辛時，因帝辛時文丁和帝乙都稱"文武"容易淆亂。[10]

陳說最大的貢獻是注意到「武、武乙、武祖乙、文武帝、文武丁」等若干特殊的稱號，並試圖以此等稱號進行乙辛卜辭的區分，雖其說未臻精當，但影響卻頗為深遠。

常玉芝考察第五期祊祭卜辭，針對「武乙」與「武祖乙」兩稱號使用時機的特殊性，認為：

> 「武乙」、「武祖乙」雖然都是商王武乙的稱呼，但這兩個稱呼卻是從不在一版卜甲中出現的，我們認為這種現象絕不是偶然的，它表明了武乙的不同後代對武乙所使用的不同稱呼。因為對武乙不稱「祖」的只能是其子文丁，所以帶有「武乙」稱謂的祊祭卜辭應是文丁卜辭；對武乙稱「祖」的雖然可以是帝乙、也可以是帝辛，但因與「武祖乙」同見於一版的文丁是從不被稱「祖」的，所以帶有「武祖乙」和文丁各稱謂的祊祭卜辭應是帝乙卜辭。[11]

此以「武祖乙」之稱斷為帝乙卜辭，屬陳夢家「以稱謂共版關係斷代」論點的延伸，類此工作尚有方述鑫的分析。方氏「試圖運用甲骨材料中的稱謂來說明小屯殷墟有帝辛卜

---

9 其論據之例為：《續》1.25.8（＝《合》36090）「武乙、母癸」同版；《續》2.5.4（＝《合》35380）「武、母癸」同版；《南明》785（＝《合》36317「武、妣癸」同版；《前》1.22.2（＝《合》36169）「武乙、文武帝」同版；《佚》984、《虛》1680、《前》1.18.1（＝《合》36089、36098、36115）「武祖乙、文武丁」同版；《前》1.10.3（＝《合》36080）「武祖乙、康祖丁」同版；《前》1.21.1、《通》53、《後》上25.5、《續》1.26.7（＝《合》36013、36002、35848、35976+36106）「武乙、康祖丁」同版。

10 陳夢家：《殷虛卜辭綜述》（北京：中華書局，1988年1月），頁420。

11 常玉芝：〈「祊祭」卜辭時代的再辨析〉，《甲骨文與殷商史》第2輯（上海：上海古籍出版社，1986年6月），頁165-166。

辭」，[12]其考察第五期卜辭中的稱謂關係後主張：

> 有關"文武帝"的卜辭，基本上都是"干支王其又勺于文武帝升，正，王受有祐"
> 的形式。這種句型的卜辭只見于字體相同的有"妣癸"和"武乙"稱謂的卜辭，
> 祭日都和所祭先王武乙及文武帝和先妣妣癸相一致。"武乙"是"武祖乙"的省
> 稱。"妣癸"是帝辛稱文丁之配，正好和帝乙稱文丁之配"母癸"相對。"文武
> 帝"是帝辛稱文丁，以區別于帝乙時稱文丁為"文武丁"。帝辛時又稱帝乙為"文
> 武帝乙"，以區別于帝辛稱文丁為"文武帝"。以免混淆，如《祀四郊其卣》銘文
> 中"文武帝乙"，即帝辛稱帝乙。所以有"文武帝"的卜辭應是帝辛卜辭。[13]

同時指出「"文武丁"的祊祭都是先一日于丙日卜問，這是帝乙時代祊祭卜辭的一般規
律」，又「祊祭"文武"和"文"也是于丙日卜問。"文武"之稱也是與"武丁"、"祖
甲"、"康祖丁"和"武祖乙"同版。卜辭中受祊祭的都是較親近的 5 世直系先王，所
以"文武"和"文"一定是帝乙之省稱"文武丁"，這類卜辭也是帝乙卜辭。」[14]

　　方述鑫綜合第五期卜辭的稱謂現象，有關斷代者可簡表如下：

表 3-6-1：方述鑫區分乙辛卜辭的稱謂差異

帝乙卜辭的稱謂	帝辛卜辭的稱謂
父丁（文丁） 母癸（文丁之配） 武祖乙（武乙） 文武丁、文武、文（文丁）	妣癸（文丁之配） 父乙（帝乙） 武（武乙） 文武帝乙（帝乙） 文武帝（文丁）

　　除稱謂現象外，王暉從征伐事件、廿祀紀年、辭例以及貞人等面向，探究第五期帝
乙與帝辛卜辭的差別。在「征伐事件」方面，王氏認為「現在所見到的殷墟卜辭中征人
方、盂方所系年月的材料看，二者時間正好衝突，完全不可能是同一王朝的戰爭」，[15]
應當分屬帝乙與帝辛卜辭。根據王氏的考察，「伐盂方伯的時間是從某王九祀十月到翌
年十祀九月之間」，而「征伐人方的時間大約在某王九祀二月至十祀十二月甚至十一祀

---

[12] 方述鑫：〈試論帝乙、帝辛卜辭〉，《殷都學刊》1992 年第 4 期，頁 1。
[13] 同上註，頁 1-2。
[14] 同上註，頁 3。
[15] 王暉：〈周原甲骨屬性與商周之際祭禮的變化〉，《歷史研究》1998 年第 3 期，頁 17。

正月之間」，[16]再參以《合》36482、37398 兩版所記征伐時間，王氏指出：

> 《合集》37398 與 36482 兩片刻辭均記十祀九月，却一為征商邑西南方的盂方伯，
> 一為征東方的人方，顯非同一時代，也就是說不會屬於同一王朝，應一屬帝乙時，
> 一屬帝辛時。。[17]

又進一步推斷：

> 根據《左傳》昭公四年和昭公十一年謂商紂伐東夷之事。我們則可把"王來征人
> 方"之類卜辭定為帝辛時代，把"征盂方伯"之類卜辭定為帝乙時代。如果將這
> 兩類卜辭作一比較，便會發現一個有趣的現象：帝乙時期即使在伐盂方伯的征途
> 中也按周祭祀譜祭祀先王先妣，而帝辛時期在伐人方時則不再祭祀先王先妣。[18]

在「廿祀紀年」方面，王暉主張「廿祀」卜辭可分兩組：

> 按文字分，"王廿祀"之祀，一作"祀"，一作"司"（此"司"假為"祀"）；
> 按事類分，一為卜旬加周祭祀典組，一為"在上醫"組。"王廿祀"用在周祭祀
> 典組，"王廿司"用在"在上醫"組，這兩種情況絕不相混。[19]

王氏又謂：

> 文獻記載文丁在位年數有三年與十三年之說，而這"王廿祀"與"王廿司"的兩
> 個王世皆超過二十年，顯然這兩個王世不會包括文丁時期。[20]

而其時代歸屬，王氏認為：

> 前面討論伐盂方與伐人方兩次戰爭的情況可知，帝乙時期即使在征途中仍祭祀先
> 祖先王，而帝辛時期伐人方的征途中則很少祭祀先祖先王。依此再來看這"王廿

---

[16] 以上俱同上註。惟征人方時間，王暉又以為「始于某王十祀九月，至翌年（即十一祀）五月仍在征途之
中」，主張略有調整。詳參王氏〈帝乙帝辛卜辭斷代研究〉，《陝西師範大學學報（哲學社會科學版）》第
32 卷第 5 期（2003 年 9 月），頁 66。

[17] 詳王暉：〈周原甲骨屬性與商周之際祭禮的變化〉，頁 18。

[18] 同上註。

[19] 王暉：〈帝乙帝辛卜辭斷代研究〉，《陝西師範大學學報（哲學社會科學版）》第 32 卷第 5 期（2003 年 9
月），頁 68。

[20] 王暉：〈帝乙帝辛卜辭斷代研究〉，頁 69。

祀”與“王廿司”的情況，“巡于上甗”、“在上甗”的“王廿司”及其翌年多達十個月，卜辭數量也極多，但據筆者所見，除《合集》36522片“其乎蓺乙示在商”外，再沒有其他祭祀先祖先王的記載，因此筆者認為這應是帝辛時代的卜辭。有周祭祀典的“王廿祀”卜辭幾乎每一片上都有祭祀先祖先王的記錄，這應是帝乙時代的卜辭。[21]

在「辭例」方面，王暉注意到乙辛卜辭中，決定是否採用占問結果的「決辭」有兩種：茲用、茲御，前者與歷組卜辭常用的「茲用」、「不用」相同，應是帝乙時期的沿用；後者除用於田獵卜辭外，亦見於與軍旅戰爭有關「王巡于✕」一類卜辭中，時代應為帝辛時期。[22]王氏謂「帝乙時期用“茲用”，帝辛時期用“茲御”，“茲御”有明顯的時代特徵」，[23]並樂觀認為「以此可把第五期卜辭中文丁、帝乙與帝辛時期大部分卜辭區分開來。」[24]

在「貞人」方面，王暉以為「黃組徝、夂兩貞人只出現在純粹的卜旬及卜旬加周祭祭祀的辭例之中」，而周祭祭名在黃組卜辭中，「只出現在帝乙卜辭中，並未出現在帝辛卜辭之中」，「以此可知徝、夂兩貞人是屬於帝乙時代」。[25]另外，黃組貞人黃、泳皆曾見於征人方卜辭中（前者如《合》36484、36487、36496、36505；後者則有《合》36490、36494、《英》2525），兩人應同視為帝辛時期貞人。綜合言之：

> 黃組卜辭的貞人可分為兩類：徝類、黃類。徝類的貞人有徝、夂、泳；黃類的貞人有黃、泳。以乙辛時代分，貞人徝、夂屬帝乙時；貞人黃屬帝辛時，且僅見于帝辛九祀至十一祀伐人方卜辭之中；貞人泳則屬帝乙帝辛時的兩朝元老，從帝乙“廿祀”的周祭祭祀到帝辛十祀至十一祀的伐人方卜辭以及帝辛“廿司”的“王巡上甗”“在上甗”卜辭中均有貞人泳的活動。[26]

整體觀之，王暉的分析頗有理致，其中以不同征伐事件判別乙辛卜辭，應是有效的標準，其說值得重視。

另外，徐明波進行黃組卜辭斷代研究，以書體風格與字體特徵為基準，將黃組卜辭

---

21 同上註，頁70。
22 王暉於此，將「帝辛」誤植為「帝乙」（詳王氏〈帝乙帝辛卜辭斷代研究〉，頁71），今依其內容逕行正之。
23 王暉：〈帝乙帝辛卜辭斷代研究〉，頁70。
24 同上註，頁71。
25 以上俱同上註。
26 同上註。

分成黃組一類與黃組二類卜辭，其中黃組二類更細分成黃組二 A 類、黃組二 B 類、黃組二 C 類等三小類卜辭，其各類特徵字形舉要如下：

表 3-6-2：徐明波黃組各類特徵字例

類別	特 徵 字 形 舉 例
黃組一類[27]	
黃組二 A 類[28]	
黃組二 B 類[29]	
黃組二 C 類[30]	

徐氏指出黃組一類卜辭字體特色：

> 刀鋒圓潤柔和，刻手擅長用圓筆，很多字體轉折處有彎曲的弧度，如更字作
> "𣜩"，亡作"𠃊"。牢作"𠆬"，其字作"𡆥"，表現了刻手嫻熟、高超的
> 技藝。卜辭字體方正、規整。布局上，工整嚴飭，字與字之間，列與列之間距
> 離均等，同版卜辭字體大小較為一致。[31]

黃組二 A 類卜辭則數量少，內容簡單，一般「字體較大，字迹也較為潦草」，「有的字體還保留有黃組一類的特點」，如旬、亡的寫法，但有的如月、吉寫法變化明顯，「書體風格已不同于黃組一類卜辭」；[32]而黃組二 B 類卜辭「字體較小，翌、吉等字與黃組一類同，但未、酉、亥等字不同于一類卜辭，月的寫法有一類的也有二類的」，此類卜辭「與黃組一類、黃組二 C 類特徵字體都有同版關係」，「其為黃組一類和黃組二 C 類

---

27 錄自徐明波：《殷墟黃組卜辭斷代研究》，「表一：黃組一類卜辭特徵字體」，頁 18。與徐明波、彭裕商：〈殷墟黃組卜辭斷代研究〉一文所舉黃組一類特徵字體（《中國史研究》2007 年第 2 期，頁 5），字形數略有不同。

28 錄自《殷墟黃組卜辭斷代研究》，「表二：黃組二 A 類卜辭特徵字體舉例」，頁 19。與〈殷墟黃組卜辭斷代研究〉一文所舉黃組二 A 類特徵字體（頁 7），字形數略有不同。

29 錄自《殷墟黃組卜辭斷代研究》，「表三：黃組二 B 類卜辭特徵字體舉例」，頁 20。與〈殷墟黃組卜辭斷代研究〉一文所舉黃組二 B 類特徵字體（頁 8），字形略有不同。

30 錄自《殷墟黃組卜辭斷代研究》，「表四：黃組二 C 類卜辭特徵字體舉例」，頁 22。與〈殷墟黃組卜辭斷代研究〉一文所舉黃組二 C 類特徵字體（頁 9）內容相同。

31 徐明波：《殷墟黃組卜辭斷代研究》，頁 17。

32 以上俱同上註，頁 19。

字體的"過渡性"字體是很顯然的。」[33]至於黃組二C類卜辭數量較多，可與黃組一類相較，其字體特色為：

> 刀鋒剛勁有力，多折筆，如亡作"ᶜ"、叀作"ᶜ"、牢作"ᶜ"。字體窄長，顯得瘦勁，筆下出鋒，書風別具一格。字體一般較小，排列不那麼整齊。同版卜辭，字體大小也不一致。[34]

關於黃組一類卜辭的時代，徐明波以為：

> 從字體特點來看，黃組一類卜辭中的王、吉、貞、辰、癸、子等字，明顯是承襲無名黃間二類而來，黃組一類卜辭字體其發展演變是晚于無名黃間二類的。黃組一類卜辭中有"父丁"、"母癸"稱謂，應為帝乙對其父文丁，文丁之配妣癸的稱呼，黃組一類卜辭時代為帝乙。[35]

而黃組二類卜辭時代則是：

> 由黃組一類卜辭中兩個王二十祀材料曆日不合可知其時代上限及于文丁之世。從黃組二類字體與黃組一類字體有同版關係來看，黃組二類卜辭的上限也可及於帝乙之世。不過，黃組二類卜辭字體結構與書體風格已迥異于黃組一類卜辭，尤其是黃組二C類卜辭，其特徵字體與黃組一類卜辭特徵字體相比較，差異是相當明顯的。這種差異應是時代演進的結果。從黃組二類卜辭沒有出現與何組、無名組字體同版的例子來看，我們認為黃組二類卜辭時代應晚于黃組一類卜辭。……黃組二類卜辭時代為帝辛。[36]

據上，徐氏依字體所區分的兩類黃組卜辭，即是帝乙帝辛兩朝卜辭，換言之，儘管第五期卜辭字體風格頗為一致，然帝乙與帝辛卜辭的判別仍可自字形特徵著手。徐氏的分類工作相當細緻，為帝乙、帝辛卜辭的判別，提供可參考的線索，大大提升有效分割乙辛卜辭可能性。

---

[33] 以上俱同上註，頁20。
[34] 同上註，頁17。
[35] 同上註，「摘要」，頁 i。
[36] 同上註。

第二節　判別基準

　　上述諸家對於乙辛卜辭的判別，總括來看，大致可歸納成「周祭祀統」、「特殊稱謂」、「征伐事件」、「字體風格」等四項根據。其中前二項的斷代功能，猶可再議，而後二項則可加以運用。

一、諸說簡議

　　周祭祀統乃謂將周祭卜辭中所記的年月日加以系聯、排列，進而形成完整系統之祀譜。實際排譜過程發現，周祭卜辭非屬同一王世之物，主要是「廿祀」卜辭的排譜無法完全兼容，勢必須將之拆列為不同王世系統，而現今所見「廿祀」卜辭兩個王世系統仍難合用，恐將分屬不同的三個王世，一般以為是文丁、帝乙、帝辛，[37]因此單從周祭祀統推敲，僅能得知其祀譜涵蓋三王世，縱使可以排成日譜，仍不易有效從中區別出帝乙與帝辛卜辭，遑論掌握乙辛卜辭各自的特色。

　　特殊稱謂指的是「武祖乙、文武丁、文武、武、文武帝乙、文武帝」等類稱號。陳夢家以為「武、武乙」是帝乙時的稱謂，而「武、武乙、文武帝、文武丁」是帝辛時的稱謂；[38]常玉芝認為祊祭卜辭中有「武乙」稱謂者為文丁卜辭，有「武祖乙」和文丁各稱謂者是帝乙卜辭；[39]方述鑫主張「武祖乙、文武丁、文武」為帝乙時的稱謂，「武、文武帝乙、文武帝」為帝辛時的稱謂；[40]而徐明波、彭裕商則將「武乙、武祖乙、文武丁、文武帝」視為黃組二類的重要稱謂，[41]間接說明是帝辛時的稱謂。以上各說，雖各有所據卻無共識，皆難有實證以確知各稱號時代之異，顯示此類特殊稱謂的使用時機，仍有待繼續分析釐清，現階段似無區分乙辛卜辭的功能。

　　此外，王暉提及「茲用」、「茲御」之用，具有時代性，前者用於帝乙，後者則歸帝辛。然王氏對該二辭使用時代的斷定，前者主要依賴祊祭卜辭，後者則大都根據田獵

---

[37] 詳可參常玉芝：〈黃組周祭分屬三王的又一證據〉（《文博》1993 年第 2 期，頁 55-58）、〈黃組周祭分屬三王的再論證〉（《文史哲》，2001 年第 3 期，頁 114-118）、〈黃組周祭分屬三王的新證據與相關問題〉（《古文字研究》第 21 輯〔2001.10〕，頁 1-13）等諸文所論。

[38] 陳夢家：《殷虛卜辭綜述》，頁 420。

[39] 常玉芝：〈「祊祭」卜辭時代的再辨析〉，《甲骨文與殷商史》第 2 輯（1986 年 6 月），頁 165-166。

[40] 方述鑫：〈試論帝乙、帝辛卜辭〉，《殷都學刊》1992 年第 4 期，頁 6。

[41] 徐明波、彭裕商：〈殷墟黃組卜辭斷代研究〉，頁 13。

卜辭，目前所見，雖使用時機不相雜廁，截然分明，但王說成立的前提必須是帝乙時期沒有田獵活動，而帝辛時期確實不祭先祖，否則田獵之茲御亦可能為帝乙所決，礿祭之茲用則或為帝辛所採，相互攙雜，不易區分。王氏曾以「乙辛決辭"茲用"的辭例只出現在文丁、帝乙時的卜辭之中，而決辭"茲御"的辭例只出現在帝辛時的卜辭之中」為準，面對「乙辛田獵類卜辭幾乎毫無例外地全用"茲御"作為決辭」的情形，進而「斷定乙辛田游卜辭皆為帝辛卜辭」。[42] 這是很明顯的失誤，王氏所述僅能說明「茲御」為田獵卜辭的決辭，而「茲用」可能就屬祭祀卜辭所用，若兩辭差異在於對應的事類不同，根本與時代無關，則儘管田獵卜辭毫無例外全用「茲御」作為決辭，亦無法排除其中涵括帝乙卜辭的可能。簡言之，「茲用」、「茲御」之別，實不足以判別帝乙與帝辛之卜辭。

至於「貞人」，王暉所論仍有類似的盲點，先是認為㑒、仐只出現在卜旬及周祭紀錄的卜辭中，而後者又只出現在帝乙卜辭，不見於帝辛，所據者是「茲用」決辭，因此推斷㑒、仐二人為帝乙期貞人。王氏曾指出：

> 帝辛晚期周祭祭祀的內容完全消失了，甚至連帝辛十至十一祀伐人方卜辭中用周祭祭名來記日記時的情況都不存在了。在帝辛"廿司"時"王上譽""在上譽"對東夷鎮撫征討的卜辭甚多，時間亦甚長，達八九個月之久，但無一條周祭祭祀的內容，連周祭祭祀之名都不見出現。說明到帝辛晚期，二十祀左右及以後，周祭祭祀制度已徹底廢棄不用了。[43]

明白主張周祭的廢棄已是帝辛晚期，如此一來，又怎能完全否定帝辛早、中期的周祭紀錄？若帝辛早、中期卜辭確實存有少量周祭活動，則㑒、仐二人亦可能供職至帝辛時期，因此將㑒、仐視為帝乙時貞人，並據以判別乙辛卜辭，恐違史實甚遠。

二、 可用標準

除上所及，王暉尚以征伐事件的特殊性，進行帝乙與帝辛卜辭的區分，其具體指涉之事件為「征人方」與「征盂方」。王氏認為《左傳》所載「商紂為黎之蒐，東夷叛之」（昭公四年），以及「紂克東夷，而隕其身」（昭公十一年），即是卜辭「征人方」事

---

[42] 以上俱見王暉：〈帝乙帝辛卜辭斷代研究〉，頁 75。

[43] 同上註，頁 74。

件，又征人方卜辭在征途中很少祭祀先王先妣，與《尚書》「昏棄厥肆祀弗答」（〈牧誓〉）、「弗事上帝神祇，遺厥先宗廟弗祀」（〈泰誓上〉）相關記載相侔，因此斷定征人方是帝辛時期的戰役。

同時，王暉發現第五期卜辭有「在九月，遘上甲壹，隹十祀」從侯喜征人方的紀錄（參《合》36482），亦有「在九月，隹王十祀乡日」，王來征盂方伯的貞問（參《合》37398），指出「伐盂方卜辭與伐人方卜辭的時間均在十祀九月，一為"王來正盂方伯炎"的征途之中，一為"步从侯喜征人方"的啟程之中，不可能在同一王朝」，更有力的佐證是「伐盂方十祀九月為"乡日"之時，而伐人方十祀九月為"壹"祭之時。也說明這兩次戰爭不在同一王朝」，[44]因此伐盂方卜辭只能屬於帝乙時期。

客觀而言，王暉的主張言而有據，為二重證據法的實踐，當能信從，惟相較於整個的五期卜辭，「征人方」與「征盂方」的記載終屬少數，[45]又囿於字體風格差異不大，並無法延伸擴大所屬範圍，實難據以劃分成兩大類卜辭，因此，「征伐」事類對於判別乙辛卜辭雖然有效，但成果卻相當有限。

另外，徐明波將黃組字體區分為黃組一類與黃組二類兩大類，並分別對應帝乙、帝辛時期之卜辭，換言之，徐氏黃組一、二類卜辭的區分，其實標記的就是帝乙帝辛卜辭的差異。徐氏的黃組分類，其基礎是「吉」與「月」，徐氏謂：

> 黃組卜辭中"吉"字的寫法有：𠮷（1 式）、吉（2 式）；"月"字的寫法有：◁（1 式）、夕（2 式）。吉字與月字的變化是很明顯的。我們發現 1 式的吉字總是與 1 式的月字同版，2 式的吉字總是與 2 式的月字同版。於是，我們根據同版關係逐漸找到了一系列的特徵性字體及用字習慣上的特有組合關係，根據字體結構和書體風格的不同將黃組卜辭大體劃分為兩大類。[46]

在幾乎風格一致的字體中，徐氏能看出吉與月二字不同字形的用法差異，實屬不易，值得肯定。至於黃組兩大類時代的判定，徐氏先自「字體特點」分析，認為黃組一類有部分字體明顯承襲無名黃間二類而來，整體發展演變是晚於無名黃間二類；[47]而黃組二類所細分之二 A、二 B、二 C 三小類，二 A 類有部分字的寫法與黃組一類特點相同，二 B 類既有黃組一類的特徵字體，又有二 C 類的特徵字體，而二 C 類與黃組一類卜辭相較，

差異極為明顯，且黃組二類卜辭沒有與何組、無名組字體同版出現之例，因此，黃組二類應晚於黃組一類。[48]再以「稱謂」論之，徐氏認為黃組一類有「父丁、母癸」之稱，是帝乙對其父文丁、其母文丁之配癸的稱呼，據此黃組一類卜辭應是帝乙時期卜辭；[49]而黃組二類的重要稱謂有「武乙、武祖乙、文武丁、文武帝、妣癸」，其中「文武帝」是帝辛對其父帝乙的稱呼，「妣癸」是帝辛對其祖文丁之配癸的稱呼，「文武丁」是帝辛對其祖文丁的稱呼，因此黃組二類卜辭是帝辛時期卜辭。[50]

徐明波針對黃組卜辭字體所分的兩大類，時代大致可以對應帝乙與帝辛時期，整體觀之，似乎就是區隔乙辛卜辭最佳的途徑，然徐氏分類雖極細緻，卻仍有不足之處，可再深議。如徐氏謂其分類的基礎點為「吉、月」二字，此二字皆能再析分為兩式，且使用搭配關聯性強，並不相混，幾可作為判別乙辛卜辭的依據，但按徐說字例所示，吉字「𠙵」形僅出現於黃組一類，「古」則只出現於黃組二類，確實有所差別；而月字「◗」形除見於黃組一類外，亦見於黃組二 B 類，「夕」形則僅見於黃組二 A、二 C 兩小類，卻未見於二 B 類，實非黃組二類所必有，據以區分乙辛時代，恐生疑義。又，徐氏對於黃組各類字體時代的推斷，大約是以「黃組一類→黃組二 A 類→黃組二 B 類→黃組二 C 類」的序列演進，其中黃組二 B 類吉字作「古」形、月字作「◗」形，過渡現象明顯，時序或當置於黃組二 A 類之前為宜。

除上所及，徐明波黃組分類的時代推定，尚有一可議之處，即未能與「征伐」事件作必要的聯繫。王暉已將「征盂方」相關紀錄視為帝乙卜辭，「征人方」的部分則歸於帝辛卜辭，其說大致可從，而徐氏黃組的字體分類對此並無絲毫連結，予以相互呼應，反倒是將「王迖上魯」卜辭置於黃組一類卜辭中，[51]主張征人方是帝乙時事，[52]與王暉將「王巡于✕」卜辭歸屬帝辛卜辭根本不同，[53]且不論是非誰屬，未能一致的斷代結果，表示所運用的斷代標準之間，猶存商榷調整的空間，顯然皆不是明確有效的斷代標準。

總上所陳，董作賓斷代所分之第五期卜辭，因字體風格極為接近，向來區分不易，連帶其中所含帝乙與帝辛兩朝卜辭亦難以判別。持平而論，針對第五期乙辛卜辭而言，其外觀之分辨既難得要領，只能從內涵入手加以區隔，因此，帝乙帝辛卜辭的判別，主

---

48 詳見上註，頁 27。
49 詳見上註，頁 25-26。
50 詳見上註，頁 30。
51 同上註，頁 26。其中「迖」王暉釋為「巡」。
52 同上註，頁 94。另對征盂方的時代，徐氏僅言「征盂方卜辭字體為黃組一類，可知其屬文丁、帝乙時，具體歸屬還待進一步的工作」(同前，頁 102)，未置可否。
53 王暉：〈帝乙帝辛卜辭斷代研究〉，頁 71。

要必須依賴卜辭內容，而字體特徵則供參酌運用，並不宜主客易位。

　　若卜辭「人方」即是「夷方」，則第五期征人方卜辭當屬帝辛時期無疑，如此符合征人方日程的周祭祀統，亦當是帝辛時期所為，儘管形式上仍無法與其他周祭祀統明確分開，然此祀統所含相關卜辭皆為帝辛卜辭的事實不會改變。相對而言，若征盂方為帝乙時期的征伐事件，則符合征盂方日程的周祭祀統，必當屬帝乙時期所有，儘管數量不多，規模甚小，但亦無法否認此祀統所含相關卜辭皆為帝乙卜辭的事實。總之，乙辛卜辭理論上可以區分，實務上效果難彰，較之庚甲卜辭、廩康卜辭甚或武文卜辭，有效區隔乙辛卜辭的斷代工作成果有限，仍有待持續深化加強。

第七章

花東卜辭時代的定位

　　1991 年 10 月安陽花園莊東地，編號 91 花東 H3 坑發見甲骨，以大塊和完整卜甲居多，計得 1583 片，其中有刻辭者 689 片，經整理收錄卜甲 556 版、卜骨 5 版，共計 561 版甲骨於《殷墟花園莊東地甲骨》，此批甲骨即被簡稱為「花東甲骨」，或以「花東卜辭」名之。花東卜辭材料刊布之後，其時代歸屬的看法未能一致，旋即成為熱議焦點。

第一節　諸家異說

　　關於花東卜辭的時代，討論者眾，但各執一說，未有共識。首先，花東甲骨發掘簡報中指出：

> 據地層關係和共存陶器判斷，屬殷墟文化第一期，從坑中所出一些卜辭涉及的人物、事類來看，屬武丁時代。[1]

同時，發掘者考察花東卜辭中人物活動，根據婦好、子𢎥在卜辭中的活躍情形，認為：

> 花東 H3 卜辭的歷史時代，上限在武丁前期，下限或可到武丁中期。這一結論與 H3 所處的地層關係和共存陶器的時代也基本吻合。[2]

而後 2003 年《殷墟花園莊東地甲骨》印行，〈前言〉論證相關時代，明確指出：

> 花園莊東地早期相當於大司空村一期（或稱殷墟文化一期晚段），中期相當於殷墟文化第三期，晚期相當於殷墟文化第四期。……花東 H3 坑的時代當屬殷墟文化一期晚段。[3]

---

[1] 中國社會科學院考古研究所安陽工作隊：〈1991 年安陽花園莊東地、南地發掘簡報〉，《考古》1993 年第 6 期，頁 499。

[2] 劉一曼、曹定雲：〈殷墟花園莊東地甲骨卜辭選釋與初步研究〉，《考古》1993 年第 6 期，頁 307。

[3] 中國社會科學院考古研究所：《殷墟花園莊東地甲骨・前言》（昆明：雲南人民出版社，2003 年 12 月），

殷墟文化一期晚段,「據研究,大致相當於武丁早期」,[4]因此「花東H3卜辭的歷史時代,大體上相當於武丁前期。」[5]

　　對於《殷墟花園莊東地甲骨》(以下簡稱為《花東》)一書中所定的花東卜辭時代,朱鳳瀚有所修正:

> 甲骨學依據武丁卜辭內容,將武丁時代分為早、中、晚三期,劃分得較細。這裡所謂武丁中期,在年代上應當可以理解為上述主要依據陶器劃分的殷墟文化一、二期之際,而反之,此殷墟文化一期晚段(相當於武丁時代兩期分法的早期)這一時段,自然也可以理解為相當於甲骨學上所謂武丁早期與中期偏早。[6]

以為應當略往後延,「武丁早期至中期偏早」較為適宜。近似的主張,還有韓江蘇,在比對H3與YH127、《屯南》之相關人物與事類後,主張:

> 若把武丁即位後59年的時間分成武丁早期、中期、晚期三個階段,那麼,H3卜辭的時代應屬於武丁早期向中期過渡的階段,這與劉一曼先生從地層、甲骨面貌及卜辭內容方面所定的H3卜辭時代為武丁前期基本吻合。[7]

其說較朱氏所論稍具彈性,似有融通《花東·前言》與朱兩者之意圖。另陳劍注意到征召方事件的特殊性,認為:

> 花東子卜辭有關征伐"卲(召)"的一組卜辭當與歷組一類相關卜辭同時。歷組一類卜辭的時代是無論如何也早不到武丁前期的。而且,歷組中不少征伐"召方"或"刀方"的卜辭,從字體看屬於歷組二類,且多與"父丁"同版,其時代已經晚至祖庚時期。同時,花東子卜辭在各方面的特徵都較為統一,有很多不同版的內容可以互相系聯,推測其延續的時間也不會很長。由此看來,可以推斷整個花東子卜辭存在的時間恐在武丁晚期,最多可推斷其上限及於武丁中期。[8]

　頁17。

[4] 同上註,頁32。

[5] 同上註,頁35。

[6] 朱鳳瀚:〈讀安陽殷墟花園莊東出土的非王卜辭〉,《2004年安陽殷商文明國際學術研討會論文集》(北京:社會科學文獻出版社,2004年9月),頁211。

[7] 韓江蘇:〈殷墟花東H3卜辭時代再探討〉,《故宮博物院院刊》2008年第4期,頁23。

[8] 陳劍:〈說花園莊東地甲骨卜辭的"丁"〉,《故宮博物院院刊》2004年第4期,頁59。

則是主張花東卜辭時代不該早於武丁中期。黃天樹亦從不同面向探察花東卜辭時代歸屬，在「疾病卜辭」方面，發現花東卜辭主人患病種類之多，顯示「"子"的身體不是太好，經常生病，推測他已步入中年，也就是說把花東子類定為"武丁晚期，最多可推斷其上限及于武丁中期"」，比較合適」；[9]在「人物生死」方面，黃氏以為「韋」在武丁晚期至祖庚早期尚存活，而花東卜辭主人卻為「韋」貞選墓地，說明「花東子類卜辭不可能早到武丁中期」，其「時代為武丁晚期比較合理」；[10]在「占卜事項」方面，黃氏以征召方為例，完全贊同前述陳氏之說，認同其「花東子卜辭存在的時間恐在武丁晚期，最多可推斷其上限及于武丁中期」的判斷；[11]在「甲橋刻辭」方面，黃氏以「采」貢納龜甲的紀錄為準，「采」出現在賓組三類卜甲上（《合》9220 反），而「賓組三類卜辭的時代已晚到祖庚時期」，說明「花東卜辭的時代是早不到武丁早期的」；[12]在「卜骨整治」方面，黃氏以為「胛骨的修治比較粗糙，不鋸去臼角，是早期的特徵」，而花東子類卜辭「也切去其臼角」[13]，時代自是不宜過早。總上所述，黃氏之論述多元，基本同於陳說而擴充之，對於花東卜辭時代當屬於武丁中期以後的認知，顯然更加深入且全面。

此外，范耀江、王建軍另闢蹊徑，利用字體分類對花東卜辭刻寫時代進行推定，其分類所得有三：第一類，「與午組以及婦女類卜辭字形比較接近」；第二類，「與賓組各類字形彼此近同」；[14]第三類，「與歷組各類字形比較接近」。[15]范、王氏將之依序名為「花東一類」（簡稱花一類）、「花東二類」（簡稱花二類）、「花東三類」（簡稱花三類），其時代對應推斷如下：

> 花東一類：與午組或婦女類卜辭的一些字形非常接近，其契刻時代應在武丁中期。[16]
>
> 花東二類：與村北系的賓組（主要是賓二類與賓三類）寫法基本相同或非常接近，

---

9 黃天樹：〈簡論"花東子類"卜辭的時代〉，《古文字研究》第 26 輯（2006 年 11 月），頁 25。

10 以上俱同上註，頁 26。

11 同上註，頁 27。

12 以上俱同上註，頁 28。

13 以上俱同上註，頁 28-29。

14 以上俱見范耀江、王建軍：〈關於花東卜辭的刻寫時代問題〉，《中原文物》2017 年第 1 期（總第 193 期），頁 104。

15 同上註，頁 105。

16 同上註，頁 106。

其時代應在武丁中、晚期可延至祖庚時代。[17]

花東三類：與同屬村南系的歷組（包括歷一類、歷二類與歷草類）等有較多近似，其時代應在武丁中、晚期並延至祖庚時期，下限當在祖甲早期。[18]

范、王所論實際上仍是呼應陳劍之說，亦將花東卜辭時代往後遞延，整體看來大約落在武丁中期至祖甲早期之間，時段較前諸說皆要更晚一些。

以上各家所言，皆與《花東》的斷代結論有所出入，然儘管疑議叢生，曹定雲仍在《花東》既有的斷代基礎上加以論述，曹氏主張：

《花東》420 和《花東》480 中的"王"和"丁"是同時並存的兩個人，既然"丁"是武丁，那這個"王"只能是小乙。因此，H3 卜辭的主體是武丁即位以前的卜辭，亦即小乙時代的卜辭；卜辭時代下限最遲在武丁早期。[19]

並以為「終於在花東 H3 中找到了武丁以前的卜辭」，[20]而後更因《花東》420、480、331 三版的釋讀，堅定相信：

花東 H3 卜辭中的"丁"是"武丁"，他的身份是"子"，稱"子丁"，此時尚未即位；與"丁"（武丁）同版甚至同辭的"王"必然是小乙。這裏沒有"調和"的餘地。因此，花東 H3 卜辭應當是小乙時代的卜辭。[21]

換言之，依曹氏之見，花東卜辭的時代不僅沒有往後修正的必要，反倒應該提前至小乙時期。

綜上所述，花東卜辭的時代，各家主張並不一致，雖多在武丁前期或晚期打轉，看似相去不遠，其實有著根本的差異。各家論說不一，但皆有所本，其間差異頗耐人尋味，值得深入追究，以還花東卜辭原來的位置，進而完備花東卜辭研究的基礎。

---

17 同上註。

18 同上註。

19 劉一曼、曹定雲：〈1991 年殷墟花園莊東地甲骨的發現與整理〉，《花園莊東地甲骨論叢》（臺北：聖環圖書公司，2006 年 7 月），頁 17。

20 曹定雲：〈殷墟花東 H3 卜辭中的"王"是小乙——從卜辭中的人名"丁"談起〉，《殷都學刊》2007 年第 1 期，頁 24。

21 同上註，頁 42。

第二節　本文主張

　　花園莊東地甲骨的出土，固然是甲骨學界一大盛事，但其卜辭內容與一般殷墟甲骨所示頗為不同，因此獲得的關注更勝其他。花東卜辭的探究有兩項焦點，其一，卜辭時代歸屬；其二，卜辭中「子」、「丁」的身份。其實兩者互為關連，應作整體觀，但花東之「子」與「丁」關係並不易確認，因此透過「子」、「丁」身份解決卜辭時代的嘗試，恐皆不免徒勞。惟今之計，應當先確立卜辭年代，始有可能釐清「子」與「丁」之身分，因此本文將花東卜辭中「子」、「丁」身分之探索暫置不論，僅針對其時代歸屬提出看法。

一、考古證據

　　花東卜辭時代的定錨，是根據挖掘地層的考古學證據，其中包含地層疊壓關係以及共存陶器特徵，但花園莊東地發掘的地層資料，雖有披露，卻始終缺乏完整性，一般研究者實難窺得梗概，遑論據以進行有效的討論。關於考古學的論據，吳俊德撰有專文表達疑議，[22]頗中肯綮，特將要點迻錄於下，[23]以資參酌：

首先，《花東》整理者提到 H3 坑特別之處，云：

> H3 坑是專門為埋放甲骨而挖的。因為此坑形制規整、從坑底便開始堆放甲骨、坑內除甲骨外其他的遺物很少，這些情況表明 H3 坑是為埋藏甲骨而營造的。在長方坑挖好後，當時負責埋放甲骨的人，先從坑邊的腳窩下至坑底，將東北角、北邊、西邊的卜甲擺好，然後再將大批的甲骨倒入坑內，隨即填上灰土、黃土，並進行夯打，在黃夯土上再填上一層灰土，與當時的地面平齊。……夯打墓葬填土的目的在於保護墓主遺骨與墓中隨葬品的安全。甲骨坑上部的填土被夯打，其目的應與之相似，即埋藏甲骨的人，希望這些神聖之物，永遠安寧地長存於地下，免遭他人褻瀆。……由此觀之，H3 坑的性質，應屬有意埋藏甲骨的窖穴。[24]

---

[22] 吳俊德：〈花東卜辭時代的異見〉，《北市大語文學報》第 3 期（2009 年 12 月），頁 81-97。

[23] 所錄的內容併含註解，皆以「標楷體」別之，後同不贅；而原文引用之圖例暨說明部分誤植，未及修改者，本文逕自正之，不另標注。

[24] 中國社會科學院考古研究所：《殷墟花園莊東地甲骨·前言》，頁 14。

過去石璋如因為「尚沒有發現在一個坑中，專埋甲骨而不雜其它遺物，即令出甲骨最多之坑，其中也有大量的陶、骨、蚌、石等殘存與大量的灰土」的情形，[25]認為存在專為收藏甲骨之穴窖的可能性極低，而 H3 坑如此刻意「保護」該批卜辭，顯見其特殊性，與眾不同。

劉一曼認為甲骨「有意識的埋藏，並不一定需專門挖坑，如上文提到的屯北 H251、H127、屯南 H24，以及屯南 H23 等坑是利用早已挖好並使用過一段時間的窖穴來埋藏甲骨的」，[26]而曹定雲論及灰坑與遺物時代，亦曾表示：

> H3 坑的時代，是指 H3 埋藏甲骨的的年代，而不是坑中甲骨卜辭契刻的年代。H3 坑的年代與 H3 坑中甲骨卜辭的年代，是性質不同的兩個問題。坑中甲骨契刻年代自然大多早於坑之年代，這完全是合於情理之事。[27]

據此，「自窖穴中得到的甲骨」可以有三個時間資料：「窖穴挖坑的時代」、「甲骨埋入的時代」、「甲骨契刻的時代」。常理推想，三者約略同時的地層分析應最為精確可從，而如果三者時代互有差異，[28]則地層時代的考定恐非易事。如根據劉先生的說法，甲骨穴埋可利用使用過一段時間的坑，則甲骨契刻的時代或應晚於窖穴時代，即與曹先生所認為「甲骨契刻時代早於窖穴時代」之說有所差異，若考古材料的相互關係未能正確有效的釐清，則相關時代的推論就未必可靠。

純然設想：「祖甲時卜問並契刻的重要甲骨，保存至武乙時因故丟置在武丁時已啟用的廢棄穴坑」，三千餘年後為人所得，應如何確定該甲骨的時代呢？根據卜辭內容？根據同出器物？根據地層層次？

考古挖掘的各類坑層，其時代先後的相對順次是無庸置疑的，然而精確的歷史年代，應無法自坑層的疊壓情形直接判定。目前所謂殷墟文化所使用的四期分類法，基本上是建立在大司空村、苗圃北地和小屯南地的商代遺址發掘的基礎上，而大司空村、苗圃北地各期的歷史年代，皆是藉助同出單一（或少量）甲骨卜辭推定，[29]如今再據遺址各期

---

[25] 石璋如：《小屯‧遺址的發現與發掘‧丁編》甲骨坑層之一（一次至九次出土甲骨）（臺北：中央研究院歷史語言研究所，1985 年 4 月），頁 211。

[26] 劉一曼：〈論殷墟甲骨的埋藏狀況及相關問題〉，《揖芬集－張政烺先生九十華誕紀念文集》（北京：社會科學文獻出版社，2002 年 5 月），頁 153。

[27] 曹定雲：〈殷墟花東 H3 卜辭中的"王"是小乙——從卜辭中的人名"丁"談起〉，頁 24。

[28] 石璋如認為甲骨是殷人用過而不要的東西，「隨著垃圾而填到廢棄的穴窖中，或隨便丟到兩個建築物之間的庭院中；但那些整版的甲骨每數個疊在一起，放置在坑底，或入口處，又好像是有意的埋藏。總之，據我個人的推想，這些東西，可能有一定保存的時限，以便查考，過了時效，他們也許不要了，而隨著垃圾丟棄，或埋在穴窖中」（見《小屯‧遺址的發現與發掘‧丁編》甲骨坑層之一（一次至九次出土甲骨），頁 211）。其中「保存的時限」若跨越世代，則甲骨契刻、埋入與挖穴的時代即應有明顯差異。

[29] 大司空村的殷代遺存大體可劃分為三期，「從一個屬於第 II 期的灰坑中出有武丁期甲骨文分析，此期的絕

可能的年代來判定多數甲骨卜辭的時代，有無「循環論證」之失，頗堪玩味。張光直曾經指出：

> 作為斷代標尺，考古學上的"坑位"（董作賓的十期分類法中提出）是十分不可靠的。許多第一期和第四期的卜辭同出於一個坑位（見石璋如：《殷墟建築遺存》），但坑位時代的確定大多依賴於卜辭的斷代而不是相反。……至於在小屯南地𠂤組卜辭與早期陶器共存的現象是非常重要的，但這些甲骨的所在地層有複雜的多重打破關係，而且無論是甲骨還是陶片都不能排除二次堆積的可能性。[30]

而石璋如曾自殷墟基址的組合、分布、疊壓關係及同坑各期貞人數量，分析「扶片」（即𠂤組卜辭）的時代，其結論云：

> 不論組層、坑形、同坑貞人、扶字形質以及參加祭祀輩級等，都與「扶辭」的紀錄和基址發展的程序相符合。若以甲骨之分期為基址之分期，則在第一、二、三等期基址之下尚未找到「扶片」的存在，而在乙組第四期所廢除的大壕溝如YH036中得到若干，在村南所謂武乙時代所建立的小型基址之前灰土中（村南發掘者的斷代）得到若干，又在丙組五期基址之下的穴窖中得到若干，照這樣所局限的範圍及情形，再冷靜的分析和思考一下，「扶片」分布的雖廣，但只徘徊於這一層位中，扶的年齡縱然很大，其任職的時代，以甲骨文第四期的可能性為最大。其事跡的發展，亦以由甲組，而乙組，而村南，最後為丙組的程序為最合適。[31]

明顯不同於《屯南》認為𠂤組出於殷墟文化第一期的灰坑和地層中，時代比賓組稍早，當屬於武丁前期的推定，[32]而同樣就出土遺物進行考古地層分析，結論竟南轅北轍，實難理解。

　　凡此，在在讓人對於地層年代勘定的結果產生想像空間，而不敢堅從。如果花東卜

對年代大致在武丁前後。第I期的年代可能早於武丁，其下限最晚到武丁時期」（詳參中國社會科學院考古研究所：《殷墟發掘報告1958-1961》，北京：文物出版社〔1987.11〕，頁85）；而苗圃各期的年代大約與大司空村各期相當，而在大司空村II期灰坑「發現一片字體近似武丁時期賓組卜辭的帶字卜骨，因而推測這一期的年代大致在武丁前後」，由此可推「苗圃I期的年代上限應早於武丁，它的下限最晚到武丁；第II期的上限可早到武丁，下限可能到祖甲」；至於第III期的年代，本身可以再劃分為早、晚兩期，根據「在55H1中出有一片字體近似康丁時期的卜骨，在73H50中出有第III、IV期（康丁、武乙、文丁時代）的卜辭，看來第III期早段的上限可能到廩辛，其下限大致到文丁；第III期晚段鬲、簋的形制，有的與後岡圓坑所出的近似，其年代約當乙、辛時期」（同前書，頁10）。

[30] 張光直：《商文明》（瀋陽：遼寧教育出版社，2002年2月），頁375-376，註68。

[31] 石璋如：〈『扶片』的考古學分析〉，《中央研究院歷史語言研究所集刊》第56本第3分（1985年9月），頁483-484。

[32] 參中國社會科學院考古研究所安陽工作隊：〈1973年小屯南地發掘報告〉，《考古學集刊》第9集（1995年12月），頁123-125。

辭「丁」為生稱而使「廟號天干」的內涵可以重新考慮，則充滿晚期特徵的花東卜辭，何以無法讓殷墟文化地層的分析重新思索？[33]

再者，即使現有《花東》考古材料的比勘分析是正確的，其時代推定亦似有偏早的嫌疑。《花東》整理者將 H9 坑歸為早期坑，時代相當於大司空村一期，其中出土陶器「H9:1 器形與苗圃北地一期 II 式豆 PNVH25:40 近似」、「H9:3 形體與 1973 年小屯南地早期（二段）的 H102:12 紅陶罐基本相似」、「H9:7 器形近似小屯東北地 87AXTH1:4、H1:6」[34]之比勘或許無誤，然 H9:9（小盂）卻近似《殷墟的發現與研究》所列第二期晚段陶器的小型簋（H136:40、H136:14），[35]若此觀察是合理的，則 H9 坑的時代是否有下修至殷墟文化第二期晚段的可能？

H9:9　　　　　　　H136:40　　　　　　H136:14

另《花東‧前言》謂：

> H3，出土陶片二百多片，以泥質灰陶為主，約占陶片總數的 72%；夾砂灰陶次之，占 20%；夾砂紅褐陶和泥質紅褐陶較少，各占 4%。[36]

而殷墟各期的陶器陶質演變為：

> 夾砂紅陶在第一、二期較常見，但數量不多，第三、四期極少見；泥質紅陶第一、二期為數甚少，到第三、四期所占比例有所上升。……以苗圃北地（1963 年發掘資料）和小屯西北地遺址典型單位的統計資料為例概述如下：第一期泥質灰陶約占 68%-73%，泥質紅陶約占 1%-3%，夾砂灰陶約占 30%，夾砂紅陶約占 1%-3%；第二期泥質灰陶約占 72%，泥質紅陶約占 6%，夾砂灰陶約占 20%，夾砂紅陶約占 1%-2%；第三期泥質灰陶約占 75%，泥質紅陶約占 13%，夾砂灰陶約占 10%，夾砂紅陶少見；第四期泥質灰陶約占 75%，泥質紅陶約占 17%，夾砂灰陶約占 8%，

---

[33] 朱歧祥謂「大量所謂晚期的甲文字形，竟出現於早期的甲骨坑中。究竟是花東子自有一類別於王卜辭的特殊字形寫法？抑或是由於過去我們對於甲文字形流變的了解不夠？又或者是我們應該重新思考考古學界對花東時限判斷的研究成果？目前似乎仍是一個懸而未決的謎團」（詳見朱氏《殷墟花園莊東地甲骨論稿》，臺北：里仁書局〔2008.11〕，頁 8），對此早已有所覺知。

[34] 中國社會科學院考古研究所：《殷墟花園莊東地甲骨‧前言》，頁 16。

[35] 見中國社會科學院考古研究所：《殷墟的發現與研究》（北京：科學出版社，1994 年 9 月）【圖九八】4、5，頁 213。

[36] 中國社會科學院考古研究所：《殷墟花園莊東地甲骨‧前言》，頁 16。

夾砂紅陶少見。其演變規律是夾砂灰陶的比例不斷下降，泥質灰陶和紅陶的比例不斷上升。[37]

整體觀之，依其「夾砂灰陶的比例下降，泥質灰陶和紅陶的比例上升」的發展規律，H3坑陶質的演變階段其實應該是較接近第二期的，如純就武丁早、晚期二者選擇，則其時代亦應偏向武丁晚期較為合適。

以上云云，針對花東卜辭地層判斷的質疑，簡言之，即是認為《花東》將相關發掘地層的時代有提前的誤判，其實，根據《花東・前言》所載，H3所出的探方T4、T5第三層，其時代「由於所出陶片少而碎，尚不容易準確區分，從陶質、紋飾看，似屬殷墟文化一、二期」，[38]基本上敘述相當保守，亦顯模稜，難為定論，與所謂「據地層關係和共存陶器判斷，屬殷墟文化第一期」[39]斬截之說，相去甚遠，然論者多墨守後說而不置疑，本不立道不生，索求真相無異於緣木求魚。

共存陶片少而碎，當然絕非毫無價值，在時代的推斷上亦自有考古學的標準步驟，然而應該注意的是，即使相關陶器型式所標記的年代清楚無疑，進行坑層斷代時，參照同坑所見器物，應以最晚的型式為準，換言之，早晚期器物兼有之灰坑，其時代必不能早於晚期物的年代。前述引文謂《花東》H9:9近似殷墟文化二期晚段陶器的小型簋，則H9坑時代即不該早於殷墟文化二期晚段，而與之同時的H3坑時代，亦沒有理由提前至殷墟文化一期。

再者，根據劉一曼的考察，認為花東甲骨埋藏前曾作最後處理，劉氏特別指出：

> 花東子的占卜機構內保管甲骨的人員，在甲骨入坑埋藏之前，還對部分存檔的甲骨進行最後的清理，打亂原來的存放次序，不再按甲骨的內容，而是按其大小（有時還摻有尺寸相近的無字甲骨）分別捆紮或用織物包裹在一起扔入坑中，所以H3坑中發現不少內容不同、大小相近又緊密疊壓的卜甲。[40]

說明H3坑的甲骨埋入的動機，並非想保留或珍藏（當按內容排序），而是根本性的丟棄（實按大小綑綁），換言之，H3中的甲骨入坑時，其實已被視為廢棄物或垃圾。又，《花東》整理者注意到H3坑上部有層夯土，異於其他灰坑，推測其用為「保護墓主遺

---

[37] 中國社會科學院考古研究所：《殷墟的發現與研究》，頁27。

[38] 中國社會科學院考古研究所：《殷墟花園莊東地甲骨・前言》，頁17。

[39] 中國社會科學院考古研究所安陽工作隊：〈1991年安陽花園莊東地、南地發掘簡報〉，頁499。

[40] 劉一曼：〈花東H3坑甲骨埋藏狀況及相關問題〉，《考古學報》2017年第3期，頁335。

骨與墓中隨葬品的安全」，[41]然整理者未注意的是，與 H3 位於相同地層的 H2，竟然打
破 H3，[42]兩者時代差距應當不遠，顯示出這樣的「保護」實在沒有意義，而《輯佚》561
與《花東》123 能夠綴合的事實，[43]亦說明該批卜辭並未如預期般珍貴埋藏，因此，儘管
花東卜辭確實特別，但其重要性應當重新評估。

另外，《花東》整理者發現 H3 坑「坑內除甲骨外其他的遺物很少」的現象，說明
此坑專為埋藏甲骨之用，而正因 H3 坑有「特別埋藏甲骨」的開挖目的，故填土不該雜
入其它完整的器物，[44]碎而小的陶片應是被當成填土的一部份，隨著一般填土自他處被
挖取而後直接填入 H3 坑中。換言之，同坑陶片能標記的恐非 H3 坑的年代，而是填土
挖取處的地層時代，兩者相較，H3 坑的封閉時代必然要晚於填土。若陶片「似屬殷墟文
化一、二期」，則 H3 坑當不能早於殷墟文化二期，而此結果適與 H9:9（小盂）、H136:40、
H136:14（小型簋）所呈現的時代性相符，值得重視。

關於地層的分析，其實亦有可再議之處。花東甲骨出土地，位於花園莊東邊一百米
多處，[45]而花園莊位置則在小屯村南，兩地相距亦應約一百米多，[46]其甲骨出土地與「小
屯南地」當更為相近。小屯南地與花園莊東地同處洹河西，區塊完整平坦，並無特殊複
雜的地形地貌，經歷三千餘年自然沉積，此區塊實無發展出極大差異地層現象的條件，
換言之，以此區域而言，三千餘年間，除遇局部巨大且特殊的地殼擾動，否則其地層早
晚自然堆疊之特徵仍應基本保持一致。

本文比對小屯南地（簡稱屯南）與花園莊東地（簡稱花東）的地層堆積情形，以「黃
土」層為基準，屯南探方 T55 深 1.7-1.8 公尺，T21 深 1.45-1.75 公尺，T12 深 1.35-1.65 公

---

[41] 中國社會科學院考古研究所：《殷墟花園莊東地甲骨・前言》，頁 14。

[42] 同上註。

[43] 《殷墟甲骨輯佚》（簡稱《輯佚》，為段振美、焦智勤、党相魁、党寧等人所編，北京：文物出版社，2008
年 9 月出版）一書所錄之甲骨為散在安陽民間的私人收藏，莫伯峰指出「《輯佚》561 為龜腹甲的中甲部
位，《花東》123 則適為缺一中甲的龜腹甲，兩者的大小也正好相合。從字體與行款看來，《輯佚》561 為花
東子卜辭無疑，甚可與《花東》123 共有的"庚"、"其"、"不"和"申"等字相比較後確認這一點。
《輯佚》561 的占卜日期為"庚申"，《花東》123 的占卜日期為"辛酉"，"庚申"與"辛酉"相隔僅
一天，從日期上看兩版綴合也是合理的。同時，《輯佚》561"貞其允"一辭中"允"字的下半部在《花
東》123 中仍可看到並綴合上。」（見莫氏〈花東子卜辭和歷組卜辭新綴四組〉，《故宮博物院院刊》2011
年第 1 期，頁 28。）其說甚確，可以信從。

[44] 據發掘報告所載，H3 坑「完整陶器只小尊一件」，編號 H3:1，「口徑 12.4、高 10 厘米」，體製確實偏小，
頗易忽略。詳中國社會科學院考古研究所安陽工作隊：〈1991 年安陽花園莊東地、南地發掘簡報〉，頁 491。

[45] 中國社會科學院考古研究所：《殷墟花園莊東地甲骨・前言》，頁 1。

[46] 參《殷墟花園莊東地甲骨・前言》「圖一：花東 H3 甲骨坑位置圖」，頁 2。

尺，[47]花東探方 T4、T5 深 0.85-1.6 米，[48]雖各探方所見深淺未能相同，但約落於同一區間，差異不大，視作同一土層的分割觀察亦不離譜。[49]然同一土層沉積時代本當相同，若此黃土層在 T21 可斷為龍山文化層，則其它 T55、T12、T4、T5 等處該層時代不會是殷代層，亦應屬於龍山文化層為是。持平而論，屯南 T21 將黃土層定為龍山文化層，主要是因為其中只出龍山文化陶片，[50]此一判斷尚在情理之中，本無可厚非，但屯南其它探方將黃土層定為殷代層，亦是因其中出殷代陶片與卜骨，[51]兩相權量，此黃土層的沉積應在殷代，屯南 T21 所見，顯然是晚期地層中存見早期文物的現象，屯南的發掘報告見樹不見林，於此實有失判。

再以上述黃土層為準，屯南 T55 黃土為第四層，而「T55 第③層以下均屬殷代文化層，根據層次和陶器的共存關係，又可分為早、中、晚三期。即第③層屬晚期；第④、⑤兩層所出陶片接近，且與第③層有區別，屬中期」，[52]殷墟文化中期相當於殷墟文化三期（早、晚段），約是康丁、武乙、文丁時期，[53]換言之，該黃土層的時代不會早於康丁時期。花東 T4、T5 黃土亦是第四層，其上第三層為 H3 所出地層，其時代只能晚於第四層，亦即晚於康丁時期，甚至不會早於文丁時期，簡言之，H3 坑所出的花東卜辭，其時代當屬晚期，不會是武丁卜辭。

二、 重要事件

花東卜辭內容，除祭祀活動外，人物與事類向來是考察的重點。從斷代的功能觀之，欲以人物或相關稱謂辨別時代，則易受限於「異代同名」現象，難以一錘定音。因此，花東卜辭時代的推斷，應多琢磨卜辭內容所見之重要或特殊事件的考察。

---

[47] 中國社會科學院考古研究所安陽工作隊：〈1973 年小屯南地發掘報告〉，頁 46-47。其中 T12 部分載為「黃灰土」，不類存疑。

[48] 中國社會科學院考古研究所安陽工作隊：〈1991 年安陽花園莊東地、南地發掘簡報〉，頁 488。

[49] 《小屯南地甲骨》整理者曾指出「各探方不同時期的文化層厚度不一致，受後代的破壞程度也不相同。所以，不同探方的同一層次號，時代不盡相同，如第④、⑤兩層在探方 T55 代表中期，而在探方 T53 代表早期。」（〈前言〉注釋④，頁 56）說明同一文化層厚度不同的普遍性，於此可強化該地層為同一土層的認知。至於探方的地層編序，乃據分層數而定，層數多編號就多，不同探方層數未必相同，其編號與時代自是未必能夠對應。此處以「黃土層」為準，與地層編序號絲毫無關。

[50] 中國社會科學院考古研究所安陽工作隊：〈1973 年小屯南地發掘報告〉，頁 46。

[51] 同上註，頁 46、47。

[52] 中國社會科學院考古研究所：《小屯南地甲骨・前言》（北京：中華書局，1980 年 10 月），頁 12。

[53] 中國社會科學院考古研究所安陽工作隊：〈1973 年小屯南地發掘報告〉，頁 125。

　　眾所周知,「征召方」是除祭祀外,花東卜辭所見唯一的國家大事,關於此征伐事件的斷代作用,吳俊德亦有所論,[54]頗可一參,今將其論要義再次迻錄於下,以備探究:

> 《花東》最具時代性的事件當屬「征召方」,相關之辭計有:
> 「辛未卜:白或再冊,隹丁自正卲?」(449(1))
> 「辛未卜:丁弗其从白或伐卲?」(449(2))
> 「辛未卜:丁隹好令从白或伐卲?」(237(6))
> 「辛未卜:丁隹子令从白或伐卲?」(275+517(3))
> 「辛未卜:丁隹多丰臣令从白或伐卲?」(275+517(4))

歷組卜辭中亦有「征召方」的紀錄,如:

> 「丁卯貞:王从沚□伐召方,受□?在祖乙宗卜,五月。茲見。」(《屯》81)
> 「辛未貞:王从沚或伐召方?」(《屯》81)
> 「丁丑貞:王从沚或伐☑?」(《屯》81)
> 「癸酉貞:王从沚或伐□方?在□」(《合》33058)
> 「癸丑貞:王正召方,受又?」(《屯》4103+《合》33021)
> 「乙卯貞:王正召方?」(《屯》4103+《合》33021)
> 「丙辰貞:王正召方,受又?」(《屯》4103+《合》33021)
> 「丁未貞:王正召方?在𦰩卜,九月。」(《合》33025反)

前四辭與《花東》所見雷同,陳劍指出這類卜辭:

> 從字體看都屬于歷組一類,"歷一類主要是武丁之物"。它與前引花東子卜辭所卜事類的相合已如上述,而干支"辛未"與前引花東子卜辭完全相同,"癸酉"與"辛未"中間也只相隔一天,它們顯然是同為一事而占卜的。兩組卜辭的不同之處在于,面對即將對"卲(召)方"採取軍事行動的形勢時,屬于"王卜辭"的歷組卜辭占卜商王武丁是否聯合沚或征伐召方,而花東子卜辭則多方揣摩武丁的意圖,關心武丁到底是親自去征伐召方,還是命令婦好或"多□"聯合沚或、甚至是命令"子"自己聯合沚或去征伐召方。[55]

陳氏從歷組為早期之說,故以為「武丁之物」,不確(詳下),然其認為歷組與《花東》相關征召方的卜辭「是同為一事而占卜」,則屬無誤。

　　根據「征召方」事件,花東卜辭時代應與歷組晚期相當,而歷組的時代,《小屯南

---

[54] 吳俊德:〈花東卜辭時代的異見〉,頁81-97。

[55] 陳劍:〈說花園莊東地甲骨卜辭的"丁"〉,頁55。

地甲骨》分析出土三類卜辭，認為「第一類（按：無名組）、第二類（按：歷組二類）卜辭出于中期一組灰坑與地層，第三類（按：歷組一類）卜辭出于中期二組灰坑與地層，一組灰坑與地層的時代要早于二組，故第一、二類卜辭的時代要早于第三類卜辭」，[56] 並具體說明：

> 第一類卜辭有父庚、父甲、父己、兄辛的稱謂。這些稱謂與文獻記載康丁諸父祖庚、祖甲、孝己及其兄廩辛正相符合，故第一類卜辭當為康丁卜辭。第三類卜辭晚于第一類卜辭，即在時代上晚于康丁，其本身又有父乙稱謂，此稱謂與文獻所載文丁父武乙正相符合，故第三類卜辭只能是文丁卜辭。第二類卜辭在地層上與康丁卜辭共存，早于文丁卜辭，在字體、文例、內容上，與康丁、文丁卜辭都有密切關係，其本身又有父丁稱謂，與文獻記載武乙父康丁正相符合，所以應為武乙卜辭。[57]

明確斷定歷組的時代屬於武乙、文丁時期。

關於考古地層的分析，通過疊壓、打破情形的觀察，坑層時代的相對先後是明確而難以改易的，但其絕對年代卻無法據此知曉，必須參考其他標準始能推斷。因此，無論《小屯南地甲骨》將歷組時代斷於武丁、祖庚，抑或武乙、文丁，皆不能改變在地層上，歷組晚於無名組的事實。

再根據夏商周斷代工程之「甲骨系列樣品分期及 AMS 測年數據」表列樣本的「^{14}C 年代」，[58] 大致呈現賓組卜辭時代先於祖庚先於祖甲，廩康卜辭則與第二期約略相近，而明顯早於乙辛之黃組卜辭的情形，其結果證實傳統甲骨五期分法基本上是正確的，亦即各組卜辭時代依序為：賓組、出組、無名組、黃組。就此可知，無名組時代晚於賓組。

綜上，根據 ^{14}C 測年與《屯南》地層，賓組時代早於無名組，而無名組時代又早於歷組，因此歷組卜辭時代應屬於晚期無疑，而花東卜辭的時代亦應歸於晚期為宜。

此外，許進雄先生曾蒐羅與「征召方」相關卜辭 55 組，據以考察武乙征召方的經過，又自「序辭形式」與「鑽鑿形態」觀之，認為「武乙征召方是屬於下半期的行動」，[59] 顯示「征召方」的時代不僅不在早期，甚至可能已晚及文丁朝，與《花東》征召方卜辭屬於「歷一類」（有「父乙」稱謂）的現象相符。

---

56 中國社會科學院考古研究所：《小屯南地甲骨・前言》，頁 21。

57 同上註。

58 夏商周斷代工程專家組：《夏商周斷代工程 1996-2000 年階段成果報告》簡本（北京：世界圖書出版公司，2000 年 10 月），「表十三：甲骨系列樣品分期及 AMS 測年數據」，頁 54-55。

59 許進雄先生：〈武乙征召方日程〉，《中國文字》新 12 期（1988 年 7 月），頁 316。

以上所論，旨在證實歷組「征召方」事件之發生，應在武乙朝以後，屬於晚期時段。若花東卜辭中召方的征伐與歷組所見為同一事件，則花東卜辭時代歸為晚期則屬必然。對此，韓江蘇曾提出質疑：

> 陳劍拿花東 H₃ 卜辭的"丁"征伐邵的"辛未日"與歷組卜辭中王征伐召方的"辛未日"作比較，認為花東卜辭中的伐邵與歷組卜辭中的伐召、刀為一事而在不同組的卜辭中的同時占卜。筆者認為，同一干支日在一年的十二月當中，會重複出現六次，花東 H₃ 卜辭中的辛未日就是歷組卜辭中的同年同月中辛未日，還需要有其他材料作補充才能說明，不能見兩個相同的干支日，就認為是同一年中的同一天，這種結論還有待證明。[60]

曹定雲亦謂：

> 即使將"邵方"理解為"召方"，那殷王朝與方國之間的"戰爭"並不是一時之事，而是長期的斷斷續續、反反復復的過程。這種關係歷史上常見，並非殷代獨有。不能因為一見到"伐邵"（或伐召），就把不同歷史時期的事扯到一塊去。[61]

兩者皆認為花東之「伐邵」並不等同歷組之「伐召」，藉以否定花東卜辭時代歸屬武丁晚期的主張。整體觀之，韓、曹二說尚在情理之中，然韓氏所疑者，正是裘錫圭論歷組時代前移的方法（參後），若裘說可從，則陳劍的連結自有參考價值；曹氏所述者，其性質與「異代同名」現象近似，若邵（召）方歷來都是商王室的邊患，則曹說確實可能為真。

另，韓江蘇指出：

> 武丁晚期，商王朝對舌方發動大規模戰爭時，婦好已經死去。婦好死後，其廟號為"辛"，祖庚時期稱母辛（《合集》23116），黃組卜辭中稱妣辛；婦好死後，武丁又先後立兩位后妃妣癸和妣戊（《通》83+84+85〔=《合》36268〕）。從歷史的實際情況分析，婦好有可能死於武丁中期。⋯⋯H₃ 卜辭主人"子"與婦好有密切關係，婦好是活著的人，因此，陳劍同意歷組卜辭早期說（其時代為武丁晚期至祖庚時期），則不能對婦好問題作出合理的解釋，他所定花東卜辭的時代也將受到懷疑。[62]

---

[60] 韓江蘇：《殷墟花東 H3 卜辭主人"子"研究》（北京：線裝書局，2007 年 4 月），頁 41。

[61] 曹定雲：〈論"殷墟花園莊東地甲骨"是小乙時代卜辭（下）——從商代的"日名"說起〉，頁 107。

[62] 韓江蘇：《殷墟花東 H3 卜辭主人"子"研究》，頁 42。

韓氏所言大抵為是，但婦好存歿的關聯性，可以佐證花東卜辭時代不在武丁至祖庚時期，連帶亦能說明歷組卜辭時代不在此一時段，因此陳劍之失，其實在於主張歷組早期說，並非誤「伐卲」與「伐召」為一事。

曹定雲以花東甲骨為武丁前卜辭，故視「伐卲」與「伐召」為二事，並以類似「異代同名」的情況詮釋兩者關聯。然儘管「卲、召」有可能是異代同名，但歷組所征之召方，時代約在甲骨第四期中晚葉，而前述已論根據地層關係，花東卜辭時代應不早於殷墟文化三期為宜，因此兩者所對應的朝代基本相同，主要都在武乙、文丁時期之際，換言之，花東卜辭時代大約就在歷組晚期。據此觀之，歷組卜辭記載伐召方，與花東卜辭所見的征卲方，根本就是同一時期所發生的同一件事，亦即「伐卲」與「伐召」確為一事，此兩者內涵本當完全相同，並非「把不同歷史時期的事扯到一塊去」，曹氏所言，未達一間。

總上所陳，花園莊東地甲骨內容特殊，其時代的推斷亦較為困難，依稱謂，則須先確定其指稱對象為何；依人物，則先要釐清異代同名的混淆；如以字體為準，則濃厚的晚期風格，[63]與所謂的「地層關係」格格不入，其認知落差亦有待進一步探究，凡此皆非有效的斷代依據。

花園莊東地甲骨乃科學發掘所得，相關出土層位資訊明確，自是判定時代的主要依據。本文系聯屯南與花東的地層情況，主張花東甲骨所在的 H3 坑，其時代不會早於康丁時期，且以武乙、文丁時期的定位最為適宜，與《花東》以為武丁早期的判斷大相逕庭，幾乎是完全相反的主張。然花東卜辭時代定為晚期，並非無的放矢，且此論點不但讓相關字形的晚期作風可以得到理解，其上所載「伐卲方」亦能與歷組「征召方」紀錄等同，而該事件之問卜並見於王卜辭與非王卜辭中，顯示此次征伐所涉及之人事物恐不可小覷，值得加以深入分析探究。

---

63 李學勤即曾指出「H3：52"子占曰"的"占"字，寫法不同於殷墟早期卜辭，卻同於晚期的黃組卜辭」（見李氏〈花園莊東地卜辭的"子"〉，《河南博物院落成暨河南博物館建館 70 周年紀念論文集》鄭州：中州古籍出版社〔1998.07〕，頁 123）；朱歧祥亦謂「大陸學者甚至以文字字形為最準確和可依靠的斷代證明。然而，花東甲骨的出土，卻攪亂了這個所謂客觀的斷代標準。過去認為屬於中晚期的甲文字形，卻紛紛見於這一坑界定為武丁早期的甲骨坑中」（見朱氏《殷墟花園莊東地甲骨論稿》，頁 8），皆認為花東卜辭之字形具有明顯的晚期風格。

第八章

第三四期卜辭的差異

　　董作賓將甲骨時代區分為五期，不計盤庚、小乙、小辛三朝，共含括七世九個王朝的卜辭，顯而易見，董氏五期甲骨之分，既非根據世代，亦不是根據王朝，因此除第一期大致可全視為武丁卜辭之外，其餘各期皆存有不同王朝的卜辭。將不同王朝卜辭逕置於一期，忽略其間差異，確實不夠嚴謹，是以有陳夢家「九期」分法的期待。其實「九期的分法是一種理想，主要的用意是希望將殷墟所得甲骨以『每王一期』區分出來，以利進行更精密的研究工作，這是甲骨斷代研究者的目標，也是一個值得遵循的方向」，[1] 雖此說較董氏所分精細，但實務上卻不易達成，因此至今「九期」尚無法取代「五期」，更有甚者，胡厚宣為求斷代謹慎，主張併三、四期為一期，謂「廩辛、康丁、武乙、文丁時甲骨，根據稱謂，有確可分為廩辛、康丁及武乙、文丁兩期；亦有確可知其當屬於某一王者；但絕大多數，並無稱謂可據，字體事類，往往類似混同，難以強分。茲為慎重起見，姑列為一期」，[2] 「五期」遂成「四期」，[3] 又較董氏所分簡略。然此舉雖可減少甲骨斷代歸屬的誤判，但涵蓋廩辛、康丁、武乙、文丁四朝的卜辭，時段過長而內容龐雜卻不加區分，除不利甲骨學深化探索之外，單就斷代而言，亦與其目的背道而馳，難為斷代研究者所接受。

第一節　分期問題

　　關於董作賓所分第三、四期甲骨，時代上承繼關係密切固不在話下，其卜辭字體作風習慣亦有因襲的情形，裘錫圭即謂：

---

[1] 吳俊德：《殷墟第三、四期甲骨斷代研究》（臺北：藝文印書館，1999 年 1 月），頁 9。

[2] 胡厚宣：《戰後京津新獲甲骨·序要》（上海：群聯出版社，1954 年 3 月），頁 1。

[3] 胡厚宣所編的甲骨著錄專書：《甲骨六錄》（1945 年 7 月）、《戰後平津新獲甲骨集》（1946 年 5～7 月）、《戰後寧滬新獲甲骨集》（1951 年 4 月）、《戰後南北所見甲骨錄》（1951 年 11 月）、《戰後京津新獲甲骨集》（1954 年 3 月）、《甲骨續存》（1955 年 12 月）等皆以「四期」斷代，刻意迴避棘手的第三、四期甲骨斷代問題。

康丁卜辭和四期卜辭的字體往往很難區別。不但有相當多的四期卜辭的字體跟一般的康丁卜辭很相像，並且有些康丁卜辭的字體跟一般歸入第四期的卜辭的字體也很難區別。例如《續》1.34.3（=《合》26995）那塊有父庚、父甲之名的卜骨，從字體看很像是屬於四期的，但從親屬稱謂看却顯然應該歸入康丁時代。[4]

因此裘氏認同胡厚宣作法，主張「按照胡厚宣先生的分期辦法，對那些無法根據卜辭內容判斷其確切時代的三四期甲骨不再加以區分。」[5]

另外，陳煒湛曾指出：

在斷代實踐中，學者們都會碰到疑難不決的甲或骨，不能順利地對每一片甲骨都進行斷代。……特別棘手的是，有許多介于第三第四期之間的卜辭，既無世系、稱謂、貞人可考，又無人物、熟語等可供參考，只能依文字和書體來判斷，因此常常模稜兩可。有的學者為了避免這一麻煩，干脆採取四期分法（合廩辛至文丁為一期）；有的學者增加一過渡期，標為第三‧四期。[6]

特別強調第三、四期卜辭黏著之深，確實不易區分，而陳氏的解決之道竟是：

從研究的角度看，甲骨的斷代分期，當然是越細越好，越精密越好。但若因 "細" 而致誤，因求 "精密" 而反致混亂，則毋寧粗些，少精密些。鑒於上述各種實際困難，對於分期問題不妨採取這樣的辦法：能細分則細，乃至具體斷定為某一帝王時的甲骨；不能細則粗，即大致地推斷其年代，乃至只分早、中、晚三期（如某卜辭不能確定為武丁或祖庚祖甲卜辭，可暫定為早期，不能確定為廩辛康丁或武乙文丁卜辭，則暫定為中期）。[7]

將殷墟甲骨時代粗分為早、中、晚三期，陳氏猶能接受，基本上亦是屬於「分不如合」的論調。

面對第三四期甲骨卜辭的糾葛，王宇信的說明極為具體：

第三期和第四期甲骨中，除了有一部份根據貞人和稱謂可以直接分在第三期或第四期外，還有一部份甲骨在分期實踐中較難處理。這批甲骨，就是出自村中和大

4 《考古》編輯部：〈安陽殷墟五號墓座談紀要〉，《考古》1977 年 5 期，頁 343。

5 同上註，頁 344。

6 陳煒湛：《甲骨文簡論》（上海：上海古籍出版社，1987 年 5 月），頁 176。

7 同上註，頁 177。

連坑附近的甲骨，字體嚴整，筆畫首尾尖而中間粗。它們既不同於第三期有貞人名甲骨的"頹廢"，也不同於第四期一部分甲骨的"勁峭"。因這些甲骨不具貞人名，故被有的學者稱之為"無名組"卜辭。這批卜辭的稱謂，有的有"父甲"、"兄辛"，當指第三期稟辛、康丁稱其父祖甲及康丁稱其兄稟辛者，如《通》334（=《合》780）（例圖略），可分入第三期。但這批甲骨又有稱謂"父丁"者，當為第四期武乙稱其父康丁，如《甲》840（=《合》32718）（例圖略），應是第四期康丁物（按：當作武乙物）。因此，這批卜辭雖然文字書體作風完全相同，但據稱謂卻分屬兩個時期。有"稱謂"的可以如此這般處理，但無稱謂的這類卜辭又歸在哪期？如《粹》544（=《合》30524）（例圖略）等片，文字、書體作風與上例二片完全一致，只是沒有稱謂。三期乎？四期乎？實在難以斟酌。[8]

至於相關甲骨斷代處置，王氏認為：

從其實質來看，胡厚宣先生的"四期"分法，仍然是以董作賓的"五期"說為基礎的一種變通處理辦法。雖然"四期"分法遷就了一些矛盾，但正如有的學者所指出，他"所分的第三期包容了三世四王，究竟太長"。"他將董氏的三、四兩期合併為一，是不妥當的"。在我們編纂《甲骨文合集》時，仍採用"五期"說，將這類卜辭中有稱謂的盡量根據稱謂分在第三期或第四期，而無稱謂的就一律做為第三期處理了。因為據 1973 年小屯南地甲骨發掘和研究表明，這類卜辭（即"第一類"）常出土於小屯南地中期，即稟辛、康丁時代的地層中。[9]

大致而言，王氏之說雖可分出第三、四期卜辭，卻仍是一時權宜之舉，並非真正的斷代工作，對於第三、四期卜辭差異的掌握猶有未殆。

第二節　區分作業

具體區分第三、四期甲骨卜辭的工作，首見於許進雄先生的研究。許先生考察鑽鑿

8　王宇信：《甲骨學通論》（修訂本）（北京：中國社會科學出版社，2015 年 8 月），頁 144。其中《通》334（=《合》780）與例圖（《合》27370）不符，且後者僅見「父甲」，並無「兄辛」，此例訛誤。
9　王宇信：《甲骨學通論》（修訂本），頁 144。

形態,「發現骨上的長鑿配置,基本上第三期和第四期是相當不同的」,[10]對區分第三、四期卜辭很有幫助。所謂「長鑿配置」有六類,分別是「① 𠂤、② 𠂤、③ 𠂤、④ 𠂤、⑤ 𠂤、⑥ 𠂤」(「𠂤」表骨臼處),[11]其中「主要的配置是第一與第六類,即分別在缺角處的長鑿是否遠離頂端的骨臼,因此第一到第三類可看成一式,第五和第六類為另一式,第四類則介於中間」。[12]統計顯示,第三期(以「兆側刻辭」為主要特徵)之「長鑿配置屬於前一式,即缺角之邊的長鑿遠離頂端」,「可看出長鑿配置①是第三期的主流」;而第四期(以「序數」為主要特徵)之「長鑿配置屬於後一式,即缺角之邊的長鑿緊靠頂端」,「而長鑿配置⑥為第四期的主流」。[13]換言之,第三、四兩期卜骨可依長鑿配置情形予以區分,大致而言,第三期卜骨缺角邊的長鑿遠離頂端,而第四期卜骨缺角邊的長鑿緊靠頂端,基本樣態差異明顯。

稍後,許進雄先生簡化類型,將上述第一至第三類長鑿配置定為「一三」型,第四類定為「一二」型,而第五、六類則定為「一一」型,[14]並就鑿長、配置、前辭、骨沿、燒灼等鑽鑿形態內涵進行進一步觀察比較,其結論如下。

鑿長方面:

> 代表第三期早期的有貞人署名的鑿長都是巨大型的,後來才有一些中型的,第四期時中型的長鑿成為主流,到了晚期時小型的就佔有不小的比率了。從多方面看,從第三期到第四期這一段期間,鑿的長度有慢慢縮短的趨勢。[15]

配置方面:

> 從統計,可看出第三期時以一三型排列為主,第四期則以一一型排列為主。這兩種型式使用及交替的頻度對斷代分期應有相當助益的。從有貞人署名的第三期卜骨上的長鑿排列大都是一一型,少見有一三型,知一三型式的盛行不是第三期一上來就有的。從鑿長的比率看,有兆側刻辭的卜骨,其巨型長鑿的比率比第三期

---

[10] 許進雄先生:〈從長鑿的配置試分第三與第四期的卜骨〉,《中國文字》第 48 冊(1973 年 6 月),頁 1。

[11] 形態說明依序為「缺角處的長鑿與另一邊的第三個長鑿平行或以下」、「缺角之邊無長鑿」、「缺角處的長鑿介於另一邊的第二個和第三個之間」、「缺角處的長鑿與另一邊的第二個長鑿等高」、「缺角處的長鑿介於另一邊的第一、第二個長鑿之間」、「缺角處的長鑿與另一邊的第一個長鑿是等高的」,詳許進雄先生:〈從長鑿的配置試分第三與第四期的卜骨〉,頁 1。

[12] 許進雄先生:〈從長鑿的配置試分第三與第四期的卜骨〉,頁 1。

[13] 以上俱同上註,頁 6。

[14] 詳見許進雄先生:《甲骨上鑽鑿形態的研究》(臺北:藝文印書館,1979 年 3 月),頁 76。

[15] 同上註,頁 77。

全體的低，但一三型排列的比率卻高得多，也可證明第三期早期有一段期間是盛
行一一型而少用一三型的，所以使得時代較後的兆側刻辭卜骨有較高的一三型排
列比率。[16]

前辭方面，「干支卜」的部分：

第三期干支卜序辭形式的鑿長，其中型的比起第三期全體的比率有很顯著的增
加，因此有很多必然在多用中型長鑿的後段時候。至於其他長度的比率，特巨型
的保有第三期原有的比率，巨大型與大型則有顯著的降低，這表示其次多使用的
期間是在前期而不是中期的時候。……至於干支卜序辭形式在第四期的使用情
形，顯得和第四期全體的有很大的差異。巨型和大型的長鑿都大大地減少，相對
的中型與小型的比率大大地增加，表示其行用的時間比較遲。又此項的長鑿排列
方法幾乎都是一一型，由於一三型常見於第三期，罕見於第四期，不見於第五期，
很可想見它從第三期頻頻使用而漸漸在第四期消失的情形。由於第四期干支卜
序辭形式罕見一三型排列法也可見它比較集中於後半段的期間了。[17]

又，「干支貞」的部分：

在可知為第三期的卜辭中，不見有以干支貞為序辭形式的，它是第四期的一個重
要斷代標準。……其比率與第四期全體的比較，巨大、大、中型的數值都無甚變
化，特巨型的數值有些增加而小型的則有些減少。可知其通行的時間，平均上要
比全體的早些，即在前半段的期間比後半段的長。[18]

兩者的關聯：

干支卜與干支貞同版的也不見一三型的排列。干支卜序辭形式的通行期間的比較
集中在前期及後期的時候，一三型排列則比較集中在前期的時候。綜合之，這兩
種形式通行的會合期間比較可能是干支貞序辭形式使用的末期，亦即干支卜序辭
形式後段的早期時候。[19]

骨沿方面：

---

[16] 同上註，頁 79。
[17] 同上註，頁 81。
[18] 同上註，頁 82。
[19] 同上註，頁 83。

此三項[20]的鑿長分配情形與第三期及第四期的比率比較，可以約略看出其時代性來。一式的骨沿一定大行於第三期，不過第四期也見有一些這種形態的，故知延用到第四期早期。三式骨沿的比率，巨型的比第四期的多些而小型的少些，又它也出現於第三期，故知其通行期間約自第三期下半到第四期的中期。至若四式骨沿完全不見巨型長鑿，知其行用期間當不早於第四期的中期。[21]

燒灼方面：

第三期的燒灼痕大都很大，燒灼時可能只輕觸骨面，故骨面常留下大而完美的燒灼痕。如果火力過強，則整個燒灼面剝裂，留下一層層崎嶇不平的剝層。第四期的燒灼面大都是很小，比較上難得有完好的燒灼面。其剝裂面往往是小而陡深，不像第三期的剝裂是平的。此期的燒灼可能是用很堅硬的東西強壓骨面，鉻下一個不圓而光滑的斜面，比較實物就可以覺察其差別來。[22]

總上所述，許進雄先生針對區分第三、四期甲骨的鑽鑿分析，其結論差異可概略對比如下：

表 3-8-1：第三、四期鑽鑿差異對照

	第三期	第四期
鑿長	巨大型（長過 2.3 公分）多	中型（1.5-2 公分）多
鑿形	肥寬彎曲肩尖圓頭 寬微曲肩平圓頭 窄肩平切頭	直肩三角形頭 中小型彎曲肩尖圓頭 一尖一平圓頭的水滴形
配置	「一三」型為主	「一一」型為主
前辭	無「干支貞」	「干支貞」多
骨沿	一式	四式
燒灼	大而完美	小而陡深

---

20 指「一式骨沿」（骨沿磨成高而有規則弧度的 ᘒ 形。如果長鑿在甚近骨沿的地方，長鑿的一內壁往往與骨沿裏面齊平如 ᘒ 形）、「三式骨沿」（骨沿裏面的弧度有時直折成 ᘒ 形，如果長鑿不挖刻得太近骨沿，則成 ᘒ 的形態）、「四式骨沿」（骨沿稍高於骨面而如一道矮脊稜之 ᘎ 形）。詳許進雄先生：《甲骨上鑽鑿形態的研究》，頁 83。

21 許進雄先生：《甲骨上鑽鑿形態的研究》，頁 84。

22 同上註。

大致看來，第三、四期甲骨在鑽鑿形態的表現上，雖有共同特色的部分，但確實還是有所不同。若以上述任何單一現象正確區別第三、四期甲骨，其實困難度頗高，極容易誤判，然而若將諸項差異加以綜合考量，則第三、四期甲骨的特徵亦無所遁形，大有機會將之有效區隔分開。

接著，許進雄先生全面進行第三、四期卜辭區分的嘗試，先以「稱謂」、「異版同文」、「兆側刻辭」為基準，蒐羅第三、四期卜辭一千三百餘版，[23]再據相關統計結果比較其中「序辭形式」、「卜的字形」、「王的字形」、「上甲的寫法」、「尞的字形」、「年與禾的用語」、「不的字形」、「翌日的寫法」、「雨的字形」、「冓的字形」、「啟的字形」、「風的字形」、「易日」、「眾的字形」、「叀的字形」、「戈與禍」、「其每與弗每」、「又正」、「湄日」、「過的活動」、「田獵活動」、「酒祭」、「㞢祭」、「歲祭」、「伐」、「升」、「卯」、「祭祀的對象」等 28 項相關內容的使用習慣，終得「王受又、年、翌日、遘、每、又正，湄日，過等是第三期獨有的現象。干支貞、翌日、等是第四期獨有現象」[24]的結論，已然落實第三、四期卜辭的區分工作，為日後第三、四期卜辭斷代的探索提供有效的參照方向。其後，吳俊德承其餘緒，擴大相關材料，稽得可用第三、四期卜辭總計 1718 版，[25]分字形、詞例、鑽鑿三大項進行相關比例統計，全面比較第三、四期卜辭呈現的差異，其結論概要表列如下。

字形方面：[26]

表 3-8-2：第三、四期常用字形差異說明

字例	第三期	第四期	說明
王	𠙻	太	三橫「𠙻」屬三期常用的字形，二橫「太」則屬四期常用的字形
叀	𤔔	𤔲	底部呈三角狀的「𤔔」屬三期常用的字形，呈小圓狀的「𤔲」則屬四期常用的字形
不	𠀉	𠁥	頭部具三角狀的「𠀉」屬三期常用的字形，不具三角狀的「𠁥」則屬四期常用的字形

---

[23] 許進雄先生謂「有稱謂及異版同文現象的五百多片卜骨，已足夠作為我們討論第四期卜辭特徵之用」，又云「有稱謂或有兆側刻辭的材料約有八五○之數」，是「理想的全面代表第三期占卜習慣的材料」，兩者相加，至少可得 1350 版。詳許先生〈區分第三期第四期卜骨的嘗試〉，《中國文字》新 9 期（1984 年 9 月），頁 115-117。

[24] 許進雄先生：〈區分第三期第四期卜骨的嘗試〉，頁 133。

[25] 吳俊德：《殷墟第三、四期甲骨斷代研究》，頁 57-93。

[26] 同上註，頁 231-233。

字例	第三期	第四期	說明
雨			水滴呈現上二下一或雨形頂上有短橫的「雨」屬三期常用的字形，而「雨」形則是通行於三、四期的字形，其中四期水滴的排列一般較三期整齊
翌			偏旁加上「立」的「翌」形，是三期專有的字形，而不加任何偏旁的「翌」形則常用於四期。另有加「日」偏旁作「翌」者，三、四期各有數見，過渡現象明顯
冓			偏旁加有「彳」、「止」的「冓」屬三期常用的字形，沒有任何偏旁，僅作「冓」者則多見於第四期，其中的「冓」形為四期所專用的字形
眾			人頂之「日」，呈圓狀的「眾」屬三期常用的字形，呈方形的「眾」則屬四期常用的字形
燎			基本形作「燎」屬四期常用的字形，偏旁加「火」的「燎」則屬三期常用的字形
啟			偏旁加有「日」或「口」的「啟」屬三期常用的字形，沒有任何偏旁的「啟」則屬四期常用的字形
告			中有橫畫的「告」通行於三、四期，而無橫畫的「告」則僅見於四期，屬四期常用的字形
自			兩側向外伸展的線條，有曲折向上傾向的「自」屬三期常用的字形，順勢向外直出的「自」與中心作直線的「自」則屬四期常用的字形
羌			羌頸上所套繩索，作糾結狀的「羌」屬三期常用的字形，作平直狀的「羌」則屬四期常用的字形，另「羌」、「羌」只出現在第四期，亦有斷代的價值
上甲			上甲合文作「田」，通用於三、四期，而田上加有一短橫線的「田」則屬三期常用的字形
弗			一般常見作「弗」形，而部分作「弗」形者，則屬三期專有的字形
田			一般常見作「田」，而部分作「田」形者，則為四期專有的字形
風			風字則有「風」、「風」二形。屬於四期的字形皆作後者，沒有例外，唯材料過少，斷代的價值仍待觀察
災			災字計有「災」、「災」、「災」、「中」等四形。除「中」外，皆屬三期的字形，無一例外，斷代價值高，而「中」形僅得一例，斷代的價值亦須再充分的觀察

詞例方面：[27]

---

[27] 同上註，頁 233-234。

表 3-8-3：第三、四期習慣用語差異

第三期用語	第四期用語	說明
王受又		此語為第三期卜辭所常用，並罕見於第四期； 而「王受=」一語則僅見於第三期
馭釐		此語為第三期卜辭所常用，罕見於第四期
湄日		此語為第三期卜辭所專用，不見於第四期
	易日	此語為第四期卜辭所專用，幾不見於第三期
又正		此語為第三期卜辭所常用，極罕見於第四期
其每 弗每		此二語為第三期卜辭所專用，完全不見於第四期
永王		此語為第三期卜辭所專用，不見於第四期
求年 受年		此二語為第三期卜辭所專用，不見於第四期
	求禾 受禾	此二語為第四期卜辭所常用，罕見於第三期
亡災		此語為第三期卜辭所常用，極少見於第四期
	亡禍	此語為第四期卜辭所常用，不見於第三期
	亡壱	此語為第四期卜辭所常用，不見於第三期
亡尤		此語為第三期卜辭所用，近於第二期的習慣
	在某某卜	此語為第四期卜辭所常用，極少見於第三期

鑽鑿方面：[28]

表 3-8-4：第三、四期鑽鑿形態差異

鑽鑿	第三期	第四期	說明
鑿形	IV$_1$式 IV$_2$式 V$_2$式 V$_3$式	IV$_4$式	IV$_1$、IV$_2$、V$_2$、V$_3$四式有明顯的三期傾向，可供斷代參考；另IV$_4$式則較具第四期傾向

---

[28] 同上註，頁231。

鑽鑿	第三期	第四期	說明
骨沿	A 型	B 型 C 型 D 型	A 型富有強烈的第三期特色，B、C、D 三型則為偏重第四期的類別，其演變過程大致為 A→B→C→D，而 D 型屬第四期所專有，極具斷代價值
鑿列	II₂式 II₃式	II₁式	II₁式顯露出濃厚四期的特色，當可加以運用；而 II₂、II₃兩式則具有較強的三期傾向，亦可參考

整體觀之，結果與許先生所論大致相同，顯示第三、四期卜辭不僅有所差異，亦確實可以進行有效的區分。

第三節　區分標準

　　一般的甲骨斷代工作，首要以「貞人」為基準，但絕大部分第三、四期卜辭並未署有貞人名，無法據以斷代，因此「對於此兩期的卜骨，一般是以書體的特徵去斷代。但是一個人的書體並不是恆久不變的，而我們對書體的歸類也不免會流於主觀」，[29]又「書體不但有個人的風格，而且還有一時代的特徵。只是時代性有沿革，界限不很明顯，難以作客觀的分類。故書體雖是第三期與第四期簡便的斷代標準，並不是很理想的標準。」[30]職是之故，建立第三、四期卜辭的區分標準亟需另闢蹊徑。

一、材料分類

　　總括上述的探索成果，其實第三、四期卜辭的區別標準已呼之欲出，惟其斷代工作，尚須兼顧甲骨外顯與內在的特徵。謝濟曾指出：

> 康丁武乙卜辭關係密切，有許多共同的特點，有一部份很難區別。……但康丁、武乙有稱謂的卜辭相當普遍，結合其它因素，多數的康丁、武乙卜辭又是能分的，只是少部分難分。[31]

---

[29] 許進雄先生：〈區分第三期第四期卜骨的嘗試〉，頁 102。

[30] 同上註，頁 107。

[31] 謝濟：〈甲骨斷代研究與康丁文丁卜辭〉，《甲骨文與殷商史》第 3 輯（1991 年 8 月），頁 106。

就斷代實務而言，謝說可從，尋求區分第三、四期卜辭之道，勢必要以「稱謂」為基礎，進而擴充其間各種現象的考察，始能建構出有效的區分標準。

第三、四期卜辭分屬不同世代，其稱謂系統自不相同，相較於庚甲、廩康卜辭的區分，以稱謂區隔第三、四期卜辭確實能發揮一定的作用。眾所周知，第三期有助於斷代的稱謂為「父己、父庚、父甲、兄辛」，分別是廩辛或康丁稱其父輩祖己、祖庚、祖甲，以及康丁稱其兄廩辛，而第四期的稱謂是「父辛、父丁、父乙」，則是武乙稱其父輩廩辛、康丁以及文丁稱其父武乙。包含以上諸項稱謂的第三、四期卜辭，其分期並無疑義，可作為探索第三、四期卜辭差異的基礎材料，但此類材料目前所見不及 500 版，[32]尚待增加數量，以求討論範圍更為全面。許進雄先生首先指出：

> 比較以上所舉的有稱謂可斷代的第三期和第四期卜骨，發現此兩期有一很大的不同點，即第四期常見有異版同文的現象，第三期則不見。所謂異版同文的現象，就是在成套的一定數量的卜骨，在相應的位置分別刻上相同的貞辭，並分別於各骨標明一二三等卜問的次序。這種風氣雖也見於他期，但在第三和第四期這一段時間，卻是第四期常見而不見於第三期，故是斷代的好線索。[33]

吳俊德的相關統計如下表：[34]

材料 ＼ 統計		總版數	異版同文版數（組數）	比例
第三期基礎材料		164	0 （0）	0.00%
第四期個別情形	武乙時期	240	86 （35）	35.83%
	文丁時期	24	7 （3）	29.17%
第四期基礎材料		264	93 （38）	35.23%

據此，可證許說至碻，「異版同文」作為第四期卜辭的斷代依據，是可靠的第四期擴充材料。另外，許先生亦發現：

> 第三期的卜辭常在兆旁刻有吉、弘吉、大吉的術語以表示吉祥的程度，一般稱之為兆側刻辭。在上舉有稱謂可斷代的卜骨中，有第三期稱謂且有兆側刻辭的有三十骨（例略）。有父丁稱謂的兆側刻辭只有二骨（例略），不見有父乙稱謂的兆側刻辭。第三期有兆側刻辭的佔 23.9%，而第四期武乙時代只有 1%，可見兆側刻

32 據吳俊德所稽材料，兩期合計 426 版，詳吳氏《殷墟第三、四期甲骨斷代研究》，頁 62、240-241。
33 許進雄先生：〈區分第三期第四期卜骨的嘗試〉，頁 107-108。
34 吳俊德：《殷墟第三、四期甲骨斷代研究》，頁 81。

辭絕大多數使用於第三期，只偶而行用於第四期，且多半是很早的時候。[35]

比對吳氏的統計如下：[36]

材料 ＼ 統計		總版數	具兆辭版數	比例
第三期基礎材料		164	41	25.00%
第四期 個別情形	武乙時期	240	2	0.83%
	文丁時期	24	0	0.00%
第四期基礎材料		264	2	0.76%

兩者結果一致，可信度高。許先生又謂：

> 查核所有的兆側刻辭卜骨，尚不見第四期的常見干支貞序辭形式。有可能是異版
> 同文現象的也只有一組（28089，28090）。……從這些現象，我們大致可以說，
> 大吉、吉等兆側刻辭絕大多數是第三期的，只有少數延用到第四期早期，是理想
> 的全面代表第三期占卜習慣的材料。[37]

據上所陳，第三、四期卜辭區分的依據，除「稱謂」之外，「兆側刻辭」與「異版
同文」兩項卜辭特點時代性極強，可分別標記第三期與第四期卜辭的特徵，亦是此兩期
有效的斷代標準。

二、 鑽鑿形態

許進雄先生考察甲骨上的鑽鑿形態，對於第三、四期鑽鑿之鑿形與鑿長有詳細的描
述（見前），整體觀之，其發展特徵大致如下：

> 從第三期到第四期鑿長演變的趨向是，長度遞減。形態則由肥寬的彎曲肩尖圓
> 頭的巨型長鑿，漸轉為寬的微曲肩平圓頭的大型長鑿，次則為窄肩平切頭或三
> 角形的中型長鑿，最後則是中小型的彎曲肩尖圓頭，或一尖一平圓頭的水滴形
> 長鑿。[38]

---

[35] 許進雄先生：〈區分第三期第四期卜骨的嘗試〉，頁116。
[36] 吳俊德：《殷墟第三、四期甲骨斷代研究》，頁77。
[37] 許進雄先生：〈區分第三期第四期卜骨的嘗試〉，頁117。
[38] 許進雄先生：《甲骨上鑽鑿形態的研究》，頁89。

整體而言，第三期的鑿形較第四期長且寬，而水滴形鑿只見於第四期，此兩期的主要鑿形明顯有所差異，以《小屯南地甲骨》所分之鑽鑿型式為準（型式說明詳前），則IV₁、IV₂、V₁、V₂四式為第三期主要鑿形，IV₄式及VI型鑿則是專屬第四期鑿形，據以斷代，確可概分第三、四期卜骨，頗見效能。

此外，鑽鑿整治過程，對於骨沿的處理亦有差異，《小屯南地甲骨》將之分為四式（型式說明詳前），其中A式多為第三期所見，C、D兩式則為第四期所獨有，據之亦能有效區辨第三、四期卜骨。至於長鑿排列情形，《小屯南地甲骨》共列三型六式（型式說明詳前），其中第三期卜骨六式兼有，但除Ⅱ₄式為第三期獨有，並未見於第四期之外，其餘五式兩期並見，難以運用，而Ⅱ₄式雖可用以區分第三、四期卜骨，但數量不豐，效能猶有折扣。

綜上，能作為區分第三、四期卜辭的鑽鑿形態或特徵者是：判定為第三期的依據有IV₁、IV₂、V₁、V₂等四式長鑿以及A式骨沿；判定為第四期的依據則有IV₄式及VI型鑿、C、D兩式骨沿、Ⅱ₄式鑿列。

三、 卜辭內容

第三、四期時段橫跨三代四朝，其典章制度當有所沿革，反應於甲骨占卜之上，相關占卜與契刻的習慣，甚至卜問的事項亦自有所不同，其中差異較為顯著，可用於斷代者，本文著眼於「前辭形式」、「常見字形」、「用語習慣」、「事類活動」四方面簡述於下，以資運用。

（一） 前辭形式

殷墟卜辭完整前辭作「干支卜某貞」，其中「某」表貞人名，而第三、四期卜辭因幾乎不署貞人之名，因此該兩期卜辭僅就具前辭者觀之，其形式多省作「干支卜」、「干支貞」、「干支卜貞」。根據吳俊德的統計，[39]第三、四期相關前辭形式的數值與比例如下：

---

39 詳吳俊德：《殷墟第三、四期甲骨斷代研究》，頁66-94。

表 3-8-5：第三、四期前辭形式統計表

	干支卜	干支貞	干支卜貞	省略	卜辭總數
第三期	327	2	3	1367	1718
比例	19.03%	0.12%	0.17%	79.57%	100.00%
第四期	452	618	32	681	1790
比例	25.25%	34.53%	1.79%	38.04%	100.00%

據上表，第三、四期卜辭之前辭最常見者為「省略」形式，此與系列性問卜形式有關，該形式通常除第一卜外，系列其它諸卜皆省去前辭。若暫置「省略」形式不論，其餘前辭形式的使用，第三期以「干支卜」最多，第四期則是「干支貞」，然同期「干支卜」比例亦高，因此「干支貞」可作為區別第三、四期卜辭的依據，但「干支卜」則不能。值得一提的是，許進雄先生注意到「卜」字的寫法差異，特別指出：

> 卜字一般作橫畫向上的"ㄣ"形，有時作平伸的"卜"形。但是此期有種新的寫法，作橫畫明顯向下的"卜"形。在有第三期稱謂的材料，有卜字的五十三骨，作"卜"字形的有二十骨，其比率是很高的。但是在有父丁稱謂且有卜字的五十七骨中，只有三骨（32715，32717，《屯》51）作橫畫朝下的"卜"形，第四期文丁的卜骨則不見有橫畫朝下的卜字。……很顯然，卜字的橫畫朝下是第三期的常式。雖然其寫法殘留到第四期，但非常罕用，應該在第四期很早時後就被捨棄了。[40]

參以吳氏的統計，

表 3-8-6：第三、四期「干支卜」前辭統計表

	干支ㄣ	干支卜	卜辭總數
第三期	176	151	1718
比例	10.24%	8.79%	100.00%
第四期	442	10	1790
比例	24.69%	0.56%	100.00%

可知許說至確可從，則「干支卜」式前辭可作為第三、四期卜辭區分的重要參考。

綜觀前辭形式在區分第三、四期卜辭的作用，吳俊德認為：

---

[40] 許進雄先生：〈區分第三期第四期卜骨的嘗試〉，頁 119-120。

「干支卜」通行於三、四兩期,較無明顯的斷代作用,而「省略」型在第三期的比例極高,且循三期、武乙、文丁的時代逐漸減少,是可以加以運用的斷代依據。另外,「干支⺊」極少見於第四期,「干支貞」在第三期則為僅有,此二者皆具有重要的分期意義。質言之,前辭作「干支⺊」的刻辭,其時代應為第三期,而作「干支貞」的刻辭,其時代屬第四期該當無誤。[41]

簡言之,第三、四期卜辭的前辭形式中,「干支卜」與「干支貞」時代性較為強烈,可作為斷代的運用。

(二) 常見用字

從字形看,第三、四期卜辭常見用字確實存在差異。許進雄先生曾以「卜、王、上甲、尞、不、翌日、雨、菁、啟、風、眾、叀」等 12 字為例,說明諸字在第三、四期卜辭中所見之形體差異,其後吳俊德又增「告、自、羌、弗、田、災」6 字,擴大區辨第三、四期卜辭的機會。除「卜」字已見前述,其餘各字差異簡述如下:

王,寫法有「王、太」兩形,差別在於前者頂上多一畫。據統計,[42]前形見於第三期與見於第四期的比率為「96.79:3.21」,後形則是「2.42:97.58」,「知第三期只用三橫畫的第一種形式,它被延用到第四期的早期,很快就完全被二橫畫的"太"字所取代」。[43]此二形於兩期中的使用,差異明顯,可作為斷代的重要參考標準。

上甲,寫法有「⊞、⊞」兩形,差別在於前者方框上多一畫。據統計,[44]前形見於第三期與見於第四期的比率為「88.89:11.11」,後形則是「3.39:96.61」,顯然前者「是比較流行於第三期的習慣」,而「第四期最常寫的字形是⊞」。[45]此二形於兩期中的使用,差異亦屬明顯,可作為斷代的參考標準。

尞,寫法有「㞢、米㳚」兩大類,主要差別在於前者構木下多一火形。據統計,[46]前一類見於第三期與見於第四期的比率為「87.50:12.50」,後一類則是「2.00:98.00」,「從統計的數目,知第三期尞字寫作㞢,晚期有作㳚形的。第四期寫作㞢的大半是早期

---

[41] 吳俊德:《殷墟第三、四期甲骨斷代研究》,頁 231。

[42] 同上註,頁 102、106。

[43] 許進雄先生:〈區分第三期第四期卜骨的嘗試〉,頁 120。

[44] 詳吳俊德:《殷墟第三、四期甲骨斷代研究》,頁 163、165。

[45] 以上俱見許進雄先生:〈區分第三期第四期卜骨的嘗試〉,頁 122。

[46] 詳吳俊德:《殷墟第三、四期甲骨斷代研究》,頁 139、141。

的形式，其絕大多數作米業等形」。[47]此二類於兩期中的使用，差異亦屬明顯，尤以後一類多見於第四期，可作為斷代依據。

不，寫法有「不不、不不」兩大類，許進雄先生指出兩者「主要的差別在於下垂的三畫是否彎曲」，[48]而吳俊德則認為「彎曲」現象「有時難以判別，不若『頭部是否具三角狀』的現象容易辨識」，[49]是以「不」字形體的區分當以「三角狀頭部」為準。根據統計，[50]前一類（具三角狀頭部）見於第三期與見於第四期的比率為「99.24：0.76」，後一類（不具三角狀頭部）則是「5.95：94.05」，「知第三期以不形為常」，「晚期有作不的」，第四期「則以不形為常，偶作不，早期還曾作不形」。[51]此二類諸形於兩期中的使用，差異明顯，可作為斷代的依據。

翌日，其寫法差異，許進雄先生區分為四形式：「一作"翌日"，由羽形及立聲配合而成。一作"明日"或"咽日"，翌日由羽與日形聯合而成。一作"明"，把羽與日兩字平行合書。一作"羽日"，羽與日分書為兩字」，並認為「"翌日"是第三期常用而獨有的形式，稍遲有些作"明日"，到了晚期則一部分變成"羽日"。第四期以作"羽日"分書為常，作"明日"則應該是早期的方式」；[52]吳俊德將之簡化成「翌、羽」兩類，兩者差異在於「羽」旁有無「立」或「日」。據統計，[53]前一類（「羽」旁有「立」或「日」）見於第三期與見於第四期的比率為「99.14：0.86」，後一類（「羽」旁無「立」或「日」）則是「19.23：80.77」，知第三期「翌日」常作「翌日」或「明日」，與第四期多見「羽日」有所差別。前一類諸形多用於第三期，可作為斷代的依據。

雨，寫法有「雨、雨雨」兩大類，其差別在於後者雨滴上二下一，或頂上多一畫。據統計，[54]前一類見於第三期與見於第四期的比率為「36.28：63.72」，後一類則是「99.15：0.85」，顯見後一類為第三期常見者，而第四期幾乎沒有後一類的雨字，可作為斷代的依據。

菁，寫法有「菁、蓋遣」兩類，前者是基本形，後者則是繁形。許進雄先生發現「第四期只作基本形，第三期則兩種寫法都常用」，[55]吳俊德則將之區分為「菁、菁、菁」

---

[47] 許進雄先生：〈區分第三期第四期卜骨的嘗試〉，頁 123。

[48] 同上註，頁 124。

[49] 吳俊德：《殷墟第三、四期甲骨斷代研究》，頁 114。

[50] 同上註，頁 116、118。

[51] 以上俱見許進雄先生：〈區分第三期第四期卜骨的嘗試〉，頁 124。

[52] 以上俱同上註，頁 124-125。

[53] 詳吳俊德：《殷墟第三、四期甲骨斷代研究》，頁 126、128。

[54] 同上註，頁 121、123。

[55] 許進雄先生：〈區分第三期第四期卜骨的嘗試〉，頁 125。

三形，差別為前者伴有「彳」或「止」或「辵」偏旁，後二者沒有，而第二形又較第三形於腰中多一橫畫。據統計，[56]第一形見於第三期與見於第四期的比率為「100.00：0.00」，第二形為「76.67：23.33」，第三形則是「6.67：93.33」，可知第一形為第三期所專用，而第三形幾乎只見於第四期。第一形僅見於第三期，第三形則多用於第四期，可作為斷代的依據。

啟，寫法有「𣦃、𣦃𣦃𣦃」兩類，前者是基本形，後者加「日」或「口」，皆屬繁形。據統計，[57]前一類見於第三期與見於第四期的比率為「16.67：83.33」，後一類則是「100.00：0.00」，知繁形只見於第三期，而第四期多作基本形，因此啟字之繁寫諸形可作為斷代的依據。

風，寫法有「𣦃、𣦃」兩形，差別在於前者多加「凡」聲，為風雨的專字。據統計，[58]前形見於第三期與見於第四期的比率為「100.00：0.00」，後形則是「66.67：33.33」，說明加「凡」聲之形為第三期專用，與第四期區別明顯，可用作斷代依據。

眾，寫法有「𣦃、𣦃」兩形，差別在於三人形上為日或作方框。據統計，[59]前形見於第三期與見於第四期的比率為「100.00：0.00」，後形則是「0.00：100.00」，兩形之用，毫不相混，日下三人之「𣦃」為第三期字形，而「𣦃」為第四期新用字形，皆屬有效的斷代依據。

叀，其寫法許進雄先生分為三類，「第一形作𣦃，紡磚之下作三角形，第二形作𣦃，下面作橢圓形。第三形作𣦃，紡磚的本體作二橫畫」，並謂「從統計，知第三期絕大多數作第一形𣦃，偶作第二形𣦃，沒有作第三形的。第四期則早期有作第一形的，絕大多數作第三形𣦃，偶作第二形」；[60]吳俊德則分為「𣦃、𣦃」兩類，差別在於底部是否為三角狀。據統計，[61]前一類見於第三期與見於第四期的比率為「95.64：4.36」，後一類則是「21.33：78.67」，可知無三角底的叀字則多數為第四期所用，而具三角底的叀常見於第三期，具斷代價值。

告，寫法有「𣦃、𣦃」兩形，差別在於前者中部多一畫。據統計，[62]前形見於第三期與見於第四期的比率為「55.56：44.44」，後形則是「0.00：100.00」，顯示後形為第四期所專用，可作為斷代依據。

---

56 詳吳俊德：《殷墟第三、四期甲骨斷代研究》，頁 130、132-133。

57 同上註，頁 143、145。

58 同上註，頁 171-172。

59 同上註，頁 136-137。

60 許進雄先生：〈區分第三期第四期卜骨的嘗試〉，頁 127。

61 詳吳俊德：《殷墟第三、四期甲骨斷代研究》，頁 110、112。

62 同上註，頁 147、149。

自，寫法有「𢎀、𢎀、𢎀、𢎀」四形，其差別是第一、二形字形中心為折線，第三形為一直線，第四形為二直線，而第一、二形的不同在於兩側突出線條，前者曲折向上，後者則順勢向外斜出，四形各有特徵，差別明顯。據統計，[63]第一形見於第三期與見於第四期的比率為「100.00：0.00」，第二形為「13.64：86.36」，第三形則是「2.86：97.14」，第四形則是「0.00：100.00」，顯見自字第一形「𢎀」為第三期專用，第四形「𢎀」為第四期所專用，而第三形「𢎀」多為第四期所用，此三形時代性強烈，可作為斷代依據。

羌，寫法有「𦫳、𦫳、𦫳、𦫳、𦫳」等五形，其差異明顯在於頸部所套物件表形不同，據統計，[64]第一形（𦫳）見於第三期與見於第四期的比率為「88.89：11.11」，第二形（𦫳）為「3.51：96.49」，此二形於兩期中的使用，差異相對明顯，可作為斷代參考；另第三形（𦫳）「多可歸入第三期」，而第四（𦫳）、五（𦫳）兩形之例雖不多，但「全屬四期，無一例外」，[65]亦可作為斷代的參考。

弗，寫法有「弗、弗」兩形，差別在於折線的角度。前形為卜辭常見寫法，亦通行於第三、四兩期，並無明顯差異，但後形據統計，[66]見於第三期與見於第四期的比率為「100.00：0.00」，顯然為第三期所獨見，可用以作為斷代的依據。

田，寫法有「田、田」兩形，差別在於田埂線條的數量。前形為卜辭常見寫法，亦大量通行於第三、四兩期，毫無差異，但後形據統計，[67]見於第三期與見於第四期的比率為「0.00：100.00」，顯示其為第四期所獨見，可用以作為斷代的依據。

災，寫法有「𡿧、川、川、屮」等四形，其構形創意皆不相同，差別相當明顯。據統計，[68]第一形見於第三期與見於第四期的比率為「100.00：0.00」，第二、三形亦同為「100.00：0.00」，第四形則是「0.00：100.00」，以上四形除第一形（𡿧）數量頗豐（165例）之外，其餘諸形之例（分別為11、3、1例）並不多見，其中更以第四形（屮）僅一見最少。儘管如此，此四形災字之用，時代性仍屬強烈，可作為斷代的主要參考標準。

另外，舌，祭祀專名，寫法有「舌、舌」二形，其間差別在於「示」旁之有無。據統計，[69]前形見於第三期與見於第四期的比率為「70.45：29.55」，後形則是「100.00：0.00」，知後形為第三期所專用，可作為斷代的依據。

---

[63] 同上註，頁 151-152、154、156。

[64] 同上註，頁 158、160。

[65] 以上俱同上註，頁 162。

[66] 同上註，頁 167。

[67] 同上註，頁 169。

[68] 同上註，頁 175-176。

[69] 同上註，頁 282。

　　總上，前舉第三、四期常用字共 20 例，涉及字形至少 55 形，其中具有區分第三、四期卜辭之價值者 41 形，表列如下，以利運用。

表 3-8-7：第三、四期用字區別一覽表

時代	特　徵　字　形
第三期	（甲骨文字形）
第四期	（甲骨文字形）

（三）用語習慣

　　第三、四期卜辭中，部分用語有明顯的時代性，許進雄先生曾舉「王受又、年與禾、易日、戈與禍、其每與弗每、又正、湄日」等例加以說明區辨，吳俊德增益「馭釐、永王、在某某卜」三詞，其具體情形簡述如下：

　　王受又，此詞時作「王受又=」，常見於卜辭末尾，意為「王能受到保佑」。據統計，[70]此詞見於第三期與見於第四期的比率為「94.57：5.43」，知其為第三期之習用語，可作為斷代的重要參考。

　　年與禾，卜辭所見年與禾，多作「求年、受年」與「求禾、受禾」。求年、求禾二詞意義相同，意為「祈求農作豐收」；而受年、受禾二詞意義相同，則作「農作收成順利」之意。據統計，[71]「求年、受年」見於第三期與見於第四期的比率為「100.00：0.00」；「求禾、受禾」見於第三期者與見於第四期者的比率為「6.25：93.75」，顯見「求年、受年」為第三期所專用，可作為斷代的依據；「求禾、受禾」則是第四期所習用，可作為斷代的重要參考。

　　易日，此詞多置於句末，意為「雲開日出」。[72]據統計，[73]此詞見於第三期與見於第四期的比率為「7.69：92.31」，知其為第四期所習用，可作為斷代的重要參考。

---

70 同上註，頁 178。
71 同上註，頁 196-197。
72 參嚴一萍：〈釋昜〉，《中國文字》第 40 冊（1971 年 6 月），頁 2。
73 詳吳俊德：《殷墟第三、四期甲骨斷代研究》，頁 186。

災與禍，卜辭所見有無災禍的用詞頗多，常見者有「亡戋、亡禍、亡尤、亡㞢」等語，許進雄先生比較第三、四期卜辭之用，指出「第三期的用語以亡戋為常，戋字偶而寫成 。第四期則多樣化，主要的用語是"禍"與"它"。其作"才"或"戋"的」，「顯然是比較早期的現象」。[74]據統計，[75]「亡戋」見於第三期與見於第四期的比率為「99.39：0.61」，「亡禍」、「亡㞢」二詞見於第三期與見於第四期的比率皆為「0.00：100.00」，以上三詞時代性頗為強烈，可作為斷代的依據，另「亡尤」因僅一見（《屯》2148），雖有第三期兆辭特徵，但斷代價值有限。整體觀之，「亡尤」常見於第二期，第三、四期中的一例，時代應在第三期偏早；「亡戋」卜辭第三期特徵顯著，當是第三期習用語；而「亡禍」、「亡㞢」並見於第四期卜辭，且為第四期所專用，兩者雖時代差異不顯，難斷先後，但「亡禍」顯較「亡㞢」更為常用。據上，前述用語時代大致以「亡尤→亡戋→亡禍、亡㞢」過程演變。

其每與弗每，此二詞為正反相對，多用於田獵之問，其中「每」讀為「悔」或「晦」皆可通，意為「災悔」或「陰晦」。據統計，[76]此二詞見於第三期與見於第四期的比率為「100.00：0.00」，顯然為第三期所專用，可作為斷代的依據。

又正，此詞之用多置於句末，或與「王受又」連用，為「正確、合適」之意。[77]據統計，[78]此詞見於第三期與見於第四期的比率為「91.30：8.70」，知其為第三期所習用，可作為斷代的重要參考。

湄日，此詞當屬田獵用語，多與風雨、災禍諸事之問連用，意為「終日」。[79]據統計，[80]此詞見於第三期與見於第四期的比率為「100.00：0.00」，顯然亦為第三期所專用，可作為斷代的依據。

馭氂，此詞占問時多單獨成辭，意為「延長福祉」。[81]據統計，[82]此詞見於第三期與見於第四期的比率為「84.62：15.38」，知其常見於第三期，可概視為第三期習用語，亦可作為斷代的參考。

---

[74] 以上俱見許進雄先生：〈區分第三期第四期卜骨的嘗試〉，頁 128。

[75] 詳吳俊德：《殷墟第三、四期甲骨斷代研究》，頁 200-203。

[76] 同上註，頁 191。

[77] 參許進雄先生：《明義士收藏甲骨釋文篇》（多倫多：加拿大皇家安大略博物館，1977 年），B1686 號釋文，頁 123。

[78] 詳吳俊德：《殷墟第三、四期甲骨斷代研究》，頁 188。

[79] 參楊樹達：《積微居甲文說・卜辭瑣記》（北京：中國科學院，1954 年 5 月），頁 69。

[80] 詳吳俊德：《殷墟第三、四期甲骨斷代研究》，頁 183。

[81] 參董作賓：〈釋"馭氂"〉，《安陽發掘報告》第 4 期（1933 年 6 月），頁 700。

[82] 詳吳俊德：《殷墟第三、四期甲骨斷代研究》，頁 180。

永王，此詞之「永」，可作「[illegible]、[illegible]、[illegible]、[illegible]、[illegible]」等形，異構甚多，字釋亦不相同，[83]大多置於卜辭句尾，意為「福祐君王」。[84] 據統計，[85]此詞見於第三期與見於第四期的比率為「100.00：0.00」，知其為第三期所專用，可作為斷代的依據。

在某某卜，此詞繫於卜辭句末，標記貞問的地點。據統計，[86]此詞見於第三期與見於第四期的比率為「18.18：81.82」，知此習慣為第四期所常見，可作為斷代的參考。

總上，前舉第三、四期用語習慣共 10 例，涉及習語至少 18 詞，皆可作為區分第三、四期卜辭的依據或參考，表列如下，以利運用。

表 3-8-8：第三、四期用語區別一覽表

時代	習　慣　用　語
第三期	王受又、王受又=、求年、受年、亡戋、亡尤、其每、弗每、又正、湄日、馭釐、永王
第四期	求禾、受禾、易日、亡禍、亡壱、在某某卜

（四）事類活動

1. 祭祀

祭祀是殷墟卜辭主要的卜問事類，而商代之祭祀活動種類繁多，不同時代亦呈現不同的風格習慣。如常見的「酌、歲、伐、卯、告、[illegible]、[illegible]、奏、祝、冊、沉、匚」等祀

[83] 屈萬里將「永」釋為「衍」，「永王」即「衍王」，謂其意為「王親布田獵之陣」（詳屈氏《殷虛文字甲編考釋》上 573 號釋文，《屈萬里全集⑥》，臺北：聯經出版事業公司〔1984.07〕，頁 159-160）；嚴一萍釋「永」為「道」，「永王」即「道王」，「道」為「導」之本字，而「導王」即「祈求『示王以塗』，以期多獲」之意（詳嚴氏〈釋[illegible]〉，《中國文字》第 7 冊〔1962.03〕，頁 4）；裘錫圭則釋「永」為「侃」，「永王」即「侃王」，以其意為「使王喜樂」（詳裘氏〈釋「衍」「侃」〉，《魯實先先生學術討論會論文集》，臺北：萬卷樓圖書有限公司〔1993.06〕，頁 11）。然若屈氏「布陣」之說為是，則就卜辭所見，商王幾乎皆不親自布田獵之陣，如何遂其田獵目的；而裘氏以為「侃王」是「卜問所準備進行之事能否使王喜樂，或能否得到使王喜樂的後果」之意，此論顯露問疑者應是貞人，而非商王，其說恐與實情不符，且「喜樂」主控權在君王本身，占問自己會不會喜樂甚是乖謬。因此，屈、裘二說，於義難解，實不可從；而嚴氏之說雖無確證，但「希冀計畫有效，能夠收穫豐富」的問卜，尚可備一說。

[84] 參劉桓：〈卜辭雜釋五則〉，《殷都學刊》1996 年 1 期，頁 10。

[85] 詳吳俊德：《殷墟第三、四期甲骨斷代研究》，頁 193。

[86] 同上註，頁 205。

典，在第三、四期中的施祭情形即有所差異。據統計，[87]上述諸項祭祀活動，見於第三期者與見於第四期者的比率，表列如下：

表 3-8-9：第三、四期祭祀比例差異

事項	第三期佔比	第四期佔比
酚	83.33	16.67
歲	88.89	11.11
伐	16.28	83.72
卯	16.98	83.02
告	14.67	85.33
阞	0.00	100.00
钔	10.34	89.66
奏	90.91	9.09
祝	80.65	19.35
曹	85.00	15.00
沉	9.09	90.91
匸	0.00	100.00

以上諸祀在第三、四期施祭的情形差異較大，大致而言，酚、歲、奏、祝、曹等祭，常見於第三期，第四期較為少見；而伐、卯、告、阞、钔、沉、匸等祭，情況則是相反，常見於第四期，較少見於第三期。類此不同之習慣，雖能說明第三、四期祭祀的若干特點，但就斷代的作用而言，上列除奏、沉、阞、匸四祭時代性相對明確之外，其餘諸祭僅能參考，難以為據。

2. 田獵

田獵亦是殷墟卜辭常見的卜問事類，在第三、四期卜辭中，所涉及的的田獵活動相當多樣，常見紀錄有「其田、迺田、省田、往田、過、獸、阱、射」等活動。據統計，[88]上述諸項田獵活動，見於第三期者與見於第四期者的比率，表列如下：

---

[87] 同上註，頁 261-288。
[88] 同上註，頁 249、257-258。

表 3-8-10：第三、四期田獵比例差異

事項	第三期佔比	第四期佔比
其田	100.00	0.00
迺田	100.00	0.00
省田	100.00	0.00
往田	83.33	16.67
過	100.00	0.00
獸	66.67	33.33
阱	100.00	0.00
射	25.00	75.00

由上可知，所謂第三、四期的田獵活動，其實絕大多數是屬於第三期，亦即第三期田獵活動相當蓬勃，而第四期則明顯收斂許多，部分甚至罕見，或與第四期征伐活動（如征召方）較為頻繁有關。因此，從斷代角度觀之，田獵活動的施行情況亦可作為區分第三、四期卜辭的參考。

總上所述，儘管第三、四期卜辭部分特徵頗為相近，不易區分，然畢竟橫跨三世四王，該時段中諸多典章制度未必相同，反映於卜辭則必有差異之處。吾人可以根據稱謂系統，先行區分出正確的第三期與第四期卜辭，然後從中探究其卜問習慣，以時代性明顯的「兆側刻辭」與「異版同文」擴大其卜辭範圍，再細繹其中用字、用語現象的差異，並以此作為標準，即能進行第三、四期卜辭的區分。

實務所得，能有效區分第三、四期卜辭者，除稱謂、兆辭、同文例之外，至少尚有字形 41 例，習語 18 例可以運用。此外，第三期的田獵活動遠較第四期活絡，在第三、四期的區分工作中，亦能提供斷代的參考；至於相關祭祀活動，其時代分別性整體說來並不明顯，可用以輔助不足，但不能作為判定時代的依據。

第九章

第一四期卜辭的爭議

甲骨斷代工作至今仍未能全盤獲取共識，主要爭議來自於對第一、四期甲骨認知的差異，而第一、四期卜辭在斷代工作上的糾葛，指的是原本董作賓歸入第四期的甲骨卜辭，後來又有改隸第一期的主張。這樣的反復源於董氏五期卜辭中第一、四期的稱謂系統相近，容易混淆，因此以稱謂定錨的甲骨斷代工作即無法有效遂行；再加上此兩期卜辭內容部分有雷同之處，字體風格亦見相近之貌，於是造成時代判斷上各行其是，而紛紛眾說，莫衷一是，著實令人難以適從。

其實，董作賓所區分的第一期與第四期卜辭，本質上就有顯著的差異，其後混為同期之說，雖非無據，但論者多未能辨明輕重，區分主從，是己而非人，自難聚焦，遑論形成共識。相關討論自貝塚茂樹提出新主張起（1953年），爭議至今前後已超過一甲子，在這漫長的辨正過程中，釐清甲骨第一期與第四期斷代疑義的工作，由於小屯南地（1973年）與殷墟婦好墓（1976年）的相繼發掘，可分為兩個階段，前半段爭議重點在於「王族卜辭」（即自子午卜辭）的時代歸屬，後半段則屬「歷組卜辭」的時代論定。本文總綰相關論據，從根談起，擇要析辨，冀以揚清激濁，究竟真相。

第一節　爭議源起

關於第一、四期卜辭的斷代爭議，其具體內涵可分為二，分述如下。

一、文武丁之謎

董作賓初擬「貞人」為斷代標準（1933年），論及「不錄貞人的時期」時，曾謂：

> 在前三期，也有許多卜辭是不錄貞人的（如〈大龜四版〉之三，即全版不錄貞人），到了第四期武乙文丁之世，便整個的不錄貞人了。在小屯村裏所出的卜辭，

就屬于此期，無貞人是他的特點。例如卜旬，在第一，二，三期，多用龜，既錄貞人，又記月份，……到了武乙之世，但稱貞，不書卜，不記貞人，不記月份，材料用骨。[1]

當時以為小屯村不錄貞人的卜辭，皆屬武乙文丁時期，換言之，董氏初始認定武乙文丁卜辭皆無貞人署名，而後覺察有所不妥（1949 年），改變看法：

當時很呆板的只認定貞字上的一字是人名，是貞人；沒有注意到那些在卜字之下記有貞人而省去貞字之例。又因當時注意的只限於武乙時代的卜辭，所舉第四期之例，也只限於武乙之世。其實，村中出土的，以前著錄的，都有文武丁時代之物，都被我們大部分送給武丁了。[2]

董氏以「扶」為例，因其所卜之辭有「父乙、母庚」稱謂，故將之列入第一期，連帶「許多他的同僚，也都馬馬虎虎提早了八九十年，同時也不能不承認武丁時代有各種不同的書體、字形、文法、事類、方國與人物了。」[3]然扶卜辭中另有「大乙」之稱，董氏認為：

武丁，祖庚時代，稱大乙為唐，絕無例外，（《前》1.3.4〔=《合》651〕祖乙，大甲，或誤讀為祖甲，太乙）至祖甲時代，改革祀典，（所謂新派）纔把唐定名為大乙，以後各王，便都稱大乙，不再稱唐。文武丁是主張復古的，從紀日法、月名、祀典各方面看，他都恢復了舊派的制度，只有一個唐的名稱沒有復活，仍然叫大乙，這是一個堅強的，惟一的證據。[4]

因此主張「扶」的時代須後移至文丁期，「從這個假定出發，請扶介紹他的同僚，於是找到了扶的同版貞人勺，貞人臼，和科頭的時王，文武丁；臼又介紹了医，王又介紹了余；余又介紹了我，子，刎；因而又找到了韓，車；史；萬，怵，卣，等許多人」，[5]據之，董氏再將以上諸人所卜內容，隨著「扶」皆改隸為文丁期卜辭。同時董氏亦有所省思：

---

[1] 董作賓：〈甲骨文斷代研究例〉，《蔡元培先生六十五歲慶祝論文集》（上冊）（中央研究院歷史語言研究所集刊外編第一種，1933 年 1 月），頁 389。

[2] 董作賓：〈殷墟文字乙編序〉，《中國考古學報》第 4 冊（1949 年 10 月），頁 272-273。

[3] 同上註，頁 273。

[4] 同上註。

[5] 同上註，頁 274。相關例略。

以前我們只看見父乙，母庚，兄丁，王字作🔺，就斷定是武丁時，現在注意的卻
是大乙這個稱呼，由於稱唐為大乙，可以斷定絕對不是武丁時，反過來，這裡的
父乙就是武乙，也可以斷定這是屬於文武丁時的卜辭，因而文武丁也可以有一個
母庚，一個兄丁，而他把王字，復了古體。[6]

因而認定文武丁時期有若干復古的跡象，此即「文武丁之謎」的揭穿。

貝塚茂樹曾質疑（1946 年），若根據董作賓的「干支字演化表」[7]，並不足以推斷
《龜》1.15.1（＝《合》21783 部分）的時代歸屬：

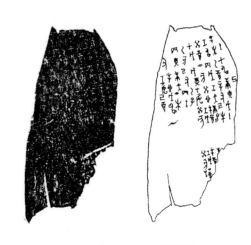

《龜》1.15.1 拓本暨摹本

> 試將現今這塊干支表的字形，同董
> 作賓的干支字形表中變化特別顯著
> 的字相比較，酉、丑、巳、午同第一
> 期不一致，與第二、三期以後的相
> 近，特別是辰，與第五期字完全相
> 同，巳與五期同體，子與第五期也十
> 分接近（圖略）。如果從這些字體著
> 眼，這塊干支表不應是屬於後期，特
> 別是第五期的嗎？然而，其中戊、
> 戌、丙、癸、寅、申諸字的字形與第
> 一期相合，而與第五期卻完全不一
> 樣，特別是戊與二期，戌與一、二期最接近，因而從這些字體看，又可以推定為
> 是屬於早期的。假若用這塊干支表的字體作為標準，其所屬時代的推定，就不能
> 不陷入完全的混亂之中。[8]

同時貝塚氏發現此類干支字形有其同類：

> 有一種同這個干支表極相似的，應該說是干支完全相同的一種卜辭存在，那就是
> 以"干支子卜"、"干支子卜貞"為主的特殊式的卜辭。這種卜辭，董先生在《五

---

[6] 同上註。

[7] 董作賓：〈甲骨文斷代研究例〉，「表 31」，介於頁 410-411。

[8] 貝塚茂樹：〈評甲骨文斷代研究的字體演變觀〉（楊升南譯），《殷都學刊》1985 年第 4 期，頁 6。（原文摘
自貝塚茂樹：《中國古代史學的發展》第 2 章第 3 節「甲骨文斷代研究法の書體變遷觀の批判」，東京：
弘文堂書房〔1946.12〕，頁 217-237）。

等爵在殷商》一文中已言及，以其字體的極為纖細而使人注意。在使用曲線的筆勢，字體圓潤這一點上，完全與上面所說的干支表相合，特別是干支字形同那塊干支表相比較，則完全一致。[9]

言下之意，即謂《龜》1.15.1 屬於「子卜貞」卜辭，其時代自應與其關聯。至於子卜貞卜辭的時代，貝塚氏指出：

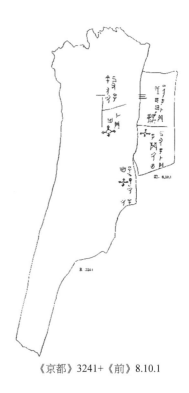

《京都》3241+《前》8.10.1

"子卜貞"卜辭從纖細的的作風上看，可能是出自同一個人的手筆，郭沫若認為"子"是王的略稱是不妥當的，董作賓先生認為是一個王子的省稱是對的，筆者有幸的是東方文化研究所（注略）藏的甲骨中，發現一片"子卜貞"卜辭：

　　己丑子卜貞：余又呼出墉

這一骨同《殷虛書契前編》卷八中的一片"子卜貞"卜辭，即

　　己丑子卜貞：子鬻呼出墉

完全能拼合（原圖略，另見右）。這兩片卜辭是同日由同一人卜問。一辭是"余又呼出墉"，另一辭是"子鬻呼出墉"。由於同事同時再三卜問是卜辭的通例，所以，這兩辭完全指同一件事是沒問題的。那麼，子鬻就不能不是進行貞卜的"子"之自稱。由此可以斷定，"子卜貞"是子鬻自稱卜和貞的卜辭。因為子鬻是第一期常常出現的殷王武丁諸子中的一個，因此，這個子鬻自己卜和貞的卜辭，自然就是第一期，至遲不晚於第二期。[10]

　　貝塚茂樹又以特殊的「閃」形與同版關係為準，將「㠯、狄、勹、屮」四位貞人與「子」系聯，認為「他們是屬於同時而具有密切關係的一個集團」，再以其間所見「父甲、父辛、父乙、母庚」的稱謂組合判斷，「這個貞人集團，屬於武丁時代是沒有任何

---

[9] 同上註。

[10] 同上註。

懷疑餘地的」。[11]然「五貞人集團與董氏十一貞人集團同屬於武丁時期，可是，這兩個集團的貞人同版的例子，迄今一例也沒有發現」，[12]因此貝塚氏認為這兩個貞人集團應分屬不同占卜機關。這也是「兩系說」最早的淵源。其實，貝塚氏後發現《燕》141（＝《合》20149）上有「屮、吉」同版之例（1953年），並謂「この兩貞人集團の卜辭が同一骨版上に並列されたきわめて稀な例によって、この叶のぞくする王族貞人集團第一期在世し在職したことは確證されたといってもよいのであるが」，[13]認為王族卜辭時代與武丁同時的看法得到佐證。

貝塚茂樹的兩個占卜機關，是指殷王朝「公家的占卜機關」以及殷王「個人的占卜機關」，董作賓的「十一貞人集團」[14]隸屬於前者，而「五貞人集團」[15]則是後者。所謂「五貞人集團」的占卜機關尚可再分成兩類：「王族所屬的私人占卜機關」與「多子族所屬的私人占卜機關」，「所謂王族，應好像是隸屬於作為殷的最高統治者王個人的部族」，「多子族是隸屬於殷之諸王子的部族」，[16]兩者各有其專門的貞人，但同為殷王個人的貞卜機關，因此貝塚氏實際上是主張第一期中有三個占卜機關。若以貞人為準，則董氏十一貞人所卜為今之賓組卜辭，「自、㸣、𠂤、屮」所卜為王族卜辭，「子」所卜者即屬多子族卜辭，三者「以各自的立場進行占卜的，從而，這三派貞人，刻在屬於各自機關所使用的龜或骨上，於是就形成了具有三派字體的卜辭」。[17]整體觀之，貝塚氏對第一期卜辭字形的考察，主要是為修正董氏「干支字演化表」而來，當時董說尚未更易，貝塚氏之論其實非但不是反對董氏所論，反倒有迴護董說之意。然不管如何，貝塚氏認同自、子、午組卜辭（王族卜辭、多子族）時代屬於早期，其說自可供作參考佐證。

陳夢家整理貞人並考察其時代（1953年），其所區分的自、子、午卜辭，即為貝塚茂樹所謂的王族卜辭與多子族卜辭。陳氏對自組卜辭的考察頗為全面，兼及稱謂、坑位、字體、紀時法、前辭形式、祭法、稱號等諸項特徵，詳見前述，其主要意見為：

---

11 以上俱同上註，頁7。相關論述，詳另可參貝塚茂樹、伊藤道治：〈甲骨文斷代研究法の再檢討—董氏の文武丁時代卜辭を中心として—〉，《東方學報（京都）》第23冊（1953年3月），頁48-50。

12 貝塚茂樹：〈評甲骨文斷代研究的字體演變觀〉（楊升南譯），頁7。

13 貝塚茂樹、伊藤道治：〈甲骨文斷代研究法の再檢討—董氏の文武丁時代卜辭を中心として—〉，頁55。（中譯：這兩個貞人集團的卜辭在同版上並列是極少見的例子，這可以說貞人叶〔屮〕所屬的王族貞人集團在第一期任職的事實已被確證。）

14 即指「賓、㱿、敡、爭、𠭯、吾、亙、殼、韋、永、箙」等11位賓組貞人。

15 即指「自、㸣、𠂤、屮、子」等5位自、子組貞人。

16 以上俱同上註，頁8。

17 同上註。

由於稱謂，可知𠂤組和賓組很多相同的，在下節中將要詳論賓組之所以必屬於武丁時代。由於字體，可知𠂤組一方面遵守賓組的舊法，一方面已產生了新形式。𠂤組的紀時法和賓組也是大同而小異。𠂤組某種卜辭形式，或同於賓組，或為𠂤組所特有，或下接祖甲卜辭，與字體的情形一樣，足以表示𠂤組當武丁之晚葉，開下代的新式。𠂤組祭法見於賓組，而"屮""又"通用亦顯示交替之迹。至其稱號中，或守武丁舊制，或開新例如大乙、上甲諸例。凡此可見𠂤組大部分和賓組發生重疊的關係，小部與下一代重疊，它正是武丁與祖庚卜辭的過渡。[18]

故其結論自然指向「𠂤組卜辭屬於武丁的晚期」無疑。[19]另外，陳氏以同樣的模式，進行子組與午組卜辭的考察，前者之出土坑位、前辭形式以及主要稱謂的內涵，皆與賓組、𠂤組卜辭所見相同，其中「子𡥀」之稱「似屬於武丁的晚世」；[20]後者祭法同於武丁，而半數左右的稱謂亦與賓、𠂤、子組相同，「其中下乙一稱尤足證午組屬於武丁時代」。[21]綜上，陳氏總結：

我們所論的四組，雖都是武丁時代的，然而也有早晚之不同，𠂤、子兩組大約較晚。除了有早晚葉之分外，賓組似乎是王室正統的卜辭，𠂤組卜人也常和時王並卜，所以也是王室的，而其內容稍異。午組所祭的人物很特別，子組所記的內容也與它組不同。[22]

明確表示𠂤、子、午組卜辭就是武丁卜辭，持說與董作賓相反，顯然亦不認同董氏將其時代後移的主張。

李學勤對陳夢家之說並不認同（1957年），認為𠂤組卜辭時代仍屬文武丁時期，理由有四：

（1）其字體、字形都是晚期的。
（2）與公認的武乙至文丁初的大字卜辭（有卜人妝）和另一類有"自上甲廿世"的卜辭聯繫。
（3）沒有武丁至祖庚初與舌方戰爭的紀載。

18 陳夢家：《殷虛卜辭綜述》（北京：中華書局，1988年1月），頁153。
19 同上註。
20 同上註，頁161。
21 同上註，頁164。
22 同上註，頁166。

（4）"𠂤組"的稱謂系統不同於武丁，而近於文丁期的大字卜辭。[23]

李說言簡意賅，所論頗為可參，然李氏其後改易其說（詳後）。

島邦男檢視卜辭「父、母、兄」稱謂使用情形（1958年），認為董作賓貞人時期改易之論為是，並指出：

這些貞人所習用的𩰬、𩰫字，亦為武乙時貞人㪇所用。卜辭形式署第四期的辭例有《佚》九八八版（＝《合》33417）「平西𩰬玉𡵨田𠂤𠦝」（武乙時玉字用例，參閱前述《金》四一五版〔＝《合》40830＝《英》1767〕的「父甲」稱謂），看來𩰬字的使用不能溯至第三期以前。如上述，用𩰬字的貞人𠂤、𠃌、𠂤為武乙時貞人，且𠂤稱父乙、母庚、兄丁，𠃌稱母庚、兄丁，𠂤稱父乙（《甲》三〇四六〔＝《合》19932〕）、兄甲、兄丁，故在文武丁時父稱武乙，有庚名之母、丁名之兄。武乙時又有甲名之兄，看來𠂤、𠃌、𠂤是延及文武丁時的貞人，是任職於武乙、文武丁二王朝的貞人。因此這些貞人有父甲、父乙、父庚、父辛、母丙、母庚、母壬、兄甲、兄丁、兄戊等稱謂……。就𩰬字使用及稱謂論，可知𠂤、𠃌、𠂤是由武乙延及文武丁時的貞人，董說的結論至確。[24]

此外，針對陳夢家的坑位認知，島氏亦有所質疑：

陳氏謂子組、𠂤組貞人的甲骨片與第一期賓組貞人的甲骨片同坑出現，此坑位武丁以後的甲骨片則出土的不多。可是，如依董作賓氏《甲編》自序的報告，則說從一區第九坑出土一、二、五期卜辭，二區二六坑出土一、二、四期卜辭，從三區第二四坑出土三、四期卜辭。陳氏也這樣認為，謂自第九坑出土的是一、二、五期與廩辛時的卜辭及子組卜辭，自第二六坑出土的是武丁時，祖庚時的卜辭及𠂤組卜辭。如果真如所說，那麼前面陳氏所說只是大體的說法。無疑的以這個說法就做為𠂤組子組貞人屬第一期的根據是不可以的。[25]

島氏的論述，無疑是為反駁反對董氏改說之論據而發，顯然亦不以𠂤、子、午組為早期卜辭。

姚孝遂注意到吉林大學歷史系文物陳列室所藏甲骨（1963年），其中《前》3.14.2

23 李學勤：〈評陳夢家殷虛卜辭綜述〉，《考古學報》1957年3期，頁126。
24 島邦男：《殷墟卜辭研究》中譯本，濮茅左、顧偉良譯（上海：上海古籍出版社，2006年8月），頁49。
25 島邦男：《殷墟卜辭研究》中譯本，溫天河、李壽林譯（臺北：鼎文書局，1975年12月），頁26。

（＝《合》21784 局部）的「拓本乃是經過剪截的。實際上
骨的上端尚有一部分殘辭，有貞人"爭"的名字」，[26]對此
特別指出：

《合》21784

> 根據這片"干支表"的字體——尤其是其"子"字
> 作"㝡"、"丁"字作"○"來看，可以毫無疑問
> 地確定它是所謂"子組"刻辭。其上端的刻辭雖已
> 殘缺不全，但我們可以根據卜辭的通例補足為"□
> □卜，爭□（貞），□（旬）□（亡）囚"。同時，
> 就其字體來看，也和我們所常見的貞人"爭"的
> 字體完全相同。據此，則這類刻辭也應當肯定其為
> 屬於武丁時期，因為貞人"爭"無可懷疑地是武
> 丁時人。[27]

姚氏的發現，根據同版關係可以確定子組卜辭時代與賓組相同，在早期甲骨斷代工作上
極有價值。

　　鄒衡分析殷墟文化各期可能的絕對年代（1964 年），將「殷墟文化第二期」時代定
為相當於甲骨第一、二期，即武丁、祖庚、祖甲時代。鄒說列舉屬於「殷墟文化第二期」
的坑位有十，考其相關出土文物，其中 YE16 所出甲骨是𠂤組與賓組卜辭的混合；YH006
所出甲骨是𠂤組與子組卜辭的混合；YH005 所見卜辭字體似𠂤組；YH096 所見卜辭字體
接近第一期；YH265 所見卜辭字體接近第一期；YB125 所見甲骨除一版二期外，皆屬第
一期卜辭；YH370 所見卜辭字體似𠂤組或其他；YM331 所見卜辭字體似𠂤組；HPKM1001
所見鹿角殘器「亞雀」之稱亦見於子組與午組卜辭；YM388 所見假腹白陶豆「𠧟」之字
亦見於𠂤組卜辭。

　　綜合上述文物同出現象，鄒衡認為：

> 從 YE16 的層位關係來看，附屬子組卜辭出於最下層；𠂤組卜辭從最下層至最上
> 層都與賓組卜辭同出，只是上層（即第三、四層），又與第二期卜辭（《甲編》
> 2942-2943 可以綴合）同出。YH006 包含的甲骨，也是𠂤組、子組和賓組卜辭同
> 出。如果這類卜辭屬於晚期，則上述諸單位（YE16、YH006、YH005、YM331、YM388、

---

[26] 姚孝遂：〈吉林大學所藏甲骨選釋〉，《吉林師大學報》（社會科學版）1963 年第 4 期，頁 79。

[27] 同上註，頁 79。

HPKM1001 等）的年代上限也只能是晚期。這無論從層位關係和同出他器來看，都是解釋不通的。與此相反，如果把這類卜辭定為早期，則與上述層位關係和同出他器完全不發生矛盾。因此，我們采用早期說，並推定其絕對年代大體相當於武丁時代，或稍有前後。[28]

明確表明自、子、午組卜辭的時代屬於早期。

許進雄先生考察甲骨鑽鑿形態（1973 年），曾說明第一、四期鑿形的基本差異：

> 第四期最通行的長鑿型態，一般說來，雖有恢復第一期武丁舊法之尖頭尾及短於一・五公分之趨勢，但其基本樣態是非常不同而可容易辨認的。約略地說，第一期有一定的形狀和長度，各個凹穴都挖得很謹慎，而第四期則有各式各樣極富變化的型態，同一骨中的鑿長也相差很大，其凹穴的挖刻很草率，鑿圍和內壁都很不整齊。鑽鑿位置的安排也相當零散。[29]

同時亦指出王族卜辭鑿形「各式各樣都有，就單缺第一期那樣的直肩，而且短小是其最大的特徵」，[30]又謂「第四期與王族卜辭長鑿的挖刻又有一點相當相似的習慣，就是這兩期的挖刻態度都不很謹慎。這兩期常在不燒灼的一肩上，或鑽或鑿地作了或大或小的淺圓弧窪洞」，[31]凸顯王族卜辭與第四期的關係密切。另就異常型形態觀之，其呈現情形為：

（1）圓鑿大於並包攝長鑿的形態只通行於第一期，不見有王族的卜辭。

（2）小圓鑽的形態通行於第一期，第四期和王族卜辭。這種形態在王族卜骨中佔有相當高的使用比率，幾乎是種常態。

（3）長鑿旁伴有圓鑿的形態絕大多數使用於第一期，只有很少數出現於第三、第四、第五期和王族卜辭。

（4）於骨正面中下部位施鑿的習慣只出現於第三、第四期和王族卜辭，但以出現於第四期為最多。。[32]

總結來看，許先生認為王族卜辭的鑽鑿形態幾同於第四期，而與第一期相異，其時代「應

---

28 鄒衡：〈試論殷墟文化分期（續完）〉，《北京大學學報》1964 年第 5 期，頁 83-84。
29 許進雄先生：《卜骨上的鑽鑿形態》（臺北：藝文印書館，1973 年 8 月），頁 21。
30 同上註，頁 22。
31 許進雄先生：《甲骨上鑽鑿形態的研究》（臺北：藝文印書館，1979 年 3 月），頁 60。
32 同上註，頁 58。

歸屬於第四期文武丁的時代」。[33]

　　小屯南地發掘甲骨（1973 年），相關地層可區分為早、中、晚三期，其中「早期地層與灰坑出𠂤組卜辭、午組卜辭及賓組卜辭」，[34]如 H104、T53(4A)出有𠂤組卜辭，[35]H102 出午組卜辭，[36]T55(6A)出賓組卜辭，[37]H107 則是𠂤組與午組卜辭同出。[38]小屯南地甲骨整理者（蕭楠）認為：

> 關於賓組卜辭，過去根據內容分析，學術界一致認為屬武丁時代，此次在小屯南地早期地層發現，進一步證實過去確定的年代是可信的。關於𠂤組卜辭和午組卜辭，學術界存在不同的意見：一種意見認為屬於盤庚、小辛、小乙時代；另一種意見認為屬於武丁時代，或武丁晚期；第三種意見則認為屬於武乙、文丁時代。根據此次發掘的地層關係，它們出在早期地層和灰坑裡。眾所周知，在考古發掘中，晚期的地層和灰坑裡出晚期遺物，有時也會出早期遺物，但早期的地層和灰坑裡只能出早期遺物，不能出晚期遺物。因此，這兩組卜辭的時代應與賓組相近，大約在武丁前後。而且從 H102 打破 T53(4A)看，午組卜辭還可能晚於𠂤組卜辭。這樣，通過此次發掘的地層關係，使長期以來爭論不決的𠂤組、午組卜辭的時代問題基本上獲得了解決。[39]

據此，𠂤、子、午組卜辭的時代，因有所謂「地層上」鐵證的支持，而確定屬於早期，但相關爭議並未因此真正平息。除了質疑小屯南地地層分析結果，堅持𠂤、子、午組應屬晚期卜辭者之外，主要的爭議則在對於該批卜辭時代應置於武丁前或武丁末。

　　關於𠂤、子、午組卜辭更具體的時代推斷，蕭楠曾自坑位、稱謂、人物、字體、鑽鑿灼等特徵，分析 T53(4A)所出的八片𠂤組卜辭，並指出：

> "𠂤組卜辭"在稱謂、人物、字體和鑽、鑿形式等諸方面，都與"賓組卜辭"有許多相同之處，有著密切的聯繫。這說明"𠂤"、"賓"兩組卜辭在時代上是相近的。

---

[33] 同上註，頁 61。

[34] 中國社會科學院考古研究所：《小屯南地甲骨·前言》（北京：中華書局，1980 年 10 月），頁 17。

[35] 出於 H104 者為《屯》2765、2766，出於 T53(4A)者有《屯》4511-4518。

[36] 即《屯》2698。

[37] 即《屯》4575。後更改說法，認為此版「過去《屯南》前言誤定為賓組，今正。這片卜辭字體較特別，貞字的寫法也見于《乙》8695、8713（《合集》丙二 22261、22249）等片，時代近于𠂤組。」（詳劉一曼、郭振祿、溫明榮：〈考古發掘與卜辭斷代〉，《考古》1986 年第 6 期，頁 552。）

[38] 如《屯》2768-2771。

[39] 中國社會科學院考古研究所：《小屯南地甲骨·前言》，頁 17、19。

這與從 T53(4A)所處的地層關係的分析中所得出的結論是一致的。因此，我們認為
"自組卜辭"的時代應屬武丁時期。但另一方面，自組卜辭又和第二期祖庚、祖甲
卜辭有一定的關係。例如：在 T53(4A):146 和 T53(4A):147 兩版卜甲中，都見用
"又"字作為祭名（即侑祭），在其它的"自組卜辭"中，侑祭出、又兩字都是通
用的。"又"祭，在"賓組卜辭"中僅是特例，可是在第二期祖甲卜辭中則是常見
的形式；"自組卜辭"在字體上既有許多地方與"賓組"相似，但又出現了二期
以後的新形式。還有在《庫》1248（=《合》23650）中見到"自組"卜人扶與卜人中
同版等。卜人中是屬第一期（即武丁時代）和第二期前半葉（即祖庚、祖甲時代的
前半葉）的人，亦說明"自組卜辭"的時代是具有承上（武丁）啟下（祖庚）的作
用。這與地層 T53(4A)下仍迭壓小屯南地早期的灰坑（H111、H112）的情況亦相符
合。從這些迹象來看，"自組卜辭"的時代似屬武丁晚期。[40]

有別於陳夢家、蕭楠將自、子、午組卜辭時代定在武丁晚期，林澐則根據同版現
象、[41]同坑現象、[42]地層現象的考察結果，發現它們「除了相互聯係之外，只和武丁時代
的王室卜辭有關係」，[43]故其時代應移回武丁時期無誤，但林氏又注意到：

> 自組卜辭既然沒有稱謂足以證明它可以延續到祖庚時代的特徵，而即使比賓組晚
> 也只能晚到武丁晚期，却又跳過了祖庚時代先有了祖甲時代的特徵，在干支字上
> 又和祖甲時代也不一樣，有了更「晚期」的特徵。實際上，這種個別舉例式的方
> 法，與型式學所要求的全面排比，是風馬牛不相及的。如果拋開這種個別舉例的
> 不科學方法，而從全面來看，則賓組卜辭在向晚期發展的方向上，已經有「賓組
> 晚期」這一亞組與出組卜辭緊密銜接，實在不容再有自組介于其中。因此，唯一
> 合理的結論是把自組置于賓組之前。[44]

因此主張自、子、午組卜辭時代當置於武丁前期，[45]同時亦認為：

---

[40] 蕭楠：〈安陽小屯南地發現的"自組卜甲"——兼論自組卜辭的時代及其相關問題〉，《考古》1976 年第 4
期，頁 240。

[41] 其例為《乙》6690（=《合》22094）、8818（=《合補》6829）、《前》3.13.2（3.14.2 之訛，=《合》21784）。

[42] 其例有 YH090、YH127、YH251、YH253、YH330、YH344、YH371、YH484。

[43] 林澐：〈從子卜辭試論商代家族形態〉，《古文字研究》第 1 輯（1979 年 8 月），頁 319。

[44] 林澐：〈小屯南地發掘與殷墟甲骨斷代〉，《古文字研究》第 9 輯（1984 年 1 月），頁 122。

[45] 林澐曾謂「所謂『自組卜辭』，我在一九六五年已考定是武丁時期的王室卜辭」（見林氏〈從子卜辭試論
商代家族形態〉，頁 317）。林氏 1965 年之文乃其吉林大學研究生畢業論文《甲骨斷代中一個重要問題的
再研究》，本文未及親見，無法置論。

我過去有一個看法，認為王室卜的卜用甲骨上刻寫卜辭，恐怕就是以自組大字為起點。這是因為自組大字的書體很象毛筆字，應該是在甲骨上刻字的最原始形態。[46]

李學勤初以為自組卜辭屬於文武丁時代，後改易其說，主張自組與賓組卜辭同時是武丁時的王卜辭（1980 年），並認為「自組卜辭體例特異，數量不多，與賓組有同時的證據，它不能作為卜辭發展中一個獨立的階段。事實上，賓組、自組至少在一定時間內是並存的，也就是說，在武丁時期曾存在一種以上類型的王卜辭」。[47]然自、賓二組雖同屬武丁卜辭，但其時代仍有所差異，李氏曾以丙組基址為基準推論𠨞卜辭時代的早晚，認為「𠨞卜辭應當是殷墟甲骨中最早的一類卜辭」；[48]又據稱謂現象，謂：

> 從各種著錄中的𠨞卜辭看，有的稱謂有父乙、母庚，自應為武丁卜辭。但是，丙組基址下各坑的𠨞卜辭却沒有這樣的稱謂。《乙》9075+9093（=《合》19908）有𦥑甲，即陽甲。《乙》9071（=《合》19761）有兄戊，而自組卜辭又有父戊。如果推測𠨞卜辭有一部分屬於武丁以前，似乎不是不可能的。[49]

認同自組卜辭時代屬於武丁早期，甚或可能早於武丁。

總上所陳，自、子、午組卜辭的時代爭議，因有小屯南地甲骨地層資料作為佐證，逐漸形成所謂的共識，具體主張是將董作賓的文武丁卜辭再移回武丁時期，又進一步將其位序定於武丁早期，成為後續字體分類兩系分流的共同源頭。

二、 歷組的歸屬

1976 年殷墟五號墓（76AXTM5）為世人所見，由於這座墓所出青銅器多有「婦好」銘文，遂稱其為「婦好墓」。李學勤考察墓中文物（1977 年），主張「"婦好"墓的年代大致可推定為武丁晚年至祖庚、祖甲的時期」，[50]但針對其中「青銅器及玉石器上的文字，其字體更接近於歷組卜辭」的現象，基於「自組、子組、𠬝組等卜辭有與歷組聯

[46] 林澐：〈小屯南地發掘與殷墟甲骨斷代〉，頁 124。

[47] 李學勤：〈關於自組卜辭的一些問題〉，《古文字研究》第 3 輯（1980 年 11 月），頁 32。

[48] 李學勤：〈小屯丙組基址與𠨞卜辭〉，《甲骨探史錄》（北京：生活・讀書・新知三聯書店，1982 年 9 月），頁 76。

[49] 同上註。

[50] 李學勤：〈論"婦好"墓的年代及有關問題〉，《文物》1977 年第 11 期，頁 33。

繫的證據」，遂認為既然「𠂤組等必須列於早期」，則「歷組卜辭的時代也非移前不可」。[51]李氏據此立說，具體指陳五點觀察：

（一）從字體的演變考察，歷組卜辭是早期的。如"王"字，武丁時期卜辭作　太，到祖甲時期已加一橫作玉，歷組是作太的。其他許多常見字，像干　支、"貞"字等等，歷組也都近於武丁時期。

（二）從卜辭的文例考察，歷組卜辭也是早期的。武丁時甲骨多有記錄甲骨貢納　攻治的署辭，在祖庚時的出組卜辭上還有子遺的例子。歷組的卜骨不少刻　有署辭。⋯⋯武丁時甲骨在卜兆旁除記有一、二、三等兆序外，有的還有　"二告"、"小告"、"不台黽"之類兆辭。歷組也有"二告"、"弜台"　（《寧滬》1.349〔=《合》34158〕）等兆辭。我們知道，廩辛、康丁卜辭的兆　辭已經改為"吉"、"大吉"、"引吉"、"習一卜"等新的內容了。

（三）歷組卜辭出現的人名，許多與武丁、祖庚卜辭相同。歷組中不僅有婦好　（例略），還有子漁（例略），子畫（例略），子𢎥（例略），婦井（例　略），婦女（例略），都見於武丁卜辭。歷組中的重要人物望乘、沚或，　應該就是武丁賓組卜辭中的望乘、沚𢦏。

（四）歷組卜辭有些與武丁時的賓組或祖庚時的出組卜辭所卜事項相同，暫舉以　下三例：（例略）。這些同事項卜辭證明歷組卜辭與賓、出兩組的同時。

（五）歷組卜辭中的稱謂，明確表示了它的時代。這組卜辭的稱謂有兩套，一套　以父乙為中心，父乙與母庚同版（例略），與兄丁、子𢎥同版（例略），　子𢎥見於武丁卜辭（例略），很明顯是武丁時稱謂。父乙指小乙，母庚為　小乙之妃。另一套以父丁為中心，為數較多，⋯⋯"父丁"排在小乙之後，　顯然是武丁。[52]

總上，李氏結論是「歷組卜辭其實是武丁晚年到祖庚時期的卜辭，歷組和賓組的婦好，實際是同一人」。[53]

　　蕭楠根據小屯南地所出卜骨和陶器的對應關係（1980年），認為「小屯南地中期大致相當于康丁、武乙、文丁時代」，[54]而其中所出三類卜辭：

---

[51] 以上俱同上註，頁35。

[52] 同上註，頁36-37。

[53] 同上註，頁37。

[54] 中國社會科學院考古研究所：《小屯南地甲骨·前言》，頁22。

第一類卜辭有父庚、父甲、父己、兄辛的稱謂。這些稱謂與文獻記載康丁諸父祖庚、祖甲、孝己及其兄廩辛正相符合，故第一類卜辭當為康丁卜辭。第三類卜辭晚于第一類卜辭，即在時代上晚于康丁，其本身又有父乙稱謂，此稱謂與文獻所載文丁父武乙正相符合，故第三類卜辭只能是文丁卜辭。第二類卜辭在地層上與康丁卜辭共存，早于文丁卜辭，在字體、文例、內容上，與康丁、文丁卜辭都有密切關係，其本身又有父丁稱謂，與文獻記載武乙父康丁正相符合，所以應為武乙卜辭。[55]

上及第二、三類卜辭就是所謂歷組卜辭，依據地層關係，該批卜辭時代顯然屬於武乙、文丁時期，亦即甲骨第四期，完全與李學勤的新說相悖。除此之外，蕭楠從「貞人」、「人物」、「記事刻辭」、「文例」具體論述武乙卜辭與文丁卜辭的關係，說明兩者關係密切，時代接近；再就「字體與文例」、「稱謂」、「同名問題」加以比對，「進一步證明了中期第二類卜辭就是武乙卜辭，說明了我們對武乙卜辭的確定，不但有地層上的根據，而且在卜辭內容上也有充分的根據」。[56]

　　與《小屯南地甲骨》刊行大約同時（1980 年），蕭楠另有專文「通過地層關係及卜辭內容的分析，確定武乙、文丁卜辭，闡述武乙、文丁卜辭的特點及其區別」，[57]內容與《小屯南地甲骨》前言所論大致相同，認為歷組卜辭時代就是武、文時期；後有張永山、羅琨的補充說明，謂應「根據與『歷貞』卜辭字體相同的甲骨總結出這一組在文字書體、辭例、稱謂、事類等方面的特徵，在與其他組卜辭比較中鑑別它的時代」，[58]並指出歷組「以」、「受禾」的用法與前辭形式、兆序兆辭、進骨紀錄的表現形式，以及戰爭對象、先王祀典的具體內涵，皆與武丁卜辭所見不類，其結論：

> 歷組卜辭從文字書體、行款風格、習慣用語及占卜內容等方面的主要特點，從發展的序列中觀察更多具備晚期的特徵，應屬武乙、文丁時期的遺物。同時，它和武丁時一些字體殊異的所謂王族、子族卜辭有一定聯繫，但不能把聯繫都看成同時代的依據。……至於歷組卜辭和武丁卜辭中出現相同名號的問題，我們認為卜辭中的一些人名既然是族名，就不能把同一名號都看成是一個人，而把人名作為重要的分期標準，勢必會導致卜辭分期的混亂。[59]

---

[55] 同上註，頁 21。

[56] 同上註，頁 41。

[57] 蕭楠：〈論武乙、文丁卜辭〉，《古文字研究》第 3 輯（1980 年 11 月），頁 44。

[58] 張永山、羅琨：〈論歷組卜辭的年代〉，《古文字研究》第 3 輯（1980 年 11 月），頁 81。

[59] 同上註，頁 100。

簡言之，張、羅二氏之說基本服膺蕭楠所論，主張「歷組卜辭更多具有晚期特徵，與武丁至庚甲卜辭相去較遠，即使有相近之處，也只能是繼承關係的表現，而不是同時代的見證」。[60]

裘錫圭對於蕭楠「考古學上的證據」並不認同（1980 年），其質疑有三：

> 首先，較晚的地層和灰坑裡可以出較早的遺物，因此卜辭跟它們所從出的地層、灰坑以及同坑器物的時代，並不一定都是一致的。

> 其次，僅僅依靠考古發掘和器物排隊，往往只能斷定不同地層、不同器物的時代先後，而不能把它們的時代跟歷史上記載的王世確切地聯繫起來。過去的殷墟文化分期工作，在一定程度上是依靠有關地層和灰坑中所出的甲骨文來定每個時期所對應的王世的。如果所根據的甲骨文的斷代有問題，由此得出的考古分期的時代也就多多少少會有些問題。婦好墓的發掘已經證明過去對一部分殷墟銅器的分期，存在把時代拉得過晚的傾向。會不會對㿝組卜辭所從出的地層的時代也估計過晚了呢？

> 第三，在全部㿝組卜辭裡，出現父丁或父乙稱謂的卜辭只佔很小的比例，有父乙稱謂的尤其稀少。……大概蕭文主要是根據字體來區分這兩類卜辭的。前面已經說過，㿝組父丁類和父乙類卜辭，從字體上並不全都是很容易區分的。……因此，蕭文對這兩類卜辭的區分能否做到完全合乎事實，也就是說「文丁卜辭」「只出於中期二組地層與灰坑，不出於中期一組地層與灰坑」的結論是否完全合乎事實，恐怕不能說是完全沒有考慮餘地的。[61]

同時認為李學勤將歷組卜辭時代前移的主張不容忽視，[62]並在「親屬稱謂」、「人名」、「占卜事項」三方面加以補充論證。裘氏指出：

> 不同時期甲骨卜辭中對祖、父、母、兄等人的帶日名的稱呼往往相同。因此孤立地以稱謂斷代是很危險的。但是，如果兩組卜辭的稱謂成套地相應，這兩組卜辭屬於同一時期的可能性就非常大了。㿝組卜辭中提到的父、母、兄，數量都很少。

---

[60] 同上註，頁 87-88。

[61] 裘錫圭：〈論「㿝組卜辭」的時代〉，《古文字研究》第 6 輯（1981 年 11 月），頁 273-274。本文裘氏自言完成於 1980 年 7 月 26 日。

[62] 裘錫圭謂「李學勤同志是在深入考慮了與甲骨斷代有關的各方面的問題之後得出他的結論的，他的意見是不容忽視的。我們原先也相信㿝組卜辭為武乙文丁卜辭的傳統說法，讀了李文之後，經過認真的考慮，覺得不能不放棄舊說而改從李說。」詳裘氏〈論「㿝組卜辭」的時代〉，頁 265。

曾與父乙同見於一版的母,只有母庚:(例略)曾與父乙同見的兄,只有兄丁:
(例略)我們知道,武丁之父小乙在周祭中的法定配偶是妣庚。在武丁時期的賓
組和自組卜辭中,最常見最重要的父是父乙,母是母庚,兄是兄丁,情況與歷組
父乙類卜辭正好完全相合。這很難說成偶然的巧合。[63]

又謂:

> 歷組卜辭合祭重要先王時,往往把父丁排在小乙之後,「如把『父丁』理解為康
> 丁,那麼在祀典中竟略去了稱為高宗的武丁及祖甲兩位名主,那就很難想像了」
> (略),這也是歷組卜辭的父丁應為武丁的有力證據。小乙在先王中並不是很重
> 要的,但他是祖庚的祖父,祖庚祭先王時候對他比較重視是合理的。如果是武乙
> 祭祖,斷斷不會不祭地位既重要,跟自己的關係又比較密切的武丁、祖甲,而去
> 祭地位既不那麼重要,跟自己的關係又比較疏遠的小乙。[64]

此外,裘氏亦指出「歷組卜辭有大量與賓組卜辭和出組早期(大體相當於祖庚時期)卜
辭相同的人名」,[65]並列舉五十個人名為證,[66]認為:

> 歷組卜辭中所見的與賓組出組卜辭相同的人名,數量遠遠超過其他各個時期或其
> 他各組卜辭;而且歷組卜辭中所見的這些人的情況,也與賓組出組卜辭中的同名
> 者非常相似。……甚至賓組出組卜辭和歷組卜辭裡所見的,與這些同名者有關的
> 事項,也往往是相類或相同的。[67]

面對如此現象,裘氏強調:

> 這些情況,跟卜辭裡一般的異代同名現象有顯著的不同。我們不能相信相隔幾朝
> 的武丁、祖庚時期和武乙、文丁時期,在人事上竟會存在這麼多如此相似的現象;
> 不能相信商王朝各個重要的族在這樣長的時間裡,竟能全都始終保持他們的地位
> 而沒有任何比較顯著的變化。……我們把賓組出組卜辭和歷組卜辭看作同時代的

---

63 裘錫圭:〈論「歷組卜辭」的時代〉,頁 274。
64 同上註,頁 276。
65 同上註。
66 依裘文所釋,即「婦好、婦姘、子畫(畫)、子觺、子漁、子刅、𩰚侯、𠭰侯、𢀖侯、攸侯、犬侯、射𦎫
(𦎫)、師般(般)、亞𠫓(𠫓)、犬征、望乘、邑並、並、屰、雀、𦍒、吳、黃、𢦏、𡿧、服、㡱、受、
𢎿(疋?)、旬、木、𦰩、竹、山、𦬇、𩃫、壴、屮、鑊、卯、𠛱、冎、𡆥、戈、陜、介、兔、囝、𡘹、
周」等 50 人。
67 裘錫圭:〈論「歷組卜辭」的時代〉,頁 281。

卜辭，把見於這兩種卜辭裡的同名者看作同一個人，上述問題就都不存在了。[68]

而所謂相同或相類的占卜事項，裘氏歷舉廿例加以比對，[69]認為其中「有一些歷組卜辭與賓組或出組卜辭，甚至可以肯定是同時為一件事而占卜的。這是歷組卜辭和賓組出組卜辭時代相同的最有力的證據」，[70]因此「除了承認歷組與賓組和出組早期時代相同以外，是沒有其他辦法的」。[71]裘氏具論呼應李說，影響頗為深遠。

謝齊（濟）針對李學勤新說提出異議（1982 年），從「字體的比較」、「兆辭的比較」、「序辭和署辭」、「事類和用語的比較」、「世系和稱謂」、「甲骨出土區域的不同」、「同名問題」等七面向進行說明，深入分析比對賓組與歷組，及其前後康丁、乙辛卜辭相關內容特徵，認為「歷組卜辭不是武丁祖庚卜辭，而是武乙文丁卜辭」，[72]其論信實，對於李說之失有所辨正。

蕭楠重申歷組卜辭時代歸屬（1984 年），並從「稱謂」、「人名」、「事類」、「坑位和地層關係」等四方面進行說明，釐清武乙、文丁卜辭（歷組）與武丁卜辭（賓組、𠂤組）的差異。

「稱謂」部分，蕭楠先以卜辭所見「父乙、母庚、兄丁」三稱，說明武丁卜辭與文丁卜辭的不同：

> 首先，此三稱在兩類卜辭中的情況是不同的：武丁卜辭的三稱只是同版關係，是分別祭祀的對象；而在文丁卜辭中，「父乙」、「兄丁」往往同辭，是合祭對象。
>
> 其次，武丁卜辭中的「父乙」、「母庚」、「兄丁」所受祭祀的種類比較多，除御祭、出祭外，還有告祭、晋祭、酌祭、宿祭；而文丁卜辭中的「父乙」、「母庚」、「兄丁」所受祭類少得多，主要是又祭，其次是告祭、將祭，而母庚只受又祭、兄丁只受將祭。
>
> 第三，武丁卜辭的三稱所受犧牲的種類比較多，以「宰」為主（武丁賓組卜辭祭祀時基本上用「宰」，廩康以後宰、牢並用。），其次是牛、羊、伐等；而文丁卜辭三稱所受犧牲種類比較少，主要是牛，次為羊，沒有見到「宰」。[73]

---

68 同上註，頁 283-284。

69 詳上註，頁 284-290。

70 同上註，頁 284。

71 同上註，頁 290。

72 謝齊：〈試論歷組卜辭的分期〉，《甲骨探史錄》（北京：生活・讀書・新知三聯書店，1982 年 9 月），頁 88。

73 蕭楠：〈再論武乙、文丁卜辭〉，《古文字研究》第 9 輯（1984 年 1 月），頁 159。

再對比父、母輩稱謂，說明祖庚卜辭與武乙卜辭的不同：

> 雖然出組卜辭和武乙卜辭都有「父丁」、「母辛」，但出組有「父戊」、「母己」、
> 「母壬」、「母癸」，這些不見于武乙卜辭；而武乙卜辭之「父辛」，亦不見于
> 出組。這種情況同殷代歷史情況相符合。出組卜辭中的「父戊」，就是武丁卜辭
> 中的「兄戊」（例略）；武乙卜辭中的「父辛」，則是康丁卜辭中的「兄辛」，
> 即廩辛。關於母稱，因武丁多妻，其法定配偶就有三個（妣戊、妣辛、妣癸），
> 故出組除母辛外，還有其他諸母（法定配偶母戊未見）；而康丁只有一個法定配
> 偶——妣辛，故武乙卜辭除母辛外，未見其他母稱。可見，出組卜辭同武乙卜辭
> 在稱謂上的差別還是較大的。[74]

又以《綴合》336（《甲》627+689＝《合》32617）「三且」之稱，與康丁卜辭「三父」
（如《京都》1817＝《合》27491）對應，皆指祖己、祖庚、祖甲三王，遂認為「這是該
類卜辭為武乙卜辭的有力佐證」。[75]

「人名」部分，蕭楠認為：

> 殷代卜辭中，常常可以看到不同時期的卜辭里出現相同的人名。這是卜辭中的「異
> 代同名」問題。對此，我們過去曾指出，卜辭中出現的絕大多數人名都不是私名
> 而是「氏」，因為這些人名往往同時又是國名、地名、族名。這是古代以國為氏、
> 以地為氏的反映。（例略）。還應指出的是，卜辭中的婦名也不是私名，而是國
> 名或族名。例如帚妌、帚周、帚鼠、帚妍等等，就是這些國家之女子嫁到殷王室
> 為妻者。至于帚好，則是子國（或子姓）之女嫁給殷王室為妻者。[76]

蕭楠同時說明第一、四期甲骨中，同名現象比其他各期為多，主要與卜辭內容有一定的
關聯：

> 一、四期卜辭內容多、涉及面廣、故「人名」也多，「同名」現象自然就多；而
> 二期以祭祀（特別是周祭）、卜旬、卜王為主，三期以田獵卜辭為主，五期以祭
> 祀、田獵、卜旬辭為主，另有一些征人方的材料，涉及的「人名」相對少一些，
> 故「同名」現象相對也少一些。[77]

---

[74] 同上註，頁 160-161。
[75] 同上註，頁 163。
[76] 同上註，頁 163。
[77] 同上註，頁 164。

另舉「婦好、婦妍」、「沚馘、沚或」、「𡊩（𡊩）」、「望乘」諸人為例進行全面性
考察，用以表明「這些相同的人名實質上都是不同的人。因此，這些『相同』的人名，
不能成為賓組卜辭同『歷組』卜辭同時代的根據」。[78]

「事類」部分，蕭楠強調：

> 卜辭中不但可以出現相同的人名，而且還可以出現相近甚至極個別相同的事類。
> 這是因為，殷代是奴隸社會，王朝中的各級大小官吏都是大、小不同的奴隸主，
> 他們的職務一般是世襲的，其權力和地位一般不會發生太大的變化，他們對殷王
> 朝也世世代代盡相同或相近的義務。因此，這就產生了可以重復發生的事類：如
> 某一氏族主要從事農業，則該氏族在不同時期可以發生在某地墾荒造田事；某一
> 氏族主要從事畜牧，則不同時候都可能發生該族向殷王朝進獻牛羊的事情；某一
> 氏族世代任「犬」官，則不同時候都可能發生該族長向殷王朝報告野獸的活動並
> 參與田獵之事；某一氏族世代襲某一武職、並與某方鄰近，此「方」又是殷之敵
> 國，則不同時候都可能發生該氏族與某方的戰爭，此氏族向殷王朝進獻俘虜以作
> 犧牲之事，如此等等。再由于卜辭出現的「人名」均非私名而是「氏」，由于殷
> 代紀日均用干支，不斷地周而復始。由于這三方面的原因，使得卜辭中會出現人
> 名相同、事類相近或相同、干支相近（極個別甚至相同）的卜辭。[79]

簡言之，「殷代不同時期的卜辭中，完全可以出現事類相近甚至相同的卜辭（此多屬于可
以重復發生的事類）。因此，我們絕不能以此種事類相同去推斷卜辭的時代相同」。[80]

「坑位和地層關係」部分，蕭楠再次表明「在考古發掘中，地層、坑位是判斷遺物
時代早晚的依據」，「早期遺物首先應當出現在早期的地層和灰坑中，這是無容置疑
的」，[81]同時指出：

> 武丁時的賓組、𠂤組、午組、子組卜辭，雖然曾出在殷墟晚期或中期的地層和灰
> 坑中，與康、武、文、帝乙、帝辛卜辭共存；但是，這些卜辭大量地見于殷墟早
> 期的地層中。如果一種遺物，在多次的考古發掘中，都不出于早期的地層，而要
> 說它的時代是早的，那是缺乏根據，令人難以置信。[82]

---

[78] 同上註，頁 168。
[79] 同上註，頁 168-169。
[80] 同上註，頁 170-171。
[81] 以上俱同上註，頁 174-175。
[82] 同上註，頁 175。

此外，蕭楠再度說明小屯南地所見歷組卜辭的層位關係：

> 3b、4a 類雖同出于中期一組坑，3b 類從稱謂上看是大家公認的康丁卜辭，4a 類
> 比 4b 早，字體、文例既與 3b，也與 4b 有許多相似之處，其發展序列是介于 3b、
> 4b 之間。這三類卜辭前後的順序是 3b—4a—4b，即康丁—武乙—文丁卜辭。若
> 將 4a 視為祖庚卜辭，4b 視為武丁晚期卜辭，那它們之間的次序應當是 4b—4a—
> 3b。這種看法與考古發掘中的地層、坑位情況是矛盾的。[83]

並以史語所十五次發掘基址與甲骨坑的資料為佐證，其分析結果：

> 在上述乙、丙基址中，對于武乙、文丁卜辭（即所謂「歷組」卜辭）的斷代有
> 決定意義的是乙組基址。因上述乙組基址大致都是庚、甲至廩、康時期的建築，
> 而下壓的均是賓組、𠂤組、出組等卜辭。假如「歷組」卜辭是武丁晚期至祖庚時
> 代的卜辭，那為什麼在這些基址下一片「歷組」卜辭也不出現呢？村南、村北近
> 在咫尺，又同是王室的卜辭，為什麼「歷組」不會進入村北呢？況且，村北是出
> 「歷組」卜辭的，經正式發掘的大連坑（如《甲》2667〔=《合》32322〕）、E52（如
> 《甲》3649〔=《合》31521〕）、YH258（如《乙》9064〔=《合》34784〕）、YH354（如
> 《乙》9089〔=《合》32945〕）等都出「歷組」卜辭。事實證明：村北是出「歷組」
> 卜辭的，只不過沒有出在這些基址下罷了。這正說明：「歷組」卜辭要晚于這些
> 基址的時代。[84]

> 清楚各類坑位的時代以後，就看到這樣一個事實：在第一、二、三類（即廩康以
> 前）的甲骨坑中，沒有發現「歷組」卜辭同賓組、𠂤組、出組、何組卜辭共存。
> 只是在第四類的坑位中，才有𠂤組同「歷組」卜辭共存。然而，該類坑位的時代
> 是晚的，𠂤組同「歷組」發生共存，是早期卜辭進入晚期地層所發生的正常現象，
> 如同賓組卜辭進入晚期地層和乙辛卜辭發生共存（如第五類中的 E5、E9）是一
> 樣的。[85]

在在都將歷組卜辭的時代指向晚期，亦即屬於武乙、文丁時期。

其後，雖亦有「地層上的證據」為佐證，但歷組卜辭時代的爭議並未就此偃息，反

---

[83] 同上註，頁 177。
[84] 同上註，頁 180。
[85] 同上註，頁 184。

倒愈演愈烈，議論焦點多為上述諸說之辨正或補充，參與討論者眾，或支持或反對，至今未有明確共識。

第二節　論據評析

以上所述，僅就相關卜辭時代爭議之論證主軸加以陳說，雖未詳及其他相關諸說，但已可窺得論辨核心之梗概。本文循此脈絡，審度各方論點，提綱挈領，辨其得失，分項平議於下。

一、前論平說

（一）自組諸論

董作賓原先將所謂王族卜辭（即自、子、午組卜辭）置於早期，是因為自組貞人扶所卜的祭祀對象有「父乙」、「母庚」，於是可以毫不猶豫歸入武丁時期，就斷代標準而言，董氏此舉所依據的是「稱謂」標準；而後又將相關卜辭時代改置於晚期，根據的是「大乙」的先王名號，本質上仍屬「稱謂」，但實務上又與「稱謂」標準有所不同。持平而論，斷代十項標準中，「稱謂組合」效能強大，董氏初始的時代判斷是合理且必然的，但又以「大乙」名號為準更改其說，顯然在推斷扶卜辭的時代上，董氏認為「大乙」較「父乙、母庚」更加重要。

稱謂斷代的局限，陳夢家曾謂：

> 卜辭所稱祖妣可以是祖父母，也可以是三代以上的；商人多妻，稱母不止於生母，所謂父即諸父，兄即諸兄。只有稱子而系以私名者如子伐、子咸之例，才是固定的指某個人。不但不同的朝代都可有父丁、父戊，就是同一個朝代所稱的妣戊可以是祖母戊也可以是高祖母戊；就是同一朝代所稱的祖母戊也不一定指哪一個名戊的祖母，因為可能有幾個祖母都名戊的。商人的習慣，把同輩的同類親屬依其死亡先後用十天干的順序為廟號，因此若某代有十四個諸父，則有二個父是同名（天干）的。[86]

---

[86] 陳夢家：《殷虛卜辭綜述》，頁 167。

因此單以「父乙」、「母庚」二稱來看，實不能確知其所指，故斷代的作用並不大，若兩者見於一版，則只能是武丁卜辭，此時該「稱謂組合」即成為有效的斷代依據。但關於卜辭中稱謂，除可對應先王或先妣名號外，尚有部分稱謂並不在世系所見之中，甚至某些「稱謂組合」亦無法於世系序列中，找到其正確或適當的位置，類此情形，必然降低「稱謂」標準運用的可靠性。島邦男曾就卜辭中「父、母、兄、子」等相關稱謂進行考察，並製成稱謂表如下圖之 A；[87]相同的稱謂整理工作，嚴一萍則總結為父、母、兄、子四表（參下圖之 B），[88]雖內涵略有不同，但兩家所論皆顯示卜辭稱謂在時代區別的作用，未若董作賓所言之法寶，其中島氏據此主張「父乙」、「母庚」諸稱非武丁卜辭所獨有，並認為「光從父母兄的稱謂是無法確證這些貞人是屬於第一期的」。[89]其實上述島、嚴二說驗真不易，但可成一家之言，同時也為董氏揚棄以「父、母」稱謂作為自組卜辭斷代標準的決定，提供論述的可能基礎。

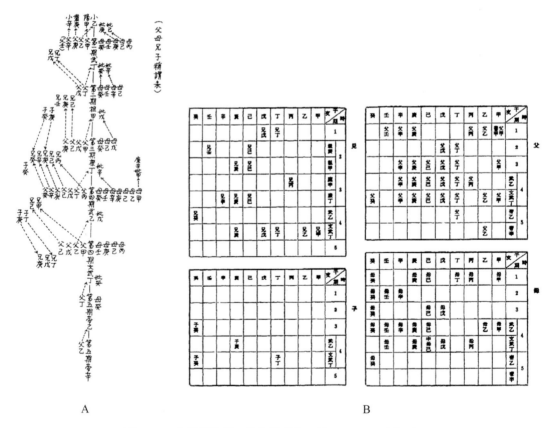

A   B

圖 3-9-1：島邦男與嚴一萍各期「父、母、兄、子」稱謂表

87 島邦男：《殷墟卜辭研究》中譯本（1975 年版），「父母兄子稱謂表」，頁 51

88 詳嚴一萍：《甲骨斷代問題》（臺北：藝文印書館，1991 年 1 月），頁 210-211。

89 同上註，頁 26。

再就「大乙」名號觀之，若卜辭中所見此名號確定源於第二期，則第一期卜辭中必不可見，而自組有「大乙」之稱（參《合》19817、19946，後者同版另見「父乙」），自不能是第一期卜辭。對此，島邦男曾指出：

> 大乙的稱謂第一期也被使用著（《佚》570〔=《合》294〕《零》1〔=《合》801〕），因此除非稱大乙、父乙的甲骨片還有其他證據，否則還是可以認為他屬於第一期。因此這大乙的稱謂不能做為決定貞人ㄚ的時期的關鍵。[90]

《佚》570

但覈以島氏之例，《佚》570 與《零》1 皆無「大乙」（圖見右），不知其所據；此外，本文另於《甲骨文合集》「第一期」中稽得「大乙」19 例，[91]其中《合》39555 為摹本、《合》18901 朱書、《合》1246 殘甚待考，暫置不論，餘則屬「師賓間類」者 9 例，「賓三類」4 例，「賓一類」3 例。其中「賓一」類 3 例皆為細小殘片，楊郁彥將之皆歸於「賓三」類，[92]若準此，則以上「大乙」卜辭多屬「師賓間類」，與自組關係密切，兩者時代恐皆屬晚期，其餘或能統歸於「賓三類」，[93]時代當在武丁晚期至祖庚期左右，換言之，「大乙」之稱並無明確第一期卜辭（典賓類）予以佐證，則董作賓的主張，目前看來仍是正確的。

《零》1

另從名號使用慣性來看，商湯於武丁卜辭所見「唐」、「成」、「咸」諸稱，應是當時主要稱呼，可能是傳統稱號的沿用，董作賓認為武丁時重修祀典，將先王定名：

> 前六示，除了上甲之外，都冠以大字，重了一個名丁的，更冠以中字。這樣的劃一齊整，決非偶然的，也決非逐漸的，這是有意的排比與定名。殷人於祖先稱謂，是可以隨時更定的，如小乙，在卜辭中也稱父乙，也稱祖乙，也稱小祖乙，也稱

---

[90] 同上註，頁 22。

[91] 即《合》651（賓三類）、1246（待考）、1259（賓一類）、1261（師賓間類）、1262（師賓間類）、1263（師賓間類）、1264（師賓間類）、1265（賓三類）、1266（師賓間類）、1267（賓一類）、1268（賓三類）、1269（賓一類）、4324（師賓間類）、4325（師賓間類）、14867（師賓間類）、14872（師賓間類）、14881（賓三類）、18901（待考）、39555（待考）。以上字體類別歸屬，概本崎川隆《賓組甲骨文分類研究》（上海：上海人民出版社，2011 年 12 月）所分。

[92] 楊郁彥：《甲骨文合集分組分類總表》（臺北：藝文印書館，2005 年 10 月），頁 17。

[93] 其實「賓一」亦與「師賓間組」關係密切，時代相近，皆當置於晚期（說詳後）。

后祖乙，更後才定名小乙，祖宗稱謂可以隨時不同，所以我說武丁時重修祀典，整齊劃一，更定了許多神主的名諡，這是很可能的事。後人稱武丁之世，"禮廢而復起"，這重修祀典，也算是其中的一件事罷。[94]

從「唐」、「成」、「咸」與其他先王干日名號並列的現象來看，[95]武丁時對先王更定名諡，恐不及商湯，即開國者商湯仍沿用舊稱（成、唐並用），如此觀之，「大乙」名號確實不用於武丁時期。且即使武丁晚期已有「大乙」定稱，則自組卜辭時代亦應置於武丁晚期，斷無提前至武丁早期之理，否則，武丁早期既有「大乙」之稱，何須中期後改用「成、唐」，而晚期竟又改回「大乙」，如此自我混亂，應非實情。綜上，董氏因「大乙」之稱，將自、子、午組卜辭改置於文丁時期，合情合理，且有其必要性。

貝塚茂樹持說異於董作賓，認為王族卜辭時代（含多子族卜辭）屬於武丁，主要根據有二，其一，對比同版「余又呼出塘」、「子𩵋呼出塘」兩辭，主張「余」即「子𩵋」自稱，而「子𩵋」為武丁之子；其二，王族（自組）貞人（ㅂ）與賓組貞人（㞷）共見一版。前者所論，貝塚氏理解不確，林澐即指出：

> 按照貝塚茂樹的邏輯，如果「父丁三牛？」「父丁三羊？」「父丁三𠬝？」並卜，既然都是再三卜問祭父丁之事，則牛就是羊，人牲也和牛羊無別了。這顯然是荒謬的推論。何況，既然再三卜問時，不僅提到子商、還提到子㠱、子□。為什麼不把子㠱、子□也認為是子的自稱呢？[96]

然貝塚氏將「余」視為「子𩵋」自稱之說雖有不足，但因同版關係，「余」勢必當與「子𩵋」同時，若「子𩵋」為武丁時人物，則貝塚氏對王族卜辭時代的判定並無錯誤，難以苛究。關於「子某」之稱，島邦男曾謂：

> 「子某」的稱謂除第五期外，其餘各期都被使用（參略），所以將之完全認做是武丁之王子並不適當。又第一期習見的「子某」在後期卜辭也被如此稱謂，例如子𪊨（例略）、子𡚬（例略）、子𠩵（例略）、子𢁅（例略）、子𣪘（例略）、子�（例略）、子𥄎（例略）等等就是。這些人既在第一期被稱謂，又在右列卜辭

---

94 董作賓：〈甲骨文斷代研究例〉，頁328。

95 如《合》300「自唐、大甲、大丁、祖乙」、《合》1241「上甲、唐、大丁、大甲」；《合》248「上甲、成、大丁、大甲、祖乙」、《合》1244「上甲、成、大丁、大甲」、《合》1403「成、大丁、大甲、大庚、大戊、中丁、祖乙」、《合》6947「上甲、成、大丁、大甲、下乙」；《合》1242「上甲、咸、大丁」等。

96 林澐：〈從子卜辭試論商代家族形態〉，頁322。

形式及字體屬第四期的甲骨片被稱謂（參略），因此㞢㡿在後期被稱謂的情形也是有可能的。所以依據這個稱謂，把凡是稱「㞢㡿」的貞人認做屬第一期，未免失之輕率。[97]

島言所指即異代同名現象，其論雖未精熟，但亦無法忽視，因此貝塚氏的考察結果可再商榷。至於後者所言，自組與賓組貞人共見一版，其例為《燕》141（=《合》20149），該版上確實「㞢」、「㞷」同版，但島邦男指出：

《燕》141

> 卜辭中㞷有不作為貞人名的，如《甲》2128〔=《合》5732〕「工┌卜雨彡㞷一┐」、《甲》2121〔=《合》9560〕「雨曰竹立㞷」、《京》2097〔=《合》5906〕「㞣彡卜雨㝵㞷㡿」，此字以如此情形被使用，所以《卜》141〔按：即《燕》141〕片的㞷未必可以認做是貞人之名，因此與貞人㞢的同片關係不能成立。[98]

儘管島氏舉例並不完全正確，[99]但「㞷」確實有非貞人之義，因此貝塚茂樹所見並非必是兩組貞人同版之例，而自組時代自無法據此論斷為武丁時期。

　　陳夢家論證自、子、午組卜辭的時代，是先注意到該批卜辭出土常與賓組同坑，再究其稱謂、字體、紀時法、前辭形式、常用祭法、稱號等內涵，認為各方面特徵皆與賓組接近，遂主張自組時代與賓組大致相同而偏晚。陳說之失，已專論於前，此處不贅。概括而言，陳氏推斷時代的邏輯無誤，但實際內容考察的結果，卻與其基本認知大相逕庭，不僅無法說明自組與賓組時代一致，反倒成自組與賓組時代不宜相同的佐證。

　　姚孝遂所示卜骨（《合》21784），該版下半為子組字體，而上半出現賓組貞人爭之名，按照同版刻辭時代應相同的原則，子組卜辭時代當與賓組相同。在甲骨斷代初期，此種情形幾乎可視為鐵證，但細審其上刻辭，該版下半子組字體的內容是干支表，且明顯是契刻的練習，亦與上半殘存爭卜辭無涉，就卜骨使用情形觀之，屬於廢骨利用，存在異代使用的可能。李學勤認為《合》21784卜辭與「干支」同版，「可能是刻寫干支的人偶然利用了另一組卜人已卜的甲骨」，但又主張「殷墟甲骨文並沒有同版不同期的，

---

[97] 島邦男：《殷墟卜辭研究》中譯本（1975年版），頁26-27。

[98] 同上註，頁26。

[99] 《甲》2128之辭當作「壬辰卜貞勿告一月」，其中並無「㞷」字。

只有同版同期而異組的現象」，[100]呼應姚氏之說將子組視為武丁期卜辭。其實，李氏認為「刻寫干支的人偶然利用了另一組卜人已卜的甲骨」並無錯誤，但所謂「另一組卜人」與刻寫干支者的時代相同，則未必正確。「干支表」既非卜辭，也不屬記事刻辭，本不應於卜甲卜骨上出現，若有見於甲骨者，則契刻練習當是主要目的，因此該版卜辭的卜問年代，不會晚於干支表習刻的年代，更可能的是，習刻因挑揀廢骨練習，甲骨廢棄年代自須遠遠早於契刻練習的年代才是。周忠兵曾指出：

> 從科學發掘的甲骨灰坑看，不同時代的甲骨同出一灰坑的現象並不少見，……尤其是 H99、H61 這兩個灰坑以放骨料為主，其中除一些廩康時代的習刻刻辭外，還見有武丁時代的卜甲，這些現象說明武丁時代的占卜甲骨是可以留到廩康時代再掩埋。而時隔幾十年能否再加刻刻辭，應該是可以的，因為從卡內基博物館藏的《卡》398 等看，質地堅硬，在其上刻辭應無困難。雖說現代人作偽時所使用的刀具與商代人不同，但甲骨在埋藏如此長時間後，現在仍可在其上契刻。從一定程度上也說明商代人在時隔幾十年後往甲骨上加刻刻辭應不是很困難。[101]

就此觀之，《合》21784 習刻之子組干支字若歸屬晚期，亦不與同版賓組爭卜辭的存在產生扞格。

鄒衡的殷墟文化分期，以 YH006 為早期層位，並認為自、子、午組若是晚期卜辭，則 YE16、YH006、YH005、YM331、YM388、HPKM1001 等相關坑位年代也必須屬於晚期，但這與同出器物形制特徵無法相符。然 YH006 確實是晚期穴窖，石璋如辨之甚明（說詳前），因此鄒氏分期系統的依據，相關層位與同出器物關係應當重新架構，連帶所及，關於以文化層位斷定的自、子、午組卜辭時代，亦須重新評估。

蕭楠對於自組卜辭時代的判定，主要是根據小屯南地地層，此論同時是自、子、午組卜辭時代論斷的核心證據，相關地層資料的辨正，本文將專論於下，此處不贅。

（二）歷組諸論

李學勤主張歷組卜辭應該自甲骨第四期前移至第一期，主要是因為殷墟五號墓發掘所顯露的時代訊息，其實殷墟婦好墓的時代亦非毫無疑義，本文將申論於後。至於李

---

100 以上俱見李學勤：〈甲骨文中的同版異組現象〉，《夏商文明研究》（鄭州：中州古籍出版社，1995 年 8 月），頁 152。
101 周忠兵：〈試說甲骨中的異代使用問題〉，《史學集刊》2011 年第 2 期，頁 22。

氏除了考古學相關訊息外，針對卜辭內容的若干論據，實多有可商之處。如在字體方面，李氏謂歷組「王」字作「太」形，與武丁時期相同，此說為真，但以為「干支」、「貞」的寫法也都近於武丁時期，則有所不足。就董作賓甲骨「干支字演化表」相關字形觀之（參下表），兩期干支字形大多有明顯的差異，謂之相近，並不妥適；「貞」字武丁期主要作「𝖍、𝖍」形，而歷組則多作「𝖍、𝖍」形，形體雖近分別仍顯，且另有「𝖍、𝖍」者，皆武丁期賓組所未見，整體來看，兩期的「貞」字，其實並不似李氏所謂的接近。

表 3-9-1：武丁與武乙文丁卜辭「干支字形」對照表

	甲	乙	丙	丁	戊	己	庚	辛	壬	癸	子	丑	寅	卯	辰	巳	午	未	申	酉	戌	亥
第一期 武丁																						
第四期 武乙																						
文丁																						

在文例方面，李學勤特別提出「署辭」與「兆辭」作為武丁卜辭與歷組對比的基準，並據此認定歷組為早期卜辭。李氏所謂「記錄甲骨貢納攻治的署辭」，即胡厚宣之「五種記事刻辭」，胡氏考察所見：

> 「甲橋刻辭」刻於龜腹甲兩橋之背面；「甲尾刻辭」刻於龜腹甲正面之尾端；「背甲刻辭」刻於龜背甲背面緣中剖線之一邊；「骨臼刻辭」刻於牛胛骨狹端轉節處之骨臼內；「骨面刻辭」刻於牛胛骨寬薄一端之正面，或背面近於兩邊緣之地方。前三者為龜甲刻辭，後二者為牛骨刻辭，五種刻辭所記，事類署同。[102]

又謂：

> 總合五種記事刻辭研究之結果，知五種刻辭，其完整者，凡包含兩主要部分，一部份言「某入若干」，或「三自某若干」，一部分言「某示若干」。兩部分可以同時並有，但言「某入若干」即不再言「三自某若干」，言「三自某若干」即不

---

[102] 胡厚宣：〈武丁時五種記事刻辭考〉，《甲骨學商史論叢初集》（濟南：齊魯大學國學研究所，1944 年 3 月），頁 593。

再言「某入若干」。又「某入若干」一類刻辭，僅限於「甲橋」「甲尾」「背甲」三種。龜甲刻辭中有之，「骨臼」「骨面」等牛骨刻辭中則絕未之見。至「三自某若干」及「某示若干」一類之刻辭，則龜甲與牛骨皆有之。[103]

至於歷組的記事刻辭，蕭楠曾注意到：

> 武乙、文丁時期的記事刻辭都是骨面刻辭，形式是「□三□若干」、「□三□□若干」、「□三□□若干」、「干支□三□若干」、「干支□三□若干自□□」等。這種記事刻辭的意義還不十分清楚。……可能為將動物肩胛骨加工為卜用骨之記錄。這種記事刻辭都刻於骨上。[104]

據此強調歷組與武丁卜辭中的「記錄甲骨貢納攻治的署辭」形式並不相同，兩者有著明確的區隔；蕭楠同時又指出：

> 記事刻辭不但武丁、武乙、文丁時代有，康丁時代也有，只是形式更為簡單，只記干支而已。一般是刻在骨之背面左、右兩端的下部，刻在左下端的大都為倒刻，刻在右下端的為正刻。因此，記事刻辭不是武丁時期所特有的。它本身也有時代的區別，不能籠統地都歸於武丁時代。[105]

說明李氏對於「署辭」的觀察實有不足。相同的問題亦見於「兆辭」的觀察，李氏以歷組出現「二告」、「弜台」諸辭，遂將之與武丁時期兆辭等同視之，然「二告」、「弜台」皆僅一見，與武丁期兆辭普遍性存在的現象極為不同，不僅如此，「弜台」見於《合》34158，辭作「己巳卜：王弜步台官？」[106]根本不是兆辭，顯係誤讀；而「二告」見於《合》33020，可屬兆辭，但其中「告」作「□」形與武丁期兆辭作「□」形基本不類，令人難以無疑。就此可商的孤例，欲證歷組時代須前移至武丁期，確有不足。其實，歷組所見兆辭作「茲用」、「不用」，與武丁期兆辭「小告」、「二告」、「不吾龜」諸詞用意與用法皆有根本的差異，幾乎可說完全不相關，李氏對於「兆辭」的觀察亦不正確。

---

[103] 同上註，頁 600。

[104] 蕭楠：〈論武乙、文丁卜辭〉，頁 57-58。

[105] 同上註，頁 58。

[106] 辭參姚孝遂主編：《殷墟甲骨刻辭摹釋總集》（北京：中華書局，1988 年 2 月），頁 772。《甲骨文合集釋文》所釋與此不同。

《合》34158　　　　　　　　　　《合》33020

在人物方面，李學勤指出歷組與賓組、出組卜辭所見人物有相同之處，足以說明兩者時代相同。對此，林小安提醒：

> 在以往的卜辭分期的研究中，是沒有區分同版多、同版少，同事項多和同事項少的差別的，把凡有同版關係的一律視為同代人，這樣分期就顯得過於粗疏了。……在過去的分期中，還存在著把直接同版同間接同版混同的錯誤。甲同乙有同版關係，乙同丙有同版關係，並不等於甲同丙有同版關係，有時恰好是隔代人的關係。[107]

而蕭楠亦有論說，辨之甚詳（參前），主張卜辭所見人名並非私名，而是「氏」名，又往往作為國名，或指稱地名，遂有異代而同名之情事，其論實可信從，說明李氏對於「人物」的觀察仍有未備。另，裘錫圭雖也認同異代同名現象，但也有質疑，如「間隔幾朝的人事狀況竟會如此相似」、「各族在長時間中竟能始終保持其地位而無太多改變」等，皆令人不能相信。裘氏之疑自有理致，引人深思，然人事方面有相似的表現，極可能是相關氏族的職務本為世襲，故所涉卜問事項之性質接近甚或相同，恐是必然結果，此點蕭楠亦有詳論（參前）；而氏族地位的變化，並不宜直接等同卜辭是否有所錄見，應當更全面性加以分析比較。蕭楠即曾具體指出：

> 武丁卜辭中有關帚姘的材料達 100 多條。此時之帚姘曾參與過對龍方的戰爭，也曾主持過祭祀，也有不少關于她生育的卜辭，其地位僅次于婦好。而武、文卜辭

---

[107] 林小安：〈殷武丁臣屬征伐與行祭考〉，《甲骨文與殷商史》第 2 輯（1986 年 6 月），頁 225。

中的帚妌（帚井），其卜辭材料少，雖然也有關于征伐的內容，但其地位遠不能與武丁時的帚妌相比。故此兩類卜辭中的「帚妌」亦非同一個人。[108]

又謂：

> 武丁卜辭中的沚馘同武、文卜辭中的沚或雖然都是武將，但他們的主要事情並不相同……，武丁卜辭中的沚馘主要參與對巴方、土方和舌方的戰爭，有關這方面的卜辭達 200 多條（出組未見沚馘）；而武乙、文丁卜辭中的沚或主要是參與對召方的戰爭。在有關主要的戰事上，兩類卜辭是不同的。可見，沚馘、沚或不是同一個人。[109]

以上所述，顯示卜辭中相關氏族的地位或重要性並不一致，換言之，雖肩負的任務大致相同，但相關氏族之地位實有所變動，未若裘氏所疑之堅固。

在事類方面，李學勤試圖以三例八版，佐證歷組與賓組或出組卜辭所卜事項相同，但其例並不貼切，且徵引失真，顯不合適。如例一，賓組《前》7.1.4（=《合》5622）辭殘，僅見「☑貞翌☑令𢀰☑子方☑友載王事」，[110]李氏謂為「□□〔卜〕貞，翼□□令𢀰〔以〕子方〔奠于〕并，由王事？」[111]兩者有所出入，將之對比歷組三例：《後》下 34.3「辛丑貞：王令𢀰呂子方奠于并」、《後》下 36.3（=《合》32833）「□亥貞：王令𢀰呂子方乃奠于并」、《續存》上 1916（=《合》32832）「辛酉貞：王令𢀰呂子方奠于并」之辭，除「令𢀰」、「子方」二詞諸例重出之外，其餘內容並無法確知相同，甚至連相近都不可得，逕謂兩者卜問事項相同，過於粗疏。例二，賓組《乙》5303（=《合》6947 正），辭作「戊午卜殻貞：雀追亘屮獲」，與歷組《續存》上 638（=《合》20384）「辛亥貞：雀執亘受又」相較，差距更大，兩者除同見「雀」、「亘」，其餘所問皆不相同，就連卜日也不一樣，根本無法確認所卜事項內容是否相關。例三，出組《珠》30（=《合》2400），辭為「貞：奉王生宰于妣庚于妣丙」，此版字體屬「自賓間組」，[112]李氏將之視為出組卜辭並不合適，其所舉歷組《粹》306（=《合》23188）之例，為《粹》396（=《合》34081）之訛，但李氏所引卜辭，實為《拾》1.10（=《合》34082），既非《粹》396，更不是《粹》306。《拾》1.10 辭作「庚辰貞：其奉生于妣庚妣丙在祖乙宗

---

108 蕭楠：〈再論武乙、文丁卜辭〉，頁 165。
109 蕭楠：〈再論武乙、文丁卜辭〉，頁 166-167。
110 辭參《殷墟甲骨刻辭摹釋總集》，頁 139。
111 李學勤：〈論"婦好"墓的年代及有關問題〉，頁 36。
112 據崎川隆：《賓組甲骨文分類研究》，頁 269。

卜」，與《珠》30 相較，僅受祭對象「妣庚、妣丙」相同，其餘亦有出入未盡相侔，仍無法等同並觀。綜上，李氏所舉諸例，無法作為證明「歷組卜辭與賓組、出組卜辭時代相同」的依據。

在稱謂方面，李學勤指出歷組卜辭有以「父乙」、「父丁」為中心的兩套稱謂系統，並認為其中「父乙」與母庚、兄丁、子㦤有同版情形，而子㦤見於武丁卜辭，因此是武丁稱小乙；「父丁」則因常繫於小乙之後，故應為祖庚稱武丁。然稱謂並非專名，不同時代的稱謂相同亦非罕見，前述董作賓以父乙、母庚論斷時代尚有不足，李氏於此雖增以兄丁、子㦤，仍是難以完全釋疑。如李氏「父乙、母庚」同版之例見於《南明》613（拓本見《明續》2524），嚴一萍謂此「確實是『父乙與母庚共版』，但這個『母』作『𤔔』，準小甲作『𦥑』之例，應讀作『小母』合文，這母庚便應讀作『小母庚』，『小母庚』並不等於『母庚』，這是有分別的」，[113] 其實是否定父乙與母庚同版情形。另，蕭楠曾考察武丁與文丁卜辭相關稱謂（參前），認為「武丁卜辭中的『父乙』、『母庚』、『兄丁』同文丁卜辭的『父乙』、『母庚』、『兄丁』是不相同的」，[114] 兩者存在區別，說明「武丁卜辭同『歷組』父乙類卜辭不可能是同時的」。[115] 再就「父丁」稱謂來看，李氏所引《殷綴》15（=《合》32439）、《南明》477（=《合》32087），前者祭「大乙、大丁、大甲、祖乙、小乙、父丁」，後者則有「高祖亥、大乙、祖乙、小乙、父丁」，確實在先王的致祭序列中，「父丁」皆居「小乙」之後，李氏所謂「如把"父丁"理解為康丁，那麼在祀典中竟略去了稱為高宗的武丁及祖甲兩位名王，那就很難想像了」，[116] 並非沒有道理，但卜辭祀典中略去部分先王的情形並不罕見，嚴氏即謂：

> 祭祀中略去先王的例子很多，不特這兩條卜辭中的「武丁祖庚祖甲廩辛」四王，即以這兩條卜辭而論，一條以「且乙」接「大甲」，「小乙」接「且乙」，一條更以「且乙」接「大乙」，略去更多。因為這是於乙未日祭「乙」的先王，加上遠祖王〔按：王之訛〕亥，生父康丁，中間不雜廁其他的王是很合理的。我們知道「大戊」亦為殷世顯赫的名王，而廟號稱為「中宗」，然而一樣的也被略去了。所以這「父丁」不是「武丁」，而是武乙稱康丁為父丁。[117]

此論頗為可參，說明李氏之疑可得而釋，並非歷組時代前移的鐵證。李氏又以歷組《京

113 嚴一萍：〈「歷組」如此〉，《中國文字》新 8 期（1983 年 10 月），頁 188。
114 蕭楠：〈再論武乙、文丁卜辭〉，頁 159。
115 同上註，頁 158。
116 李學勤：〈論"婦好"墓的年代及有關問題〉，頁 37。
117 嚴一萍：〈「歷組」如此〉，頁 195-196。

都》2297（＝《合》32753）「二母：妼、畚甲母庚」，對比賓組《乙》3345[118]（＝《合》2153）「母妌」，認為「《京都》2297所祭"二母：妼、象甲母庚"，就是母妌和陽甲（武丁的父輩）之妃庚」，[119]並以此作為歷組屬於武丁卜辭的佐證。李氏此說仍有可商，首先，貝塚茂樹雖將《京都》2297該辭釋為「三每每戊陽甲母庚」亦不正確，但其將「𢼸」釋作「每戊（母戊）」不作「妼」，顯然較為合適；再者，「妼」、「妌」二者形構有別，从女从卂，不宜混為一談；此外，該辭已見「畚甲」之稱，將之視為武丁卜辭亦有不妥。總之，就稱謂觀之，李氏所據之例皆能再議，並無決定性的關鍵影響。

其實，李學勤對比的是歷組與武丁卜辭內容，並非歷組與賓組，主要的差別在於自組的有無。李氏將自組併入武丁卜辭，並以之與歷組進行比較，因此得出兩者若干內容有所關聯，時代一致的結論，然細究其相關考察，歷組與賓組頗有差距並不相近，而與自組關聯度較高，換言之，與其主張歷組與武丁卜辭時代一致，倒不如強調歷組與自組卜辭時代相同，因此，歷組卜辭時代的爭議與自組卜辭時代問題，相互連動，宜當併觀討論。

裘錫圭呼應李學勤的看法，在李說諸例的基礎上加以申論，反覆強調「這很難說成偶然的巧合」、「簡直相似得驚人」、「不能相信人事竟會存在這麼多相似的現象」。對於稱謂、人名相同的部分，裘氏並無提出更多有效的實證，而在相同占卜事類方面，裘氏則增舉廿一實例（含追記所及）強化李說之可信，然用心雖篤，但亦難如願。裘氏之例，簡表如下：[120]

表 3-9-2：裘錫圭「同卜一事」卜辭一覽表

例序	賓組、出組			歷組		
	原始版號	卜日	並見於	原始版號	卜日	並見於
1	《續》5.4.3	丙子	《合》17168	《粹》1247	丙子	《合》32829
2	《京津》2086	□□	《合》5755	《人文》2265	□酉	《合》32023
	《燕》235	己卯	《合》277	《京津》3966	癸酉	
3	《燕》618	甲申	《合》16061	《佚》874	丁亥	《合》23059
	《燕》596	庚子	《合》236			
4	《甲》3651	壬午	《合》1198	《綴》334	癸亥	《合》32896
	《甲》2029	乙酉	《合》10084	《鄴三》下44.6	癸未	《合》32026
5	《後》下9.4	辛丑	《合》261	《懷》1571	辛酉	《合補》10646

---

[118] 李例原作《乙》3363，實為《乙》3345之誤，今正之。
[119] 李學勤：〈論"婦好"墓的年代及有關問題〉，頁37。
[120] 表內卜日，「略」者指該卜前辭省略干支日；加「（ ）」者，指該卜日乃自同版相關他辭中推求。

例序	賓組、出組			歷組		
	原始版號	卜日	並見於	原始版號	卜日	並見於
6	《燕》417	癸卯	《合》9473	《佚》250	□卯	《合》33220
7	《粹》249	略	《合》7084	《安明》2723	丁巳	《合》33068
8	《甲》3473	（庚戌）	《合》5711	《善齋》舊藏	甲辰	《合》27943
9	《合》5712	□□	《合》5712	《安明》2711	丙申	《合》32994
10	《粹》1291	□□	《合》5728	《寧滬》1.506	（乙酉）	《合》34136
11	《燕》598	略	《合》7569	《甲》600	壬午	《合》33193
12	《續》3.46.6	辛未	《合》5766	《明後》2629	辛未[121]	《合》32997
				《安明》2710	乙亥	《合》32996
13	《前》7.5.2	乙卯	《合》10076	《掇一》430	甲寅	《合》34343
14	《存》下229	（丙寅）	《合》3099	《明後》2442	□□	
15	《前》1.46.5	丁丑	《合》4070	《粹》1049	丁丑	《合》32866
16	《合》7443	（癸酉）	《合》7443	《安明》2713	戊寅	《合》32939
17	《合》4216	癸巳	《合》4216	《懷》1651	癸巳	《合補》10488
	《合》5566	癸巳	《合》5566	《懷》1649	□□	《合補》6614
18	《續》1.28.9	略	《合》969	《考古學報》1975年1期圖19	壬午	《屯》751
19	《乙綴》192	甲午	《合》6471	《鄴三》下39.10	庚寅	《合》26880
				《甲》695	癸巳	《合》33104
20	《丙》24+《京津》1266	辛酉	《合》6476	《鄴三》下38.1	癸亥 乙丑	《合》33112
	《乙》3797	略	《合》6583	《懷》1637	甲子 丁卯	《合補》10485
追記	《合》6937	乙酉	《合》6937	《粹》1164	己丑	《合》33074

以上諸例，暫且不論卜問內容，除第1、15、17例之外，各組中卜辭可確知的卜日皆不相同，光憑此點裘例所列各組諸卜即難以逕視為同一事件，而第1例雖同為丙子日所卜，亦同有「令某葬我」之問，但賓組問的是：某是否會「囚告不㞢」，「葬我」屬前提條件；歷組則是問：是否要擇某「葬我」，兩者本質上根本不同。第15例同為丁丑日所卜，亦同有「彘」與「往」二字，但賓組全辭只作「彘往」，或欲擇彘前往（叀彘往），抑或欲彘先往（彘往先），未能確知；歷組辭為「往亡囚彘」，是問彘將前行能否順利無禍，兩者本質上仍有所差異。第17例情形略雜，同為癸巳日卜者為《合》4216與《懷》1651，另《合》5566雖也癸巳所卜，但其對比的《懷》1649卜日闕不可考，兩者關聯難

---

[121] 此卜日雖與《續》3.46.6同，但其辭不類。

以遽論；而《合》4216 作「叀乙未令師般」，《懷》1651 先問「今日王令師般」，再問「王于乙未令」，雖所令對象皆是師般，但前者意在知曉「乙未日傳令是否合適」，後者則欲在「癸巳」、「乙未」等諸日中擇選傳令日，兩版問卜內容本質實不相侔，區別亦明顯，陳煒湛謂此例「干支、事類、人名（師般）皆同，確有可能為裴文所云，"是在同一天為同一事而占卜的"」，[122]其見未達一間，所言與裴說俱有不足。總體觀之，裴氏所舉各組之例，皆無法確知所卜是否一事。

其實，裴錫圭以上列諸例說明「卜問事項相同」，猶有可得，但將之視為「同時為一件事而占卜」，已屬牽強，若據之作為「歷組與賓、出組卜辭時代相同的最有力證據」，更為無稽。儘管如此，裴論所及之「巧合」現象，明確存在，無可否認，然類此的「巧合」，實非隨機性的偶然巧合，本有其必然性，蕭楠為之說解已詳，可以參從。換言之，裴氏諸例提供吾人的啟示，不在於聯繫不同卜辭類組的時代使其一致，而是吾人據此可以探析商代不同氏族的相關職掌，及其相互之間的動靜關聯，或與商王室的親疏關係，為商文化的建構提供更多細緻化的材料訊息。

至於裴錫圭質疑小屯南地的「地層證據」，「不能承認《屯南》提供的層位現象已經"確立了所謂'歷組'卜辭為武乙、文丁卜辭"」，[123]依循林澐的意見，指出屯南賓組卜辭只出自較晚的地層是不爭的事實，並謂：

> 大家知道，歷組一類卜辭的數量比歷組二類和無名組卜辭都少得多。根據中期一組堆積所出的區區 56 片甲骨中有無名組和歷組二類卜辭而沒有歷組一類卜辭這一點，就斷定後者的時代晚於前者，顯然是缺乏足夠的說服力的。[124]

又云：

> 按照我的看法，在 1973 年屯南發掘中，中期一組堆積中實際上已經出了自歷間組卜辭。《屯南》前言（19 頁）劃入中期一組的 H99 所出的《屯南》2692，《屯南》釋文定其時代為武丁。從這一片的書法以及"子"（巳）"未""不"等字形和卜辭的格式來看，完全可以把它歸入自歷間組。自歷間組、歷組一類、歷組二類這三種卜辭之間有明顯的先後繼承關係（參略）。中期一組堆積既然出了自歷間組和歷組二類卜辭，按理說也完全有可能出歷組一類卜辭。出自另一個中期

---

[122] 陳煒湛：〈"歷組卜辭"的討論與甲骨文斷代研究〉，《出土文獻研究》（北京：文物出版社，1985 年 6 月），頁 19。

[123] 裴錫圭：〈關於《小屯南地甲骨》的討論——答蕭楠同志〉，《漢字文化》1992 年第 1 期，頁 33。

[124] 同上註，頁 34。

一組灰坑 H72 的《屯南》2530 只殘存兩個字，組別難定，但是其中的"庚"字的寫法顯然跟歷組一類的常見寫法相合。這是很值得注意的。我相信在將來的屯南發掘中，中期一組堆積一定會出歷組一類卜辭。[125]

裘氏的看法有其理致，但其前提是基於自歷間組、歷組一類、歷組二類卜辭具有先後的繼承關係；裘氏曾主張「廿示」的《粹》221（=《合》34122）與「上甲廿示」的《佚》884（=《合》34120）兩版所謂「文丁卜辭標準片」與小屯南地「自組卜甲第六片」的《屯》4516 時代相同，[126]據此更直指《小屯南地甲骨》編者對於歷組卜辭時代的判斷自相矛盾。[127]對此，沈之瑜有所提醒：

> 誠然字體結構、書法風格均不失為斷代的標準，但不能視為絕對標準，因為字體在歷史發展的變革中，必然有一個新舊字體的同時存在的階段（例略），所以單憑字體、書法而懷疑卜辭自上甲若干示的明文，是危險的。[128]

其實，根據裘氏的考察，僅能說明歷組與自組卜辭的關係相近，但「因自組屬於武丁卜辭，故歷組時代亦當置於早期」的推斷則可再議，主要是依據相同的邏輯，亦可得若「歷組屬於第四期卜辭，自組時代則應歸在晚期」的結論，而此時自歷間組、歷組一類、歷組二類卜辭先後的承繼關係仍存，將順序倒反即可。因此，裘氏藉上述所論批評《小屯南地甲骨》自相矛盾猶可，但欲以之坐實歷組卜辭時代應當前移的主張，則恐有不足，尚待有效補充。

《小屯南地甲骨》編者認為，根據相關地層證據，自組時代屬於武丁時期無疑，而歷組是武乙、文丁卜辭亦有明確的地層關係佐證，兩者根本不相雜廁，然如此「鐵證」，卻無法解釋歷組與自組的親密關係；裘錫圭所論者，實以字體特徵為要，雖能有效系聯歷組與自組的關係，並斷其時代相同，但對於「該兩組部分字體近於乙辛卜辭，明顯呈現晚期風格」的現象，同樣缺乏合理的解釋。盱衡前後兩說，最合適的理解是，《小屯南地甲骨》的地層判斷可能有誤，應當調整，但其調整方向卻非裘氏所願，而是以自組時代晚期為準，全盤檢視修正相關地層現象的關聯，清原正本，撥亂反正，實情始能大白。

---

125 同上註。

126 詳裘錫圭：〈論「歷組卜辭」的時代〉，頁 300-301。

127 裘錫圭：〈讀《小屯南地甲骨》〉，《書品》1987 年第 3 期，頁 4。

128 沈之瑜：《甲骨文講疏》（上海：上海書店出版社，2002 年 10 月），頁 202。

二、 核心論據

（一）小屯南地地層

1. 地層證據

1973 年小屯南地的發掘，所得相關卜辭的出土層位，聲稱可為王族卜辭（即自、子、午組）的時代爭議提供論證，並將此卜辭時代定為武丁時期。具體的根據是：

> 在 T53④A層中，出土有少量的陶器殘片和"自組"卜甲。該層出土的陶器在陶質、紋飾等方面與 H13 等大體相近。能辨認器形的有鬲、簋、罐等陶片。折緣方唇鬲口較窄，沿內有一道淺溝（例略）。矮領圓腹鬲一種和 H13：6 相近；一種則繩紋較亂（例略）。簋為泥質灰陶，腹壁較斜直（例略）。罐為泥質灰陶，矮領，肩腹分界明顯，飾繩紋（例略）。[129]

其中 H13 時代被劃歸在小屯南地早期，而 T53（4A）層所見陶器與之近似，因此其時代亦歸屬於小屯南地早期。

T53（4A）層的坑位關係，具體如下：[130]

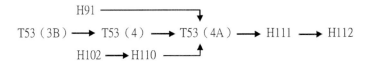

圖 3-9-2：T53（4A）層的坑位關係圖

發掘者指出「T53（4A），其上為 T53（3B）和 T53（4）疊壓，被 H91 和 H110 打破，其下則疊壓著 H111 和 H112；而 H110 又被 H102 打破」，[131]並謂：

> 從地層和共存的陶片來看，其中 H91、T53（3B）、T53（4）屬小屯南地中期（相當於康丁、武乙、文丁時代），H111 和 H112 屬小屯南地早期（相當於武丁時期）。而 T53（4A）所出鬲、簋、罐等陶片形制基本上和小屯南地早期器形相似。H110 打破 T53（4A），但又被 H102 所打破，表明 H102 要比 H110、T53（4A）的時代

---

[129] 1973 年安陽小屯南地發掘簡報：〈1973 年安陽小屯南地發掘簡報〉，《考古》1975 年第 1 期，頁 34。

[130] 圖參蕭楠：〈安陽小屯南地發現的"自組卜甲"——兼論自組卜辭的時代及其相關問題〉，頁 238。

[131] 同上註，頁 238。

晚些。H110 所出陶片甚少且碎，難以為據；但 H102 出土了大量陶片和不少可復原的陶器，則彌補了 H110 的不足。僅從 H102 所出的鬲、簋、盆、罐等陶器的形制看（圖略），其時代要早於小屯南地中期又稍晚於小屯南地早期。從而為 T53（4A）的相對時代及其下限提供了有力證據。[132]

綜之，T53（4A）層屬於早期地層，主要是根據出土陶器形制而推定，而除殷代早期陶器之外，T53（4A）層尚有自組卜辭與之共出，據此即可得自組卜辭時代當同為小屯南地早期，亦大致相當於武丁前後。

　　除 T53（4A）外，出有甲骨的小屯南地坑層，劃歸早期者尚有早期一段 T53（7）下的 H115、早期二段 T53（2C）下的 H102、T55（5B）下的 H104、T53H90 下的 H107、T55（7）下的 H118，共計 12 版，[133]其中《小屯南地甲骨‧釋文》定《屯》2765（出於 H104）、《屯》2769（出於 H107）為自組；[134]定《屯》2698（出於 H102）、《屯》2770、2771（出於 H107）為午組；[135]其餘除《屯》2779 略有可議外，可辨識者雖未分組，其實亦近之。總括來看，屯南所謂早期地層僅僅只出自組與午組卜辭，據此，不僅可證自、午組卜辭時代歸屬早期之說，亦可進一步推斷此等卜辭時代或當在武丁早期。

2. 相關辨正

　　小屯南地的甲骨發掘，距今已近半世紀，雖早有完整的發掘報告問世，但詳細的坑層資料迄今仍未能完全揭露，對於作為「斷代鐵證」角色，卻缺乏可驗證比對的材料憑據，始終難以令置疑者信服。

　　根據「1973 年小屯南地灰坑登記表」所載，[136]屬小屯南地早期地層的坑窖共有 36 個，其中早期一段 15 坑，[137]早期二段 20 坑，[138]另有一坑時段待定。[139]細究相關坑窖出

---

[132] 同上註，頁 238-239。

[133] 即《屯》2698、2765-2771、2777-2779、〈屯補〉115。

[134] 中國社會科學院考古研究所：《小屯南地甲骨》下冊‧第一分冊‧釋文（北京：中華書局，1983 年 10 月），頁 1044。

[135] 同上註，頁 1038、1044。

[136] 中國社會科學院考古研究所安陽工作隊：〈1973 年小屯南地發掘報告〉，《考古學集刊》第 9 集（1995 年 12 月），「附表二：1973 年小屯南地灰坑登記表」，頁 128-137。

[137] 即 H10、H13、H29、H33、H34、H88、H89、H105、H108、H111、H112、H115、H121、H122、H123 等 15 坑。

[138] 即 H15、H20、H21、H25、H26、H28、H43、H49、H56、H90、H97、H101、H102、H104、H107、H110、H116、H117、H118、H119 等 20 坑。

[139] 即 H124。

土位置，近半數（16 坑）集中在 T53、54、55 探方之下，而甲骨更僅見於 T53、55 兩探
方中，相關資料一覽，簡表如下：

表 3-9-3：小屯南地 T53、54、55 探方下早期灰坑

坑號	位置	卜甲	卜骨	拓 本 號
H102	T53(2C)下	1		《屯》2698
H90	T53(3A)下			
H116	T53(3F)下			
H111	T53(5)下			
H115	T53(7)下	1		《屯》2777
H112	T53H111 下			
H110	T53H85 下			
H107	T53H90 下	5		《屯》2767、2768、2769、2770、2771
H124	T54(4E)下			
H105	T54(6C)下			
H122	T54(7C)下			
H123	T54(7E)下			
H117	T55(5A)下			
H104	T55(5B)下	2		《屯》2765、2766
H119	T55(5B)下			
H118	T55(7)下		3	《屯》2778、2779、〈屯補〉115

　　關於小屯南地的地層資料，其橫向的分布位置及縱向的坑層先後，屬客觀訊息，發
掘者依實際情況發布，自無須質疑，然涉及穴窖或層位的時代判斷，則須多方推敲，並
非一望而知，有時不免摻雜主觀的認知，理當細究。如同穴窖內所出陶器、陶片，其大
小數量基本明確固定，不易混淆，而該坑陶器或陶片的類型歸屬，分類標準則相對模糊，
疑義或生，即須釐清。整體觀之，小屯南地地層的時代早晚，判斷依據多從同出文物，
而其中陶器形制實屬重要標準，然其分期之失，前已詳述，此不重贅，以下僅就坑層疊
壓情形，另作辨正商榷。

　　根據「安陽小屯南地探方位置圖」所示（見下圖之 A），T53、54、55 各約五米見
方，由北而南連續排列，形成約 15m*5m 的長方形區域，此範圍中「殷代文化層保存較

好，堆積較厚」，[140]《小屯南地甲骨·前言》及〈1973 年小屯南地發掘報告〉皆曾以 T55 為例，進行小屯南地地層之說明，並謂「此探方的堆積情況在小屯南地的堆積中具有一定的普遍性」。[141]T55 探方地層主要分為六層（見下圖之 B），發掘者指出：

> T55 東壁③層以下均為殷代文化層堆積。第③層出 V 式簋、IV 式盆；第④、⑤兩層比較接近，出 III 式鬲、III 式盆、III 式泥灰圜底罐；第⑥、（6A）、（6B）三層比較接近，出 I 式鬲、I 式簋、II III 式盆。因此 T55 東壁③層以下的殷代文化堆積可以明顯地劃分為早、中、晚三期。[142]

又謂「在 T55 東壁剖面層堆積與 T53 的地層堆積中，它們各自的早、中、晚三個階段彼此相當，出土物大致相同」。[143]然核以 T55、T54 相關剖面圖（下圖之 B、C），一東壁，一南壁，連成一區，適可架構出 T55 下完整地層，詎料規模如此小的區域（5m*5m），其層位竟不能完全對應，[144]顯示相關分析有所不足。至於關鍵的 T53，並無剖面圖可資比對，雖可參酌的平面圖（下圖之 D、E），或過於簡略，或語焉不詳，運用不易，但若該處地層未有極特殊的擾動，則其層位狀態為 T54 向北的延伸，應是合理的認知。T54 下有 H86，根據圖示，其被壓在 T54F4 與 T44（4B）下，再比對土質層位，T54（4B）與 T44（4B）應屬該區域同一層的堆積，時代自應相同，因此 T54（4B）的時代不宜早於 H86。〈1973 年小屯南地發掘報告〉將 H86 時代列在「晚期 5 段」，[145]則 T54（4B）時代亦當近之或略晚，影響所及，屬於相同區域 T53（4）層時代的推斷仍應在此範疇內，不宜存有巨大落差。無獨有偶，2002 年小屯村南探方 T4A，位於 T55 東南方不到 10 米處（參下圖之 F），亦屬同區域地層堆積，其層位疊壓與 T54 相似（參下圖之 G），被壓在第 4 層（T4A④）之下的 H57 時代屬於第三期，顯示該區域第四層堆積的年代應該不會太早。

---

140 同上註，頁 46。

141 中國社會科學院考古研究所：《小屯南地甲骨·前言》，頁 12。

142 中國社會科學院考古研究所安陽工作隊：〈1973 年小屯南地發掘報告〉，頁 118。

143 同上註。

144 將圖 C 左右反轉，使其東側在右，則該圖幾可等同 T55 北壁之剖面。以 T55 來看，既有北壁與東壁剖面資料作為定點，則其探方區域之立體層位自能模擬得知。惟經比對，1、2、3、4 尚能符合，圖 B 第 6 層應與圖 C 第 5 層堆積同，圖 B 第 6A、6B 層則與圖 C 第 6 層相同，而圖 B 之 F9 當即是圖 C 之 F7。雖 B、C 兩圖各自清楚，但未慮及相鄰探方層次的劃分應有其一致性，足以混亂層位訊息的認知。

145 中國社會科學院考古研究所安陽工作隊：〈1973 年小屯南地發掘報告〉，「附表二：1973 年小屯南地灰坑登記表」，頁 134。

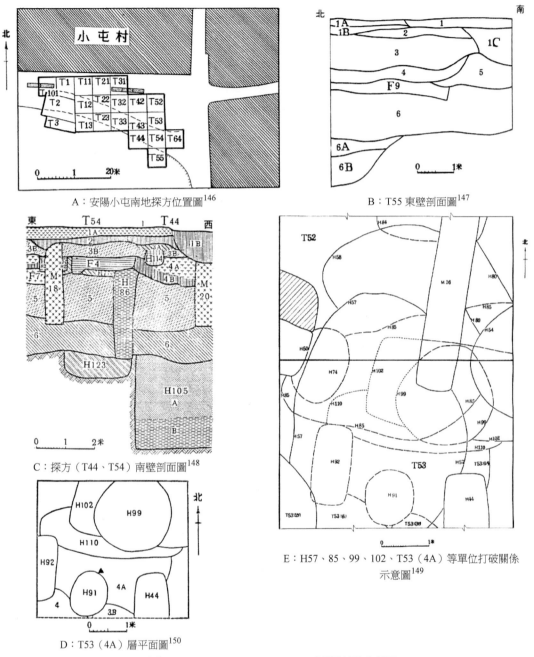

A：安陽小屯南地探方位置圖[146]

B：T55 東壁剖面圖[147]

C：探方（T44、T54）南壁剖面圖[148]

D：T53（4A）層平面圖[150]

E：H57、85、99、102、T53（4A）等單位打破關係
示意圖[149]

圖 3-9-3：A-E，T55、T54、T53 相關地層示意圖

146 同上註，「圖一：安陽小屯南地探方位置圖」，頁 45。

147 同上註，「圖三：T55 東壁剖面圖」，頁 48。

148 同上註，「圖二：探方（T44、T54）南壁剖面圖」，頁 28。

149 中國社會科學院考古研究所：《小屯南地甲骨·前言》，「圖六：H57、85、99、102、T53（4A）等單位打
破關係示意圖」，頁 13。

150 蕭楠：〈安陽小屯南地發現的"自組卜甲"——兼論自組卜辭的時代及其相關問題〉，「圖七：T53（4A）層
平面圖」，頁 238。

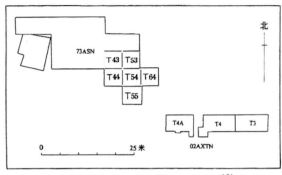

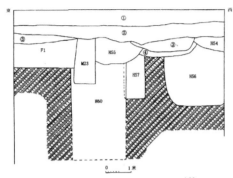

F：小屯村南出土刻辭甲骨探方平面圖[151]　　　　　G：2002AXTNT4A 南壁剖面圖[152]

圖 3-9-4：F-G，T4A 相關地層示意圖

　　另究「1973 年小屯南地灰坑登記表」，除位於 T54（3E）下的 H86，時代定為「晚期 5 段」之外，[153]同樣壓在 F4 下的 H77，被標記在 T55（3E）下，時代是「晚期 5 段」；[154]T44 緊鄰 T54 西側，其內 H62 位於 T44（3A）下，時代亦是「晚期 5 段」；[155]T43 南與 T44 北端相接，東連 T53 西側，其內 H81 位於 T43（3A）下，時代則為「中期 4 段」；[156]目前雖尚無法稽核上述 T54（3E）、T55（3E）、T44（3A）、T43（3A）等層位之實狀，但相關訊息已足以說明該區域第③層屬於晚期地層。又若隸屬殷墟文化的同一區塊，其內第③層為極晚期地層（如晚期 5 段），則第④層為極早期地層（如早期 1 段）的可能性，幾乎不存在，因它意謂該區域中有巨大的文化斷層，對應的恐是大規模人與事活動發展的戛然停止。然小屯南地地層時代的推定普遍出現此類情況，而發掘者對此現象的形成未置一詞，著實令人難安。

　　總括上述，即使小屯南地地層有著早、中、晚期的區別，T53（4A）不是該區域存在最早的地層，甚至連早期地層也算不上，而實情可能是，屯南區塊中的早期地層並不屬於殷墟文化，盤庚遷殷後，至早於康丁朝左右，此處始見大量龐雜的人文活動，屯南或為殷中段後的發展重鎮，彼時相關新舊器物的使用、廢棄、掩埋，隨著生活庶業日繁，而有不同的階段性處置模式或習慣，反映於地層，則亂中有序恰可形容，也因此欲據 T53（4A）層位論斷自組卜辭時代，必先重新考量 T53（4A）的斷代作用及其價值，連帶依小屯南地地層關係質疑歷組卜辭時代的論點，亦當一併審思。

---

[151] 修改自中國社會科學院考古研究所：《殷墟小屯村中村南甲骨・前言》（昆明：雲南人民出版社，2012 年 4 月），「圖一：小屯村中、村南出土刻辭甲骨探方平面圖」，頁 2。

[152] 同上註，「圖十九：2002AXTNT4A 南壁剖面圖」，頁 18。

[153] 同上註。

[154] 同上註，頁 133。

[155] 同上註，頁 132。

[156] 同上註，頁 132。

（二）殷墟五號墓

1. 時代分析

　　殷墟五號墓為 1976 年春，中國社科院考古所安陽工作隊在小屯村西北，丙組基址南部邊緣西側所發掘的一座殷墓，「它的規模不算太大，但墓室未遭破壞，隨葬器物極其豐富精美，是殷王室墓中最完整的一批資料」，[157]發掘者認為「根據墓中所出的大部分銅器銘文，參照甲骨卜辭中的有關記載」，「五號墓墓主應是殷王武丁的配偶"婦好"，廟號"妣辛"，死於武丁時期。象這種能確切斷定墓主人與墓葬年代的殷墓，在殷墟發掘史上還是第一次」，[158]因此五號墓又稱為「婦好墓」。

　　關於五號墓墓主為婦好的判定，鄭振香具體指出：

> 五號墓中有銘文的銅器為數不少，目前已發現銘文七種，其中"婦好"和"司母辛"是斷定墓主身分與年代的關鍵。"婦好"銘文的銅器數量最多，共六十餘件，並有不少大型銅器，如偶方彝、三聯甗、圓甗、鴞尊等。從銅器的數量與質量觀察，婦好應是墓主人。[159]

又「這個墓室較大，棺槨講究，隨葬品豐富精美」，與地位顯赫的武丁諸婦之一婦好身分相稱，因此「墓主就是武丁的配偶婦好」；[160]鄭氏進一步說明：

> "司母辛"銘文的銅器有大方鼎兩件，四足觥兩件。刻"司辛"銘文的石牛一件。大方鼎無疑是主要祭器。卜辭記載武丁的三個法定配偶中，有廟號"妣辛"的，祖庚、祖甲時卜辭稱之為"母辛"。銘文"母辛"當指武丁配偶"妣辛"。我們認為"婦好"與"妣辛"是同一個人，"婦好"為生稱，"妣辛"和"母辛"是其廟號。至於"婦好"死的年代，從有關祭祀"婦好"的卜辭分析，當死於武丁在世時。[161]

楊昇南、張永山則謂：

157　中國社會科學院考古研究所：〈安陽殷墟五號墓的發掘〉，《考古學報》1977 年第 2 期，頁 57。

158　以上俱同上註，頁 58。

159　《考古》編輯部：〈安陽殷墟五號墓座談紀要〉，《考古》1977 年第 5 期，頁 341-342。

160　同上註，頁 342。

161　同上註。

婦好死於何時，這對該墓年代至關重要。從甲骨文中的材料看，她在武丁時期就死去了。在武丁時期的甲骨文中，有直接卜問婦好死不死的卜辭，又有為她舉行出祭兮祭酒祭燎祭等的卜辭。在甲骨文中，呼、令等一般是對還活著的人而發，出、兮等一般是對已死者的祭祀。既然婦好在武丁時期已經死去，我們認為，五號墓的年代不會晚於武丁時期。婦好在武丁時參加了一系列的重大活動，當不會死得太早，她或在武丁的晚期才死去。[162]

王宇信補充：

大量為婦好卜問生育以及婦好主持祭禮、參加征戰的卜辭，說明婦好不會死於武丁早期。婦好生前曾參加征伐羌方、巴方、夷方、土方的戰鬥。而在商王朝與舌方這場較其它各方持續時間長的激烈戰鬥中，不僅沒有婦好參加征戰，而且她曾受到如同死去的祖先一樣的勾求之祭。這說明婦好大概死於舌方平定之前。根據甲骨文的材料推斷，舌方被滅於武丁的最晚葉，那麼婦好自應死於武丁晚葉的前期。五號墓的下葬時間，應該也在這個時候。[163]

以上對於殷墟五號墓的時代主張，大致相同，因「婦好」其人其事，遂將之定為武丁晚期墓葬。然此論雖有理據，但仍有未備，李學勤即有所提醒：

不能簡單地由於武丁卜辭裡有婦好，就得出五號墓時代屬於武丁的推論。為什麼呢？因為在卜辭裡不是只有一種有婦好，而是兩種卜辭都有婦好。一種是傳統上稱為一期的"賓組"卜辭，一種是稱為四期的有卜人歷的卜辭，可試稱為"歷組"卜辭（多出於小屯村中的一種大字卜骨）。⋯⋯特別是《甲》668（=《合》32757）卜辭有"辛丑虤（獻）婦好祀"，以辛日祭婦好，更與五號墓青銅器既有"婦好"，又有"后母辛"銘文相應。[164]

李氏雖仍不認為五號墓當屬武乙、文丁時期，但其說確實值得深思。李氏又謂：

關於"歷組"卜辭的年代，研究甲骨的人本有不同看法。"歷組"卜骨的許多人名、稱謂，同於武丁以至祖庚卜辭，例如望乘、犬征、䍸、婦好、婦井、婦女、子漁、子畫、子歆等等，不一而足。"歷組"祭祀列王的卜辭，常在"小乙"之

162 同上註。
163 同上註，頁 343。
164 同上註，頁 345。

後繼以"父丁"。這個"父丁"如果說是康丁,而商代的名王武丁、祖甲竟然不見於祀典,實在是太奇怪了。從種種迹象來看,"歷組"卜辭很有可能是武丁晚期到祖庚時期的東西。這也就是說,兩種卜辭的婦好可能是同一個人。因此,當前的問題不是用殷墟卜辭的分期去確定五號墓的年代,相反的,倒是五號墓的發現有助於解決卜辭斷代研究中長期懸而未決的問題。[165]

將賓組與歷組的婦好視為同一人,其實就是將歷組卜辭時代前移,李說的提出正式開啟歷組卜辭時代的論辨,至今方興未艾。

2. 相關辨正

殷墟五號墓時代的推斷,綜合來看,其根據主要有二:隨葬物品形制特點以及墓主婦好。

(1) 關於隨葬品形制特點

在隨葬器物特點方面,鄭振香具體指出該墓隨葬物品形制特點,接近於殷墟文化早期(含第一、二期),如:

> 出土的一件陶爵,圓腹較鼓,體型粗矮。這種爵常與腹較粗的陶觚同出,是屬於第二期墓中常見的器物;
>
> 出土的石豆,平唇略外翻,豆盤較直,圈足粗矮,同形制的陶豆在第一期較常見;
>
> 隨葬的銅器,從器類、器形觀察也帶有早期特點。如瓿、扁圓壺、侈口折肩尊、平底斝、平底爵、瘦高體的提梁卣以及腹下部較鼓、圈足直而矮的段等,均為一、二期常見的形制。銅戈有直內、鑾內和歧冠曲內等,也是一、二期常見的形制;
>
> 各種骨笄的杆都是由頂向下逐漸收殺,帶有較早的特點。鳥形、夔龍形方頂的骨笄都是一、二期常見的形制。雙層圓頂形盛行於第三期,但形制略有不同,兩層圓頂之間的短柱較高,笄杆頂端細,中間粗;
>
> 出土的骨鏃均為三棱式,一面呈弧形,一面中脊微突,略呈三角形。此種鏃也是一、二期常見的形制。[166]

---

165 同上註。
166 以上俱同上註,頁341。

胡厚宣亦指出：

> 大量的精美石、玉、牙、骨器物，則與西北岡 1001 墓所出是同一個類型。譬如
> 一件大理石皿，其形制花紋，就和 1001 墓的一件幾乎相同。一件青銅製的鴞尊，
> 兩纓外撇，尾足三立，又同 1001 墓的一件大理石鴞一模一樣。又如一件帶把的
> 象牙杯，也和 1001 墓的大理石杯是同樣的形制和作風。一些精致的象牙雕刻，
> 其紋飾頗類似 1001 墓的牙雕和 "花骨"。……還有大量的骨笄和骨鏃，兩個墓
> 裡所出，也都很相像。我們可以這樣說，除了 1001 墓裡的一些大件的重器等等
> 已經被盜，婦好墓沒有發現白陶和儀杖 "花土" 之外，其他兩墓出土器物的品種、
> 形制、紋飾和作風，大部分基本上是相同的。[167]

因此認為「婦好墓出土的器物，既與 1001 墓大體相似，那麼，把它的時代定為殷代的
早期」，[168]不是沒有道理的。杜迺松則自「青銅器基本特徵」、「花紋」、「銘文」進
行觀察，提出說明：

> 從一些青銅器的基本特徵來看，墓葬是屬於殷墟文化前期的。銅器雖然厚重，但
> 具有商代前期的一些主要特徵，如：爵杯仍保留早期的平底形式，且有極短的二
> 蘑菇柱。方尊和圓尊都是高圈足並有十字孔。流向上的三空足盉和湖北盤龍城的
> 形式基本相同。方尊、方罍、方壺、方彝等大量方形器的出土，在殷墟文化發展
> 中也是在武丁時期才開始有的。
>
> 從花紋上看，也具有殷墟前期特點，如在一件大圓鼎上只有主題紋飾獸面紋，而
> 無底紋。商代前期的罍或爵上的獸面紋飾，常以把為鼻飾，再把兩旁鑄上極簡單
> 的兩眼，這次婦好墓出土的方罍等器物上也同樣具有這一特點，但獸面紋比前期
> 複雜些了，不單鑄兩眼，而且有眉和嘴等。
>
> 從銘文上看，我們知道商代金文和甲骨文雖有鑄與刻之別，然文字的組織結構，
> 字體的特點，在每一相應發展階段基本上是相同的。"司母辛"三字的書法屬於
> 卜辭第一期武丁時代字體雄健宏偉的特點，婦好墓中出土的銅器銘文，最多的只
> 有幾字，這也符合殷墟前期就開始了的特點。[169]

---

167 同上註，頁 345。
168 同上註。
169 以上俱同上註，頁 347。

同樣是主張五號墓時代應該歸屬武丁時期。杜氏同時注意到「司母辛」與「司母戊」兩鼎的關聯性，甚至認為：

> 從"司母辛"字體特點看，再對照司母戊大方鼎，兩鼎書法風格雷同，字體均為波磔體，尤其是"司"字，有如出於一人之手，在銘文安排的順序上也完全相同，"司"在右，"母辛"和"母戊"在左。兩鼎銘文字體如此接近，而且在武丁時也有配偶叫妣戊的，因而司母戊鼎的年代似也可提到殷墟前期。[170]

以上諸說，皆著眼於五號墓隨葬物品形制與早期器物形態的相似性，以「類比」推斷時代，然方法本身並無問題，但部分內涵仍須細量。

李伯謙曾提醒：

> 五號墓中確有不少器物"都具殷墟早期的特徵"，我們也有同樣的看法。問題在於，五號墓中還有沒有屬有殷墟晚期特徵的器物呢？大家知道，銅器和陶器不同。銅器容易保存，可以世代相傳。因此在商周墓葬中，往往見到不同時代的銅器共存於一墓的現象，陝西寶雞茹家庄西周墓即其一例。殷墟五號墓隨葬銅器四百四十餘件，僅青銅禮器即近二百件，這些器物種類不同，銘文不同，形制、花紋也有區別，怎麼能僅僅根據一部分器物具有殷墟早期特徵，就斷定同墓所有器物都屬於同一時代呢？。[171]

高明亦表示：

> 考訂"婦好"墓的年代，是一件比較複雜的工作。僅從青銅器觀察，具有較晚的作風。但銘文"婦好"在第一期卜辭多見，她是生活在武丁時代的人物。銘文"司母辛"，或謂"姛辛"，它是婦好的廟號，即武丁的配偶"妣辛"。看來偏晚的器型與銘文內容發生了矛盾。因而有同志提出四期卜辭也有"婦好"，商王配偶稱妣辛的也不只此一人，康丁配偶也稱"妣辛"。所以有同志推測該墓當屬廩辛、康丁以後。這一意見不是沒有道理，應當引起重視。[172]

李學勤也提及：

---

[170] 同上註。

[171] 李伯謙：〈安陽殷墟五號墓的年代問題〉，《考古》1979 年第 2 期，頁 165。

[172] 《考古》編輯部：〈安陽殷墟五號墓座談紀要〉，頁 346。

　　五號墓的青銅器，多數有繁縟的複層花紋（所謂"三層花"），很多件有連續的稜脊，一眼看去，確實給人時代很晚的印象。但是，如果仔細觀察各件器物的形制和紋飾，不難發現較多的早期因素，例如細頸的卣，管狀流的封口盉，件數較多的平底爵、斝等。有的花紋似乎非常晚，如"三聯甗"中間甑上的夔紋，但實際比對，仍和商周之際的夔紋有很大的差別。[173]

高、李兩人顯然皆已注意到隨葬物品形制上的晚期風格，而李氏雖有意強調此為「錯覺」，但卻無法否定器物上晚期因子已然顯現的事實，換言之，根據部分銅器形制特點，即使五號墓時代不屬於殷末，恐亦非武丁期之墓。

　　關於五號墓隨葬器形制的晚期現象，鄒衡有更具體的判斷：

　　從現已展出的部分器物，尤其是銅禮器，無論從其形制、花紋、銘文各方面來看，都是比較複雜的。就是說，這二百多件比較大的銅禮器顯然不是一家之物，更不是同時鑄造，……就其時代而言，這批銅禮器似可分為三組：第一組，約相當於"殷墟文化第二期第3組"，數量較少，《亞(?)鼎》即其例。第二組，約相當於"殷墟文化第三期第4組"，數量較多，諸平底爵即其例。第三組，或相當於"殷墟文化第三期第5組"，數量亦不太多，帶蓋圓甗即其例。若用過去殷墟銅器分期的標準來衡量，則可大致估計其絕對年代，最早的可到武丁時代（晚期），最晚的可到武乙、文丁時代。若僅以其銅禮器來定，則此墓下葬的年代不會早到武丁時代，但也不會晚於武乙、文丁時代。[174]

李伯謙則認為「亞其」、「亞啟」兩組銅器，「無論形制、紋飾都與商代前期作風相去較遠，即使和殷墟文化第二期相比，也存在明顯的差異。總的看，它們表現出了較多的殷墟晚期特點」，[175]比如：

　　"亞其"組銅器僅觚一種，有20多件。見於商周墓葬中的銅觚常常是粗細兩件伴出。五號墓"亞其"觚均為細體，大喇叭口，腹和足上飾饕餮紋，頸部飾蕉葉紋，有扉稜。……"亞其"觚與YM331、武官大墓、HPKM1001細體觚相比有明顯差異，最大的變化是觚體更細長，其足部且均不見"十"字鏤孔裝飾，其形制與1957年發掘的安陽高樓庄M8、1953年發掘的安陽大司空村M304等出土的銅觚基本相同，甚至已接近1962年發掘的殷墟最晚期墓M53的銅觚。高M8、空M304

173　同上註，頁344。

174　同上註。

175　李伯謙：〈安陽殷墟五號墓的年代問題〉，頁166。

在《試論殷墟文化分期》中均定為殷墟文化第三期第 5 組。……那麼，與其銅瓿基本相同的"亞其"瓿群的時代當不會與空 M304 等相差很遠。[176]

又以河北磁縣下七垣出土的"啟"瓿、"啟"爵類推"亞啟"方彝時代：

從下七垣出土的"啟"瓿、"啟"爵來看，"啟"瓿造型與"亞其"瓿幾乎完全相同，"啟"爵與 HPKM1001、武官大墓以及五號墓出土的卵形底爵有明顯不同，而與高 M8、空 M304 銅爵則很相像，深腹圓底，腹壁近直，柱身加高，立於口上且離開流折，是典型的殷墟晚期形式。尤其是"啟"瓿和"啟"方彝身上所飾耳目口鼻分離式饕餮紋式商末周初銅器上最流行的作風，根本不見於殷墟文化第二期典型單位 YM331、HPKM1001、武官大墓等出土的銅器上。與"啟"瓿、"啟"爵同出的尚有一件"受"銘寬體銅卣，這種寬體卣也是公認的殷墟晚期常見的典型器物。因此，我們認為，"亞啟"方彝如下七垣銅器絕不會早到武丁時代。[177]

裘錫圭另指出：

這座墓還出了一把有銘玉戈，在戈內的邊緣刻了"盧方劓入戈（？）五"幾個字。這條戈銘和甲骨文都是刀刻文字，字體作風類似，可以進行比較。根據初步觀察，戈銘的字體跟武丁卜辭顯然有別，而跟三四期卜辭則相當接近。戈銘提到盧方入貢。在第一期卜辭裡，我們沒有找到"盧方"（《安明》488B〔=《合》10775〕。作為國族名的囡、庯、虎等字與"盧"的關係不清楚，未考慮在內）。三四期卜辭裡則既有"盧方"（《續存》上 1947〔=《合》33185〕），又有"盧伯"（《甲》3652〔=《合》27041〕，《鄴三》下 36.9〔=《合》28095〕）。所以，從戈銘內容看，也以定作三四期為宜。[178]

裘氏後雖改易己說，然此說明仍深中肯綮，非常值得參考。

總括而言，上述諸家對於殷墟五號墓所見隨葬品形制的考察，結論明顯有所不同，但針對該墓時代的判斷，類此的不同意見，其實並不會造成實質的影響。鄒衡已指出五號墓中較大的銅禮器不是一家，更不是同時鑄造之物，其時代甚至可區分為三階段（說詳前）；發掘者也認為「據初步觀察，銘文"婦好"主要有三種寫法，而同類同式器物，字體基本一致。由此判斷，同類同式同一字體的器物，很可能是同一次鑄造的。也就是

---

[176] 同上註，頁 166-167。
[177] 同上註，頁 167。
[178] 《考古》編輯部：〈安陽殷墟五號墓座談紀要〉，頁 344。

說，“婦好”組銅器在鑄造時間上，可能有相對的早晚」，[179]但謂其「時間相距不致太長，絕不會鑄於婦好出生之前，也不會鑄於婦好死後」；[180]對此，張政烺則不以為然，主張「殷虛五號墓有帚好銘文的銅器從形制花紋看有早有晚，銘文的字體也很不一致，這種演變不一定是一代人的時間所能形成的」；[181]另李伯謙更有具體辨析，「“婦好”組銅器中有一些具有殷墟早期作風的器物」，「但是另外一些器物如瓿、扁足方鼎、圓鼎、扁圓壺、觚等則具有明顯的殷墟晚期作風」。[182]凡此，在在說明殷墟五號墓所葬器物品項、數量多，所涵跨的時限恐亦不短，其中早期與晚期銅禮器並存的情形，不僅毫無扞格矛盾，反倒是極自然的現象。

對於五號墓中銅器形制及其時代歸屬認知的落差，發掘者有所辨正，但不全面，[183]換言之，銅器形制晚期作風的質疑仍然存在。其實，不待青銅禮器形制之辨，五號墓所見六千八百餘枚貨貝亦可提供時代訊息。

戴志強曾考察安陽殷墟出土的貝化，發現殷墟出土的貨貝，「背部都有一個人穿孔，這種人為加工的部分在不同時期有著各自的特徵。根據穿孔的不同，可以把貨貝劃分成三個發展階段」，[184]分別是：「第一階段，小孔式貨貝」、「第二階段，大孔式貨貝」以及「第三階段，背磨式貨貝」，圖示參下：[185]

小孔式　　大孔式　　背磨式

圖 3-9-5：殷墟出土貝化形態

戴氏分析說明：

> 1959 年春武官村北發掘的 1 號墓，是殷代早期墓葬，墓中沒有發現貨貝。解放前發掘的殷代早期墓葬 YM232、YM333、YM388，因報導不詳，殉貝情況暫無查考。

---

179 中國社會科學院考古研究所：〈安陽殷墟五號墓的發掘〉，頁 91。

180 中國社會科學院考古研究所：《殷墟婦好墓》（北京：文物出版社，1980 年 12 月），頁 224。

181 張政烺：〈帚好略說〉，《考古》1983 年第 6 期，頁 541。

182 以上俱見李伯謙：〈安陽殷墟五號墓的年代問題〉，頁 168。

183 參鄭振香、陳志達：〈論婦好墓對殷墟文化和卜辭斷代的意義〉，《考古》1981 年第 6 期，頁 512-515。

184 戴志強：〈安陽殷墟出土貝化初探〉，《文物》1981 年第 3 期，頁 73。

185 據〈安陽殷墟出土貝化初探〉，「圖二：貨貝發展的三階段」，頁 73。

但在鄭州、輝縣等早商墓葬中，已發現殉有大量大孔式貨貝。可見至遲在商代前期，貨貝已經進入它發展的第二個階段。在殷墟中期墓葬和遺址中，出土了成千上萬的貨貝，除個別為小孔式之外，都是大孔式的（圖略），沒有發現背磨式的貨貝。如，婦好墓殉貝近七千枚，包括仿製的石貝，背部幾乎都是一個大穿孔。這種情況，到殷代晚期發生發生了變化。在殷墟晚期墓葬中，出土的貨貝多數還是大孔式（圖略）。如，……1955 年秋在小屯村遺址中發現的貝，"中部都有一個圓穿孔"；在後岡祭祀坑中發現的貝，"孔皆向下，似有線索穿貫其間"。而在殷墟晚期墓葬中，除了大孔式貨貝之外，還發現了背磨式的貨貝（圖略）。如，殷墟西區白家墳第 93 號墓出貝三十五枚，均為背磨式；1958 年春大司空村出土的一百二十枚貝中，亦有 "穿孔或磨光" 兩種；1976 年武官村祭祀坑第 240 號墓出貝亦有 "背部磨平" 的。可見，殷代晚期，開始了第二階段向第三階段的轉化。如果繼續考察以後的墓葬和遺址的考古發掘，可以看到，從西周到春秋，背磨式的貨貝出土更普遍，而大孔式的貨貝逐漸消失。[186]

戴志強的觀察極為仔細，結論明確，信然可從。但將婦好墓的貝化情形，以「背部幾乎都是一個大穿孔」一語帶過，則有不足。婦好墓的貨貝逾六千八百枚，應是單一墓葬所見最多者，根據殷墟博物館所展示的殷墟五號遺址出土海貝，計約五十四枚，[187]幾乎皆屬大孔式貨貝，少數或可視為小孔式貨貝，而完全未見背磨式貨貝，若此樣本可通觀全體，則婦好墓的時代確實偏早。然再檢視《殷墟婦好墓》所附海貝圖版（見右），[188]同樣約五十四枚，但特別的是，其間能辨識背部者皆作背磨式，幾無例外，表示婦好墓所出貨貝，除了大孔式，也有背磨式。依戴氏之說，大孔、背磨兩式並見已屬殷墟晚期現象，因此婦好墓的時代應當向後挪移，不會是早期墓葬。

圖 3-9-6：殷墟婦好墓所見海貝

[186] 同上註，頁 74。

[187] 此據翁衛和：〈「婦好墓」（43），母系社會文化信息的遺留——海貝〉所附圖片，網址：https://twgreatdaily.com/iuao2XQBURTf-Dn5qlPD.html，（搜尋日期：2021.07.05）。

[188] 中國社會科學院考古研究所：《殷墟婦好墓》，「圖版一八六（CLXXXVI）」之「4.海貝」。

（2）關於墓主婦好

殷墟五號墓隨葬品數高達一千九百二十八件，「銅器有四百六十八件（未計小銅泡）；玉器有七百五十五件（未計少量殘片和有孔小圓片）；石器六十三件；寶石製品四十七件；骨器五百六十四件（未計殘碎過甚的笄頭）；象牙器皿三件以及殘片兩件；陶器十一件；蚌器十五件。此外，還有紅螺兩件；阿拉伯綬貝一件以及貨貝六千八百二十多個」，[189]極為豐美，確實是殷代相當特別的一座墓葬。發掘者曾指出：

> 墓中出有較多的有銘銅器，按銘文內容，可分七組，即：1.“婦好”；2.“司母辛”；3.“司橐母”；4.“亞弜”；5.“亞其”；6.“亞啟”；7.“束泉”。其中“婦好”與“司母辛”二組是判斷墓主身分與墓葬年代的關鍵。“司橐母”組也值得注意。[190]

又認為：

> “婦好”組銅器是有銘銅器中最突出的，據不完全統計，有偶方彝一件，長方扁足鼎二件，圓鼎十二件，大型甗一件，簋二件，鴞尊二件，帶蓋方罍二件，帶蓋扁圓壺二件，瓿三件，圈足觥二件，盉二件，爵九件，觚十二件（其中有透雕觚五件），斗八件，三聯甗一套四件，以及觶、鉞等共六十餘件。多數成雙，有的成套。製作都較精緻，質地厚重，特別是偶方彝、三聯甗和鴞尊，造型優美，花紋繁縟，是前所未見或少見的。據此，我們認為墓主人應是“婦好”。[191]

顯而易見，殷墟五號墓之墓主的論定，全因該墓隨葬品中屬於「婦好」者又多又美之故，並無其他更有效可靠的依據。至於「婦好」其人，則至甲骨卜辭內容中探求：

> “婦好”之名，屢見於武丁時期卜辭，她是武丁的配偶，生前曾參與國家大事，從事征戰，主持祭祀，等等。地位相當顯赫。……卜辭中的“婦好”，恰好與銘文相合。而墓中所出的石豆、銅簋、銅瓿、“亞弜”鼎、平底爵、斝等，都具殷墟早期的特徵，如簋、豆的形制與“大司空村Ⅰ期”或“小屯南地早期”的同類

---

[189] 同上註，頁15。

[190] 中國社會科學院考古研究所：〈安陽殷墟五號墓的發掘〉，頁91。後《殷墟婦好墓》增為十一種（頁15），但實際條列九項，僅增「戓、官笘」兩項（頁100）。

[191] 同上註。

陶器接近，它們的年代也大體相近。……再從墓中出有大量隨葬器物以及墓壙規模等方面考察，與“婦好”的地位亦相稱，由此斷定，墓主“婦好”應是武丁的配偶。[192]

此外，「婦好」可與「司母辛」聯結：

據甲骨卜辭，武丁的法定配偶有妣癸、妣戊和妣辛三人。銘文中所稱的“母辛”，當係武丁的配偶“妣辛”，“母辛”則是其子祖庚、祖甲等對“妣辛”的稱謂。……“司”是“祠”的初文，通祀。《詩·生民》傳：“祠於郊禖”，釋文謂“祠本作祀”，意為祭祀。由此可見，這組銅器應是祖庚、祖甲為其母所作的祭器。根據“司母辛”組與“婦好”組銅器共存於同一墓中分析，“妣辛”與“婦好”當為一人。“婦好”應是生稱，即“名”；“妣辛”則是廟號，從而解決了甲骨卜辭中“妣辛”與“婦好”的關係問題。[193]

最後，從賓組貞人「占卜有關祭祀“婦好”的情況分析，“婦好”當死於武丁時期」，再從「銘文“司母辛”的“辛”字，上無橫道考察，墓葬的年代不會晚於祖庚，約當公元前十三世紀後期至公元前十二世紀前期」，[194]不僅確認五號墓墓主身分，同時亦夯實該墓的絕對年代，肯定五號墓為一座殷代早期墓葬。

以上對於五號墓年代的考察，明顯是圍繞「婦好」開展，〈發掘報告〉[195]所作的相關連結尚稱合理，遂成當前主流意見，然持平觀之，將婦好視為五號墓墓主，其實還有若干待釋之處，難以忽略。

首先，若「婦好」為墓主，是因五號墓中與其相關之青銅禮器極為盛美，方得與武丁配偶婦好匹配，但目前考古學界的認知，殷墟確認為商王配偶之墓僅二（84AWBM260、76AXTM5），但兩者葬區、規模皆不相同，若非其中分別出土「司母戊鼎」、「司母辛鼎」，著實不易將之相提並論。王迎曾指出：

無論大墓與王的關係如何，大型亞字墓在安陽內外均屬惟一，為王墓無疑。與此同時，假如亞字形墓為王墓已成定制，那麼含二墓道和一墓道的墓應低於王墓。妣戊之墓含一墓道（84WBM260），在西北岡屬規格最低的墓葬，但相比其他女性

---

[192] 同上註，頁 91-92。

[193] 同上註，頁 92。

[194] 以上俱同上註。

[195] 此指〈安陽殷墟五號墓的發掘〉一文，下同。

墓又是規格最高的墓葬，顯示了她在女性群體中顯赫地位。[196]

又謂：

> 如果說容量和重量是由禮制所決定的，那麼司母戊方鼎的主人妣戊（婦井）的社
> 會地位當高於司母辛方鼎的擁有者。婦井墓中所餘隨葬品的種類和質量也顯示其
> 地位高於婦好，儘管婦井墓遭到過盜掘，仍然有名目繁多的器類和大量餘存，其
> 類別竟超過保存完好的婦好墓。例如，婦井墓餘有七種骨雕器物，而婦好墓僅有
> 五種；婦井墓有 251 顆骨質箭頭，而以軍事才能聞名的婦好僅有 29 顆；婦井墓
> 餘 38 位人牲，婦好墓只有 16 人。雖然婦井墓的青銅器大多去向不明，但上述差
> 異及其墓葬形制、容積、墓道及區域的差別，都證明婦井墓的地位高於婦好墓。
> 因此可以認為同為武丁命婦，婦井在宮廷生活中的地位高於婦好。[197]

石璋如亦謂：

> 武官北地的 M260，傳說為司母戊大鼎出土處，亦即司母戊墓，墓口面積為 77.76
> （9.6x8.1）平方米，深 8.10 米，有一條相當長的南道，且較婦好墓大 55.36 平
> 方米，又深 0.6 米。按婦好為武丁的第一夫人，出將入相，勳業彪炳，為當世所
> 尊崇的偉大人物，而墓坑不但沒有墓道，反而較司母戊的墓坑為小，這實在與婦
> 好的身份太不相稱。[198]

兩相比較，婦好所屬的五號墓確實遠遜於婦妌的 260 號墓，但此卻與卜辭內容所見相去
甚遠，不亦怪哉。

再者，婦好墓不在西北岡王陵區，卻置於宗廟宮殿區，其入葬身分不得不令人生疑。
五號墓附近（即宗廟宮殿區之西）已知至少有七座規格相當的中形墓，[199]其中十七號

---

[196] 王迎：〈安陽墓地制度與命婦關係的個例研究〉，《2004 年安陽殷商文明國際學術研討會論文集》（北京：
社會科學文獻出版社，2004 年 9 月），頁 492。

[197] 同上註。

[198] 石璋如：〈殷墟婦好墓的五點疑問〉，《紀念殷墟甲骨文發現一百周年國際學術研討會論文集》（北京：社
會科學文獻出版社，2003 年 3 月），頁 636。

[199] 安陽考古相關發掘報告曾載「從鑽探所得資料和社員提供的線索，可知在婦好墓周圍分布有長約 5 米左
右的墓至少有六座，加上婦好墓有七座。可見，這一帶可能在殷代早期一度作為貴族葬地。」（詳中國
社會科學院考古研究所安陽工作隊：〈安陽小屯村北的兩座殷代墓〉，《考古學報》1981 年第 4 期，頁
491。）

（76AXTM17）、十八號墓（77AXTM18）保存較好，與婦好墓較為相近，[200]而更值得注意的是十八號墓。十八號墓隨葬銅禮器銘文可分五種，[201]「子漁」為其一，但該墓「墓主骨骼保存也不好，性別不能肯定，根據牙齒與下頷骨有近似女性的特點」，[202]應非一般認知的「子漁」，因此墓主為「子🔺母」的可能性較大，「此銘文大概是對女性的稱謂，與墓主骨架近似女性相合」。[203]然若以「子🔺母」為墓主，則其地位如何能與婦好相仿，應該深思，反不如將之視為「也許就是武丁的嫡長子」的子漁，[204]而「子漁有可能是孝己」。[205]簡言之，以墓葬位置來看，「子漁」顯然較能與「婦好」並觀；但若著眼於「女性特徵」，則「子漁」不在其列，根本毋須考慮。再以「子🔺母」觀之，該銘四見於銅爵（參下圖右），[206]其組字相當一致，而婦好墓所見「婦好」銅爵銘文，則至少有四種形式（參下圖左），[207]兩相對比，「子🔺母」與「子帚母」（c）形式完全相同，「子帚母」為「婦好」，則「子🔺母」似亦可讀作「🔺好」。若此說合理，「婦好」與「🔺好」關係則須釐清，是否皆與「好（子）族」相關也耐人尋味，據此延伸，該區域所葬者是否皆同一氏族者實有待考察。然就此脈絡探之，婦好墓置於此區，恐已說明墓主或許位高權重，但並非后妃。

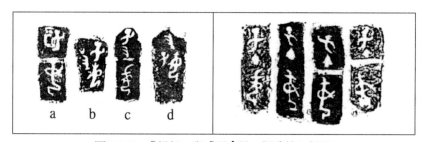

圖 3-9-7：「婦好」與「子🔺母」銅爵銘文對照

另外，石璋如注意到五號墓中尚有「司🔺母癸」方尊二件，形成與「司母辛」禮器並列同出的情形，對此石氏認為：

---

[200] 鄭振香、陳志達謂「在婦好墓附近，發掘了十七、十八號墓，這兩座墓都有成組陶器隨葬，其陶器均屬第二期，彌補了婦好墓之不足。尤其是十八號墓，還出土較多的常見銅禮器與銅戈等，而不少銅器和婦好墓的同類銅器形制極相近。值得注意的是，十八號墓中發現鑄有"子漁"銘文的尊和斝。子漁這個人物也是武丁時代賓組卜辭中所常見的。」（詳鄭、陳二氏〈論婦好墓對殷墟文化和卜辭斷代的意義〉，頁511。）

[201] 即「子漁、𡊄厌、戎、子🔺母、🐭」。

[202] 中國社會科學院考古研究所安陽工作隊：〈安陽小屯村北的兩座殷代墓〉，頁515。

[203] 同上註。

[204] 董作賓：〈甲骨文斷代研究例〉，頁381。

[205] 中國社會科學院考古研究所安陽工作隊：〈安陽小屯村北的兩座殷代墓〉，頁514。

[206] 摘自〈安陽小屯村北的兩座殷代墓〉，「圖四：18號墓銅器銘文拓片10-13」，頁496。

[207] 摘自《殷墟婦好墓》，「圖五八：婦好組銅爵銘文拓片2,7,8,9」，頁88。

按武丁的法定配偶3人，董作賓先生的殷代王室世系圖，序列為妣辛、癸、戊，即辛為第一，癸為第二，戊為第三。或為相繼，或為同時，則不可知。若為相繼，則埋葬當有先後，不可能為同穴。若為同時，則未必同死，亦不可能為同穴。古人有“死則同穴”之說，那是指男女雙方，而非指“二婦同穴”。現在的實際現象為“辛、癸”之器同穴，顯有違悖倫常情理之處。很可能的乃是埋器之人所為，把辛、癸同列之器投入一個坑中，並非辛、癸之人同葬一穴。按辛、癸不論相繼或同時，其後輩為其所鑄之祭器，均可並列於宗廟中，那麼辛、癸之器或原陳列於宗廟中歟？[208]

甚至質疑五號墓不是墓葬而是宗廟。石說可以參考，雖未必為實，但顯然亦是否定五號墓為婦好墓之論。

綜上，殷墟五號墓的墓主未必是「婦好」，即使是「婦好」，此人也非必是武丁配偶妣辛，連帶可知，五號墓的時代亦非必置於武丁時期不可。

其實，五號墓的時代推求並不複雜，面對考古遺址所見文物有早有晚，其時代的推斷當以晚期文物為準，並作為該遺址的時代上限。就此觀之，殷墟五號墓中早期器物雖多，但因亦存有晚期文物，故其時代仍應定在晚期為是，而屬於武乙、文丁時期最為合宜。[209]一旦五號墓為晚期墓葬，則司母戊鼎的時代即無前移的必要；值得特別說明的是，五號墓中的「婦好」器主與活躍武丁時代的「婦好」仍可指涉同一人物，以符合其地位認知，亦不必固著於第三、四期中另一個「婦好」的存在。若以婦好組銅器鑄造時間早晚有別的情形來看，實情應該是，「婦好」並非指稱單一人物，[210]它乃氏族之名，而青銅禮器上的「婦好」銘文，其性質或同於族徽，該族本為商王室重要藩屬，勢力於武丁朝鼎盛，地位顯赫臻於顛峰，而後沒落，風華餘韻，不復當年；此外，更重要的是，以殷墟五號墓屬早期墓葬說為基礎，主張歷組卜辭時代應當提前

---

208 石璋如：〈殷墟婦好墓的五點疑問〉，頁636。

209 李伯謙謂「在分析五號墓銅器特點時，我們曾經指出，有一些器物的形制和紋飾是殷墟文化第四期的作風，但也還不見第四期典型器物如分襠斝、雙耳簋、觥形尊以及長胡一穿二穿戈等器形。從該墓出土大部器物來看，其形制、花紋作風基本上和高M8、空M304等殷墟文化第三期典型單位出土的相接近。因此，我們認為，五號墓的時代應屬於殷墟文化第三期，即相當於廩辛、康丁、武乙、文丁之時。」（詳李氏〈安陽殷墟五號墓的年代問題〉，頁169。）此說信實可參。

210 張政烺以為「帚好是世婦，每王都會有過，而不只武丁時期的一個帚好」，「多帚是高祖廟、大宗、中宗和禰廟掌祭祀的女官，而帚好也是其一。」（詳張氏〈帚好略說〉，頁541）；鄒衡曾謂「甲骨文第一期（武丁）和第四期（武乙，大字）均見所謂“婦好”；在金文中也有此類銅器，《婦好卣》（《錄遺》256）即其例。因為小屯五號墓未被盜掘，該卣決非出自此墓。可見所謂“婦好”至少也不是一人。」（詳〈安陽殷墟五號墓座談紀要〉，頁344。）皆認為「婦好」非特指一人。

的論述有誤,實須再作正確的調整。

三、 其它觀察

關於王族卜辭(自、子、午組)與歷組卜辭的時代,過去爭議甚久,各方舉證亦多,頗難一目了然,遑論深入掌握。林小安曾自省「我們在進行分期斷代研究時,要特別注意使用的方法是否正確,所藉以斷代的標準是否可靠。在考察他人分期斷代的結論時亦然」,[211]斷代相關論辨意見雖有些雜繁,但細繹之下,仍有主從之別,本文基於「本立而道生」,先平議核心論據於上,以下再就重要的其他斷代論證,分項加以綜合評說,以期提供討論者有效的晚期觀點參考。至於已先認定王族卜辭與歷組卜辭為早期卜辭,並以之為前提所建立的斷代論據,除非必要,本文不再冗述。

(一) 地層關係

地層是考古分期的基礎,凡考古發掘的文物,其時代的推求必與出土地層息息相關,而處理地層關係的基本原則是:

> 第一,確定某一地層的時代,是以該層所包含的遺物中之時代最晚者,作為該層時代的上限,即該層的可能的最早的時代。這是由於一個地層往往包含不同時期的遺物,即,在晚期的地層中經常包含早期的遺物。第二,打破或疊壓別的文化的地層,其時代要晚於被它打破或疊壓的文化層,即地層關係提供各層之間的相對年代序列,而不能提供每層的絕對年代。[212]

因此,運用地層關係進行甲骨分期,勢須考量殷墟的具體情況。李先登指出:

> 據《古本竹書紀年》:「自盤庚遷殷,至紂之滅,二百七十三年更不徙都。」說明殷人在這裡連續生活了二百餘年,即殷墟晚期的人們就生活在殷墟早期人們居住過的地方,因此,早期的地層就可能受到晚期的嚴重擾動,晚期的地層或灰坑中就可能包含著大量的早期的遺物。[213]

---

211 林小安:〈武丁晚期卜辭考證〉,《中原文物》1990 年第 3 期,頁 46。
212 李先登:〈關於小屯南地甲骨分期的一點意見〉,《中原文物》1982 年第 2 期,頁 32。
213 同上註。

又提醒：

> 目前在田野考古工作中，一般是根據陶器來判斷地層或灰坑的時期。至於與陶器
> 共存的甲骨的時期，並不能簡單地認為凡與某一期陶器同層的甲骨就是某一期
> 的，即不能簡單地認為那一層出土的甲骨就是那一期的；地層上的共存關係只能
> 說明與某一期陶器共存的甲骨，其中最晚者可能屬於這一期；即甲骨出土於某一
> 層，只能說明其最晚的時代屬於某一層。至於確切的時期還要靠對甲骨本身的研
> 究來判定；即要依靠多少年來對甲骨研究的成果，具體分析該層出土的甲骨之
> 中，那些是屬於與本層同時期的（即此層甲骨中之時代最晚者），那些屬於早於
> 本層的。這與我們區分某一地層中出土的陶片，那些屬於本層之時期的（即陶片
> 中之時代最晚者），那些是早於本層時期的，是一樣的道理。[214]

簡言之，即「較晚的地層和灰坑裡可以出較早的遺物，因此卜辭跟它們所從出的地層、
灰坑以及同坑器物的時代，並不一定都是一致的」。[215]依此原則，陳夢家所論 E16、B119
等「自賓同出」諸坑，其中卜辭必非為同時之物，當然小屯南地中期所見諸坑，其中含
有早期卜辭亦是理所當然。

　　其實，前述所言雖僅一般考古文化劃分工作上所採用的基本步驟，卻同時也是盲點。
以殷墟文化而言，其四期分類是以大司空村、苗圃北地等發掘成果為基礎，而推定大司
空村、苗圃 II 期的歷史年代，所據者為單一甲骨卜辭（59ASH114③:3），實顯薄弱，裘
錫圭曾認為：

> 過去的殷墟文化分期工作，在一定程度上是依靠有關地層和灰坑中所出的甲骨文
> 來定每個時期所對應的王世的。如果所根據的甲骨文的斷代有問題，由此得出的
> 考古分期的時代也就多多少少會有些問題。婦好墓的發掘已經證明過去對一部份
> 殷墟銅器的分類，存在把時代拉得過晚的傾向。[216]

裘氏對婦好墓銅器時代晚期傾向的現象理解，並不正確（說見前），但指出考古分期可
能存在的錯誤則值得重視。前及被用以推斷大司空村文化絕對年代的字骨（59ASH114
③:3），以目前甲骨研究成果觀之，當屬甲骨第四期卜辭，並非武丁期賓組之物。因此
大司空村 II 期的絕對年代，應從「大致在武丁前後」，改為「大致在武乙前後」，影響

---

[214] 同上註。

[215] 同上註。

[216] 裘錫圭：〈論「歷組卜辭」的時代〉，頁 273。

所及，幾乎相關文化分期的絕對年代時限皆有向後調整的必要，而小屯南地、花園莊東地等涉及甲骨斷代依據的遺址地層年代，亦須要有全面相應的改變，始能還自組卜辭與花東卜辭地層上一個正確年代的位置。

至於歷組卜辭的地層資訊，蕭楠曾就史語所殷墟十五次發掘（1928-1937 年）的地層資料，將其分成五類進行分析，結論是「總結解放以前殷墟發掘中的甲骨坑位關係和卜辭共存情況，可以歸結為一句話：在廩康以前的地層和坑位中，沒有發現『歷組』卜辭」；[217]另就小屯南地發掘（1973 年）的地層資料來看，屬於所謂「歷組」的第二類卜辭（武乙卜辭）與第三類卜辭（文丁卜辭）皆出自於中期地層，[218]未曾有過出於早期地層的訊息，與史語所發掘所見結果一致。儘管如此，「歷組非早期卜辭」說仍難論定，李先登即質疑：

> 出於中期地層或灰坑的甲骨，地層僅能說明其時代可能晚到中期，並不能證明它們就是中期的，它們也可以早於中期，這是完全符合地層學的原則的。地層並不能確定其中出土的甲骨之具體時代，其具體時代之確定還要靠對甲骨本身之研究。⋯⋯如果對甲骨本身的研究認為甲骨是屬於早期的，具體來講，我們認為中期地層或灰坑出土的歷組卜辭屬於早期，這完全符合於地層學原則，與此次小屯南地發掘的地層關係並不矛盾。[219]

裘錫圭亦強調：

> 如果撇開其時代尚難斷定的一些出歷組卜辭的坑位不管，僅僅根據目前已知的那些層位現象推斷歷組卜辭是武乙文丁卜辭，確實是可以自圓其說的。這並不意味著已經"確立"歷組卜辭為武乙文丁卜辭。因為正如上引林文〔按：即林澐〈小屯南地發掘與殷墟甲骨斷代〉〕所指出的，對這些層位現象是可以作出不同解釋的。如果進一步對歷組卜辭以及與之有密切關係的自歷間組和無名組等類卜辭的字體、內容作綜合的考察，並注意到歷組卜辭跟賓組、出組卜辭同卜一事和歷組卜辭跟賓組刻辭或出組卜辭同見於一版卜骨的現象，就可以斷定歷組卜辭是武丁晚期至祖庚時代的卜辭，而不是武乙文丁卜辭了。[220]

---

217 蕭楠：〈再論武乙、文丁卜辭〉，頁 184。
218 詳中國社會科學院考古研究所：《小屯南地甲骨・前言》，頁 20-22。
219 李先登：〈關於小屯南地甲骨分期的一點意見〉，頁 34。
220 裘錫圭：〈關於《小屯南地甲骨》的討論──答蕭楠同志〉，頁 36。

又謂：

> 不同意蕭楠同志關於歷組卜辭時代的意見，並不意味著我們輕視層位現象在甲骨
> 分期上的作用。由於兩派意見相持不下，歷組卜辭的時代問題最終還是要靠層位
> 現象來解決的。如果將來在小屯村中村南相當於大司空村二期的堆積中發現了歷
> 組卜辭，武丁祖庚時代說就會得到公認。反之，如果將來在這種堆積中發現了大
> 量甲骨卜辭，可是偏偏沒有歷組卜辭，並且在小屯南地中期一組的堆積中繼續發
> 現的歷組卜辭仍都屬於歷組二類，武乙武乙文丁時代說就會得到公認。我們希望
> 這樣的一天能很快到來。[221]

裘氏的希望，在小屯村中村南甲骨發掘（1986、1989、2002、2004 年）之後實現，其地
層結果顯示「歷組卜辭見於第三期及第四期的坑層中，在一、二期的灰坑中沒有發現」；
且「無名組卜辭見於第四期的坑層中，在一、二期的灰坑中沒有發現」。[222]劉一曼、曹
定雲總結：

> 1986-2004 年小屯村中、村南的發掘，歷組卜辭的出土情況與 1973 年屯南發掘
> 基本相似，即歷組卜辭只出於殷墟文化三、四期的坑層中。稍有不同的是村中
> 南的三期灰坑與地層，從出土陶片考察，屬三期偏晚階段，較小屯南地中期三
> 段略早。[223]

據上結論，再依裘氏之言，「歷組卜辭為武乙文丁時代」說應該得到公認。

　　另，李學勤曾比較殷墟第十五次發掘 C 區丙組 YM362、YM331 兩墓所見甲骨，認
為「YM362 出土的《乙》9100，字體和卜辭周邊的界線，都近似於𠂤卜辭」，而「YM331
的《乙》9099 字比較纖細，但仍近於𠂤組卜辭。因此，𠂤卜辭的年代與這些墓葬的時期
有一定的聯繫」；[224]石璋如則進一步說明：

> 按丙組出甲骨的單位共有 17 處，而李氏提出 15 處，除 YH347 其中不出甲骨而為
> YH344 之誤外，其餘 14 處據稱分別與扶、𠂤、歷、𠂤以及帝乙等卜辭有關，現在
> 依照他的意見比較如表八十九：

---

[221] 同上註，頁 37。
[222] 以上俱見中國社會科學院考古研究所：《殷墟小屯村中村南甲骨・前言》，頁 50。
[223] 劉一曼、曹定雲：〈三論武乙、文丁卜辭〉，《考古學報》2011 年第 4 期，頁 477。
[224] 以上俱見李學勤：〈小屯丙組基址與𠂤卜辭〉，頁 74-75。

表八十九：C區丙組各坑有貞人甲骨比較

組 別	坑 別	全 坑 卜 辭	有 貞 人 卜 辭	基址或部位
扶	YH344	拓8998–9008	拓8998扶	丙十七下
		9012–9022	9001扶	丙十七下
		9066–9068	9067扶	丙十七下
		9070–9088	9072扶	丙十七下
		9103–9104	9087＋9092扶	丙十七下
		（共46片）	9088扶	丙十七下
			9103扶	丙十七下
	YH359	9090, 9092	9092扶	丙十三下
	YH423	9095		丙十三下
	YH364	9091, 9093	9093扶	丙十五下
	YH427	9096–9098	9096扶	丙十下
	C334	9056(似扶)		南部
	YM362	9100(似扶)		北部
臼	YH309	8938(似臼)		北部
	YM362	9023–9024(似臼)		北部
	YH367	9094(似扶)		北部
	YM331	9099(似扶)		北部
歷	YH354	9089(似歷)		北部
允	YH448	9036–9037(似允)		北部
帝 乙 及 扶	YH393	9033(似扶)		南部
		9034(接近帝乙, 帝辛)		南部

從上表可以知道此區卜辭的特點：（一）沒有所謂武丁的賓組卜辭。（二）也沒有所謂祖庚、祖甲的出組卜辭。（三）也沒有所謂廩辛的何組卜辭。（四）只有時期不定的扶、臼、允等以及所謂武乙的歷組卜辭和與扶同坑的帝乙卜辭。我們知道這裏的基址很晚約在五期。這些卜辭或出在基址之下的穴窖中，或出在基址之外的穴窖中，且與武乙卜辭同層，與帝乙卜辭同坑，可以很容易的辨認出它們應是第四期的卜辭了。[225]

石氏之見強調自組與歷組卜辭時代相近，說明不僅歷組為第四期卜辭，連同自組卜辭亦是第四卜辭，為兩者屬於殷墟晚期卜辭提供旁證，可以參考。此外，劉一曼、郭振祿、溫明榮亦針對甲骨共存關係進行分析，指出：

解放前發掘的甲骨坑，不少缺乏地層關係的科學資料，但我們可以分析坑中各種甲骨的共存情況，作為斷代參考，現在選出 11 個有兩種或兩種以上的甲骨卜辭的坑，列表三如下。

---

[225] 石璋如：《小屯・遺址的發現與發掘・丁編》甲骨坑層之二（十三次至十五次出土甲骨）上（臺北：中央研究院歷史語言研究所，1992 年 9 月），頁 247-248。

表 三

坑　　号	所 出 刻 辭 甲 骨	共存情況	发掘次第
YH006	《乙》299—467 8502—8531 8651—8656	自、宾、子	13
B119	《乙》1—237 8638 8639 8661 8674 8675 8662	自、宾	13
YH127	《乙》487—8500 8663—8673	宾、自、子、午	13
YH265	《乙》8935—8936	宾、自	15
YH330	《乙》8939—8994	子、自	15
YH344	《乙》8997—9022 9066—9079	自、子	15
H107	《屯南》2767—2771	自、午	1973年
A26	《甲》110—179 368—375 391	宾、自、出	1
纵一癸北	《甲》929 943 211	宾、自、出	3
横十三乙	《甲》950—969	自、出	3
E16	《甲》2941—3176 3324—3328 3322 3330—3346 3361 3362	宾、自、出	4

　　從表中可以看出，自組、子組、午組及少數字體特別的卜辭，常與賓組卜辭同坑
而出（有的坑如 E16 也有少量出組卜辭），而這些坑不見晚期的卜辭。賓組卜辭
屬武丁時代，這是學術界已公認的，所以這些卜辭之時代也應與賓組相近。[226]

　劉氏等人所見，與石璋如持說正好相反，令人納悶。持平而論，石氏的考察著重在區域，
觀其全體樣貌，而劉氏等人的探究鎖定坑窖，只顯個別情況，雖各有所長，但石說能凸
顯普遍性，時代意義強，見樹見林該當略勝一籌；而劉氏等人的分析工作與陳夢家的坑
位斷代，作法完全相同，皆根據甲骨共存情形推斷甲骨各類卜辭時代歸屬，故亦存在相
同的不足。

　　首先，「甲骨既然是作為廢物、垃圾倒入灰坑之中的，那麼，就不能肯定諸灰坑中
包含的甲骨全是屬於與灰坑同一時期的」，[227]陳夢家的觀點在此受到質疑，劉一曼等人
的判斷亦將面對同樣的困境。再者，「賓、自」同出現象確實存在，雖不普遍但亦已多
見，若兩者時代不同，卻常出於一坑，必有其特殊原因可究（詳後），因此上表所列諸
坑，值得注意的是「自、出」同出的 A26、縱一癸北、橫十三乙、E16 等四坑。覈驗諸
坑卜辭，A26 坑所列甲骨實含 A25 坑所出，依紀錄來看，A26 坑出字甲 233 片，字骨 2
片，實際拓片 78 版，一至五期甲骨都有，[228]並非僅「賓、自、出」三類；「縱一癸北」
非正式坑位名稱，核以劉文甲骨之例，似同於「縱一癸」，然該坑實出字甲 5 片，字骨
2 片，實際拓片 6 版，一、二期各半 3 版，其中並無自蹤跡；[229]「橫十三乙」僅出 1 片
字甲，[230]核以劉文甲骨之例，當為「橫十三丙」之誤，且其例含括「橫十三丙北支」與

---

[226] 劉一曼、郭振祿、溫明榮：〈考古發掘與卜辭斷代〉，頁 553。

[227] 李先登：〈關於小屯南地甲骨分期的一點意見〉，頁 34。

[228] 詳石璋如：《小屯・遺址的發現與發掘・丁編》甲骨坑層之一（一次至九次出土甲骨）（臺北：中央研究院歷史語言研究所，1985 年 4 月），頁 14。

[229] 同上註，頁 68。

[230] 同上註，頁 74。

「橫十三丙北支一」，若據此核校，則共出字甲 34 片，字骨 222 片，實際拓片 148 版，一至五期都有；[231]E16 坑出字甲 285 片，字骨 14 片，實際拓片 262 版，其中僅《甲》3084（=《合》10179）被定為二期，[232]然該版有貞人內，應是第一期卜辭，《甲骨文合集》亦收錄於第一期。總之，劉氏等人分析的內容並無法導出𠂤組卜辭時代當與賓組時代相近的結論。另外，劉氏等人既自甲骨共存的關係入手，則「賓、𠂤」共存固然是重點，但並未同時考察𠂤組與其他卜辭共存的情形，[233]缺乏比較基礎，關聯性實難就此論斷，以致相關的探究恐無濟於事。

至於「𠂤組卜辭出於早期地層」，主要的依據是來自小屯南地的 T53（4A）與 02H4、02H6 下的層位年代，但其實該三處遺址單位的年代判斷皆有早估的現象，前已有說，此不重述。應該說明的是，即使賴以分期的陶器（陶片）形態，屬於殷墟文化第一二期的典型無誤，該器物出土的層位年代也未必絕對是第一二期，若考量陶片的廢物、垃圾性質，極可能有一部分，甚至大部分的陶器是會早於出土灰坑本身的時代。且地層上下層次雖有早晚之別，但可劃分為不同層的堆積，其時代並非亦是涇渭分明，上下層間往往時代密切相連，甚或相同，如：73ASNT55④:9+ T55⑤:12（即《屯》4567）、89T8②:89+ T8③:165（即《村中南》155）、89T8②:113+ T8③:194（即《村中南》181），出於不同層位的甲骨可以綴合，表示該相關層位時代相去不遠，換言之，小屯南地 T55 第 4、5 層雖分兩層，但時代或為相同；小屯村中 T8 情形亦同。又，自然堆積的地層層位（非灰坑），理論上層位愈深者時代愈早，因小屯村南 04T5⑩出土無名組卜辭（04T5⑩:1=《村中南》513/514），[234]表示該區域第 10 層堆積仍不屬於早期地層，而即使此一堆積形態不具代表性，但對屯南區域將第 4 層改為晚期地層仍增加不少可能性。

此外，嚴一萍針對小屯南地 T53（4A）所出龜腹甲（《屯》4511-4518），應用甲骨學的尺度，衡量其時代，逐一辨析其晚期特徵：《屯》4511「本片的『出鹿』是晚期的，因為出作出是晚期書體，決不是武丁時的」；《屯》4512「從文字上不容易分辨時代，但契刻的形式作 ⟨圖⟩ 不作左右對貞，決不是武丁時的」；[235]《屯》4513+4518「這一

---

[231] 同上註，頁 71-73。

[232] 同上註，頁 115。

[233] 史語所殷墟十五次發掘資料的部分，前已有說，不贅。此處另引 1973 年小屯南地發掘資料加以補充，𠂤、午組卜辭與𪊨康卜辭同出者有 H95、H114、T44③；與武文卜辭同出者至少有 H47、H50、H54、H61、H65、T31③、T44③、T53②；與乙辛卜辭同出者有 H17、H57、H58 等地層單位，情形亦相當普遍。

[234] 中國社會科學院考古研究所：《殷墟小屯村中村南甲骨·前言》，頁 50。

[235] 以上俱見嚴一萍：〈關於小屯南地 T 五三（4A）甲骨的斷代〉，《中國文字》新 11 期（1986 年 6 月），頁 3。

片裡有『又小卜辛』的祭祀，『屮』寫作『又』，是晚期的卜辭」，「再看岳字不作一期的岙，也不作武丁時的岙，而作岙。有𡥀其名。而未字作𣎵，都是晚期的證明」；[236]《屯》4514/4515「貞作𡆥，其作𢀛，都是晚期書體。而武丁時的甲骨刻辭作『某來』，不作『干支來』，所以不是武丁時代的」；[237]《屯》4516「壬子的子作𦊟，屮字作𣥏，都是晚期的書體。所以《甲骨文合集》編為三三〇六九號，在武丁〔按：乙之誤〕時」；[238]《屯》4517「祭祖乙稱『又』，『又』是晚期的」。[239]綜上，嚴氏認為：

> 這八片腹甲的文字辭例，都不是武丁時代的，尤其整版的風格，更不是武丁時代所有。它處處表現著是文武丁時代的形式。既然卜辭都是晚期文武丁時代，怎麼會出土在早期的地層裡，這不是說明地層的認識有錯誤嗎？[240]

又，出於 H115 之《屯》2777，「文辭簡單，筆風纖細，與常見的武丁刻辭明顯不同」，但因 H115 時代定為小屯南地早期 1 段，故被認為是「是目前已知有確切地層關係的最早的殷墟卜辭」，[241]且「可能是武丁以前的卜辭」。[242]對此，吳俊德看法不同，認為《屯》2777 該版：

> 細究之餘，不僅筆風不同於武丁卜辭，其後之鑽鑿形態及其上之刻辭「求生」亦皆與武丁卜辭相去甚遠，相反的，倒與第四期晚期甲骨類似，再參酌該坑無字卜骨 [14]C 測年結果為 2977±42（BP），實近於武乙期卜辭《屯》2281 之 2961±34（BP），與「早于武丁」之小屯東北地 T1H1：164 無字卜骨 [14]C 年代 3105±34（BP）差距頗大。[243]

換言之，吳氏以為 H115 之時代恐怕要晚到武乙時期，而《屯》2777 應不是早期之物。凡此，皆可為偏早的小屯南地地層時代調整回正軌增加許多動力。

另，唐際根曾謂：

---

236 同上註，頁 5。
237 同上註，頁 6。
238 同上註，頁 7。
239 同上註，頁 8。
240 同上註，頁 8-9。
241 以上俱見中國社會科學院考古研究所安陽工作隊：〈1973 年小屯南地發掘報告〉，頁 123。
242 同上註，頁 125。
243 吳俊德：《殷墟第四期祭祀卜辭研究》（臺北：國立臺灣大學文學院，2005 年 10 月），頁 41-42。

研究殷墟的學者們根據小屯南地甲骨及婦好墓的發現，通常將殷墟一期文化的絕對年代訂為"武丁或武丁以前"。該意見無疑是對的。從殷墟二期早段典型單位婦好墓看，墓主婦好死於武丁晚期，那麼武丁早期當應進入一期晚段方謂合理。近年小屯凹形基址"武父乙"銅盉的發現，更為直接地將一期晚段與武丁聯繫起來了。[244]

若「武父乙」銅盉能佐證殷墟文化一期晚段的絕對年代，則該盉的時代自應明確無誤，然實務上並不容樂觀，尚須辨正。

「武父乙盉」出土於 1989-1996 年小屯村東北發掘大型建築基址，北排基址（編號F1）2 號門西側 23、24 號牆柱間所得編號 A 陶罐內，編號 F1:1，「出土時流口向上，作橫斜狀，完整。盉頂隆面起，周緣寬而平，後端成舌形平面，頂前端有斜立筒形流，後部開一心形口，高頸，下體分檔款足，有柱狀實足跟。後端舌突與帶狀鋬連接。頂面流之兩側有突起的雙目，與器口構成簡化獸面。頸飾斜角目雲紋一周，腹與三足飾雙線三角紋」，[245]其時代推斷，整理者指出：

> 頸飾斜角目雷紋一周（圖略），此種紋飾見於 59WGM1:2 所出的一件銅鼎上，該墓為殷墟第一期墓，銅盉年代與之接近。自 1980 年在三家莊發現早於大司空村一期墓葬以來，即將相當大司空村一期階段暫稱為殷墟文化第一期，據共存的甲骨文得知相當於武丁早期。銅盉鋬下有"武父乙"三字銘文。……父乙當指武丁之父小乙，此盉應是武丁為其父所作的祭器。[246]

顯將此盉斷為武丁之器，然值得懷疑的是，與「武父乙盉」有相近紋飾的銅鼎（59WGM1:2，圖參下）出於武官村北殷墓，而該墓「所出的青銅禮器與小屯 M333 所出的青銅禮器在組合上有某些共同之點，年代亦相近，可能屬同一階級中的同一階層」，[247]而 M333 所出斝形器足部結構，有「橫截面完全 T 形；三端所保留兩側的殘迹也沒有」的特徵，[248]屬於李濟所分的 376 式 H 型。[249]李氏謂該足部型式是斝形器足部結構演變六個階段的末

---

244 唐際根：〈殷墟一期文化及其相關問題〉，《考古》1993 年第 10 期，頁 933。

245 中國社會科學院考古研究所安陽工作隊：〈河南安陽殷墟大型建築基址的發掘〉，《考古》2001 年第 5 期，頁 25。

246 中國社會科學院考古研究所：《安陽殷墟小屯建築遺址》（北京：文物出版社，2010 年 7 月），頁 28。

247 中國社會科學院考古研究所安陽工作隊：〈安陽武官村北的一座殷墓〉，《考古》1979 年第 3 期，頁 226。

248 李濟：〈記小屯出土之青銅器〉，《中國考古學報》第 3 冊（1948 年 5 月），頁 38。

249 同上註，頁 39。

端，並以為此演化「大概是由鑄銅技術的改進所促成的」，[250]顯示 376H 足型時代相對偏晚。又，針對小屯出觚形器的八個墓葬，李氏指出其時代關聯：

八座墓葬中，與版築土（即夯土）關係比較密切的，為原屬於小屯乙組的各墓，即 M222、M232、M238；比較早期的 M18.4 及 M188 亦與版築土有較親切之關係。《殷墟建築遺存》把 M188、M232 及 M238 三墓列為同時的墓葬；在地層上說，M18.4 與 M222 稍早，介於乙、丙兩組間的 M331、M333、M388 似乎是比較最晚的。所有的地下知識，可以幫助我們的，只有這麼些。因此，我們可以把小屯八墓列為三期，即：小屯早期，為 M18.4 及 M222；小屯中期，為 M232、M238 及 M188；小屯晚期，為 M331、M333 及 M388。[251]

綜之，李氏的觀察說明 M333 存有晚期特徵的銅器，故其時代不應過早。石璋如整理 M333，認為：

本墓中可供斷代的資料不多，僅有兩件器物，一件為銅戈形器，這件戈形器的特異處，在內的後端缺下角但有一個向外的尖銳突出，在小屯器物中頗為少見，而在陝西岐山賀家莊西周墓中有一件，兩者頗為相似。本來在層位上來說這個墓葬的時代較晚，再從這兩件器物來比較和分析，這個墓葬的時代，可能為殷代的晚期，而接近西周的墓葬了。[252]

質言之，M333 為晚期墓葬，連帶武官村北殷墓的時代亦不屬於早期。另與「武父乙盉」相近的紋飾，除 59WGM1:2 外，出於 M331，標本登記號 R2058 的方肩瓿形器上也可見到（圖參下），而 M331 同樣不是早期墓葬（說詳前），因此整理者認為該紋飾有較早的特點，[253]或可再商，而「武父乙盉」也恐非早期之器。

此外，觀上述銅盉銘文「武父乙」，整理者竟以其上「父乙」為小乙，實囿於該器為殷墟早期文物的錯誤認知，且不論該器器主是否可能為其他王室重要成員，若此盉確實為商王所鑄造，其「武父乙」之稱，對比殷墟卜辭中先王「小祖乙」（如《合》23171、32599、34395）、「康祖丁」（如《合》35355、35357、35371）、「武祖乙」（如《合》

250 李濟：〈斝的形制及其原始〉，《中央研究院歷史語言研究所集刊》，第 39 本上冊（1969 年 1 月），頁 343。

251 李濟、萬家保：〈殷虛出土青銅觚形器之研究〉，《中國考古報告集新編·古器物研究專刊》第一本（臺北：中央研究院歷史語言研究所，1964 年 6 月），頁 109。

252 石璋如：《小屯·遺址的發現與發掘·丙編》殷虛墓葬之五（丙區墓葬·上）（臺北：中央研究院歷史語言研究所，1980 年 12 月），頁 205。

253 中國社會科學院考古研究所安陽工作隊：〈河南安陽殷墟大型建築基址的發掘〉，頁 25。

36060、36065、36072）等稱謂的習慣用法，實應為「武乙」專指，而非「父乙」之泛稱，因此「武父乙」是文丁稱其父武乙，而此銅盉的時代只能是文丁時期。影響所及，與「武父乙盉」相關的所謂殷墟文化一期晚段的劃分與推斷，恐須重作思量，而殷墟部分地層時代向後調整的必要性也因此大為增加。

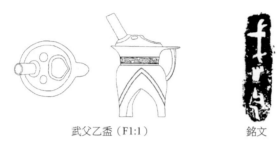

武父乙盉（F1:1）　　　　　　銘文

圖 3-9-8：武父乙盉暨銘文

59WGM1:2　　　　　M331：R2058　　　　斝形器足部結構 376 式
H 型

圖 3-9-9：斜角目雲紋及斝形器足部結構

綜上所陳，地層關係既有待繼續釐清的必要，自組卜辭時代的探求，還須回到卜辭本身內容的辨析。

（二）字體風格

甲骨上契刻的文字，不僅承載文化內涵，亦隱含著不同程度的時代差異性。由於甲骨刻辭字體風格並不一致，且其差異目視即能感受，遂極易被利用於區分卜辭時代，董作賓甲骨斷代標準之「字形」與「書體」於是生焉，在多數未見「稱謂」與「貞人」的卜辭斷代中，該二項是最被廣為所用的標準。[254]

---

[254] 姚孝遂謂「卜辭分期斷代的絕對標準是直接稱謂，即『父…』和『母…』。但有這種『父』、『母』稱謂的卜辭，相對地說來祇是極少數。我們經常所採用的主要手段是在稱謂基礎上整理出來的貞人組以及字體特徵。相比較而言，有貞人名的卜辭是少數。因此，最常用的分期手段實際上是字體特徵。」（見姚氏〈殷墟甲骨刻辭類纂序〉，《殷墟甲骨刻辭類纂》，頁 13。）

目前以「字體」為標準的斷代工作，歸屬於考古學類型學的運用，相關字體分類之主張層出不窮，然細究內涵雖有差異，但大體架構仍有其共通性，單從字體分類的角度而言，整個殷墟甲骨卜辭的字體類別區分，共識性極高，換言之，甲骨卜辭字體分類已粗具典型，成為字體分類工作者勢必依循的範式。然儘管如此，字體類別的劃分與運用，仍非毫無窒礙，其不足至少有三。

其一，字體類別與貞人分組關聯性過高，以致兩者在概念上雖截然不同，但實務上幾乎沒有分別。朱鳳瀚謂：

> 近年來有的學者強調字體可以作唯一分類標準，但實際上幾乎所有學者在分類時仍然未能脫離開陳夢家最先使用的以貞人組為基礎的分類方法，而且這樣的同一組卜辭在字體與時代風格方面總有某些較相近之處。所以，以貞人為基礎分類與按字體分類還是可以有相適合的一面。[255]

又認為：

> 有些學者採用以貞人分組，同組下又按字體及風格更細緻的差別再分小類，這種方法是可行的。比單純用字體分類有較強的操作性，標準亦較好掌握。有些組之間從字體上看呈過渡狀態的卜辭似可以採取依主要字形特徵歸入其上或其下某一貞人組範疇內的方法，似不宜分得過細，以致在實踐中不好掌握。[256]

其說雖有意融通「貞人」與「字體」兩者在斷代操作上的具體運用，但明顯是以「貞人」為主，「字體」之類別並非關鍵。換言之，在貞人組下的字體類別，使用時機或有先後，但其時代已然因貞人而被框定確立，無法真正落實「先分類再分期」的考古學原則，亦無法真正發揮其斷代作用。

其二，從類型學的角度觀之，劃歸為同一類型者，理論上該文物時代歸屬應相近或相同，然字體的書寫或契刻，雖不致隨心所欲，但受內外在因素影響的機會確實巨大，因此，面對不同風格字體，能否就此判別不同人所為，或斷成不同時代產物，其間尚存若干疑義，饒宗頤曾說明：

> 從事斷代者，勢必借助於書體，文例，然往時所定之標準，仔細比勘，亦復乖迕百出，須重新釐定。蓋斷代者大抵以字形為主，非有絕對之依據，如賓之卜辭亦

---

255 朱鳳瀚：〈近百年來的殷墟甲骨文研究〉，《歷史研究》1997 年第 1 期，頁 137。
256 同上註。

有作極細小者，若《屯甲》3430（=《合》9818），在第五次 E95，1.8 至 2.0 深度出土者，有類蚊腳，倘無㝷貞之語，幾被誤為子卯之書體。徒依字形論其時代，意見多歧，難為定論。[257]

又如：

卜人爭書體有筆畫微細而頹靡恣肆者，如《林》二、三〇、一〇（=《合》5809）；有纖小者如《前編》四、四六、四（=《合》8609）；有整飭似所謂「第五期」者，如《續存》上二二八（《京津》六三四重〔=《合》3471〕），《拾掇》二、六三（《京津》二三五四重〔=《合》9495〕），《前編》六、五一、二（=《合》18851）是。（同版有卜人立，字體與立之卜辭亦相類。）又《林》二、七、六（《前》七、一、四重〔=《合》5622〕），亦另一風格，上舉各片，與爭習見之字體均不類。卜人㘝書體亦有細小者，如《前編》四、三一、二（=《合》18612）。而卜人大之書體有類似㝷爭者，如《前編》七、三〇、一（《林》一、一六、一七重〔=《合》24933〕）。敘則大字細書均見之。（大字如《拾掇》二、一三四〔=《合》3916〕；細字如《屯乙》八二〇六〔=《合》21668〕。）至于㲋之怪譎，我與余之奇肆（《屯乙》六二九八〔=《合》22075〕），在在可見一人之辭，而字形多體。所謂雄偉、謹飭、頹靡、嚴整之風格，各期均有之，故欲純據字體，作為斷代根據，竊期期以為不可也。[258]

不僅如此，面對相同風格的字體，能否逕予認定出自同一人之手，其實亦有討論的空間，如第五期卜辭字體風格相當一致，但自「隹王廿祀」類卜辭[259]可能分屬不同三世的情形觀之，[260]其時代從文丁末期至帝乙、帝辛時期，至少涵跨四十年，若該批卜辭僅出一人之手，其間竟無任何長少盛衰之徵象，四十餘年始終如一，著實令人難以想像。以上，如此交錯複雜的關聯，已足以造成相關卜辭斷代的困擾，故運用「字體風格」之道，確實要更謹慎。

其三，所謂「字體」，林澐主張非單指字形形體，尚包括書體、字形結構和用字習慣三方面，[261]嚴格說來，前二項性質尚屬類型範疇，而第三項則與形態無關，實不宜等

257 饒宗頤：〈《甲骨文通檢》前言—貞人問題與坑位—〉，《中國語文研究》第 9 期（1987 年 9 月），頁 68。

258 饒宗頤：《殷代貞卜人物通考》（香港：香港大學出版社，1959 年 11 月），頁 1189。

259 指《合》36856、37862-37869 等諸版。-

260 參常玉芝：〈黃組周祭分屬三王的新證據與相關問題〉，《古文字研究》第 21 輯（2001 年 10 月），頁 1-13。

261 詳林澐：〈小屯南地發掘與殷墟甲骨斷代〉，頁 114。

同視之，雜混用之。然字體類型的斷代運用，棘手的部分尚不在此，而在於類別該如何區分，如各類卜辭特徵字形之選取，類別分界之劃定，以及時代分期之根據等諸項工作，皆不易釐清辨析，姚孝遂即提醒「貞人的繫聯是有限度的，而字體特徵繫聯的標準和限度則很難完全統一。這就有待於作進一步深入和細緻的工作。同時還應該結合其它各方面的因素綜合加以考察」。[262] 目前字體分類諸說，框架雖大致相同，但具體的內容主張，如小類的細分、特徵字形的例舉與表述等，卻多有差異（參前），致使每類卜辭之實際內容如何，分界如何，始終難以言明，遑論進行有效的分期。因此，字體分類系統的建構與運作，猶待完備與深化。

其實，即便各類字體區分明確無誤，卜辭的字體分類工作，或可將 16 萬餘版甲骨區分為若干類以利觀察，但據以論斷甲骨時代的功能仍是有限，若針對自組與歷組時代糾葛的釐清，字體類別更無用武之地。目前相關字體分類成果，皆將自組與歷組置於早期，但字體卻非其分期的關鍵依據。且依照林澐的字體分類，自組尚能區分自組大字、自組小字、自賓間組、自歷間組，而歷組則能再分成歷組一類、歷組二類、歷無名間組，此等小類時代只涉及到組內排序，並無助於整體的甲骨斷代。由於自組被視為早期卜辭，因此組內形成「自組大字→自組小字→自賓間組及自歷間組」的演變序列，也由於歷組被視為早期卜辭，因此組內形成「歷組一類→歷組二類→歷無名間組」的演變序列，這樣涉及時序的排列，卻毫無斷代之用，原因就在於若將自組與歷組置於晚期，則將發展箭頭反向標示，得「自組大字←自組小字←自賓間組及自歷間組」、「歷組一類←歷組二類←歷無名間組」的演變序列，亦完全符合相關卜辭的內涵規律，換言之，自組與歷組內所分小類的時代排序，完全取決於自組與歷組卜辭本身的時代，而非此等小類的劃分有助於自組與歷組卜辭時代的判定。

總之，在自組與歷組卜辭時代爭議的討論上，字體分類確實並無太大的助益。此外，與此相關而值得注意的是，雖「字形構態」與「書體風格」都可加以摹倣，在時代推定上不易決斷，但文字作為溝通工具，有其強烈的書寫慣性與共通性，相關形體繁簡不同自有其改變脈絡，因此同一字的不同形體之間，必然涉及演變方向，亦「字形」本身即具有時代標記，至少可辨識早晚，如「癸」字，甲骨文作「✕」，金文或作「✳」，小篆則作「✸」，此三形「✕→✳→✸」的演變方向應無可疑，據此主張「✕、✸」中，前者屬早期形態，後者則為晚期寫法，亦當是合於事實的說法。若比照「早期灰坑只出早期文物，晚期灰坑則能出早期與晚期文物」原則，常態來看，早期文物上出現的只能是早期字形，而晚期文物上則有早期與晚期文字出現的可能，據此考察自組與歷組卜辭

---

262 姚孝遂：〈殷墟甲骨刻辭類纂序〉，《殷墟甲骨刻辭類纂》，頁 13。

時代，分辨其中使用字形的時代標記，遠較強調字體風格更有效能。

　　裘錫圭曾謂：

> 從書法的演變看，由字形較大的歷組卜辭到字形較小的三四期卜辭，再到字形更
> 小的五期卜辭，是一個很自然的過程。如果在三四期卜辭與五期卜辭之間插入歷
> 組卜辭，就有些奇怪了。總之，從書法上得不出歷組卜辭必屬晚期的結論。[263]

但謝濟則認為：

> 如果從字體的「演變」來說，歷組卜辭在康丁與帝乙帝辛之間是自然的，歷組要
> 是提到祖甲以前，我們認為祖甲卜辭就是一個不可踰越的障礙，不能說㞷組演變
> 為歷組那種屬於中晚期的字體，歷組又演變為祖甲卜辭那種屬於早期的字體，這
> 是很不協調的。[264]

兩者持論並不相同，但裘氏觀察單以字形大小為準，未及字形時代特徵，論據顯為薄弱，
而謝說就字體而論，著眼於整體風格特徵，雖仍屬一廂情願，但風格短期間來回轉折之
失，確實較為容易理解。

　　裘錫圭又提及：

> 賓組既有「又」，又有「㞷」，二者用途有別，歷組只有「又」，凡賓組用「㞷」
> 的場合歷組都用「又」，又如賓組「以」字作ㄣ，而歷組作ㄥ（㠯）；賓組用否
> 定辭「弓」（勿），歷組不用「弓」而用「弜」。而且歷組的這些用字習慣又都
> 是與較晚時期的卜辭相同。[265]

並指出「子組的用字習慣與歷組全同」、「午組用『㠯』、『弜』同於歷組」、「𠂤組既
用『以』，也用『㠯』；既用『弓』，也用『弜』；既用『又』，也用『㞷』」等現象。[266]
裘說甚是，雖其目的著重在辨正「歷組卜辭的用字習慣在早期完全有可能存在」，[267]但
卻同時說明𠂤、子、午組卜辭中早期與晚期字形並存的事實，該批卜辭時代應已不言可
喻。然裘氏不以為疑，仍強調：

> 屬於武丁時期的𠂤、午、子等組卜辭的字形，往往與賓組卜辭不同，而反與晚期

---

263 裘錫圭：〈論「歷組卜辭」的時代〉，頁 268-269。
264 謝齊：〈祖庚祖甲卜辭與歷組卜辭的分期〉，《甲骨文與殷商史》第 2 輯（1986 年 6 月），頁 129。
265 裘錫圭：〈論「歷組卜辭」的時代〉，頁 270。
266 以上俱見上註。
267 同上註，頁 271。

卜辭相近。可見晚期卜辭中的有些字形，在早期並不是不存在，只不過賓組卜辭
不用它們就是了。就拿上面舉過的「酉」字來說，自組大字型多作�酉、酉、酉等
形，子組多作酉，都跟歷組卜辭接近。賓組偶而也作酉，如《庫》1613，特別有
意思的是《寧滬》2.56（=《合》35257）的「酉」字。《寧滬》2.56 是 2.55（=《合》
4284）的反面。這一片卜骨的正面刻有賓組卜人殼的卜辭，反面有朱書的「癸酉」
二字，「酉」字作酉，寫法與歷組父丁類卜辭全同。這充分說明認為這種寫法到
第三期才出現是錯誤的。再拿「未」字來說，午組卜辭有時寫作米，自組卜辭有
時寫作米或米（如《乙》69〔=《合》20822〕），也與歷組卜辭相同或相近。所以我
們決不能因為歷組卜辭的某些字形與賓組常見的字形不符而與晚期卜辭相近，就
斷定它們是晚期卜辭。[268]

裘氏之言，再次證實自組與歷組卜辭用字具有晚期特徵，但若撇開自組與歷組等時代有
爭議的卜辭不論，則早期卜辭中根本沒有任何具有意義的晚期字形。所謂晚期特徵字形
皆見於自組與歷組卜辭中，裘氏以為只是「賓組卜辭不用它們」，其實恐不是不用，而
是尚未出現而無法用。假設在號稱秦代的小篆碑文中混有若干明顯為楷體者，若不涉及
造假，難道不是認定該碑文當在東漢後所刻，並疑秦物有誤，而竟將若干楷體諸形產生
時代提至秦前，以符合該碑為秦物？又，裘氏之例，《庫》1613 為摹本，未見拓本，正
面右側卜辭顯是偽刻，左側共五條卜旬辭，但與背面鑽鑿位置及數量皆不相符，恐亦是
偽刻，「酉（酉）」在其中，有待觀察；《寧滬》2.55、2.56 一骨正反，背面「癸酉」是
署辭，為毛筆濡朱所書，其「酉」未必作「酉」形，但確實屬於所謂的晚期字形，與正
面賓組卜辭亦非同類，兩者共見一版之因雖未可知，但據此聯繫兩者時代則尚有未殆，
衡量類此署辭少見，而《屯》2264 也有同樣的署辭，其形制與《寧滬》2.56 所見幾乎相
同，僅契刻與朱書之異，或當為同時之作，然其正面（《屯》2263）刻辭近黃組，若兩
者時代劃一，則賓組、歷組、黃組時代只能相同，豈不謬哉。其實，可疑的是自組等所
謂早期卜辭的時代，因其所賴以斷代的地層證據並不可靠，應該加以審慎檢討，而裘氏
不加細究，實有不足，如此不僅未能有效提前歷組的時代，反倒強化歷組與自組的關聯
性，適足以證其時代皆應落在晚期時段。

另，高去尋以「子」、「隹」之第五期字形近於金文，且皆較早期卜辭來的複雜寫
實，進而認為「如果我們認為這些字形乃是由簡變繁的一種演進，何以在早期反不更為

---

[268] 裘錫圭：〈論「歷組卜辭」的時代〉，頁 269-270。

象形，這在中國文字進化觀上變不容易解釋了」，[269]裘錫圭對此說曾援引肯定，但高氏之主張乃因繫聯「第十三次發掘所得牛距骨（13.2.49=《合》35501）」與「宰丰肋骨刻辭（《佚》518）」之後，對照《殷曆譜》發現「在帝乙帝辛六祀所列的資料與宰丰肋骨刻辭有衝突性，則後者合於祖甲時的曆譜或許不是完全偶合的事」，[270]以為該牛距骨時代應在祖甲，進而提出的質疑，然應注意的是，高氏同時亦表示「如僅按它的字形書體根據過去學者們對於殷人銘識斷代研究的成果，固然可認為是帝乙帝辛時的作品，但一牽涉到肋骨刻辭也便相同的有屬於祖甲與帝辛時的兩種可能」，「我以為宰丰肋骨刻辭也可能是帝辛時的作品，甚至可能性比祖甲時的還大，但是我們要確定它是此時的作品，仍需要其他方面的證據」，[271]顯然對其時代的論斷尚存疑慮。其實，宰丰肋骨與牛距骨為同時之物的看法無誤，且據骨上「午」、「于」、「月」等形的寫法皆常見於晚期，而罕見於早期的情形觀之，其時代以帝乙帝辛時期為宜，《甲骨文合集》將牛距骨收錄於第五期，應是正確的作法。

此外，蔣玉斌注意到子組卜辭的「禍」字作「⿰犬屰」，與第五期作「⿰屰⿱口犬」形幾近相同，認為：

> 無憂的「憂」〔按：即「禍」〕作從口從犬的⿰犬屰（《合》21954、21953）。這說明這種多見於晚期黃類的寫法，在較早的卜辭中已經出現了；各類卜辭用哪種字形來表示無憂的「憂」，不過是一種選擇用字的習慣。[272]

王子楊亦謂：

> 我們在時代較早的卜辭 主要是花東子卜辭中 發現了過去認為到晚期卜辭才出現的形體，解釋這種現象的出路 恐怕就只有承認這些所謂的晚期形體 在商代早期就已經存在了，只是早期卜辭的刻手很少使用這種形體罷了。[273]

兩者同樣皆是面對「所謂早期卜辭中竟有晚期字形」的矛盾情況，「選擇用字」或「很少使用」是不得不所採用的說解。此說解本於裘錫圭，所論如出一轍，雖邏輯上確有其可能性，但「目前傳統典型賓組中，未見雜出任何明顯晚期字形」的現狀，即能充分說

[269] 高去尋：〈殷墟出土的牛距骨刻辭〉，《中國考古學報》第 4 冊（1949 年 12 月），頁 175。

[270] 同上註，頁 171-172。

[271] 以上俱同上註，頁 182。

[272] 蔣玉斌：《殷墟子卜辭的整理與研究》（長春：吉林大學歷史文獻學專業博士論文，林澐先生指導，2006 年 6 月），頁 111。

[273] 王子楊：《甲骨文字形類組差異現象研究》（上海：中西書局，2013 年 10 月），頁 187。

明實際上並不存在此種用字情形。

董作賓考察「月、夕」二字形體，認為兩者極難分辨，遂以表列明之（圖參右），[274] 據此，其結論為「第一、二期之 "月" 無點而 "夕" 有點；第三、四期 "月" 與 "夕" 都無點；第五期之 "月" 有點而 "夕" 無點」。

就夕字「☽、☾」二形而言，前者（有點）早，後者（無點）晚，是不爭的事實，而無點的夕（☾），通行於第三至五期。此處須特別指出的是，即使所謂「晚期的字形於早期已經存在，因其形象寫實繁複，於是多不採用」之說為真，也無法妥適說明「夕」形體時代性的轉換，換言之，無點的夕（☾）不會在武丁前即用以表示「夕」字，因彼時該形為「月」，「夕」字之書寫，不存在兩種字形（☽、☾）提供選擇之情事，月、夕二字雖有糾纏，但實則兩清，而自組與歷組卜辭之「夕」字既作「☽」形，則其時代歸屬晚期亦是理所當然。

總上所述，自組與歷組卜辭之字體偏向晚期風格，應是其時代的具體表徵，若強以為於早期已現，則不僅輕忽字體形成與發展的規律，亦無助於卜辭時代的斷定。謝濟曾強調：

> 根據字體斷代，如果完全離開董作賓所說的其他標準，也有難辨的地方。如賓組卜辭與出組祖庚卜辭字體一樣，還有康丁與武乙文丁（有父乙稱謂、字體與武乙卜辭一樣的部份）卜辭的字體也不好分。如果只根據字體，有些卜辭就區分不清，只有結合其他標準，才能分清期別。[275]

誠哉斯言，但自組與歷組卜辭時代之辨，僅須別出早晚，即能導正視聽，不待釐清王室朝代之隸屬。因此，依照目前所見自、歷組卜辭的字體特色，實足以表示其時代歸屬，無須另闢蹊徑，強詞昧理，否則就此衍生字體關聯性的考察工作，恐皆事倍功半，幾近徒勞而已。

（三）人事活動

甲骨卜辭有意義的時代判定，所斷者既不是甲骨材料的年代，也不是甲骨堆埋的年

---

[274] 錄自董作賓：《殷曆譜》（臺北：中央研究院歷史語言研究所，1945 年 4 月），下編卷三，頁 2。

[275] 謝濟：〈甲骨斷代研究與康丁文丁卜辭〉，《甲骨文與殷商史》第 3 輯（1991 年 8 月），頁 99-100。

代，而是卜辭紀錄的年代。卜辭紀錄所指為卜問的具體內容，而卜問內容與彼時日常生活息息相關，因此不同時代不同時段所進行的卜問自然也不會相同，其時代性強烈。林小安認為「在歷史上，人物的出現、方國的存滅、叛服與某些方國的戰爭都是有特定的時間的。它不像某些事項會反覆出現」，「這些事項任何一代殷王都會占卜的，無法作為分期斷代的標準。而特定的人物、特定的方國、特定的戰爭卻可以作為分期斷代有力的證據」，[276]職是之故，進行甲骨斷代，理應著重卜辭內容所牽連人與事差異性的有效考察，方能讓甲骨時代歸屬能被充分認知。

1. 「人」的辨析

「人」的部分，內涵除一般理解的「人物」外，「稱謂」、「貞人」的性質亦屬之。自組卜辭之「稱謂」與「貞人」，在斷代方面的論點，主要有二：其一是與賓組有大量的相同稱謂；其二是與賓組貞人同版。

陳夢家整理自組之稱謂，指出同於賓組者有「妣己、妣癸、父甲、父乙、父庚、父辛、母丙、母丁、母庚、母壬、兄丁、兄戊、子癸、子伐、昏甲、丁示、咸戊、伊尹」等18項，[277]並據其中「父甲、父乙、父庚、父辛」四父之稱，論斷自組屬於武丁卜辭。島邦男對此曾評論：

> 有關父母兄子的稱謂，貝塚氏指出武丁時與文武丁時的稱謂巧合的可能性甚小；陳氏認為武丁時的稱謂與自組貞人的稱謂相同者為多，故二者同期。二氏的立論是一致的。文武丁時只有一個父稱即父乙，而文武丁時的貞人尒、ℓ、ſ等不可能有父甲、父庚、父辛等稱謂，因為甲、庚、辛、乙之父名稱謂可作為第一期貞人之證。如上述，以上貞人除父稱有父乙（武乙）外，還有父甲、父庚、父辛稱謂，母稱有母丙、母庚、母壬，兄稱有兄丁、兄戊，故不能將有父乙、父甲、父庚、父辛、母庚、兄丁稱謂的貞人劃為第一期。[278]

陳氏之稱謂比對確實有所不足，前已詳論，此不重述，可以補充的是，丁驌所提質疑：

> 陳氏已知丁字作○形，「于」字作「丏」，雖知此非武丁朋爭殷等人之字，而不以此「異」為時代之異。試問如「自組」在武丁之初有此字體，何以下接武丁之

---

[276] 以上俱見林小安：〈再論"歷組卜辭"的年代〉，《故宮博物院院刊》2001年第1期（總第87期），頁10。
[277] 詳陳夢家：《殷虛卜辭綜述》，頁147。
[278] 島邦男：《殷墟卜辭研究》中譯本（2006年版），頁42。

殷夯爭等人絕無如是作者？其討論午組之時，將其中之「母戊妣戊」置之不說。蓋如母戊為武丁之配午組必是二期，妣戊則非三期不可。陳氏亦知武乙妣戊，勢必將午組置之五期矣。故知而不言，殆一時疏虞歟？又如子組之中，「且戊」之稱只見于貞人豕，午組中午兄二人亦惟午辭有「且戊」，兄辭無之。去此且戊，則將「子」「午」二組與「夯」組比較，即多一異。留此且戊即多一同。而陳氏每言「夯組同于自組」者百分之幾十等，以為證據。應不知所證者，乃陳所容納之人中之同。此同非組中人人皆有，乃積少成多者。如陳氏一計其組中之異，及其組與他組之異，組中貞人個別之異，即可見其統計之真值矣。[279]

確實指出陳說之偏頗，亟待商榷；另，若統併合觀自、子、午組卜辭（即「王族卜辭」之謂）所見稱謂，則其中除「父甲、父乙、父庚、父辛」四稱之外，尚有「羗甲、般庚、小辛、小乙」諸稱，[280]而「般庚」有四例（《合》19798、19916、19917、19918）歸屬「自組肥筆類」，[281]是目前字體分類系統中被視為最早的一類卜辭。然此四先王之名號理當武丁晚期後始用，卻在所謂最早的卜辭中出現，間接說明自、子、午組卜辭時代的判斷有誤，應當後移。

至於自組貞人與賓組貞人的同版情況，最早有貝塚茂樹舉例（《燕》141=《合》20149）證之，但誤「吉」為貞人（說見前），故此例無效；其後，饒宗頤整理貞人材料，主張「伞蓋武丁時人，其顯證為與卜人夯、內（見《屯甲》二三六一及二三四）及中（《庫方》一二四八）宁（《續編》五、一四、五）同版」，[282]並感悟「惟有比次其貞卜之文辭，勾稽相關之人物，則時代序次，庸有脈絡之可尋，融會旁通，庶免枘鑿之難入；是故見伞與夯內同版，知向隸文武丁之未安」。[283]

其實，饒宗頤所舉諸例大有可商，如《甲》2361（圖見下）屈萬里考釋看法與之相同，亦謂此版「卜辭兩則，貞人名下皆不著貞辭。而貞人伞及賓同見於一版。賓乃第一期貞人，無可疑者。然則伞亦必為第一期貞人矣」。[284]然許進雄先生對此有所質疑，「該版的賓作𠈇，字體與第一期的貞人賓是很不同的，該字在文中的意義根本不曉得，除非他們涉及相同的事類，是很難逕指出現於不同時期的卜辭的相似字體為同一人的」，[285]

279 丁驌：〈讀嚴一萍著甲骨斷代問題〉，《中國文字》新 8 期（1983 年 10 月），頁 73-74。
280 可參《合》19907-19912（以上羗甲）、《合》19798、19916、19917、19918、21538 甲、《屯》2671（以上般庚）、《合》21538 乙（以上小辛）、《合》21624《合補》3820 反（以上小乙）。
281 參楊郁彥：《甲骨文合集分組分類總表》，頁 262-263。
282 饒宗頤：《殷代貞卜人物通考》，頁 657。
283 同上註，「自序」，頁 1。
284 屈萬里：《殷虛文字甲編考釋》下，《屈萬里全集⑦》（臺北：聯經出版事業公司，1984 年 7 月），頁 500。
285 許進雄先生：〈鑽鑿對卜辭斷代的重要性〉，《中國文字》第 37 冊（1970 年 9 月），頁 6。

而鍾柏生檢視原骨，認為「『𠂤』『賓』之上僅殘留一小段『丨』畫，實難以肯定它就是『卜』字。賓字在卜辭中有諸多意義，不一定都用為人名」，[286]同樣不認同此例；《甲》234（＝《合》19817，圖見下）中並無貞人內，此應是「卜丙」之誤讀，[287]實不足為憑；《庫》1248（＝《合》23650＝《美》251＝《卡》293）饒氏因摹本以為「扶、中」同版，而金祥恆據《美》251 拓片，謂摹本「貞人𠂤，為大字之誤，亦係因骨紋而訛」，[288]疑其上貞人實為「大」，此說不確，但該版確實並非「扶、中」同版，自無法據此佐證蕭楠所論「"𠂤組卜辭"的時代是具有承上（武丁）啟下（祖庚）的作用」[289]之說。針對此版，鍾氏指出「檢視《美》二五一拓本，『𠂤』上淡淡的『冖』形，應為『帚』字。『帚』為二期貞人，並非《簡論》書中所說的『𠂤』字」，[290]此言至塙，周忠兵所編《卡》293，錄有清晰照片[291]可資佐證（圖見下），而「中、㠱」同版之例，《美》656（＝《合》22638、24873、40929）可以對參；《續》5.14.5（＝《合》20741，圖見下）「宁」為被令的對象，在此版並非貞人，而「卜辭中往往以族名、地名作為人名，因此出現於貞人中的"某"人，也可稱其族（或其他）的他人。從卜辭表面看來"某"人與貞人同名，但是否為同一人，則有待求證」，[292]換言之，該版之「宁」確實當與貞人𠂤同時，但他此時並非賓組貞人，兩者同族同稱而不同人。同樣的情形，亦可套用在「賓、𠂤」同版（《乙》5347＝《合》110 正）、「殸、𠂤」同版（《鐵》12.3＝《合》19527、《前》4.31.5＝《合》7888、《後》上 30.14＝《合》178、《粹》1132＝《合》5806、《珠》280＝《合》5805）以及「爭、余」同版（《乙》6879/6880＝《合》376 正反）情形的說解，𠂤、殸、余在該版上的身分皆非貞人。饒氏另據《金》622（＝《合》40888＝《英》1822，圖見下），認為「同版見武丁卜人冊，斯俱子為武丁時人，不能繫於文武丁之明證」，[293]貞人冊之例饒氏列有四例，此為其一，而陳煒湛「查閱原片，冉卜之辭完整，另一辭殘缺，貞人名適殘，亦無由斷定是"子"」，[294]子、冊同版並無確證，且此版本屬𠂤組，即使子、冊同

[286] 鍾柏生：〈《甲骨文簡論》卜辭分期「貞人同版關係」之商榷〉，《金祥恆教授逝世周年紀念論文集》（1990年 7 月），頁 90。

[287] 參屈萬里：《殷虛文字甲編考釋》上，《屈萬里全集⑥》（臺北：聯經出版事業公司，1984 年 7 月），頁 67。

[288] 金祥恆：〈論貞人扶的分期問題〉，《董作賓先生逝世十四周年紀念刊》（臺北：藝文印書館，1978 年 3 月），頁 90。

[289] 蕭楠：〈安陽小屯南地發現的 "𠂤組卜甲"——兼論𠂤組卜辭的時代及其相關問題〉，頁 240。

[290] 同上註，頁 18。

[291] 見周忠兵：《卡內基博物館所藏甲骨研究》（上海：上海人民出版社，2015 年 8 月），頁 231。

[292] 鍾柏生：〈《甲骨文簡論》卜辭分期「貞人同版關係」之商榷〉，頁 23。

[293] 饒宗頤：《殷代貞卜人物通考》，頁 737。

[294] 陳煒湛：《甲骨文簡論》（上海：上海古籍出版社，1987 年 5 月），頁 178。

版，時代上亦無扞格；其二，《錄》519（＝《合》23850）「冊」與「㕙」同辭出現，「㕙」為第二期貞人，此版由屬「㕙」貞問，自當是第二期卜辭，該「冊」非武丁時人，亦非卜人，而「冊」實作「卜冊」，是否貞人猶有可商；其三，《掇》282（＝《合》4754）殘甚，觀其殘貌恐歸入自組為宜，其上「冊」即使為貞人，亦無足輕重；其四，《前》2.37.7（＝《合》637）辭序不明難以確認，但其中「冊」顯非貞人。總合前述，諸例辨正結果顯示，目前所見並無賓組與自組貞人同版出現之證，意即兩組貞人毫不相混，因此也無法判斷兩者在時代上有所關聯。

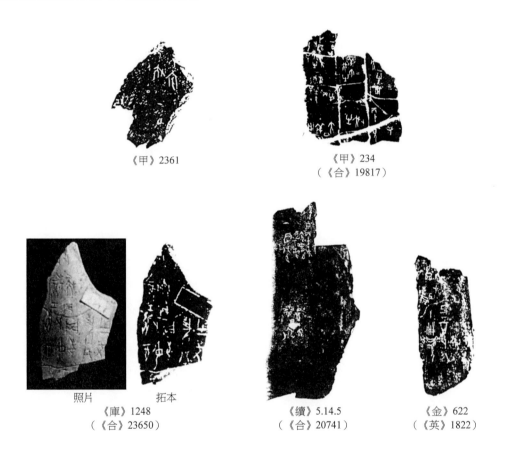

《甲》2361

《甲》234
（《合》19817）

照片　拓本
《庫》1248
（《合》23650）

《續》5.14.5
（《合》20741）

《金》622
（《英》1822）

綜上所述，饒宗頤全面性考察卜辭所見貞人，雖因此認為「𠂤與卜人宁及內同版，足證𠂤應為武丁時人，不宜下及文武丁之世。據此，舊所謂文武丁時之卜人，與𠂤同組者，皆宜移列武丁晚期」，[295]但實際上饒氏之例皆無法成立，目前看來，仍未發現明確有效的賓組與自組貞人同版問卜的紀錄。因此，以貞人同版進而繫聯時代相同的作法，並無法用於斷定自、子、午組卜辭的時代。

---

[295] 饒宗頤：《殷代貞卜人物通考》，頁677。

相較於自組，歷組卜辭的斷代，稱謂系統與貞人組並無太多用武之處，因前者主要稱謂與賓組一致，後者則僅「歷」一人，實務運用受到極大局限，開展亦極不易。謝濟曾提出：

> 唐與大乙，這是在祖庚祖甲時有變化的。歷組卜辭大量稱大乙，沒有稱唐，這也和祖庚祖甲卜辭這一變化情形不相適應。如果從演變來說的話，歷組父丁類大量稱大乙，與岁組祖庚卜辭大量稱唐不適應，祖甲卜辭保留有少數唐的稱謂，歷組卜辭全沒有，這要把歷組放在祖甲卜辭之前也是不協調的。[296]

試圖從「大乙」稱謂變化進行時代的區別，其主張尚屬合理，此法董作賓曾用以改易自組卜辭的時代，其實同樣可作為歷組卜辭時代考察的參考。

此外，歷組卜辭所見之「三祖」稱謂亦能參酌。蕭楠曾引《甲綴》336（《甲》627+689=《合》32617）謂：

> 上述卜辭中的「三且」，陳夢家先生曾指出是「武乙稱祖己、祖庚、祖甲」（《綜述》494 頁），後屈萬里亦主此說（《甲編考釋》第 627 片，第 99 頁）。與此相印證，在康丁卜辭中，有「三父」的集合稱謂：
>
> 　　凡于☐三父又？　（《人文》1817〔＝《合》27491〕；圖略）
>
> 康丁卜辭中的「三父」是指父己、父庚、父甲，亦即孝己、祖庚、祖甲。此「三父」至武乙時自當稱「三且」。這是該類卜辭為武乙卜辭的有力證據。[297]

蕭楠之說，言之成理，然林宏明並舉《合》27179 與《合》27372 為例，指出兩者字體風格幾無二致，皆屬所謂「歷無名間組」，「時代上及祖甲之世」，而其上分別有「三祖」、「帝丁」之稱，又「廩、康當過商王的父輩沒有廟號為丁的」，「表明這兩版的時代並不屬於廩、康時期」，遂主張其上「『三祖』是祖甲對『陽甲、盤庚、小辛』三位旁系祖父的集合稱呼，和武丁有時合稱他們為『三父』是一致的」。[298]林說亦有理致，且另提出將《合》27179「三祖」釋為「祖己、祖庚、祖甲」的兩項困難：

> 1 卜辭中歲祭經常在舉行的前一天卜問，領句在甲辰日卜問，表明可能是要在隔一天的乙巳日舉行歲祭小乙，乙日歲祭廟號為乙的小乙，說明這一次的卜問重心

---

296 謝齊：〈祖庚祖甲卜辭與歷組卜辭的分期〉，頁 129-130。

297 蕭楠：〈再論武乙、文丁卜辭〉，頁 162-163。

298 以上俱見林宏明：《小屯南地甲骨研究》（臺北：政治大學中國文學系博士論文，蔡哲茂先生指導，2003 年 6 月），頁 324。

其實是在「小乙」。那麼在卜問完對小乙的用牲數後，再問要不要「至于三祖」，這個三祖怎麼會是經由逆祀過「武丁」而到了「祖己、祖庚、祖甲」？這和祭祀重點為小乙的歲祭情況根本合不起來。

2 即使由逆祀過「武丁」而到了「祖己、祖庚、祖甲」為什麼要到這三祖？而不是到武乙的父親「康丁」或是「二父（廩辛、康丁）」呢？在其他組的卜辭也看不到有「小乙」和「祖己、祖庚、祖甲」有比較特別的祭祀組合關係。[299]

並認為「如果把三祖當作是祖庚稱『陽甲、盤庚、小辛』，加上『小乙』是祖庚的四個祖父輩的先王，那在對重心是為了直系的祖父『小乙』歲祭時，順便問要不要對其三個旁系的祖父祭祀，就很有可能」。[300]其後，劉一曼、曹定雲系聯《合》32617 與《合》32690 兩版，得卜問內容如下：[301]

> 甲辰貞：□歲于小乙？
> 弜又？
> 二牢？
> 三牢？　二
> 弜至于三祖？　二　　（以上《合》32617）
> 弜至三祖？
> 丙子貞：父丁彡？
> 不遘雨？　　　　　（以上《合》32690）

並特別強調：

> 大家可以看到，在小乙至父丁之間的祭祀過程中，明顯存在著"三祖"；致祭"三祖"的時間是在"小乙"之後，卻在"父丁"之前。此中的致祭次序是小乙→三祖→父丁，這是小乙與父丁之間存有"三祖"先王的確證，歷組提前論學者所徵引的小乙、父丁卜辭，中間確實是略去了"三祖"，該祭祀過程清楚地證明，此中的"父丁"就是康丁。[302]

然而林澐仍認為：

---

[299] 同上註，頁 325。
[300] 同上註，頁 325-326。
[301] 劉一曼、曹定雲：〈三論武乙、文丁卜辭〉，頁 481-482。
[302] 同上註，頁 482。

如果我們把這裏與「父丁」和「小乙」同版的「三祖」，看作是祖庚的三位非直系的祖輩，其實是很合理的。因為賓組卜辭中有祭祀「三父」的卜辭：（例略）陳夢家認為這裏的「三父」是指「武丁前一世四王」，當即小乙的三位兄長陽甲、盤庚、小辛。到了祖庚時代，他們自然變成小乙之外的「三祖」，不是很合適嗎？[303]

且進一步問疑，假若「把『三祖』當作小乙和父丁之間的祭祀對象，而且認為就是指祖己、祖庚、祖甲，可是李學勤提出的最重要的武丁哪裡去了？仍然是一個謎」，[304]其說同於林宏明，皆主張「三祖」就是「陽甲、盤庚、小辛」。對此，曹定雲、劉一曼重申「三祖」介於小乙與父丁之間，只能是「祖己、祖庚、祖甲」，同時再次強調雙林持說之不妥：

> 假如此"三祖"是祖庚、祖甲時候的"三祖"（陽甲、盤庚、小辛），須知此三人是小乙之兄，而且都先于小乙去世。按照當時宗法制度、人倫關係與祭祀禮儀，應當先祭"三祖"，然後再祭小乙，其祭祀順序應當是三祖→小乙→父丁。如果逆祭，則應當是父丁→小乙→三祖。三祖要麼居前，要麼居後，才合情理。可歷組卜辭中的祭祀順序是小乙→三祖→父丁，三祖在小乙之後，父丁之前，這與三祖→小乙→父丁是絕然不同的兩種祭祀順序。小乙→三祖→父丁中的"三祖"必然是孝己、祖庚、祖甲。[305]

關於「三祖」指稱，諸家目前仍相持不下，兩種說法確實都有存在的可能，但持平而論，「祖己、祖庚、祖甲」說應略勝一籌。林宏明所指困難之一，其實並未涉及逆祀，「小乙→祖己、祖庚、祖甲」中雖略去「武丁」，但順序的先後是合理的，此時祭祀對象從「小乙」擴為「小乙至于三祖」，由單一對象變成集合對象而已，集合祭祀對象於卜辭紀錄中並不罕見，實無所謂祭祀重點為小乙之情事；困難之二，若此屬武乙卜辭，何以僅致祭至祖輩（祖己、祖庚、祖甲），而不祭至其父輩（廩辛、康丁），林氏之疑並非無據，集合祭祀對象止於父輩者頗為常見，但非必然如是，以第一期卜辭為例，即有「自上甲至下乙」（如《合》270、419）、「自大乙至中丁」（如《合》14872）、「自

303 林澐：〈評〈三論武乙、文丁卜辭〉〉，《出土材料與新視野》（中央研究院第四屆國際漢學會議論文集，2013 年 9 月），頁 12-13。

304 同上註，頁 12。

305 曹定雲、劉一曼：〈四論武乙、文丁卜辭——無名組與歷組卜辭早晚關係〉，《考古學報》2019 年第 2 期，頁 205。

大乙至祖丁」（如《合》14881）、「祖乙至于丁」（如《合》1650）、「大庚至于中丁」（如《合》14868）、「唐至于大甲」（如《合》6122）等諸例可參，因此儘管不明緣故，「三祖」指稱祖父輩先王亦無所礙。

其實，根據卜辭所載祭祀對象的集合式稱呼，以「至（至于）」一語所示者，前後先王目前可判斷者皆非相連兩朝，換言之，祭祀對象若以「A 至（至于）B」概括，則 A、B 不會是相鄰兩先王，其間必然存有其他先王，而 A、B 間若無其他先王摻入，則卜辭紀錄方式是，不另作連詞（A、B）或以「眔」連接之（A 眔 B），兩者差異區分明顯。[306]準此，「小乙至于三祖」中的小乙與三祖不會是連續的王朝，而「陽甲、盤庚、小辛」與「小乙」相接，並不符合條件，自當排除，故「三祖」為「祖己、祖庚、祖甲」是唯一正解，應該加以提醒的是，「小乙至于三祖」實際所含祭祀對象有「小乙、武丁、祖己、祖庚、祖甲」五人，「武丁」已在其中，並無缺席。

此處「三祖」既稱「祖己、祖庚、祖甲」，則其「祖」恐非單純「祖輩或以上」之謂，極可能是「祖己、祖庚、祖甲」三者定名「祖某」的並稱，與「三父」之性質或有不同，不必等觀。換言之，凡卜辭「三祖」之見，應專指「祖己、祖庚、祖甲」三先王，故其時代必須在武乙之後，而歷組存有「三祖」，時代當屬晚期無疑，不該定於早期。

至於一般「人物」的斷代作用，多以「不同組中出現相同人物」為其論證基礎，如屈萬里原主張董作賓所列第四期的貞人，[307]實際上應該歸入第一期，其所據者，主要就是相同人名的跨組出現，而「扶貞的卜辭有“子咸”，子咸是武丁之子」（《甲》280=《合》20053），「扶貞的卜辭，字體既和第一期的相同；又有侯𢿙，侯𢿙是武丁時人」（《甲》3483=《合》20066），「𠂤貞的卜辭有“子宋”，子宋是武丁之子」（《甲》3281+3285=《合》20025），「扶貞之辭裏，曾有丮和陕兩人，他們都是武丁時人」（《後》下 24.10=《合》20230、《前》8.8.1=《合》19891），「𠂤貞之辭裏有陕和帚溼兩人，這兩人都曾見於㱿貞之辭」（《續》5.1.4=《合》21284），「子貞之辭兩見武丁之子子䏌之名」（《後》下 41.9=《合》21631，《綴》330[308]）等諸項說明中，[309]涉及子咸、侯晢、

---

[306] 將另文詳明，此處不贅。

[307] 屈萬里後見《戩》1.9（=《合》34120）「自上甲廿示」、《乙》8660（=《合》19798）「夕㞢般庚」之辭，認為「這些資料，決不可能歸入第一期」；又據許進雄先生鑽鑿研究成果，謂其「就鑽鑿的情形互相比勘，得知第一期和第四期的形式不同，從而證明了彥堂先生所分的第四期，確實無誤。自然，這也是支持董氏之說的重要證據」，最終主張「第四期的刻辭，還有待於論定」，態度明顯有所改變。（詳屈氏《先秦文史資料考辨》，《屈萬里全集④》，臺北：聯經出版事業公司〔1983.02〕，頁 37-38。）

[308] 即《京都》3241+《前》8.10.1，《甲骨文合集》與《甲骨文合集補編》似未收錄。

[309] 以上俱見屈萬里：《殷虛文字甲編考釋》上，「自序」，《屈萬里全集⑥》，頁 8。

子宋、帝溼、㠯、陝等人，皆屬「人物」的辨正對象。

　　以上諸人名號出現在自組與賓組卜辭中，陳煒湛謂「我們固然不能排斥異代同名的可能性，但也不可無視自組子組卜辭與賓組卜辭中這種人物的一致性，不能排除二者時代相近的可能」，[310]尤其「武丁之子」若屬實，則無疑就是自組屬於武丁卜辭的鐵證。然林澐指出：

> 卜辭中所見「子某」之稱，光是武丁時代就有好幾十個，到周代，男子稱「子某」仍然十分流行。因此，我們不能把卜辭中凡稱「子某」者，一概斷定是商王之子。就拿子商來說，他在武丁王室卜辭中佔有顯赫的地位，並且有令其祭祀商先公先王的記載，說明他和武丁有著血親關係。但我們現在還無法斷定他是商王的子輩，還是兄弟輩，抑或是父輩。從丙種非王卜辭的祭祀對象來看，雖然有南庚、小辛、伊尹、🐢甲等和王室所祭相同，說明這種卜辭的「子」和商王有血親關係，但如果「子」是商王武丁之子，則祭祀對象中還可能出現的有祖甲（陽甲）、祖庚（盤庚）、祖辛（小辛）、祖乙（小乙）、父丁（武丁之兄丁）。可是，這幾種稱謂在丙種非王卜辭中一次也沒遇到過。所以，子是武丁之子的說法是靠不住的。[311]

進而主張：

> 「子」在商代是對子商那樣的男性貴族所通用的尊稱。《穀梁傳‧宣十年》：「其曰子，尊之也。」注：「子者，人之貴稱。」《詩‧大車》：「畏子不敢。」注：「子者，稱所尊敬之辭。」是後代訓詁中也保留了這方面的意義的證明。子的本義應是指父母的後代，……因為必須是確切的「子」，才有繼父嗣君的資格，所以「子」也就逐漸轉化為一種對世襲貴族的尊稱了。[312]

林氏之言對「子某」內涵有所闡釋，不以其為商王之子，相當值得參考。若「子」是「世襲貴族的尊稱」，則「子某」或有「異代同名」之可能，如此一來將削弱「子某」名號的時代性，因而難以明確劃定其時代歸屬，林說實為間接否定屈萬里的斷代論點。

　　關於「異代同名」現象，目前雖已是共識，但內涵理解與斷代運用上仍有待釐清之處。首先，甲骨所謂「同名」者，乃「以相同名號稱呼不同人」之謂，按實際情形，可

---

310 陳煒湛：《甲骨文簡論》，頁 178。

311 林澐：〈從子卜辭試論商代家族形態〉，《古文字研究》第 1 輯（1979 年 8 月），頁 322-323。

312 同上註，頁 323。

概分為兩類：「同代同名」與「異代同名」，前者可引「貞人」為例，而後者則有「子某、帚某」可參。張秉權曾指出：

> 在古代的歷史中，人們的姓氏或封號，因地而得名的，為數不少，或者有些地方，因為人們的姓氏或封號而得名的，例子也很多，可見人名與地名之間的關係，有時是十分密切的。在甲骨文中的那些人名，我們雖然不能十分肯定它究竟是姓或氏或名或族類或封號的名稱，但是它們與那些跟它們用同一個字來命名的地方，有著十分密切的關係，當是十分可能的事。[313]

面對「同名」現象，張氏認為：

> 我相信甲骨文中的同名的前人與後人，極可能有著十分密切的關係的。況且又有一些地方的名字，和他們的名字相同，這就更加值得加以研討的了。所以我認為那些跟他們同名的地方的名字，應該是這一現象——即前人與後人同名——的一個關鍵，換句話說，他們都是因地而得名的，或者那些地方，是因人而得名的，因此，他們即使不是與他們同名的那些地方的首領，似乎也該是那些地方的重要人物。[314]

張氏徵引 906 條卜辭，共列出 173 個「人地同名」之例佐證其說，[315]其中雖未必完全無誤，但已可坐實該說，值得審慎對待。其實，張說猶顯保守，所強調「首領」或「重要人物」之名，仍屬單一人物的專稱，而「人地同名」例中恐大多數皆可泛稱該地人民，簡言之，該名指稱不限於一人，亦可作為該地全部人民之通稱，即該地任一人皆能以該地名稱呼之，如此既可合理說明「不同時代卜辭中出現相同名號」（異代同名）的情形，也能解釋「相同時代卜辭中相同人名的行事風格卻不同」（同代同名）的困惑，這才是對所謂「同名」現象較充分且完整的理解。

總之，「同代同名」與「異代同名」二類中的「名」，皆當指向族群或團體，其中領導者固然是主要稱呼對象，但並非其特定之專號，兩者概念基本一致，所謂「同名」者，即指出自同一氏族（或部落、方國）的人。就此觀之，舉凡卜辭所見人物皆可能是氏族（或部落、方國）之稱，其中也包括子某、帚某，[316]因此卜辭異代而有同名者，雖

---

313 張秉權：〈甲骨文中所見人地同名考〉，《慶祝李濟先生七十歲論文集》下冊（臺北：清華學報社，1967 年 1 月），頁 688。

314 同上註。

315 詳上註，頁 767-772。

316 「子某」、「帚某」之「某」者當即「氏族、方國」之稱。或謂「子某」為商王之子，「帚某」為商王之婦，

非必然，但亦不足為奇。卜辭「人物」所代表的氏族（或部落、方國），大抵就是周武王盟津渡河不期而會之八百諸侯的一大部份，[317]本應常態存在，不至於旋生旋滅，但與商王室各朝代的關係親疏有別，重要性或不相同，因此反映在卜辭上的時機自有差異。

隔代之人既能同名，則其於甲骨斷代上的效能即會降低，張秉權謂：

> 假如僅據卜辭所見的人名，來作為甲骨文斷代分期的標準，必將導致無期可分，無法斷代的結果⋯⋯。假如我們能夠了解到，甲骨文中的那些人名，不僅是在某一時候，或某一場合代表某一個人，而且在有些時候這個同樣的字可以代表不同時代的不同的人，或者同一時代的一羣人，或一處地方。那麼用一般人名來作為斷代標準的時候，就不得不格外審慎了。[318]

因此運用「人物」斷代則須更加深思。具體的「人物」標準斷代運用，張氏另指出：

> 從卜辭中，可以看出貞人之職，似乎並非專門技術的事務官，事實上，這種職務，也不是世襲的，在某一時期，由某一些人來代替時王發問貞卜，在另一時期，又由另一些人來擔任這項差使。所以在甲骨文中，某一貞人集團的卜辭，與另一貞人集團的卜辭的風格，大致說來，確有若干差異存在。[319]

此說凸顯「貞人」的特點，認為同版的貞人，仍能作為有效的斷代標準，惟張氏特別提

恐不真確。松丸道雄認為「帚」為「女性ではなく，殷王室より降嫁を得た族または族長の冠稱」（中譯：不指女人，是商王室新娘下嫁的部落或酋長的稱呼），其說相當值得參考（詳松丸氏：〈殷周国家の構造〉，《岩波講座・世界歷史》第 4 卷（古代第 4 東アジア世界の形成 第 1），1970 年，頁 77-79）。據此，「帚某」乃指稱透過商王室女子（公主）聯姻的氏族或方國，相對而言，「子某」則可能指稱透過商王室男子（王子）聯姻的氏族或方國，兩者皆屬商王朝累世穩定的友好邦盟勢力。另，陳絜因「就目前所見卜辭材料看，"婦某"之"某"往往與國名、族名或地名相一致，同時也不乏與男子名相一致的例子」，認為「最合理的說法就是女子出嫁後以其父族之國名或族名相稱，也就是說，"婦某"之"某"是父族之族氏名號」（詳陳氏〈關於商代婦名研究中的兩個問題〉，《2004 年安陽殷商文明國際學術研討會論文集》，北京：社會科學文獻出版社〔2004.09〕，頁 239），其論與松丸之說有別，某地女子一旦嫁入王室，「婦某」為該女子之稱，性質實同商王之婦，並無新意。又，張政烺釋「取帚好」，認為「卜辭帚是官名，類似《周禮》之世婦，而取帚好是從多帚中選擇一個帚好。唐、大甲、且乙皆有宗廟，取帚所以守宗廟、奉祭祀。殷代各王皆有多帚，也皆有帚好，"唐取帚好"之貞是例行公事，隨時可有，必不止一次。被選取的帚好主要掌管祭祀，她們和先王宗廟生死相依，所以祭祀先王時也對死去的帚好給以禮遇。有些學者認為殷代帚好只有一個，即武丁的配偶，在許多地方講不通。」（詳張氏〈帚好略說補記〉，《考古》1983 年第 8 期，頁 715。）同樣不以「帚某」為商王之婦，可備一說，惟帚好有其封地可徵兵，世婦恐不及此，本文並不信從。

317 詳瀧川資言：《史記會注考證》（北京：文學古籍刊行社，1955 年 7 月），頁 251。

318 張秉權：〈甲骨文中所見人地同名考〉，頁 774。

319 同上註。

醒，「如果要用人物來作為斷代的標準，那只有當他處在貞人地位的時候，才能用為斷代的標準之一。至於其他的所在，即使那個名字，是貞人之名，也當審慎應用」。[320]

其實，「貞人」既具「人物」性質，則異代同名的框限同樣可套於其上，簡言之，同一氏族異代擔任貞人的情形亦可能存在，單以「貞人」為準，自無法完全迴避與其他「人物」相同的斷代質疑。目前卜辭所見，「貞人」集團時代性極強，不同的貞人集團之間，供職時段先後或有銜接現象，卻幾無早晚相混之跡，壁壘清楚，不相雜廁。此雖未盡符合情理，但適為斷代之用，而貞人集團任事時代分立若為事實，則吾人應當注意的是，卜事工作與貞人氏族、貞人氏族與王朝興替關聯性的釐清，儘管改朝換代之後，貞人團近乎「整批替換」的作法，有助於今日甲骨斷代工作之遂行，但其中可能牽涉的商代禮法制度規範，或王位承繼內涵的特殊之處，實更應多所探究，不宜等閒略之。

2. 「事」的辨析

「事」的部分，所牽涉的面向較「人」更形複雜，大致而言，舉凡卜辭所問的大小事件皆屬之。卜問之事又可概分為「日常活動」與「特殊事件」兩類，兩者之別並非依其卜問次數決定，而是就卜問事件的本質區分，如祭祀、田獵、求年、卜旬等之相關卜問，雖未必日日例行，卜辭所見或繁或略，或多或少，但本質皆屬日常活動，在特定或某些時機下必會鋪排進行；而戰爭征伐諸事，雖有烽火連年之可能，但兵燹起滅有時，與政權興衰輪替亦有關聯，單一戰事不會持續數十年不絕，因此每一場戰役皆應視為特殊事件。著眼於斷代價值，顯然「特殊事件」的作用較「日常活動」大，因此戰事相關的各種考察，亦較常被運用於卜辭時代早晚的區分。

儘管戰事的考察有助於卜辭斷代，但實際面對征伐相關卜辭，該如何正確理解該戰役或詮釋其內涵亦是個難題，因此戰爭卜辭的斷代之用，常流於戰事有無之比較，如歷組卜辭所涉戰事以「征召方」為要，但賓組並無此役蛛絲馬跡；而賓組來自「舌方」的威脅或侵擾實乃大宗，歷組卻絲毫未見此方活動紀錄。對此，林小安考察相關卜辭後，提出質疑：

> "伐舌方"戰爭的規模之大，不僅逼使殷王不得不御駕親征，還不得不調集武丁晚期滿朝之重臣卓、師般、望乘、子𢀖、子畫、𠨵、沚馘、戉、羽、戈人、多㫃等"多臣"及諸方國的軍隊一併前往。武丁調集戰將和軍隊之多，也說明"伐舌方"之戰乃武丁晚期震動朝野之大事。"國之大事，在祀與戎"。"伐舌方"之

戰緊急到必需殷王親自出戰乃至必須調及滿朝重臣，戰事如此緊急峻刻，賓組卜
官一人卜過不行，還需上述各卜官一一輪流占卜貞問，方能定其吉凶。歷組貞人
若是武丁晚期卜官的話，為什麼對武丁如此焦急之事，卻不見任何一片“歷組卜
辭”貞卜“伐舌方”之事？這是不合情理的。[321]

而張宇衛則以為舌方（賓組）與召方（歷組）兩者指稱同一對象，是「因組別不同所導
致的不同稱呼」，[322]此論原本可備一說，然因張氏主張歷組為早期卜辭，則「舌、召」
即是同時之異稱，且分別於不同貞人組中使用，涇渭分明，著實令人費解。其實據張氏
考察所得，舌方與召方兩者關聯或為密切，屬同一領地的政權代表亦非無稽，但既分名
為「舌」與「召」，適可說明兩者時代有別，不會屬於同一時代，如「轞韃」國名多稱，
有「夏曰獯鬻，周曰玁狁，秦漢皆曰匈奴，唐曰突厥，宋曰契丹」之異，[323]此等別名顯
係時代不同所致，絕非一時之多稱。

　　歷組所載「征召方」事件，許進雄先生考定日程，判斷其發生時代為武乙晚期，[324]
而「伐召」相關紀錄另見於《花東》卜辭，一般認為兩者應有關聯，時代應當相近（參
前）。然《花東》整理者認為該批卜辭時代當在武丁前期，與許先生所見相去甚遠，若
兩說皆是，則召方於晚商至少被討伐兩次，且間隔近二百年（武丁早至武乙晚）；若兩
說皆非，則相關考察須另起爐灶，本文於此可置不論；若兩說是非各一，則征召方時代
即屬早期與晚期之辨。「召方」（歷組）或作「卲方」（花東），如同「玁狁」又作「嚴
允、獫狁」一樣，應屬同時之稱，而「召方」極可能於早期稱為「舌方」（參張宇衛說），
換言之，「舌方」與「召方」分為同一方國早期與晚期之稱，而卜辭記為征「召」方者，
則其時代自以晚期為宜，就此觀之，不僅歷組為晚期卜辭，《花東》卜辭時代亦恐應移
至晚期才是。

　　此外，李學勤曾以三例說明賓、歷組中的卜問事項相同，進而主張兩者時代相近，
此亦屬於依「事」斷代者。卜辭所見之事件，自有其發生時機，而特殊事件重複性低，
就其記載即能聯繫其時代，因此李氏作法在邏輯上並無問題，此後效法者眾，於是所謂
「同卜一事」，幾乎成為歷組卜辭時代提前的重要論據。

　　如，裘錫圭依循李氏方法模式，增列廿例加以補充「相同卜問事項」內涵，亟欲坐
實歷組卜辭與賓組、出組卜辭時代相同的論述，然裘氏之例僅勉強可謂卜問事項相同，

321 林小安：〈再論“歷組卜辭”的年代〉，頁 13-14。
322 詳張宇衛：《甲骨卜辭戰爭刻辭研究——以賓組、出組、歷組為例》（臺北：臺灣大學中國文學系博士論文，徐富昌先生指導，2013 年 1 月），頁 230。
323 參張岱：《夜航船》（成都：四川文藝出版社，1995 年 4 月），頁 343。
324 詳許進雄先生：〈武乙征召方日程〉，《中國文字》新 12 期（1988 年 7 月），頁 316。

卻無法證實同卜一事，故斷代效能不佳，所論實有未備（參前）；黃天樹更舉廿五例擴大「同卜一事」現象，[325]藉此證明賓（或出）組與歷組時代相同，然綜觀其例，且不管兩組用字用語之差異，單就卜日看，僅前六例（A、B、C、D、E、F）相同，而其中例A「令某乎某宄卒（賓組）」與「令某宄卒（歷組）」所問重點基本不同；例B賓組之例辭殘，與歷組同見「ㄓ」與「亞侯」，即謂「同卜一事」，大有不足；例C兩組皆為殘辭，僅「罕」同，實不成例；例D「犬征來羌用于囗甲（賓組）」與「犬征呂羌用于大甲（歷組）」辭例極為接近，但自同版其他卜問觀之，兩辭所契雖內容幾乎無異，但非同一事件；例E兩組皆見「有祟」與「不于人囝」之語，辭例頗為接近，但此語卜辭中另有數見，卜日並不相同（參《合》4979、4980），可見其為卜問特定事件（如「奉生」，參《合》34086）的固定用語，雖不常見，但已能否定其同卜一事之必要性；例F兩組辭例內容頗有差距，共同點在於皆問及「由罕提供祭大示的牛牲」，然此卜所問實屬日常活動，並無特殊之處，實在稱不上同卜一事。總上，黃氏舉例雖多，但仍缺乏有效事證以說明賓、歷組「同卜一事」現象的確實存在。

除上，彭裕商對於賓（或出）組與歷組同時並存的證據另有考察，與前述諸家例舉不同，彭氏所舉之例分為十組，[326]各組之例並非單片甲骨內容，而是將若干相關卜辭予

---

[325] 即：A「《懷》961（＝《合補》878）（賓）、《屯》307（歷）」；B「《合》3314（賓）、《合》32911（歷）」；C「《合》4088（賓）、《合》32688（歷）」；D「《合》240（賓）、《合》32030（歷）」；E「《合》4980（賓）、《合》34086（歷）」；F「《合》102、1520（賓）、《屯》824（歷）」；G「《懷》958（＝《合補》1249）（賓）、《合》32920（歷）」；H「《合》6775（賓）、《屯》2902（歷）」；I「《合》4491（賓）、《屯》2907（歷）」；J「《合》7834、7835（賓）、《合》33065、33066、33067、33281、《屯》2907、4054（歷）」；K「《合》63正、12540、14379、14483（賓）、《合》32001正、《屯》3567（歷）」；L「《合》24608、24609（出）、《屯》2296（歷）」；M「《合》19220、19221、19222（賓）、《合》32113、32517、〈屯補〉16（歷）」；N「《英》130（賓）、《合》32774（歷）」；O「《合》9809（賓）、《合》32929（歷）」；P「《合》18985（賓）、《合》32837（歷）」；Q「《合》4010、9638（賓）、《合》33237、《屯》204+213、539（歷）」；R「《合》9639（賓）、《屯》539（歷）」；S「《合》4630、《英》834（＝《合》40075）（賓）、《合》33216+33690+33214（歷）」；T「《合》39783（賓）、《合》32770+《合》32901+《屯》134、《合》32900（歷）」；U「《合》52（賓）、《合》4401、《屯》1050+2865+1719、《英》2496（＝《合》41506）（歷）」；V「《合》14913（賓）、《合》34131（歷）」；W「《合》10811（賓）、《合》33396（歷）」；X「《合》682正（賓）、《合》32762乙正（歷）」；Y「《合》39481（賓）、《合》31998（歷）」等25例。（詳黃天樹：《殷墟王卜辭的分類與斷代》，北京：科學出版社〔2007.10〕，頁171-185。）

[326] 即：第一組：歷組「《合》33111、33112、《懷》1637」，賓組「《合》32、6476、6482、6483、6484、6485、6486、6489、6490、6491、6492、6493、6583」；第二組：歷組「《合》33102、《屯》2782」，賓組「《合》7358」；第三組：歷組「《合》32979、33053+33056、33098、33099、《屯》19、63、717」，賓組「《合》18」；第四組：歷組「《合》32107、32113、32115、32517、32832、32833、33277、33278、34219、34220、41474、32114+《屯》3673、《屯》2567、3723、4366、4379、4460、〈屯補〉16」，賓組「《合》5622」，出組「《合》19200、19221、19222」；第五組：歷組「《合》32030、33236、33237、33238、33239、《屯》539」，賓組「《合》9638、9639」；第六組：歷組「《合》32555、32854、32856、33214+33216+33690、

以連綴，以此強化卜問之日期與事項相同的論點。彭氏考察之作法與前諸說不同，明顯有意區隔過去「單辭對照」的比較模式，主要是將「點」串成「線」，除對相關事項的具體內涵有較全面的理解外，更重要的是能模糊問卜日期不一致的質疑，並藉此說明歷、賓組卜辭同卜一事的實狀。然彭氏之例，其連綴諸版並非實際的甲骨綴合，而是將辭例相近或相同的卜辭，主觀聯繫於一組之中，對不同類組中相似的卜問事項內涵，並未加仔細審辨析分，而籠統含括相混一處，可信度不足，據以進行討論，徒增困擾而已。如第一組牽扯卜辭共計16版，內容僅是選派出征將軍之問，兩組可稽的卜日並無相同者，且歷組未明征伐對象，實難證為一事；第二、三組分依「龐㠯」、「㒸㪿」諸辭說明其時代彼此接近，過於薄弱；第四組連結歷、賓、出三組以為一事，而歷、賓以「令𡗦㠯子方乃奠于并」繫連，歷、出則略以「多宁㠯㠯」為準，其擴充混編達21版，而綴連之採用標準毫無說明，既未證問卜時間先後定序之必要，又不辨問卜事項內容性質之異同，僅依若干辭例用語近似而隨意雜湊，主觀益甚，所謂「此組片數較多，其聯繫是可靠的」的認知，[327]恐適得其反；第五、六、七、九組所及事項繁簡雖有不同，但彭氏認為皆屬「一時之卜」，[328]然檢視其事例，第五組「省㘡」、第六組「犬征田京」、第七組「壴㠯大乙」、第九組「葬（🔲、🔲）我」，乃至第八組「危方㠯牛」、第十組「步于漁（🔲、🔲）」等諸事，其特殊性咸有不足，[329]亦無明顯時代特質，若於不同組卜辭中出現該事

33215、33855、41503、《屯》220、866」，賓出間組「《合》4630、40075」；第七組：歷組「《合》32418、34475」，賓組「《合》1291」，出組「《合》22746、22749」；第八組：歷組「《合》32025、32026、32027、32229、32896、32897、33191、33192」，賓組「《合》10084」；第九組：歷組「《合》32829、32830、32831、《屯》2273」，賓組「《合》10048、17168+17171、17169」；第十組：歷組「《合》33162」，賓組「《合》8105、8107、8108、10993、10994」等10組。（詳彭裕商：《殷墟甲骨斷代》，北京：中國社會科學出版社〔1994.05〕，頁231-247。）

[327] 彭裕商：《殷墟甲骨斷代》，頁238。

[328] 同上註，頁240-245。

[329] 林宏明將第九組《合》17168、17171加以綴合，並指出「這一組綴合使得，『並』和『𡗦』不但同時在屬於歷組的《屯南》2273這一版出現，而且也同時在屬於賓組的《合》17171+17168這一版出現，而這都是在干支相合且辭例少見的『王令𡗦葬我』中，干支既相合且卜問的事項一致，『令某人葬我』在卜辭中不是經常出現的辭例，由此可知，從裘錫圭先生提出、李學勤、彭裕商兩位先生補充，加上筆者的新綴合，這個例子是歷組和賓組卜辭同時同卜一事應該是可以成立。」（詳林氏《小屯南地甲骨研究》，頁318-319；又見〈歷組與賓組卜辭同卜一事的新證據〉，《2004年安陽殷商文明國際學術研討會論文集》，北京：社會科學文獻出版社〔2004.09〕，頁76-77，而文字略有更易。）持平觀之，林說頗有可參，但將「同日問卜」與「辭例罕見」視為同卜一事的論據則有不足。既是「同卜一事」，欲止眾疑，卜日相同應是基本要求，辭例（卜問內容）相同則是次要條件，而內容特殊性是接續的考察重點，至於事件罕見與否，可以參考，卻非關鍵。該例相關卜辭的對比，符合基本要求（丙子日卜），但辭例並不相同（詳說參前），遑論其餘，以此探究「𡗦」、「並」、「邑」、「㠯」與「我」的互動情形，以及與「葬」事的關聯性，猶有可為，但作為歷、賓組卜辭同卜一事之「鐵證」，實有未逮。

之卜問，亦不宜據以推斷所卜者為同一事件。

綜上所論，依「人」進行王族或歷組卜辭斷代，「稱謂」有時窮，若干名號則稍有可用；「貞人」組別，壁壘尚明，不相雜廁，無機可趁；「人物」、「方國」因異代同名之限，功用無由發揮。凡此標準，對於相關卜辭時代爭議的澄清，作用著實有限。若欲依「事」進行卜辭斷代，則「事類」之性質與內容特點或能參用，但不以事件之有無作為時代歸屬的唯一依據，準此，以「同卜一事」為歷組卜辭時代提前的作法，尚須更細緻的探究。

整體而言，具有史料價值的甲骨刻辭，其上所載人事活動內容無疑是核心所在，甲骨斷代之要旨，即是區分卜辭人事活動的早晚先後，使其在商代歷史的還原以及上古文化的建構上，能有效發揮作用。然受限於卜辭特殊的性質與形制，內容紀錄詳略差異頗為懸殊，又斷片殘塊，完好者少，為理解或詮釋卜辭平添許多障礙，因此相關人事活動的探析工作，雖易於全面開展，卻難於精確深化，而基本的時代區分亦存在若干困點而不易完備，連帶影響以人事活動為基準的卜辭斷代效能，類此現狀顯然有待吾人加以精進改善。

（四）鑽鑿形態

眾所周知，甲骨上的鑽鑿形態並不一致，其特徵明顯呈現時代性的差異，用以進行甲骨斷代，應可成為一項利器。然目前所見，各家的鑽鑿形態類型架構各行其是，未能統合，不僅影響鑽鑿形態的斷代運用，亦阻礙研究者精進鑽鑿形態系統的機會。另外，鑽鑿形態分類所著重的特徵不同，其類型劃分的具體內容亦將隨之改變。不僅如此，正常情況下，每版甲骨的長鑿數應是多量的存在，而每個單獨挖削的長鑿，其形態幾乎不可能完全相同，在形體判別上勢須異中求同，因此分類採用標準的寬窄，亦影響著每種鑽鑿類型具體呈現。

相較於各類型式的建立須異中求同，鑽鑿形態的斷代運用則應同中求異，許進雄先生鑽鑿形態體系「正常型」與「異常型」之區分，即屬斷代運用的初步實踐。許說之「正常型」乃指一般長鑿，其基本形態由早而晚的發展脈絡，長度方面，先增長後縮短；頭部方面，由尖而平而圓而水滴形；肩部方面，從筆直逐漸彎曲，相關圖例說明，前已詳述，此不重贅。大致說來，長鑿各部位形態的發展自然是連續的，但卻非同步平行演變，因此各階段鑿形必然呈現參差錯落的各種特徵，許先生亦謂「**各種形態的開始使用和衰**

微都是逐漸演變的，長鑿的形態是相互重疊而不是可以時代分割的。因此討論王族卜辭的形態，對其可能的前後連接時代的形態也是不可忽略的」。[330]依此原則比較相關鑽鑿形態，許先生明確指出「第一期與王族卜辭是絕對的不同，而王族卜辭的卜骨與第四期較晚期的形態是非常相似的」，「可以發現很多第四期的形態和王族卜骨的一模一樣」，「相反的，第一期的就難發現有與之相同的形態」。[331]更應該注意的是，

> 第五期骨上的以彎曲肩尖圓頭為主，形態與王族卜辭的一樣，只是長度稍為大些而已。……至於第五期卜甲上的形態，則不管是與王族卜骨或卜甲上的，幾乎是無甚分別的。長度都在一‧五公分左右，大部分作彎曲肩尖圓頭，小部分作微曲肩平圓頭。肩部都經過修整而不太整齊。從示例圖可以看出王族卜辭的形態與第五期是最接近的。如果了解第五期在時間上是承自王族卜辭的，就不會驚訝其形態之如此相類似的了。[332]

單從類型分期角度觀之，王族卜辭（𠂤、子、午組）鑿形既與第五期所見相似，則其時代相近或相同應無疑議。

再就「異常型」觀之，許進雄先生所分的「異常型」鑽鑿包含四種特殊形態（圓鑿包攝長鑿型、小圓鑽型、長鑿旁有圓鑿型、骨正面施鑿型），其施用情形：

（1）圓鑿大於並包攝長鑿的形態只通行於第一期，不見有王族的卜辭。
（2）小圓鑽的形態通行於第一期，第四期和王族卜辭。這種形態在王族卜骨中佔有相當高的使用比率，幾乎是種常態。
（3）長鑿旁伴有圓鑿的形態絕大多數使用於第一期，只有很少數出現於第三、第四、第五期和王族卜辭。
（4）於骨正面中下部位施鑿的習慣只出現於第三、第四期和王族卜辭，但以出現於第四期為最多。[333]

據上，「第一期與王族卜辭相似的只有小圓鑽的使用一項，而王族卜辭與第四期卻是四項都一致的」，[334]顯然王族卜辭（𠂤、子、午組）與第四期甲骨有著相同的施鑿習慣，兩者時代相近亦屬合理的推斷。

---

[330] 許進雄先生：《甲骨上鑽鑿形態的研究》，頁 59。
[331] 以上俱同上註。
[332] 同上註，頁 60。
[333] 同上註，頁 58。
[334] 同上註。

周忠兵考察鑽鑿形態，認為「甲骨上鑽鑿的發展簡單說大致是 I（II）、IV1-V1、V2-V4、V5，即從小圓鑽和輪開鑿形成的弧形長鑿共存，發展到只有挖製的長鑿，挖製的長鑿肩部是由直變曲這樣發展的」，[335]立論與許進雄先生並不相同，對於許先生的鑽鑿斷代主張亦存有異議：

> 表面看，鑽鑿發展序列兩端的長鑿形態接近，而長度從表二的相關數據看也接近，它們應該是時代接近的東西。如許進雄先生就因為屬於黃組的《安明》2882（=《合》35858）上的長鑿形態與屬於師組大字的《安明》2290（=《合》20088）上的接近，判斷所謂的王族卜辭時代晚。我們認為這樣一種觀點是不妥的。因為 IV1 型長鑿與 V4-5 型長鑿只是外表相似，實質是不同的。IV1 型長鑿是採用輪開槽方法製作出來的，這種弧形長鑿是早期鑽鑿形態中的一種。而在黃組甲骨上是早已見不到此類輪開槽形成的弧形長鑿了，所以不能因外形的相似將 IV1 與 V4-5 型鑿混為一談。[336]

周氏所分鑽鑿之 IV、V 兩型，其工法雖明確有別，但並不易稽核，此時鑽鑿類型的判別，單以外形為據亦無可厚非。且《安明》2290（屬王族卜辭）之鑿形「其橫剖面作 ⌴ 」，[337]與輪開槽實不相類，該鑿根本不屬於 IV 型，又《安明》2882（屬第五期）鑿形「呈現肥短狀，肩壁多少有點弧度，尖圓頭，其形態、大小與第四期 2290 上的一模一樣」，[338]故兩版之鑿形理當歸為一類，其時代相近或相同之推斷應屬合理，周氏之疑顯係誤解。

關於鑽鑿形態的時代推斷，周忠兵認為：

> 小圓鑽和輪開槽形成的長鑿在甲骨上的使用時間基本是在武丁時期，在武丁以後就沒有了。而且在早期甲骨上的長鑿也絕大部分是採用輪開槽方式製作，所以這兩種鑽鑿類型具有較強的斷代意義。[339]

主張小圓鑽與輪開槽長鑿是最早的型式，而相較之下，直接挖製長鑿的時代顯然較晚。

---

335 周忠兵：《卡內基博物館所藏甲骨研究》，頁 622。

336 同上註。

337 許進雄先生：《明義士收藏甲骨釋文篇》（多倫多：加拿大皇家安大略博物館，1977 年），S2290 號釋文，頁 176。

338 同上註，S2882 號釋文，頁 227。

339 周忠兵：《卡內基博物館所藏甲骨研究》，頁 622。

再就形態特徵觀之,「輪開槽製作出來的長鑿在形態上隨著時間的變化也是有變化的,主要體現在兩方面:一、長鑿的形態由短胖形逐漸變成長條形」,「二、長鑿的長度是隨著時間的推移而逐漸加長」;[340]而「直接挖製的長鑿肩部的發展有由直變曲的趨勢,在最晚的黃組甲骨上弧肩長鑿已占大多數」。[341]簡言之,依周氏之見,甲骨鑽鑿總體看來,其早晚形態是由短曲胖變為長直條(武丁早至武丁晚),再自長直條變回短曲胖(武丁晚至帝乙帝辛),如此反復,著實特殊。據此,周氏特別強調:

> 若是按傳統的說法將師組、歷組等看成是第四期的,那麼鑽鑿形態的發展就會是這樣:Ⅰ(Ⅱ)、Ⅳ→Ⅴ1、Ⅴ2→Ⅰ(Ⅱ)、Ⅳ→Ⅴ4、Ⅴ5。這樣一種序列有一種很怪的現象,即Ⅰ(Ⅱ)、Ⅳ型只見於五期說中的第一、四期,而在第二、三、五期沒有。這樣截斷式的發展顯然不符合事物發展的規律。所以,按照我們排定的鑽鑿發展序列,可以較好地說明師組、歷組等時代應該是較早的。[342]

周氏的質疑並非沒有道理,據其分類,自、歷組所見鑿形型式確實與賓組相近,但即使將自組與歷組置於第四期,相關鑿形亦不是「Ⅰ(Ⅱ)、Ⅳ→Ⅴ1、Ⅴ2→Ⅰ(Ⅱ)、Ⅳ→Ⅴ4、Ⅴ5」的發展,主因在於「Ⅴ4、Ⅴ5」貫行於各時期(參下表),與「Ⅴ1、Ⅴ2」並無先後承繼關係,周氏持說過於含糊,所示脈絡有誤導之嫌,不可盡信。

表 3-9-4：周忠兵各類卜辭所見鑽鑿類型

	賓組	出組	何組	無名組	歷組/自組	黃組
Ⅰ	●				●	
Ⅱ	●					
Ⅳ	●				●	
Ⅴ1、Ⅴ2	●	●	●		●	
Ⅴ4、Ⅴ5	●	●	●	●	●	●

　　其實,周忠兵鑽鑿分類的特點,在於將輪開槽的形式獨立為一型,即「Ⅳ」型,並

---

340 以上俱同上註。

341 同上註,頁 623。

342 同上註,頁 622。

認定此為早期的製作方式，具有較強的斷代意義。衡諸周氏鑽鑿體系，IV型長鑿出現於師組大字、師組小字、甲種子卜辭、乙種子卜辭、丙種子卜辭、圓體類、花東子卜辭、師賓間組、師歷間組、賓組一類、歷組一類、典賓類、歷組二類等 13 類甲骨上，而出組、何組、無名組、黃組甲骨皆無一見，據此現象確實可以推斷自、歷組卜辭時代應與賓組相近，皆屬於早期。然值得注意的是，以輪開槽本是挖鑿技法的改良，理論上出現的時機不應太早，若無更好技術替代，消失的時機亦不會太早，整體而言運用的時機應當偏晚並有所遲延。若早期既有精良便利工具可用，除有特殊變故，則晚期斷無棄置不用的道理，換言之，武丁時期所使的輪開槽技術，理應運用至乙辛時期，其間若有改易，勢必是以更新的技術取代，而非單純的恢復舊有技術，土法煉鋼。就此觀之，此等使用輪開槽方式的各類卜辭，其時代皆應當置於晚期為宜。

若將IV型長鑿劃歸晚期特徵，則其中賓組的存在將與之產生矛盾而不相容。IV型長鑿見於賓組，主要在賓一類（18 例），[343]典賓類僅兩例（《合》7940、《屯》2113），[344]最特別的是賓三類一例未見，周氏指出：

> 典賓類甲骨上雖有此類輪開槽製作出來的弧形長鑿，但數量較少。從我們所看到的典賓類甲骨實物看，61 版甲骨中只有前面所舉的兩版甲骨上有此類IV1型長鑿，而其他 59 版甲骨上的長鑿都是直接挖製而成的，它們的縱剖面都是平底。[345]

可知輪開槽不是典賓類長鑿的主要方式，加上後繼賓三類、出組等已不見此類鑿形，輪開槽方式的使用應止於典賓類前期。特別的是，周氏認為與典賓類時代相同的歷一類，計有IV型 61 例，[346]兩者相差懸殊，似乎說明賓組挖鑿技術普遍不及歷組，若兩系說為是，則兩個占卜機關連鑽鑿攻治層面的工藝技術亦不交流，各自為政的情形也著實令人費解。

周忠兵曾謂：

> 卡內基博物館所藏的典賓類甲骨共有 25 版，據我們觀察，其長鑿皆是用刀直接挖製，它們的縱剖面都是平底，其標準形態如（圖略）所示。有的長鑿因挖製的原因，縱剖面底部兩端略有些彎曲，如（圖略）所示。這種底部略有彎曲的長鑿，

---

343 見上註，「表二」，頁 620。

344 同上註，頁 606。

345 同上註。

346 見上註，「表二」，頁 620。

鑿壁上有明顯的刀痕，而且鑿壁呈平面，與輪開槽形成的鑿壁是弧凹面有本質區別。所以它們應該是用刀直接挖製的。[347]

且不論鑿壁是否經過刀刮削，弧底式長鑿之鑿壁「平面」與「弧凹面」其實並不容易區分，以《小屯南地甲骨》相關諸型式為例，單就鑿壁觀之（詳下圖例），IV型與I、II、VI型幾乎無顯著的差異，難以據之進行有效的辨識。且整體看來，「平面」的鑿寬普遍大於「弧凹面」的鑿寬，因此，在弧底式長鑿中，所謂「平面」鑿壁其實亦存有由「弧凹面」加以挖削而成的可能性；另一方面，所謂「弧凹面」鑿壁當然也有可能是挖得較為整飭收斂的「平面」鑿壁。同樣的現象亦出現於黃組，其鑿形縱剖面有像弧底者，如《合》35373、36094、36164，雖周氏認為此「鑿壁平緩，不是弧凹面」，「應該不會是輪開槽方法製作出來的」，[348]但其實以輪開槽後，多數會再以刀將鑿之邊緣或底部稍作加工，[349]故其鑿壁平緩者，非必不是以輪開槽。

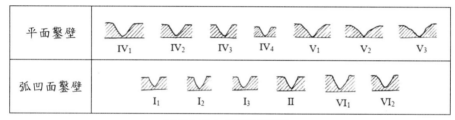

圖 3-9-10：長鑿鑿壁形態

另外，周忠兵又謂：

> 卡內基博物館所藏的這批甲骨中，屬於出組的共有 258 版。這些甲骨上的長鑿都是直接挖製的，沒有一例是採用輪開槽方法製作的。出組卜辭的時代主要是祖庚、祖甲時期，由此可見，輪開槽這種製作長鑿的方法大概在祖庚、祖甲時期就不採用了。[350]

認為輪開槽工法止於出組，此技術只用於武丁至祖庚時期。若依周氏所分各類卜辭中，

---

[347] 同上註，頁 606-607。

[348] 以上俱同上註，頁 615。

[349] 參中國社會科學院考古研究所：《小屯南地甲骨》下冊·第三分冊·鑽鑿（北京：中華書局，1983 年 10月），頁 1492-1493。

[350] 周忠兵：《卡內基博物館所藏甲骨研究》，頁 606-607。

使用輪開槽挖製長鑿（IV型）的情形觀之，確實有其早晚消長的一致性，如下表所示：

表 3-9-5：各類卜辭所見IV型長鑿

類別	師組大字	師組小字	甲種子卜辭	乙種子卜辭	丙種子卜辭	圓體類	花東子卜辭	師賓間組	師歷間組	賓組一類	歷組一類	典賓類	歷組二類	賓組三類	出組	歷無	何組	無名	無名黃間	黃組
IV型	●	●	●	●	●	●	●	●	●	●	●	●	●							

然此一主張至少還須面對三點質疑，其一，若將歷組時代置前，歷二類亦應與出組時代相仿，當居賓三類之後，以此檢視IV型出現序列，即出現錯落現象，一致性顯受影響；其二，若依兩系說，村北自典賓類起，與出組、何組前後一脈，皆不用輪開槽法，而村南歷組卻仍積極採用，其因雖不明，但後已無承繼者，說明該工法較直接挖鑿更加沒有效益，只能棄用，然實務上卻相反；其三，以輪開槽，相對而言，屬於工具運用的進步技術，本可視為晚期特徵，但卻終結於早期的文物製作上，並不符文明演進的規律。

依本文主張，「自賓間組」與「賓一類」時代當屬晚期（參後），不僅如此，花東卜辭時代亦歸晚期（參前），因此典賓類所見兩例IV型長鑿，從時代來講，或可能是最早的輪開槽式鑿形，然整個典賓類僅此兩見，而接續的賓三類、出組皆未得見，頗為可疑。其實，出組亦見弧底長鑿，周忠兵指出《卡》126（＝《合》22931）「因其上下兩端有彎度，而中間直的部分也較少，所以整個剖面底部像一條弧線」，但「可以很清楚地看到鑿壁上有很多推刻痕，鑿壁本身是平面。所以這個長鑿是用刀直接挖製的」。[351]周氏甚至因此認為「用刀挖製的長鑿，其縱剖面底部有時會因挖製的原因看起來像弧底」。[352]就此觀之，直接挖製的長鑿亦有類於弧底的形式，與輪開槽式的分別，似乎僅在於鑿壁的弧凹或平直，而鑿壁形態的差異，實際上並無法直接等同主要施作的挖鑿工法，於是周氏對直接挖製與輪開槽的觀察與判斷，或存有可商之處。

本文推想，殷墟所見甲骨，其長鑿挖製恐皆先以輪開槽方式鑿之，再以鑿刀就其初形加深加寬進行修整，又為使長鑿能順利裂出有效的中線縱紋，因此長鑿底部多數加工至平底，以求壁薄而易於灼裂顯兆。此實為一般情形，而在加工後，長鑿幾乎皆看似直接挖製，然甲骨原料厚薄不一，以輪開槽，又或深或淺，深者之後續加工幅度自然較小，

---

351 以上俱同上註，頁 610。
352 同上註，頁 610-611。

故顯露弧底的機會較大，淺者經後續挖削，應當面目全非，已與直接挖製者無別。加工幅度大者，其鑿形自然變大，出組、何組、無名組之鑿形普遍變長變寬，應是加工過甚的結果，影響所及，自然也看不到弧底或弧凹面的鑽鑿形態。歷組後鑿形變小，弧底呈現的比例增加，應源於加工時機減少或幅度縮小，而黃組長鑿形態頭尾較不對稱的現象，顯然亦是受到後續加工過程的影響。總上所述，本文認為，以「輪開槽」挖製長鑿不僅不為武丁時期所專用，其使用時機極可能遍及甲骨各期，而成為一項基本工序，因此輪開槽工法不是早期長鑿的特徵，自也無法據以區別甲骨時代，簡言之，「輪開槽」不具甲骨斷代功能，對於王族（自、子、午組）與歷組，乃至《花東》卜辭時代的推斷皆無所用。

（五）卜辭習慣

一般而言，判斷甲骨卜辭時代，基本途徑主要有三：一，從甲骨外在條件著手；二，就甲骨契刻內容甄別；三，自甲骨占事習慣探究。參以董作賓斷代十項標準，其中「坑位、字形、書體」屬「外在條件」，「世系、稱謂、貞人、人物、方國、事類」屬「契刻內容」，「文法」則屬「占事習慣」。所謂外在條件，指其外顯的獨特現象，通常須透過比對始能彰顯，與其他旁物牽連較深，屬於被動的存在，因此缺乏時代標記的主動性，用以斷代，變數甚大。所謂契刻內容，指其相關的占問事件，當中必然牽涉彼時人與事，而人事活動正是文化構成的基礎，亦是歷史探究的核心，時代性相對明確，若能有效運用，其斷代結論，參考價值較高。所謂占事習慣，指其特殊的記錄習慣，風氣形成當非朝夕可及，興衰起落亦有其階段脈絡，與時代關聯實為密切，用以考察甲骨時代，自有其難以忽略的效用。針對王族（自、子、午組）與歷組卜辭時代的判斷，依外在條件與契刻內容所進行的考察，各有未備之處，其取捨與實踐之道，前已有說可參，此處僅就占事習慣，提出若干觀察以供斷代參考。

大致而言，占事習慣所包含的範圍極為廣泛，董作賓的「文法」標準屬之，但並不以此為限，舉凡卜辭用語、用字、表達方式、記錄方式、卜問方法、契刻方法、挖鑿方法等皆可納於「習慣」中觀察，雖非所有「習慣」都能進行有效考察，但若探得其差異有明顯的時代性，則即能將之視為一項標準，作為甲骨區分時代的依據。如石璋如注意到卜辭成套現象的差異，即表示：

> 我們知道在 YH127 坑中所出的甲骨，經張秉權先生的拼對而出版了《丙編》三輯六冊，所認識的成套卜辭為每五腹甲為一套，都是第一期的卜辭，而 YH251 所出

為第四期的卜辭，則三甲一套，由此可以看出來一點跡象，即第一期為五甲一套，
第四期為三甲一套。這種五、三的數量和由繁到簡的形式，未嘗不是增加了一個
斷代的條件。[353]

目前所見，成套卜辭只見於第一、四期，而套數似有五、三之別，且大致與第一、四期
卜辭對應，因此可作為區別此二期卜辭的一項依據。蔣玉斌整理子組卜辭，歸納出成套
卜辭共計 19 套，附列 1 套，[354]其中可商之例暫置不辨，僅以蔣氏所揭 333 條卜辭材料
觀之，並無「序數五」者，而「序數四」亦僅 6 卜，且皆能再議，尚非定論，[355]整體看
來，套數應不過三，則子組卜辭或屬第四期卜辭。

　　除上，蔣玉斌又注意到兆序契刻位置，指出「卜兆與兆序字的位置關係在全部殷墟
甲骨中也呈現出很大的規律性」，「基本上是與已往分出的甲骨刻辭類組相適應的，有
的類組習慣把兆序字刻在縱兆正頂，有的類組則不是」。[356]據此特徵進行卜辭區分，兆
序字刻在縱兆正頂者，除乙種子卜辭外，尚有「（1）歷一類大部（2）黃類（3）圓體類
子卜辭（4）劣體類子卜辭」等四類，[357]而將兆序字刻在縱兆內側稍近上部者，則有「（1）
自組大部（2）賓組（3）出組（4）何組（5）自歷間類（6）歷二類大部（7）歷草類（8）
無名類（9）甲種子卜辭（10）丙種子卜辭」等類卜辭。[358]根據蔣氏的卜辭分類主張與考
察結果，兆序所契位置並無時代性的差異，刻在縱兆正頂的兆序，出現時段有早有晚，
似為隨機舉措，甚是雜亂。但若將王族（自、子、午組）與歷組視為晚期卜辭，則兆序
字刻在縱兆內側稍近上部者，屬於卜辭中常見的一般形態，而兆序字刻在縱兆正頂者，
時代明顯偏晚，兩者契刻習慣確實不同，但前後承繼之脈絡極為清楚，知其習慣改變的
轉折點就在於文丁時期，換言之，兆序字刻在縱兆正頂的作法是文丁以後較常見的習慣。
依此脈絡，王族（自、子、午組）與歷組屬於文丁卜辭的機會極大。

　　其實，「習慣」的意義在於「多數」所標記的普遍性，但也僅僅只是普遍性，而非
全部，「例外」的存在實屬必然，且若非政治力介入，習慣風尚之改變也無法一刀兩斷。
因此，運用「習慣」進行時代區分，主觀上難以視為鐵證，然客觀上還是有其值得參考

353　石璋如：《小屯‧遺址的發現與發掘‧丁編》甲骨坑層之二（十三次至十五次出土甲骨）上，頁 188。

354　詳蔣玉斌：《殷墟子卜辭的整理與研究》，頁 60-70。

355　或誤讀者，《合》22215「于己匕礿」、「用今日」二卜、《合補》6714「乙丑卜：帝亡求」一卜、《合》22285
　　「甲甲卜：先後束」一卜等屬之；或誤刻者，《綴集》358（《合》22133+20703+22225+22144+《乙》8744）
　　「叀焱羌用匕庚」一卜、《合》22264「匕丁咎」一卜等屬之。

356　以上俱見蔣玉斌：《殷墟子卜辭的整理與研究》，頁 164。

357　同上註。

358　同上註。

之處。以常見前辭為例，完整者作「干支卜某貞」，或省略貞人名作「干支卜」、「干支貞」、「干支卜貞」。若別以卜辭類組觀之，則賓組、出組、何組常見「干支卜某貞」，無名組多見「干支卜」，歷組多見「干支貞」，黃組則多見「干支卜貞」，儘管各組中亦雜見部分其他前辭形式，但大抵仍可看出前辭標記習慣的改變脈絡。裘錫圭論歷組卜辭曾提及：

> 不少人以歷組卜辭基本上不記卜人，證明其時代不會早到習慣於記卜人的一、二期。其實一、二期都有不少不記卜人的卜辭。武丁時代的午組卜辭、「婦女卜辭」，甚至完全不記卜人。前面還說過，第三期的兩類卜辭，一類往往記卜人名，一類完全不記卜人名。可見決不存在同一時期的卜辭記不記卜人名必須一致的規律。[359]

卜人之記與否直接影響前辭的表現形式，說明裘氏之言實以前辭形式作為論證歷組時代的依據。裘說有兩點值得注意，其一，前辭署有貞人名者時代早於省略貞人名者；其二，同時代的卜辭署有貞人名與省略貞人名的兩類前辭形式可以並存。關於前者，署有貞人名的前辭，即「干支卜某貞」形式，出現於第一、二期卜辭，而第三期中葉後，各式前辭幾乎皆不署貞人之名，將之視為「干支卜某貞」的省略形式頗為合理，裘論為是。至於後者，單就前辭有無貞人名的共存現象而言，裘說亦無可議處，但若將前辭有無貞人名拆為不同卜辭類組的對應關係，進而主張不同前辭形式類組的時代仍然相同，則有所未備。

若卜辭前辭署貞人名是一種習慣，則時代約略相同的卜辭作法應趨於相同，而其間或疏忽或個人作風，偶作省略署名者，實不足為意，此為署貞人名與省略貞人名的兩種前辭可以並存的基本情況，然就該時代或該類組卜辭而言，常見或具代表性的前辭形式，仍是署有貞人名者。另一方面，若不同類組卜辭常見的前辭形式，具有署貞人名與省略貞人名的明顯差別，則相關類組卜辭所具代表性的前辭形式自亦不同，而基於署貞人名與省略貞人名兩種不同類之前辭存有時代先後關係，相關類組卜辭的時代恐也有早晚的差異，簡言之，相關卜辭時代未必一致。

以王族（𠂤、子、午組）與歷組卜辭的前辭來看，雖𠂤、子、午組就是貞人組，包含貞人亦達 24 人之多（本陳夢家說），但實則大多數王族卜辭前辭並未署貞人之名，而歷組卜辭的情形更是極端，除歷一人之外，其他貞人再無一見，整體而言，兩者皆可概括於不記貞人的類別。就此觀之，王族與歷組卜辭的時代，應該不會在第三期何組之

---

[359] 裘錫圭：〈論「歷組卜辭」的時代〉，頁 268。

前，置於第四期相對較為合理。

上述所言，明顯可知前辭形式用以進行卜辭斷代，並無法辨別區分單一甲骨的時代，其斷代功能其實相當有限，但並不表示毫無作用，以習慣為參照，早晚作風的不同仍可提供若干有用的判別線索。

類似概念的運用，還可以檢視衡量卜辭祭祀對象組合的習慣。李學勤將歷組時代前移時，曾指出：

> 歷組卜辭的稱謂有兩套，分別以父乙、父丁為中心，父乙是武丁稱小乙，父丁是祖庚稱武丁。關於父丁，我們提到兩條卜辭：
> ……大乙、大丁、大甲、祖乙、小乙、父丁？（《合》15）[360]
> 甲午貞，乙未酌，高祖亥……，大乙羌五牛三，祖乙羌……，小乙羌三牛二，
> 父丁羌五牛三，亡祟？（《南北》明477〔=《合》32087〕）
> 這裡父丁排在小乙之後，自係武丁。如果說父丁是康丁，那麼這些祀典中就是把武丁和祖甲這兩位直系的名王略去了。無論從歷史還是從卜辭慣例來看，這都是不可能的。特別是殷高宗武丁，後人稱之為"天下之盛君"。《孟子》云："武丁朝諸侯，有天下，猶運之掌也。紂之去武丁未久也，其故家遺俗，流風善政，猶有存者。"商王室的祭祀怎麼能把他略去呢？[361]

李氏所及卜辭祭祀對象組合為「大乙、大丁、大甲、祖乙、小乙、父丁」與「高祖亥、大乙、祖乙、小乙、父丁」，兩者「父丁」不僅皆繫於末，且居小乙之後，因此將之斷為「武丁」似乎亦是必然的選擇，而此一現象對提前歷組卜辭時代的主張影響甚大。然卜辭中所見先王集合祭祀的組合情形，第一期「父乙」極少與其他先王合祭，[362]且在祭祀對象為多位先王（專指列出「三位（含）以上」先王名號者，下同）組合者（約16例），[363]目前更是未見「父乙」置於序列末位。在上述多位先王的祭祀對象組合中，領銜先王可稽實者以上甲、大乙二王為主，其例如下：

《合》1242正「上甲、成、大丁」

---

[360] 此版出自《殷虛文字綴合》（北京：科學出版社，1955年4月）第15片，為《甲》754+776，《甲骨文合集》收錄於32439號。

[361] 李學勤：〈小屯南地甲骨與甲骨分期〉，《文物》1981年第5期，頁28-29。

[362] 目前所見，僅《合》1651（=14869=39579）「自祖乙至于父乙」、《合》1660正「祖乙、父乙」、《合》1902「父乙、祖丁」等3例可參。

[363] 即《合》231、248正、300、301、1241、1242正、1244、1368、1403、1474、1819、6647正、6947正、6952反、7862、14867等16版。

《合》1241「上甲、唐、大丁、大甲」

《合》1244「上甲、成、大丁、大甲」

《合》248 正「上甲、成、大丁、大甲、祖乙」

《合》6947 正「上甲、成、大丁、大甲、下乙」

《合》300「自唐、大甲、大丁、祖乙」

《合》231「自成、大丁、大甲、大庚、下乙」

《合》1368「成、大丁、大甲、大庚、大戊」

《合》1403「咸、大丁、大甲、大庚、大戊、中丁、祖乙」

大抵皆為商王朝初始連續數位先王的組合，直系序列特徵清楚可見，其中不連續者末位則繫以「祖乙」，原因雖一時難斷，但「父乙」不在其列，似乎暗示小乙地位特殊，致祭時機多不與其他先王相混。第二期「父丁」與其他先王合祭情形明顯增多，但以與單一先王合祭（專指「僅與另一先王，共兩位先王受祭」者，下同）者為多，其例如下：

《合》22701「父丁眔匚丁」

《合》22702「父丁眔匚丁」

《合補》7038「父丁眔大丁」

《合》22784「大甲、父丁」

《合》23030「父丁眔祖丁」

《合補》6994「父丁眔祖丁」

《合》24305「祖丁眔父丁」

《合》23143「毓祖乙、父丁」

《合》23161「毓祖乙、父丁」

《合》23166「毓祖乙、父丁」

《合》23244「小乙、父丁」

《合》23187「父丁眔兄己、兄庚」

《合補》8135「父丁、兄庚」

其中超過半數「父丁」是與其他丁日先王（匚丁、大丁、祖丁）的合祭，其餘則多為前後任先王（小乙、祖己祖庚），情況頗為特別，但相對而言，多位先王的合祭卻不多見（僅約 5 例），[364]且部分亦包含「父丁」（3 例）在內，[365]總體習慣與第一期根本不同。

---

364 即《合》22681、22725、22899、22911、22943 等 5 版。

365 即《合》22899「自祖乙至于父丁」、《合》22911「丁、祖乙、祖丁、羌甲、祖辛」、《合》22943「自祖乙、祖辛、毓祖乙、父丁」等版。

　　歷組所見「父丁」與其他先王合祭的情形，其組合之例頗多（約 32 例），[366]領銜者亦以上甲、大乙為主，雖與第一期無別，但序列中常見祖乙後之先王，未若第一期多止於祖乙，且祖乙領銜受祭的機會明顯增加，與第一期習慣實有根本的差異。再以多位先王合祭組合中超過半數（17 例）[367]包含「父丁」，以及與單一先王合祭之例亦多（13 例）[368]的情形來看，歷組的習慣則近於第二期。就此觀之，有兩點應該注意：其一，歷組所見的先王合祭組合習慣，呈現偏晚的現象；其二，歷組先王合祭組合習慣雖與第二期較為接近，實務上據此將之斷為第二期卜辭亦非無稽，但第二期有祖庚、祖甲兩朝，祖庚蹈踵武丁舊規，祖甲變革另立新制，就合祭習慣而言，「多位先王合祭」應屬舊風，「與單一先王合祭」或為新法，歷組襲舊風而廣之，承新法而未易，其時代當在第二期之後。

　　續就歷組先王合祭組合情形觀之，目前完整可稽最長序列見於《合》32385「上甲、大乙、大丁、大甲、大庚、大戊、中丁、祖乙、祖辛、祖丁」，為上甲以下連續直系先王的組合，止於祖丁，本有 15 世，中間闕三匚二示，僅列出 10 世。準此，檢視先王合祭組合省去的先王，祖乙之前多為大庚、大戊、中丁，祖乙之後則至少有祖辛、祖丁，據此可知祖乙地位至為特別，而《合》32031「自祖乙至父丁」與「上甲六示」對貞，更能凸顯此一特點。

　　綜觀歷組「與祖乙合祭之先王」的組合習慣，大抵可分為三類：第一類是以「大丁、大甲、祖乙」為固定組合，中間略去「大庚、大戊、中丁」三直系先王，其例如下：

　　《屯》290「上甲、大乙、大丁、大甲、祖乙」
　　《合》32439「大乙、大丁、大甲、祖乙、小乙、父丁」

---

[366] 即《合》32028、32031、32087、32113、32211、32295、32329 正、32349、32384、32385、32386、32387、32392、32439、32467、32469、32577、《屯》290、354、441、636、777、2124、2281、2332、2342、2366、2420、3890、4015、4050、《英》2400 等 32 版。

[367] 即《合》32028「自上甲至于父丁」、《合》32031「自祖乙至父丁」、《合》32087「大乙、祖乙、小乙、父丁」、《合》32211「自上甲至父丁」、《合》32295「上甲至于父丁」、《合》32439「大乙、大丁、大甲、祖乙、小乙、父丁」、《合》32467「☑丁、大甲、祖乙、父丁；上甲」、《合》32469「☑丁、大甲、祖乙、父丁」、《屯》441「自祖乙至父丁」、《屯》636「自上甲至于父丁」、《屯》777「大乙、祖乙、小乙、父丁」、《屯》2124「自上甲至于父丁」、《屯》2332「上甲至父丁」、《屯》2342「祖乙；父丁、小乙、祖丁、羌甲、祖辛」、《屯》2366「自祖乙、毓祖乙、父丁」、《屯》3890「自大乙至于父丁」、《屯》4015「自祖乙；祖丁、小乙、父丁」等版。

[368] 即《合》32389「祖乙、父丁」、《合》32578「祖乙、父丁」、《合》32655「祖甲、父丁」、《合》32896「祖乙、父丁」、《合》33050「祖乙、父丁」、《屯》51「祖辛眔父丁」、《屯》68「祖辛眔父丁」、《屯》603「小乙、父丁」、《屯》936「祖乙眔父丁」、《屯》1111「大甲、父丁」、《屯》1115「大甲、父丁」、《屯》1128「祖乙眔父丁」、《屯》3627「大甲、父丁」等版。

《合》32467「☑大丁、大甲、祖乙、父丁」

《合》32469「☑大丁、大甲、祖乙、父丁」

此類組合祖乙之後或無先王，或繼以小乙與父丁，或僅增父丁，中間皆省去先王若干，此時實難論斷父丁必是小乙之子武丁。第二類是以「大乙、祖乙、小乙」為固定組合，三者間不僅略去「大庚、大戊、中丁」，還有「大丁、大甲」以及「祖辛、祖丁」等直系先王，其例如下：

《合》32087「大乙、祖乙、小乙、父丁」

《屯》777「大乙、祖乙、小乙、父丁」

《英》2400「大乙、祖乙、小乙」

此類明顯可知為乙日先王的固定組合，其後或無先王，或增一父丁，此父丁亦無非稱小乙之子武丁不可的必要。第三類是同卜出現，而以祖乙為首者，如：

《屯》2342「祖乙；父丁、小乙、祖丁、羌甲、祖辛」

《屯》2366「自祖乙、毓祖乙、父丁」

《屯》4015「自祖乙；祖丁、小乙、父丁」

《合》32577「祖乙、祖辛、祖甲」

有鑑於以「毓祖乙」稱小乙，顯有別嫌目的，吾人可以相信此處所謂「祖辛」、「祖丁」、「祖甲」者皆應是專名，分別指稱祖乙之子、祖辛之子以及武丁之子，不會是祖輩以上先王的泛稱。因此，次於小乙後的父丁，雖可能是其子武丁，但因此類有「祖甲」出現（《合》32577），故此類的父丁只能是祖甲孫輩以後；又《屯》2281「自中宗祖丁、祖甲、父辛」並見祖甲與父辛，更是說明此類卜辭的時代只能在武乙時期，其上「父辛」是武乙之稱廩辛，而「父丁」自是武乙之稱康丁無疑。若將此「父丁」視為武丁，並以此調整先王稱謂的指涉對象，難免偏離習慣認知，牽強附會，不可信從。

第三節　「復古」與「兩系」

甲骨第一、四期卜辭內涵關聯性高，區分上有其困乏之處，不易通曉，於是董作賓將王族（自、子、午組）卜辭時代前移後挪，李學勤將歷組卜辭時代整體提前，皆是試圖將甲骨卜辭回歸至自己本來的時代，雖用心可佩，但畢竟考察探索的方向不同，結論

亦有差別，以致在基礎材料的辨讀上無法取得共識，不免延宕甲骨學可能的深入發展，而殊途竟不能同歸，總是令人遺憾。

面對第一、四期卜辭的糾葛，歸王族（𠂤、子、午組）卜辭於第四期，因此有復古說的擬論；移歷組卜辭至第一期，進而有兩系說的倡議。兩者看似並無關係，實則王族（𠂤、子、午組）與歷組卜辭關聯密切，時代相近，因此「復古」與「兩系」只能擇一而論，難以並存。

一、兩系說

（一）具體內涵

兩系說發軔於李學勤「一個王世不僅有一種卜辭，一種卜辭也未必限於一個王世」之說，此乃針對復古說的解套，將原本甲骨時代按王世分期的單一脈絡予以調整。李氏謂：

> 所謂兩系，是說殷墟甲骨的發展可劃為兩個系統，一個系統是由賓組發展到出組、何組、黃組，另一個系統是由𠂤組發展到歷組、無名組，⋯⋯𠂤組可能是兩系的共同起源，黃組可能是兩系的共同歸宿。[369]

從出土區域看，李氏認為小屯南地所掘甲骨「具體來說，是有一定數量的𠂤組及『午』組，大量的是歷組和無名組卜辭。換句話說，是兩系中第二系的卜辭」，而「罕見賓組卜辭」，「典型的黃組卜辭也難找到」。總之，屯南甲骨「屬於兩系第一系的只占極少數。這和村北也出過幾片歷組、無名組卜辭一樣」，[370] 這意謂所謂兩系卜辭在地緣上分屬村南、村北不同的區域範圍。

甲骨分為南北兩系的存在，亦能以地層現象為旁證，李學勤曾置疑：

> 如果甲骨只有一系，那麼像村北之缺少歷組、無名組，地層上也該有很大的缺環，也就是說，小屯南地的中期在村北沒有對應的存在。即使如此，也無法解釋村北出黃組甲骨的層位中為什麼沒有歷組、無名組的遺留。這表明，只承認一系而忽略坑位與系的差別，是與考古發掘實際矛盾的。[371]

---

[369] 李學勤：〈殷墟甲骨分期的兩系說〉，《古文字研究》第 18 輯（1992 年 8 月），頁 26。

[370] 以上俱同上註，頁 27。

[371] 同上註。

再就類型區分的角度觀之，李氏認為：

> 兩系甲骨各自表現出類型學的連續性，怎樣安排也難以併成一系；同時，處於同一時期的兩系甲骨，在書體、文例等方面又有著若干共同點。這種情形在許多時代都是存在的，不同的人所書文字，字的結構、用字習慣等等難免有所差別，可是同時代人又總有其一定的特點。商代卜人有其本身的集體，世代傳授，自然更能表現出各自的特徵。[372]

至於甲骨既分兩系，自有異同，其並存之迹，李學勤指出：

> 兩系的並存，主要表現為兩系同時甲骨內容事項的相通。歷組與賓組、出組卜辭的同時，大家已列舉大量證據，甚至有刻在一版上的實例。無名組與何組的同時，同樣可舉出很多例證。我們過去曾提出一些，如擒危方首領、五族戍羌之類。仔細查找，很容易證明何組、無名組兩者不是簡單地上下銜接的。……不同系甲骨的同時，還可以人物的共通來論證。這方面大家也列舉了許多例子，而且越找越多。[373]

而其相異之處，李氏則謂：

> 最基本的一點是一系兼用龜骨，另一系專用胛骨。這個區別，應該說是卜法的不同，不可小視。歷組、無名組一系從來不用龜甲，……無名組全無龜甲，但有「習龜卜」、「習靁（疑即《周禮・龜人》「天龜曰靈屬」之『靈』字）一卜」等兆辭，所指顯然是同時的何組。[374]

綜上所述，兩系說的成立，至少有三項根據：

其一，小屯村北與村南所出的卜辭迥然有別。
其二，村北、村南卜辭有許多相同的人物與事類。
其三，村北、村南卜辭字體不同，但各自有明顯的過渡現象。

彭裕商總結：

---

[372] 同上註，頁 27-28。
[373] 同上註，頁 28。
[374] 同上註。

出土地不同的卜辭之間占卜事項和人物等方面的類同祇是一種橫向聯係，它祇證
明二者是同時並存的。出土地相同的卜辭之間相同的占卜內容和字體上的銜接，
則是一種縱向的聯係，它反映了卜辭的發展變化和時代的早晚。以上現象說明殷
墟卜辭是分兩系並行發展的。[375]

更進一步分析：

> 𠂤組大字扶類村北、村南均出，尚無系別之分，應是二者共同的起源。𠂤組小字
> 一類主要出村北，村南數量很少，並且兩個主要卜人扶和𠂤之中，𠂤的卜辭絕不
> 出村南。……可見此時已有分系發展的傾向。𠂤組小字二類祇出村北，𠂤組小字
> 附屬如有關 "敦㾓" 的卜辭及 "𠂤歷間組" 祇出村南，兩系之分已開始形成。往
> 後𠂤組小字二類、𠂤賓間組、賓組、出組、何組、黃組為一發展系列；村南的 "𠂤
> 歷間組"、歷組、無名組、無名組晚期為另一發展系列。演變到黃組，情況發生
> 了變化，黃組在字形上與何組有聯係，但與無名組晚期的關係卻更密切，二者字
> 體是逐步過渡的，表現出很明顯的銜接關係，可見村南一系至此又融合於村北一
> 系之中。[376]

總上，各大類卜辭發展情況如下：[377]

（村北）𠂤組 → 𠂤賓間組 → 賓組 → 出組 → 何組 → 黃組
（村南） ↳ 𠂤歷間組 → 歷組 → 無名組 → 無名黃間類 ↰

（二）兩系評說

以上的觀察與分析，其實尚有所據，而相關情狀亦為甲骨兩系的區分提供必要性，
李學勤據此倡議本無可厚非，然李氏以及李說的信從者，對於兩系劃分不遺餘力，雖迭
有所成，但對兩系生成、發展、互動乃至終結的各項內涵，至今仍無令人可信的說解，
此無疑是兩系立說最大的障礙。

裘錫圭曾言：

---

[375] 彭裕商：《殷墟甲骨斷代》，頁 308。

[376] 同上註，頁 309。

[377] 同上註。

瑟組卜辭與賓組、出組卜辭同時，並且也是「王卜辭」，為什麼文例、字體却與賓組、出組有相當大的差異呢？貝塚茂樹認為同屬武丁時期的賓組卜辭和自組卜辭，所以呈現不同的風格，是由於二者分屬於不同的占卜機關。他的看法很有啟發性。[378]

又謂：

> 自組卜辭，至少是其中相當大的一部分要早於賓組卜辭。二者風格的不同可能在很大程度上是由時代因素決定的。對於瑟組卜辭和賓組、出組卜辭之間的風格差異來說，時代因素基本上無關，很可能占卜機關的不同是造成這種差異的主要原因。[379]

試圖以貝塚「兩個占卜機關」對應兩系之說，認同商王室占卜要事，分由兩個不同的機關負責。然此說不僅未能有效補充李說之不足，反倒留下不少困惑。林澐認為：

> 王室卜辭是由自組卜辭而分化為兩個各有特點的演進序列的，這和李先生認為自組不能成為卜辭發展中的一個獨立階段的看法稍有差異。黃組卜辭則反映兩系後來又合流的迹象。王室卜辭之分化為兩系，如說是出現了兩個獨立的占卜機構，在卜辭內容中還找不出積極的證據，我覺得目前還是解釋為王室占卜集團中因師承關係而形成的不同流派為妥。[380]

其實，裴說無法妥適詮釋兩系源頭，林論亦不能，前者偏重兩系之異不可混，故強調互不隸屬占卜機關的各自發展；後者著眼兩系之同不能斷，遂訴求同源所出師承關係的遞嬗演變，各有所長，亦同蒙其弊，所乏者皆是對兩系形成的必要性的說明。朱鳳瀚即謂：

> 為什麼同一個王會需要同時并存持兩套屬不同占卜體系的貞卜班子？特別是為同一事也需要由兩套貞卜班子分卜，其緣由何在？是否與占卜制度有關？這一問題也是需要解釋的。[381]

此疑無法迴避，機關為二，王室則一，兩司執掌若非互補相長，分二何用？風格不同，

---

[378] 裴錫圭：〈論「瑟組卜辭」的時代〉，頁 291。

[379] 同上註，頁 292。

[380] 林澐：〈小屯南地發掘與殷墟甲骨斷代〉，頁 142-143。

[381] 朱鳳瀚：〈近百年來的殷墟甲骨文研究〉，頁 137。

流派有別，兩派南北分流不相往來，於王室又何助益？

卜辭分為兩系的原因，李學勤對此亦有設想：

> 古代不僅卜筮並用，在卜的內部還並行不同的卜法，常同時使用，商代的情形也
> 可能如此。甲骨從刻辭看本來是在很多地方占卜的，但集中出於殷墟很小的地
> 區，這當是卜人將甲骨帶回，放在固定地方貯存的緣故。持不同卜法的卜人將他
> 們所卜的甲骨分別集中在他們居息之所，所有藏儲起來，有的傾倒在窖穴裡面，
> 就造成兩系甲骨出土坑位的差異，和居延漢簡不同出土位置性質不同是類似的
> 現象。[382]

較之前及裘、林二說，李氏從卜法區分的看法確實特別，但無法核驗，恐流於一廂情願。
朱鳳瀚另指出：

> 有的學者的見解，認為兩系甲骨出土坑位分布有區域差異，是持不同卜法的貞人
> （原說稱卜人）將其占卜所用甲骨分別帶回其居所之故。這牽涉到甲骨出土坑位
> 地點與殷墟建築基址的關係問題。甲骨出土於宗廟（及其它祭所）、宮室建築附
> 近，則這些宗廟宮室可能即是用甲骨占卜時的處所，在有的卜辭下還明記"在某
> 宗卜"。……如可以這樣理解，則不同系統的甲骨出土坑位分布區域的差異也可
> 能與不同的貞人組經常從事占卜的宗廟（及其它祭所）與宮室地點不同有關，不
> 一定與貞人居所不同有關（白、賓等組卜辭出土坑位在小屯村北分布較散，貞人
> 似不可能居住得如此分散）。[383]

根據李說，貞人帶回甲骨存放於居息之所附近，按發掘實情，顯示這些貞人居所其實相
去不遠，朱氏疑其居所過於分散，恐有過慮。又，儘管在不同地方占卜可能會產生不同
的卜辭形式，但居所、宗廟、宮室皆位在如此有限的區域中，常理度之，生活作息模式
可以不同，語言文字用法則不宜有別，而所謂兩系貞人竟能在生活上幾不交流，甚至連
溝通表達亦有壁壘分明的習慣，著實令人難以想像。

除上，兩系甲骨卜辭以村北、村南為界的區分標準，似乎亦不夠精確，付強指出：

> 就連李學勤先生自己也承認兩系甲骨在村北和村中南所出土的差別並不是那麼
> 絕對，換句話說就是村北也出少量的三、四期甲骨，像歷組、無名組卜辭，村中

---

382 李學勤：〈殷墟甲骨分期的兩系說〉，頁 28。
383 朱鳳瀚：〈近百年來的殷墟甲骨文研究〉，頁 137。

南也出少量的一、二期甲骨，像賓組、出組卜辭。而且為什麼「師組卜辭」會既出村北又出村中南，「黃組卜辭」也既出村北又出村中南，也就是說殷墟甲骨的最早與最晚都在小屯出土是沒有出土地點的差別的，偏偏是中期甲骨會有出土地點的差別。[384]

因此主張：

> 殷墟甲骨兩系說的兩系只存在王卜辭與非王卜辭兩個系統，至於王卜辭是否可以按照出土地點不同劃分為村北與村中南兩個系統，我想這個還要等到殷墟考古全面結束以後再下結論會比較好。[385]

付氏之兩系，與李學勤所持者根本不同，縱使成立，也與歷組卜辭的時代定位無關。然付氏所言「兩系甲骨在村北和村中南出土的差別並不絕對」，確實值得審慎對待，方述鑫亦有質疑：

> 村北是出「歷組卜辭」的，如甲二基址 E52 的《甲》3649（=《合》31521），丙一基址 YH354 的《乙》9089（=《合》32945），乙一基址大連坑的《甲》2667（=《合》32322），C 區 YH258 的《乙》9064（=《合》34784）都是「歷組卜辭」。村南是出賓組、出組和何組卜辭的。如《屯南》2113（H47：2+T54〈3〉：22）和 2663（H92:9）都是賓組卜辭。……《屯南》2384（H57:179）為庚甲卜王卜辭與「歷組」中的武乙卜辭共版。《屯南》4327（T44〈3〉：18）、4447（T53〈2B〉：50）為何組卜辭。[386]

又謂：

> 按照卜辭兩系說，村北不應該出「歷組卜辭」，村南不應該出賓組、白組 B 羣卜辭，以及出組和何組卜辭。更不應該在同一塊卜骨上出現賓組和「歷組」，出組和「歷組」的刻辭。但是，考古發掘的實際情況不是這樣的。……按照我們的看法，村北和村中、村南所出的甲骨不同，正好說明了甲骨卜辭時代差別。[387]

而曹定雲認為「村北、村南是現代地理概念，在殷代都是在一個大院子（宮殿）裡，隔

---

384 付強：〈一版新綴甲骨對歷組卜辭的時代的確證〉，《中國文字》新 40 期（2014 年 7 月），頁 198。

385 同上註，頁 200。

386 方述鑫：〈白組卜辭斷代研究〉，《古文字研究》第 21 輯（2001 年 10 月），頁 58。

387 同上註，頁 58-59。

門相望」，從根本否定兩系的根據地，同時再次強調「小屯村北是出歷組卜辭的，村南也同樣出賓組、何組、黃組卜辭，如今將它們從村北或村南抹去，顯然與事實不符」。[388] 就此看來，兩系說若要成立，兩系甲骨卜辭出土範圍之區隔，猶待更明確有效的辨析與劃分。

另外，即使「兩系分立」的原因已明，則「兩系合流」將是另一個須要面對的難題。周忠兵曾就兩系卜辭的長鑿變化進行分析：

> 南北兩系甲骨長鑿的這種長度遞增現象至黃組卜辭有所回落，黃組甲骨上的長鑿長度一般在 2cm 以下，還有小於 1.5cm 的，絕沒有長至 3cm 的長鑿。這種現象並不奇怪，因為事物發展總要經歷一種由盛而衰的過程，殷墟甲骨長鑿長度在何組、無名組時發展到了極致，接下來在黃組中表現為由長變短，也符合事物發展規律。[389]

其論說明兩系甲骨鑿形發展，大致皆先由短變長，然後又不約而同，於末端變短同時回落匯聚於黃組。周氏認為此兩系鑿形發展終點，黃組鑿短的現象，符合事物由盛而衰的發展規律，然黃組之前的兩系卜辭（何組與無名組），其長鑿長度以超過 2.5 公分為常，是殷墟所見各期甲骨長鑿，平均長度的最大值，[390] 而黃組鑿長平均約 1.8 公分，類此斷崖式的衰落，實與自然發展規律不符，恐與「兩系合流」皆屬受當時政經制度大變影響的產物。以小窺大，由黃組卜辭探知商末制度有所變動，其具體緣由與內涵自當續究釐清，如此方是落實兩系說的不二法門。

持平觀之，目前所見殷墟甲骨卜辭的出土，確實有著區域關聯的特殊性，陳夢家早有提醒：

> 大致獨立的有意儲積的穴窖，其一窖所出的卜辭可能是同時代的，或連接下一代。各朝卜辭出土地的分佈，也可能有一些分別；這可能由于每一朝代集中住用的地方各有移動。較為顯明之例，就是小屯村中多出康武文卜辭。我們對於當日商王都邑各部門之如何分配，很難有明確的輪廓，故一切推測是不成熟的。[391]

---

388 以上俱見曹定雲：〈論歷組卜辭時代爭論與"兩系說"使命之終結〉，《殷都學刊》2020 年第 1 期，頁 5。又並見於曹氏〈論歷組卜辭時代爭論與"兩系說"前途〉，《甲骨文與殷商史》新 10 輯（2020 年 11 月），頁 20。

389 周忠兵：《卡內基博物館所藏甲骨研究》，頁 622-623。

390 詳許進雄先生：《甲骨上鑽鑿形態的研究》，頁 7-12。

391 陳夢家：〈甲骨斷代與坑位〉，《中國考古學報》第 5 冊（1951 年 12 月），頁 218。

石璋如則認為：

> 基址是固定的建築不能搬運，它的斷代是依靠自身的層位和其中各時期甲骨的協
> 助。甲骨是輕便的物品，可以搬來搬去，它的斷代除層位外還靠自己的特殊條件，
> 兩者在斷代上可以互為印證。兩者在分布上，可以互相配合，除北部的特殊情形
> 外，中部正常，而南，而西南，一、四期甲骨的比例，則為一期的逐漸減少，四
> 期的逐漸加多。到了西南則有五期甲骨發現，這種現象很顯然的是說明了殷都的
> 建設是由北向南發展的。[392]

大抵而言，殷墟區域內所出土甲骨，其時代南北概略有別，約是由北而南時代愈晚，顯
示殷人活動區塊有南移現象，石氏說法值得重視。然縱使南北所出甲骨時代有所差異，
卻不宜將之逕分為二，而近似成為兩個獨立區域，應該注意的是，儘管殷都建設往南區
發展，並不意謂北區就此成為廢墟，最多僅是繁華落盡，風光不再而已，且類此老舊生
活區域，局部重啟發展契機亦非完全不可能，因此不同區域的甲骨，可以早晚同見，不
同時期的甲骨，亦能南北並出，以致各期甲骨與相關區域的對應錯落，實難構建具體系
統，以行有效的兩系考察。

另，若殷都建設向南發展的觀察為真，尚能作為小屯南地與花園莊東地開發較晚的
旁證，間接說明這個區塊的殷墟文化形成時機不會太早，相關卜辭的出土地層則當以晚
期定序為宜，而吾人諸論依此立說，應較近乎實情。

總之，將殷墟甲骨劃出同時並存的二條發展系列，李學勤之主張並不是奠基在兩套
稱謂系統之上，而是粗略以出土地點區域加以概分，但目前看來從出土區域進行體系劃
分是行不通的，李氏兩系說的基礎其實極為脆弱。若有兩類卜辭，並無明確的空間區隔
以彰顯其差異，則此兩類卜辭差異的形成只能以時間不同來看待，因此同一王世的兩種
卜辭，內容既有不同，若無相應的使用區域加以隔閡，勢將令人無法理解形成之因。職
是之故，李氏兩系的區域劃分至為關鍵，如果籠統以對，則所有看似合理的卜辭關聯與
脈絡發展，皆可能因缺乏堅實的佐證依據，而使其相關探索徒勞無功。王蘊智曾謂：

> 兩系說深化了自董作賓以來的甲骨分期學說。它有助於把眾多的原始材料按照分
> 類的標準和出土情況進行有機聯繫，從而使相關的研究工作更加切合實際。目前
> 的兩系說只是理出了大致的框架，還不能算十分成熟，尚有待依靠基礎整理工作
> 的全面展開及新老出土資料的進一步檢驗。[393]

---

[392] 石璋如：《小屯・遺址的發現與發掘・丁編》甲骨坑層之二（十三次至十五次出土甲骨）上，頁272。

[393] 王蘊智：《殷商甲骨文研究》（北京：科學出版社，2010年3月），頁141-142。

其言尚稱中肯，對於兩系說猶有期待，然兩系真正的問題並不在尚未成熟的框架，而是其賴以發展的根基過於單薄，不足以支撐完整的學說體系。另，曹定雲自認歷組卜辭時代已定，遂疾力呼籲：

> "兩系說"提出的目的，就是為了將歷組卜辭提前。如今，歷組卜辭的時代爭論已不存在，歷組卜辭根本不可能提前。這已經是"大江東去"，無可阻擋。此時的"兩系說"向何處去，其前途在哪裏，是"兩系說"者需要認真考慮的問題。衷心希望"兩系說"者，尤其是一些年輕學者，不要再去做"無謂"的功課。[394]

顯然對兩系說充滿悲觀，亟欲全盤揚棄。然曹氏之言，情溢於表，雖有些武斷，卻極可能是兩系說最終的結局。

二、復古說

相較於「兩系」應具備完整的體系內涵，「復古」則是一種習慣的展現，即便反應在典章制度上，新舊制度仍有交雜並存的機會，不是「你死我生」的替代關係。若將歷組時代提前可以完備兩系架構的建立，則歷組時代不變亦能成就復古現象的考察，而支持兩系說的相關論據，以復古觀點詮說也非完全不可行，因此面對「兩系」與「復古」兩說，並不是單純是非對錯的選擇問題，而是一種涉及甲骨卜辭認知的決斷。

（一）主要現象

「復古」說法首揭於董作賓序《殷墟文字乙編》，針對扶卜辭時代劃歸文丁時期的論述。董氏所謂的「文武丁復古」，其觀察的主要依據有三：文字、曆法和祀典。

文字的復古現象，董作賓指出：

> 首先，王字不寫上一橫畫，就是重要證據；其次，日常用的干支字，經過第二、三期，已多有變異，現在辛字上面不加一小橫，巳字兩臂平伸，午字不作兩點，酉字頸部只畫一橫，亥字垂直，都是武丁時的古體，但是究竟積習難以盡革，所以一面雖勉強寫古字，一面卻於不知不覺中，又寫了許多俗體，干支字就是這樣。

---

394 曹定雲：〈論歷組卜辭時代爭論與"兩系說"前途〉，頁21。

甚而至於文字詭變奇離，不可究詰，在各時王的卜辭中要算文武丁一世的字形，書體最為複雜了。[395]

此處值得注意的不是與武丁卜辭字形相同的「古體」，而是同時出現的「俗體」，新舊字形並見，時代當以新字形為準，而舊字形的存在就是一種復古行為。接著，董氏又謂：

> 武丁的出祭，祖甲改用又字，犾要復古，於是用出如"出父乙一牛"（《佚》599〔=《合》19928〕），"出大乙母妣丙"，"出大丁"（〈新〉336〔=《合》19817〕）之類，但是犾也寫又，如"求又大乙，求又大丁"（《甲》2907〔=《合》19946〕）之類。獸類字，祖甲以後不畫腹部，犾寫犬字畫腹，是古體（13.0.188〔=《合》20338〕），寫獸字犬傍，也畫腹（〈新〉308〔=《合》21187〕），而他寫虎甲的虎字，卻又用俗體，不畫腹（《甲》2356〔=《合》19907〕）犾寫干支字，可以規規矩矩寫古字，寫得與武丁時一樣，使你不能不相信那是道地的古體，一個子字，他寫的與一、二期無別（《甲》2356〔=《合》19907〕），同時他又寫出第三期以後的子字俗體，變本加厲，更寫出七種不同的樣式（1.0.421〔=《合》20268〕，3.2.873〔疑3.2.878=《合》19946之訛〕、13.0.203、242、581、604〔=《合》21337、20072、21350、20805〕，《後》下 5.14〔=《合》19847〕），要算入他同時的史官所寫的，至少有十種不重樣的子字。干支字是天天必用的，隨便寫去，漫無標準，尚且如此，不常用的字，更可想而知了。[396]

其考察雖不全面，但有效勾稽出扶卜辭中用字新舊不同的情形，確實呈現復古的作風。

曆法的復古現象，董作賓先指出「新」作法：

> 經過祖甲的改定，重要之點在置閏不於年終，無"十三月"之名，同時也改革了紀時、紀日、紀月之法。紀時不用"大采、小采、大食、小食"等名；紀日不用數字，不以干支紀日為獨立之系統，而繫日於太陰月，紀月，於月名上加"在"字，不用"一月"而稱"正月"。[397]

而扶卜辭所見「紀月」方式，「"八月"（《佚》599〔=《合》19928〕），"九月"（13.0.145〔=《合》21022〕），"十月"（13.0.604〔=《合》20805〕），皆不書"在"」，「同時的卜辭，均不稱"正月"而稱"一月"（13.0.181，217，515〔=《合》20991、15973、21312〕），

[395] 董作賓：〈殷墟文字乙編序〉，《中國考古學報》第 4 冊（1949 年 10 月），頁 275-276。

[396] 同上註，頁 276。

[397] 同上註，頁 276-277。

又於"十一月","十二月",多作合文（13.0.32, 48, 58, 95〔=《合》19875、21052、21387、20822〕）」皆屬於舊派的習慣，「只有一個例外稱"在六月"（13.0.16〔=《合》20843〕），這和字形一樣，是偶然從俗未能完全革掉的一個痕跡」；[398]「紀日」數字，如「"辛卯卜"而接著稱"四日乙未"（《後》下35.2〔=《合》21054〕），"壬寅卜"而接著稱"四日丙午"（《前》8.12.5〔=《合》20449〕）」屬於古制，「不過微有不同的，就是不自卜之日起算」，「若在武丁時，則稱為"五日乙未"，"五日丙午"，而自辛卯，壬寅起算」；[399]「紀時」方式「又用了大采、小采、大食、小食等名稱（《乙》163〔=《合》21016〕，《乙》12，《乙》478〔=《合》21021〕）」，[400]也是恢復古制。

祀典的復古現象，董作賓認為文丁時期完全不見「祖甲時彡、翌、祭、壹、劦五種祀典連續舉行的辦法」，「所有的多是武丁時代的辦法」，[401]具體之例如：

> "出"祭，祖甲改為"又"祭，在狄所記的卜辭裏，仍稱為"出"（《佚》599〔=《合》19928〕，〈新〉336, 360〔=《合》19817、20098〕），祖甲時先臣不入祀典，狄的卜辭有咸戊（〈新〉360〔=《合》20098〕），咸戊是武丁的祀典中所常見的；他辭中的伊尹（《後》上22.3〔=《合》33273〕），就是武丁時的黃尹。土（社）的祭祀（〈新〉340〔疑349=《合》21106之訛〕），河、岳、洹等山川的祭祀，王亥和夒，上甲以前的先祖，御，夔的名稱，凡是不在新派祀典的，現在都恢復武丁之舊了。[402]

此外，董作賓尚注意到文丁時期貞卜事類，也有武丁遺風。如卜問生育、田獵稱獸不稱田、占卜風雨、紀錄氣象、貞問疾病死亡等，[403]皆為武丁卜辭常見習慣，且多於第二期祖甲之後罕見，然後又於文丁時期頻繁出現，就此脈絡觀之，無怪乎董氏以為「復古」。

陳夢家謂「𠂤組以及以其同期非賓組卜辭和武文卜辭是容易錯認的」，並認為「《殷曆譜》中所有稱為文武丁的都是武丁卜辭，只有〈交食譜日食一〉所舉"日月又食"兩片牛骨却是真正的武文卜辭」，[404]該言雖過其實，𠂤組與賓組的辨識難度卻可見一斑。

---

398 以上俱同上註，頁277。

399 以上俱同上註。

400 同上註。

401 以上俱同上註。

402 同上註，頁277-278。

403 詳上註，頁281-284。

404 陳夢家：《殷虛卜辭綜述》，頁155。

面對文丁卜辭與武丁卜辭的高關聯性，若賓組、出組、何組、無名組、歷組、自組、黃組一脈而下，此時自組的表現亦只能或必須以「復古」視之；誠然，此理解並非唯一可能，因若著眼於近似的貞問內容，自組與賓組卜辭既容易錯認，兩者時代當然可能相去不遠，而將自組置於武丁早期就成為另一種理解。然自組前移固然能化解「復古」之疑，甚至可以成就兩系論說，但此時自組與黃組若干字形與鑽形相似的情狀仍存，不就意謂黃組才是復古風潮的引領者？換言之，即使「兩系說」成真，「復古」現象仍會存在。

張光直對於賓組與自組的時代糾葛，曾有思辨：

> 單憑甲骨卜辭斷代的兩個主要標準－先祖名號和貞人名同出于一片甲骨上－無法解決這一矛盾。與這兩組貞人名同出的先祖名號包括（但不侷限于）武丁和武乙、文武丁時代的先祖名，並因此而不能成為任何結論的證據。再有，這些貞人名從未與已被確認為第一期的貞人名同見于一片甲骨；陳夢家和貝塚都認為這是因為他們屬于不同的占卜機構，但這一論點又需要證據－確實存在過不同的占卜機構－來支持。雙方的支持者都列舉相對次要的特徵，或者依賴于這樣那樣的零散證據，而這些證據本身又可以有多種解釋。最近的兩項研究給了這一課題以新的證據；可惜一項支持一期說（按：指小屯南地地層），另一項則給四期說有力的物證（按：指鑽鑿形態）。我被董作賓的開創研究的智慧和後一項研究成果所說服。在沒有確鑿證據（例如無可置疑的和反覆出現的貞人名共存現象）的情形下，我更相信董作賓的簡單設想而不是陳氏和貝塚氏的很複雜但又沒有根據的設想。[405]

顯係認為「復古」之說較為合理。張氏又謂：

> 實際上，這兩組卜辭的聯繫更有利于董作賓的"舊派"理論（同一派的檔案存放在一起），而不是陳夢家和貝塚茂樹的不同占卜機構同時存在（這種情況可能需要不同的存放機構）。至于在小屯南地自組卜辭與早期陶器共存的現象是非常重要的，但這些甲骨的所在地層有複雜的多重打破關係，而且無論是甲骨還是陶片都不能排除二次堆積的可能性。[406]

對於依歷組時代提前所架構的兩系說基礎，以及王族（自、子、午組）卜辭時代歸屬早

---

405 張光直：《商文明》（瀋陽：遼寧教育出版社，2002 年 2 月），頁 92-93。

406 同上註，頁 375-376，註 68。

期的主要論據，張說展現一針見血的觀察與質疑，大致看來，仍屬「復古說」的支持。裴錫圭則認為：

> 在甲骨文斷代研究初期，普遍存在把同一時期卜辭的文例、字體看得過於單純的傾向。董作賓把一些文例、字體比較特殊的卜辭，幾乎都定為文丁卜辭，並以「文武丁復古」這一從來沒有真正得到過證明的說法，來解釋這些卜辭裡與他心目中的常例不合的，文例、字體方面的一些現象。現在，絕大多數甲骨學者都認為，自組、子組、午組等好幾種文例、字體比較特殊的卜辭，是屬於武丁時期的。也就是說，大家承認武丁時期卜辭有很多種文例和字體。[407]

裴說既已認同自、子、午組為武丁卜辭，自無惑於其中所謂早期訊息，亦無須以「復古」觀點衡量相關內涵，而裴氏認為所謂晚期特徵實於早期已存，更是輕鬆迴避自、子、午組內晚期訊息的處置，同時還能呼應同一王世兼容多種卜辭的主張，順勢提供歷組卜辭時代提前的合理性。此為「兩系說」成形所運用的基本邏輯，然相關卜辭的晚期訊息可以迴避，卻不會消失，若於後世卜辭中重現，且不論是否為「復古」行為，何以此時特意彰顯累世沉寂的若干作為，而不依其演變規律順勢發展，恐是又一個難題待解。

張光直認為商王室繼承之「乙－丁」制，可為董作賓將武丁至帝辛時期的禮制劃分為"新"、"舊"兩派的假設，提供制度上的解釋：

> 毫無疑問，武丁時期的禮制到祖甲之時已發生了戲劇性的變化。而目前存在的問題是，舊的祭儀或者至少是其中的大部分在文武丁時期是否被重新修訂。如果按照陳夢家和貝塚茂樹的看法，被董氏劃歸四期（武乙和文武丁時期）的許多甲骨最好還是被劃歸武丁時期的話，那麼，那些變化就成了中間沒有反覆的一次性的直線變化。然而，如果在分期問題上和我一樣同意董氏劃分法的話，你將會發現一個"老－新－老－新"的輪流交替的循環現象。但是它不必用乙－丁制來解釋這種現象，因為董氏確信它僅僅是一個由"保守－革新－修訂－再修訂"的線性革新運動。但是，乙－丁制卻對重新認識新、舊兩派提供了基礎。實際上新、舊兩派的更替就是商王族內 A、B 兩組暫時的亞文化群的更替。[408]

若卜辭所見商代禮制，確實可區分為新、舊兩派，則董氏復古現象的觀察即有所據，不是空穴來風。

---

407 裴錫圭：〈論「歷組卜辭」的時代〉，頁 266。

408 張光直：《商文明》，頁 173-174。

　　整體觀之，因王族（自、子、午組）與歷組卜辭關係密切，時代相近亦可理解，因此該兩批卜辭時代定位，引發「復古」與「兩系」的對立，換言之，若王族（自、子、午組）與歷組卜辭時代同時前置，則「兩系說」自然成理可從；而若王族（自、子、午組）與歷組卜辭時代必須居後，則「復古說」僅是事實呈現而已。根據「夏商周斷代工程」成果報告，以具「父甲、兄辛」稱謂的康丁卜辭《合》27364 作為無名組代表，以具「祖甲、父辛」稱謂的武乙卜辭《屯》2281 作為歷組代表，以具明顯第五期字形的《合》35641 作為黃組卜辭代表，核校以上三版的 ^{14}C 測年數據，分別為「2996±44（BP）」（無名組）、「2961±34（BP）」（歷組）、「2887±39（BP）」（黃組），[409]圖示如下：

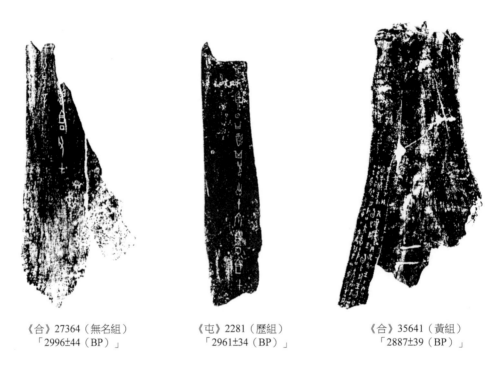

《合》27364（無名組）　　　　《屯》2281（歷組）　　　　《合》35641（黃組）
「2996±44（BP）」　　　　　「2961±34（BP）」　　　　「2887±39（BP）」

適足以說明歷組時代確實介於無名組與黃組之間，早於黃組，而晚於無名組，應當歸於晚期。據此結論，本文認為「復古說」有其存在價值，而董作賓之說誠然可從。

（二）復古線索

　　董作賓所謂的「復古」，僅及於文丁時期，相關事類考察、文例比對亦多以文丁卜辭為限。其實，第四期卜辭的復古現象，早在武乙時期就已顯露端倪。換言之，復古現

---

409 夏商周斷代工程專家組：《夏商周斷代工程 1996-2000 年階段成果報告》簡本（北京：世界圖書出版公司，2000 年 10 月），「表十三：甲骨系列樣品分期及 AMS 測年數據」，頁 54-55。

象的考察，應自武乙朝起，進而通觀第四期全期，而不只局限於文丁卜辭。然殷墟第四期卜辭的復古現象，確實於史無徵，根本無法稽考，自是難以窺其梗概，儘管如此，本文仍將就其中若干可能的線索，加以聯繫設想，並擬度武文卜辭復古風潮的基本樣貌。

1. 祖甲改制

董作賓對於文丁復古的原因，曾有一段政治革新的設想，前已俱引，此不重贅，其中關鍵即是「祖甲改制」。關於祖甲，文獻紀錄資料相當有限，而《史記・殷本紀》謂「帝甲淫亂，殷復衰」，[410]《國語・周語下》亦載「玄王勤商，十有四世而興。帝甲亂之，七世而隕」，韋昭注曰「亂湯之法，至紂七世而亡也」，[411]顯將其視為昏亂之君，但《書・無逸》則云「其在祖甲，不義惟王，舊為小人。作其即位，爰知小人之依，能保惠于庶民，不敢侮鰥寡。肆祖甲之享國，三十有三年」，[412]此王又似極賢君明主，所見形象矛盾混亂，一時不易釐清。[413]然此等紀錄，卻提供董氏文武丁復古說的論述基礎。

董作賓根據具體內容特徵，將卜辭分成新舊兩派，而祖甲卜辭是其轉折，因此透過「改制」的觀察，對祖甲的正反評價提出說解：

> 在周人的傳說中，新派遺民的口吻，評論祖甲，必說他是一個『賢』明之主，舊派遺民，評論祖甲，必要說他是一個昏『亂』之君。這相反的兩種批評，仍是站在兩個角度的看法，可以說都是有來歷的。[414]

其言尚有理致，董氏對此猶有補充闡述：

> 在祖甲時代的卜辭中，可以很明白的看出來他繼位之後，曾立刻毅然實施改革禮制的計劃，和舊派有顯然不同的地方，像『祀典』的訂定，『曆法』的改革，『文字』的更易，『卜事』的整頓，都是舉舉大端。祖甲從事改革以後，他的兒子廩辛和康丁，雖然享國不永，却仍是循行新法。至武乙、文武丁父子，忽而復古，到了帝乙、帝辛，纔又再度力行新法一如祖甲之世。[415]

---

410 瀧川資言：《史記會注考證》，頁218。

411 見左丘明：《國語》韋昭注（上海：商務印書館，1931年），頁47。

412 孔穎達：《尚書正義》，《十三經注疏》（北京：北京大學出版社，2000年12月），頁510。

413 相關論辯可詳虞萬里：〈《尚書・無逸》篇今古文異同與錯簡〉，《中央研究院歷史語言研究所集刊》第87本第2分（2016年6月），頁243-312。

414 董作賓：《甲骨學六十年》（臺北：藝文印書館，1965年6月），頁109。

415 同上註，頁108。

強調祖甲積極的禮制改革，[416]引發新舊勢力的相抗，而其後勢力消長之反復，產生相關制度的重新施行，即是復古行動的主要作為。據此，董氏所謂的復古說，雖無明文記載，卻非完全是無稽之談。

另外，對於「文武丁復古」史實的尋繹，董作賓曾謂：

> 文丁時辭，頗易與武丁時相混，如字體，如祀"父乙"，但仍可以區別之點有三：第一，出土地完全在村中，與出土武丁卜辭之村北地，相去里許。第二，此其絕無貞人。第三，字之書體如干支之類，雖有復古者，亦有仍沿襲變體，始終未改之字，自與武丁時有別。這裡應當有這樣一段故事，即自祖甲以來，至於康丁，文風漸漸凋蔽（這是從第三期卜辭中可以看出的），文丁能夠起四代之衰運，於文字書體，力求復古，所以才諡之曰"文"。[417]

特別將文丁之諡「文」與文字書體的復古現象連結，頗見啟發。《禮記外傳》曰「諡者，行之迹也，累積平生所行事善惡而定其名也」；《五經通義》曰「諡者，死後之稱，累生時之行而諡之。生有善行，死有善諡，所以勸善戒惡也。諡之言列其所行，身雖死，名常存，故諡也。」[418]即使商末諸王干名前之「康、武、文」等並非正式諡號，但其不似遠世以「大、中、小」區分，而另冠以他字，此時「他字」之擇用，為求區分並標誌或凸顯君王個人特質，勢必會與該王生前行事風範有所關聯，故其作用亦將等同後代之諡號。就此觀之，董氏凸出文丁之「文」，並用以推擬其於文治方面有所特殊表現，應不致離譜。

除上，可以注意的還有武丁與武乙兩王。武丁與武乙既同樣以「武」作為區別字，兩者行事作風或當有雷同之處。《史記·殷本紀》謂武丁初時「思復興殷，而未得其佐，三年不言，政事決定於冢宰，以觀國風」，[419]而後「修政行德，天下咸驩，殷道復興」，[420]《竹書紀年》讚其「殷之大仁也，力行王道，不敢荒寧，嘉靖殷邦，至于大小，無時或怨。是時輿地東不過江黃，西不過氐羌，南不過荊蠻，北不過朔方，而頌聲作禮

---

[416] 莫伯峰以為「殷商祖甲的改革並沒在他即位後立刻展開，改革由多方面內容組成，通過分步驟逐步實施」，並主張「祖甲改革以廢棄"十三月"置閏為開端，使得每年固定為十二個月，之後又對過去較為隨意的祭祀行為進行了規範，形成了縝密的周祭制度。」（詳莫氏〈殷商祖甲時代曆法改革的時機〉，《中國史研究》2017年第2期，頁60。）該說以卜辭分類統計結果為據，明確可稽，信然可從。莫論雖與董說不盡相同，但對於祖甲改制之舉，並無否定之意，而董氏復古說的論點亦未因此受影響。

[417] 董作賓：〈甲骨文斷代研究例〉，頁413。

[418] 見李昉：《太平御覽》（北京：中華書局，1960年2月），卷562，頁2540。

[419] 瀧川資言：《史記會注考證》，頁216。

[420] 同上註，頁217。

廢而復起」，[421]所展現的是武丁謀定而動，進行政事修革的決心，以致氣象一新，成為中興明君，其無欲不屈、忠恕正直的風範，與《謐法》「剛彊直理曰武」[422]若合符節。至於武乙，《史記‧殷本紀》雖謂其「無道」，但據《竹書紀年》，此君「自殷遷于河北」，復「自河北遷于沬」，顯有勞師動眾，莫敢不從的能耐，又憑藉周公季歷為其開疆闢地，[423]頗見號令天下之氣勢，而其好大喜功之態，與《謐法》「大志多窮曰武」[424]亦不謀而合。

　　武丁與武乙兩王相較，一賢一昏，實難以並論，但對於總綰大局，積極作為魄力之展現，兩王卻不相上下。尤其在祖甲改制之後，或有若干保守勢力亟思復權者，經歷廩、康短暫兩朝，[425]早已蠢蠢欲動，及至武乙即位，或迎合守舊勢力，或重整前朝頹靡，亦極可能是欲追蹤先王武丁，遂將禮制再度革變，而此次的改易，其實是復舊，主要是恢復武丁朝的相關制度。武乙的復古作為，從卜辭訊息來看，並未大張旗鼓，或許僅是重新起用影響力較大的若干氏族或方國，而這些氏族、方國過去在武丁朝擔有重任，祖甲即位後沒落，消沉許久，武乙時再度受到重用，活躍於廟堂之上。接著，文丁上場，此君或文質好禮，有述古之長，為守成之才，除克紹武乙所復典章制度之外，或有更嚴謹深刻的遵古作為，其學勤而惠禮，適足以「文」稱之，值得提醒的是，卜辭所見文丁，皆作「文武丁」，迥異於其他先王稱號之習慣，或許在禮制的施用上，文丁所為多以武丁朝為依歸，蓋以此為正道，因此，後人將之視為第二個武丁，遂稱「文武丁」。而後，或畫虎類犬，或積習日久，遂弊端叢生，帝乙即位，匡正時俗而振之，並多襲以祖甲之良制，汰除古規，整飭條例，似又恢復新派作風。以上新舊兩派消長，簡圖於下，其中「斜線部分」即是「復古」訊息之標記。

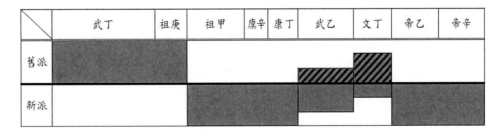

	武丁	祖庚	祖甲	廩辛	康丁	武乙	文丁	帝乙	帝辛
舊派									
新派									

圖 3-9-11：殷商復古情況示意圖

---

421 見林春溥：《竹書紀年補證》，《竹書紀年八種》（臺北：世界書局，1989 年 4 月），頁 63。

422 見《汲冢周書》（嘉靖元年跋刊本）卷 6，頁 6。

423 《竹書紀年》載武乙「二十四年，周師伐程，戰於畢，克之」；「三十年，周師伐義渠，乃獲其君以歸」；「三十五年，周公季歷伐西落鬼戎」，（詳《竹書紀年八種》，頁 67。）顯示該朝多所興戰，征伐頻仍。

424 見《汲冢周書》（嘉靖元年跋刊本）卷 6，頁 6。

425 據《竹書紀年》所載，廩辛在位 4 年，康丁 8 年，兩者合計 12 年。

2. 卜辭所見

所謂「復古」與「兩系」，其內容最根本的區別在於，前者新舊現象並存，後者則平行雙軌不混。理論上雙軌兩系卜辭各有其早晚演進之道，但早期卜辭中不會出現晚期特徵，晚期卜辭中亦應少見早期特徵；而復古所論者，早期卜辭中固不得有晚期特徵，但晚期卜辭卻必然雜見早期特徵，目前所見歷組與𠂤組卜辭的早晚特徵現象，明顯屬於後者。因此，若祖甲改制之說為真，則新舊兩派區分可期，以祖甲即位前卜辭反應的禮制措施為舊派，則武乙、文丁卜辭中與之相近的內容，即是復古作為。

儘管祖甲改制後所引發的新舊制度輪替，並未在相關典籍中留下明確紀錄，然衡諸殷墟甲骨卜辭，訊息雖仍隱晦不明，但尚能有所稽索。

（1）關於武乙復古

董作賓「文武丁復古」的主張，自有其相應的卜辭現象以為佐證，董論於此亦詳，[426]然復古之途實始於武乙，卻是董氏所略。單就卜辭內容觀之，武乙即位後有變有不變，不變的部分延續康丁朝習慣而來，如前辭省去貞人署名，卜問以「多擇一」為常見，侑祭仍作「⼳」形，此等屬於新法；變的部分最明顯者如「王」字寫法省去頂端橫畫，而祭祀種類多、祭祀對象雜，與武丁期所見較為類似，亦當屬復古用事。林澐曾指出：

> 從全部甲骨文字形資料看，歷組卜辭絕大部分王字均作大，但也有一小部分作玉（如《合》33160、《合》33161、《合》33170、《合》33207、《合》33361、《合》33362、《合》33370、《合》33384、《合》33417、《合》34344、《屯》2366、《屯》2384、《屯》2391），都是歷組二類的，並無歷組一類的。[427]

林氏主張歷組為早期卜辭，所言本意在於坐實其說，然依其意將歷組卜辭時代置於為武丁至祖庚之間，確實可得「王」形由「大」至「玉」的完美演化，但為此歷組卜辭時代也只好下延至祖甲，[428]換言之，歷組卜辭只有極少部分必須歸於武丁，其餘皆為祖庚、

[426] 參董作賓：《甲骨學六十年》，頁 109-117。

[427] 林澐、劉金山：〈《甲骨文斷代研究例》在斷代研究中仍可發揮作用〉，《古文字與古代史》第 4 輯（2015 年 2 月），頁 85。

[428] 林澐舉《屯》2296 為例，認為「字體屬歷組二類的卜辭中還有祭祀兄己」（〈《甲骨文斷代研究例》在斷代研究中仍可發揮作用〉，頁 85）的情形，主張歷組時代可延到祖甲。然該卜受祭者作「中己歲眾兄己歲」，其中「中己」又見於《屯》957，《屯南‧釋文》謂「中己排列在父庚、父己之間」，「也應為康丁諸

祖甲卜辭，就此看來，歷組其實就是第二期卜辭。然令人困惑的是，同為第二期的出組與歷組卜辭，形式、內涵、鑽鑿各項特徵差異皆極明顯，兩者由內而外幾乎完全不相關，何以於王字的改易如此一致？若將此歸因於祖甲改制的新氣象，則出組二類與繼歷組後的無名組卜辭，理應有更多類此訊息，而實情卻非兩者關聯日深，反倒是漸行漸遠，說明以「王」形演變佐證歷組時代必須提前的主張，仍有其不足之處，難以盡從。因此歷組時代不宜置前，此時林氏所言歷組二類也有少部分「王」形，抑或「又」的使用，適可說明武乙的復古行動，態度並不堅決，所作之改變亦不徹底。

另外，武乙朝再度重用若干舊部臣屬，更是其復古行動重要一環，似有藉此拉攏保守勢力，以穩固政權之用意。李學勤曾謂：

> 自歷史發展的觀點看，"復古"之說是不能成立的。歷史上的"復古"是政治制度和意識形態範圍的現象，很難想像文丁"復古"竟使文字的結構、占卜的事項，甚至婦、子、朝臣的名字，都恢復到和四代前的武丁時期相同。[429]

實務上，「復古」的內涵涉及全面性的商人生活，文獻所闕，根本無法還原，透過卜辭所載僅能窺探一二，而李氏之疑，其實不難想像，此為武乙重新起用舊部臣屬的必然現象。

吾人可以設想，歷組中所見的婦、子、朝臣，皆是長期常態支持商王室的同盟力量，原本依其地緣或特長各司要職，在朝代更迭中，個別勢力必然或多或少有所消長，因此原本活躍於武丁，祖甲後不再風光，直至武乙才又有機會發揮者，見之賓、歷卜辭，名號稱呼自然可能大量相同，而其所職司亦可能重操舊業，賓、歷卜辭所見便會是相同事項的貞問。然儘管如此，畢竟時空轉移，事過境遷，若復出者為某人，則此人此時年華應老，未必能如少壯任事積極，而享當年同等對待；若復出者為某族，則族內菁英長幼才幹有別，亦未必人人皆堪任要務，而同當年一樣受到重用，因此，在早晚不同的卜辭中，即使署刻著相同名號，其重要性也不會完全相同。總之，賓、歷兩組卜辭中所涉人物、事類的諸多糾葛，皆可自此得一合於情理的解釋，同時此說亦能間接證明復古史實的存在。

父之一」（詳《小屯南地甲骨》下冊‧第一分冊‧釋文，頁911）。若「中己」可為康丁諸父之一，則同卜「兄己」亦可能為武乙諸兄之一，非必指稱祖甲之兄祖己。

429 李學勤：〈小屯南地甲骨與甲骨分期〉，頁27-28。

（2）關於賓組一類

甲骨第四期武文卜辭的復古現象，尚能運用字體分類成果加以探查，值得細究的是「賓組一類」。

「賓組一類」的字體特徵前已詳述，其時代認知一般以為當在武丁中期，前承「𠂤組」，後繼以「典賓類」。應該注意的是，「賓組一類」[430]中「大乙」、[431]「𡥈甲」、[432]「小乙」、[433]「小王」[434]等名號的使用。同為第一期武丁卜辭，此等名號若見於時代較晚的「賓組三類」，猶有可說，但出現在「賓組一類」，則令人不解，因類似「大乙」、「𡥈甲」、「小王」等名號[435]的使用有其時代性，順序先後不易顛倒混淆。

依卜辭紀錄慣例，「大乙」、「𡥈甲」、「小乙」之用當在祖庚以後，至早也必以武丁晚期為限，而「小王」之稱亦不當早於武丁晚期，從時代來看，此等諸稱皆不宜在「賓組一類」中觀見。更須指出的是，類此諸稱多同時可見於「𠂤組」，卻完全不見於「典賓類」，但又皆於「典賓類」之後復見，此一情形表示諸稱出現時代偏早，而稍晚的武丁核心卜辭並不使用類似稱號，但其後卻又幾乎成為常態的代表性稱呼。諸稱中「小王」的情形尤須重視，「小王」指稱祖己，卜辭以「小王」為受祭者，必須是祖己殂逝之後，而祖己雖未曾即位，但其亡故時段仍不宜早到武丁前期，換言之，「小王」之稱不會太早出現，武丁晚期以後最為可能。然卜辭分類所見，「小王」之稱不僅見於「賓組一類」，亦見於居前的「𠂤組」之中，[436]表示此稱的出現甚早，並不能符合「小王」之稱的使用時機。

若類似「大乙」、「𡥈甲」、「小王」等稱「見於賓組早段（賓一類）卜辭，中段（典賓類）未見，於晚段（賓三類）復見」的情形確實存在，而諸稱竟又同時出現於早於賓組的𠂤組，以及晚於賓組的出組卜辭中，如此反復的使用習慣，不啻怪異。就此觀之，除𠂤組本當屬於晚期外，「賓組一類」的時代亦應當調整，至少須移至祖庚之後，再慮及其字體特徵與𠂤組頗能相接，因此「賓組一類」的確切時代應當置於文武丁時期，與𠂤組時代大致相同，而其字體風格近似賓組，亦是屬於復古作為所衍生。

---

[430] 此處字體分類權以崎川隆《賓組甲骨文分類研究》之說為主，楊郁彥《甲骨文合集分組分類總表》為輔。

[431] 如《合》1259、1267、1269 等版。

[432] 如《合》2098、2102、2103、2170、12442、39608、40526 等版，另有《合》2099 等「𠂤賓間組」之例可參。

[433] 如《合》2170，另有《合補》3820 等「𠂤賓間組」之例可參。

[434] 如《合》5029 等版，另有《合》5030、5031、5032 等「𠂤賓間組」之例可參。

[435] 除此四稱，「般庚」、「小辛」亦具相同的特性。

[436] 如《合》20021、20022、20023 等版，另有《合》21546「子組」之例可參。

持平而論，若據「先分類再斷代」原則，類別不同的各種卜辭，其時代原本就可能不同，而賓組卜辭分出三類，幾乎是共識，理論上此三類時代其實也未必要有關聯，但因皆署有賓組貞人名，在現有的甲骨斷代認知上，同組的不同貞人或不同類中的同名貞人，目前尚無究及其間世代可能不同的考察，釐清相關時代差異的討論亦付之闕如，僅將同組貞人所卜者全視為同時代卜辭，因此，賓組所分出的三個類別時代，只能全部歸屬於第一期武丁時期。

實際上，「賓組一類」與其他賓組卜辭，特別是典賓類確實存有差異，張惟捷曾言：

> 過去的學者在研究 YH127 坑賓組卜辭時，往往會面臨到發現其字體特徵與大部份坑外典賓類卜辭存在細微分別的問題。學者會查覺，YH127 坑賓組卜辭除了很少部份典型賓一、過渡 1 類特徵明顯，能與傳統賓一類卜辭連接上，以及少數師賓間類的較早期卜辭之外，佔總量最大一部份的這些卜辭，若要將之強行置於傳統典賓類的框架下進行歸納，從字體、事類、龜骨差異等等各方面看來，都並不是十分妥貼。[437]

而針對此等分類的局限，崎川隆提出「過渡②類」以為解方，該類「在字體、組合、字排、布局等要素上，具備賓一類和典賓類雙方成分，代表由賓一類向典賓類過渡狀態的一個類型」，其內容是「在具有賓一類及典賓類成分的資料中，去除完整的賓一類組合和完整的典賓組合，剩下的所有的資料」，「因此，其字體、字排、布局上的各種特徵並不一定劃一」。[438]崎川氏又注意到魏慈德所考「一二七坑卜辭中『不』字幾乎全作無上橫的『⺤』、『⺤』形，僅有極少數的『不』字作有上橫的『⺤』」的現象，[439]特別指出：

> 在 YH127 坑中基本沒有黃先生（按：即黃天樹）所說的 "典賓類" 中 "不" 作⺤的刻辭。而 "不" 作⺤的刻辭相當於本書所說的 "典型典賓類"，這就意味著，在 YH127 坑中基本沒有出土屬於本書劃出的 "典型典賓類" 的甲骨片。[440]

核以分類內容，YH127 坑賓組卜辭確實以「過渡②類」為大宗，而「賓組一類」次之，

---

[437] 張惟捷：《殷墟 YH127 坑賓組刻辭整理與研究》（臺北：輔仁大學中國文學研究所博士論文，蔡哲茂先生指導，2011 年 7 月），頁 41。

[438] 以上俱見崎川隆：《賓組甲骨文分類研究》，頁 119。

[439] 詳魏慈德：《殷墟 YH127 坑甲骨卜辭研究》（新北：花木蘭文化出版社，2011 年 9 月），頁 363。

[440] 崎川隆：《賓組甲骨文分類研究》，頁 198。

兩者所占將近九成，比例極高，幾乎囊括該坑賓組卜辭，[441]崎川說大致無誤，但更值得注意的是，YH127 坑尚有𠂤、子、午組卜辭同出。過去，一般認為 YH127 坑屬於早期坑，「絕對年代大致在武丁中期」，[442]然本文以為該坑實為晚期坑，時代不會太早，相關辨正商榷之論，詳說於前可參。就此脈絡，崎川氏所分「賓組一類」、「過渡②類」與𠂤、子、午組應當同屬晚期卜辭為是。

YH127 坑曾因大量賓組卜辭與王族（𠂤、子、午組）卜辭同出，而依其「同坑」關係，於是論斷兩者時代相同，如陳夢家謂：

> 既然 YH127 大多數都是賓組卜辭，摻合在這坑之中的子組午組和其它少數卜辭是否也屬於武丁時代的？我們認為子組𠂤組和賓組常常出於一坑，而同坑中很少武丁以後（可能有祖庚）的卜辭，則子組𠂤組應該是武丁時代的，YH127 坑中的午組及其它少數卜辭也是屬於這一時代的。[443]

陳言本無不妥，但反過來說，若 YH127 坑不是早期坑，王族（𠂤、子、午組）卜辭亦非武丁卜辭，則賓組卜辭（早期物）固然仍可出於 YH127（晚期坑）中，但此所謂賓組是否也存在復古仿賓卜辭的可能？換言之，該批賓組卜辭恐非真正的第一期賓組卜辭，而是文丁在復古行事中，徵用賓組貞人後人執行占卜任務，刻意操作仿效先人作為的晚期卜辭，因此一旦貞問完事之處置，自將與同時代其他類卜辭共棄一坑。

將「賓組一類」時代定於文丁時期，並非譁眾取寵，標新立異，而是基於其上晚於武丁特徵傾向的質疑，以及對復古說的設想。既是仿古，當有範本，張世超探索卜辭字迹，認為「當年的契刻者手邊常常保存有不少的甲骨契刻材料，契刻學習以契刻字迹為藍本，這是影響契刻字迹發展的主要因素」，[444]其中「保存的甲骨契刻材料」，其用即是範本；而臨摹仿刻之舉亦有跡可以稽求，如蔣玉斌整理子卜辭時指出：

> 第二表〔按：《合》21784〕是個未完成的表（最末的"申"字尚未刻完），從現存的字來看，丁庚辛丑巳申酉戌等字都是丙種 A 類的寫法，也都見於第一表〔按：《合》21783〕。但未字作🔲，子字作🔲，則是典型的丙 A 類未見的。這幾個字的寫法接近賓組卜辭，再考慮這個干支表與賓組貞旬辭共版，而且丙種子卜辭又與大量的

---

441 此將有另文專述，此處暫略。
442 彭裕商：《殷墟甲骨斷代》，頁 156。
443 陳夢家：《殷虛卜辭綜述》，頁 158。
444 張世超：《殷墟甲骨字迹研究——𠂤組卜辭篇》（長春：東北師範大學出版社，2002 年 12 月），頁 79。

　　賓組卜辭同出於 YH127 坑，說它受過賓組的影響，應該是沒有問題的。[445]

說明王族（自、子、午組）卜辭字形契寫，或有以賓組卜辭作為範本者。以 YH127 坑的情形來看，其中所謂賓組卜辭，多數當為晚期「仿賓卜辭」（其中包括大部分的「自賓間類」、「賓組一類」以及「過渡②類」卜辭），但亦應有部分作為範本的「真賓卜辭」（除少見的「典賓類」、「賓組三類」卜辭外，可能尚有少部分的「過渡②類」或「賓組一類」卜辭），至於具體數量與拓片各是如何，坑內極小部分卜辭容或能予分辨，但針對全坑甲骨，目前確實無法有效區別，簡言之，該坑萬餘版甲骨卜辭，時代早晚皆有，但析分並不容易。若籠統針對該坑卜辭內容加以探究，則可能早晚交雜而誤入歧途，亦可能新舊分野而互不統攝。范毓周的戰爭考察所見：

> 一九三六年第十三次發掘中在 C 區 C113 發現的 YH127 坑出土卜辭約有一萬七千多片，其中除了少數屬於午組和子組卜辭外，絕大多數屬於賓組卜辭。我們在對這部分卜辭進行研究發現時發現，這些卜辭大多可以互相連屬，是一個相當長的時間裡遺留下來的具有一定持續性的遺物。這部分賓組卜辭中凡以「雀」為主要活動人物的卜辭，一般具有較早特徵，而在具有明顯較晚特徵的那部分賓組卜辭中則基本上不再看到有「雀」這一人物的活動。而這兩部分卜辭又恰恰大體上分別與歷、自間卜辭和歷組卜辭（父乙類）相對應。[446]

似可為 YH127 坑中應有「早晚兩種卜辭並存，範本臨摹材料共見」的推想，提供若干可能性。

　　綜合以上，本文以為「自組」為晚期卜辭，與之連動者，「自賓間類」、「過渡①類」、「賓組一類」、「過渡②類」的發展時機亦會改變。整體而言，關於殷墟各類卜辭之時代定位，應該加以調整，而基於以下四點認知：

　　一，殷墟各類卜辭時代之先後，以賓組、出組、何組、無名組、歷組、自組、黃組為序是合理的。

　　二，殷墟卜辭應以賓組為最早，其中始於武丁中期的「典賓類」，更是殷墟甲骨卜辭之初見。

---

445 蔣玉斌：《殷墟子卜辭的整理與研究》，頁 105。

446 范毓周：〈殷代武丁時期的戰爭〉，《甲骨文與殷商史》第 3 輯（1991 年 8 月），頁 183-184。

三，殷墟卜辭的復古作風興於武乙時期，盛行於文丁時期，而此階段包含卜辭類別較多，大致循「歷組二類」→「歷組一類」→「自歷間組」→「自組」的序列演變。

四，「自賓間類」、「過渡①類」、「賓組一類」、「過渡②類」等類卜辭復古意味濃厚，時代當與「自組」同時或略為前後，而諸類字體關聯乃為橫向同時的相互影響，而非縱向歷時的演進遞嬗。

本文將殷墟各類卜辭重新排序，表列如次頁，權充為殷墟甲骨斷代的結論。

表 3-9-6：殷墟甲骨時代區分一覽表

期別	類別	主要時代	備註
第一期	典賓類	武丁中	殷墟甲骨刻辭始自典賓類
	過渡③類	武丁中-晚	
	賓組三類	武丁晚	
第二期	出組一類	祖庚	
	出組二類	祖甲	祖甲改制
第三期	何組	廩辛	
	無名組	康丁	
	歷無名間組	康丁-武乙	
第四期	歷組二類	武乙	復古作風始於武乙
	歷組一類	文丁	復古作風盛於文丁
	自歷間組		
	自、子、午組		
	自賓間組		復古仿賓類刻辭 其卜辭排序，僅在說明各類橫向的字體特徵關聯，而非縱向的時代遞嬗關係。
	過渡①類		
	賓組一類		
	過渡②類		
第五期	黃類	帝乙-帝辛	

參考暨引用書目

一、 專書

（一） 古籍

《尚書正義》，唐・孔穎達正義，北京：北京大學出版社，2000 年 12 月

《禮記正義》，唐・孔穎達正義，北京：北京大學出版社，2000 年 12 月

《周禮注疏》，漢・鄭玄注，唐・賈公彥疏，北京：北京大學出版社，2000 年 12 月

《國語注》，三國・韋昭注，上海：商務印書館，1931 年

《晏子春秋集釋》，春秋・晏嬰撰，吳則虞集釋，北京：中華書局，1962 年 1 月

《汲冢周書》，晉・孔晁注，嘉靖元年跋刊本

《逸周書彙校集注》，黃懷信、張懋鎔、田旭東集注，上海：上海古籍出版社，1995 年
　　　　　　　12 月

《古本竹書紀年》，清・朱右曾輯校，臺北：世界書局，1989 年 4 月

《古本竹書紀年輯校》，范祥雍訂補，上海：上海人民出版社，1962 年 7 月

《竹書紀年補證》清・林春溥補證，臺北：世界書局，1989 年 4 月

《今本竹書紀年疏證》，王國維疏證，臺北：世界書局，1989 年 4 月

《史記會注考證》，漢・司馬遷撰，瀧川資言會注，北京：文學古籍刊行社，1955 年 7 月

《說文解字注》，漢・許慎撰，清・段玉裁注，臺北：天工書局，1987 年 9 月

《太平御覽》，宋・李昉，北京：中華書局，1960 年 2 月

《夜航船》，明・張岱，成都：四川文藝出版社，1995 年 4 月

《端忠敏公奏稿》，清・端方，臺北：文海出版社，1967 年 8 月

（二） 編著

1. 編纂

（1） 甲骨著錄

郭沫若主編：《甲骨文合集》，北京：中華書局，1977 年 12 月～1983 年 1 月

中國科學院考古研究所：《小屯南地甲骨》，北京：中華書局，1980 年 10 月～1983 年 10 月

中國社會科學院考古研究所：《殷墟小屯村中村南甲骨》，昆明：雲南人民出版社，2012 年 4 月

中國社會科學院考古研究所：《殷墟花園莊東地甲骨》，昆明：雲南人民出版社，2003 年 12 月

段振美、焦智勤、党相魁、党寧：《殷墟甲骨輯佚》，北京：文物出版社，2008 年 9 月

郭沫若：《卜辭通纂》，臺北：大通書局，1976 年 5 月

郭沫若：《殷契粹編》，北京：科學出版社，1965 年 5 月

郭若愚：《殷契拾掇》，上海：上海古籍出版社，2005 年 6 月

胡厚宣：《甲骨續存》，上海：群聯出版社，1955 年 12 月

胡厚宣：《戰後寧滬新獲甲骨集》，北京：來薰閣書店，1951 年 4 月

胡厚宣：《戰後平津新獲甲骨集》，成都：齊魯大學國學研究所，1946 年 5～7 月

胡厚宣：《戰後京津新獲甲骨集》，上海：群聯出版社，1954 年 3 月

胡厚宣：《戰後南北所見甲骨錄》，北京：來薰閣書店，1951 月 11 月

胡厚宣：《甲骨六錄》，成都：齊魯大學國學研究所，1945 年 7 月

劉　鶚：《鐵雲藏龜》，北京：北京圖書館出版社，2008 年 6 月

明義士：《殷虛卜辭》，上海：別發洋行，1917 年 3 月

金祖同：《殷契遺珠》，上海：中法文化出版委員會，1939 年 5 月

郭若愚、曾毅公、李學勤：《殷虛文字綴合》，北京：科學出版社，1955 年 4 月

（2） 工具書

孫海波：《甲骨文編》，北京：中華書局，1965 年 9 月

李宗焜：《甲骨文字編》，北京：中華書局，2012 年 3 月

董作賓、胡厚宣：《甲骨年表》，臺北：中央研究院歷史語言研究所，1937 年 4 月

姚孝遂主編：《殷墟甲骨刻辭摹釋總集》，北京：中華書局，1988 年 2 月

姚孝遂主編：《殷墟甲骨刻辭類纂》，北京：中華書局，1989 年 1 月

胡厚宣主編：《甲骨文合集釋文》，北京：中國社會科學出版社，1999 年 8 月

楊郁彥：《甲骨文合集分組分類總表》，臺北：藝文印書館，2005 年 10 月

錢實甫：《清代職官年表》，北京：中華書局，1980 年 7 月

（3） 其他

中國社會科學院考古研究所：《安陽殷墟小屯建築遺址》，北京：文物出版社，2010 年 7 月

中國社會科學院考古研究所：《殷墟的發現與研究》，北京：科學出版社，1994 年 9 月

中國社會科學院考古研究所：《殷墟婦好墓》，北京：文物出版社，1980 年 12 月

中國社會科學院考古研究所：《殷墟發掘報告 1958-1961》，北京：文物出版社，1987 年 11 月

石璋如：《小屯‧遺址的發現與發掘‧乙編》殷虛建築遺存，臺北：中央研究院歷史語言研究所，1959 年

石璋如：《小屯‧遺址的發現與發掘‧丁編》甲骨坑層之一（一次至九次出土甲骨），臺北：中央研究院歷史語言研究所，1985 年 4 月

石璋如：《小屯‧遺址的發現與發掘‧丁編》甲骨坑層之二（十三次至十五次出土甲骨）上，臺北：中央研究院歷史語言研究所，1992 年 9 月

石璋如：《小屯‧遺址的發現與發掘‧丙編》殷虛墓葬之一（北組墓葬（上）），臺北：中央研究院歷史語言研究所，1970 年

石璋如：《小屯‧遺址的發現與發掘‧丙編》殷虛墓葬之五（丙區墓葬‧上），臺北：中央研究院歷史語言研究所，1980 年 12 月

李　濟：《小屯‧殷虛器物‧甲編》陶器：上輯，臺北：中央研究院歷史語言研究所，1956 年

河南省文化局文物工作隊：《鄭州二里岡》，北京：科學出版社，1959 年 8 月

夏商周斷代工程專家組編著：《夏商周斷代工程 1996－2000 年階段成果報告：簡本》，北京：世界圖書出版公司，2000 年 10 月

2. 著述

丁　山：《商周史料考證》，北京：中華書局，1988 年 3 月

方述鑫：《殷虛卜辭斷代研究》，臺北：文津出版社，1992 年 7 月

王子楊：《甲骨文字形類組差異現象研究》，上海：中西書局，2013 年 10 月

王宇信：《中國甲骨學》，上海：上海人民出版社，2009 年 8 月

王宇信：《甲骨學通論》（修訂本），北京：中國社會科學出版社，2015 年 8 月

王宇信：《建國以來甲骨文研究》，北京：中國社會科學出版社，1981 年 3 月

王建軍：《賓組卜辭研究・分類卷》，北京：科學出版社，2019 年 7 月

王國維：《古史新證》，北京：清華大學出版社，1994 年 12 月

王蘊智：《殷商甲骨文研究》，北京：科學出版社，2010 年 3 月

朱歧祥：《殷墟花園莊東地甲骨論稿》，臺北：里仁書局，2008 年 11 月

吳俊德：《殷卜辭先王稱謂綜論》，臺北：里仁書局，2010 年 3 月

吳俊德：《殷墟第三、四期甲骨斷代研究》，臺北：藝文印書館，1999 年 1 月

吳俊德：《殷墟第四期祭祀卜辭研究》，臺北：國立臺灣大學文學院，2005 年 10 月

李學勤：《殷代地理簡論》，北京：科學出版社，1959 年 1 月

李學勤、彭裕商：《殷墟甲骨分期研究》，上海：上海古籍出版社，1996 年 12 月

李　濟：《殷墟陶器研究》，上海：上海人民出版社，2007 年 3 月

沈之瑜：《甲骨文講疏》，上海：上海書店出版社，2002 年 10 月

貝塚茂樹：《中國古代史學の發展》，東京：弘文堂書房，1946 年 12 月

貝塚茂樹：《京都大學人文科學研究所藏甲骨文字》，京都：京都大學人文科學研究所，
　　　　1960 年 3 月

周忠兵：《卡內基博物館所藏甲骨研究》，上海：上海人民出版社，2015 年 8 月

屈萬里：《先秦文史資料考辨》，《屈萬里全集④》，臺北：聯經出版事業公司，1983
　　　　年 2 月

屈萬里：《殷虛文字甲編考釋》上，《屈萬里全集⑥》，臺北：聯經出版事業公司，1984
　　　　年 7 月

屈萬里：《殷虛文字甲編考釋》下，《屈萬里全集⑦》，臺北：聯經出版事業公司，1984
　　　　年 7 月

明義士：《甲骨研究》，濟南：齊魯書社，1996 年 6 月

邱皓政、林碧芳：《統計學：原理與應用》，臺北：五南圖書出版公司，2014 年 10 月

姚孝遂、肖丁：《小屯南地甲骨考釋》，北京：中華書局，1985 年 8 月

孫亞冰、林歡：《商代地理與方國》，北京：中國社會科學出版社，2010 年 10 月

島邦男：《殷墟卜辭研究》中譯本，溫天河、李壽林譯，臺北：鼎文書局，1975 年 12 月

島邦男：《殷墟卜辭研究》中譯本，濮茅左、顧偉良譯，上海：上海古籍出版社，2006
　　　年 8 月

崎川隆：《賓組甲骨文分類研究》，上海：上海人民出版社，2011 年 12 月

張世超：《殷墟甲骨字迹研究——自組卜辭篇》，長春：東北師範大學出版社，2002 年
　　　12 月

張光直：《商文明》，瀋陽：遼寧教育出版社，2002 年 2 月

張秉權：《殷虛文字丙編》上輯 (一)考釋，臺北：中央研究院歷史語言研究所，1957 年
　　　8 月

張秉權：《殷虛文字丙編》下輯 (二)考釋，臺北：中央研究院歷史語言研究所，1972 年

張惟捷：《殷墟 YH127 坑賓組甲骨新研》，臺北：萬卷樓圖書股份有限公司，2013 年
　　　8 月

許進雄：《卜骨上的鑿鑽形態》，臺北：藝文印書館，1973 年 8 月

許進雄：《中國古代社會》（修訂三版），臺北：臺灣商務印書館，2013 年 9 月

許進雄：《文字學家的甲骨學研究室》，新北：臺灣商務印書館，2020 年 2 月

許進雄：《甲骨上鑽鑿形態的研究》，臺北：藝文印書館，1979 年 3 月

許進雄：《明義士收藏甲骨釋文篇》，多倫多：加拿大皇家安大略博物館，1977 年

許進雄：《殷卜辭中五種祭祀的研究》，臺北：國立臺灣大學文學院，1968 年 6 月

郭沫若：《金文叢考》，北京：人民出版社，1954 年 6 月

陳重遠：《文物話春秋》，北京：北京出版社，1996 年 10 月

陳煒湛：《甲骨文簡論》，上海：上海古籍出版社，1987 年 5 月

陳夢家：《殷虛卜辭綜述》，北京：中華書局，1988 年 1 月

陳滿銘：《章法學綜論》，臺北：萬卷樓圖書有限公司，2003 年 6 月

彭裕商：《殷墟甲骨斷代》，北京：中國社會科學出版社，1994 年 5 月

黃天樹：《殷墟王卜辭的分類與斷代》，臺北：文津出版社，1991 年 11 月

黃天樹：《殷墟王卜辭的分類與斷代》，北京：科學出版社，2007 年 10 月

黃天樹：《黃天樹古文字論集》，北京：學苑出版社，2006 年 8 月

楊如雪：《文法 ABC》，臺北：萬卷樓圖書有限公司，2002 年 2 月

楊樹達：《積微居甲文說・卜辭瑣記》，北京：中國科學院，1954 年 5 月

董作賓：《甲骨學六十年》，臺北：藝文印書館，1965 年 6 月

董作賓：《殷代文化概論》初稿，芝加哥大學東方學院油印本，1947 年 7 月

董作賓：《殷曆譜》，臺北：中央研究院歷史語言研究所，1945 年 4 月

鄒　衡：《夏商周考古學論文集》，北京：文物出版社，1980 年 10 月

劉淵臨：《卜用甲骨上攻治技術的痕蹟之研究》，臺北：國立編譯館，1984 年 3 月

鄭慧生：《甲骨卜辭研究》，開封：河南大學出版社，1998 年 4 月

韓江蘇：《殷墟花東 H3 卜辭主人 "子" 研究》，北京：線裝書局，2007 年 4 月

韓江蘇、江林昌：《《殷本紀》訂補與商史人物徵》，北京：中國社會科學出版社，2010
　　　年 12 月

魏慈德：《殷墟 YH127 坑甲骨卜辭研究》，新北：花木蘭文化出版社，2011 年 9 月

羅振玉：《殷商貞卜文字考》，《甲骨文研究資料彙編》第 3 冊，北京：北京圖書館出
　　　版社，2008 年 6 月

羅振玉：《增訂殷虛書契考釋》，《殷虛書契考釋三種》，北京：中華書局，2006 年 1 月

羅　琨：《商代戰爭與軍制》，北京：中國社會科學出版社，2010 年 11 月

嚴一萍：《甲骨斷代問題》，臺北：藝文印書館，1991 年 1 月

饒宗頤：《殷代貞卜人物通考》，香港：香港大學出版社，1959 年 11 月

二、 論文

（一） 發掘報告

中國社會科學院考古研究所：〈安陽殷墟五號墓的發掘〉，《考古學報》1977 年第 2 期

中國社會科學院考古研究所安陽工作隊：〈1973 年小屯南地發掘報告〉，《考古學集刊》
　　　第 9 集，1995 年 12 月

中國社會科學院考古研究所安陽工作隊：〈1987 年安陽小屯村東北地的發掘〉，《考古》
　　　1989 年第 10 期

中國社會科學院考古研究所安陽工作隊：〈1991 年安陽花園莊東地、南地發掘簡報〉，
　　　《考古》1993 年第 6 期

中國社會科學院考古研究所安陽工作隊：〈1998 年～1999 年安陽洹北商城花園莊東地
　　　發掘報告〉，《考古學集刊》第 15 集，2004 年 2 月

中國社會科學院考古研究所安陽工作隊：〈安陽小屯村北的兩座殷代墓〉，《考古學報》
　　　1981 年第 4 期

中國社會科學院考古研究所安陽工作隊：〈安陽武官村北的一座殷墓〉，《考古》1979
　　　年第 3 期

中國社會科學院考古研究所安陽工作隊：〈河南安陽殷墟大型建築基址的發掘〉，《考
　　　古》2001 年第 5 期

中國科學院考古研究所安陽工作隊：〈1973 年安陽小屯南地發掘簡報〉，《考古》1975
　　　年第 1 期

中國科學院考古研究所安陽發掘隊：〈1958—1959 年殷墟發掘簡報〉，《考古》1961 年
　　　第 2 期

中國科學院考古研究所安陽發掘隊：〈1962 年安陽大司空村發掘簡報〉，《考古》1964
　　　年第 8 期

中國科學院考古研究所安陽發掘隊：〈1971 年安陽後岡發掘簡報〉，《考古》1972 年第
　　　3 期

河南省文化局文物工作隊第一隊：〈一九五五年秋安陽小屯殷墟的發掘〉，《考古學報》
　　　1958 年第 3 期

河南省文化局文物工作隊第一隊：〈鄭州商代遺址的發掘〉，《考古學報》1957 年第 1 期

（二）　一般期刊

丁　驌：〈由小后辛說起〉，《中國文字》新 2 期（1980 年 9 月）

丁　驌：〈讀嚴一萍著甲骨斷代問題〉，《中國文字》新 8 期（1983 年 10 月）

于秀卿、賈雙喜、徐自強：〈甲骨的鑿鑽形態與分期斷代研究〉，《古文字研究》第 6
　　　輯（1981 年 11 月）

方述鑫：〈自組卜辭斷代研究〉，《古文字研究》第 21 輯（2001 年 10 月）

方述鑫：〈試論帝乙、帝辛卜辭〉，《殷都學刊》1992 年第 4 期

王宇信：〈武丁期戰爭卜辭分期的嘗試〉，《甲骨文與殷商史》第 3 輯（1991 年 8 月）

王建軍：〈賓組甲骨文"分級劃類"問題研究〉，《殷都學刊》2014 年第 3 期

王國維：〈最近二三十年中中國新發見之學問〉，《學衡》第 45 期，1925 年 9 月

王貴民：〈申論契文"雉眾"為陳師說〉，《文物研究》1986 年第 1 期

王　暉：〈周原甲骨屬性與商周之際祭禮的變化〉，《歷史研究》1998 年第 3 期

王　暉：〈帝乙帝辛卜辭斷代研究〉，《陝西師範大學學報（哲學社會科學版）》第 32
　　　　卷第 5 期（2003 年 9 月）

付　強：〈一版新綴甲骨對歷組卜辭的時代的確證〉，《中國文字》新 40 期（2014 年
　　　　7 月）

石璋如：〈『扶片』的考古學分析〉，《中央研究院歷史語言研究所集刊》第 56 本第 3
　　　　分（1985 年 9 月）

石璋如：〈乙五基址與賓、自層位〉，《中央研究院歷史語言研究所集刊》第 61 本第 1
　　　　分（1990 年 3 月）

石璋如：〈小屯 C 區的墓葬群〉，《中央研究院歷史語言研究所集刊》第 23 本（1952 年
　　　　7 月）

石璋如：〈小屯殷代的建築遺蹟〉，《中央研究院歷史語言研究所集刊》第 26 本（1955
　　　　年 6 月）

石璋如：〈殷代地上建築復原之一例〉，《中央研究院院刊》第 1 輯（1954 年 6 月）

石璋如：〈殷墟地上建築復原第十例兼述乙六基址及 YH005 大穴與銀河〉，《中央研究
　　　　院歷史語言研究所集刊》第 74 本第 4 分（2003 年 12 月）

石璋如：〈殷虛的穴窖坑層與甲骨斷代二例〉，《中央研究院歷史語言研究所集刊》第
　　　　59 本第 4 分（1988 年 12 月）

石璋如：〈殷虛最近之重要發現附論小屯地層〉，《中國考古學報》第 2 冊（1947 年 3 月）

石璋如：〈殷虛最近之重要發現附論小屯地層後記〉，《中國考古學報》第 4 冊（1949
　　　　年 12 月）

石璋如：〈第七次殷虛發掘：E 區工作報告〉，《安陽發掘報告》第 4 冊（1933 年 6 月）

朱彥民：〈近代學術史上的一大公案——關於甲骨文發現研究諸說的概括與評議〉，《邯
　　　　鄲學院學報》第 18 卷第 2 期（2008 年 6 月）

朱鳳瀚：〈近百年來的殷墟甲骨文研究〉，《歷史研究》1997 年第 1 期

朱鳳瀚：〈論小屯東北地諸建築基址的始建年代及其與基址範圍內出土甲骨的關係〉，《古代文明》第 3 卷（2004 年 12 月）

江　鴻：〈盤龍城與商朝的南土〉，《文物》1976 年第 2 期

考古編輯部：〈安陽殷墟五號墓座談紀要〉，《考古》1977 年 5 期

吳俊德：〈甲骨文發現問題再探〉，《北市大語文學報》第 22 期（2020 年 6 月）

吳俊德：〈花東卜辭時代的異見〉，《北市大語文學報》第 3 期（2009 年 12 月）

吳俊德：〈殷卜辭商王廩辛存在的考察〉，《北市大語文學報》第 11 期（2013 年 12 月）

李　濟：〈記小屯出土之青銅器〉，《中國考古學報》第 3 冊（1948 年 5 月）

李先登：〈關於小屯南地甲骨分期的一點意見〉，《中原文物》1982 年第 2 期

李伯謙：〈安陽殷墟五號墓的年代問題〉，《考古》1979 年第 2 期

李宗焜：〈甲骨文的發現與寧文之辨發覆——以王懿榮與陳介祺往來函札為例〉，《古今論衡》第 18 期（2008 年 10 月）

李科威：〈考古類型學的原理和問題〉，《東南文化》1994 年第 3 期

李學勤：〈小屯南地甲骨與甲骨分期〉，《文物》1981 年第 5 期

李學勤：〈汐翁〈龜甲文〉與甲骨文的發現〉，《殷都學刊》2007 年第 3 期

李學勤：〈明義士對一坑甲骨的整理〉，《社會科學戰線》2008 年第 9 期

李學勤：〈殷墟甲骨分期的兩系說〉，《古文字研究》第 18 輯（1992 年 8 月）

李學勤：〈評陳夢家殷虛卜辭綜述〉，《考古學報》1957 年 3 期

李學勤：〈談安陽小屯以外出土的有字甲骨〉，《文物參考資料》1956 年第 11 期

李學勤：〈論“婦好”墓的年代及有關問題〉，《文物》1977 年第 11 期

李學勤：〈鄭州二里崗字骨的研究〉，《中國社會科學院歷史研究所學刊》第 1 集（2001 年 10 月）

李學勤：〈關於自組卜辭的一些問題〉，《古文字研究》第 3 輯（1980 年 11 月）

李　濟：〈斝的形制及其原始〉，《中央研究院歷史語言研究所集刊》，第 39 本上冊（1969 年 1 月）

杜　勇：〈金文“生稱謚”新解〉，《歷史研究》，2002 年第 3 期

貝塚茂樹：〈評甲骨文斷代研究的字體演變觀〉，楊升南譯，《殷都學刊》1985 年第 4 期

貝塚茂樹、伊藤道治：〈甲骨文斷代研究法の再檢討—董氏の文武丁時代卜辭を中心として—〉，《東方學報（京都）》第 23 冊（1953 年 3 月）

周忠兵：〈試說甲骨中的異代使用問題〉，《史學集刊》2011 年第 2 期

明義士：〈殷墟卜辭後編自序〉， 未刊。見於〈小屯南地甲骨與甲骨分期〉，《文物》
　　　　1981 年 5 期，文末附錄

松丸道雄：〈殷周国家の構造〉，《岩波講座·世界歷史》第 4 卷，1970 年

林小安：〈再論"歷組卜辭"的年代〉，《故宮博物院院刊》2001 年第 1 期

林小安：〈武丁晚期卜辭考證〉，《中原文物》1990 年第 3 期

林小安：〈殷武丁臣屬征伐與行祭考〉，《甲骨文與殷商史》第 2 輯（1986 年 6 月）

林　澐：〈小屯南地發掘與殷墟甲骨斷代〉，《古文字研究》第 9 輯（1984 年 1 月）

林　澐：〈從子卜辭試論商代家族形態〉，《古文字研究》第 1 輯（1979 年 8 月）

林　澐：〈無名組卜辭中父丁稱謂研究〉，《古文字研究》第 13 輯（1986 年 6 月）

姚孝遂：〈吉林大學所藏甲骨選釋〉，《吉林師大學報》（社會科學版）1963 年第 4 期

胡厚宣：〈卜辭雜例〉，《歷史語言研究所集刊》第 8 本第 3 分（1939 年 10 月）

胡厚宣：〈中國奴隸社會的人殉和人祭（下篇）〉，《文物》1974 年第 8 期

范毓周：〈殷代武丁時期的戰爭〉，《甲骨文與殷商史》第 3 輯（1991 年 8 月）

范耀江、王建軍：〈關於花東卜辭的刻寫時代問題〉，《中原文物》2017 年第 1 期

唐際根：〈殷墟一期文化及其相關問題〉，《考古》1993 年第 10 期

徐明波、彭裕商：〈殷墟黃組卜辭斷代研究〉，《中國史研究》2007 年第 2 期

徐寶貴：〈《殷墟甲骨字迹研究》平議〉，《古籍整理研究學刊》2003 年第 4 期

高去尋：〈殷墟出土的牛距骨刻辭〉，《中國考古學報》第 4 冊（1949 年 12 月）

常玉芝：〈「祊祭」卜辭時代的再辨析〉，《甲骨文與殷商史》第 2 輯（1986 年 6 月）

常玉芝：〈黃組周祭分屬三王的又一證據〉，《文博》1993 年第 2 期

常玉芝：〈黃組周祭分屬三王的再論證〉，《文史哲》，2001 年第 3 期

常玉芝：〈黃組周祭分屬三王的新證據與相關問題〉，《古文字研究》第 21 輯（2001 年
　　　　10 月）

常玉芝：〈說文武丁—兼略述商末祭祀制度的變化〉，《古文字研究》第 4 輯（1980 年
　　　　12 月）

張永山、羅琨：〈論歷組卜辭的年代〉，《古文字研究》第 3 輯（1980 年 11 月）

張政烺：〈卜辭裒田及其相關諸問題〉，《考古學報》1973 年第 1 期

張政烺：〈帚好略說〉，《考古》1983 年第 6 期

張政烺：〈帚好略說補記〉，《考古》1983 年第 8 期

張國碩：〈關於殷墟的幾個問題〉，《考古與文物》2000 年第 1 期

曹定雲：〈田野發掘是卜辭斷代的基礎〉，《殷都學刊》1999 年第 1 期

曹定雲：〈殷代初期王陵試探〉，《文物資料叢刊 10》（1987 年 3 月）

曹定雲：〈殷墟田野發掘與卜辭斷代〉，《考古學集刊》第 15 集（2004 年 2 月）

曹定雲：〈殷墟花東 H3 卜辭中的"王"是小乙─從卜辭中的人名"丁"談起〉，《殷都學刊》2007 年第 1 期

曹定雲：〈論 "殷墟花園莊東地甲骨"是小乙時代卜辭──從商代的"日名"說起（上）〉，《甲骨文與殷商史》新 8 輯（2018 年 11 月）

曹定雲：〈論"殷墟花園莊東地甲骨"是小乙時代卜辭（下）──從商代的"日名"說起〉，《甲骨文與殷商史》新 9 輯（2019 年 10 月）

曹定雲：〈論歷組卜辭時代爭論與"兩系說"使命之終結〉，《殷都學刊》2020 年第 1 期

曹定雲：〈論歷組卜辭時代爭論與"兩系說"前途〉，《甲骨文與殷商史》新 10 輯（2020 年 11 月）

曹定雲、劉一曼：〈四論武乙、文丁卜辭──無名組與歷組卜辭早晚關係〉，《考古學報》2019 年第 2 期

莫伯峰：〈花東子卜辭和歷組卜辭新綴四組〉，《故宮博物院院刊》2011 年第 1 期

莫伯峰：〈殷商祖甲時代曆法改革的時機〉，《中國史研究》2017 年第 2 期

許進雄：〈五種祭祀卜辭的新綴合──連小月現象〉，《中國文字》新 10 期（1985 年 9 月）

許進雄：〈武乙征召方日程〉，《中國文字》新 12 期（1988 年 7 月）

許進雄：〈區分第三期第四期卜骨的嘗試〉，《中國文字》新 9 期（1984 年 9 月）

許進雄：〈從長鑿的配置試分第三與第四期的卜骨〉，《中國文字》第 48 冊（1973 年 6 月）

許進雄：〈略談貞人的在職年代〉，《中國文字》第 44 冊（1972 年 6 月）

許進雄：〈第五期五種祭祀祀譜的復原──兼談晚商曆法〉，《大陸雜誌》第 73 卷第 3 期（1986 年 9 月）

許進雄：〈談貞人荷的年代〉，《中國文字》第 43 冊（1972 年 3 月）

許進雄：〈讀小屯南地的鑽鑿形態〉，《中國語文研究》第 8 期（1986 年 8 月）

許進雄：〈鑽鑿對卜辭斷代的重要性〉，《中國文字》第 37 冊（1970 年 9 月）

郭沫若：〈古代文字之辯證的發展〉，《考古學報》1972 年第 1 期

陳志達：〈商代的玉石文字〉，《華夏考古》1991 年第 2 期

陳夢家：〈甲骨斷代與坑位〉，《中國考古學報》第 5 冊（1951 年 12 月）

陳夢家：〈甲骨斷代學甲篇〉，《燕京學報》第 40 期（1951 年 6 月）

陳夢家：〈殷代卜人篇〉，《考古學報》第 6 冊（1953 年 12 月）

陳夢家：〈商王廟號考〉，《考古學報》第 8 冊（1954 年 12 月）

陳夢家：〈解放後甲骨的新資料和整理研究〉，《文物參考資料》1954 年第 5 期

陳　暢：〈試論考古類型學的邏輯與原則〉，《華夏考古》2006 年第 1 期

陳　劍：〈說花園莊東地甲骨卜辭的“丁”〉，《故宮博物院院刊》2004 年第 4 期

陳煒湛：〈“歷組卜辭”的討論與甲骨文斷代研究〉，《出土文獻研究》1985 年 6 月

彭裕商：〈謚法探源〉，《中國史研究》1999 年第 1 期

黃天樹：〈試論賓、出、何三組卜辭在時代上的接續關係〉，《考古與文物》1991 年第 3 期

黃天樹：〈賓組卜辭的分類與斷代〉，《考古》1998 年第 9 期

黃天樹：〈談殷墟卜辭中的師*組肥筆類卜辭〉，《文博》1997 年第 2 期

黃天樹：〈論自組小字類卜辭的時代〉，《陝西師大學報》（哲學社會科學版）1990 年
　　　　第 3 期

黃天樹：〈歷組卜辭時代補論〉，《文博》1992 年第 3 期

黃天樹：〈歷無名間類卜辭及其時代〉，《文博》1996 年第 5 期

黃天樹：〈簡論“花東子類”卜辭的時代〉，《古文字研究》第 26 輯（2006 年 11 月）

黃　鶴：〈西周金文王號為生稱或死稱問題述評〉，《古籍整理研究學刊》2013 年第 6 期

楊升南：〈從殷墟卜辭中的“示”、“宗”說到商代的宗法制度〉，《中國史研究》1985
　　　　年第 3 期

楊錫璋：〈殷墟青銅容器的分期〉，《中原文物》1983 年 3 期

楊寶成：〈試論殷墟文化的年代分期〉，《考古》2000 年第 4 期

落合淳思：〈甲骨文出組‧何組‧黃組の分群と分類〉，《中国古代史論叢》第四集（2007
　　　　年 3 月）

葛　亮：〈一百二十年來甲骨文材料的初步統計〉，《漢字漢語研究》2019 年第 4 期（總
　　　　第 8 期）

董作賓：〈甲骨文斷代研究的十個標準（上）〉，《大陸雜誌》第 4 卷第 8 期（1952 年 4 月）

董作賓：〈甲骨文斷代研究的十個標準（中）〉，《大陸雜誌》第 4 卷第 9 期（1952 年 5 月）

董作賓：〈骨文例〉，《中央研究院歷史語言研究所集刊》第 7 本第 1 分（1936 年 12 月）

董作賓：〈骨臼刻辭再考〉，《中央研究院院刊》第 1 輯（1954 年 6 月）

董作賓：〈大龜四版考釋〉，《安陽發掘報告》第 3 期（1931 年 6 月）

董作賓：〈殷墟文字乙編序〉，《中國考古學報》第 4 冊（1949 年 10 月）

董作賓：〈殷墟文字甲編自序〉，《中國考古學報》第 4 冊（1949 年 10 月）

董作賓：〈商代龜卜之推測〉，《安陽發掘報告》第 1 期（1929 年 12 月）

董作賓：〈釋"馭㱾"〉，《安陽發掘報告》第 4 期（1933 年 6 月）

虞萬里：〈《尚書·無逸》篇今古文異同與錯簡〉，《中央研究院歷史語言研究所集刊》
　　　　第 87 本第 2 分（2016 年 6 月）

裘錫圭：〈論「歷組卜辭」的時代〉，《古文字研究》第 6 輯（1981 年 11 月）

裘錫圭：〈關於《小屯南地甲骨》的討論——答蕭楠同志〉，《漢字文化》1992 年第 1 期

裘錫圭：〈讀《小屯南地甲骨》〉，《書品》1987 年第 3 期

賈雙喜：〈甲骨文中貞人不是卜辭契刻人——以契刻貞人字體不同為例〉，《圖書館工
　　　　作與研究》2009 年第 2 期

鄒　衡：〈試論殷墟文化分期〉，《北京大學學報》1964 年第 4 期

鄒　衡：〈試論殷墟文化分期（續完）〉，《北京大學學報》1964 年第 5 期

趙東升：〈考古類型學的一點思索〉，《文物世界》2002 年第 6 期

趙　誠：〈斷代和歷組卜辭討論〉，《古籍整理研究學刊》第 6 期（2003 年 11 月）

趙　鵬：〈殷墟甲骨鑽鑿研究述評〉，《甲骨文與殷商史》新 9 輯（2019 年 11 月）

劉一曼：〈考古學與甲骨文研究——紀念甲骨文發現一百周年〉，《考古》1999 年第 10 期

劉一曼：〈花東 H3 坑甲骨埋藏狀況及相關問題〉，《考古學報》2017 年第 3 期

劉一曼：〈論殷墟甲骨整治與占卜的幾個問題〉，《古文字與古代史》第 4 輯（2015 年
　　　　2 月）

劉一曼：〈關於武丁以前甲骨文的探索〉，《甲骨文與殷商史》新 10 輯（2020 年 12 月）

劉一曼：〈試論殷墟甲骨書辭〉，《考古》1991 年第 6 期

劉一曼、曹定雲：〈三論武乙、文丁卜辭〉，《考古學報》2011 年第 4 期

劉一曼、曹定雲：〈殷墟花園莊東地甲骨卜辭選釋與初步研究〉，《考古》1993 年第 6 期

劉一曼、郭振祿、溫明榮：〈考古發掘與卜辭斷代〉，《考古》1986 年第 6 期

劉　桓：〈卜辭雜釋五則〉，《殷都學刊》1996 年 1 期

劉義峰：〈甲骨組類學〉，《中國史研究》2011 年第 4 期

劉學順：〈賓組卜辭的分期〉，《鄭州大學學報》（哲學社會科學版）1992 年第 1 期

鄭振香、陳志達：〈論婦好墓對殷墟文化和卜辭斷代的意義〉，《考古》1981 年第 6 期
蕭　楠：〈再論武乙、文丁卜辭〉，《古文字研究》第 9 輯（1984 年 1 月）
蕭　楠：〈安陽小屯南地發現的“𠂤組卜甲”——兼論𠂤組卜辭的時代及其相關問題〉，《考古》1976 年第 4 期
蕭　楠：〈論武乙、文丁卜辭〉，《古文字研究》第 3 輯（1980 年 11 月）
蕭　楠：〈關於《小屯南地甲骨》之體例及其相關問題——答裘錫圭同志〉，《書品》1989 年第 2 期
戴志強：〈安陽殷墟出土貝化初探〉，《文物》1981 年第 3 期
謝　齊：〈祖庚祖甲卜辭與歷組卜辭的分期〉，《甲骨文與殷商史》第 2 輯（1986 年 6 月）
謝　濟：〈甲骨斷代研究與康丁文丁卜辭〉，《甲骨文與殷商史》第 3 輯（1991 年 8 月）
韓江蘇：〈殷墟花東 H3 卜辭時代再探討〉，《故宮博物院院刊》2008 年第 4 期
嚴一萍：〈「歷組」如此〉，《中國文字》新 8 期（1983 年 10 月）
嚴一萍：〈關於小屯南地 T 五三（4A）甲骨的斷代〉，《中國文字》新 11 期（1986 年 6 月）
嚴一萍：〈釋𠦪〉，《中國文字》第 7 冊（1962 年 3 月）
嚴一萍：〈釋㳄〉，《中國文字》第 40 冊（1971 年 6 月）
蘇秉琦、殷瑋璋：〈地層學與器物形態學〉　《文物》1982 年第 4 期
饒宗頤：〈《甲骨文通檢》前言－貞人問題與坑位－〉，《中國語文研究》第 9 期（1987 年 9 月）

（三）專書論文集

王　迎：〈安陽墓地制度與命婦關係的個例研究〉，《2004 年安陽殷商文明國際學術研討會論文集》，北京：社會科學文獻出版社，2004 年 9 月
王國維：〈殷卜辭中所見先公先王續考〉，《定本觀堂集林》，臺北：世界書局，1991 年 9 月
王　襄：〈簠室殷契序〉，《甲骨文研究資料彙編》第 4 冊，北京：北京圖書館出版社，2008 年 6 月
王　襄：〈題所錄貞卜文冊〉，《王襄著作選集》，天津：天津古籍出版社，2005 年 1 月
王　襄：〈題易穭園殷契拓冊〉，《王襄著作選集》，天津：天津古籍出版社，2005 年 1 月

石璋如：〈乙組兩處基址與其甲骨穴窖釋疑—兼論自然層位與穴窖堆積—〉，《董作賓先生九五誕辰紀念集》，家屬自印，1988 年 8 月

石璋如：〈小屯的文化層〉，《六同別錄》上冊，李莊：中央研究院歷史語言研究所，1945 年 5 月

石璋如：〈小屯後五次發掘的重要發現〉，《六同別錄》上冊，李莊：中央研究院歷史語言研究所，1945 年 5 月

石璋如：〈小屯殷代丙組基址及其有關現象〉，《慶祝董作賓先生六十五歲論文集》下冊，臺北：中央研究院歷史語言研究所，1961 年 6 月

石璋如：〈殷墟婦好墓的五點疑問〉，《紀念殷墟甲骨文發現一百周年國際學術研討會論文集》，北京：社會科學文獻出版社，2003 年 3 月

朱鳳瀚：〈讀安陽殷墟花園莊東出土的非王卜辭〉，《2004 年安陽殷商文明國際學術研討會論文集》，北京：社會科學文獻出版社，2004 年 9 月

李孝定：〈陶文考釋〉，《小屯・殷虛器物・甲編》陶器，臺北：中央研究院歷史語言研究所，1956 年

李學勤：〈《王懿榮集》序一〉，《王懿榮集》，濟南：齊魯書社，1999 年 3 月

李學勤：〈小屯丙組基址與𠦪卜辭〉，《甲骨探史錄》，北京：生活・讀書・新知三聯書店，1982 年 9 月

李學勤：〈甲骨文中的同版異組現象〉，《夏商文明研究》，鄭州：中州古籍出版社，1995 年 8 月

李學勤：〈花園莊東地卜辭的"子"〉，《河南博物院落成暨河南博物館建館 70 周年紀念論文集》，鄭州：中州古籍出版社，1998 年 7 月

李　濟、萬家保：〈殷虛出土青銅觚形器之研究〉，《中國考古報告集新編・古器物研究專刊》第一本，臺北：中央研究院歷史語言研究所，1964 年 6 月

李　濟：〈跋彥堂自序〉，《小屯・殷虛文字・甲編》，上海：商務印書館，1948 年 4 月

林宏明：〈歷組與賓組卜辭同卜一事的新證據〉，《2004 年安陽殷商文明國際學術研討會論文集》，北京：社會科學文獻出版社，2004 年 9 月

林　澐：〈甲骨斷代商榷〉，《出土文獻研究續集》，北京：文物出版社，1989 年 12 月

林　澐：〈評〈三論武乙、文丁卜辭〉〉，《出土材料與新視野》，中央研究院第四屆國際漢學會議論文集，2013 年 9 月

林　澐、劉金山：〈〈甲骨文斷代研究例〉在斷代研究中仍可發揮作用〉，《古文字與古代史》第 4 輯（2015 年 2 月）

金祥恆：〈甲骨卜辭中之小王解〉，《金祥恆先生全集》，臺北：藝文印書館，1990 年12 月

金祥恆：〈甲骨卜辭中后且丁非仲丁亦非祖丁說〉，《金祥恆先生全集》，臺北：藝文印書館，1990 年 12 月

金祥恆：〈談一片斷代值得商榷的甲骨卜辭〉，《金祥恆先生全集》第 1 冊，臺北：藝文印書館，1990 年 12 月

金祥恆：〈論貞人扶的分期問題〉，《董作賓先生逝世十四周年紀念刊》，臺北：藝文印書館，1978 年 3 月

俞偉超：〈關於“考古地層學”問題〉，《考古學文化論集（一）》，北京：文物出版社，1987 年 12 月

俞偉超：〈關於“考古類型學”的問題〉，《考古類型學的理論與實踐》，北京：文物出版社，1989 年 5 月

胡厚宣：〈武丁時五種記事刻辭考〉，《甲骨學商史論叢初集》，成都：齊魯大學國學研究所，1944 年 3 月

夏含夷：〈殷墟卜辭的微細斷代法──以武丁時代的一次戰役為例〉，《甲骨文發現一百周年學術研討會》，臺北：文史哲出版社有限公司，1998 年 5 月

高嶋謙一：〈有關甲骨文的時代區分和筆迹〉，《胡厚宣先生紀念文集》，北京：科學出版社，1998 年 11 月

張忠培：〈地層學與類型學的若干問題〉，《中國北方考古文集》，北京：文物出版社，1990 年 3 月

張秉權：〈甲骨文中所見人地同名考〉，《慶祝李濟先生七十歲論文集》下冊，臺北：清華學報社，1967 年 1 月

張國碩：〈論商代甲骨卜用後的處置〉，《紀念殷墟甲骨文發現一百周年國際學術研討會論文集》，北京：社會科學文獻出版社，2003 年 3 月

許進雄：〈甲骨的長鑿形態示例〉，《董作賓先生逝世十四週年紀念刊》，臺北：藝文印書館，1978 年 3 月

許進雄：〈鑿鑽研究述略〉，《屈萬里先生七秩榮慶論文集》，臺北：聯經出版事業公司，1978 年 10 月

郭沫若：〈骨臼刻辭之一攷察〉，《殷契餘論》，北京：科學出版社，1982 年 9 月

陳　絜：〈關於商代婦名研究中的兩個問題〉，《2004 年安陽殷商文明國際學術研討會論文集》，北京：社會科學文獻出版社，2004 年 9 月

彭裕商：〈賓組卜辭的時代分析〉，《徐中舒先生九十壽辰紀念文集》，成都：巴蜀書社，1990 年 6 月

溫明榮、郭振祿、劉一曼：〈試論卜辭分期中的幾個問題〉，《中國考古學研究——夏鼐先生考古五十年紀念論文集》，北京：文物出版社，1986 年 8 月

董作賓：〈甲骨文斷代研究例〉，《蔡元培先生六十五歲慶祝論文集》（上冊），中央研究院歷史語言研究所集刊外編第一種，1933 年 1 月

裘錫圭：〈關於商代的宗族組織與貴族和平民兩個階級的初步研究〉，《古代文史研究新探》，南京：江蘇古籍出版社，2001 年 1 月

裘錫圭：〈釋「衍」「侃」〉，《魯實先先生學術討論會論文集》，臺北：萬卷樓圖書有限公司，1993 年 6 月

裴明相：〈略談鄭州商代前期的骨刻文字〉，《全國商史學術討論會論文集》，《殷都學刊》增刊，1985 年 2 月

劉一曼、曹定雲：〈1991 年殷墟花園莊東地甲骨的發現與整理〉，《花園莊東地甲骨論叢》，臺北：聖環圖書公司，2006 年 7 月

劉一曼：〈殷墟陶文研究〉，《慶祝蘇秉琦考古五十五年論文集》，北京：文物出版社，1989 年 8 月

劉一曼：〈論殷墟甲骨的埋藏狀況及相關問題〉，《揖芬集：張政烺先生九十華誕紀念文集》，北京：社會科學文獻出版社，2002 年 5 月

鄧　華：〈甲骨文發現史上的另一樁公案〉，《紀念王懿榮發現甲骨文 110 周年國際學術研討會論文集》，北京：社會科學文獻出版社，2009 年 8 月

鄧　華：〈關於甲骨文發現的一段疑案〉，《紀念王懿榮發現甲骨文一百周年論文集》，濟南：齊魯書社，2000 年 12 月

鄭振香：〈論殷墟文化分期及其相關問題〉，《中國考古學研究——夏鼐先生考古五十年紀念論文集》，北京：文物出版社，1986 年 8 月

謝　齊：〈試論歷組卜辭的分期〉，《甲骨探史錄》，北京：生活・讀書・新知三聯書店，1982 年 9 月

鍾柏生：〈《甲骨文簡論》卜辭分期「貞人同版關係」之商榷〉，《金祥恆教授逝世周
　　　　年紀念論文集》，臺北：金祥恆教授逝世周年紀念論文集編輯小組，1990 年
　　　　7 月

羅振玉：〈鐵雲藏龜序〉，《鐵雲藏龜》，臺北：藝文印書館，影印 1903 年抱殘守缺齋
　　　　石印本，1959 年

嚴一萍：〈甲骨文斷代研究新例〉，《慶祝董作賓先生六十五歲論文集》（下冊），中
　　　　央研究院歷史語言研究所集刊外編第四種，1961 年 6 月

（四） 學位論文

林宏明：《小屯南地甲骨研究》，臺北：政治大學中國文學系博士論文，蔡哲茂先生指
　　　　導，2003 年 6 月

楊郁彥：《甲骨文同形字疏要》，臺北：輔仁大學中國文學系博士論文，季旭昇先生指
　　　　導，2005 年 7 月

黃慧中：《從統計學觀點探討祖庚、祖甲卜辭的時代》，臺北：臺灣大學中國文學研究
　　　　所碩士論文，許進雄、雷立芬先生共同指導，2004 年 6 月

蔣玉斌：《殷墟子卜辭的整理與研究》，長春：吉林大學歷史文獻學專業博士論文，林
　　　　澐先生指導，2006 年 6 月

徐明波：《殷墟黃組卜辭斷代研究》，成都：四川大學歷史文化學院博士論文，彭裕商
　　　　先生指導，2007 年 4 月

周忠兵：《卡內基博物館所藏甲骨的整理與研究》，長春：吉林大學古籍研究所博士論
　　　　文，林澐、Katheryn M. Linduff 先生共同指導，2009 年 6 月

崎川隆：《賓組甲骨文字體分類研究》，長春：吉林大學古籍研究所博士論文，吳振武
　　　　先生指導，2009 年 6 月

張琬渝：《殷墟卜辭中的酒祭研究》，臺北：世新大學中國文學系碩士論文，許進雄先
　　　　生指導，2009 年 7 月

張惟捷：《殷墟 YH127 坑賓組刻辭整理與研究》，臺北：輔仁大學中國文學研究所博士
　　　　論文，蔡哲茂先生指導，2011 年 7 月

蔡依靜：《出組卜王卜辭的整理與研究》，臺北：政治大學中國文學系碩士論文，蔡哲
　　　　茂先生指導，2012 年 6 月

張宇衛：《甲骨卜辭戰爭刻辭研究——以賓組、出組、歷組為例》，臺北：臺灣大學中國文學系博士論文，徐富昌先生指導，2013 年 1 月

（五） 媒體網文

汐　翁：〈龜甲文〉，《華北日報》副刊《華北畫刊》第 89 期，1931 年 7 月 5 日

劉一曼：〈關於武丁以前甲骨文的探索〉，《光明日報》2019 年 11 月 4 日 14 版

王　寧：〈倉頡、沮誦神話與殷墟文字的起源——兼說武丁之前的卜辭問題〉，《江漢論壇》2001 年第 8 期（該刊並未收此文）。（原文並見於網址：http://www.tianfulife.com/history/antiquity/qiyuan/2008/0118/28502.html，搜尋日期：2016 年 6 月 4 日）

劉義峰：〈甲骨的組類整理〉，「中國社會科學院古代史研究所網站」，發布日期：2015 年 6 月 30 日。原文刊於網址：http://lishisuo.cass.cn/ddyj/ddyj_xqsyjs/201506/t20150630_2055729.shtml。（搜尋日期 2018 年 10 月 31 日）

翁衛和：〈「婦好墓」（43）‧母系社會文化信息的遺留——海貝〉，網址：https://twgreatdaily.com/iuao2XQBURTf-Dn5qlPD.html。（搜尋日期：2021 年 7 月 5 日）

後記

　　本書寫作構思，念起甚早，原擬在《殷卜辭先王稱謂綜論》出版（2010 年）後隨即著手進行，然準備就緒真正動筆卻已是 2013 年秋，而本書內容的基本論述大致於 2016 年底草成，但當時尚有最後一章遲遲未能完稿，詎料這一「小尾巴」的耽擱，竟達六年之久。

　　六年的遲延，固然應歸咎於我個人心有旁騖，研究工作因而未能一鼓作氣、堅持到底，但其實「卡關」的另一關鍵，是我一直思索如何有效完成最終章的論述。本書末章所述者是甲骨斷代學上討論許久的主題，涉及自、子、午、歷等四組卜辭的時代爭議，本質上是屬於甲骨第一與第四期卜辭的區辨。此一主題，我關注多年，相關資料大都有所掌握，亦曾多次進行評議，其中較為具體完整的論述有二，分別在我的碩士論文《殷墟第三、四期甲骨斷代研究》（1998 年）以及博士論文《殷墟第四期祭祀卜辭研究》（2003 年）中提出，始終主張該批卜辭時代皆當屬於第四期。此次既然又有評述打算，讓老調重彈而略有新意之感，是我對再論此題的基本期許，也因此六年間我多次廢稿重起爐灶，以致虛擲許多光陰。

　　相較於過去的做法，主要是蒐齊相關斷代的論辨資料，再分項逐一加以平議，這次評述動筆之初仍在類似思維中打轉，在增補新資料後開始思索統整評介之法，幾經試寫後發覺，相關資料雖有增多，但論述要旨或觀點相去卻不遠，正反意見辨正的立論依據其實相當單一，而絕大多數的討論資料就在既有的成見上添磚加瓦，皆缺乏關鍵論據的有效補充。令人困擾的是，假若兩造立場在正反互換之後，其相關論述仍然可得而說，依舊解釋的通，這就讓相關斷代論辨幾乎陷入各說各話的窘境，難以真正聚焦。經過長期以來多方的討論，自、子、午組與歷組卜辭的關聯度高，大概是較無爭議的認知，兩者時代應當極為接近，但奇怪的是，主張自、子、午組為晚期卜辭者，亦皆主張歷組卜辭屬於晚期，而認為自、子、午組為早期卜辭者，歷組卜辭時代卻分別有屬於早期與晚期的主張，然後根據考古地層的「硬證據」，自、子、午組與歷組竟然又被分別成早、晚期卜辭。凡此，讓自、子、午、歷組卜辭時代的討論治絲益棼，不僅言人人殊，各執己見，恐怕連基本的邏輯關係都無法兼顧。

　　職是之故，我再度論述𠂤、子、午組與歷組卜辭時代，最終採行的做法，是鎖定「核心論據」予以深究鑽研，而對於其他衍生討論的大量相關敘述則有所割捨，冀盼從「根本」檢視該批卜辭時代判定依據的可靠或真實性，從而讓該批卜辭時代的確立能更具合理性。這也算是重彈老調的些許新意了吧。

　　本書分三篇共十五章，若按章別可視為十五篇單篇論文的集合，其中第一篇第二章部分內容，曾另題以〈甲骨斷代工作的幾點想法〉發表於《儒學研究論叢》第 8 輯（2017.06）；第二篇第一章部分內容，則題以〈〈甲骨文斷代研究例〉析議〉發表於《北市大語文學報》第 20 期（2019.06）；此二文雖源出本書草稿，但本書相應的內容論述在定稿前皆有所擴充。另外，可再一提的是，本書第三篇第一章亦曾以〈武丁以前卜辭考辨〉為題於「儒與藝：樂琴書以消憂」國際學術研討會（2019.11.16）中宣讀，會中有幸獲特約討論人魏慈德教授告知，就在幾日前（2019.11.04）「光明網」（《光明日報》）上刊有劉一曼先生〈關於武丁以前甲骨文的探索〉一文可以參考，劉文其後略有調整並正式發表於《甲骨文與殷商史》新 10 輯（2020.12），而文末附記謂該文早已於「紀念甲骨文發現 120 周年國際學術討論會」上宣讀過（2019.10.18-19）。劉先生此文論證詳實可佩，但持說與我頗有差異，而本書相應內容論述的修正調整，確實也是針對劉先生文中若干論點的辨正與說明，一併提供學界參考。

　　前後耗時近九年始成本書，我非但沒有「十年磨一劍」後的圓滿感受，反倒總是覺得效率太差而愧對師友們的期待，且其間本書內容或因新見資料而增增補補，或因言有未備而刪刪改改，付梓之前，雖未至面目全非，但與當初的構想卻也有了一定的差距，可以慶幸的是，多年來我從事甲骨斷代相關研究的一些看法，**想說的**，**都說了**。年逾半百，早已沒有澄清天下之驍勇大志，卻相當樂意在探究真理的過程中表達異見，讓參與者在勇往直前之際，可以時時衡量努力的方向是否正確。

　　在此，我發自肺腑的感謝許進雄與徐富昌兩位老師。溽暑難耐，許師身體抱恙，徐師日理萬機，皆在時間侷促、無暇他顧之下，還願意閱讀本書卷帙稍繁的書稿，並慨然應允題贈序文，二師對我的關懷與愛護之情昭然，我銘感五內，時刻凜之，不敢或忘。尤其許師對我期許甚深，多年來提攜亦不遺餘力，可惜我學藝不精，無法發揚師說光大師門，辜負了許師的教導。本書印行，希望對二師恩情能有所些微的交代。

　　另外，本書寫作期間迭獲邱德修教授垂詢鼓勵，特此誌謝。邱先生大概是最早知道本書撰寫訊息的師長，我與他在國考閱卷處數度合作，他獲悉我有意以斷代主題進

行專書的撰寫，即勉勵我盡快將此議題做個有力了斷，而後投入其他主題的探索。邱先生言下實有提醒我長期糾葛於甲骨斷代爭議實非良舉之意，但也讓我因此產生更積極的著述動力，直接促進本書的寫成，只是未料邱先生竟於 2017 年遽歸道山，令人錯愕，而我的若干斷代看法已無緣懇其指正。另，約是 2020 年夏，幸有機緣為朱歧祥教授所約談，朱先生有感於現下甲骨學者老成凋零，期勉吾等中生代當奮起傳揚。我求學期間所參與的大小相關研討會，都可以見到朱先生的身影，朱先生對於甲骨學研究有著強烈的使命感眾所周知，但直到此時我始受其深刻感召。當我稟知朱先生關於花東卜辭時代的主張與其持說相反時，朱先生回以「這很有趣，把它寫出來吧」，如此平實之語，在我寫作陷於窘境，意志消沉之際，卻似一股強大火力，再度燃起我繼續完成本書的雄心。本書既成，我由衷感謝朱先生的提醒與指點。

本書全文脫稿時剛過端午，出版事宜初始尚稱順利，不意其後竟陰錯陽差，事與願違，數月來幾經周折，仍未盡如意。特別感謝萬卷樓圖書股份有限公司張晏瑞總編輯的抬愛，在本書出版時程幾乎停滯之時，伸出援手並大力推進。日後本書若於學術界能有一絲一毫的貢獻，則晏瑞總編與萬卷樓當居首功。又，中華民國書法教育學會理事長，書法名家楊旭堂（恆齋）先生，百忙當中臨時受命，揮毫為本書封面題字，其畫龍點睛之助，著實妙不可言，平添本書不少光采，藉此誠摯向其致謝。

吳俊德

書於 臺北市立大學

二〇二二年己然立冬

文獻研究叢書 · 出土文獻譯注研析叢刊 0902023

殷墟甲骨斷代綜述

作　　者　吳俊德
封面題字　楊旭堂
責任編輯　林以邠
實習編輯　葉家褕、許心柔、謝宜庭

發 行 人　林慶彰
總 經 理　梁錦興
總 編 輯　張晏瑞
編 輯 所　萬卷樓圖書股份有限公司
　　　　　臺北市羅斯福路二段 41 號 6 樓之 3
　　　　　電話 (02)23216565
　　　　　傳真 (02)23218698
發　　行　萬卷樓圖書股份有限公司
　　　　　臺北市羅斯福路二段 41 號 6 樓之 3
　　　　　電話 (02)23216565
　　　　　傳真 (02)23218698
　　　　　電郵 SERVICE@WANJUAN.COM.TW
香港經銷　香港聯合書刊物流有限公司
　　　　　電話 (852)21502100
　　　　　傳真 (852)23560735

ISBN 978-986-478-780-7
2022 年 12 月初版一刷
定價：新臺幣 2000 元

本書為臺灣師範大學國文學系 2022 年度「出版實務產業實習」課程成果。部分編輯工作，由課程學生參與實習。

如何購買本書：

1. 劃撥購書，請透過以下郵政劃撥帳號：
　帳號：15624015
　戶名：萬卷樓圖書股份有限公司
2. 轉帳購書，請透過以下帳戶
　合作金庫銀行　古亭分行
　戶名：萬卷樓圖書股份有限公司
　帳號：0877717092596
3. 網路購書，請透過萬卷樓網站
　網址 WWW.WANJUAN.COM.TW
大量購書，請直接聯繫我們，將有專人為您服務。客服：(02)23216565 分機 610

如有缺頁、破損或裝訂錯誤，請寄回更換

國家圖書館出版品預行編目資料

殷墟甲骨斷代綜述 / 吳俊德著. -- 初版. --
臺北市 ： 萬卷樓圖書股份有限公司,
2022.12
　面；　公分. -- (文獻研究叢書. 出土文
獻譯注研析叢刊 ; 902023)
ISBN 978-986-478-780-7(精裝)

1.CST: 甲骨文　2.CST: 研究考訂

792.2　　　　　　　　　　111019274